服装结构设计研究与案例

谢 良 著

上海科学技术出版社

内 容 提 要

本书是作者近二十年潜心研究原型法服装结构设计理论与实践的成果。本书内含七章，包括：服装结构设计概述；女装结构设计研究；女装结构设计案例；男装结构设计研究；男装结构设计案例；号型系列改革与成衣规格设计；成衣工业板型推板。对于原型法服装结构设计的理论与改革进行了较系统的阐述，并配有100余件产品案例，每件案例均有精美的效果图、结构图及10～16个号型的规格表。

本书适合高等服装院校的学生阅读，亦可作为服装企业设计、制板人员的参考书。同时亦是服装爱好者的有益读物。

图书在版编目(CIP)数据

服装结构设计研究与案例／谢良著．—上海：上海科学技术出版社，2005.5(2021.8重印)

ISBN 978-7-5323-8007-7

Ⅰ．服…　Ⅱ．谢…　Ⅲ．服装-结构设计　Ⅳ．TS941.2

中国版本图书馆CIP数据核字（2005）第024132号

服装结构设计研究与案例

谢　良　著

上海世纪出版股份有限公司
上 海 科 学 技 术 出 版 社　出版
(上海钦州南路71号　邮政编码200235)
上海世纪出版股份有限公司发行中心发行
200001　上海福建中路193号　www.ewen.co
常熟市兴达印刷有限公司印刷
开本787×1092　1/16　印张21　插页1
字数520千字
2005年5月第1版　2021年8月第12次印刷
ISBN 978-7-5323-8007-7/TS·739
定价：39.00元

“艺术家与手工艺人之间并不存在一条鸿沟，艺术家往往是手工艺专家发展到极致境界时羽化而成的。”

沃尔特·格罗佩乌斯《包豪斯宣言》

序

我们正处于中华民族腾飞的时代，整个国家正由小康社会向中等发达社会转变。作为服装产业大国，中国正在向世界服装产业强国迈进。身为服装设计与技术工作者，我们既感到自豪，也感到历史的重赋，我们应该比我们的前辈更努力，作出更多的成绩，才不负于我们这个伟大的时代。

谢良老师是我们这个队伍中的一员，他长期耕耘于服装理论教育领域，努力学习国内外先进服装理论和技术手段，提升高等服装院校的专业教育水平，同时他不脱离生产实践，深入福建沿海地区服装产业蓬勃发展的地区，努力提炼对服装教育有益的生产经验，以使服装专业理论的教学既不脱离生产实践，又高于生产实践，从而对生产实践起到指导意义。《服装结构设计研究与案例》一书便是他长期在这方面勤奋努力的硕果，该书阐述了先进的服装技术理念，是将理论与生产实践密切结合的技术专著。

在本书中，谢良老师总结了原型打板法的技术原理和技术方法，翔实可行，有实践指导意义。原型特别是衣身原型和下装原型，是人体三维尺寸的载体，用原型法打板随时可看到服装外轮廓与人体立体形态、尺寸的关系，所以原型法是最先进的服装技术之一；另外，在总结原型法规律的基础上可以减少中间步骤，直接制图，所以可以提高打版效率。在原型法的运用上，片面否定原型法在样板技术学习中的应用是错误的，一味强调原型法的唯一性也是错误的。谢良老师能清醒地认识到这一点并长期身体力行，是他难能可贵之处，也是值得我们学习的。服装号型规格标准在长期实践中凸现出胸围松量偏小（很贴体风格服装），胸围松量偏大（很宽松型服装），号型档差偏大、偏小等不足之处，本书对此提出调整此类服装规格覆盖面，既是一种技术方法的创新，亦与生产实践中的习惯做法是一致的。

总而言之，《服装结构设计研究与案例》不失为一本理论与实践密切结合，理论上有创新，实践上有指导性的好书，特向广大读者们推荐。

张文斌

东华大学服装学院教授、博导

2005年2月

前　言

我国高校的服装设计专业是改革开放以后才起步发展的新兴专业，二十多年来，筚路蓝缕，艰辛创业，成果堪嘉。但是与国内经济建设的需求相比，与发达国家的同行院校、专业相比，尚存在明显的差距，其中的一个差距就是，我国服装设计专业学生服装结构设计的能力欠佳，由于存在这一差距，驾驭服装材料与工艺技术的能力亦就相应欠佳，往往导致服装设计沦为绘画的另类游戏。尽管目前服装行业对人才的需求非常殷切，仍有相当一些毕业生因难以融入服装行业而不得不改行。

系统而扎实的服装结构设计能力对于服装设计师综合素质的重要性，犹如来复线对于现代枪械性能的重要性。拿破仑军团的主战枪械是没有来复线的滑膛火枪，一开火，声势相当吓人，然而弹丸初速低、飞行不稳定、射程短、100米外丧失准确性、300米外就毫无杀伤力了；而近现代枪械的枪管内都加工了来复线，虽然射击时的声势不如滑膛火枪，但是弹丸经来复线的作用后初速高，飞行平稳，射程远，精确度好，可以御敌于千米之外。可见，来复线虽然隐身于枪管内部，却是决定枪械性能最关键的要素之一。高校服装设计教育的“主打产品”应定位于“滑膛火枪”、还是含有来复线的“现代枪械”？答案是不言而喻的。

1981年，笔者在潜心求学时邂逅了德国包豪斯(Bauhaus)学院的设计教育思想，为沃尔特·格罗佩乌斯(Walter Gropius)“艺术与技术相结合”的理念所吸引，深深地感到在我国迈向现代化的进程中，“包豪斯”不仅是设计教育发展的坐标，而且是提高国民综合素质的良方之一。

1985年，在参与筹建福建华南女子学院服装设计与工程专业时，笔者主动地从原本驾轻就熟的美术教学投身于当时颇受忽视的服装结构设计教学，转行的目的就是为了在服装设计教育中身体力行地实践包豪斯设计教育思想。此后在华南女子学院执教、以及1991年调回母校美术系筹建服装设计专业的过程中，矢志不移地对当时盛行的、以“画画”为主导的服装设计教学进行正本归源的改革。具体的改革措施为:

1. 在服装学概论课程中传授包豪斯设计教育思想，启发来自美术生源的新生全面了解服装设计师应该具备的综合素质，避免学习过程中的偏颇。
2. 在专业课中设置较大课时量的原型法、立体法服装结构设计课。
3. 适应美术生源学生的特点，以形象思维的理念讲授服装结构设计。
4. 设置较大课时量的服装制作工艺课。
5. 课程设计、毕业设计均要求学生独立完成设计、制板、缝制的全过程。

总之，最基本的要求就是希望学生把服装材料、制图工具、人台、缝制工具掌握得像绘画材料、工具一样溜。

客观地说，在20世纪80～90年代，这样的教学改革显得相当叛逆，在传统的艺术、技术两大阵营都可谓两面不讨好。幸运的是领导、同事给予有力的支持，依托良好的小气候，上述教学改革得以长期坚持下来。

俱往矣！今天专业界又呼吁“重温包豪斯”；包豪斯设计教育思想（而不仅仅是“三大构成”等基础课程）又逐渐在各专业院系得以重视；随着社会的发展，“艺术与技术相结合”的内涵与外延又有了新的发展。终于可以问心无愧地说，本专业的教学改革是符合设计教育规律的、符合服装行业发展需要的，本专业的教改避免了误人子弟。

身为教师的乐趣之一就在于“教学相长”。在长期服装结构设计的教学岁月中，笔者逐渐地从原型法的积极推广者演变为改革者；同时亦从国家标准服装号型积极推行者演变为改革者。

原型法是从发达国家引进的服装平面结构设计的技法。目前在业内，原型法已经是耳熟能详了，可是在80年代中期却是四面楚歌的。笔者1985年选择了原型法服装结构设计的引进、消化和教学作为最初的专业主攻方向，主要原因是取其基础理论与技法均比较透明，比较贴近形象思维、简捷易学、可传授性强、灵活多变，对操作者经验的依赖性较少，综合性能优于当时国内通行的各种裁剪技术，是实现艺术与技术相结合较有效的工具，是服装设计理想的技术平台。至于当初那种四面楚歌的境遇，笔者以为一方面是由于一些保守的手工业者对先进技术有先天的对抗性；另一方面则是因为最初的一些尝试者尚未熟练地“玩转”原型法而造成的。事实上只要真正“玩转”了原型法，完全能够“任尔四面楚歌，我自游刃有余”，笔者正是这样走过来的。

但是笔者在教学和行业应用中逐渐发现国外引进的原型法也存在一些瑕疵，于是从1992年开始将原型的本国化改革作为科研、教改课题。斗转星移，经两轮教材的出版、多轮教学试验以及十多年行业应用实践，改革日臻成熟。本书论及的原型法服装结构设计理论与技法，是笔者对引进的原型法进行本国化改革而悉心研究的结晶，凝聚着笔者独到的创新点：

1. 笔者基本解决了原型本国化的难题，通过改革男、女原型各重要控制部位的计算公式，尤其是1996年为女装原型的主要控制部位设置了与人体胸围呈1:8等的增减比例，之后又为男装原型的主要控制部位设置了与人体胸围呈1:7及1:8等的增减比例，使之较原版的原型更符合我国人体的增减规律，亦较国内现行的各种基型法教材更符合我国人体的增减规律，有效地扩大了原型的体型覆盖面，为在我国更加广泛地推广应用原型法奠定了坚实的基础。

2. 笔者从理论与实践二个方面明确了“原型即服装结构设计用的人体内限模板”这一概念，并按照这一概念归纳出在服装造型、款式剧烈变化的条件下，原型法服装结构设计的变化规律，使之更具可操作性，更简捷易学，更适应时尚潮流变化的需要，而且大幅度地减少了服装结构设计工作中的重复劳动，亦相应减少了教学中的重复劳动，为原型法的教学与应用制订了适合我国国情的游戏规则。

3. 笔者倡导以形象思维和案例教学为主的方式讲授原型法，教师应以大量的制板案例和实践性演示来诠释专业理论，学生则应通过大量的实践性作业领悟理论的真谛。

服装号型是一种共用性非常强、影响非常广泛的标准化技术，缺少了这项标准化技术，就难以有效地组织、掌控服装的规模化生产与营销。尤其是目前新兴的服装电子商务、柔性化敏捷生产、远程定购和销售等，更需要依托这项标准化技术。

笔者1986年开始主动地在教学中贯彻国家标准服装号型，但是在教学和行业应用实践中逐渐发现，相对于广大中小企业的需要而言，国家标准服装号型5·4系列存在“多而无当”的瑕疵。这主要是由于我国典型消费群体的身高差异明显地小于胸（腰）围差异，身高与胸（腰）围的匹配关系呈现“扁平化”的特点，而5·4系列的分档设置却是身高档差大于胸（腰）围档差，呈现“垂直矩形化”的特点，偏离了消费者体型的变化规律。为了补偿偏离的后果，不得不为每一档身高重复地配置多档胸（腰）围，由此导致整个号型系列庞大化、低效化，而广大中小企业亟需的是“以少胜多”的服装号型系列。

于是，笔者1999年开始进行提高服装号型体型覆盖面的研究。研究的结果表明，要使服装号型系列达到“以少胜多”的应用效果，“号型系列排序应扁平化”，具体而言，号型系列里身高档差的设置应当小于胸（腰）围档差。据此，笔者设置制订了适用于合体服装的2.5·4系列、以及适用于休闲服装的3·6系列号型，同时相应改革了成衣规格表的设计方法及成衣板型的缩放技法。新系列服装号型具有“少号型量、大覆盖面”优点，视实施号型量的不同，在覆盖等量范围消费群体的情况下，可以比5·4系列节约35%～60%的号型量。诚然，笔者对服装号型的改革还是初步的、粗糙的，但是“以少胜多”的效果，已为众多产品案例所验证。相信随着服装号型改革的继续，笔者提出的“号型系列排序应扁平化（即身高档差宜小于胸（腰）围档差）”的理念，可以得到更多的证明。

本书将前述诸项改革的成果奉献与同道分享，并祈望以此抛砖引玉，推进服装结构设计理论与技法的繁荣，推进服装设计教育的发展。

本书交稿后，张文斌教授于百忙之中欣然拨冗，以极大的热情为本书进行了缜密的审校，并且撰写了序言，扶持、激励后辈的崇高境界溢于言表，在此谨致衷心的感谢！

厦门同盛唐科技有限公司为本书提供了日升CAD软件的支持，在此谨致衷心的感谢！

由于笔者才学所限，书中难免存在瑕疵和欠妥之处，敬请同道、专家和前辈不吝批评指正。

谢 良

福建师范大学美术学院

服装设计与工程专业副教授

2005年2月定稿于福州

目录

第一章　服装结构设计概述

第一节　为什么要学习服装结构设计

一、服装结构设计

服装结构设计按行业习惯简称"服装制板"或称"服装推板"。

以大道理而论，服装结构设计是服装设计专业艺术与技术最重要的结合点，把精彩的设计创意加以具象化、物质化，进而转化为实实在在的经济效益、竞争力和经济实力，这是市场型设计师必备的综合素质。服装制板是实现服装造型、款式设计美的先决条件，亦是实现服装工艺美的先决条件，是服装设计师综合素质重要的组成部分。不会制板的学生，难以培养其服装材料与工艺角度的专业想象力；不会制板的毕业生，难以在行业内生存；缺少了服装制板的沟通，任何新造型、新款式的服装都无法进入生产体系。

按学科分类，服装设计专业属于工业设计学科的分支，是艺术与技术交汇的专业，服装结构设计的原理与技法是服装设计师创新能力的技术支点，熟练地掌握服装结构设计的理论与技能，对于未来设计师综合素质的养成,以及对于服装设计专业的毕业生尽快地融入服装行业都是非常重要的。纯艺术家可以生存于自我之中，服装设计师则必须生活于市场之中，要在市场里搏风击浪，熟练地掌握服装结构设计的技能是必备的基础。尽管现代职业的分工趋于细分化，但对职业人才综合素质的要求却在趋于通识化。

按艺术分类，服装设计属材料艺术，服装材料的解构与重组是服装设计的主要形式，服装文化必须由服装材料来承载，在这个领域，想象力脱离了材料及处理材料的能力就等于零。

以小道理而论，学好服装制板可以增加自身就业的竞争力。因为：

（1）作为市场型设计师，既要有坚韧不拔的理想、高度的创意，又要有扎实的实现创意的手段。不会制板就不是合格的市场型服装设计师。

（2）市场型设计师通常是设计小组（或工作室）的负责人，对产品设计创新的最终效果负全面监控的责任，不会制板就难以胜任这一职责。

（3） 追求时尚的女装行业，需要大量的设计型制板师，制板师的工作岗位至少三倍于设计师的工作岗位，掌握了制板理论与技法有利于从制板师、或制板师助理的岗位切入服装行业。

（4）设计型制板师的工作经验、市场经验与市场型设计师多有相通，初出茅庐的设计专业学生要积累工作经验、市场经验，从设计型制板师做起通常是个理想的切入点。

（5）制板师职业的特点是进入难，经验性强，稳定性好，薪酬起点不高但前景却较高，很适合在职业上的长线投资者。

（6）目前正在推广中的服装CAD，其功能是辅助制板师工作，提高其工作效率，在可预见的将来，电脑人工智能还无法全面取代制板师，所以熟练掌握服装制板亦是学习服装CAD的基础。总而言之，掌握"两栖作战"的能力，肯定有利于驰骋职场。

我国现代服装行业是改革开放以后才起步发展的新兴行业，经过短短二十余年，从思想观念封闭保守、半机械化装备的作坊手工业，发展成为初步拥有现代化缝制设备、现代化物流体系、现代化营销网络的现代制造业，产量一半以上面向国际市场，二十多年来创汇额始终高居国内榜首，近十年产量位于世界第一，加入WTO以后，由于关税、配额壁垒的取消，极大地促进了我国服装的出口。但是在繁荣的背面也隐藏着极大的挑战，一方面一些劳动力资源充沛而又廉价的国家不断地蚕食我国的出口市场；另一方面服装强国的名牌大举进军国内市场。在内外夹击的形势下，服装行业的出路在于从加工型行业尽快转型为都市时尚型行业，由靠廉价劳动力求生存转型为以精品、创新和文化赢得市场。唯有此举，才能使服装行业像欧美的一些服装强国那样，随着GDP的增长而水涨船高。

能否成功地转型，设计是关键，这一点早已有了共识，但是将设计转化为竞争力的关键何在？却是在近年才得到重视。做过企业的人都知道，再精彩的设计创意也不会自动地变成经济效益、竞争力和经济实力的，其中必然要经过一个漫长有时甚至是痛苦的转化过程，掌握了科学的服装制板原理与技法，可以有效地缩短这一过程。

行业的发展，特别是异常激烈的竞争导致行业内分工的细化，从制衣流程中细分出各种各样的分工。服装设计师、服装制板师这二个职业正是在激烈的竞争中应运而生的，激烈的市场竞争为服装设计师、服装制板师提供了极富挑战性的就业机会和发展机遇。

二、服装设计与服装制板

我国高校的服装设计专业起步较晚，大专层次的服装教育起步于1980年，本科层次的服装教育起步于1984年。与工业设计其他专业方向一样，服装设计是多门学科知识交汇的专业，服装设计的过程不仅要研究服装造型艺术的审美要素，这通常是属于服装造型设计范畴；还要研究如何实现服装造型款式创新设计条件下人体与衣服之间空间形态的变化、衣片三维构成的数理关系及面料、辅料、构成工艺等技术美学要素，这通常是属于服装结构设计范畴。

由于构成服装穿着效果的主要材料是软质的纺织面料和半软质的人体，这两者都具有较大的可变性与互动性，因此，服装造型设计与服装结构设计的相互关系，较之其他一些主要由硬质材料构成的工业设计专业里的造型设计与结构设计，具有更大的相互渗透性，在创新设计的思维过程中，两者往往是交叉进行的，你中有我，我中有你，其结合的紧密程度超过了工业设计中的其他门类，尤其是在现代服装造型款式创新设计的条件下，设计的理念已经拓展为材料的解构、重组与整合。因此服装结构设计的多变性远远超过了以往裁剪技术的范畴，直接影响着服装造型想象力的萌发与实现，所以在科学的创新设计构思过程中，服装造型设计与服装制板往往是一个难以分割的整体。

为适应国家经济建设与消费者日益增长的需要，大多数高校服装设计专业的人才培养目标除了传承服装文化的学术修养之外，还应定位于市场型服装设计师及设计型服装制板师，而这两者都要熟练地掌握服装制板。

市场型服装设计师的职业属性是设计师、而非纯艺术家，其职业的主要目的是设计、制造消费者乐于购买的服装、服饰商品和生活方式。服装设计师应擅长于专业设计理论，以及从构思到商品的服装设计全过程的全部技能，其专业素质应包括懂品位、懂制板、懂工艺、懂市场、懂营销，这是服装设计师应具备的综合素质。

设计型服装制板师的职业属性是服装设计师和服装工艺师的综合体，其职业的主要目的是配合设计师将服装造型、款式的理念和构思设计成可供裁剪、制造服装的结构设计图(本书按行业习惯简称为板型)，并协助，协调工艺师和生产部门使设计作品制造成样衣乃至成衣商品。服装制板师应该既能充分理解服装设计理念和构思，又要熟练掌握服装材料载体的表现力和制衣工艺流程的全部技能，并使之充分地为实现服装设计的理念和构思服务，其专业同样需要具备全面的综合素质。

服装造型款式创新设计是提高服装附加值的重要途径之一，同时亦是当代人创造的社会生活、文化生活以及经济生活的表征。服装制板在服装创新设计中起着衔接服装造型款式设计与服装工艺的关键作用，正因如此，服装制板的能力应该成为服装设计师综合素质的重要组成部分，而服装制板师则必须熟练地掌握服装制板的原理与技法，以胜任在制衣流程中上承服装设计，下启服装工艺的桥梁作用。

现代服装制板通常包括原型法和立体法这两类方法，在设计实践应用中两者很少截然分开的，受过良好教育的设计者多是两者兼用。由于目前男、女装原型本国化的难题已基本解决，而立体人台的本国化还有一大段路程有待攀登，所以目前在我国推广应用原型法的条件更为成熟些。

在服装设计教育中，由于目前的新生绝大多数缺少服装专业基础，从原型法入手，有利于快速地培养新生的人衣关系感、尺寸感、材料感、工艺感。初步打好这些基础后再学习立体法，可获事半功倍之效。

目前服装的主流面料是非弹性的机（梭）织面料，主流服装结构是立体结构，从全面系统地学习服装制板的角度着眼，通常应该先学习基于非弹性机（梭）织面料、立体结构的服装制板技法，而后再学习基于弹性面料的或平面结构的服装制板技法。

三、服装制板师的职责

服装制板师按产品定位区分有两类：定制服装（单量单裁）制板师和工业成衣制板师。

按照现代企业分工，服装制板师的工作主要有下列几个方面:

（1）分析服装设计效果图；

（2）测量穿着者（定制服装的消费者或工业成衣的样衣模特）的体型数据；

（3）选择与服装造型效果相衬的面料、辅料；

（4）选择与服装造型效果相衬的，经济、高效的工艺流程；

（5）综合前四点要素设计样衣板型（即制板），交予工艺师制作样衣，并与设计师，工艺师配合进行试穿、修正、调整，使之尽量实现设计的效果；

（6）按照具体服装造型款式与目标消费群体的号型设计成衣规格表；

（7）按照成衣规格表设计多规格的工业化成衣板型（即推板）。

定制服装制板师的工作主要是前5项内容，工业成衣制板师的工作包括7项全部内容。

四、服装结构设计课程的重点

学习服装结构设计课程着重解决下列几个问题:

（1）掌握分析各种造型的服装设计效果图，并将其分解成适当宽松量的衣片，同时协调好人衣之间的立体空间关系的思维方式和技巧;

（2）熟悉人体结构，掌握体型测量方法，掌握从人体结构角度研究人衣关系的思维方式和技巧;

（3）熟练地掌握原型的制作方法，理解人体与原型的相互关系，掌握应用原型设计合体服装的基本技法;

（4）掌握分析服装设计效果图及服装平面效果图的细部款式，并将其分解成适当的衣片细部结构的技巧;

（5）熟悉服装面料、辅料的服用性能，造型效果及工艺性能，按造型款式设计的要求选配适当的面、辅料；

（6）熟练掌握制作样衣的技能，以把握职业的话语权和主动权；

（7）掌握成衣规格表的设计方法；
（8）掌握成衣多规格板型的设计技法（简称“推板”）；
（9）掌握编写制衣工艺说明及检验标准的方法。

第二节 怎样学习服装制板

从应用角度而言，服装制板是一门以实践性、技能性为主的课程，教学的目标主要是培养初学者按照服装造型、款式设计的要求进行制板所必需的思维能力和想象力，以及制板所必需的实践技能。因此学习服装制板的方法应该是，在正确理论的指导下，实践、实践、再实践。

加入WTO后，我国要发展成世界制造业大国，服装行业将长期持续地发展，对人才的需求将是长期的，特别是今后服装行业由加工型行业转向时尚型行业，需要更多的设计、制板人才加盟。但是服装行业不欢迎毫无经验的书生，所以一定要在学习期间掌握熟练的技能，积累起码的实践经验。

服装制板的过程，是将平面服装效果图转化成立体服装的过程，这一过程中包含着艺术造型和技术造型。在制板的过程中，诸如服装款式的变化，各种服装面料、辅料的选择，各种宽松量的选择，不同缝制熨烫工艺的选择，乃至于不同地域、不同年龄的消费者衣着习惯的差异等等要素，都会影响服装制板和成衣的效果，这些要素绝大多数难以进行量化的分析，主要依靠实践经验进行形象的分析和处理，制板效果的优劣主要取决于实践经验的多寡。因此绝不能认为在校学习期间，只要掌握好制板的理论就行了，而经验可以到工作岗位上去积累，执此观念的人实质上是关闭了自己在服装行业求职的大门，将来除了改行，别无他途。

一、服装制板的原理与技法

作为设计型制板师，要重视培养自身形象思维的能力，对于制板中遇到的林林种种的难题，切勿往几何与函数的牛角尖里死钻，应当以原型法、立体法及形象思维为路径加以解决。从设计制板的层面而言，任何数学公式都无法解决服装造型款式变化条件下，衣片及其他部件灵活变化的问题。不恰当地依赖数学公式往往窒息了服装造型款式的变化。

原型法是发达国家通行的服装平面结构设计的技法，具有易于学习掌握、易于设计变化等诸多优点。原型法提供了以形象思维为主的方式进行制板的基础，原型作为体型覆盖面很大的人体内限模板，为设计者解除了合体问题的后顾之忧，极大地减少了计算、绘制基础线的重复劳动，在其之外的设计线条大多数都可以按照类似绘画线条的方式处理，按此概念制板，极大地丰富了服装造型款式设计的技术平台。一个初学者若要系统、全面地学习服装制板，掌握原型法是一条必经的捷径。

改革开放之初，我国存在多种解放以前传入的西式服装裁剪制图技术，近二十年来一些专家对其进行了不同程度的改革，以期适应新出现的服装制板的需要，但是收效有限。主要的原因有两点：其一，忽视了服装制板与人体结构的关系，原有裁剪制图公式偏离我国人体增减规律的现象未能得到纠正，有些反而因新设置的公式体系不合理而有所加剧；其二，原有的制图公式制约造型款式变化的现象未能纠正，有些反而因制图公式由四则运算“升级”为几何、函数，对造型款式变化的制约亦有所加剧。对比这些技术，更能显现原型法体型覆盖面大、简捷易学、易于设计变化的优势。

二、实践在学习服装制板中的作用

虽然原型法很适用于表现服装造型款式多变的效果，亦比较容易学习，但其并不会“自动”

地制板，初学者从门外到入门，除了学习必要的理论以外，还需要通过足够多的实践掌握服装立体造型的技巧。形象思维的能力不是天生的，如同学习绘画一样，要靠大量的习作来培养、磨练。因此要学好服装制板，就得在学习过程中制作一定量的习作，以积累初步的实践经验，这些习作应包括设计、制板、工艺制作的全过程，通过这些习作，深入理解制板的理论，由量变促进质变，熟练自身的设计、制板技能和工艺技能。

进行大量习作的目的，是为了在学校内就基本终结初学者在设计、制板技能和工艺技能方面的“菜鸟”阶段，进入企业后只要汲取适当的企业运作和市场运作的经验，就能独挡一面地工作。

为此应该给自己订一个计划，在学习期间，以研究的心态，设计、制板、制作30个款式以上的服装（不含毕业设计的作品）。其中应包括30个不同的造型、款式效果的实验；20种以上不同肌理面料的实验；20种以上不同的宽松量的实验；20款以上与立体法交叉配合制板的实验； 10种以上不同的体型的实验；以及5款以上贴体、合体、宽松等不同的宽松量服装的成衣规格表的设计和成衣工业推板（通常在1个款式上可以进行上述2～3种学习目标的实验，大多数实验都应先用白坯布假缝，在立体人台上仔细地审视、修改后，再用实布完成作品）。

上述作品中男、女装，童装应各占一定的比例，无论男女学生均应尽量多做自己穿的作品，因为无论是从设计效果还是从人衣关系的角度而言，亲身体验都是非常重要的学习过程。在实验过程中，除了积累设计、制板的经验之外，还要注重提高自身的工艺技术，一个初次入行的设计师或制板师，不懂工艺技术，话语权必然大打折扣。以往裁缝师傅优良的制作工艺技术是值得继承、发扬光大的，但已落伍的裁剪技术，以及墨守成规的裁缝思维方式则应该摈弃。

上述30个款式以上的实验是针对“宽口径”培养目标而定位的，如果培养目标（就业目标）定位比较窄（例如定位于职业装、休闲装或针织服装等），至少亦应进行15个款式以上有针对性的实验。

除了上述习作以外，还要以各种方式全方位地了解市场、研究市场，无论是设计师还是制板师，赢得成功的舞台都在市场，能否在市场的大海里搏风击浪，是区别设计师与纯艺术家的分水岭。

还要经常地、大量地观摩优秀的服装作品、产品（包括历史上的、现代的），以及美术、建筑、音乐、戏剧、影视等等姊妹艺术作品。古人曰：“观千剑而后识器”。观摩多了，耳濡目染，自然容易提高自身的鉴赏能力，而技能是受鉴赏力指挥的，不具备一定的鉴赏力，技能将提前“封顶”。

还要博览群书，努力提高自身的文化修养，提高自身的品位，设计作品是设计者品味的外在表征，制板的效果亦将受到品位的影响，设计的竞争最终往往是品位的竞赛，服装设计的成功往往在于找准了文化与技术的契合点。因此设计师、设计型制板师都必须深深地植根于本民族优秀文化和世界上一切优秀文化的沃土中。

有了上述的努力垫底，将来面临实习、求职及创业时就能信心倍增。

第三节 服装制板的基本概念、工具与代号

一、服装制板的基本概念

时装画：服装设计师传达其设计思维、想象时装穿着效果的绘画形式，着重表现流行趋势、造型风格。人物造型、色彩、线条多较夸张，突出强调视觉冲击力，是服装结构设计（服装制板）的依据之一，亦常用于平面广告。

服装平面效果图：服装设计师单纯以平面的方式传达其设计思维，想象服装整体造型和细部设计构思的绘画形式，多不画人物，以单色线条表现，有正面效果图和背面效果图，要求各部件应近似写实比例，线条尽量清晰，是服装结构设计（服装制板）的依据之一。

服装结构设计图：简称服装板型。服装结构设计师（服装制板师）依据时装画、服装平面效果图传达的信息，以分解衣片的形式，按实体尺寸所设计的，可供裁剪、制作服装，并最终体现服装造型、款式设计效果的制图形式，是服装制作工艺的依据之一。

服装造型：由一定的面料和辅料构成可视的衣物及服饰品的视觉美感形象，亦指衣物及服饰品整体轮廓的投影外形。其主要的表现形式是服装设计图及设计样衣。

服装款式：服装整体造型内的局部设计，如领型、袖型、袋型、门襟、剪接线、省道、褶裥等的设计变化，是从属于服装造型的一个组成部分。

服装结构：衣物及其装饰物的面料、辅料各部分的配合、组织方式、内部构造及多种号型的缩放，是实现服装造型、款式设计效果的技术性手段之一。其工作过程即服装结构设计（简称服装制板、推板），其主要的表现形式是服装结构设计图（简称服装板型）。

原型法：一种服装结构平面设计（服装制板）的技法。原型法以原型为人体内限模板，在其之外，按照服装造型、款式设计的要求，进行衣片及其细部的板型设计，尽可能完美地实现设计的效果，使设计构思具象化、物质化的服装结构设计技法，适合服装造型款式变化条件下的服装制板，体型覆盖面优于比例法和基型法，在设计实践中常与立体法配合进行。原型法有多种流派，多由大公司或专业院校推出，其设计变化的技法稍有不同。

立体法：又称立裁法。是以立体人台作为人体内限模型，在其外围用白坯布以包裹、绑扎、捏省、打褶等等手法，按服装设计的要求裁剪出样片，再依据样片裁剪面料并制作样衣的服装结构立体设计的方法。该方法有利于直观地进行整体造型及褶裥、剪接线等局部装饰的处理，能够全时、全方位地审视、品味、调整衣片的轮廓和细部，使之尽可能完美地实现设计的效果，适合表现艺术创意性较强的服装，亦适用于合体性要求较高的服装，但需要较强的设计技巧和设计经验，同时需要较精准地、真实地反映我国人体特征的系列人台的支持。在设计实践中多与原型法配合应用。

人台：服装结构设计用的、多种常用号型、含有基础宽松量的人体内限立体模型。来自于广泛的人体测量统计数据的综合归纳结果，代表着一定国家、一定地域的人体的体型特点，相当于人体表皮平面展开后，经规整化处理的图形，包涵着人体重要控制部位立体关系的直观造型，具有广泛的体型覆盖面，是立体法服装结构设计的重要工具。目前系列人台本国化的难题尚未完全解决。

原型：服装结构设计用的、多种常用号型、含有基础宽松量的人体内限平面模板。来自于广泛的人体测量统计数据的综合归纳结果，代表着一定国家、一定地域的人体的体型特点，包涵着人体重要控制部位立体关系的信息，具有广泛的体型覆盖面，是原型法服装结构设计的重要工具。原型有多种流派，其分解人体的方式稍有不同。目前系列原型本国化的难题已基本解决。

比例分配法：我国以往通行的定型款式服装制图裁剪的技法。以服装成品尺寸为基数，将该基数代入既定的经验公式计算并绘制裁剪图，再依据该图裁剪服装。该方法几乎所有的裁剪线都受经验公式的约束，只适合复制定型款式的服装，不具备可设计性，公式繁杂又欠合理，适用体型范围比较有限，实际应用中既需要繁琐的计算，又需要经验性的适体修正调整。我国地域辽阔，各地的比例法略有一些差异，但其内核技术大致上是相似的。

基型法：由比例分配法改良的服装结构平面设计的技法。基型法吸收了原型法的部分优点，以比例法绘制的衣片外框作为外限模板，可以在其之内进行分割线、领型、袖型、袋型、门襟等局部设计，与比例分配法相比有所改进，具备有限的可设计性，制图公式虽有所减少。但仍保留了比例法的主要缺点，设计的效果不如原型法直观，整体造型变化不能突破外限模板的束缚；适用体型范围有限，实际应用中既需要较繁琐的计算，又需要经验性的适体修正调整，往往迫使操作者无心、无力顾及造型设计的效果。基型法有多种种类，但其内核技术大致上是相似的。

号型：国家制定的服装人体规格的标准名称，作为成衣规格设计的基础依据和消费者选购成衣的参照依据。例如170/92A、170/78，160/84A、160/68等等。其中“号”指身高；上身的“型”指胸围（净胸围、即本书制图代号“B”），下身的“型”指腰围（净腰围、即本书制图代号“W”），均以公制“厘米（cm）”数值标示。上身号型还附有Y（细腰体）、A（正常体）、B（准胖体）、C（胖体）四档代号，分别表示四档胸腰围度差，作为设计全身套装的基础数值。

男性的胸腰围度差为Y=17～22厘米；A=12～16厘米；B=7～11厘米；C=2～6厘米。

女性的胸腰围度差为Y=19～24厘米；A=14～18厘米；B=9～13厘米；C=4～8厘米。

净缝：作为缝纫线迹的及衣服边缘的依据。若无特别说明，一般服装结构图（包括本书在内）的轮廓线或结构线都是净缝，裁剪时需要另加毛缝。为了便于推敲、修改，大多数样衣的样板是净缝板。

毛缝：作为剪刀或电剪运行的依据。净缝加上适当宽度的布边（缝份、折边份）即为毛缝。为了便于提高工作效率，明晰分工职责，大多数批量生产成衣的裁剪样板是毛缝板。

二、服装制板与裁剪工具

工欲善其事，必先利其器。服装制板与手工业裁剪的差别之一在于，服装制板更强调科学性、艺术性、规范性，为此置备一套精良的专业工具，对于提高工作质量和工作效率是很有好处的(图1-1)。

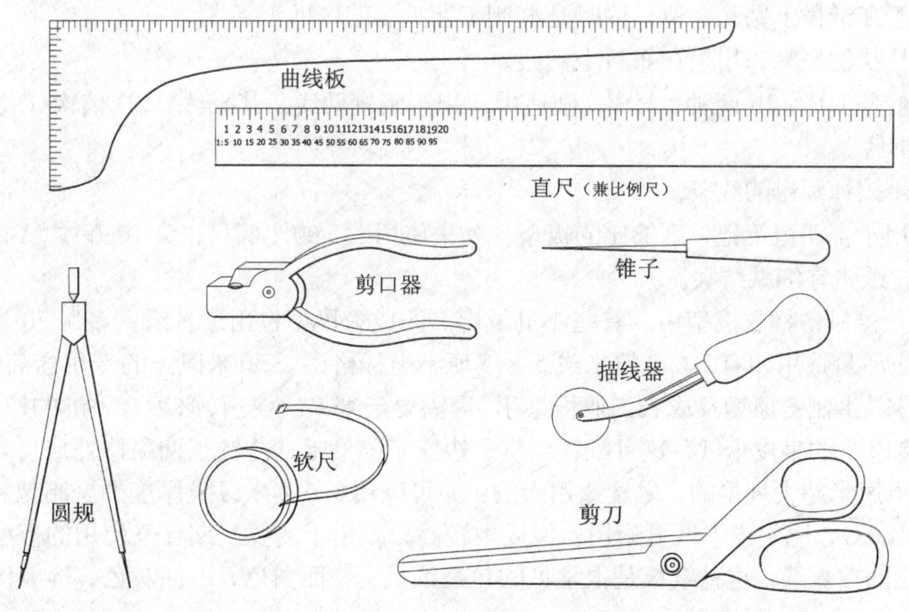

图1-1　服装制板工具

工作台：供制板及裁剪样衣用。台面用1.5厘米以上厚度的实木板或中密度纤维板比较适宜，面积根据工作场地大小而定，条件允许，最好用整块板，长244厘米、宽122厘米，台面高度80厘米左右为宜，场地小则可用2/3块或1/2块，亦可以用普通桌子代用。

直尺：供制板用。应备长、短各1件，长直尺推荐选用不锈钢的100厘米直尺或聚酯材质的60厘米带坐标格的软直尺，不锈钢直尺还可以兼作镇布用，聚酯软直尺可以兼作领围、袖窿等部位的弧线长度测量尺；短直尺25～30厘米长，画小部件用，并兼作比例尺、缝制细部检验尺。我国于1990年1月1日废除了市制尺度，所以不要用市制尺，应该用公制尺；目前世界上还有一些国家（主要是英联邦国家）使用英制尺度，制造出口服装往往要用到英制尺，不少不锈钢直尺的正面是公制、反面是英制，很适用。

比例尺：供在笔记本里画缩小比例的板型用，常用的比例为1:4或1:5。

三角板：用于画水平线、垂直线、各种角度线。推荐选用长边长度35厘米以上并带有量角器的三角板。

曲线板：供画弧线用。服装制图与其他行业的制图相比，有一个显著的特点，即弧线比较多，笔者在近二十年的教学中，一贯倡导使用曲线板，因为初学者使用曲线板能够较快地掌握制图技能，熟练者使用曲线板能够显著提高制图质量和工作效率。一些业内人士反对使用曲线板，这大概是受裁缝思维影响，试想，现在哪个行业的制图不允许使用曲线板？服装行业有什么理由特殊化？

软尺：用于测量体型尺寸，并兼测量领围、袖窿、袖山的弧线长度，要选用玻璃纤维增强的软尺。

圆规：用于画圆周线、等分线、等长线。

剪口器或打孔器：用于在纸样边缘快速制作对位标记。

人台：用于检验、修正纸样和样衣，要尽可能选择体型准确的；最好包括中间体号型及大中小多种号型。

点线器：亦称描线器，用于拷贝纸样。

锥子：用于在纸样上钻孔定位，同时是缝制工艺重要的辅助工具。

粉片：薄片状的粉笔，用于在布料上画线。

铅笔：一般备HB、2B两种，HB软硬适中，用于画辅助线、基础线，2B稍软（较黑）用于画完成线、轮廓线。

橡皮：用于擦掉画错的线条。

笔记本：用于上课记笔记，画缩比的板型。如果使用1:5的比例尺，大16开或A4规格的笔记本比较好用，纸张宜细腻结实。

板型用纸：供制备样衣板型用，有些小批量生产的成衣板型也用这种纸。多用70～90克的牛皮纸，有条件应尽量选用印有3×3厘米或5×5厘米坐标格、长30米以上的专用卷筒制板纸。

板型用纸板：供制备原型及成衣工业板型用。因需要反复多次使用，必须有足够的厚度和强度。推荐选用250克以上的牛皮卡纸，这种纸很结实，边缘不易磨毛，能较长期保持外形尺寸稳定，这种纸有126×96厘米超大规格的，尽量选用大的；亦可以用0.6毫米以上厚度的聚脂塑料片，这种塑料片能耐温180℃，比牛皮卡纸更耐用，但成本较高，多用于需要长期反复使用的板型；还可以选用250克以上的白板纸，这种纸板是很常见的包装纸板，一面白色，一面灰色，价廉但纸质不太耐用。

布料剪刀：裁剪布料的专用剪刀，长23～30厘米的比较好用，剪刀关系到工作质量和效率，要精心保养，不要沾水，不要用于剪纸。

纸样剪刀：专门用于裁剪纸样的剪刀。普通的家用剪刀或已用钝的布料剪刀均可用。

订书机：用于快速拼接纸板。

胶带：透明胶带、双面胶带均需要，用于粘接纸样。

三、服装制板名称、符号与代号

服装制板名称具体见图1–2，各部位名称见图1–3。

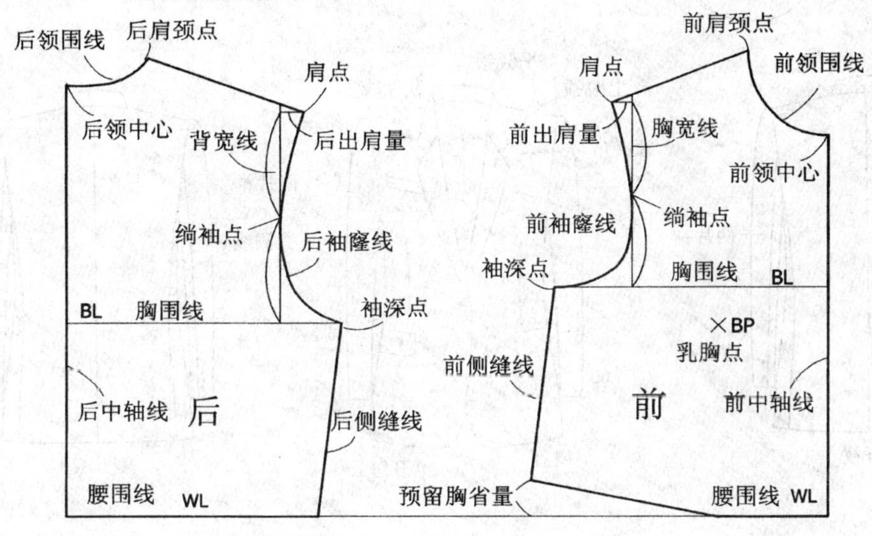

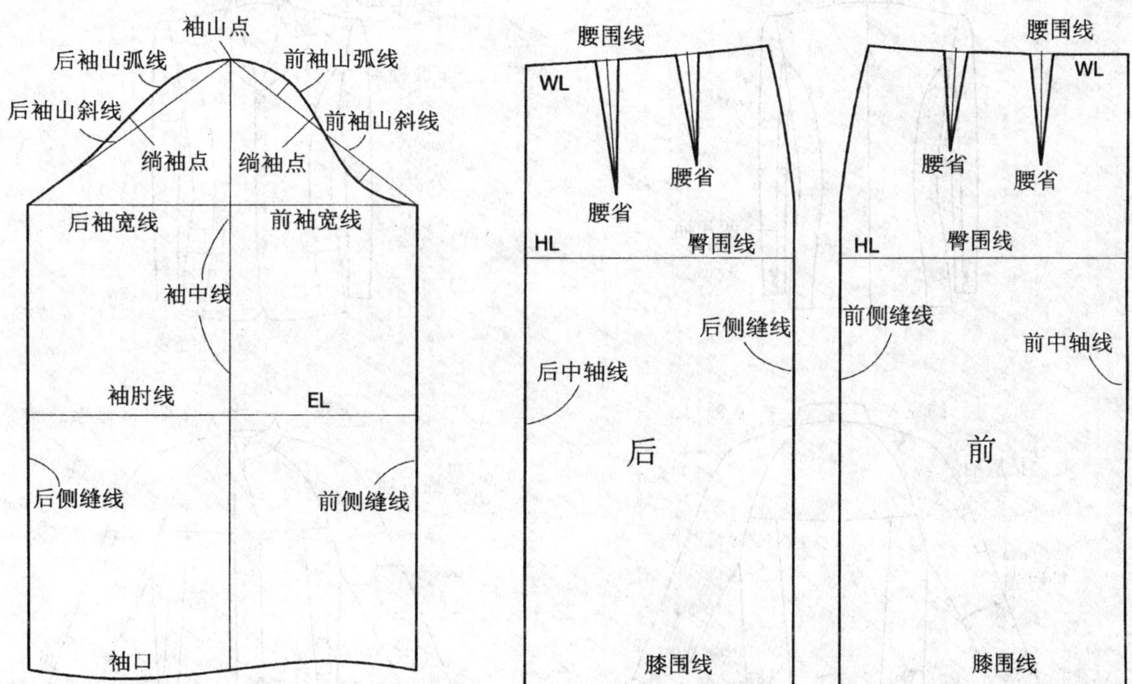

图1–2　女装原型各部位的名称

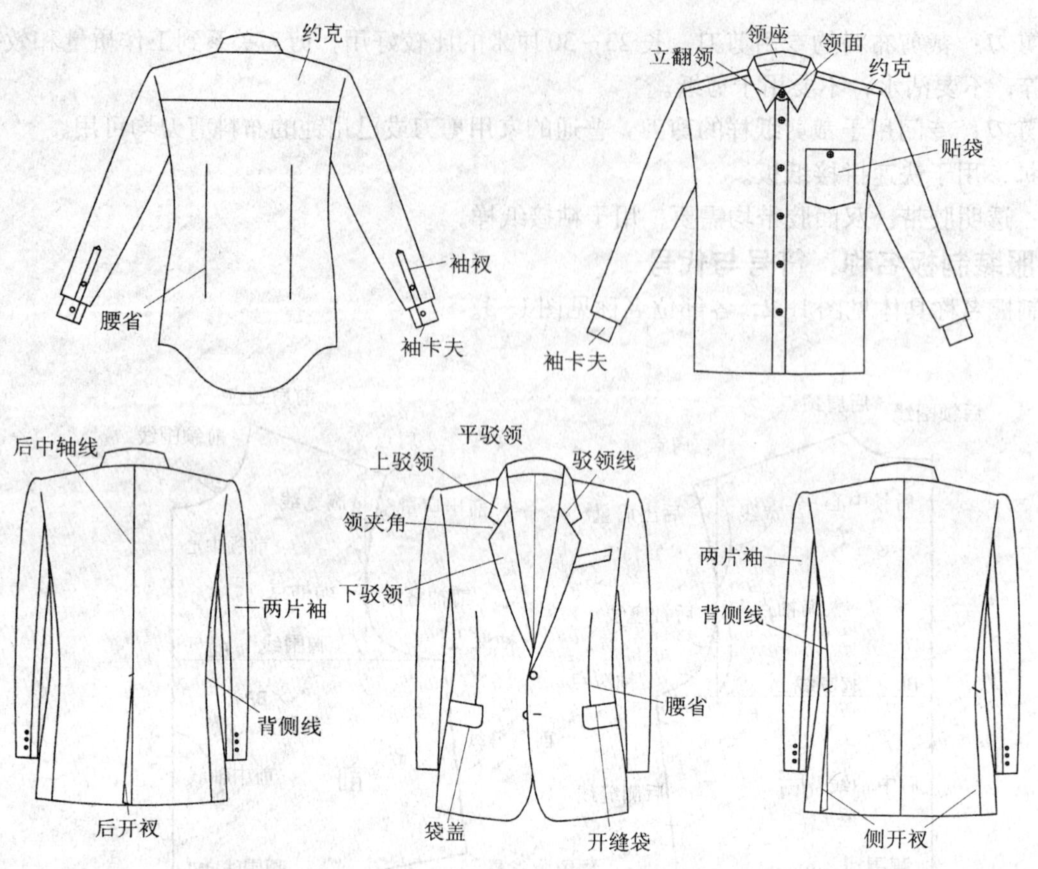
约克
腰省
袖衩
袖卡夫
领座
领面
立翻领
约克
贴袋
袖卡夫
后中轴线
两片袖
背侧线
后开衩
平驳领
上驳领
驳领线
领夹角
下驳领
腰省
袋盖
开缝袋
两片袖
背侧线
侧开衩

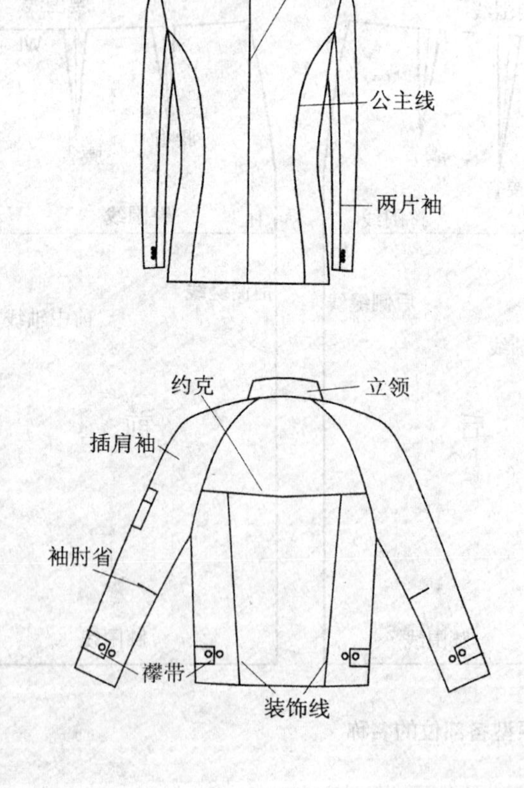
后中轴线
公主线
两片袖
约克
立领
插肩袖
袖肘省
襻带
装饰线

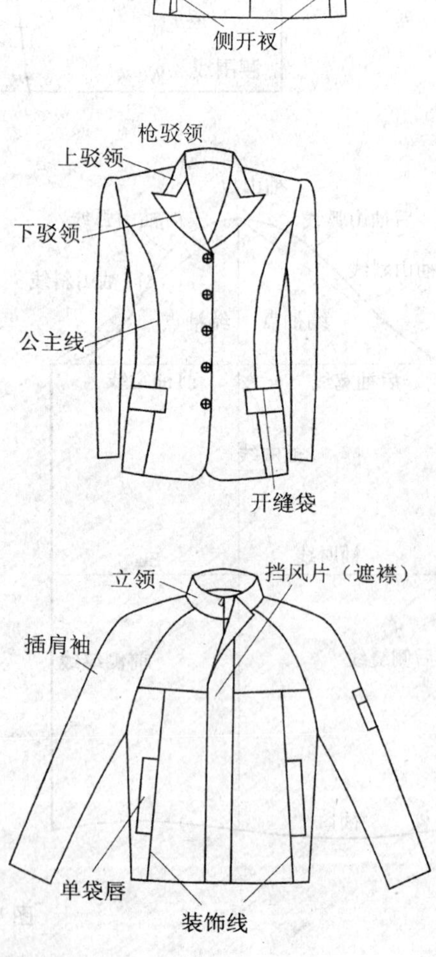
枪驳领
上驳领
下驳领
公主线
开缝袋
立领
挡风片（遮襟）
插肩袖
单袋唇
装饰线

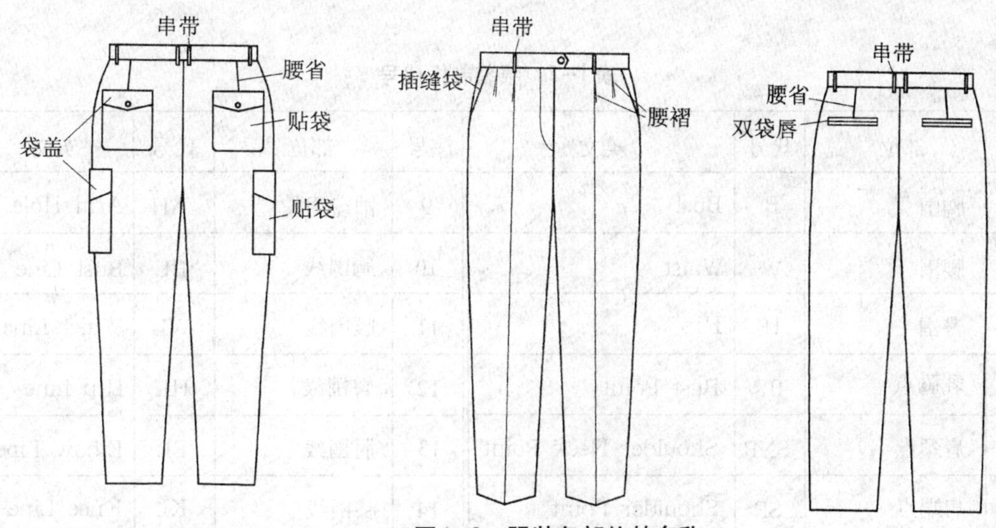

图 1–3　服装各部位的名称

服装制图中常用符号见表 1–1，服装制板代号见表 1–2。

表 1–1　服装制图常用符号

符号	名称	符号	名称
	完成线　轮廓线　结构线		褶裥符号
	基础线　原型线		拔伸符号
	连裁线		布料的经纱符号
	折边线　贴边线		布料的顺毛符号
	直角符号		省缝符号
	等分符号		缩缝符号
	等长符号		纸样交叉裁剪
	纸样拼接	1 BP　2 BP	纸样折叠转省

表1–2 服装制板代号

序号	部位	代号	英文	序号	部位	代号	英文
1	胸围	B	Bust	9	袖窿周长	AH	Arm Hole
2	腰围	W	Waist	10	胸围线	BL	Bust Line
3	臀围	H	Hip	11	腰围线	WL	Waist Line
4	乳胸点	BP	Bust Point	12	臀围线	HL	Hip Line
5	肩颈点	SNP	Shoulder Neck Point	13	肘围线	EL	Elbow Line
6	肩端点	SP	Shoulder Point	14	膝围线	KL	Knee Line
7	前领围中心点	FNP	Front Neck Point	15	颈围	N	Neck
8	后领围中心点	BNP	Back Neck Point	16	头围	HS	Head Size

第二章　女装结构设计研究

第一节　女性人体结构与测量

一、女性人体结构

女装是14周岁以上女性青少年及成年女性穿着的服装的总称。

时装设计这一概念起源于女装，有了时装设计才相应产生了服装结构设计（服装制板）。现代女装设计姹紫嫣红，美不胜收，是众多服装设计师竞相驰骋的赛场，同时亦是设计型服装制板师施展身手的最佳舞台。

服装制板的要旨之一是协调好人衣之间的立体空间关系；原型是由人体躯干腰围线以上的表皮平面展开后，经规整化处理而构成的；同时为了学好时装画，亦需要对人体结构有较系统的认识。为此服装设计专业学生应该认真地学习"艺用人体解剖学"，如果有条件，最好再选修一门"运动人体解剖学"，全面细致地了解人体的骨骼、肌肉，及其静态、动态的变化规律。本书限于篇幅，不能全面系统地探讨人体结构，仅扼要地介绍与服装关系最密切的人体要素。

人体骨骼是由200多块骨头构成的。这些骨头的外面又包覆着肌肉，骨与骨之间由关节连接。骨骼是人体的支架，肌肉为骨骼提供缓冲保护及运动的动力。

人体的比例通常以头长作为基准单位，我国女性的身高通常为7头长左右，体型较修长者可达7.5头长。

女性的躯干长度约等于2.9头长，上臂约为1.3头长，下臂约为1头长，手约为0.77头长，下肢约为3.65头长，肩宽约为1.8头长。

女性因乳胸丰满，乳胸呈圆锥状或半球状隆起，而背部起伏相对较小，因此前腰节（前SNP至腰围线）比后腰节（后SNP至腰围线）长约0.2～1.5厘米。这表明女性腰部以上的合体衣片是前长后短，并与胸围的增减呈正比，这是塑造胸部立体造型的前提，在此前提下，配合省道夹角以及胸省，可塑造前衣片因乳胸隆起而形成的立体造型，这是合体女装板型特有的结构形式。对于正常体型的中青年合体女装而言，若前腰节比后腰节短就是谬误；侧胸省宽没有随胸围增减而相应增减，亦是谬误。但是半宽松、宽松式服装由于衣片不贴体，不强调胸部的曲线起伏，前后腰节可以等长，或前腰节稍短于后腰节。

女性胸围与半胸宽的增减比例稍小于8∶1；胸围与半背宽的增减比例大约为8∶1；胸围与袖深点的增减比例稍小于10∶1；胸围与半领宽的增减比例大约为30∶1。合体服装上相应的部位都应符合这些人体重要控制部位的增减比例，这是服装制板技法的基点之一。

女性因骨盆体积较大，通常臀围比胸围大6～10厘米，女性胸腰围度差较大，通常为16～24厘米，腰部凹陷很明显，这是三围的差别，与服装造型有关，表明女装比较易于设计成卡腰的A型或X型造型。

女性的躯干长度约等于2.9头长，这个比例虽然与男性相当，但因女性臀围明显大于胸围，臀宽明显大于胸宽，视觉效果上显得女性体型的重心偏低，若要使服装造型产生轻盈的效果，就要运用视错觉的手法提高人体重心。

二、女性体型测量

体型测量简称量体。

体型数据既是制备、选用原型的依据，也是服装制板的依据，因此量体必须准确。

原型即服装人体内限模板，因此制备原型需要量取人体的数值。在实际工作中，无论是单量单裁定制服装、或设计成衣板型，都需要从预先制备的系列规格原型中选用合适规格的原型，这同样需要准确地量取消费者或试衣模特的人体数值，所以体型测量是服装制板师的基本功。

1. 原型法、比例法和基型法的量体

原型法量体的要求是测量人体的尺寸，特别是三围数值对服装合体性影响较大，一定要准确量取人体三围的净尺寸。这种量体方法符合国家标准《服装人体测量的部位与方法》(GB/T 16160—1996）的规定；亦符合国际标准化组织的服装尺码系统和名称技术委员会（ISO/TC133）的相关规定（ISO 3635)。测量净体数值比较直观明了，不受服装宽松量的干扰，初学者容易掌握。宽松量是在制板过程中加入的，这样加入宽松量比较符合现代服装造型宽松量多变的需要。无论宽松量怎么增减，人体尺寸总是可靠的、确定的基点，这对提高原型法的可设计性很有利，对初学者学习掌握宽松量变化的规律很有利。

比例法、基型法是测量虚拟的服装成品尺寸，从内到外的各层衣服均有不同的测量方法和表述方法，必须边测量边想象应加入的宽松量，要准确地做到这一点，必须具备非常丰富的经验，初学者不易掌握。由于尺寸的基点是浮动的，容易造成教学、基础理论研究及行业应用的混乱；量取的数值不易在同行间交换共享，难以形成服装人体研究的数据资源，也难以与现有的人体数据资源沟通；且不适应现代服装造型宽松量多变的需要。

上述二种量体方法所获得的数值，经设计后形成里外各层服装成品的尺寸链是不相同的、不相通的，必须严格地加以区别。

2. 量体方法及工具

原型法主要靠设计原型时所依据的、科学采集的数字模型，来保障原型及依据原型设计的服装的合体性，在实际应用中，只需要测量少数的关键部位，就能实现合体的效果。量体部位少，而且是测量人体的净体数值，初学者易于掌握，这是原型法的优点之一。

量体时，被量者应穿着质地软而薄的衬衫、衬裙或单裙、单裤，以使贴身测量。被量者应从容站立，两臂自然下垂，两眼平视，呼吸自然，不要低头看尺子。

测量者主要站在被量者的斜右前方测量，但背长、总肩宽、颈椎点高、后衣长这几个数值应站在被量者背后测量。

测量工具主要用软尺。身高、颈椎点高、腰围高等数值要用人体测高仪测量，在没有人体测高仪的情况下，可以将一条软尺用透明胶带垂直贴在墙上（软尺的0点离地面50厘米，量取的数值照加50厘米)，形成简易测高仪进行测量，这样测量虽然不如用人体测高仪准确，但是体型高度数值在应用测量中的要求不像人体体型调查那么严格。

3. 量体部位（图2-1）

具体而言，人体上有8个部位的数值是必量数值，是全身服装合体的基本保障，另有10个部位的数值为参考数值，可酌情测量，在单量单裁定制服装的情况下，要尽量全面测量；在工业制板的情况下，则可以查表2-1、表2-2获取所需的数值。

（1）8个必量数值的测量

胸围：立姿，呼吸自然，用软尺经肩胛骨、腋窝和乳胸点测量最大水平围度，软尺应松紧适宜。该数值是上身原型计算公式的基数，对服装的合体性影响极大，务必量准。一些女青年穿着带有胸垫的修饰性胸罩，应将量取的数值减去2厘米；如果因天气寒冷，不便穿衬衫测量，则最多只能在一件紧身薄毛衣外测量，并将量取的数值减去3～4厘米。总之，无论如何必须量

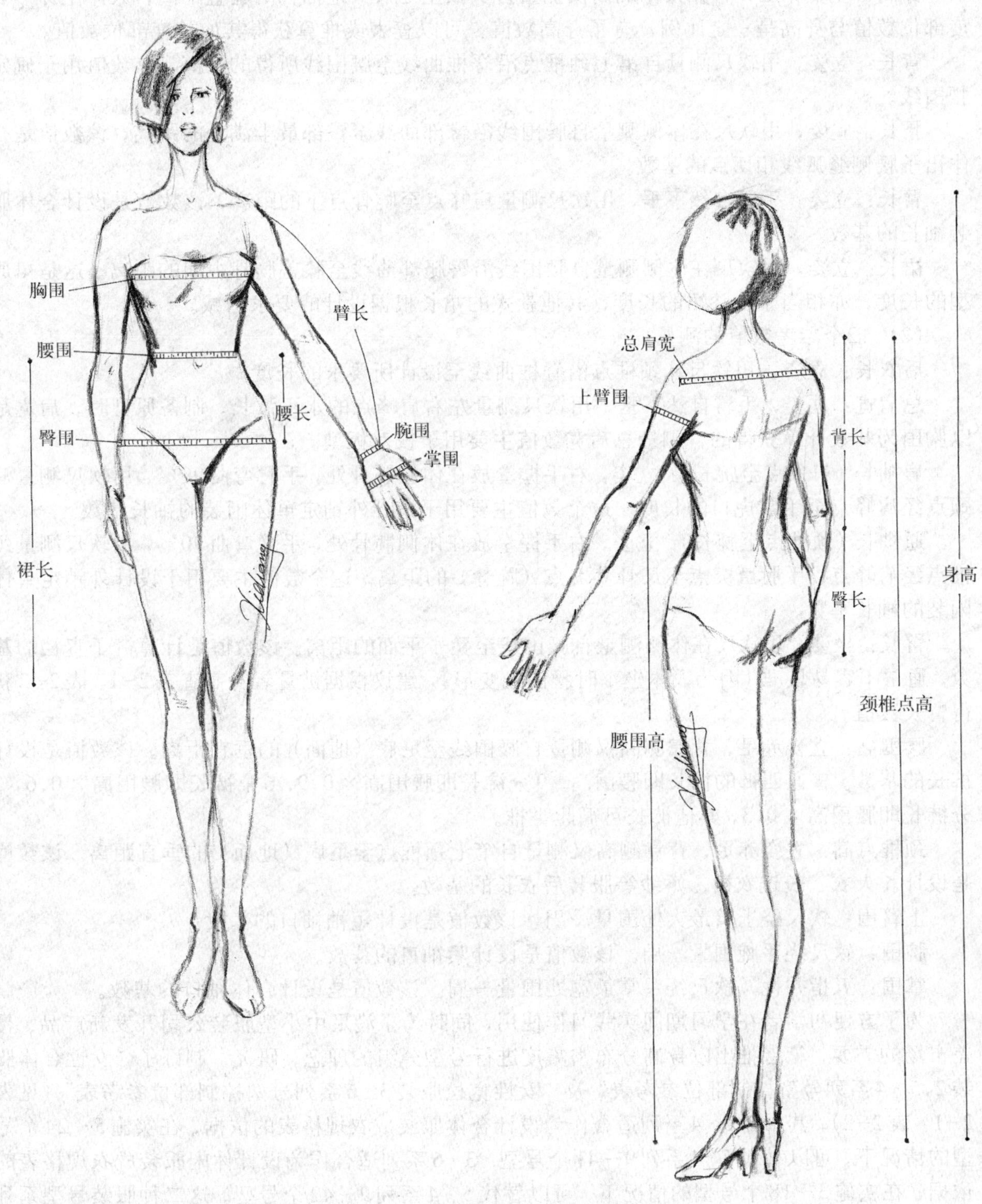

图2–1　女性体型测量数值

取净胸围数值。被量者如有疑问，可以向其解释，宽松量将在制板时加放。

腰围：立姿，呼吸自然，用软尺测量腰部最细处的水平围度。

臀围：立姿，用软尺测量臀部最丰满处的水平围度。

身高：立姿赤足，背靠人体测高仪测量自头顶至足底（地面）的垂直距离，人体上许多长度部位数值与身高呈一定比例，有了身高数值，可以查表或推算获得其他长度部位数值。

背长：立姿，用软尺测量自第七颈椎点沿脊椎曲线至腰围线所得的距离，该数值用于确定腰围线。

腰长：立姿，用软尺在体侧测量自腰围线沿臀部曲线至臀部最丰满处的距离，该数值是合体裙子腰侧缝弧线相切点的基数。

臂长：立姿，手臂自然下垂，用软尺测量肩峰点至腕骨点下的距离，该数值是设计合体服装袖长的基数。

裙长：立姿，用软尺在体侧测量自腰围线沿臀腿部曲线至膝盖髌骨中间的距离。这是裙原型的长度，亦相当于及膝裙的长度，其他款式的裙长根据设计的要求增减。

（2）12个参考数值的测量

后衣长：立姿，用软尺从颈椎点沿脊椎曲线至设计所要求的长度。

总肩宽：立姿，手臂自然下垂，用软尺测量左右肩峰点的水平弧长。制备原型时，肩宽是以胸围为基数计算获得的，测量总肩宽数值主要用于校对板型。

肩袖长（肩颈点至腕长）：立姿，右手握拳放在体侧髋骨处，手臂弯曲90°，用软尺测量肩颈点经肩峰点至手掌虎口的长度。这个数值主要用于设计外销定单休闲装的袖长基数。

通袖长（颈椎点至腕长）：立姿，右手握拳放在体侧髋骨处，手臂弯曲90°，用软尺测量颈椎点经肩峰点、手肘鹰突点至尺骨茎突点（腕骨）的距离。这个数值主要用于设计外销定单休闲装的袖长基数。

臀长：坐姿，用软尺在体侧测量自腰围线至凳子平面的距离。该数值是计算裤子直裆的基数，通常不容易量准（因为人体坐下时腰围线变形），建议根据被量者身高查表2-1、表2-2获得臀长数值。

腰围高：立姿赤足，背靠测高仪测量自腰围线至足底（地面）的垂直距离。该数值是设计裤长的基数。普通西裤的裤长即腰围高，9分裤长即腰围高×0.9，6分裤长即腰围高×0.6，3分裤长即腰围高×0.3，其他裤长可循此类推。

颈椎点高：立姿赤足，背靠测高仪测量自第七颈椎点至足底（地面）的垂直距离。该数值是设计长大衣、长连衣裙、婚纱等服装后衣长的基数。

上臂围：软尺绕上臂最大处围量一周。该数值是设计短袖袖口的基数。

腕围：软尺绕手腕围量一周。该数值是设计紧袖口的基数。

掌围：五指并拢，软尺绕手掌最宽处围量一周。该数值是设计合体袖口的基数。

为了方便初学者在学习期间实践习作使用，同时为了满足中小型服装公司开发新产品、覆盖市场的需要，笔者推出以身高分布密集度进行号型分组的理念，研究、制订了“女性合体服装2.5·4系列号型控制部位参考表”及“女性宽松服装3·6系列号型控制部位参考表”（见表2-1、表2-2）。其中2.5·4系列适合作为设计合体服装成衣规格表的依据，在实施5～24个号型的情况下，可以替代5·4系列9～41个号型；3·6系列适合作为设计休闲服装成衣规格表的依据，在实施3～18个号型的情况下，可以替代5·4系列9～42个号型。这二种服装号型系列均具有“少号型量、大覆盖面”优点。

表2-1　女性合体服装2.5·4系列号型控制部位参考表

单位：厘米

群体分组	序号	身高	上体号型	胸围	背长	总肩宽	臂长	颈围	上臂围	掌围	坐姿颈椎点高	颈椎点高	下体号型	腰围	臀围	腰长	臀长	腰围高
稍矮身材的中密集度群体	1	147.5	148/76A	76	36.5	36.8	47	33	24.5	20.5	58	126.5	148/61	61	84.8	15.6	25.5	90
	2	150	150/80A	80	37	37.8	47.8	33.8	26	21	59	128.6	150/65	65.5	88.4	16	26	91.5
	3	**152.5**	**153/84A**	**84**	**37.5**	**38.8**	**48.6**	**34.6**	**27.5**	**21.5**	**60**	**130.7**	**153/70**	**70**	**92**	**16.4**	**26.5**	**93**
	4	155	155/88A	88	38	39.8	49.4	35.4	29	22	61	132.8	155/75	74.5	95.6	16.8	27	94.5
	5	157.5	158/92B	92	38.5	40.8	50.2	36.2	30.5	22.5	62	134.9	158/79	79	99.2	17.2	27.5	96
	6	160	160/96B	96	39	41.8	51	37	32	23	63	137	160/84	83.5	102.8	17.6	28	97.5
	7	162.5	163/100B	100	39.5	42.8	51.8	37.8	33.5	23.5	64	139.1	163/88	88	106.4	18	28.5	99
	8	165	165/104B	104	40	43.8	52.6	38.6	35	24	65	141.2	165/93	92.5	110	18.4	29	100.5
高密集度群体	1	155	155/76A	76	37	37.4	49.4	32.2	24.6	20	61	132.8	155/59	59	82.8	17.2	26	96
	2	**157.5**	**158/80A**	**80**	**37.5**	**38.4**	**50.2**	**33**	**25.8**	**20.5**	**62**	**134.9**	**158/64**	**63.5**	**86.4**	**17.6**	**26.5**	**97.5**
	3	**160**	**160/84A**	**84**	**38**	**39.4**	**51**	**33.8**	**27**	**21**	**63**	**137**	**160/68**	**68**	**90**	**18**	**27**	**99**
	4	**162.5**	**163/88A**	**88**	**38.5**	**40.4**	**51.8**	**34.6**	**28.2**	**21.5**	**64**	**139.1**	**163/73**	**72.5**	**93.6**	**18.4**	**27.5**	**100.5**
	5	**165**	**165/92A**	**92**	**39**	**41.4**	**52.6**	**35.4**	**29.4**	**22**	**65**	**141.2**	**165/77**	**77**	**97.2**	**18.8**	**28**	**102**
	6	**167.5**	**168/96A**	**96**	**39.5**	**42.4**	**53.4**	**36.2**	**30.6**	**22.5**	**66**	**143.3**	**168/82**	**81.5**	**100.8**	**19.2**	**28.5**	**103.5**
	7	170	170/100A	100	40	43.4	54.2	37	31.8	23	67	145.4	170/86	86	104.4	19.6	29	105
	8	172.5	173/104B	104	40.5	44.4	55	37.8	33	23.5	68	147.5	173/91	90.5	108	20	29.5	106.5
	9	175	175/108B	108	41	45.4	55.8	38.6	34.2	24	69	149.6	175/95	95	111.6	20.4	30	108
较高身材的中密集度群体	1	162.5	163/76Y	76	38.5	38	51.8	31.4	23.6	19.5	63	139.3	163/57	57	80.8	18.8	27.5	101
	2	165	165/80A	80	39	39	52.6	32.2	24.8	20	64	141.4	165/62	61.5	84.4	19.2	28	102.5
	3	**167.5**	**168/84A**	**84**	**39.5**	**40**	**53.4**	**33**	**26**	**20.5**	**65**	**143.5**	**168/66**	**66**	**88**	**19.6**	**28.5**	**104**
	4	170	170/88A	88	40	41	54.2	33.8	27.2	21	66	145.6	170/71	70.5	91.6	20	29	105.5
	5	172.5	173/92A	92	40.5	42	55	34.6	28.4	21.5	67	147.7	173/75	75	95.2	20.4	29.5	107
	6	175	175/96A	96	41	43	55.8	35.4	29.6	22	68	149.8	175/80	79.5	98.8	20.8	30	108.5
	7	177.5	178/100A	100	41.5	44	56.6	36.2	30.8	22.5	69	151.9	178/84	84	102.4	21.2	30.5	110
	8	180	180/104A	104	42	45	57.4	37	32	23	70	154	180/89	88.5	106	21.6	31	111.5

注：

1．该表适用于合体成衣工业制板、推板的基础数据，及单量单裁服装的参考数据。

2．减小身高档差是为了便于消费者跨越1～2档身高档差选择适合自身三围的衣服，以实现“少号型量、大覆盖面”的改革目标。

3．“高密集度群体”中的“160/84A”为中间体号型。

4．“高密集度群体”组内黑体字的5个号型为体型分布密集度最高的号型组。

5．成批生产时，裙子、裤子的腰部两侧需装松紧带或伸缩扣。

表2-2　女性休闲服装3·6系列号型控制部位参考表

单位：厘米

群体分组	序号	身高	上体号型	胸围	背长	总肩宽	全臂长	颈围	上臂围	掌围	坐姿颈椎点高	颈椎点高	下体号型	腰围	臀围	腰长	臀长	腰围高
稍矮身材的中密集度群体	1	146	146/72A	72	35.8	36	47	31.6	24.8	19.8	57.6	124.8	146/56	56	81.8	15.5	24.4	89
	2	149	149/78A	78	36.4	37.4	48	32.8	26.4	20.4	58.8	127.4	149/63	63	86.6	16	25	91
	3	**152**	**152/84A**	**84**	**37**	**38.8**	**49**	**34**	**28**	**21**	**60**	**130**	**152/70**	**70**	**92**	**16.5**	**25.6**	**93**
	4	155	155/90B	90	37.6	40.2	50	35.2	29.6	21.6	61.2	132.6	155/77	77	97.4	17	26.2	95
	5	158	158/96B	96	38.2	41.6	51	36.4	31.2	22.2	62.4	135.2	158/84	84	102.8	17.5	26.8	97
	6	161	161/102B	102	38.8	43	52	37.6	32.8	22.8	63.6	137.8	161/91	91	108.2	18	27.4	99
高密集度群体	1	154	154/72A	72	36.8	36.6	49	31.6	23.8	19.8	60.6	131.8	154/54	54	79.8	17	25.8	95
	2	**157**	**157/78A**	**78**	**37.4**	**38**	**50**	**32.8**	**25.4**	**20.4**	**61.8**	**134.4**	**157/61**	**61**	**84.6**	**17.5**	**26.4**	**97**
	3	**160**	**160/84A**	**84**	**38**	**39.4**	**51**	**34**	**27**	**21**	**63**	**137**	**160/68**	**68**	**90**	**18**	**27**	**99**
	4	**163**	**163/90A**	**90**	**38.6**	**40.8**	**52**	**35.2**	**28.6**	**21.6**	**64.2**	**139.6**	**163/75**	**75**	**95.4**	**18.5**	**27.6**	**101**
	5	166	166/96A	96	39.2	42.2	53	36.4	30.2	22.2	65.4	142.2	166/82	82	100.8	19	28.2	103
	6	169	169/102B	102	39.8	43.6	54	37.6	31.8	22.8	66.6	144.8	169/89	89	106.2	19.5	28.2	105
	7	172	172/108B	108	40.4	45	55	38.8	33.4	23.4	67.8	147.4	172/96	96	111.4	20	29.4	107
较高身材的中密集度群体	1	165	165/78A	78	38.9	38.4	53	31.2	24.4	19.8	64.8	141.2	165/59	59	82.6	18.6	28	102
	2	**168**	**168/84A**	**84**	**39.5**	**40**	**54**	**33**	**26**	**20.4**	**66**	**144**	**168/66**	**66**	**88**	**19.2**	**28.6**	**104**
	3	171	171/90A	90	40.1	41.4	55	34.2	27.6	21	67.2	146.6	171/73	73	93.4	19.8	29.2	106
	4	174	174/96A	96	40.7	42.8	56	35.4	29.2	21.6	68.4	149.2	174/80	80	98.8	20.4	29.8	108
	5	177	177/102A	102	41.3	44.2	57	36.6	30.8	22.2	69.6	151.8	177/87	87	104.2	21	30.4	110
	6	180	180/108A	108	41.9	45.6	58	47.8	32.4	22.8	70.8	154.4	180/94	94	109.6	21.6	31	112

注：

1. 该表适用于休闲服装成衣工业制板、推板的基础数据；

2. 减小身高档差是为了便于消费者跨越1～2档身高档差选择合适三围的衣服，以实现“少号型量、大覆盖面”的改革目标；

3. “高密集度群体”中的“160/84A”为中间体号型；

4. “高密集度群体”中黑体字的3个号型为体型分布密集度最高的号型组；

5. 成批生产时，裙子、裤子的腰部两侧需装松紧带或伸缩扣，或全腰围装松紧带。

第二节　女装原型的制备

原型法是发达国家通行的服装平面结构设计方法，有多种流派，多由专业院校或大公司推出，并推广应用。原型即服装结构设计用的，含有基础宽松量的人体内限模板，其作用相当于立体裁剪用的人台；原型法即以原型作为模板，按照服装造型、款式设计的要求，比较自由地进行推敲、演绎、实现设计的效果，使设计构思具象化、物质化的服装结构设计技法。

原型法于20世纪80年代初传入我国，应用较多的主要是日本的文化式原型法，目前已成为国内服装院校的专业必修课。服装教育、服装行业的一些专家亦将原型法的部分技法嫁接在原本仅适用于裁剪定型服装的比例裁剪法上，将之改良为基型法。可以说，20世纪80年代以来，我国的服装教育、服装行业都直接或间接地受益于原型法。

一、上身原型

女装上身原型的制图程序是先画后片，后画前片，如图2−2 所示，尺寸见表2−3中"号型160/84"，这是我国成年女子的中间体号型。其他号型的体型只要把相应的规格代入图中的公式，就可以制成很合体的原型。初学者一定要背熟上身原型的画法，做到10分钟默画一套任意规格的上身原型，这样才能满足日后职业的需要。

具体女装上身原型的制图要点如下：

（1）从理论而言，上身原型是由人体躯干腰围线以上的表皮平面展开后，经规整化处理而构成的。但是由于非弹性面料的服装需要一定的基础宽松量，为了使原型便于使用，女装原型的胸围加入10厘米的宽松量，这是为了满足呼吸和运动时胸部的扩张量而加入的基础宽松量。如果量体没有误差，这样的宽松量相当于非弹性面料贴体衬衫的松紧程度。使用原型制板时，还要根据不同的服装种类或整体造型效果的需要，灵活地增减宽松量。

（2）对合体性要求很高的上身原型制图只用了胸围和背长2个数值，就能达到很广泛体型的合体效果，这是原型法的优点之一。需要的数值少，相应的量体部位少，量体方法易掌握，还可以避免因测量不准而造成合体性误差。

（3）制图过程中，要多次使用胸围数值许多重要控制部位的尺度（如领宽、领深、胸宽、背宽、肩宽、袖窿深、预留胸省量、乳胸点位置等等），都是用胸围的一定比例加上适当的调整数计算而成的，计算公式的设置来自于人体的变化规律，体型覆盖面较大，但胸围数值一定要准确地量取净体数值，该数值不准确将使许多细部尺度失准。

（4）背长数值用于确定腰围线，原型法服装制板很重视腰围线的作用，腰围线是原型的第一条基础线，亦是每一件服装板型基准线，特别是卡腰造型的服装需要靠腰围线来设置卡腰点，用背长数值来确定腰围线简便而准确，这种确定腰围线的方法是随着原型法引进的。

（5）原型的后肩线比前肩线长1.5厘米，这是预留的后肩省量。

（6）前身BP点（即乳胸点）是各种胸省的圆心，是胸省设计转省变化的依据。

（7）各号型原型的前、后腋下凹势量，可以通用于同号型的合体衬衫、连衣裙、上衣、西服乃至半紧身大衣的腋下凹势量，要在原型上明显地标注并且牢记。

（8）前身腰围线向后上方翘起的三角形部位是预留的胸省量，原型的基础胸省是腋下胸省（亦称侧胸省），胸省量预留在腰部，按服装款式设计的要求，可以运用转省的技法把基础胸围转移到适当的部位，转成领胸省、肩胸省、袖胸省等等。

表2−3　常用女装上身、袖原型系列参考规格表

单位：厘米

号型	155/76A	158/80A	160/84A	163/88A	165/92A	168/96B	170/100B	173/104B	备注
胸围（B）	76	80	84	88	92	96	100	104	
背长	37	37.5	38	38.5	39	39.5	40	40.5	
袖长	52.4	53.2	54	54.8	55.6	56.4	57.2	58	臂长+3

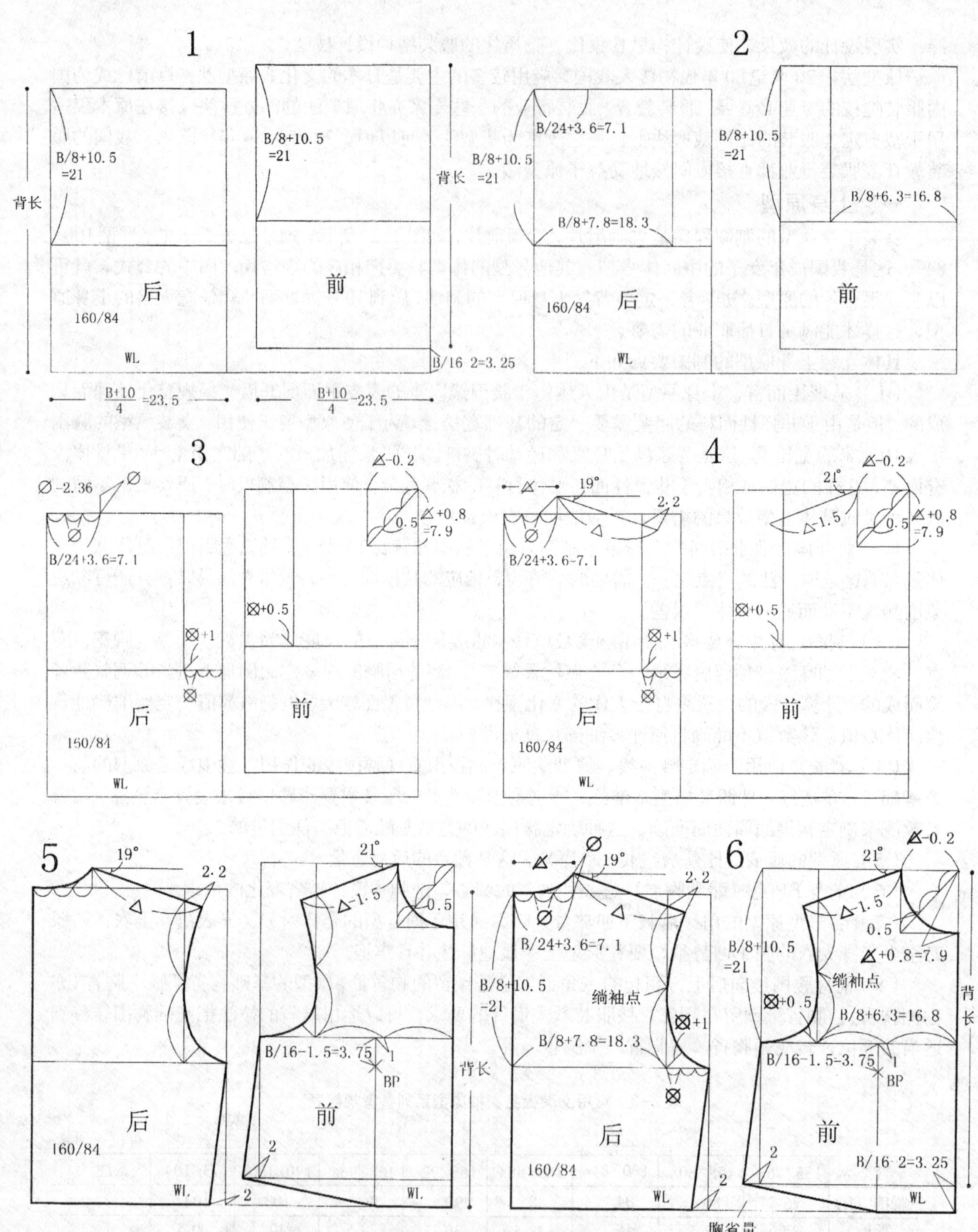

图2-2 女装上衣原型制图程序

二、袖原型

女装袖原型的制图程序如图2-3所示，尺寸见表2-7内“号型160/84”。具体女装袖原型的制图要点如下：

（1）画袖原型除了袖长数值以外，还需要上身原型的袖窿周长数值（代号AH）。测量方法：用软尺、软直尺或有厘米刻度的曲线板沿着上身原型的袖窿线从A点量到B点为“后AH”，再从C点量到D点为“前AH”，两者之和为“AH”。推荐选用软质直尺或有刻度的曲线板来测量，因为这两种工具便于初学者掌握，能较有效地减少测量误差。

（2）号型160/84原型的后AH 21.3厘米，前AH 20.7厘米，AH 42厘米。

（3）用AH数值推算袖山高度及前后袖宽，容易使袖山与袖窿正确匹配，这种方法是随着原型法引进的。

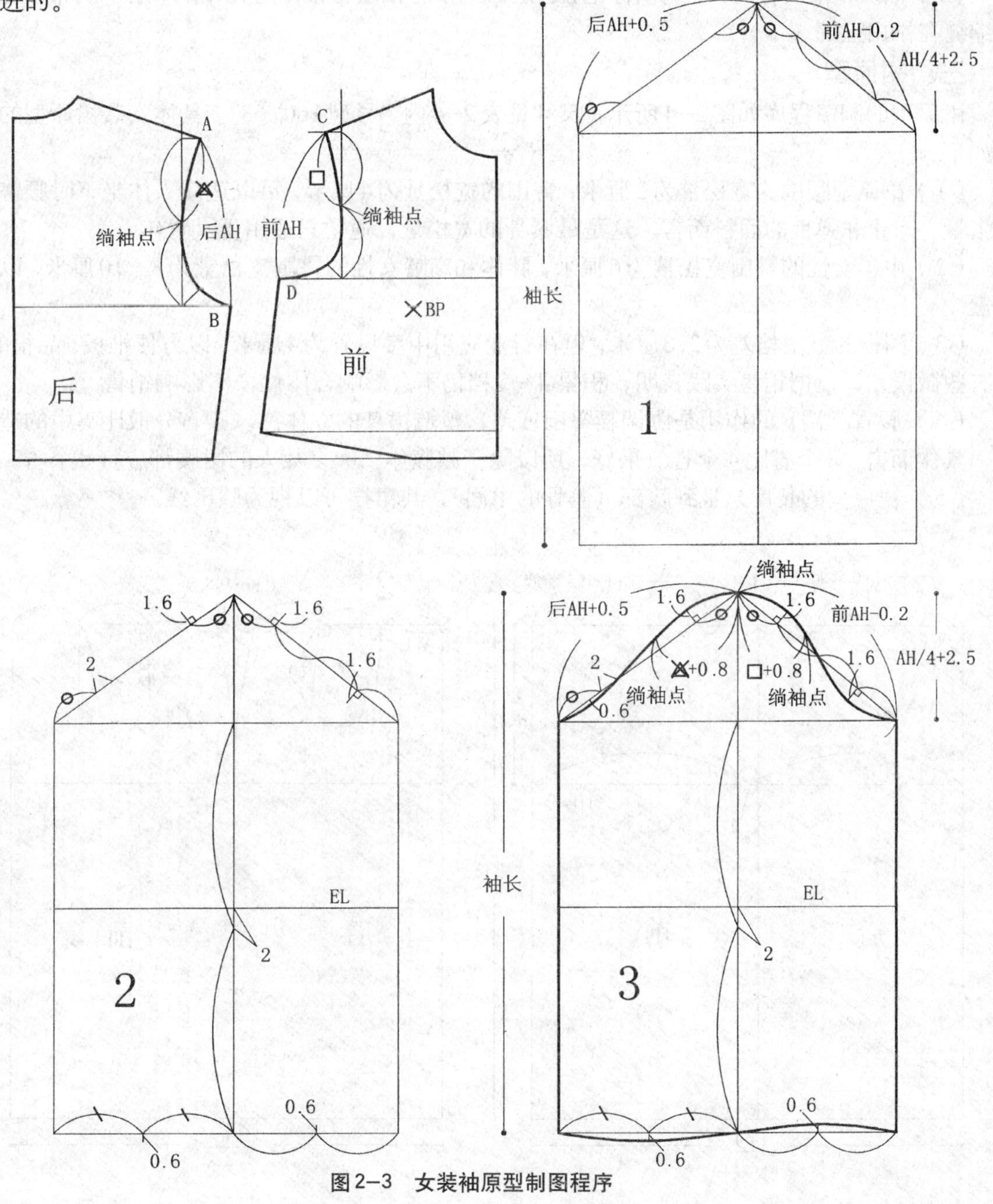

图2-3 女装袖原型制图程序

（4）用AH/4+2.5厘米定袖山点。前、后袖宽分别用前、AH以袖山点为起点分别斜向量到袖宽线定点，绝不能在袖宽线上水平量。

（5）袖山凹势量在胸围不大于100厘米的原型上均可通用，超过100厘米的原型则需略加0.1～0.2厘米。

（6）袖山和袖口弧线要用曲线板画圆顺。

（7）袖原型的画法要背熟，在服装制板中，袖原型通常需要当场默画的。

（8）袖原型画成后，用软尺、软直尺或有刻度的曲线板准确地测量袖山周长，袖山周长应比AH多1.9厘米左右，多出的部分是绱袖所需的缩缝量，合体服装的袖山通常都得缩缝，袖山缩缝后才能显得立体、饱满。

（9）袖窿和袖山各有3个绱袖标记，这是供绱袖时袖窿与袖山对位用的，用于确保缩缝量大部分缩缝在袖山上部。

三、裙原型

裙原型的制图程序如图2−4所示，尺寸见表2−4内“号型160/68”。具体女装裙原型的制图要点如下：

（1）裙原型腰围的宽松量为2厘米，臀围的宽松量为4厘米，可以适应人体坐下时腰臀的横向扩张量。对于非弹性的面料而言，这是最紧身的宽松量，通常只适用于女青年。

（2）中年女性的臀围宽松量为6厘米，胖体和高龄女性的臀围宽松量为8～10厘米，以增加舒适性。

（3）国标的臀围档差为3.6厘米，但在行业应用中多设置为4厘米，以方便推板、品检的操作。虽有些微误差，但据销售实践表明，积累4～5档仍不会影响合体性，不影响销售。

（4）腰省（褶）的作用是协调腰臀围度差，塑造裙身的立体感。腰省分散比集中的造型效果好，具体而言，8个省比4个省效果好，所以除了腆腹体，大多数人的裙腰都应打8个省。

（5）裙原型的长度只量到膝部（髌骨的中间），其裙摆可以视为膝围线。

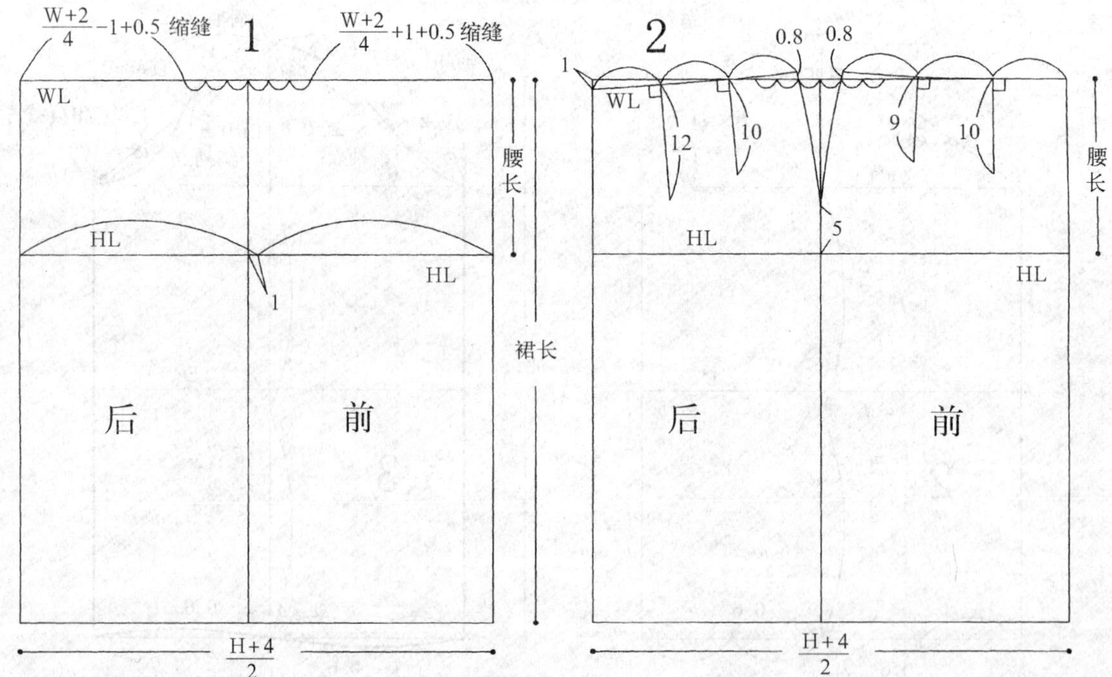

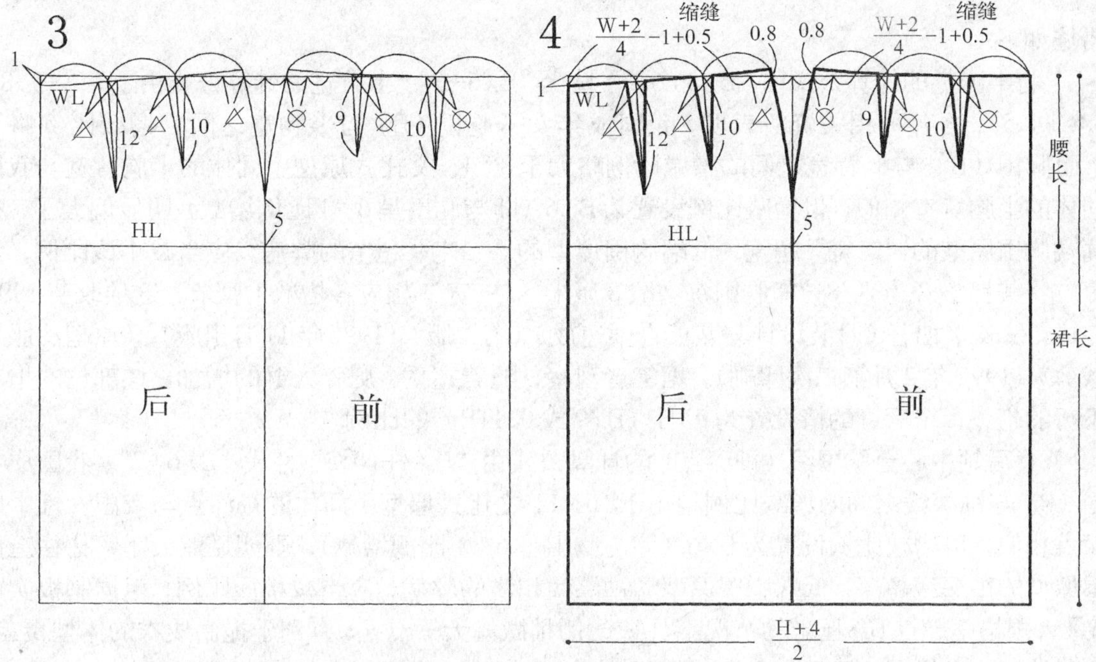

图 2–4 女装裙原型制图程序

表 2–4 常用裙原型系列参考规格表

单位：厘米

号型	155/59	158/64	160/68	163/73	165/77	168/82	170/86	备注
腰围（W）	59	63.5	**68**	72.5	77	81.5	86	
臀围（H）	82	86	**90**	94	98	102	106	
腰长	17.2	17.6	**18**	18.4	18.8	19.2	19.6	
裙长	54.4	55.2	**56**	56.8	57.6	58.4	59.2	

第三节 女装原型的本国化改革

日本文化式原型法的引进对我国服装制板技术的进步起了积极的促进作用。但是该原型法在解决原型合体性的路径上、以及设计变化的可传授性二个方面不太符合我国的国情，在一定程度上影响了原型法的推广。笔者在近二十年原型法服装制板的教学过程中，不断地研究、探索对其进行本国化改革，目前已取得显著的成果，为帮助广大初学者快速掌握原型法，为在我国推广原型法作出了自己的贡献。

原型作为服装制板用的模板，必须具有尽可能大的体型覆盖面，不仅要覆盖中间体胸围，而且要覆盖高端胸围及低端胸围。服装的合体性问题主要体现在胸、背、肩、臂这几个主要控制部位，因此女装原型合体性改革的重点是上身原型和袖原型（图 2–5）。

一、上身原型的改革

笔者在研究中发现，为了实现较大范围体型的合体效果，原型各主要控制部位的计算公式的设置应尽可能近似于人体相应部位的增减比例。由于各主要控制部位的增减比例主要是与胸围挂钩的，因此对女装原型的改革主要是按照我国女性的体型特征，归纳出胸围与各控制部位之间具有典型性、代表性的增减比例，重新设置各控制部位的计算公式，替代文化式女装原型原有的计算公式。具体

改革措施如下:

（1）将半胸宽的计算公式由“B/8+6.3”替代“B/6+3”、半背宽的计算公式由“B/8+7.8”替代“B/6+4.5”。据各种相关资料表明，我国成年女子胸围（B）与半胸宽之间的增减比例略小于8：1；而胸围（B）与半背宽之间的增减比例略大于8：1。文化式原型中间体的半胸背宽与我国女性中间体的半胸背宽相似，但增减比例设置为B/6（即与胸围呈6：1比例增减）明显偏大了，往往造成高端胸围原型的“二宽”超宽、低端胸围原型的“二宽”超窄的弊病，应当减小该比例，为便于口算，将其都整合为B/8，即胸围每增减8厘米，“二宽”相应各增减1厘米。这项改革1996年即已完成，发表于拙著《时装设计与裁剪自学速成》（第二版）（1996年11月出版）；《原型法服装设计与裁剪》（1997年2月第二次印刷）。据笔者观察，随着超重、肥胖人群的增加，该部位的增减比例有下行的趋势，今后可酌情设置为9：1（B/9或0.11B）的比例。

（2）将后领中心至胸围线（袖深点）的计算公式由“B/8+10.5”替代“B/6+7”。我国成年女子胸围（B）与袖深线之间的增减比例稍小于10：1，文化式原型中间体的袖深点与我国女性中间体的袖深点相似，但增减比例设置为B/6（即与胸围呈6：1比例增减），则明显偏大了，往往造成高端胸围原型的袖深线超深、低端胸围原型的袖深线超浅的弊病，应当减小该比例，但据制板实践发现，当最大规格不超过108厘米的情况下，该比例稍微偏大一点儿，有利于提高成衣的体型覆盖面，因此将该计算公式设置为B/8+10.5，即胸围每增减4厘米，袖深点相应增减0.5厘米。

（3）将领宽的计算公式由“B/24+3.6”替代“B/20+2.9”。我国成年女子胸围（B）与领宽之间的增减比例稍小于30：1，文化式原型却设置为B/20(即与胸围呈20：1比例增减)，明显偏大了，往往造成特大规格的领宽超宽、特小规格的领宽超窄的弊病，应当减小该比例，但据制板实践发现，该比例稍微偏大一点儿，有利于提高成衣的体型覆盖面，因此将该计算公式设置为B/24+3.6，即胸围每增减4厘米，领宽相应增减0.17厘米。由此生成的半领围增减比例为8.5：1，即胸围每增减4厘米，半领围相应增减约0.5厘米，稍大于我国女性半颈围的增减值，符合颈根围的增减值。

（4）将前肩线与水平线的夹角由21°左右替代19°左右。人体前肩线斜度与衣片前肩线斜度是有区别的，我国成年女子前肩线平面斜度的均值约为19°，加上肩部横剖面X轴方向由厚至薄变化的影响（这一点国内以往是比较忽视的），由立体转化为平面，使衣片前肩线的实际斜度超过24°。减掉适量肩部上抬所需要的宽松量，将前肩线斜度设置为21°。

（5）将预留胸省量的计算公式设置为“B/16−2”，即中间体号型预留胸省量为3.25厘米，胸围每增减4厘米，预留胸省量相应增减0.25厘米，这样的增减值可以确保各号型的胸省夹角与胸围的增减呈正比关系（每档大约增减0.3°），确保低端胸围、高端胸围的原型都有较合理的胸省宽度，以利于塑造女性乳胸的立体造型。

（6）增设了BP点沿Y轴的移动量，将该计算公式设置为“B/16−1.5=3.75”，胸围每增减4厘米，BP点沿Y轴上下移动0.25厘米；减小了BP点沿X轴的移动量，该移动量为胸围增减值的16：1，即胸围每增减4厘米，BP点沿X轴移动0.25厘米。

（7）适当地设置了前后片肩颈点至腰围线的垂直长度差数（前后腰节长度差），中间号型的前肩颈点高于后肩颈点约0.9厘米，胸围每增减4厘米，该差数相应增减约0.19厘米，以适应女性高端胸围者前腰节较长、低端胸围者前腰节较短的体型特征。

（8）根据我国女性的体型特点，表2−1及表2−2中“高密集度群体”原型的后肩出肩量为2.2厘米；而将“稍矮身材的中密集度群体”原型的出肩量调整为1.9厘米，以适应这类体型出肩量偏小、肩宽偏窄的特点；将“较高身材的中密集度群体”原型的出肩量调整为2.5厘米，以适应这类体型出肩量偏大、肩宽偏宽的特点。

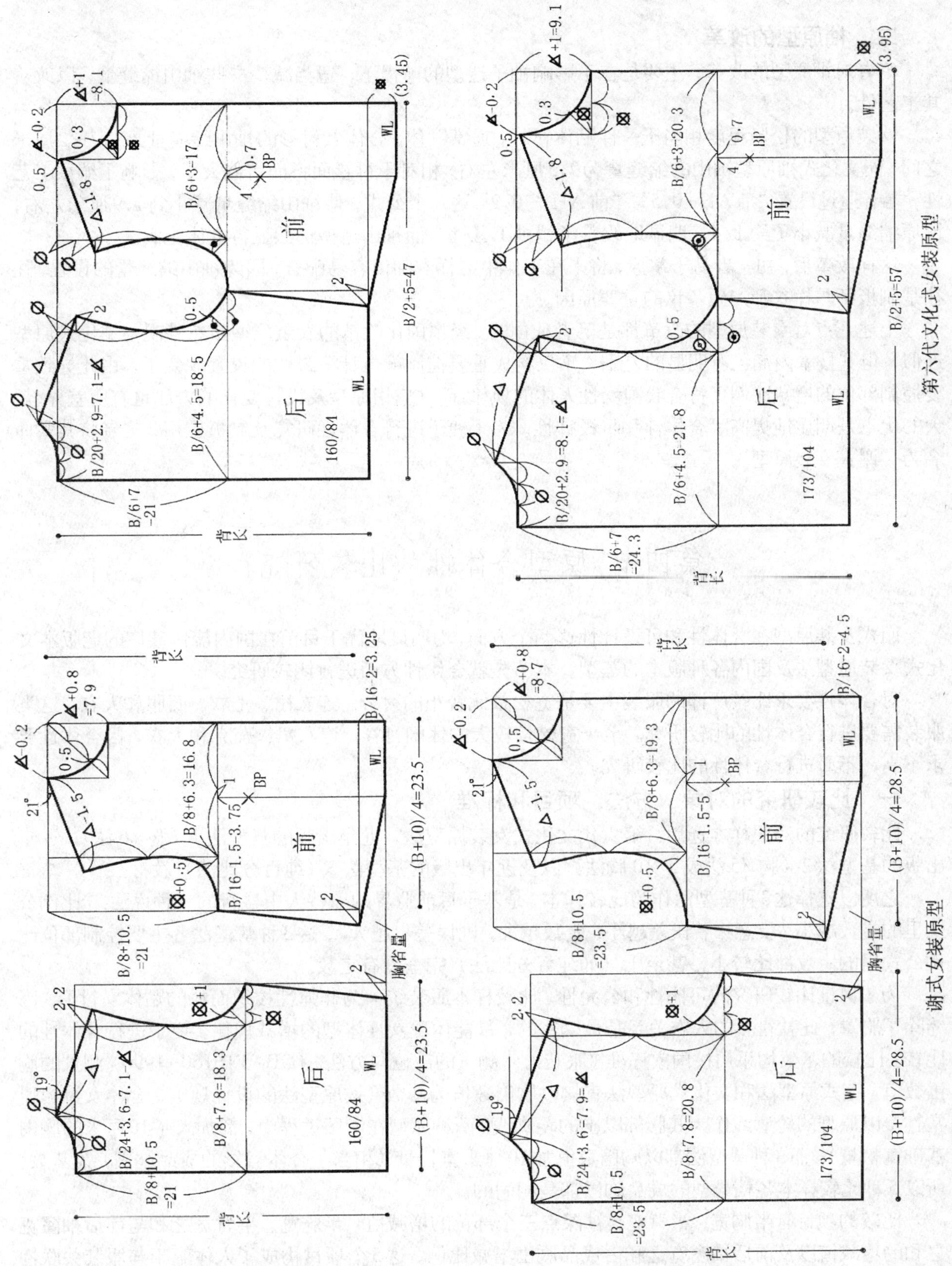

图2–5 谢式女装原型与文化式女装原型的比较

二、袖原型的改革

笔者对袖原型的改革，主要是在不影响袖子造型的前提下，适当减少一些袖山缩缝量，以改善其工艺性。

女装原型的松紧程度相当于一件贴体衬衫，通常贴体、合体女衬衫的袖山缩缝量为1.7~2厘米之间，而文化式袖原型袖山的缩缝量为2.5厘米左右，相对于衬衫面料而言偏大了，影响了绱袖工艺性，笔者通过设置“后AH+0.5”、“前AH－0.2”这二个公式，使袖山缩缝量减小到1.9厘米左右，比原缩缝量减小了约1/4，明显地改善了绱袖工艺性，而袖山造型仍然显得立体饱满。

这样改革后，初学者易于掌握，将来在工作中与样衣师傅容易配合，因为袖山缩缝量的设置，往往是制板师与样衣师产生争议的重要原因。

上述几点对女装原型的改革都是笔者独创的。经本国化改革的女装原型虽然外观与文化式原型近似，但其技术内涵已有明显的差别，不仅构成重要控制部位计算公式的设置改变了，由此导致重要控制部位的增减比例更符合我国女性人体的规律，而且应用原型及设计变化的方法也有所差异，最大的优点是明显地提高了合体性和可设计性。为了便于进行合体性研究及制板应用，笔者将其暂命名为“谢式女装原型”。

第四节 原型合体性的比较研究

谢式女装原型在合体性和可设计性这两个方面，均明显地优于目前在国内流传甚广的老版本文化式女装原型法及国内各种版本的基型。本节先就合体性方面进行比较研究。

对合体性要求比较严谨的服装主要是宽松量比较小的衬衫、连衣裙、上衣、西服和大衣，这类服装需要进行合体性的比较研究。至于宽松量较大的休闲衬衫、连衣裙、茄克和大衣，因合体性要求不高，不必进行合体性的比较研究。

一、比较研究的对象、方法、项目和标准

比较研究的对照样本选用：第六代文化式女装原型法，近年出版的基型法1（胸/6法），近年出版的基型法2（胸/5法或2/10胸法）以及近年出版的基型法3（纯百分比法）教材。

之所以选择这3种基型法作为比较样本，是基于目前业界的一些人中盛行的一种说法：“比例公式里的定数越小，就意味着误差越小；定数越大，则误差也越大”。这3种基型法各主要控制部位比例公式里的定数都比较小，甚至于（如纯百分比法）完全没有定数。

为了保证比较研究的可比性和公允性，比较样本服装统一为非弹性梭织面料的贴体女衬衫，因为除了胸罩，此款衬衫的人衣关系是最紧密的，最能体现女性体型的增减规律，便于进行合体性的比较。比较的基数均采用按国家标准《服装人体测量的部位与方法》（GB/T16160−1996）测量的胸围数值。谢式原型法和文化式原型法直接以胸围数值为基数（按原型法的设计规则，合体女衬衫通常直接以原型的轮廓线作为其腰部以上的轮廓线；两种原型在制图过程中，都加入了10厘米的胸围基础宽松量）；而3种基型法都以胸围数值加10厘米宽松量（相当于合体衬衫的成品胸围）为基数。所以5种比较样本各档号型的成品胸围都是相同的。

比较的项目有半胸宽、半背宽、袖深点三个部位的增减值，半胸宽、半背宽之和与前后袖窿宽之和的增减值以及前后袖窿宽之和占成品胸围增减比例。这5个项目构成了人体躯干与服装关联性较密切的三维数字关系。

二、比较结果

比较的指标是上述部位在各种制图技法的控制下，随胸围数值增减而产生的增减值、误差值或增减比例，增减值、增减比例是以各种技法相应的计算公式求得的，误差值是以谢式女装原型与国家标准服装号型提供的人体数字模型之间的关系为标杆计算获得的（见表2−5～表2−9）。

表2−5　女衬衫半胸宽增减值比较表

单位：厘米

号型	谢式原型法		文化式原型法			基型法1			基型法2			基型法3		
	半胸宽	增减值	半胸宽	增减值	误差值	(胸/6+2)半胸宽	增减值	误差值	(2/10胸−1.5)半胸宽	增减值	误差值	(18%胸)半胸宽	增减值	误差值
153/72	15.3	−1.5	15	−2	−0.3	15.7	−2	0.4	14.9	−2.4	−0.4	14.7	−2.16	−0.6
155/76	15.8	−1	15.7	−1.33	−0.1	16.4	−1.33	0.6	15.7	−1.6	−0.1	15.5	−1.44	−0.3
158/80	16.3	−0.5	16.3	−0.67	0	17	−0.67	0.7	16.5	0.8	0.2	16.2	−0.72	−0.1
160/84	**16.8**	**0**	**17**	**0**	**0.2**	**17.7**	**0**	**0.9**	**17.3**	**0**	**0.5**	**16.9**	**0**	**0.1**
163/88	17.3	0.5	17.7	0.67	0.37	18.3	0.67	1	18.1	0.8	0.8	17.6	0.72	0.3
165/92	17.8	1	18.3	1.33	0.5	19	1.33	1.2	18.9	1.6	1.1	18.3	1.44	0.5
168/96	18.3	1.5	19	2	0.7	19.6	2	1.3	19.7	2.4	1.4	19.1	2.16	0.8
170/100	18.8	2	19.7	2.67	0.9	20.3	2.67	1.5	20.5	3.2	1.7	19.8	2.88	1
173/104	19.3	2.5	20.3	3.33	1	21	3.33	1.7	21.3	4	2	20.5	3.6	1.2
175/108	19.8	3	21	4	1.2	21.7	4	1.9	22.1	4.8	2.3	21.2	4.32	1.4
比较评价	增减值接近我国女性人体		增减值偏大约34%			增减值偏大约34%			增减值偏大约60%			增减值偏大约44%		

表2−6　女衬衫半背宽增减值比较表

单位：厘米

号型	谢式原型法		文化式原型法			基型法1			基型法2			基型法3		
	半背宽	增减值	半背宽	增减值	误差值	(胸/6+2.7)半背宽	增减值	误差值	(2/10胸−1)半背宽	增减值	误差值	(19%胸)半背宽	增减值	误差值
153/72	16.8	−1.5	16.5	−2	−0.3	16.4	−2	−0.4	15.4	−2.4	−1.4	15.6	−2.22	−1.2
155/76	17.3	−1	17.2	−1.33	−0.1	17	−1.33	−0.3	16.2	−1.6	−1.1	16.4	−1.48	−0.9
158/80	17.8	−0.5	17.8	−0.67	0	17.7	−0.67	−0.1	17	−0.8	−0.8	17.2	−0.74	−0.6
160/84	**18.3**	**0**	**18.5**	**0**	**0.2**	**18.4**	**0**	**0.1**	**17.8**	**0**	**−0.5**	**17.9**	**0**	**−0.4**
163/88	18.8	0.5	19.2	0.67	0.37	19.1	0.67	0.3	18.6	0.8	−0.2	18.6	0.74	−0.2
165/92	19.3	1	19.8	1.33	0.5	19.7	1.33	0.4	19.4	1.6	0.1	19.4	1.48	0.1
168/96	19.8	1.5	20.5	2	0.7	20.4	2	0.6	20.2	2.4	0.4	20.1	2.22	0.3
170/100	20.3	2	21.2	2.67	0.9	21.1	2.67	0.8	21	3.2	0.7	20.8	2.96	0.5
173/104	20.8	2.5	21.8	3.33	1	21.7	3.33	0.9	21.8	4	1	21.6	3.7	0.8
175/108	21.3	3	22.5	4	1.2	22.4	4	1.1	22.6	4.8	1.4	22.3	4.44	1
比较评价	增减值接近我国女性人体		增减值偏大约34%			增减值偏大约34%			增减值偏大约60%			增减值偏大约48%		

表2–7 女衬衫前后袖窿宽之和占成品胸围比例比较表

单位：厘米

号型	谢式原型法			文化式原型法			基型法1			基型法2			基型法3		
	袖窿宽	增减值	占成品胸围比例(%)	袖窿宽	增减值	占成品胸围比例(%)	袖窿宽	增减值	占成品胸围比例(%)	袖窿宽	增减值	占成品胸围比例(%)	袖窿宽	增减值	占成品胸围比例(%)
153/72	8.9	−3	11	9.5	−2	11	8.9	−2	11	10.7	−1.2	13	11.1	−1.62	13
155/76	9.9	−2	12	10.2	−1.33	11	9.6	−1.33	11	11.1	−0.8	13	11.6	−1.08	13
158/80	10.9	−1	12	10.9	−0.67	12	10.2	−0.67	11	11.5	−0.4	13	12.2	−0.55	13
160/84	**11.9**	**0**	**13**	**11.5**	**0**	**12**	**10.9**	**0**	**12**	**11.9**	**0**	**13**	**12.7**	**0**	**13**
163/88	12.9	1	13	12.2	0.67	12	11.6	0.67	12	12.3	0.4	13	13.2	0.54	13
165/92	13.9	2	14	12.8	1.33	12	12.2	1.33	12	12.7	0.8	13	13.8	1.08	13
168/96	14.9	3	14	13.5	2	12	12.9	2	12	13.1	1.2	12	14.3	1.62	13
170/100	15.9	4	14	14.2	2.67	13	13.6	2.67	12	13.5	1.6	12	14.9	2.16	13
173/104	16.9	5	15	14.8	3.33	13	14.2	3.33	13	13.9	2	12	15.4	2.7	13
175/108	17.9	6	15	15.5	4	13	14.9	4	13	14.3	2.4	12	16	3.24	13
比较评价	增减值、增减比例恰当、接近我国女性人体			增减值偏小约33%增减比例变化小			增减值偏小约33%增减比例变化小			增减值偏小约60%增减比例呈反比关系			增减值偏小约46%增减比例变化小		

表2–8 女衬衫半胸宽、半背宽之和与前后袖窿宽之和的增减值比较表

单位：厘米

号型	谢式原型法		文化式原型法		基型法1		基型法2		基型法3	
	胸背宽：袖窿宽	增减值	胸背宽：袖窿宽	增减值	胸背宽：袖窿宽	增减值	胸背宽：袖窿宽	增减值	胸背宽：袖窿宽	增减值
153/72	32.1:8.9	−3：−3	31.5:9.5	−4：−2	32.1:8.9	−4：−2	30.3:10.7	−4.8:−1.2	29.9:11.1	−4.35:−1.65
155/76	33.1:9.9	−2：−2	32.8:10.2	−2.67:−1.33	33.4:9.6	−2.67:−1.3	31.9:11.1	−3.2:−0.8	31.4:11.6	−2.9:−1.1
158/80	34.1:10.9	−1：−1	34.1:10.9	−1.33:−0.67	34.8:10.2	−1.33:−0.6	33.5:11.5	−1.6:−0.4	32.8:12.2	−1.45:−0.55
160/84	**35.1:11.9**	**0：0**	**35.5:11.5**	**0：0**	**36.1:10.9**	**0：0**	**35.1:11.9**	**0：0**	**34.3:12.7**	**0：0**
163/88	36.1:12.9	1：1	36.8:12.2	1.33:0.67	37.4:11.6	1.33:0.67	36.7:12.3	1.6:0.4	35.8:13.2	1.45:0.55
165/92	37.1:13.9	2：2	38.2:12.8	2.67:1.33	38.8:12.2	2.67:1.33	38.3:12.7	3.2:0.8	37.2:13.8	2.9:1.1
168/96	38.1:14.9	3：3	39.5:13.5	4：2	40.1:12.9	4：2	39.9:13.1	4.8:1.2	38.7:14.3	4.35:1.65
170/100	39.1:15.9	4：4	40.8:14.2	5.33:2.67	41.4:13.6	5.33:2.67	41.5:13.5	6.4:1.6	40.1:14.9	5.8:2.2
173/104	40.1:16.9	5：5	42.2:14.8	6.67:3.33	42.8:14.2	6.67:3.33	43.1:13.9	8：2	41.6:15.4	7.25:2.75
175/108	41.1:17.9	6：6	43.5:15.5	8：4	44.1:14.9	8：4	44.7:14.3	9.6:2.4	43：16	8.7:3.3
比较评价	增减值接近我国女性人体		前后袖窿宽之和(胸部厚度)偏小约33%		前后袖窿宽之和(胸部厚度)偏小约33%		前后袖窿宽之和(胸部厚度)偏小约60%		前后袖窿宽之和(胸部厚度)偏小约45%	

表 2–9　女衬衫袖深点增减值比较表

单位：厘米

号型	谢式原型法		文化式原型法			基型法 1			基型法 2			基型法 3		
	袖深点	增减值	袖深点	增减值	误差值	（后领中向下量）袖深点	增减值	误差值	（后领中向下量）袖深点	增减值	误差值	（22.5%胸）袖深点	增减值	误差值
153/72	19.5	−1.5	19	−2	−0.5	19.4	−2	−0.1	19.1	−2.4	−0.4	18.5	−2.7	−1
155/76	20	−1	19.7	−1.33	−0.33	20.1	−1.33	0.1	19.9	−1.6	−0.1	19.4	−1.8	−0.6
158/80	20.5	−0.5	20.3	−0.67	−0.17	20.7	−0.67	0.2	20.7	−0.8	0.2	20.3	−0.9	−0.2
160/84	**21**	**0**	**21**	**0**	**0**	**21.4**	**0**	**0.4**	**21.5**	**0**	**0.5**	**21.2**	**0**	**0.2**
163/88	21.5	0.5	21.7	0.67	0.17	22.1	0.67	0.6	22.3	0.8	0.8	22.1	0.9	0.6
165/92	22	1	22.3	1.33	0.33	22.7	1.33	0.7	23.1	1.6	1.1	23	1.8	1
168/96	22.5	1.5	23	2	0.5	23.4	2	0.9	23.9	2.4	1.4	23.9	2.7	1.4
170/100	23	2	23.7	2.67	0.67	24.1	2.67	1.1	24.7	3.2	1.7	24.8	3.6	1.8
173/104	23.5	2.5	24.3	3.33	0.83	24.7	3.33	1.2	25.5	4	2	25.7	4.5	2.2
175/108	24	3	25	4	1	25.4	4	1.4	26.3	4.8	2.3	26.6	5.4	2.6
比较评价	增减值接近我国女性人体		增减值偏大约 34%			增减值偏大约 34%			增减值偏大约 60%			增减值偏大约 80%		

上列诸表的比较表明，所有对照样本在高端、低端号型上都存在明显的累积性误差。过去日本对应原型存在的累积性误差的路径主要是强调试穿修正，但这种修正的路径需要依赖操作者的经验，我国现阶段不易于在教学及产业应用中普遍推广。20 世纪 90 年代中期日本文化服装学院还曾推出一份原型修正表，主要的修正内容是逐档减少半胸宽、半背宽及袖窿深的增减值，扩大前后袖窿宽之和的增减值等。该表的确可以解决误差的修正问题，修正的措施有一定的规律，经修正后的文化式原型与谢式原型相当近似，亦就从侧面证明了谢式原型改革的必要性和正确性，不过该修正表的栏目和数据过于繁杂，影响可传授性，不易于在教学中普遍推广，不如谢式原型这样按人体的增减规律，系统全面地重新设置公式容易传授和应用。

三、比较结果的讨论

通过上列诸表的比较可以归纳出：

（1）半胸宽增减值的误差：增减比例为 2/10 胸的基型法 2 误差最大；增减比例为 18% 胸的基型法 3 次之；增减比例为胸 /6 的基型法 1 最小。

（2）半背宽增减值的误差：增减比例为 2/10 胸的基型法 2 误差最大；增减比例为 18% 胸的基型法 3 次之；增减比例为胸 /6 的基型法 1 最小。

（3）前后袖窿宽之和占成品胸围比例的误差：增减比例为 2/10 胸的基型法 2 误差最大；增减比例为 18% 胸的基型法 3 次之；增减比例为胸 /6 的基型法 1 最小。其中基型法 2 的误差竟然严重到了与成品胸围的增减呈反比关系，低端胸围为 13%，高端胸围却缩小为 12%，这明显背离了人体增减的规律。

（4）半胸宽、半背宽之和与前后袖窿宽之和增减值的误差：增减比例为 2/10 胸的基型法 2 误差最大；增减比例为 18% 胸的基型法 3 次之；增减比例为胸 /6 的基型法 1 最小。前后袖窿宽之和的增减值基本上近似于胸部厚度的增减值，几种基型法均有胸围越小，胸部厚度相对越厚；而胸围越大，胸部厚度相对越薄的趋势，尤以增减比例为 2/10 胸的基型法 2 为甚，这明显地偏离了我国人体增减的规律。

（5）袖深点增减值的误差：22.5% 胸的基型法 3 误差最大；增减比例为 2/10 胸的基型法 2 次之；增减比例为胸 /6 的基型法 1 最小。人体的腋下点通常不超过背长的 50%，加入合体衬衫袖所需要的宽松量，袖深点通常相当于背长的55%。基型法3高端胸围的袖深点却深达背长的65%，而低端胸围的却仅有50%。对于合体衬衫袖而言，高端号型的袖深点太靠边腰部，举手时将过多地牵扯侧缝线；而低端号型则宽裕量太小，容易摩擦腋窝。

（6）此外还有前后腰节长（前后SNP点至腰围线）之差以及预留胸省量，这二个部位与女装乳胸造型的立体效果关系很密切。但几种基型法教材里的前后腰节长均为前低后高或前后等高，而且不随胸围的增减而相应增减，明显有悖于女性体型的增减规律；至于预留胸省量要么没有设置，要么固定地设置为2.5或3 厘米宽，而且不随胸围的增减而相应增减（实质上胸省夹角与胸围的增减量呈反比关系），明显有悖于女性体型的增减规律。由于三种基型法的这两个部位设置不规范，难以与原型法进行比较，可以直接确定：三种基型法的这两个部位，均不能满足非弹性面料中青年合体女装乳胸立体造型的需要。

（7）上列诸表中，对女装立体造型影响最大的是表2–7“前后袖窿宽之和占成品胸围比例比较表”及表2–8 “半胸宽、半背宽之和与前后袖窿宽之和增减值比较表”，3种基型法的这二项指标全都明显地偏小。前后袖窿宽体现着人体胸部三维关系中的厚度(Z轴)要素，是女装立体造型的数字基础，有了足够的前后袖窿宽，再打足胸省，才能简捷地塑造出相当立体的胸部造型。长期以来，国外批评我国的（合体）女装立体感较差，其中一个重要的原因就是因为国内通行的几种基型法（包括其前身比例法）教材中，半胸、背宽的增减值均偏大，挤占了前后袖窿宽的增减值、再加上前腰节长度均短于后腰节长以及胸省宽度均普遍不足等因素而导致的后果。

（8）基型法一向以“准确性高”自诩，但根据上述比较的结果表明，实际上这几种基型法都更需要各自配套一份复杂的修正表。

（9）各项比较研究的指标主要受公式里的比例控制，并不受公式里定数的直接影响。目前业界内盛行“比例公式里的定数越小，就意味着误差越小；定数越大，则误差也越大” 的说法是谬误，实际比较的结果与这种说法正好相反。

(10)三种基型法之所以存在上述误差，主要是因为其制图公式的设置与人体增减规律相去甚远，偏离了人体的增减规律，其结果必然是南辕北辙的。

(11) 合体服装各项比较研究的指标主要受公式里的比例公式控制的，不受宽松量的直接影响，因此外层合体服装(包括合体上衣、西服，乃至合体大衣)只要成品胸围一样，都可以进行类似的比较，比较的增减值和误差值与合体衬衫基本上是一样的,所以女衬衫比较研究的结果基本上同样适用于所有合体女装。

各种基型法在中间体胸围上误差都不大，几乎可以忽略，在教学和产业应用中只要回避高、低端胸围，就可以避免出现不合体的弊病，这是至今基型法仍能在一些地方通行的主要原因之一。但是90年代中期以来，我国消费者体型差异化现象日趋明显，特别是高端胸围的体型在中青年女性中越来越多（例如，目前大学在校女生中胸围100厘米左右的体型时有所见，而在中年女性中则更为普遍），误差随着体型差异化的逐渐积累而愈加明显。市场竞争日趋激烈，成衣产品的号型也逐渐向高端延伸，今后在教学中继续回避高、低端胸围就要误人子弟了。

综上所述，谢式女装原型的改革在一定程度上揭示了女装原型本国化改革的几点趋势：

（1）随着社会的发展，服装行业、服装教育的发展，必须解决原型简便地覆盖国家标准服装号型里大多数高端及低端胸围(即国家标准服装号型GB/T1335—97 Y型、A型和B型里大多数的号型)的问题。

（2）只要原型各部位计算公式的设置符合我国人体的增减规律，前述目标可以实现。

（3）国家标准应提供实时、详尽、准确的我国人体的数字模型，为我国的服装结构设计研究（特别是原型的改革研究）建设公共技术平台。

（4）胸围与半胸宽的增减比例应减小至8∶1或更小。

（5）胸围与半背宽的增减比例应减小至约8：1。

（6）半胸宽、半背宽之和与前、后袖窿宽之和的增减值比例应近似于1：1。

（7）胸围与袖窿深（胸围线）的增减比例应近似于8：1或更小。

（8）前腰节长（前SNP至腰围线）的增减值应大于后腰节长（后SNP至腰围线）的增减值。

（9）胸围与预留侧胸省宽的增减比例应增加至16：1或更大，以确保侧胸省夹角与胸围的增减呈正比关系。

（10）胸围与半领宽的增减比例应减小至24：1或更小。

经本国化改革的谢式女装原型明显地提高了合体范围，实现了不仅能覆盖中间体胸围，而且能较简便地覆盖大多数高端胸围及低端胸围的改革目标。经测算以及3年以上（其中半胸、背宽控制部位经8年以上）的行业应用效果表明，可以覆盖绝大多数胸围72～112厘米以内、胸腰差不小于8厘米（即国家标准服装号型GB/T1335—97里Y型、A型、B型的号型）的女性体型。

谢式女装原型的改革主要改变了原型内在尺度的增减比例，对中间体原型的外观影响甚小，在教学、制板应用中仍然可以与文化式原型法的各种教材、参考资料相兼容。

谢式女装原型所具有的体型覆盖面大的优点，可以极大地提高教师的教学效率，降低学生的入门难度，有利于企业扩大服装产品的市场，使消费者更容易选购到合体的服装。更重要的是，体型覆盖面大的原型，为原型法设计变化的可传授性奠定了可靠的基础。

第五节 原型法女装制板原理

经本国化改革而形成的谢式女装原型，成功地突破了简捷地覆盖大范围体型的合体性难题，但是要全面推广应用原型法，还要解决设计制板可传授性的难题。

在改革开放初期的20世纪80年代，这个难题并不突出的，因为那个年代没有多少造型、款式设计变化的必要，当时不少人仅仅把原型法作为一种较比例分配法容易学习的裁剪技法。90年代以后，伴随着时尚化消费需求的出现，才产生了时装制板的必要性，亦相应产生了设计制板可传授性的难题。笔者在近二十年的教学、应用实践中探索、研究出一套谢式原型法服装制板原理，提高了原型法设计制板的可传授性。

原型法服装制板将服装的合体问题与造型款式变化问题分解成二个部分分别处理。合体问题主要在制备原型的阶段解决，解决的途径主要靠量化地分析原型与人体之间的合理关系。原型即服装制板用的人体模板，所有合体服装（包括合体西服、合体大衣）的衣片都是靠紧原型的，只能较谨慎地增加少量的宽松量，与合体性关联最密切的胸、腰、肩、臂之间的关系，都可以直观地参照原型，只要选准了适当号型的原型，相应的衣片亦就合体了。另有一类半宽松、宽松式服装，由于消费者对其审美观与合体服装不同，基本上不存在严格的合体问题，可以很自由地在原型之外增加宽松量，只要将宽松量按规格表的尺寸要求加足就行，原型在这类服装中只是起到直观的宽松量参照标杆的作用。

对于造型款式变化问题，主要靠形象思维为主的方式，定性地分析研究服装造型款式变化牵动衣片三维空间的变化。由于在制板实践中，原型大多是预先制备的，合体问题在制板之前就已基本解决，制板过程中不必过多地分心考虑合体问题，解除了合体问题的后顾之忧，制板师可以较自由地研究、推敲造型、款式变化的表现问题。

从最终的效果而言，原型法女装制板可以在人体模板之外，像写草书一样自由挥洒。但是犹如学习书法一样，每一位初学者都得经过描红、临帖的阶段，都得从楷书学起，谢式原型法服装制板原理原则上就是供初学者学习设计制板“楷书”的教材，初学者可以通过实践消化吸收其中的养分，尽快进入设计制板的“自由王国”，淋漓尽致、挥洒自如地表现设计的效果。绝不可把制板原理奉为圭臬，恪守终生，这样将产生新的教条、新的桎梏，背离了推广原型法的初衷。

一、系列规格原型的制备

学习女装制板或从事女装制板工作，都必须制备一套通用的系列女装原型，建议按照表2-1“2.5·4系列女子服装号型参考表”里“高密集度群体”的数值制备，该系列8个号型可以覆盖国家标准服装号型5·4系列的16个号型，这套系列原型对我国南、北方人都适用，只是南方人偏向低端的多一些；北方人偏向高端的多一些。在成衣业内应用中，还可以针对产品的不同定位，酌情制备一些“稍矮身材的中密集度群体”及“较高身材的中密集度群体”的原型备用。

原型应按1:1的比例逐号画在牛皮卡纸、硬纸板或厚0.5毫米以上的聚酯薄板上，只要画上身原型。袖原型、裙原型应当背熟，需要使用时临时默画。原型画好剪好后，要用炭笔或麦克笔明显地标上号型规格及其他详细数据（包括前后腋下凹势的数值），前后片都要写，以便于今后使用时查找。全套原型要装入一只大口袋，以便保管和携带，建议用游泳的沙滩包保管和携带原型。

若想省时间，可以把本书后面附录的1:1实物大的原型逐号拷贝到牛皮卡纸上，剪好备用。

若有个别体型超过表2-1规格的顾客，可以为其制备一套专用的原型，这套原型应标明顾客的姓名、号型并单独保管，不要与通用的原型混淆。

表2-2的“3·6系列女子服装号型参考表”是专供休闲成衣工业制板用的，生产这类成衣的企业宜按该表制备、选用原型，该系列“高密集度群体”6个号型可以覆盖5·4系列18个号型。

有一个误区需要澄清，国内一些书刊把原型法称为“二次制图（裁剪）法”，即每次裁剪服装前，都必须按照穿着者的体型尺寸画、裁一套原型，再用该原型制图、裁剪穿着者所需要的服装，并据此评判原型法不适合“直裁”，这是对原型法相当外行的误解。

事实上完全不必这样麻烦，因为谢氏原型具有很广泛的体型覆盖面，代表着众多普通体型的共性，对于消费者中绝大多数的体型（包括国家标准里的Y型、A型、B型大多数的号型），都可以在通用的系列规格原型里“对号入座”。因此对于需要“直裁”的定型款式服装而言，正确的方法是：按照穿着者的体型尺寸，从系列原型中提取某个适当号型的原型作为制图模板，直接在布料的反面制图、裁剪出合体的服装，只要量体是准确的，提取的原型是正确的，制图的方面是正确的，所裁的的服装亦就是合体的。这样的操作过程与比例法相比，多了一套事先准备、可以长期使用的系列制图模板，却节省了计算、绘制基础线、辅助线的重复劳动，对于目前常见的高端胸围的体型而言，还节省了进行经验性合体修正的时间和精力，实际操作起来较比例法、基型法更快速，而且因为量体是测量净体尺度，初学者容易掌握，容易量准，亦就更容易合体。

在现代物质条件下，预备一套牛皮卡纸或聚脂薄片的系列原型毫无困难。但是有些裁缝师傅指责此举不符合行业习惯。对于此类指责，只要对照那些比服装行业先进的姊妹行业，看其还残余多少手工业时代的陈规陋习，服装行业的发展亦必然如此。当一些服装公司已经投资数万、乃至数十万元添置服装CAD用于制板的情况下，指责使用每套成本仅十余元的制图模板（原型）不符合行业习惯是毫无道理的。

此外，现代单量单裁女装的概念已与过去明显不同了，消费者往往追求个性化、时尚化，“直裁”定型服装的机会越来越少，大多数都需要先制板，按不同的造型、款式仔细地设计推敲后才排料裁剪，追求时尚的顾客早已接受了这种运作方式，只要效果好一切都好。在此情况下，再奢谈什么“直裁”就太偏于裁缝思维了。

至于成衣工业制板，原本就不存在“直裁”的概念，亦就完全不该有思想观念上的障碍。

二、怎样选用原型

对于合体性要求较高的服装（如贴体、合体上衣、西服、衬衫、连衣裙等），无论是单量单裁服装、还是成衣工业制板，都是按照胸围±厘米的覆盖范围选用原型，例如胸围82～85厘米的体型选用号型160/84的原型，胸围86～89厘米的体型选用162/88的原型等等，其他体型照此类推（表2-10）。

表2-10　常用2.5·4系列女装原型对胸围的覆盖表

单位：厘米

号型	155/76A		158/80A		160/84A		163/88A		165/92A		168/96A		170/100B		173/104B	
覆盖范围	−2	+1	−2	+1	−2	+1	−2	+1	−2	+1	−2	+1	−2	+1	−2	+1
覆盖胸围	74～77		78～81		82～85		86～89		90～93		94～97		98～101		102～105	

选用原型的第一要素是选对胸围，因为胸围与服装合体的关联性最大；胸围选好后再考虑背长因素，背长是与身高挂钩的，背长数值是用于确定腰围线的，卡腰的服装对腰围线的准确性要求较高，误差一般不大于±1厘米（含1厘米）。不卡腰的服装对腰围线的准确性要求不高，误差在±2厘米以内不必改动腰围线。

例如某顾客身高160厘米、胸围88厘米，背长38厘米，选用号型163/88的原型，该原型背长38.5厘米，误差为+0.5厘米，不必修改背长；再如某顾客身高164厘米、胸围84厘米、背长39厘米，选用号型160/84的原型，该原型背长38厘米，误差为－1厘米，亦不必修改背长；而某顾客身高160厘米、胸围96厘米、背长38厘米，选用号型166/96的原型，该原型背长39.5厘米，误差为+1.5厘米，应该把原型的腰围线上移1.5厘米。

现代成衣中还有一些半宽松、宽松式休闲服装，例如宽松休闲衬衫、茄克、户外休闲服、便西服、大衣、运动服等，这类服装宽松量较大，对合体性要求不高，宜按照胸围$\pm\frac{2}{3}$的覆盖范围选用原型，例如号型160/84的原型可以覆盖胸围81～86厘米的体型；号型163/90的原型可以覆盖胸围87～92厘米的体型等等，其他体型照此类推。

表2-11里的3·6号型系列是专供半宽松、宽松式服装制板用的，具有“少号型量、大覆盖面”的优点，既有利于扩大产品的体型覆盖面，又能降低管理、仓储、营销等一系列成本。

表2-11　常用3·6系列女装原型对胸围的覆盖表

单位：厘米

号型	154/72A		157/78A		160/84A		163/90A		166/96A		169/102A	
覆盖范围	−3	+2	−3	+2	−3	+2	−3	+2	−3	+2	−3	+2
覆盖胸围	69～74		75～80		81～86		87～92		93～98		99～104	

第六节　原型法女装制板的应用

一、前片原型的定位与侧胸省的设计

成年女性隆起的乳胸是构成女性形体美的要素，塑造吻合乳胸立体造型的服装是女装制板的重点研究课题。

（一）前片原型的定位

谢式女装原型根据我国女性的体型特点，将前后片肩颈点至腰围线的垂直长度设置为前高后低，中间号型160/84的高低差为0.7厘米，其他号型按胸围档差4厘米每档递增、递减0.19厘米左右，充分满足了合体女装胸部纵向的容量；胸部侧面相应产生的纵向余量打成侧胸省，由此前衣片就塑造成吻合乳胸的立体造型。中间号型160/84的预留胸省量设置为3.25厘米，其他号型按胸围档差4厘米每档递增、递减0.25厘米（这些增减变化是靠公式“B/16−2”而形成的），以确保侧胸省的夹角与胸围的增减呈正比关系，充分满足了塑造合体女装胸部立体造型的需要。对于合体的女装，正确地设置前后片的高低差、正确地设置胸省量，是塑造乳胸立体造型的基础条件，谢式女装原型提供了符合我国女性乳胸造型的、较具共性的基础条件。

谢式女装原型以侧胸省（亦称腋下胸省）作为基础胸省，前片原型腰部下翘量即预留胸省量，为了在板型中明确地显示预留胸省量，应当正确地定位原型，女装原型通常有3种垂直定位法：

1. 正常体合体服装定位法（图2−6）

正常体指20～54周岁青年及中青年女性中绝大多数的体型，其合体（含贴体）的服装制板前，先在样板纸上画一条水平线，把前片原型的腰围线对准水平线，拷贝到样板纸上，这是20岁～54岁女性的合体服装使用女装原型的方法。这样定位，前肩颈点高于后肩颈点约0.3～1.8厘米（随胸围大小而增减），以保障不同大小的胸围，有相应的前后腰节长度差；前后袖深点的高低差与预留胸省量相等，按预留胸省量设计、缝合侧胸省后，前后袖深点即等高，前后侧缝亦相应等长。这种定位法能使初学者直观地看到前后腰节长度差、侧胸省的存在及测量出侧胸省量的宽度，简捷、准确地塑造乳胸的立体造型，而且前片原型的侧缝斜线为侧胸省缝合时产生的内凹量提供了补偿。

2. 低胸体型或半宽松正装定位法（图2−7）

低胸体型多指14～19周岁乳胸尚未发育成熟的少女以及55周岁以上乳胸趋于萎缩的高龄女性，其合体服装制板时，先在样板纸上画一条水平线，将前片原型的腰围线降低预留胸省量的三分之一对准水平线，再拷贝到样板纸上，这样定位减少了前肩颈点至腰围线的高度（即前腰节长），亦相应减少了预留胸省量。因为这类体型胸围与胸下围（乳胸下沿的水平胸围）之间的差数较小、乳胸曲面较小，侧胸省宽度应相对减少，前腰节长亦相应减小。另外，半宽松式合体袖正装(上衣、西服)不论何种体型亦按此法定位，因为此类服装不太贴体，胸部造型趋于直线化，前腰节长宜适当减少。

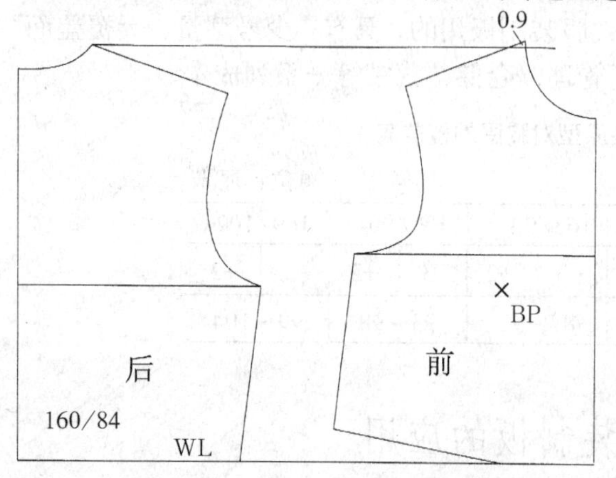

图2−6　正常体合体服装原型定位法

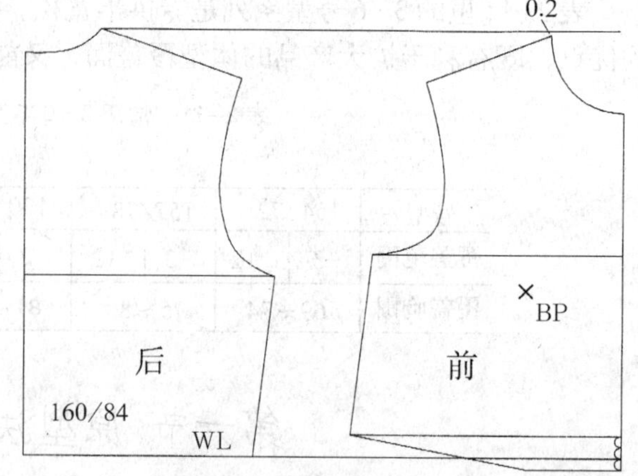

图2−7　低胸体型或半宽松正装原型定位法

3. 半宽松、宽松式休闲服定位法（图2−8）

半宽松式休闲服指在女装原型基础上追加6厘米以上胸围宽松量的衬衫、10厘米以上胸围宽松量的上衣及追加16厘米以上胸围宽松量的大衣、风衣（胸围宽松量相当于靠近H型造型上限及T型造型下限的服装）；宽松式休闲服指在女装原型基础上追加16厘米以上胸围宽松量的衬衫、上衣及追加28厘米以上宽松量的大衣、风衣（胸围宽松量包括T型造型的上限及O型造型的服装）。为了提高制板效率，半宽松、宽松式女装往往套用后片的板型进行前片制板。这类服装制板时，先画好后片板型，再将后片板型的原型和轮廓线一起拷贝到另一张样板纸上，添加前片原型的领围线后作为前片的基础线，在此基础上往往只要添加、修改少量线条即可完成前片板型，这是一种模糊地使用女装原型的方法。这样定位可以提高制板效率，又不影响制板质量，因为半宽松、宽松式服装多属中性的设计，人衣之间的间隙较大或很大，衣片近似于平面造型，所以可以模糊地使用原型。半宽松式服装一般可利用约克等剪接线打1.5～2厘米宽的小胸省，宽松式服装完全不必打胸省。针织弹性面料的合（贴）体服装亦按此法使用原型，因为高弹性面料可以自动平衡前后腰节的长度差。

初学者常有一种错误的原型定位方法(图2-9),此举将预留胸省量完全扣除,使得前腰节长度太短，短于后腰节2厘米左右，形成驼背的服装，这种错误一旦成形很难补救，一定要避免出现这个错误。

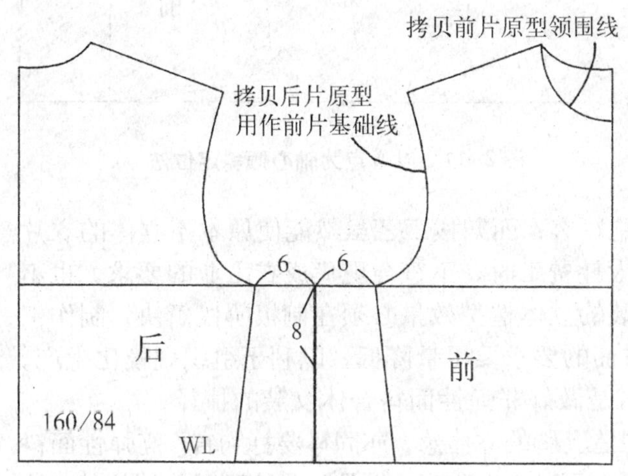

图2-8　半宽松、宽松休闲服原型定位法

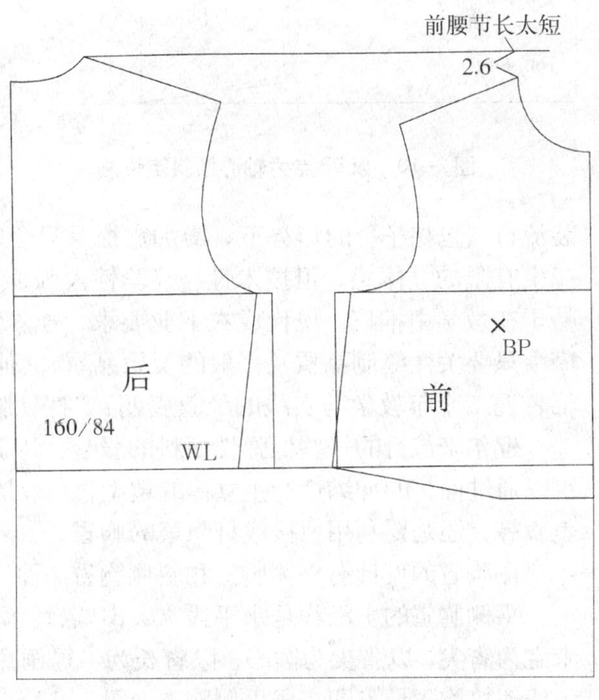

图2-9　初学者错误的原型定位法

除了上述3种原型垂直定位的方法之外，还有两种原型倾斜（撇胸）定位的方法。

1. 以BP点为轴心倾斜定位法（图2-10）

先在样板纸上画直角线,将前片原型放在垂直线上,视服装的款式选择按合体服装或半宽松服装的方法定位，用铅笔或锥子顶住BP点为轴心，把原型向左旋转，使领深点偏离垂直线1厘米后定位，把原型拷贝到样板纸上，该方法多用于合体服装分散胸省的设计、或半宽松合体袖服装中替代胸省的设计。

2. 以A点为轴心倾斜定位法（图2-11）

先在样板纸上画直角线，将前片原型放在直角线上，用铅笔或锥子顶住A点为轴心，把原型向左旋转，使领深点偏离垂直线1厘米后定位，把原型拷贝到样板纸上，该方法多用于腆腹体型的修正。

(二) 侧胸省的设计

原型正确定位后，前片侧缝线下端的预留胸省量即为侧胸省的宽度，亦可以从前、后片袖深点的高低差量取预留胸省量。

过去许多人感到学习女装裁剪或制板很难达到合体的效果,其原因之一就是过去所学的比例法、基型法要么没有胸省，要么胸省太小，前后腰节长的垂直长度之差亦不合理，前腰节长短于后腰节长，违背了女性形体的规律，造成服装的立体效果较差，甚至完全没有立体感，乳胸周围的衣片容易产生难看的弊病，因此难以达到合体的效果。

过去的一些老师傅往往用增加胸围宽松量和熨烫归拔的方法来弥补上述弊病。但是在目前女

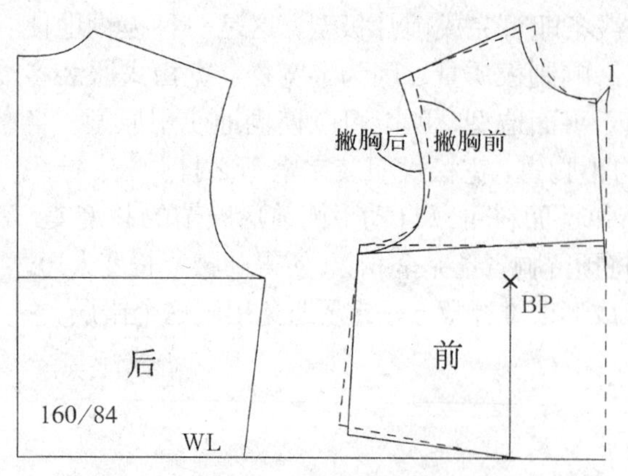

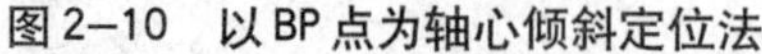
图2-10 以BP点为轴心倾斜定位法

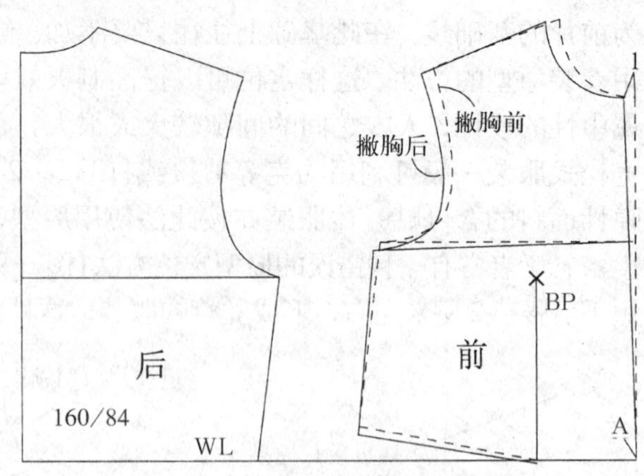

图2-11 以A点为轴心倾斜定位法

装流行“包粽子”的形势下，增加宽松量只会赶跑顾客；而归拔工艺虽然能使原本不立体的衣片产生有限的立体感，但技术性、经验性太强，又太耗费工时，不符合现代成衣工业的要求，也不易于在教学中推广。现代成衣工业要求，合体女装的立体造型效果必须在制板阶段解决，制作工序中只要关注缝制品质及一般的熨烫品质，其他方面的要求要尽量降低，以利于组织规模化生产。笔者近二十年教学与实践的经验表明：“打足胸省是做好非弹性面料合体女装的捷径。”

近年来流行的一些低弹性面料的服装，为了塑造乳胸的立体感，亦同样要打胸省。高弹性面料可以通过面料的伸缩性产生立体的造型，一般情况下可以不打胸省，但是一些特别贴体的泳装、健美服等，还是要利用剪接线打隐蔽的胸省。

侧胸省的设计有平侧胸省和斜侧胸省2种。

平侧胸省的上沿线是水平线，从BP点画水平线至原型侧缝斜线定点，从BP点水平往左量4厘米定为省尖，以省尖为圆心、以省长为半径画短弧线，在短弧线上量取预留胸省量定点，从省尖画斜线连接胸省量点即完成平侧胸省（图2-12）。

斜侧胸省的上沿线斜度在侧缝斜线上定点，通常定在袖深点向下7～10厘米处，有些特殊的设计可以超过10厘米，从侧缝线连接BP点画斜线为上沿线，从BP点沿上沿线往左量4厘米定为省尖，以省尖为圆心、以省长为半径画短弧线，在短弧线上量取预留胸省量定点，从省尖画斜线连接预留胸省量点即完成斜侧胸省（图2-13）。

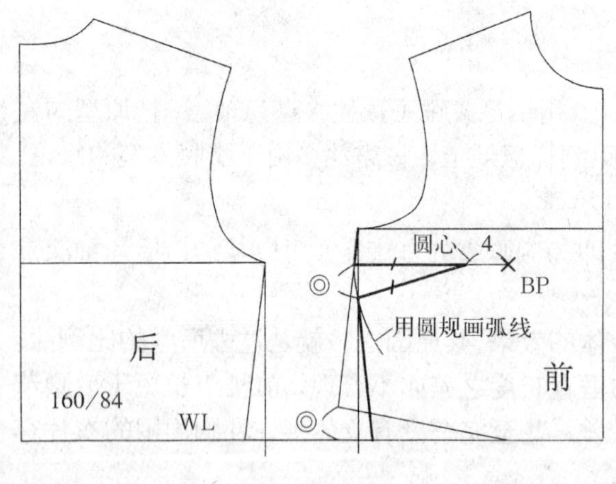

图2-12 平侧胸省

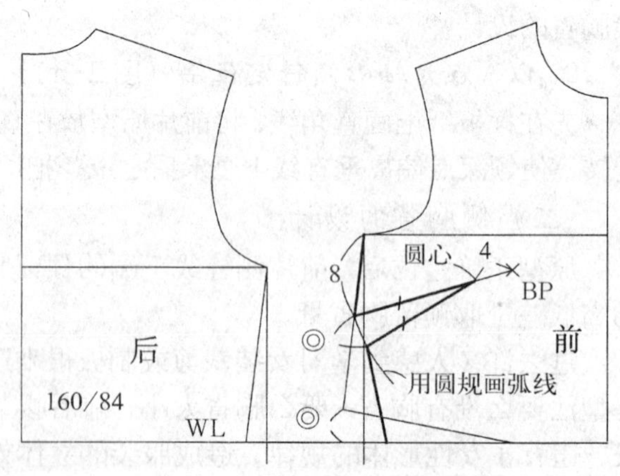

图2-13 斜侧胸省

前片原型的侧缝斜线很重要，其重要作用是补偿侧胸省缝合（或转省设计）后产生的侧缝内凹量。侧胸省的上沿线一定要画到侧缝斜线，再如图2-13用圆规画弧线，在弧线上量胸省量，这样可以轻松地实现侧胸省上下两条线等长。

斜侧胸省在我国比较常用，因为我国多数女性胸围不太丰满，斜侧胸省有利于营造视错觉，增强乳胸的丰满感。

平侧胸省主要用于胸省移位设计，其技法在后节讲解。

不论哪种胸省，其省尖一般应距BP点3～5厘米，这样既留出乳胸的宽松量，亦有助于塑造胸部半球状的曲面造型。

二、服装整体造型变化与三围宽松量的设计

服装应有适当的宽松量以满足人体运动的需要，特别是目前居市场主流的非弹性面料，完全靠宽松量才能适应人体的仰俯坐立。由于人体的运动主要是趋前的，因此背宽、后肩宽均应大于胸宽、前肩宽，后袖长亦应长于前袖长。一般而言，礼服、常服的宽松量应能满足呼吸和小幅度运动的需要，休闲服、户外运动服则应能满足大幅度运动的需要。

宽松量的另一个功能是营造服装的体量变化(即服装整体造型变化)。法国著名时装设计师克里斯蒂安·迪奥里程碑式的贡献之一，就是在1947年后开创了一个服装整体造型变化的时代，其影响深远、惠泽至今。战后半个多世纪以来现代服装设计的主流是以整体造型设计为纲，款式设计为目，常见的整体造型有H型、A型、X型、T型、O型等，同一个号型的人，穿着按不同体量设计的服装，可以产生风格很不相同的效果。

服装整体造型变化主要是通过体量变化，亦即通过人衣之间胸围、腰围、臀围的宽松量及衣长的增减，再加上面料、辅料的配合而实现的，在上述诸要素中，胸围的宽松量是最重要的，起着提纲挈领的作用。女装原型已包含10厘米的宽松量，这是原型的基础宽松量，可以满足女青年贴体衬衫、连衣裙最基本的呼吸和小幅度运动的需要，其他年龄定位和其他造型的服装可以参考下列各表增减三围宽松量，腰围、臀围的宽松量在上身原型上没有涉及，待制板时依据整体造型设计的需要而确定。

原型法设计制板的原则认为服装胸围宽松量是浮动的、未知的、可以大幅度变化的；而比例法、基型法则认为服装胸围宽松量是恒定的、已知的、只能微量变化的。

在女装市场上，整体造型一般每年都有一些小变化，每5年就会有大的变化。要不要整体造型设计，不是个人喜好问题，而是市场需求的问题。因此学习原型法服装制板，要通过学习“艺用人体解剖学”，并结合设计、制板、制衣的实践，在自己的头脑里形成一个立体的人体模型，要牢记人体的主要尺度，特别是身高与三围的尺度，再由此去揣摩各种服装造型与人体之间的宽松量，这是培养正确的职业性思维习惯，是设计师、制板师不可或缺的专业素质。切不可像以往的裁缝那样，把服装宽松量固定化、服装造型定型化，只问成衣尺度，无视人体尺度，拒绝进行三围宽松量的变化，这是我国目前尚存的服装制板与服装造型设计相脱节现象的重要原因之一。

本节论及的服装造型与宽松量的关系适用于非弹性的面料。下列是常见的几种服装造型与三围宽松量的关系。

1．H型

H型造型的服装胸围、臀围松紧适中，不卡腰或仅少量卡腰，属合体型造型，整体投影呈长方形（图2-14），追求端庄、大方、舒适，对穿着者的体型要求不高，体型覆盖面较大。这类服装在我国市场上长期占有较稳定的份额，三围宽松量的设计可参照表2-12。

表 2-12　H型造型条件下三围宽松量参考表

单位：厘米

品种	成品胸围在原型的基础上追加宽松量	腰围宽松量	臀围宽松量	备注
衬衫、连衣裙	2～6	不卡腰或仅少量卡腰	6～8	
上衣、西服	6～8	不卡腰或仅少量卡腰	8～12	胸围追加6厘米时，可内穿紧身薄毛衣；追加8厘米时可内穿棉毛衫、厚毛衣、毛背心等
茄克、户外服	10～12	不卡腰	10～12	胸围追加12厘米时可内穿棉毛衫、两件厚毛衣等
风衣、大衣	16～20	不卡腰	14～18	可套在上衣、西服、茄克外

因为我国大多数消费者（特别是中年以上消费者）长期习惯的衣着基本上是H型造型，我国以往定型服装亦基本上是H型造型，初学者应该先学会应用H型造型的三围宽松量。

H型造型的服装比较合体，要求衣片与人体乳胸的曲面比较吻合，必须应用胸省来营造乳胸的立体感，但是对腰、臀曲面不强调，不必刻意地处理。

H型造型女装的宽松量比较适中，衣片的结构线比较靠近原型，宽松量的上下限差数比较小，制板过程比较严谨，是学习女装制板的重点之一。

2. A型

A型造型是欧美国家常见的造型，这些国家传统的女装基本上是A型造型。近几年我国女青年中亦流行这种造型。A型造型的特征是胸围宽松量很小，属贴体型造型，肩宽较窄，垫肩较小、较薄，腰部曲面亦比较强调，腰省要打到位；臀部都很宽松，整体造型呈正梯形（图2-15），三围宽松量的设计可参照表2-13。我国女性的臀围一般大于胸围6～10厘米，设计A型服装时要特别注意臀围的宽松量。

A型造型对穿着者的体型比较挑剔，最适合苗条修长的体型，亦较适合娇小玲珑的体型，体型胖者不宜勉强穿着。

A型造型服装的宽松量很小，外观效果很紧身，衣片的结构线非常贴近原型，宽松量的上下限差数很小，制板技法很严谨，特别强调胸部的立体造型，胸省必须打足，露肩式服装在原有预留胸省的基础上还要增加辅助胸省；其他局部亦应严格地遵循本书女装制板原理进行操作，是学习女装制板的重点之一。

还有一类宽松的A型造型服装，除了胸部较合体之外，腰部、臀部都较宽松，全身呈伞形、帐篷形造型，这种造型宽松量的处理较自由，不必受表2-13的限制。

表 2-13　A型造型条件下三围宽松量参考表

单位：厘米

品种	成品胸围在原型的基础上追加宽松量	腰围宽松量	臀围宽松量	备注
衬衫、连衣裙	−5～0	6～8	8～10(衬衫)	连衣裙多为宽摆裙片，不计臀围
上衣、西服	2～4	10～12	8～12	胸围追加2厘米只能内穿衬衫
风衣、大衣	6～12	16～18		多为裙式下摆，不计臀围

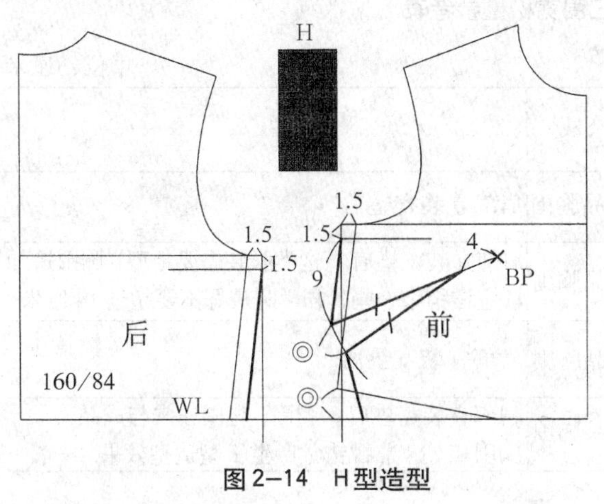

图 2–14 H型造型

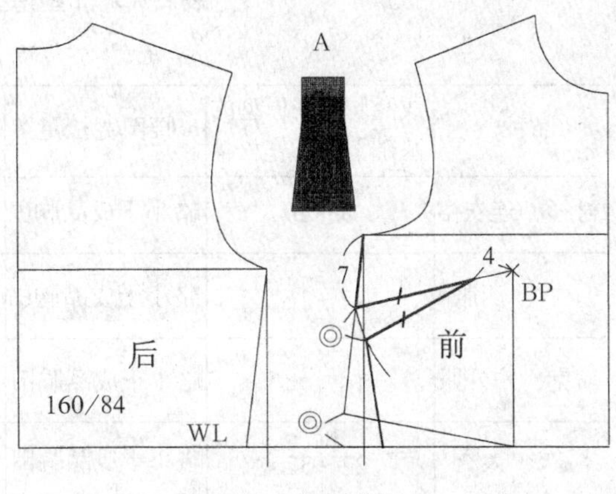

图 2–15 A 型造型

3．X型

X型是富有女性魅力的现代服装造型，其胸围宽松量略大于H型，肩部比较宽，借助垫肩垫平、垫宽，下身多配宽摆的裙子或裙裤，腰部比较贴体，与较宽松的胸部、臀部形成鲜明反差，整体造型呈双三角形，属合体卡腰型造型（图2–16），三围宽松量的设计可参照表2–14。

X型造型服装的胸围、臀围宽松量均略大于H型造型，稍显宽松，卡腰比较到位，衣片结构线的处理比H型、A型造型自由一些。但衣片的结构线仍比较靠近原型，胸部造型仍要求比较立体，要打足胸省，往往还要利用分割线构成视错觉，以突出造型效果，宽松量的上下限差比较小，制板过程比较严谨，应较严格地遵循本书女装制板原理进行操作，是学习女装制板的重点之一。

表 2–14 X型造型条件下三围宽松量参考表

单位：厘米

品种	成品胸围在原型的基础上追加宽松量	腰围宽松量	臀围宽松量	备注
衬衫、连衣裙	4～8	6～8	明显地大于成品胸围	肩部装较宽的垫肩，齐腰短衬衫可不计臀围
上衣、西服	6～12	10～12	明显地大于成品胸围	肩部装较宽的垫肩
风衣、大衣	16～22	18～24	明显地大于成品胸围	肩部装较宽的垫肩

4．T型

T型造型服装多为富有男性化风格的服装，多设计成办公室套装，亦很适合设计成休闲装、户外服等便装。

T型服装胸围宽松量比较大，肩部很平、很宽、很夸张，基本上不卡腰，臀部收小，整体造型呈倒梯形，属半宽松或宽松式造型（图2–17），三围宽松量的设计可参照表2–15。穿着轻便、宽松、舒适，对体型要求不高，体型覆盖面较大。T型服装不贴体，与人体曲面吻合的程度较低，大多数不打胸省、腰省，有利于在设计中运用平面切割和平面装饰的手法。

T型服装的结构线不必贴近原型，通常明显地大于原型，原型只是起着最基本的人体模板的内限标记作用，以及直观的追加宽松量的标记作用，制板设计比较自由。

表 2–15　T 型造型条件下三围宽松量参考表

单位：厘米

品种	成品胸围在原型的基础上追加宽松量	腰围宽松量	臀围宽松量	备注
衬衫、连衣裙	8～20	略小于成品胸围	略小于成品胸围	肩部宜装宽垫肩
上衣、西服	12～16	略小于成品胸围	略小于成品胸围	肩部宜装宽垫肩，这类服装需要定型，胸围追加量应该稍小一些，初学时最好不要超过 14 厘米
茄克、户外服	16～24	略小于成品胸围	略小于成品胸围	肩部宜装宽垫肩
风衣、大衣	22～32	略小于成品胸围	略小于成品胸围	肩部宜装宽垫肩，腰围、臀围亦常与成品胸围相等，靠视错觉产生 T 型造型效果

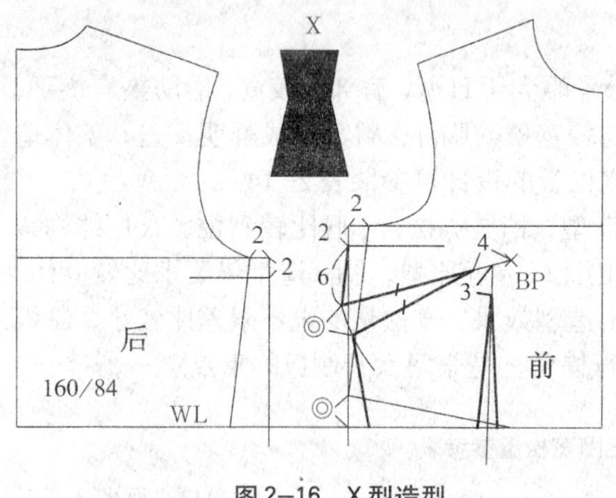

图 2–16　X 型造型

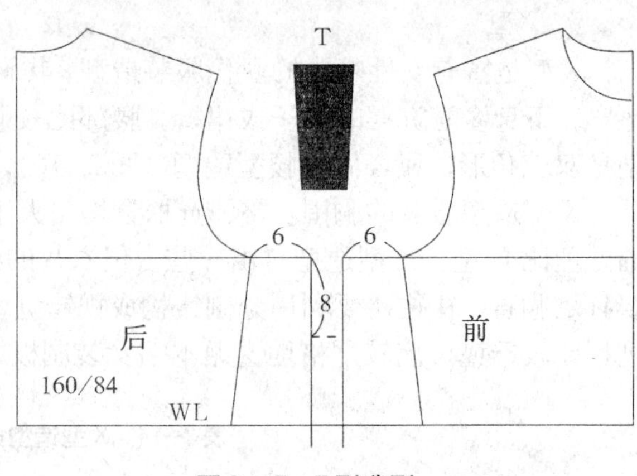

图 2–17　T 型造型

5．O型

O 型造型服装通常是中性化风格的服装。其主要特征是胸围、腰围的宽松量非常大，明显地超出合体的需要，臀部或臀部以下用褶裥或松紧带收小，形成近似圆形或椭圆形的造型（图2–18），三围宽松量的设计可参照表2–16。

O 型造型是非正统的造型，夸张且富有个性，追求轻松、舒适、随意，多用于休闲装、户外服等设计。

O 型服装的结构线不必贴近原型，通常明显地大于原型，完全不需要打胸省，原型只是起着最基本的人体模板的内限标记作用，以及直观的追加宽松量的标记作用，制板设计比较自由。

表 2–16　O 型造型条件下三围宽松量参考表

单位：厘米

品种	成品胸围在原型的基础上追加宽松量	腰围宽松量	臀围宽松量	备注
衬衫、连衣裙	20 ≤	不计腰围	等于或大于成品胸围	下摆收紧
茄克、户外服	24 ≤	不计腰围	等于或大于成品胸围	下摆收紧
风衣、大衣	36 ≤	不计腰围	等于或大于成品胸围	下摆收紧

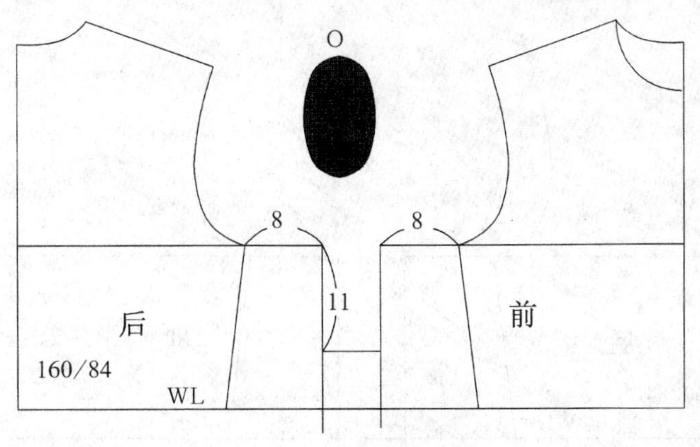

图 2–18　O 型造型

在原型的基础上追加宽松量的方法通常是将追加值平均分成四份，每片原型的袖深点处追加一份（图 2–14～图 2–18）。如果追加值除不断，可以把余数任意放在前片或后片，一般前后片追加量相差 1 厘米，不会影响外观效果。

一些半宽松、宽松式服装设置的追加量后大前小，这在一定程度上有利于提高运动功能性。

合体上衣、西服的前中轴线应加宽 0.5 厘米（图 2–19），这是为了追加前领宽，使之较后领宽大 0.3 厘米，以提高上衣类服装领围与门襟的舒适性，亦附带着增大了前肩宽、胸宽，但对胸围没有影响，因为与后中轴线处收腰对胸围的影响相抵消。

合体（贴体）大衣、风衣的后中轴线需加宽 0.5 厘米，前中轴线加宽 1 厘米（图 2–20），这是为了辅助追加后领宽、前领宽、肩宽、背宽及胸宽，前中轴线加宽 1 厘米要计入胸围追加量，后中轴线加宽 0.5 厘米与后中轴线处收腰对胸围的影响相抵消，不计入胸围追加量。

宽松式休闲大衣（羽绒大衣、充棉大衣）的后中轴线需加宽 1 厘米，前片在后片板型的基础上制板（图 2–21），这是为了辅助追加后领宽、前领宽、肩宽、背宽及胸宽。后中轴线通常不收腰，前后中轴线加宽量都要计入胸围追加量。

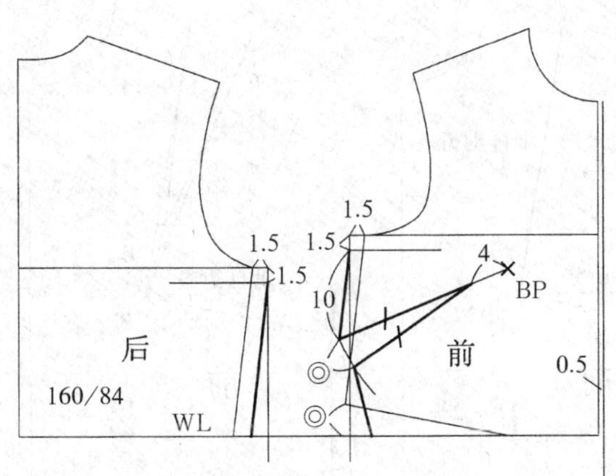

图 2–19　合体上衣前中轴线的追加量

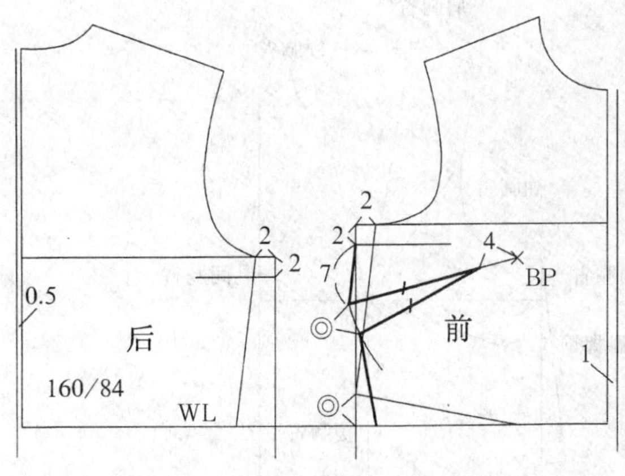

图 2–20　合体大衣前、后中轴线的追加量

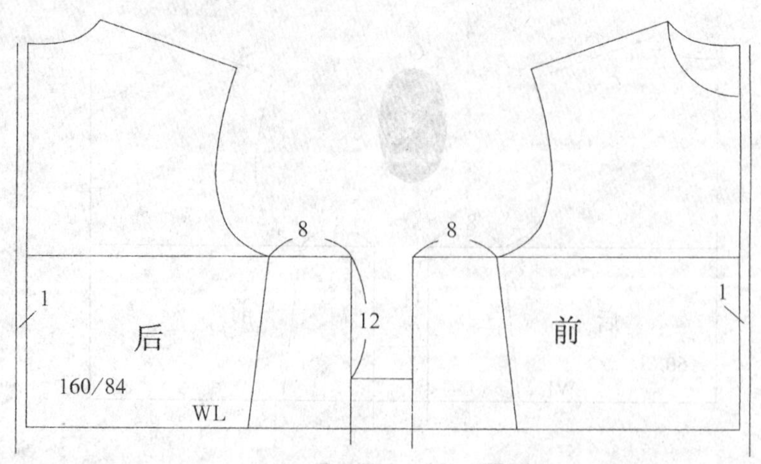

图 2–21　宽松式休闲大衣前、后中轴线的追加量

三、胸省移位设计

谢式女装原型以侧胸省作为基本胸省，凡属非弹性面料的合体（贴体）服装，都必须打足胸省，以塑造吻合乳胸造型的立体效果。与此同时为了营造款式线的变化，形成多样化的美感效果，可以对侧胸省进行移位设计（简称转省）。

胸省可以BP点为中心，在360°的方位上进行移位，产生不同的省道，相应产生不同的款式线（图2–22），胸省移位的方法有剪折法和旋转法两类。

1. 剪折法

剪折法是在服装纸样上通过剪折操作实现转省的方法。具体操作过程是在纸样上先用粗虚线画好基础胸省——平侧胸省（省尖定在BP点上），在预定转省的位置（如肩胸省）画上剪开线并剪开该线，然后把基础胸省折叠起来，基础胸省就转移到剪开线处（图2–23），此时的省线只是胸省的基础线，完成线的省尖应距离BP点5厘米。

不论哪一种胸省，其省尖都不能直接抵达BP点，这样将使胸部的造型太生硬，有碍美观。省尖一般应距离BP点3～5厘米，通常省道短的取3厘米、中等的取4厘米、长的取5厘米，这样有利于衣片的胸部呈球状隆起。

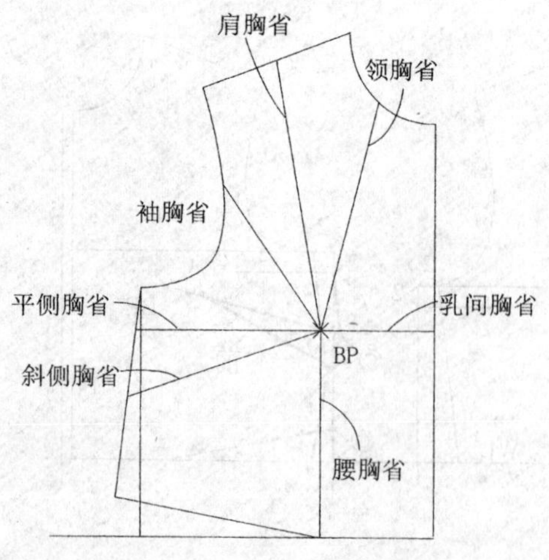

图 2–22　胸省转省的方位

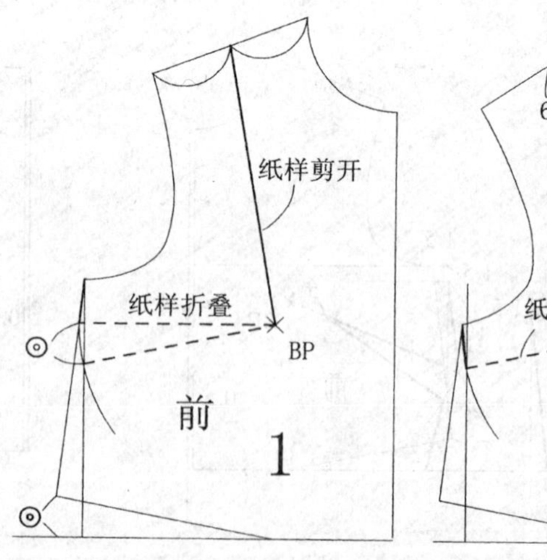

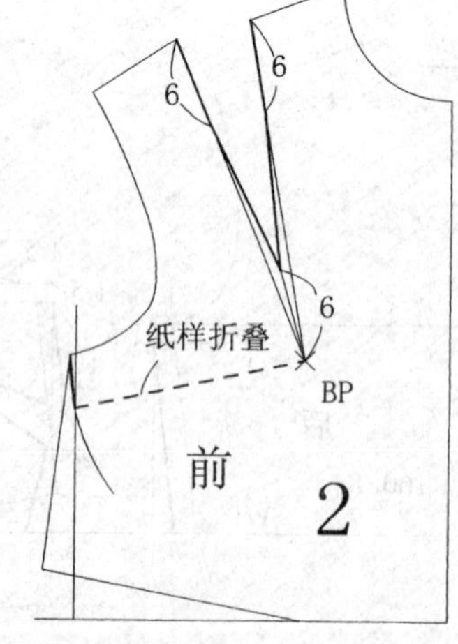

图 2–23　剪折法肩胸省的转省

剪折法转省在制板时只要画出程序1，程序2是在剪纸样时完成。袖胸省的转省见图2–24。领胸省的转省见图2–25。腰胸省的转省见图2–26。乳间胸省的转省见图2–27。

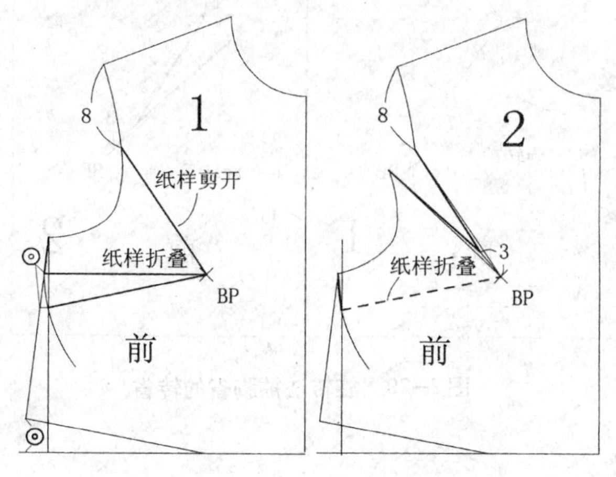

图2–24　剪折法袖胸省的转省

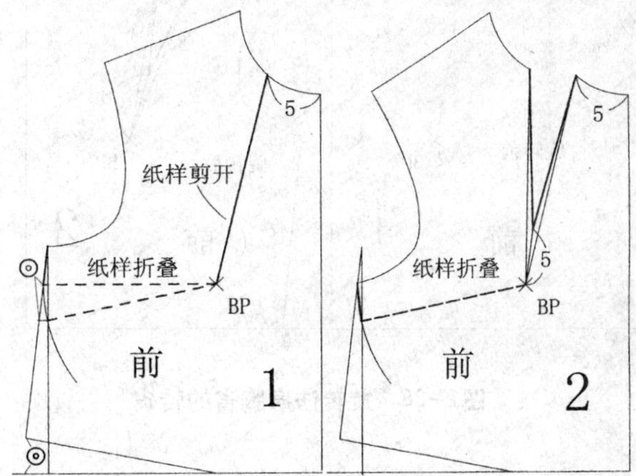

图2–25　剪折法领胸省的转省

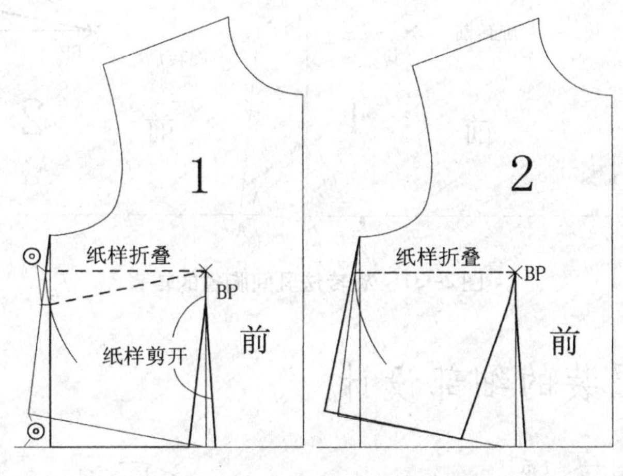

图2–26　剪折法腰胸省的转省

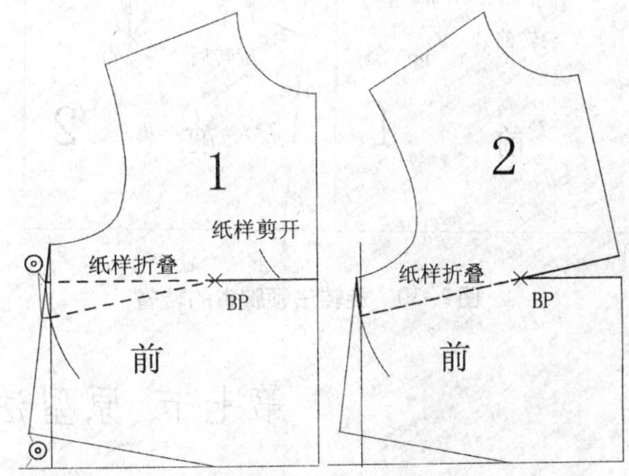

图2–27　剪折法乳间胸省的转省

2. 旋转法

旋转法是使用原型在纸样上或布料的背面进行旋转操作实现转省的方法。具体操作过程是在纸样上或布料背面将原型定位，画下新胸省起点A点右边的原型轮廓线，并连接A—BP点线，然后用锥子或铅笔尖定住BP点为轴心，向左旋转原型，使预留胸省量闭合并产生A'点，连接A'—BP点线并画A'左边的原型轮廓线，距离BP点3～5厘米定省尖，画完成线。

肩胸省的转省见图2–28。袖胸省的转省见图2–29。领胸省的转省见图2–30。乳间胸省的转省见图2–31。

相比而言，剪折法较旋转法易于掌握，初学者应首先学会该法。掌握该方法后，还可以利用该方法扩展出其他转省的效果。

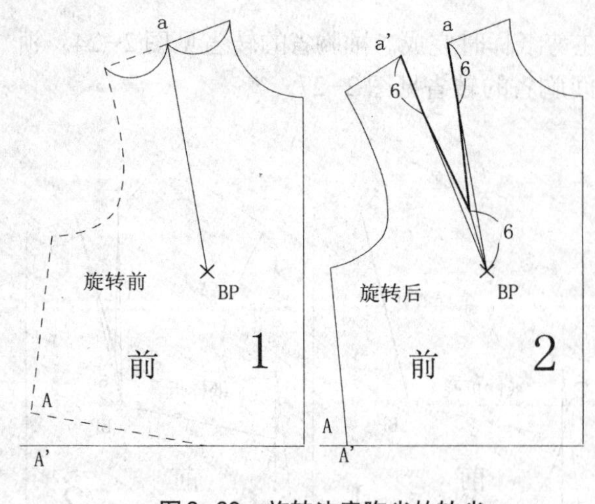

图2-28　旋转法肩胸省的转省

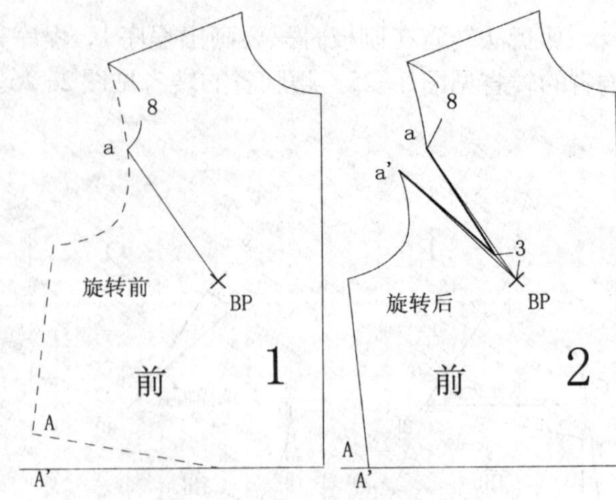

图2-29　旋转法袖胸省的转省

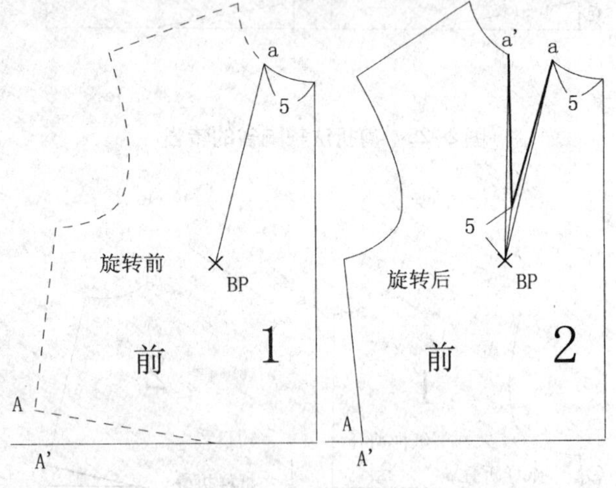

图2-30　旋转法领胸省的转省

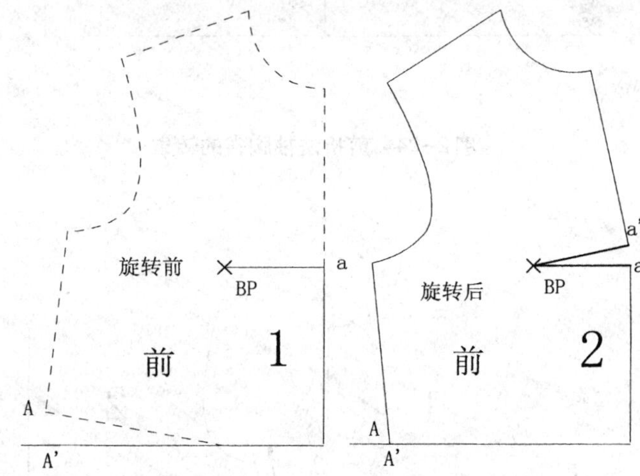

图2-31　旋转法乳间胸省的转省

第七节　原型法服装的细部设计

一、肩部的设计

谢式女装原型的半肩宽相当于合体衬衫的半肩宽，与女性胸围呈近似1∶8的比例增减，能覆盖我国绝大多数成年女性的肩部。原型的后肩线比前肩线长1.5厘米，这是预留的后肩省量。通常贴体服装都要打后肩省，肩省宽1.5厘米，肩省应缝成弧线内切省(图2-32)，以使后衣片肩背部微量隆起，吻合肩胛骨处的造型。合体服装既可以打后肩省，亦可以用后肩缩缝的方法来替代后肩省，如果既不打后肩省，又不缩缝后肩，前肩锁骨处衣

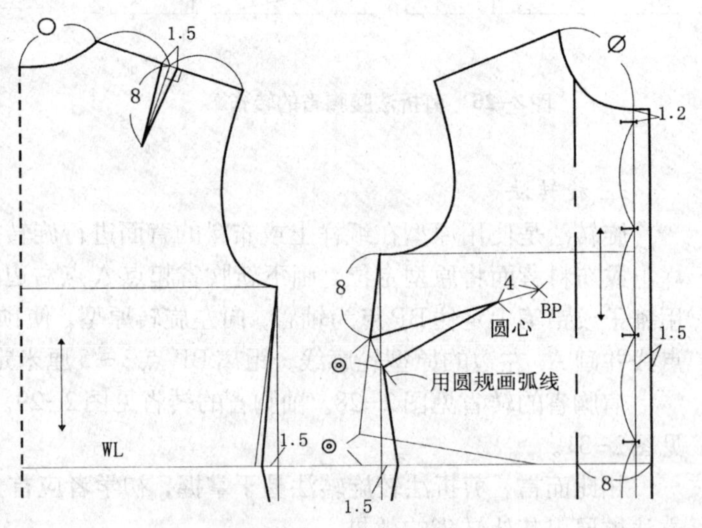

图2-32　衬衫的后肩省

片将出现纵向绉褶。半宽松、宽松式服装因为人衣关系较松散，不强调吻合体型，因此不必打肩省，亦不必后肩缩缝。

合体（贴体）衬衫的肩宽直接利用原型，原型的后肩线含有1.5厘米的肩省量，如果衬衫打后肩省，肩线不必修改；如果不打后肩省，则将后肩线减短1厘米，还剩余0.5厘米肩省量用于缩缝（图2–33）；如果是窄肩的设计，则在打肩省的情况下将前、后肩线各减少1厘米。

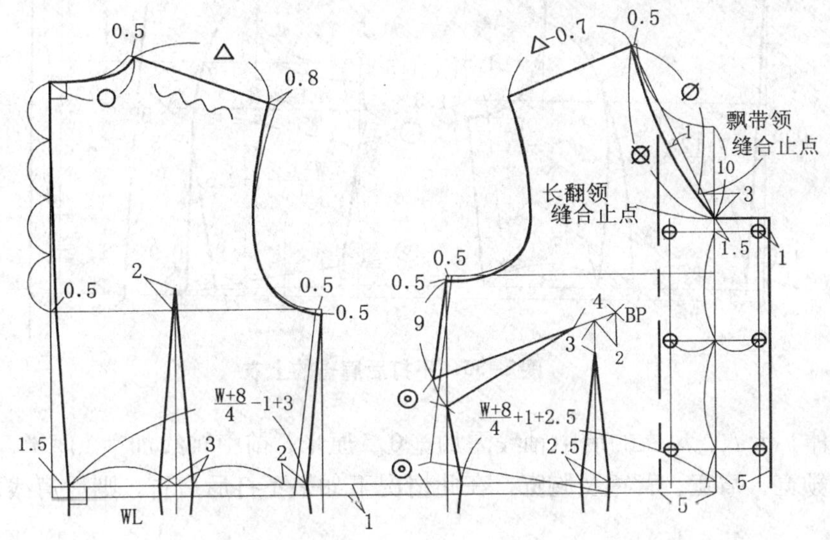

图2–33　不打后肩省的衬衫肩部

合体（贴体）上衣、西服如果打后肩省，后肩线加宽1～1.5厘米（图2–34）；如果不打后肩省，则后肩线加宽0.5～1厘米（图2–35）；为了准确加宽，应在原型肩点处向上画一条短垂直线作为测量基准。如果是窄肩的设计，则在不打肩省的情况下，后肩线不加宽，前肩线加宽0.5厘米，后肩缩缝量1厘米。

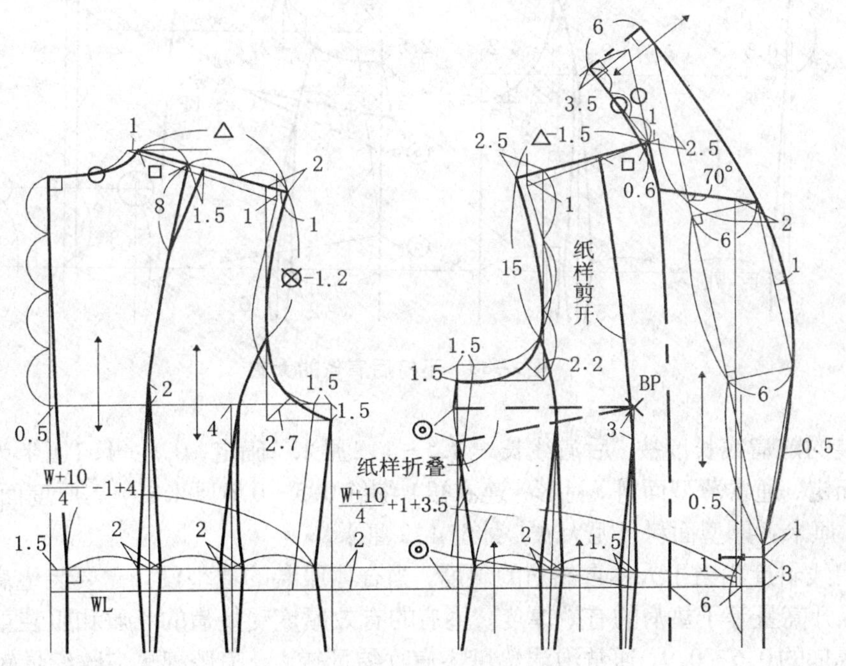

图2–34　上衣的后肩省

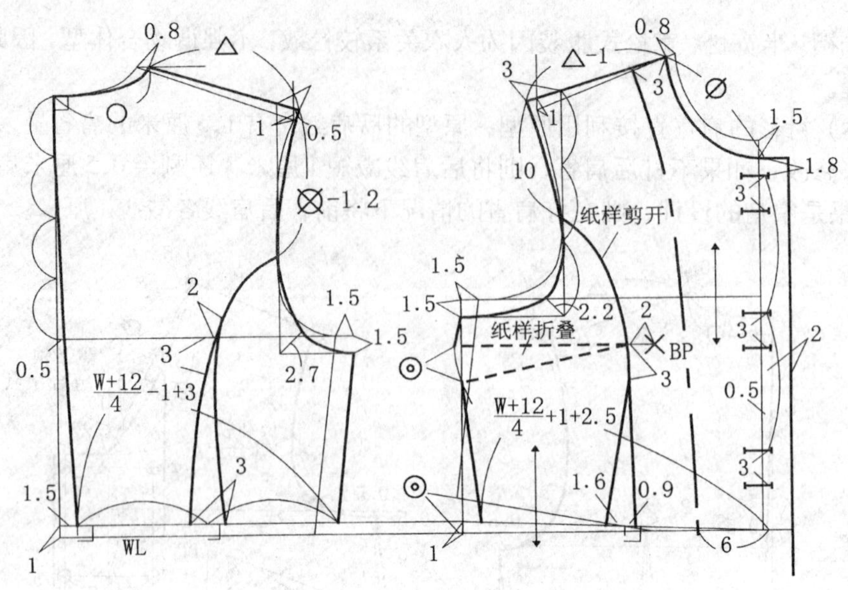

图 2–35 不打后肩省的上衣

合体（贴体）大衣、风衣的后中轴线需加宽0.5厘米，前中轴线加宽1厘米，这是为了辅助加宽后领宽、前领宽、肩宽、背宽及胸宽，在此情况下如果不打后肩省，则后肩线加宽1～1.5厘米（图2–36）。

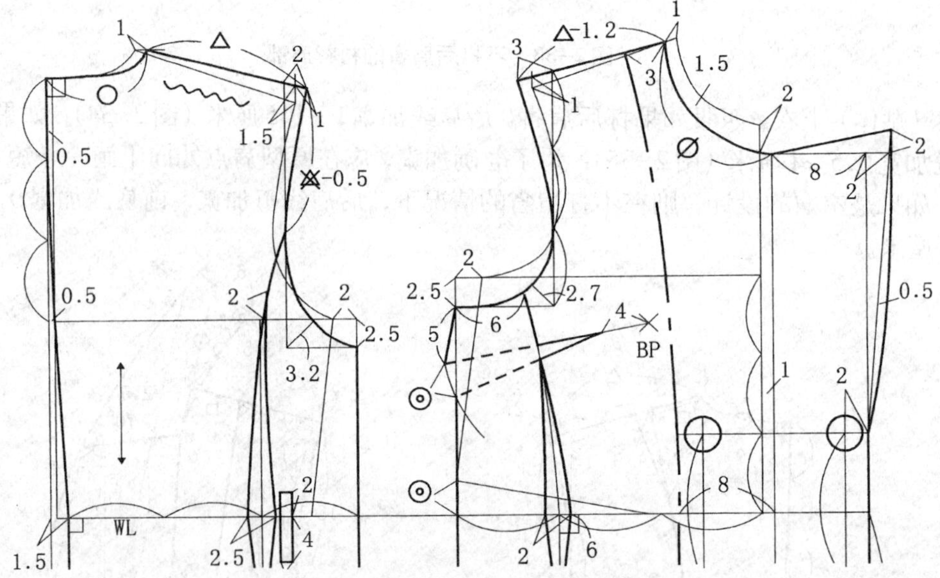

图 2–36 不打后肩省的大衣

合体服装的前肩线长度按“后肩线长－0.5～1.2厘米”确定，0.5～1.2厘米为缩缝量，缩缝量按面料厚度而定，通常薄型面料（衬衫、连衣裙）缩缝0.5～0.6厘米；中等厚度面料（上衣、西服、风衣）缩缝1厘米；厚型面料（呢大衣）缩缝1.2厘米。

原型的肩线斜度相当于人体自然肩的斜度，当合体服装的造型设计需要装垫肩时，要将前后肩点升高，肩点升高量等于垫肩的有效厚度。垫肩的有效厚度受垫肩的品质和服装重量的影响，一般相当于初始厚度的0.6～0.9，通常泡沫塑料垫肩收缩量较大，喷胶棉垫肩收缩量较小。

衬衫、连衣裙面料比较轻薄，不会影响垫肩厚度，其初始厚度与有效厚度基本相当。

半宽松服装（含衬衫、茄克、户外服、运动服、喷胶棉防寒服等）要按照服装造型设计的要求增加肩宽，一般在原型后肩线加宽1～2厘米，前肩线按“后肩线长－0.8～1.2厘米”确定（图2-37）。

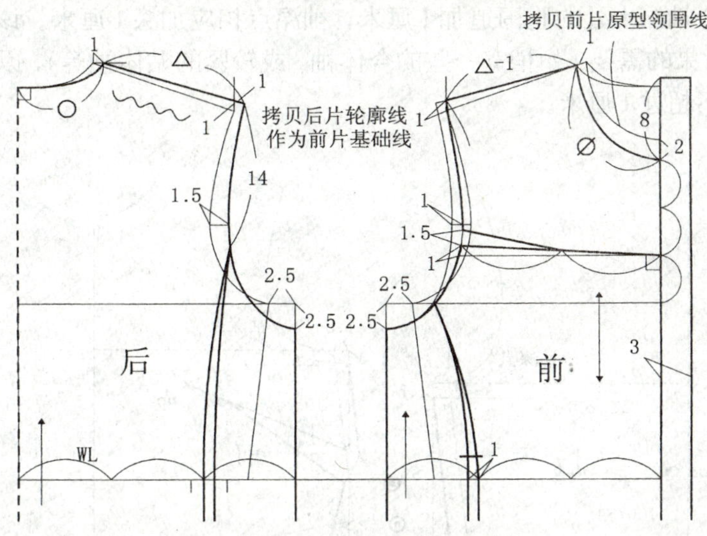

图2-37　半宽松服装的肩部

宽松式服装（含衬衫、茄克、户外服、运动服、充棉防寒服、羽绒服等）多设计为落肩式宽松袖，其后肩线一般加宽3～6厘米甚至更多，肩与袖的分界比较模糊，多采用“通袖长”（从后领中心斜线量至虎口以下）或“肩袖长”（从肩颈点量至虎口以下）的方式来确定袖长，前肩线与后肩线等长，后肩不必缩缝（图2-38）。

半宽松、宽松式服装的肩线多数较平，有的是为了装较厚、较宽的垫肩，有的为了增加手臂上举的宽裕量，这类服装的人衣关系较松散，肩部设计不必拘泥于吻合体型，比较随意自由。

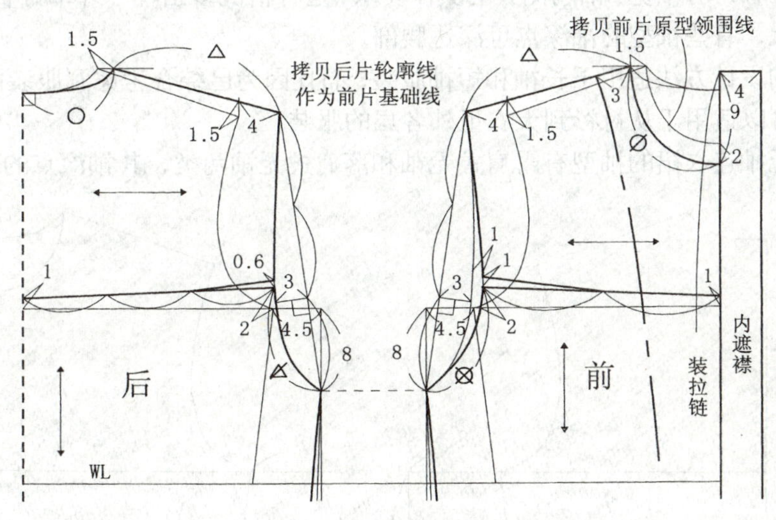

图2-38　宽松式服装的肩部

二、袖深点的设计

袖深点与胸围追加量的关系很密切，胸围宽松量追加了，袖深点亦要相应加深。

袖深点与胸围宽松量不是纯线性的关系，主要取决于袖型是合体袖（含贴体袖）、或是宽松袖。合体袖的袖深点与胸围追加量之间的关系比较严谨，而宽松袖的相应关系则比较自由。

合体袖的胸围追加量与袖深点加深量的比例为4∶1，即以原型为基点，胸围每追加4厘米，袖深点相应加深1厘米（图2–39）。由于胸围追加量要分解到4个袖深点，因此落实到每个袖深点处的比例为1∶1，即每个袖深点处的胸围追加1厘米，袖深点相应加深1厘米。该加深量不是一成不变的，可以根据造型效果的需要（如稍宽一些的合体袖、或较紧的贴体袖等），以及舒适性的需要稍加调整，调整值一般不超过1厘米。

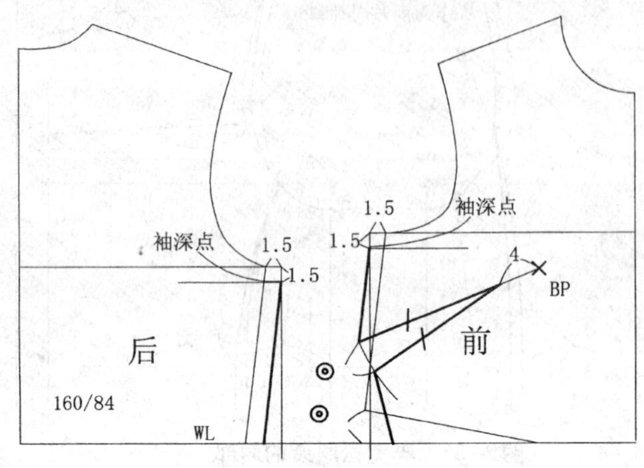

图2–39 合体袖的袖深点

宽松袖的胸围追加量与袖深点加深量的比例为3∶1，即以原型为基点，胸围每追加3厘米，袖深点相应加深1厘米（图2–40）。由于胸围追加量要分解到4个袖深点处，因此落实到每个袖深点处的比例为1∶1.33，即每个袖深点处的胸围追加1厘米，袖深点相应加深1.33厘米，加深量大于合体袖。该加深量不是一成不变的，因为宽松袖的舒适性比较好，袖深点的设计主要是追求轻松、飘逸的造型效果或满足客户对袖宽、袖内侧长的具体要求（这种情况多出现于外单订货），因此袖深点的调整量往往比较大，有些袖型的袖深点可深达腰部。

以上袖深点的设计方法适用于长袖和短袖服装，而且因为已综合考虑到服装面料、辅料对舒适性的影响，因此可以适用于从衬衫到大衣里外各层的服装。

无袖衬衫和无袖连衣裙的袖型有露肩式无袖和落肩式无袖两类，其袖深点的设计各有不同。

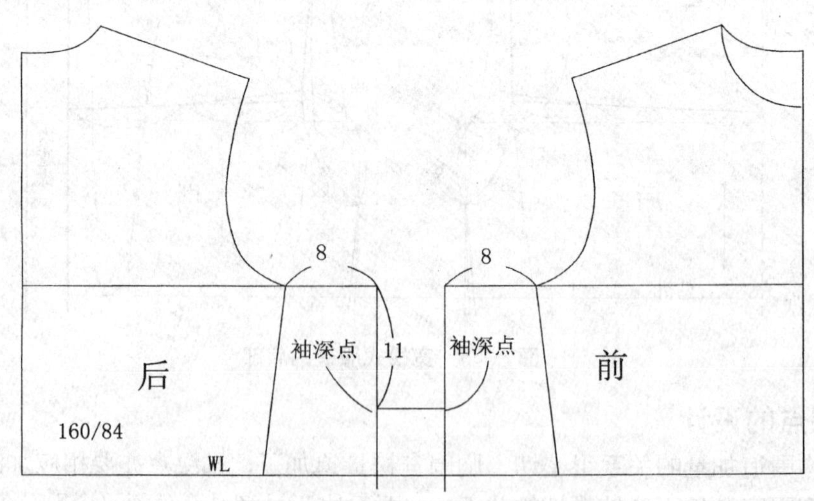

图2–40 宽松式服装的袖深点

露肩式无袖的肩点在原型肩点以内，肩线长度明显小于肩点，包括背心式连衣裙、吊带式连衣裙等的袖型均属于露肩式无袖，这类袖型适用于贴体型、合体型服装，要打胸省（胸省对袖窿线的服贴效果重要的作用)。原型的袖深点包含装袖子的宽裕量，直接用于露肩式无袖，往往有腋下过于“曝光”之虑，所以日常装应当将袖深点适当升高，通常前、后袖深点同步升高1～2厘米（图2–41）；而晚礼服的设计多趋夸张，一般不必升高袖深点。

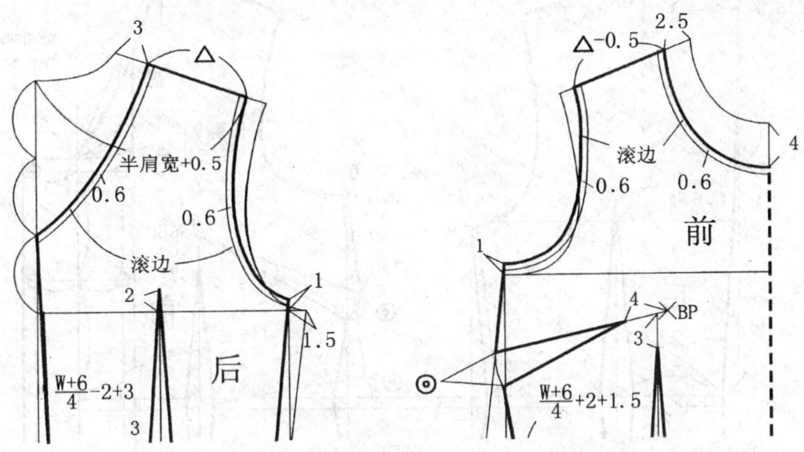

图2–41　露肩式无袖衫的袖深点

落肩式无袖的肩点在原型肩点以外，形成由衣片延伸而成的超短袖，袖口比较直，甚至于稍向外抛，基本上没有袖窿。这是一种平面形的袖型，只适用于半宽松、宽松式服装。由于基本上没有袖窿，没有立体感，袖深点必须适当加深才能容纳手臂，但若加深太多又有腋下过于“曝光”之虑。比较恰当的袖深点是定在后片原型袖深点向下2～3厘米处，前片以后片为基础制板，前片袖深点与后片袖深点等高，前片利用约克打半胸省(半宽松服装)或不打胸省（宽松式服装）（图2–42）。

春秋季节套在衬衫外面的马甲，其袖深点的确定比较自由，通常按照服装造型效果而定。

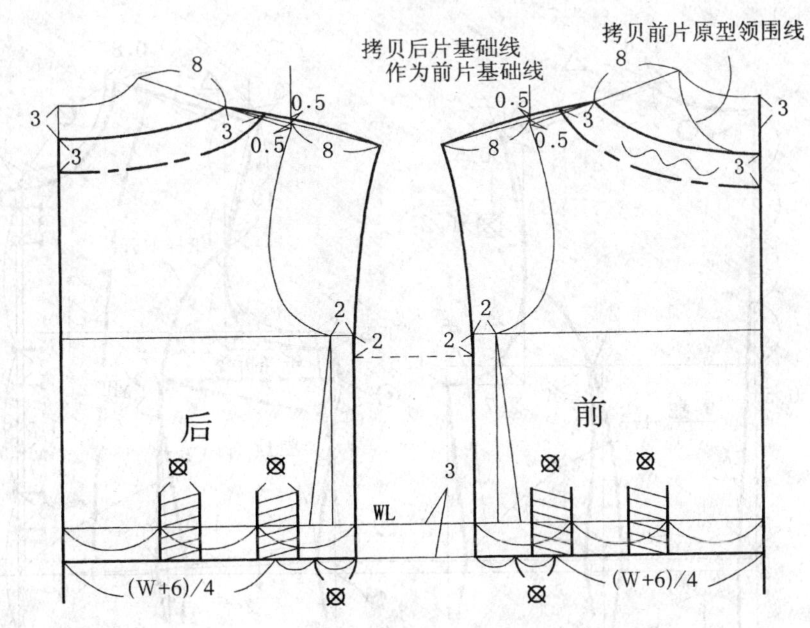

图2–42　落肩式无袖衫的袖深点

三、袖窿的设计

合体（贴体）衬衫、连衣裙的袖窿可以直接利用原型的袖窿。如果因胸围宽松量少量追加，袖深点相应加深，则只要将原型袖窿线的下半段圆顺地画到加深的袖深点即可（图2-43）。

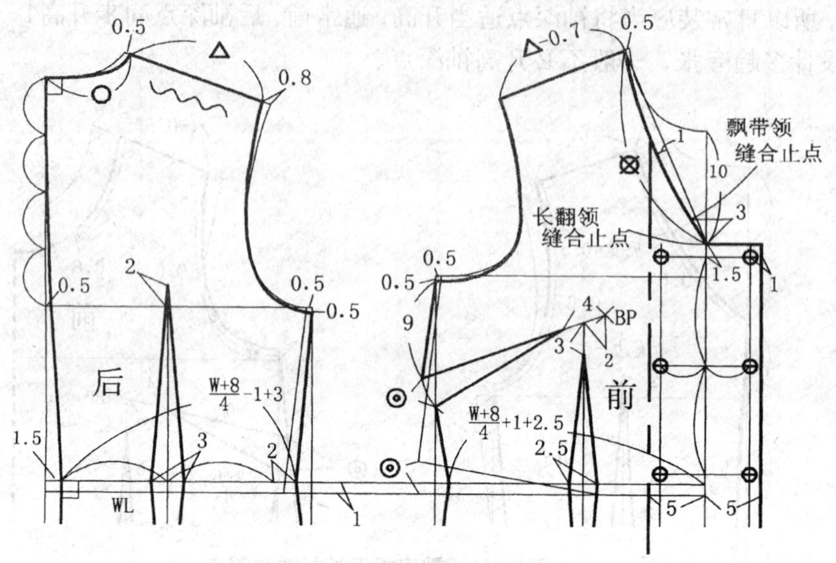

图2-43　合体衬衫的袖窿

合体（贴体）上衣、西服，半宽松合体袖上衣、西服，贴体大衣及合体大衣的胸围宽松量追加较多，一般要先确定背宽线、胸宽线，与加深的袖深线构成其袖窿的基础线，具体画法是先正确画好前、后肩线，再分别从前、后肩点沿肩线向内量取前后出肩量，再向下画垂直线即为胸宽线、背宽线，出肩量为后肩2厘米、前肩3厘米；如果后肩打肩省，前肩出肩量则减小为2.5厘米(图2-44)。胸宽线、背宽线的下端分别与前后袖深线相交构成90°直角，画角等分线定前后腋下凹势，前后腋下凹势量参照同规格原型相应位置的凹势量（例如号型160/84原型的前袖窿凹势为2.2厘米、后袖窿凹势为2.7厘米）。

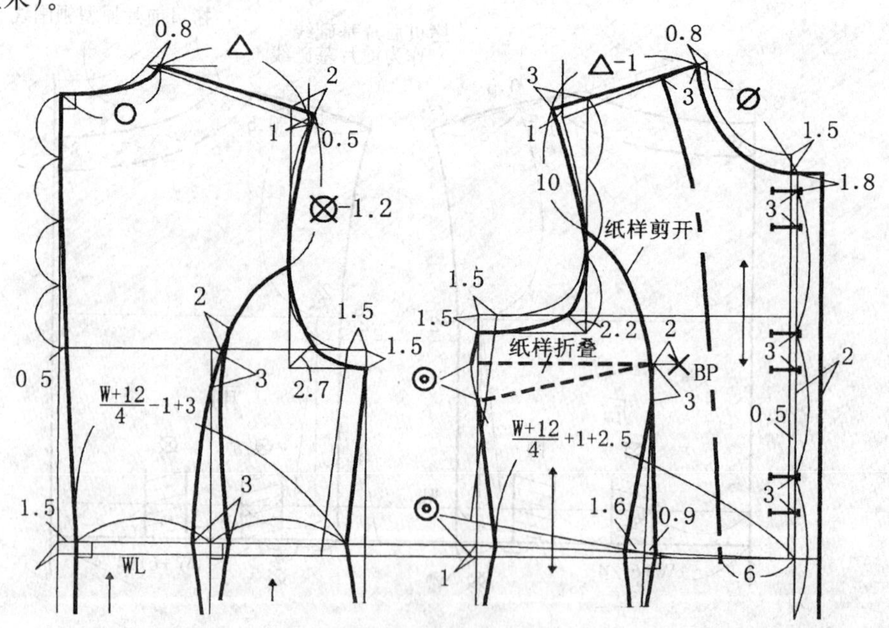

图2-44　合体上衣的袖窿

合体大衣及半宽松宽肩上衣、西服的前后腋下凹势量等于同规格原型相应位置的凹势量+0.5厘米（例如号型160/84的合体大衣，其前袖窿凹势为2.7厘米、后袖窿凹势为3.2厘米）（图2-45）。

由于合体袖的前袖窿出肩量较大，为了画顺袖窿线，应将胸宽线分成3等分，袖窿弧线在第2等分点与胸宽线相切（图2-44、45）。

宽松式服装通常配落肩式袖窿（图2-38），这是一种平面造型的袖窿，不必严格地确定胸宽线、背宽线及腋下凹势量，只要少量地下凹画顺袖窿线即可，这类袖窿的设计比较自由、随意，图中的等分点和凹势量都是参考性的，只要画得圆顺即可。

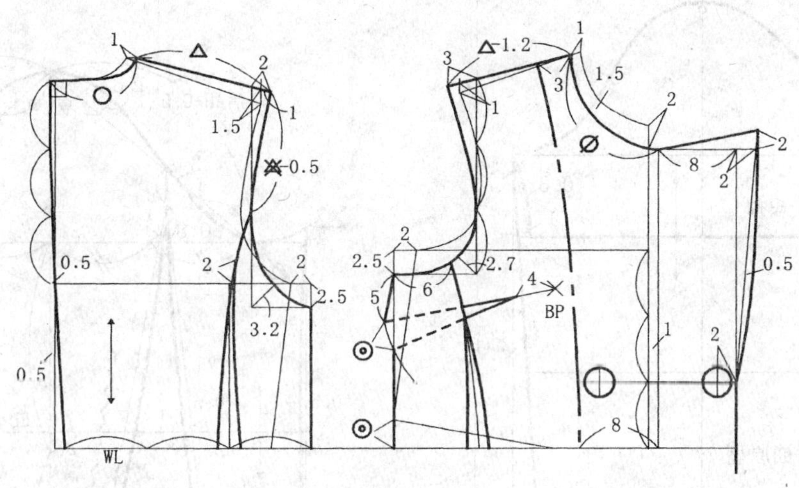

图2-45　合体大衣的袖窿

四、袖山的设计

袖山的设计取决于袖子的造型和人机功效性的要求。

合体袖（含贴体袖）通常与合体（含贴体）服装配套，袖山较高、袖宽较窄，追求端庄、严谨、平整、挺括的静态穿着效果，人体功效性的要求可以适当降低；而宽松袖通常与半宽松、宽松式服装配套，追求洒脱、飘逸、轻松、舒适的动态穿着效果，袖山较低、袖宽较大，舒适性、人机功效性较好。

设计袖山高度、宽度的基础数值是袖窿周长（AH），在袖窿周长已定的前提下，袖山高度与袖宽成反比，袖山越高、袖宽越小；袖山越低、则袖宽越大（图2-46）。

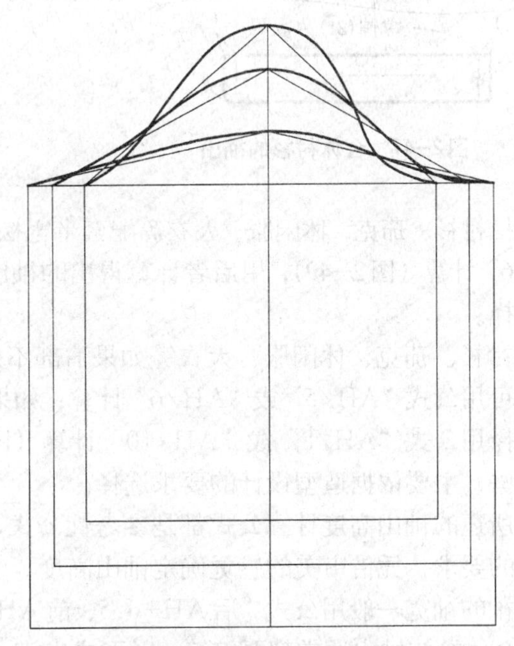

图2-46　袖山与袖宽的反比关系

合体衬衫袖直接利用袖原型设计，袖原型的袖山高度用公式“AH/4+2.5” 计算，计算结果可以±1～2厘米以调整袖宽（图2-47)；贴体衬衫袖可选择直接利用袖原型设计或用公式“AH/3”计算袖山，在选用“AH/3”的情况下一般不加调整数，因袖宽已经足够瘦小了，衬衫不像上衣、西服那样有里料，可以在穿脱时起润滑的作用，所以要谨慎选用“AH/3”。

合体上衣、西服（含宽松西服）、大衣等配套合体袖，其袖山高度以公式“AH/3”计算，计算值可以±1厘米的调整量以调整袖宽（图2-48），主要依据年龄定位的不同而调整，通常女青年可加0.5或1厘米，以使袖型更苗条、更贴体，但是要牺牲一些舒适性；中老年可以减0.5或1厘米，以使袖型宽松一些，舒适一些，但是袖型将稍显肥大。

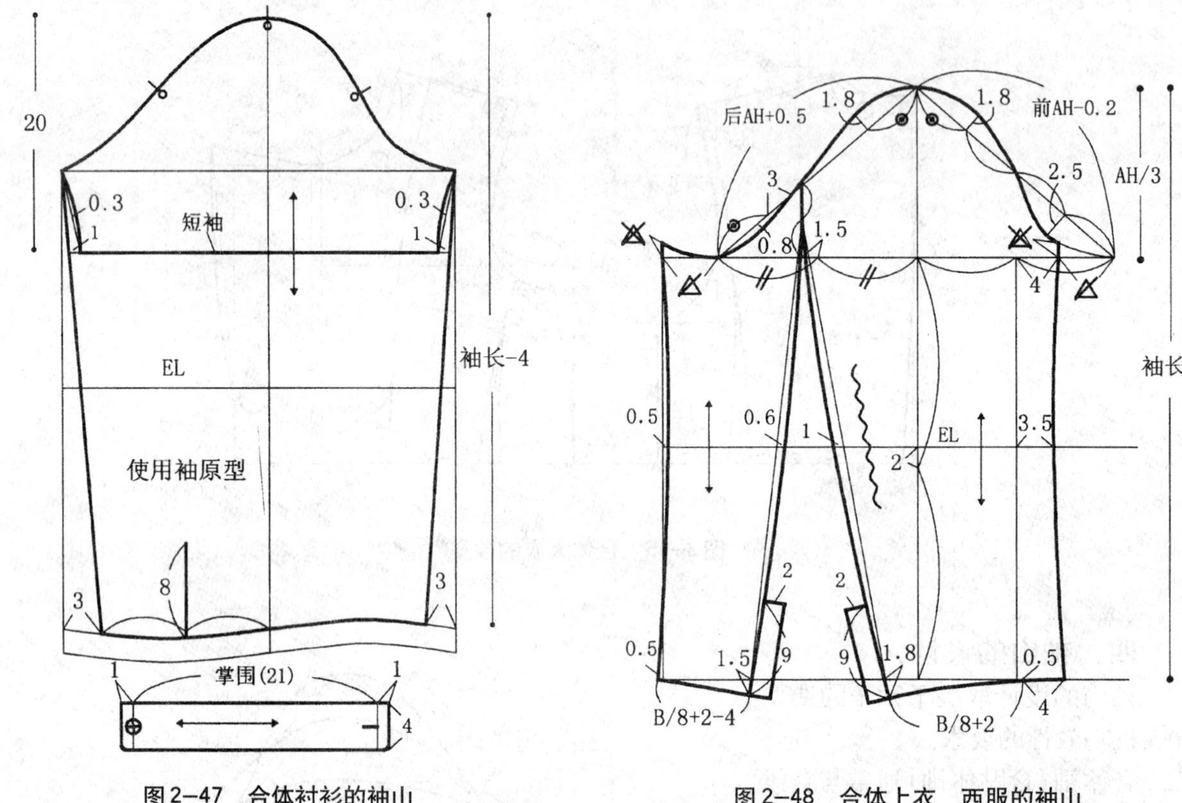

图2-47 合体衬衫的袖山

图2-48 合体上衣、西服的袖山

半宽松衬衫、茄克、休闲服、大衣等配套半宽松袖，袖山高度可选择用公式“AH/4”、“AH/5”或“AH/6”计算（图2-49)，用后者计算得出的袖山更低一些，袖宽更大一些，主要依据造型设计的要求选择。

宽松衬衫、茄克、休闲服、大衣等如果肩部不是落肩设计，与半宽松服装一样配套半宽松袖，袖山高度可用公式“AH/5”或“AH/6”计算；如果肩部是落肩设计则应配套落肩式宽松袖，袖山高度可选择用公式“AH/8”或“AH/10”计算（图2-50)，用后者计算得出的袖山更低一些，袖宽更大一些，主要依据造型设计的要求选择。

本节所述的袖山高度计算公式都是参考性公式，对于制板技能熟练者，完全可以按照服装造型、款式设计的要求，凭借审美的感觉确定袖山高度。

合体袖的袖宽一般用公式“后AH+0.5、前AH－0.2”，从袖山顶端分别向两侧袖宽线斜向测量确定。合体袖的袖山通常都要缩缝，以形成丰满、圆顺的袖山造型，上述公式产生的缩缝量适用于化纤布、纯棉布等不易缩缝的布料。对于高档毛料等可塑性较好的面料，若需要增加缩缝量，可以将公式调整为“后 AH+1、前 AH”（图 2–48）。

半宽松袖、宽松袖一般不必缩缝，测量 AH 时不必区分前后，只要测量 AH 总量，袖宽用公式“AH/2 – 0.3”、从袖山顶端分别向两侧袖宽线斜向测量确定（图 2–49、图 2–50）。

本节例图中所示的袖山凹势量都是参考性的，袖山曲线的关键是圆顺，对于制板技能熟练者，特别是美术基础较好者，完全可以按照服装造型、款式设计的要求，凭借审美的感觉来确定袖山凹势量。

按外贸订单制板，要根据订单规格表的要求灵活地调整袖深点、袖山高，使袖窿周长、袖宽完全符合订单上的数值。

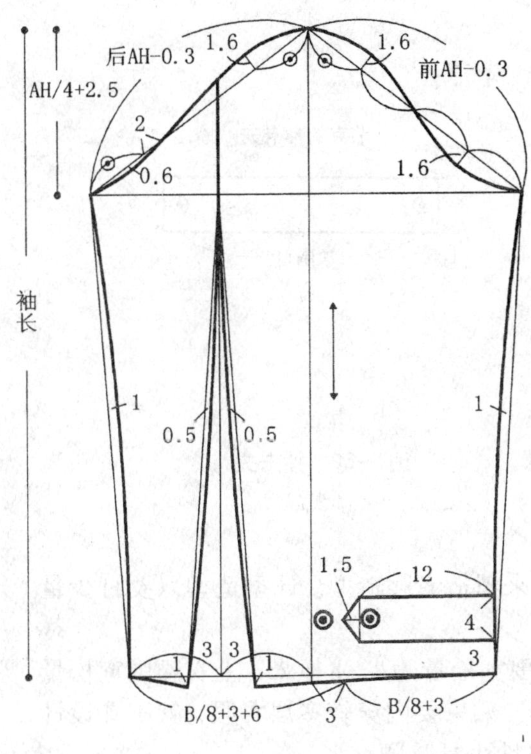

图 2–49　半宽松休闲装的袖山

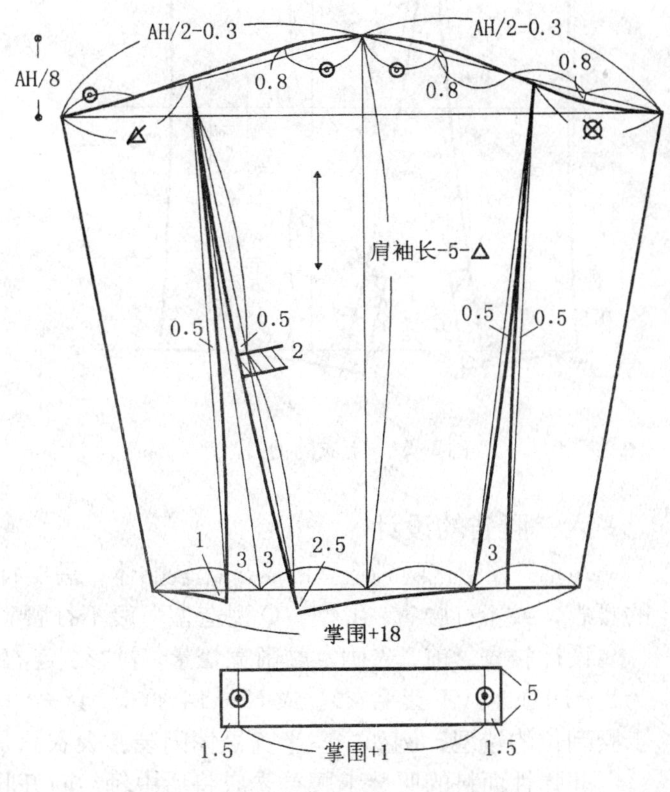

图 2–50　宽松休闲装的袖山

五、袖口的设计

女装袖口大的检测方法通常是测量 1/2 袖口，一般女上衣、西服的 1/2 袖口为 B/8+2，其档差是按 B/8 增减，即胸围每增减 8 厘米，1/2 袖口增减 1 厘米。调整量的大小可以按袖型设计的要求增减（例如，特窄袖口的调整量可以设定为 0~1 厘米，休闲装、大衣袖口的调整量可以设定为 3~6 厘米），但档差增减比例仍为 8：1（图 2–51）。

为了提高功能性、增大体型覆盖面，休闲装的袖口应设计襻带，用纽扣或魔术扣调节袖口大小。

女衬衫袖卡夫长按掌围长度加扣位宽而定，由于掌围随胸围大小而增减的幅度很小，一般胸围每增减 8 厘米、袖卡夫长度仅增减 1 厘米（图 2–52）；休闲装、上衣、大衣的袖卡夫长度应比衬衫长 1~3 厘米，但档差增减比例仍为 8：1。为了增大体型覆盖面，所有的袖卡夫长度均应可调节，调节的方法多为缝 2 粒袖扣或加装松紧带。

女装袖型设计非常灵活多变，对于特殊袖型（如喇叭袖、荷叶袖、公主袖等）的袖口应该按照款式设计的需要灵活地处理，不必拘泥于合体的要求。

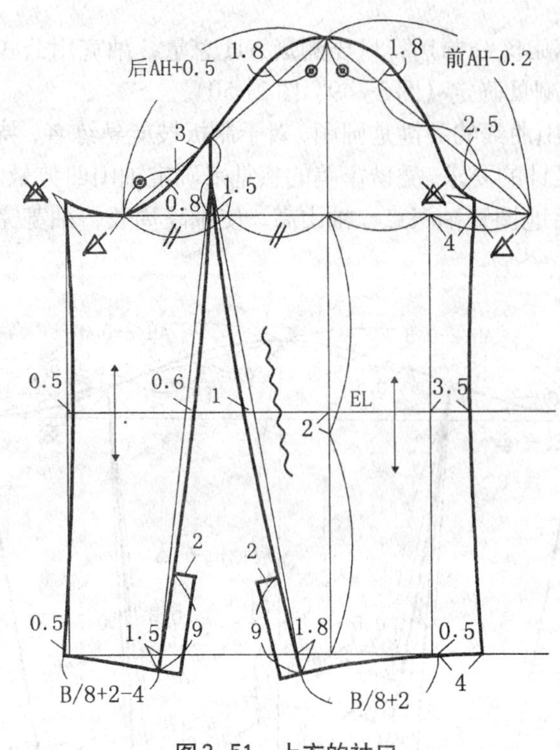

图2-51　上衣的袖口

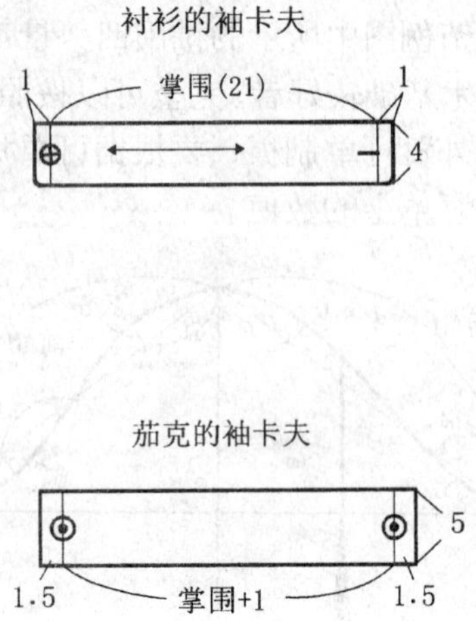

衬衫的袖卡夫

掌围(21)

茄克的袖卡夫

掌围+1

图2-52　袖卡夫

六、腰省的设计

A型、X型这两种造型的腰部比较贴体，需要打腰省来塑造卡腰造型。H型造型只要打少量的腰省，或不打腰省；T型、O型造型一般不打腰省。

设计腰省之前，先确定腰围宽松量，衬衫、连衣裙腰围宽松量为4～8厘米；上衣腰围宽松量为8～10厘米（不套毛衣），或12～14厘米（套一件毛衣）。如果要内穿较多层衣服，就不宜设计卡腰到位的造型，例如一些半宽松休闲装、大衣只是概略地少量收腰。

非弹性面料的服装卡腰首先应将后中轴线断开收省，单侧收省量1～2厘米（常设定为1.5厘米），使后中轴线形成近似于人体脊椎骨的弧线，并使腰围线以上的衣片缝合后形成吻合肩胛骨、背阔肌的立体造型，这一点对于卡腰服装的造型效果非常重要，忽视这一点容易产生后衣片中轴线“起吊”的弊病。弹性面料的卡腰服装不必将后中轴线断开收省，因为弹性面料能够自动伸缩形成吻合肩胛骨、背阔肌的立体造型。

后中轴线收省的上端起点的确定，青年女装一般位于原型后领中心至胸围线的四分之一点（即肩胛骨点稍高一些的位置）；中年以上女装一般位于原型后领中心至胸围线的三分之一点（即肩胛骨点的大约位置）（图2-53），腰围线以下一般画垂直线。女青年的大衣一般位于原型后领中心至胸围线的三分之一点（即肩胛骨点的大约位置），中老年大衣一般位于原型后领中心至胸围线的二分之一点（即肩胛骨点稍低一点儿的位置）。半宽松、宽松式服装因为不贴体，后中轴线一般不必断开卡腰。

对于胸腰差大于12厘米的体型，设计卡腰的衬衫、连衣裙、上衣时可以将腰围线提高1～2厘米，以营造视错觉，产生缩短上身、伸长下身的视觉效果，可以美化体型。但腰围偏大者不宜提高腰围线，因为容易暴露腰部偏大的瑕疵。

卡腰大衣的腰围线不宜提高，因为内穿的厚衣服已使大衣的腰围线垫高了2～3厘米，卡腰大

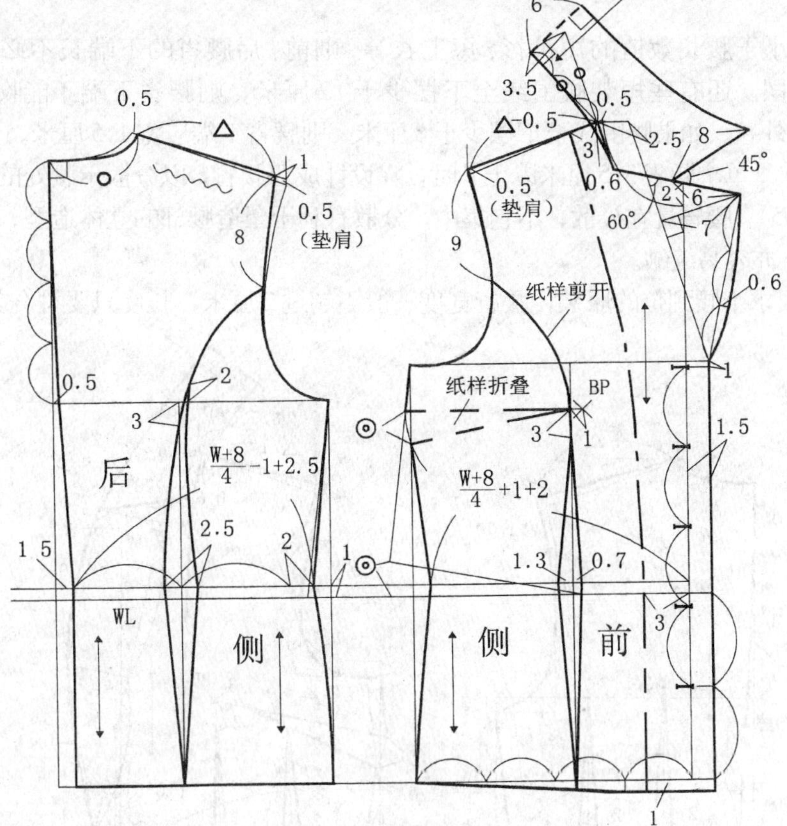

图 2-53　卡腰服装的腰省

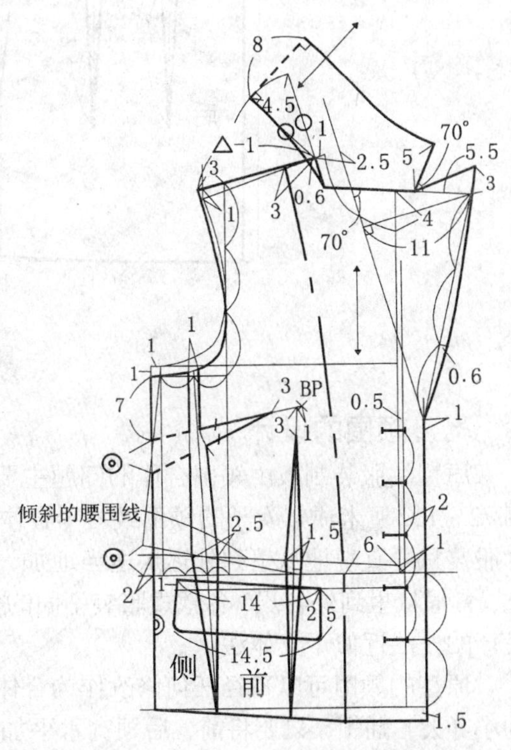

图 2-54　上衣、西服的前腰省

衣如果仍直接使用原型的腰围线，其穿着效果就是提高了腰围线。若要回到实际的腰围线，就要将原型的腰围线降低 2～3 厘米。

由于人体后腰的凹陷比前腰明显，因此卡腰量的分配原则上应后多前少。若设定半腰围的腰省总量为 10 厘米，则后中轴线处为 1.5 厘米、后腰省为 3 厘米、后侧缝为 1.5 厘米；前腰省为 2.5 厘米、前侧缝为 1.5 厘米。但因卡腰量的变化比较大，不一定都能精确地分成上述比例，在制板实践中，只要大致上把收腰量分成前后腰“四六开”即可。

后腰省的位置多定于腰部宽的二等分处或背宽线的二等分处，但可以按照款式设计的要求适当左右移动（例如移动 2～3 厘米）。后腰省的上端应高于胸围线 2 厘米，下端长一般为定数 15 厘米长。前腰省的位置多定于 BP 点偏左 1～4 厘米处，衬衫、连衣裙的腰省是垂直的，马甲、上衣、西服等较挺卡腰服装的前腰围线还应稍向下斜 1 厘米，并使前腰省与稍斜的腰围线呈 90° 相交，以消除腰省线下端内斜的视错觉（图 2-54）。前腰省的上端应低于 BP 点 2～3 厘米，下端长为定数 15 厘米长。

对于腰下长度小于腰长数值的短衬衫、短上衣等，则前、后腰省的下端长不必拘泥于15厘米，腰省下端宜直达下摆。还有些短装腰围线至下摆少于12厘米，则腰省下端不能收尖，下端宽应有1厘米，以避免下摆外翘。如果腰围线至下摆少于8厘米，则腰省下端应宽1.5厘米。

如果卡腰量较大（单个腰省3.5厘米以上）时，宜设计成双腰省，以分散卡腰处的应力，避免腰省处出现皱褶（图2–55）。腰省量宜分散，不宜集中，分散有利于塑造腰部的立体造型，过于集中则使造型效果生硬，工艺上亦容易缝皱。

一些设计上不要求卡腰到位的服装，腰省宽度一般不超过2厘米，长度只要符合美观效果即可。

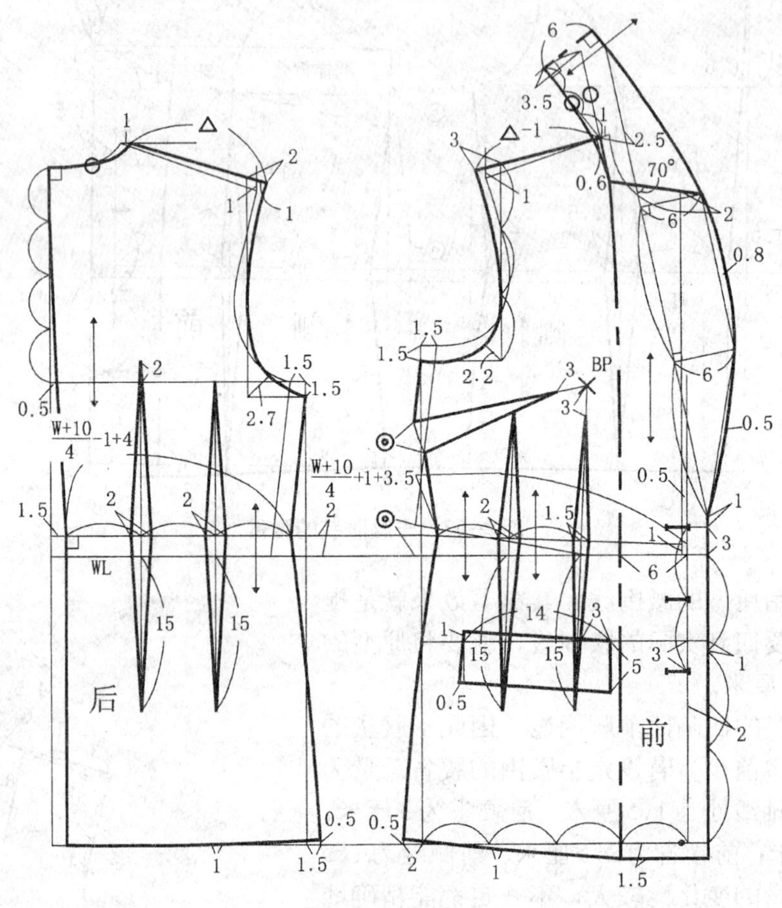

图2–55　双腰省

七、领围的设计

原型法服装制板中领围合体的问题主要是靠原型领围线来解决，通常谢式女装原型可以确保胸围72～112厘米成年女子的领围线基本合体。原型的领围线相当于合体衬衫关门领的领围线，外层的服装只要直观地从里到外逐层适当地加大领宽、领深即可。有了这个基础，制板师不必繁琐地记忆、背诵从里到外各层、各款式服装不同的领宽、领深的计算公式，可以放手进行领型的设计变化，设计的技法近似于立体法。

原型的领围可以不经任何修改作为合体女衬衫、连衣裙小（大）翻领的领围线；若要设计上衣的小（大）翻领，只要将前、后领宽水平加宽0.8～1厘米，前领深加深1～1.5厘米（图2–56）。

若要配仿男式衬衫领，要将前领深点降低1厘米，这是为了让立起的领座避开喉结，以免影响舒适性（图2–57）。

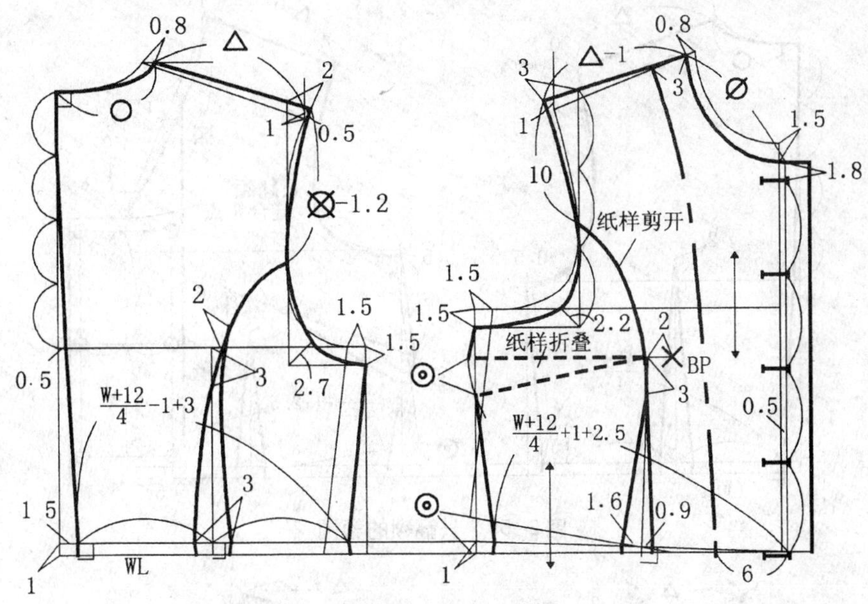

图2-56　小翻领合体衬衫、上衣的领围

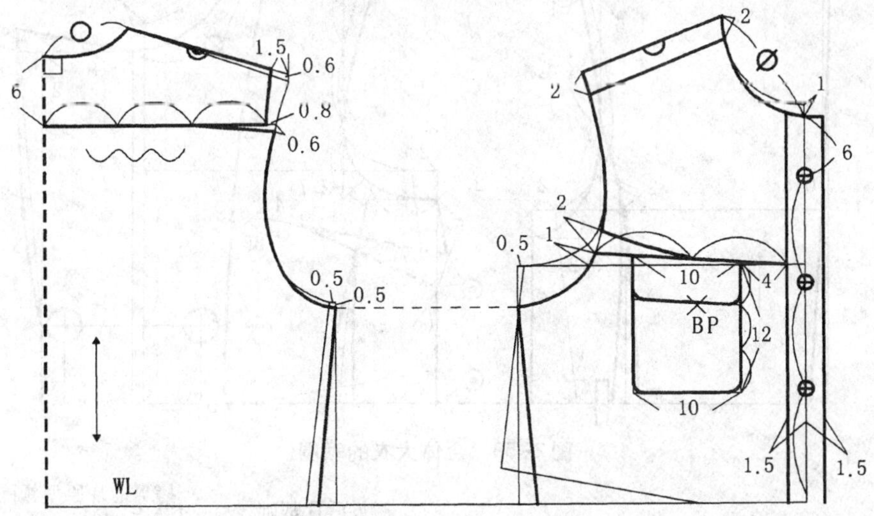

图2-57　仿男式衬衫领的领围

若要配长翻领、结带领等低领口的领型，只要将前领深点按流行的深度或按顾客所能接受的深度直观地降低，并画顺前领围线即可（图2-58），降低量可以从人体的颈窝点垂直向下量取，原型的前领深点相当于人体的颈窝点。

西服的领围线设计详见“领型设计 · 翻驳领的设计”。

合体、半宽松大衣、风衣合体领型的后领宽在后中轴线处加宽0.5厘米，在后肩颈点处水平加宽1厘米、提高0.5厘米；前领宽在前中轴线处加宽1厘米，在前肩颈点处加宽1厘米（图2-59）。

宽松式大衣、风衣的后领宽在后中轴线处加宽1厘米，在后肩颈点处水平加宽1.5厘米；前片在拷贝后片的基础上制板，前领宽在前中轴线处加宽1厘米，在前肩颈点处水平加宽1.5厘米（图2-60）。

上衣、大衣、风衣等服装如果前襟是露齿明装拉链，拉链的宽度可以充抵0.5厘米的前中轴线加宽量。

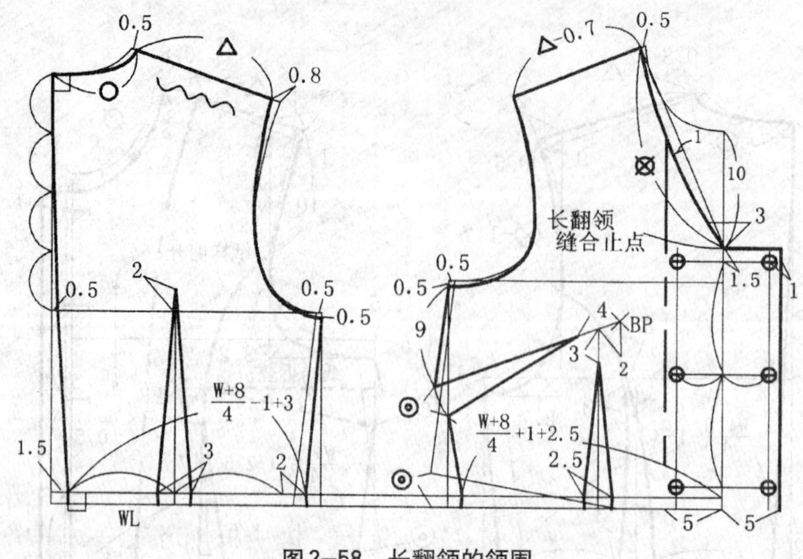

图 2-58　长翻领的领围

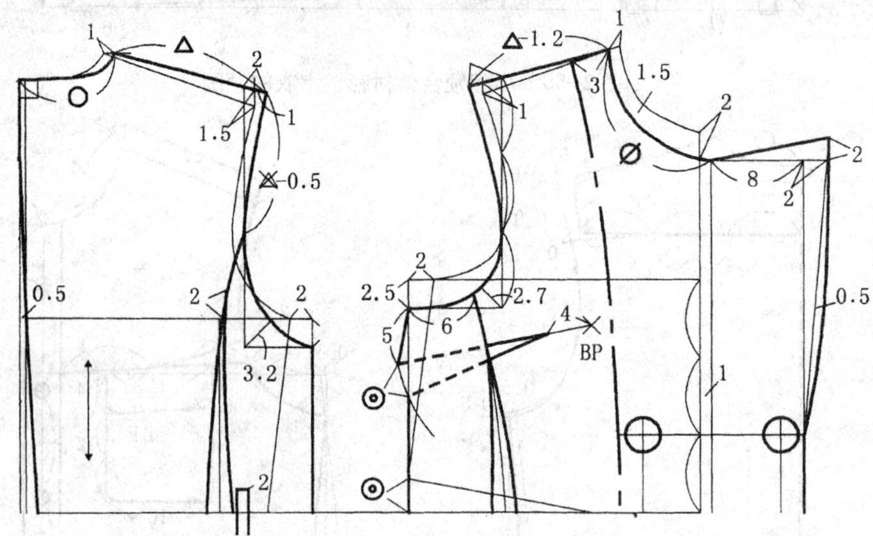

图 2-59　合体大衣的领围

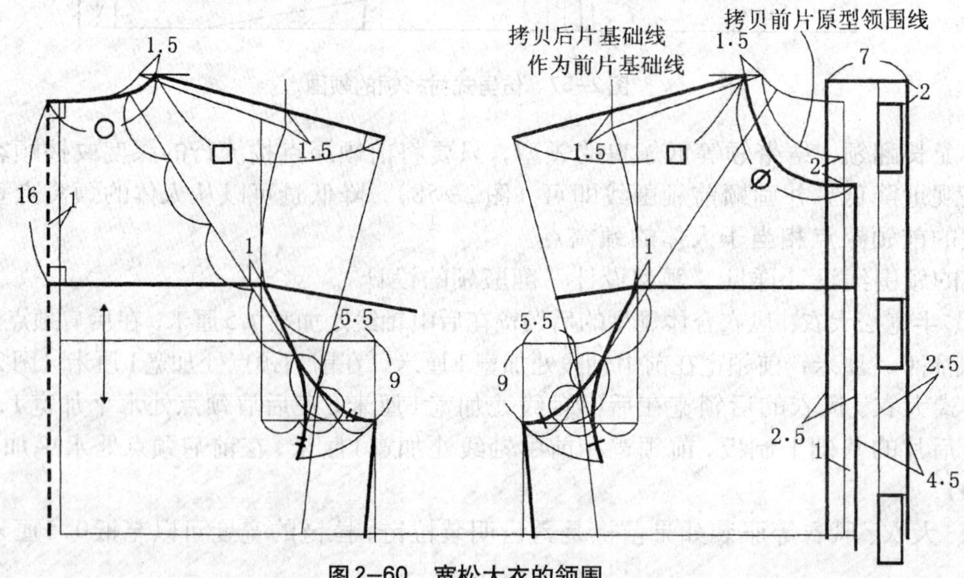

图 2-60　宽松大衣的领围

八、分割线的设计

分割线的设计是服装款式设计的要素之一，分割线的设计的效果要靠制板来实现，制板过程中对分割线的处理要在符合服装结构合理性的前提下，全力追求款式变化的效果。

分割线包括公主线、约克、上下身分割线等结构分割线，还包括穿着套装时上下身的分界线。

1. 公主线

公主线指服装上的纵向分割线，按其上端起点的位置常见的有袖公主线（图2–61）、肩公主线（图2–62）、领公主线（图2–63）等。

公主线通常切割人体起伏最大的纵剖面，该线的起伏在视觉上就强调了纵剖面的起伏。同时，公主线本身的视错觉效应能够突出人体的修长感、苗条感。公主线里还包含有胸省、腰省，是重要的结构线。

后公主线的定位方法：后公主线以后腰省为基础定位，若是袖公主线，后腰省通过腰部的二等分点（可以左右偏移1～2厘米），其上端应与袖子的后袖翘点相连；若是肩公主线，后腰省通过背宽的二等分点，其上端定于肩线中部，并应打后肩省；若是领公主线，后腰省通过腰部的二等分点（可以左右偏移1～2厘米），定于领围线中部靠近肩颈点处，并打后肩省，将后肩省转入公主线上端。

前公主线的定位方法：前公主线以前腰省为基础定位，若是袖公主线，其上端定于前袖窿线上视觉效果较美的任意点；若是肩公主线，其上端应与后公主线上端在肩线相连；若是领公主线，其上端定于领围线上视觉效果较美的任意点。

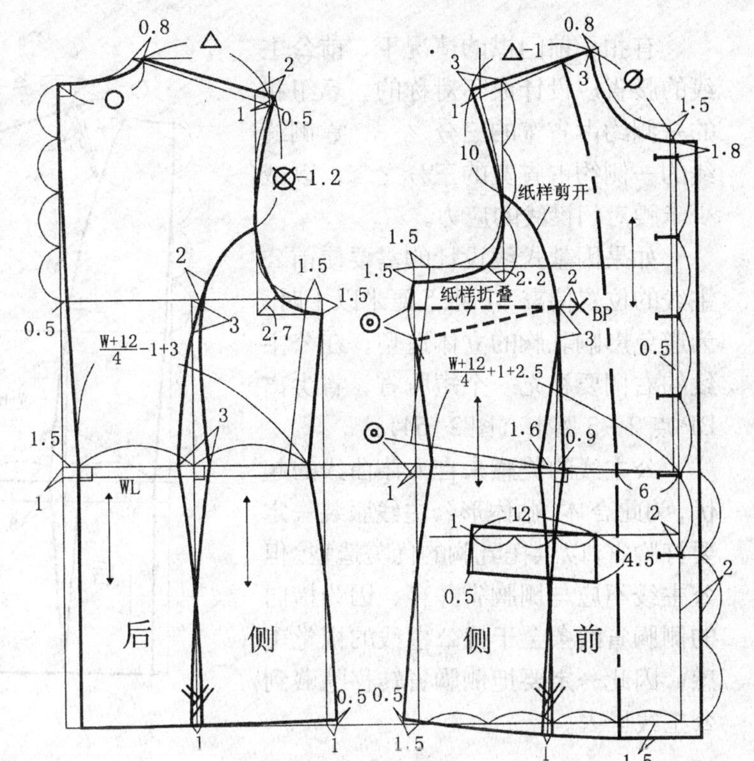

图2–61　袖公主线

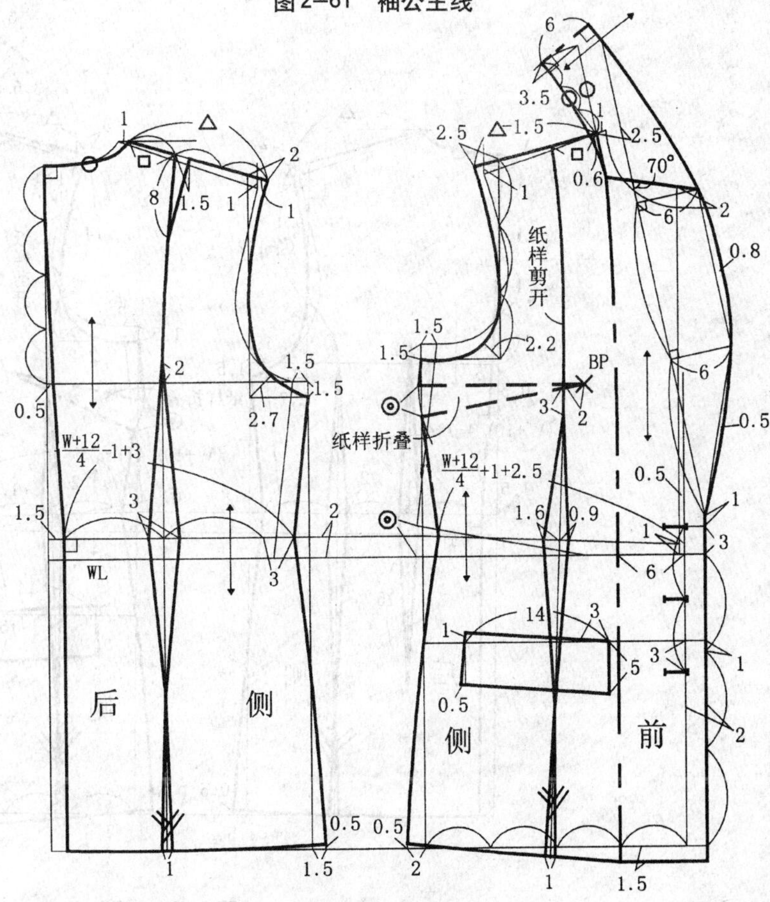

图2–62　肩公主线

有扣子前门襟的情况下，前公主线的腰省应设计成不对称的，靠纽扣的一侧约占省宽的三分之一，靠侧缝线的一侧约占省宽的三分之二，以减少卡腰对门襟线的应力。

如果因款式线设计的需要使前公主线的位置偏离BP点5厘米以上时，为避免影响乳胸的立体造型，在公主线的右侧要补充一个短胸省，省尖离BP点2～3厘米（图2-64）。

公主线的美感来自人体曲线的起伏，为此合体、贴体形公主线服装一定要打胸省，以烘托乳胸的优美造型。但公主线不应与侧胸省并存，因为横向的侧胸省线条会干扰公主线的视觉美感，因此一定要把侧胸省转移隐藏到公主线里去。

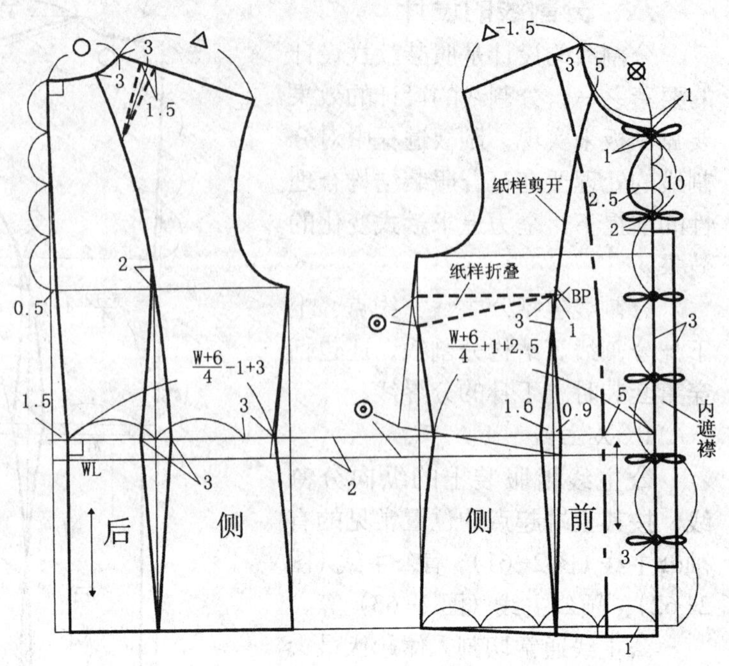

图2-63　领公主线

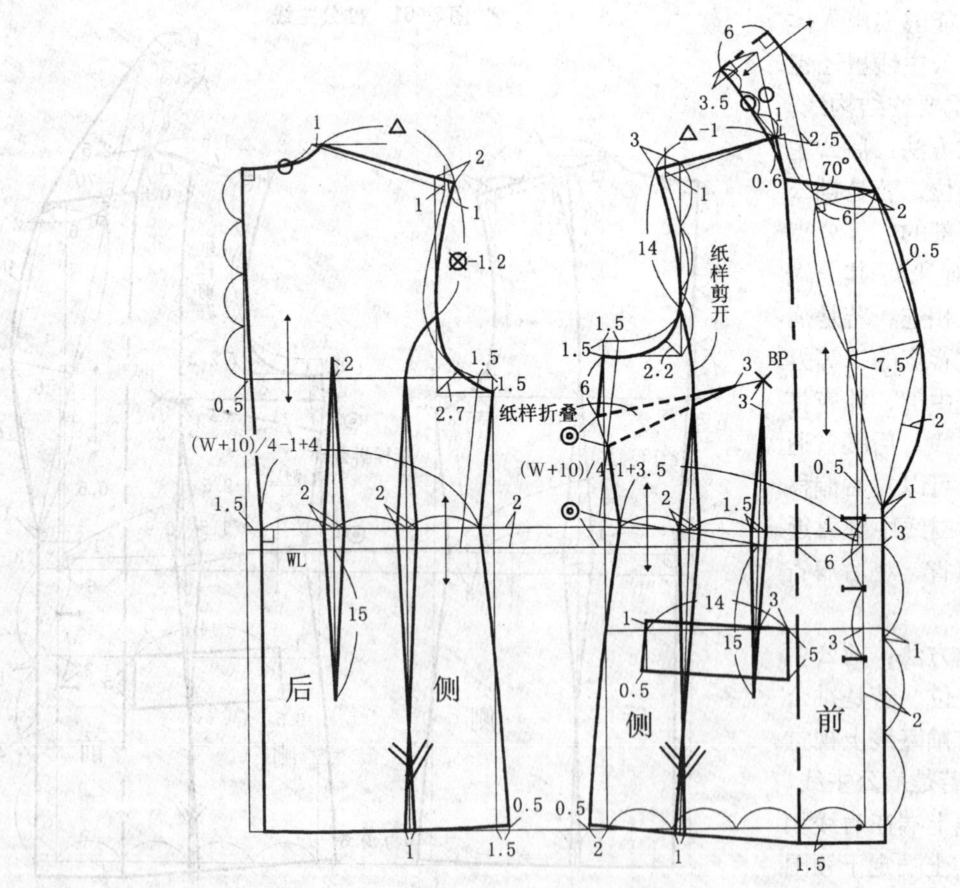

图2-64　半侧胸省

为了配合双腰省的设计，可以设计成双公主线（图2–65），亦可以设计成一条公主线配一条腰省的样式（图2–66）。

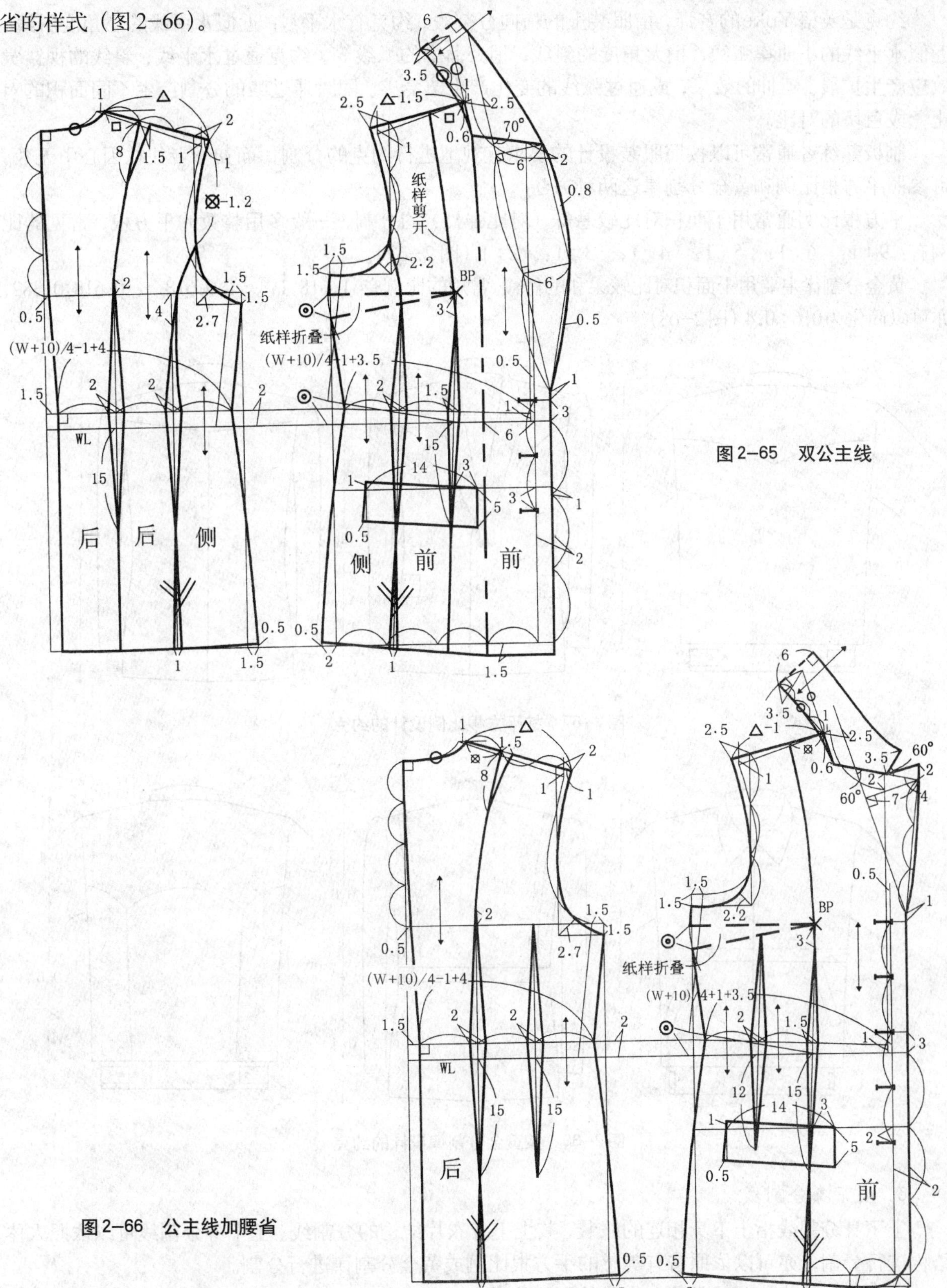

图2–65　双公主线

图2–66　公主线加腰省

2．约克

约克是英语Yoke的音译，指服装上的横向分割线。约克有水平线；近似水平线的小角度斜线；近似水平线的小曲率弧线；稍大角度的斜线；稍大曲率的弧线等。约克通过水平线、斜线的视错觉效应产生扩展、延伸的效果，或通过弧线的变化产生节奏感。同时通过线的分割产生不同面积的对比，或色块的对比。

制板熟练者通常可以按照服装设计的要求直观地进行约克的分割，而初学者往往因心中无数，可参照平方根比例和黄金分割律这两种方法。

平方根比例通常用于面积对比较悬殊（对比强烈）的分割，一般多用整数的平方根，常见的比例有：9∶1； 6∶1； 5∶1； 4∶1； 3∶1； 2∶1（图2–67）。

黄金分割律主要用于面积对比较柔和的份额。常用的比例有：1.618∶1； 1∶0.618 ；0.618∶0.382，亦可以简化为0.6∶0.4（图2–68）。

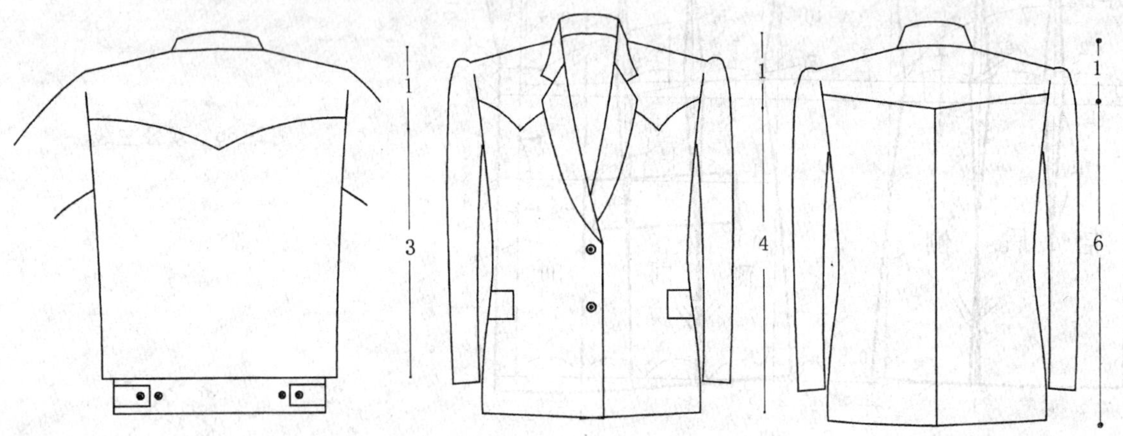

图2–67 按平方根比例设计的约克

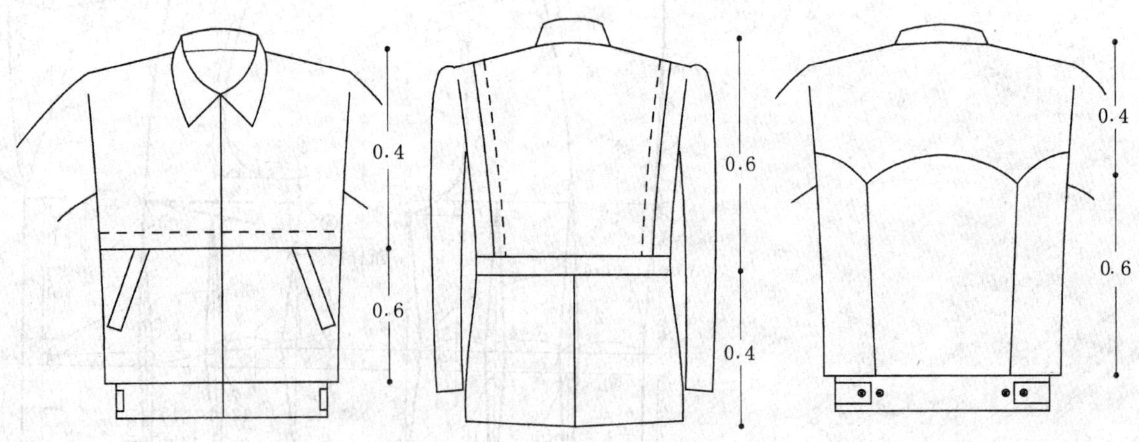

图2–68 按黄金分割律设计的约克

3．上下身分割线

上下身分割线指上下身相连的服装，其上下身衣片结构的分割线。上下身分割线可以依照人体结构进行分割，亦可以依照富有美感的平方根比例或黄金分割律进行分割。

依照人体结构分割通常是在人体的腰围线进行分割，由于人体从颈椎点到腰围线、从腰围线到膝盖膑骨的尺度正巧构成黄金分割律，因此这样的分割不仅结构合理，而且富有美感（图 2–69）。

依照美感的比例进行分割就是脱离人体上下身的枢纽——腰部，纯粹进行体量对比、面积对比的分割。分割的方法可以用黄金分割律，亦可以用平方根比例（图 2–70）。

对于制板熟练者，可以靠美感的直觉来确定分割线的比例。

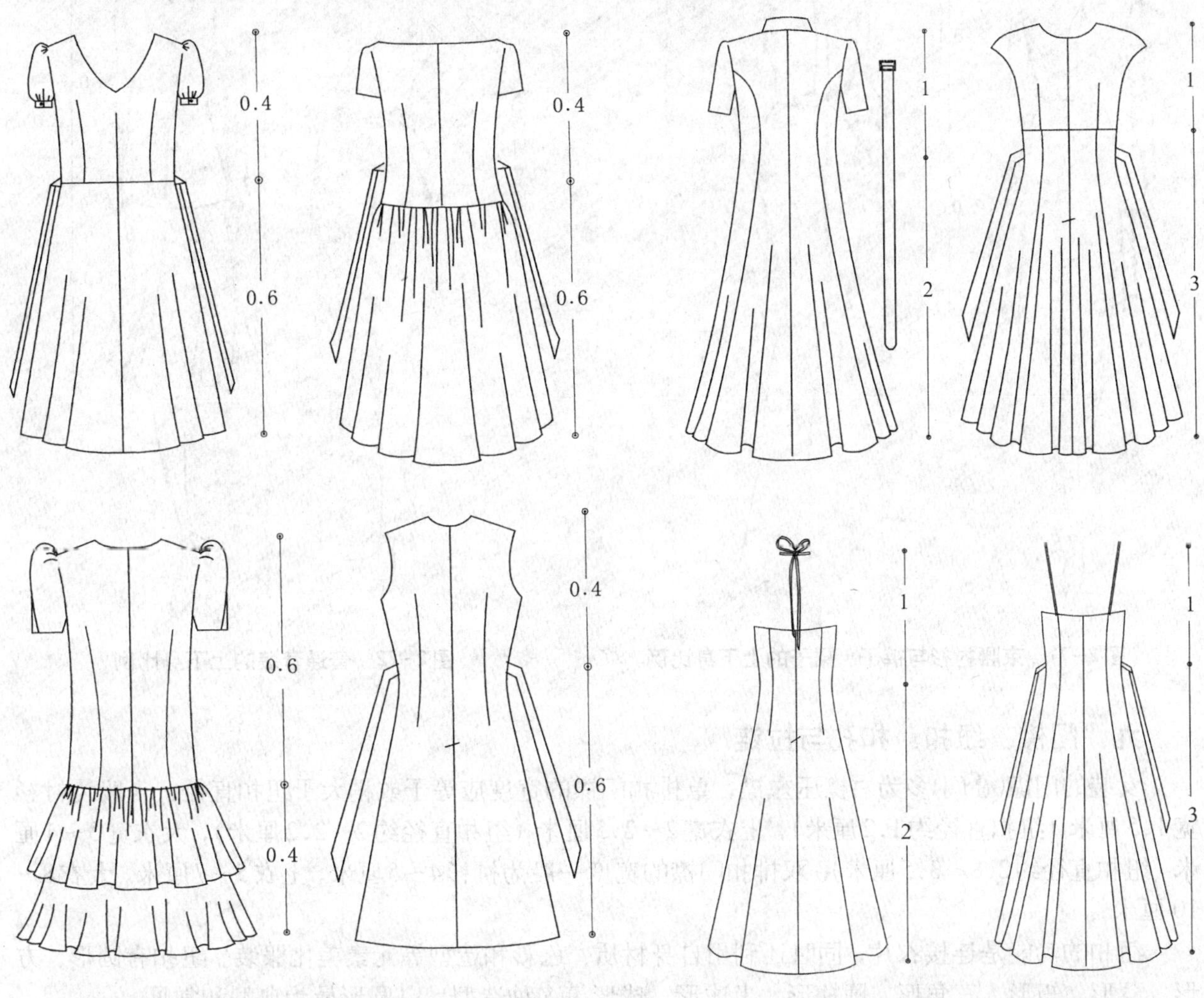

图 2–69　按黄金分割律设计的上下身分割线　　**图 2–70　按平方根比例设计的上下身分割线**

4. 上下身分界线

上下身分界线指上下身服装在穿着状态下形成的款式线。对于套装而言，这种款式线是通过制板时，对上下身服装长度的巧妙设置而形成的。对于非套装而言，则是由穿着者进行二次设计时巧妙搭配而形成的。

束腰衬衫与裤子、裙子上下身的比例多为0.382∶0.618； 1∶2； 1∶3（图2–71）。

普通套装上下身的比例多为3∶1； 2∶1；0.382∶0.618（图2–72）。

套装的下身裙、裤腰部隐藏在上衣的下摆内，较难直观地确定下装的长度，但可以用简单的方法推算，套装下身裙、裤长度=上下身着装总长减背长。例如，某套套装上下身后总长为84厘米，背长为38厘米，裙长=84 － 38=46厘米；某套套装上下身后总长为138厘米，背长为38厘米，裤长=138 － 38=100厘米。

对于制板熟练者，可以靠美感的直觉来确定分界线的比例。

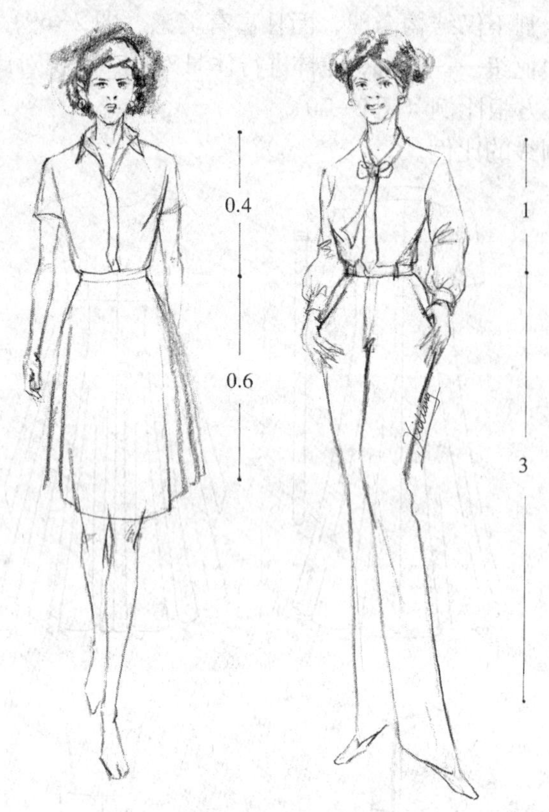

图 2–71　束腰衬衫与裤子、裙子的上下身比例

图 2–72　普通套装的上下身比例

九、门襟、纽扣、扣孔与拉链

女装的门襟(叠门)多为右襟压左襟，单排扣门襟的宽度应等于或稍大于纽扣直径，一般为衬衫宽1.5厘米（纽扣直径约1.2厘米），上衣宽2～2.5厘米（纽扣直径约2～2.2厘米），大衣宽3～4厘米（纽扣直径约2.8～3.5厘米）；双排扣门襟的宽度一般为衬衫4～5厘米，上衣5～7厘米，大衣8～10厘米。

纽扣的功能是连接衣片，同时还利用自身材质、色彩和造型等元素美化服装。纽扣有圆形、方形、菱形、矩形、三角形、圆柱形、半球形、球形等多种造型，以圆形最为典型和常见。

纽扣与服装连接的方式主要有3种：

（1）通孔纽扣，纽扣中心有两个或四个孔，用线与服装缝合。

（2）暗孔纽扣，纽扣的缝线孔隐蔽在纽扣背面。

（3）铆接纽扣，利用金属、塑料等材料的可塑性，用机械方式铆接的纽扣。

扣孔长度应等于钮扣直径加纽扣厚度。扣孔有直扣孔、横扣孔、斜扣孔，女装最常用横扣孔。横扣孔跨过扣位线0.3厘米，这样可以使纽扣位于扣位线中心。直扣孔的位置有两种：扣孔上沿稍高于纽扣中心；扣孔中心位于纽扣中心（图2–73）。斜扣孔多用于斜裁的衣片，为了使扣孔不拉伸变形，扣孔应与经纱平行。

最高扣位的定位方法得按款式设计特别是领型设计的效果灵活地设置。最低扣位的定位方法通常有4种：

（1）下摆线在腰围线下10厘米以内时，下摆线以上3～4厘米为最低扣位。

（2）下摆线不到臀围线时，下摆基础线至腰围线的二等分点为最低扣位。

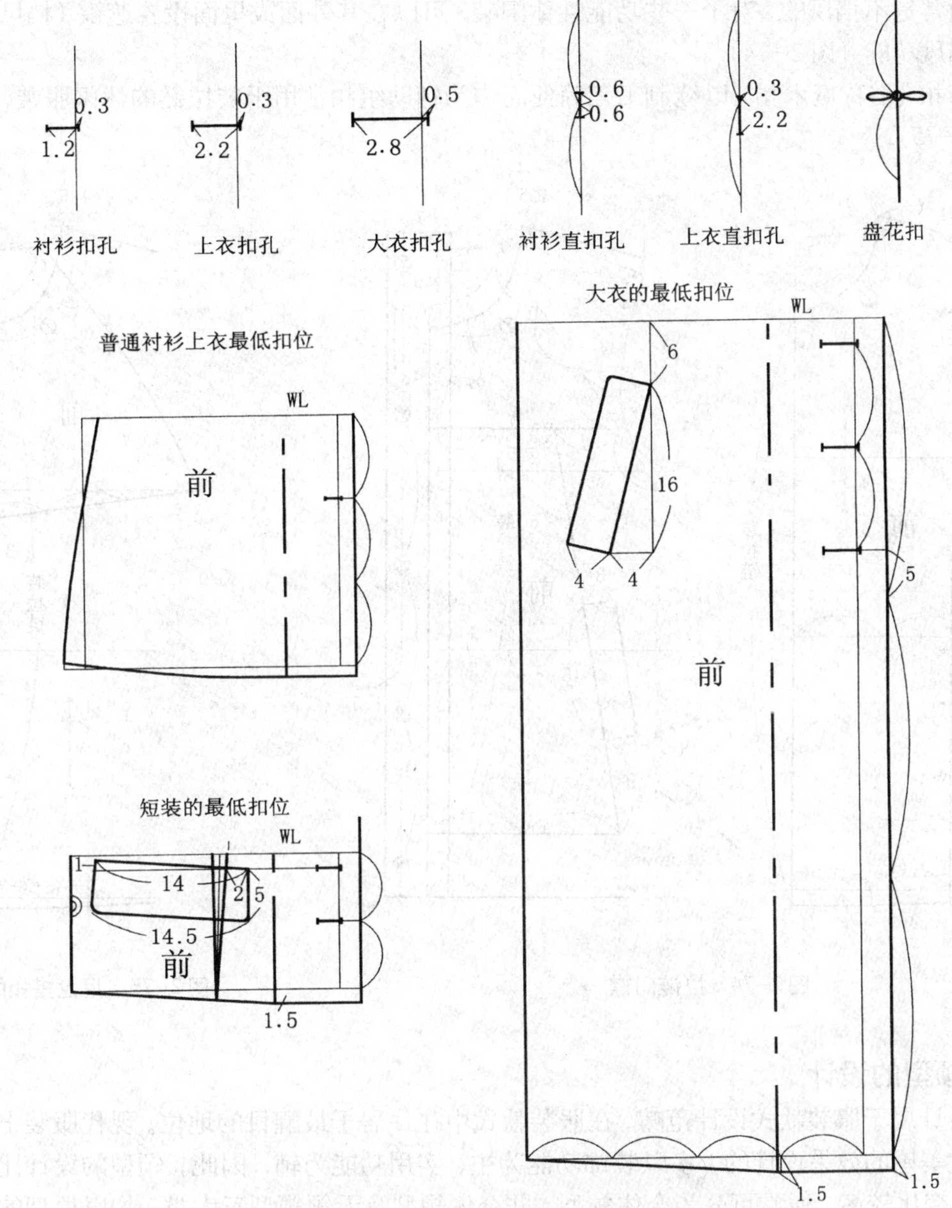

图 2–73　横扣孔、直扣孔、中式对襟的扣位和最低扣位

（3）下摆线在臀围线以下时，下摆基础线至腰围线之间的三等分点为最低扣位。

（4）下摆线在膝盖以下的大衣、风衣，下摆基础线至腰围线之间的三等分点上升5～10厘米为最低扣位（图2–74）。

除了通常的4种最低扣位定位方法之外，还可以按款式设计的要求灵活地处理。

中式服装多为对襟，对襟的左襟要设置遮襟或底襟。纽扣多用盘花扣，对襟的扣位可以参考西式服装，通常按美感效果定位。

拉链以缝制工艺简便、实用性能好而广泛应用于休闲、运动、实用的服装上，拉链门襟多数是对襟的，少数是偏襟、斜襟的，设计自由度比较大。

开口拉链的下端应能让穿着者在直立状态下伸手可及，具体而言，应不超过腰围线下30厘米。

对于合体卡腰的衬衫、连衣裙，其不开口拉链应能拉开至腰围线下不少于15厘米，以免影响穿脱。

拉链通常是不挡风的，对于一些功能性休闲装，可以在其外面或里面设置遮襟（挡风片），以提高门襟的挡风功能（图2–74）。

尼龙搭扣（俗称魔术扣）以缝制工艺简便而作为辅助纽扣常用于装拉链的休闲服装，很少单独使用（图2–75）。

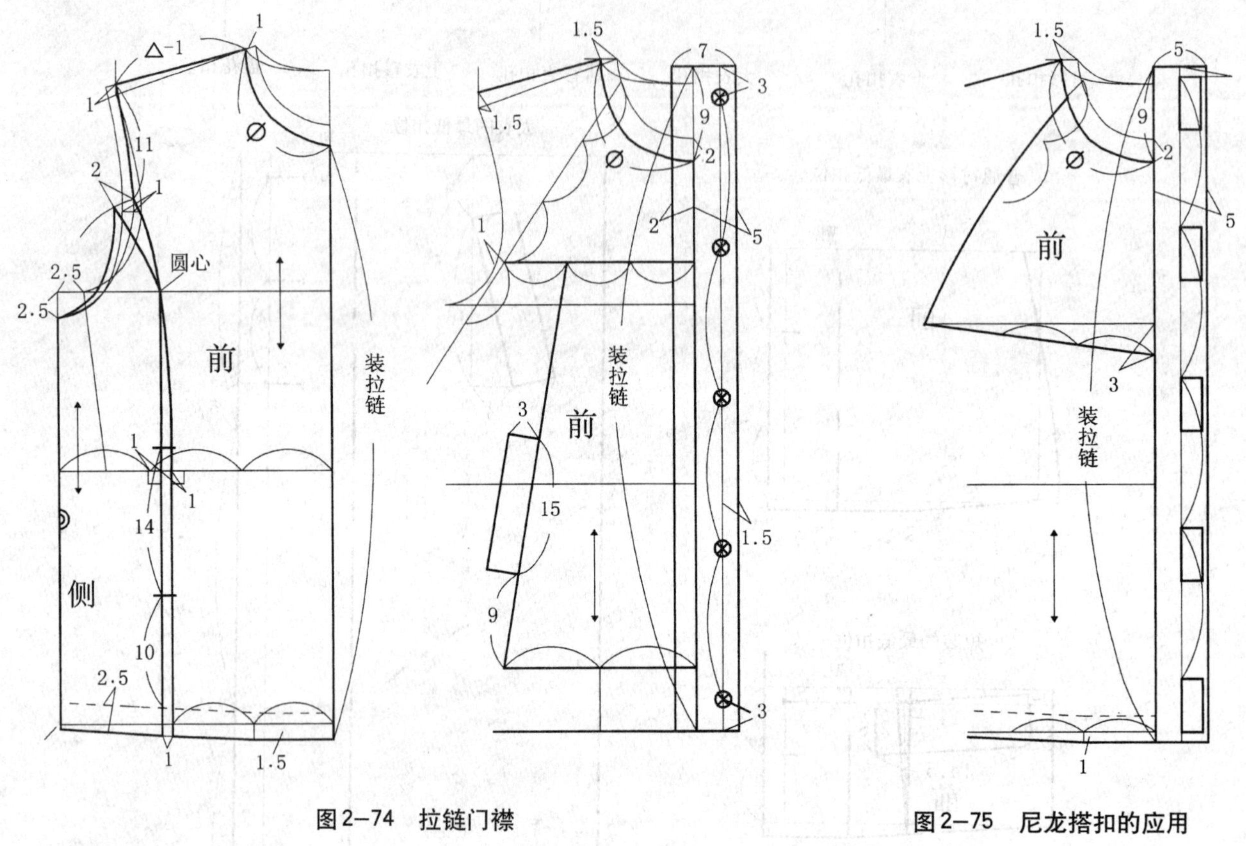

图2–74　拉链门襟

图2–75　尼龙搭扣的应用

十、领型的设计

领型设计属于服装款式设计范畴，在服装款式中往往居于最醒目的地位。现代服装上大多数领型是按视觉美感的效果设计的，多以装饰功能为主，实用功能为辅，因此，领型的设计比其他局部设计自由，变化较多，通常可分为合体领型、非合体领型及无领领型三大类。均以原型的领围线为基础进行设计。

女装原型法制板中，一般合体领型领围线的合体问题，主要靠原型的合体性来保障，有关领围线的设计请看前节“合体领围线的设计”，当领围线设计完成后，用软尺测量领围线周长，作为设计领型的依据，绝大多数领型的领下线都要与领围周长相吻合，至于领上线是可以灵活变化的部分；非合体领型的领片不必贴紧颈部，设计中不必考虑合体的问题，只要考虑款式效果；无领领型没有领片，主要是进行领围线本身的变化，设计上相对是最自由的，基本上可以按绘画式的线条设计。

若无特别的说明，女装产品规格表中的领围数值指的是领下围，亦即衣片板型上的前后领围周长乘以2，这个数值通常不是事先设定的，而是产生于使用原型进行上身衣片制板的结果，主要是作为品检员检验产品的依据。外单制板的订单上多有领围数值，同样是作为品检员检验产品、及订货方验收的依据，制板时先按“合体领围线的设计” 的方法画好领围线后，再按订单上的相应数值略作增减，使之相符即可。

1. 翻领

这是一种很基础、很常用的领型，从衬衫到大衣里外各层服装都可以用，原型的领围线可以直接用作衬衫翻领的领围线，上衣、大衣的领围线按前节“领围线的设计”，领片的设计按图2-76，要注意对正经纱标记，领里加毛缝，拷贝领面，领面要视面料厚度加0.2~0.4厘米缩缝量（参见毛缝图中的细线），后中轴点、肩颈点打装领标记，领尖宽度与角度随流行而增减。

有一些休闲衬衫、茄克乃至大衣还可以选用很简便的矩形翻领，制板、缝制工艺均较快速，常用于外贸订单的成衣产品，只要注意面料纱向、缩缝量，外观效果亦不错。

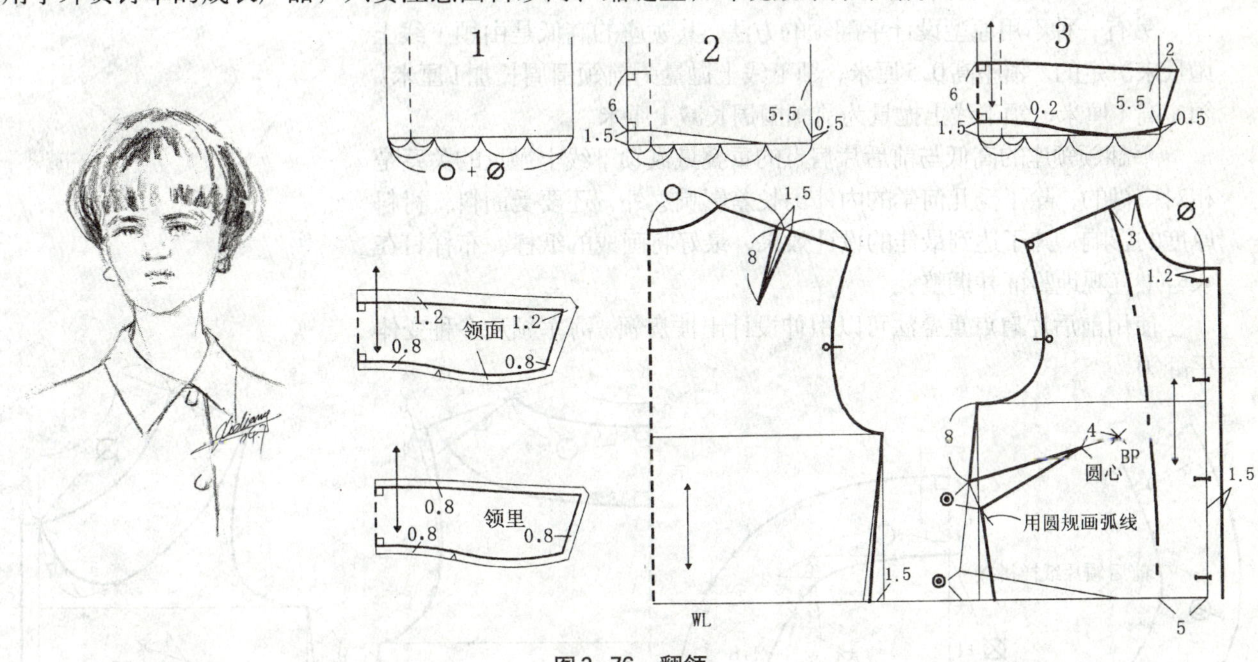

图2-76　翻领

2. 长翻领

这是一种低领口的翻领，衬衫、连衣裙、上衣都适用。领下线只要画成简单的抛物线，领外线按设计效果图画；前领点有相对、分离、交叉三种形式，其中交叉的形式可以模拟翻驳领的效果（图2-77），要注意对正经纱标记，领面视面料厚度加出缩缝量0.2~0.4厘米（图中虚线），后中轴点、肩颈点打装领标记，领外线、领尖宽度与角度多随流行而变化。

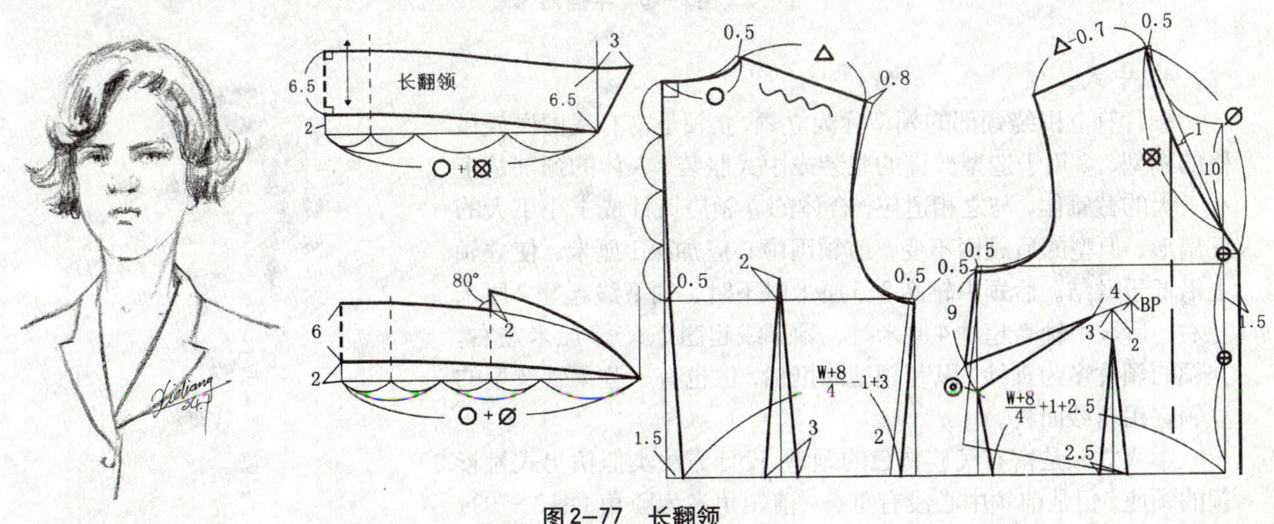

图2-77　长翻领

3. 平翻领

平翻领亦称为伯斯特·布朗领、伊顿领、荷兰领、坦领及铜盆领。

平翻领的领座很低，一般只遮住领围线。使用原型设计平翻领，领座的高低是由前后片肩点的重叠量来决定的，重叠量越大，领外线越短，领座越高；反之，领座就越低。通常前后肩点重叠量为前肩线长度的三分之一时，领座高约0.5厘米；二分之一时，领座高约1厘米；1∶1时，领座高约1.5厘米。再高就失去平翻领的特点（图2-78）。

另有一种不用原型设计平翻领的方法，其领座的高低是由领下线上抛量来决定的，领座高0.5厘米，领下线上抛量为前领围周长加1厘米；领座高1厘米，领下线上抛量为前领围周长减1厘米。

平翻领领座的高低与前后片肩点的重叠量或领下线上抛量的关系是相对模糊的，除了受几何学的内外周长差影响之外，还要受面料、衬料厚度的影响，为了达到最佳的设计效果，最好将画成的纸样、布样钉在人台上直观地验证并调整。

使用前后片肩点重叠法可以引伸设计出披肩领、海军领及多种变体平翻领。

图2-78 平翻领

4. 中式立领

领片直立围绕颈部的领型称为立领，立领是富有我国民族风格的领型，多用于造型严谨的服装或中式服装。人体的颈部是上小下大的截锥体，与之相适应，合体的立领应设计成上小下大的反扇形，原型的后领围不变，前领围中心应加深1厘米，使立领上沿低于喉结。后领中轴高3.5厘米以下时，领下线起翘2厘米左右；后领中轴高超过4厘米时，领下线起翘2.5~3厘米左右。立领的领片多为直纱，以利领型的挺括，但也有一些柔软造型的立领宜用斜纱面料。

中式立领是富有民族特色的领型，设计方法类似仿男式衬衫领的领座，但是前领中心没有重叠，前领角多为圆角（图2-79）。

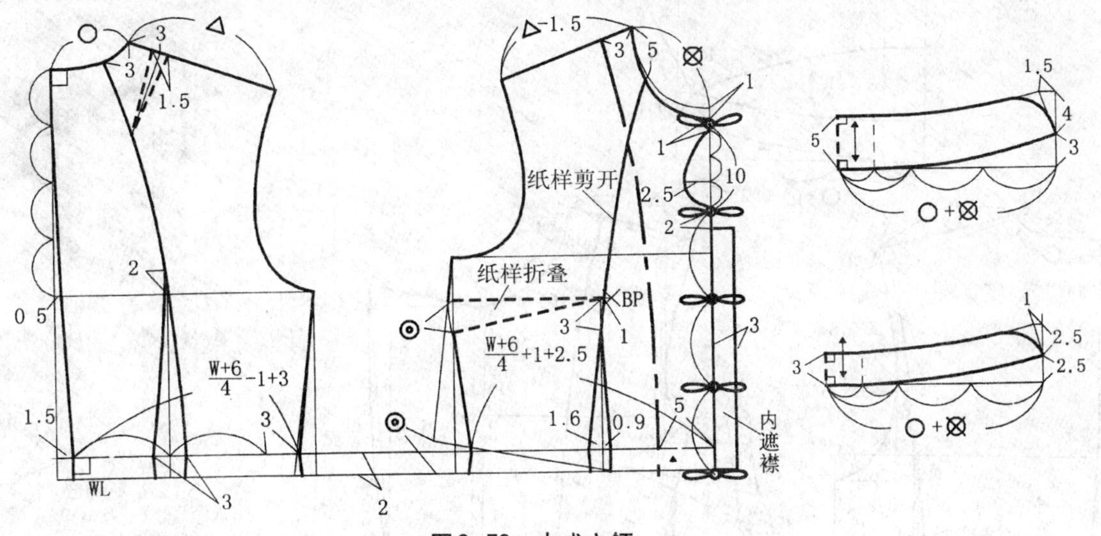

图 2-79　中式立领

5. 仿男式衬衫领

仿男式衬衫领是一种常用于衬衫、上衣的立翻领。公式里的“-1”是1/2上下领围差，这个数值要加入门襟的宽度1.5厘米构成领座右边延长的2.5厘米；领座宽度多较稳定，领面的领尖宽度与角度多随流行而增减(图2-80)。

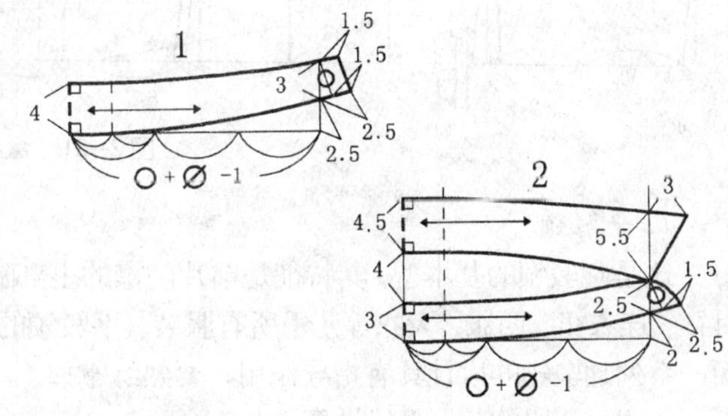

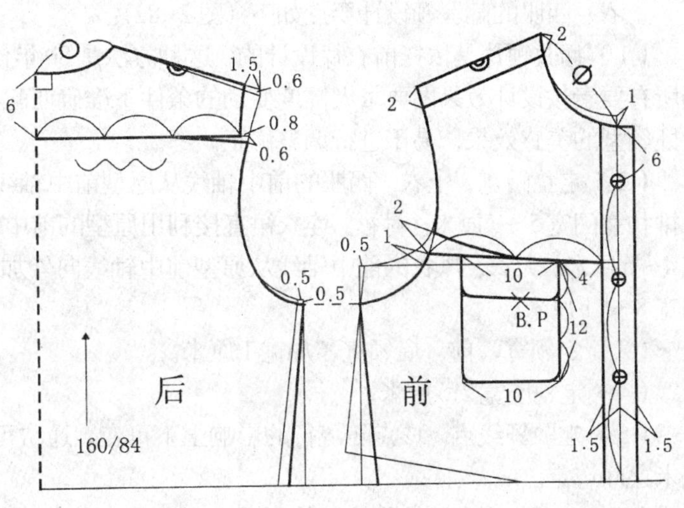

图 2-80　仿男式衬衫领

6. 拿破仑领

这是一种常用于风衣、大衣的立翻领，亦可用于上衣，与仿男式衬衫领相比加大了领座上围差，并相应增加了领下线的起翘量，以形成较大的立领锥度；加大了翻领的宽度和弧度，使其立、翻造型效果俱佳（图 2-81）。

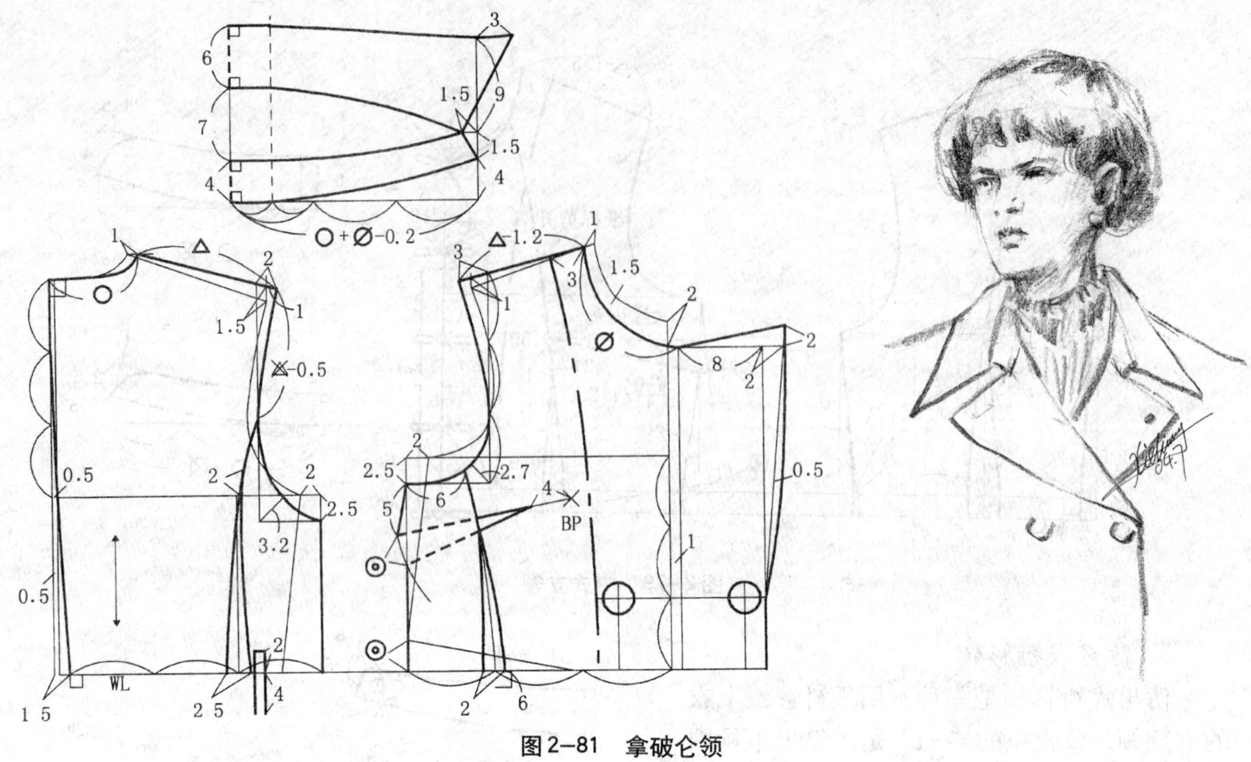

图2-81　拿破仑领

7. 平驳领

这是翻驳领的基本型，其特征是前片门襟的上部随同领片一起翻折敞开，并露出门襟贴边。常用于衬衫、连衣裙、西服、大衣等几乎所有服装。平驳领的设计是学习翻驳领设计的基础，其中的技法对后面一系列翻驳领的设计具有指导作用，要熟练掌握。

上衣、西服的翻驳领设计要点如下（图2-82）：

（1）翻驳领片是依托前衣片设计的，这种方法是80年代初随着原型法引进的，这样比较容易在驳领所有要素按设计效果图要求大幅度变动的条件下准确匹配，同时，上下驳领画在一起比较容易直观地验证领型的美感效果，易于进行调整修正。

（2）定叠门宽，上衣、西服的前中轴线从原型前中轴线向外加宽0.5厘米，单排扣叠门宽2厘米，双排扣叠门宽5～7厘米。衬衫、连衣裙直接利用原型的前中轴线，单排扣叠门宽1.5厘米，双排扣叠门宽4～6厘米。大衣、风衣的前中轴线从原型前中轴线向外加宽1厘米，单排扣叠门宽3厘米，双排扣叠门宽8～11厘米。

（3）定领宽，前、后领宽各加宽1厘米。

（4）定领座宽2.5厘米。

（5）定驳领线点，该点随流行的影响上下可变，通常可在原型领深点以上3厘米至领深点以下10厘米之间选定。

（6）定翻折点，该点随流行的影响上下可变，通常可在原型胸围线与腰下大袋口线之间选定，实际设计中多是先按效果图要求定领深点，从领座宽点连接领深点并顺延至叠门线画翻折线；翻折线与叠门线的相交点即为翻折点，翻折点与最高扣位平齐或高出1厘米。

（7）定扣位，先定最低扣位，通常位于腰下大袋盖上下沿之间，得按照流行而定，从最高扣位到最低扣位之间适当地等分（视翻折点高低及纽扣的多少分为一等分、二等分、三等分或更多）即为扣位；通常扣间距离为8厘米左右（不受号型影响，但随流行而变，少则5厘米多则10厘米），上衣、西服扣孔大2.2厘米，跨过中轴线0.3厘米。亦常有反向设计，即先按效果图设定最低扣位，向上量一档或几档

8厘米左右的间距定最高扣位，再据此定翻折点，画翻折线。驳领线点、翻折点和扣位对翻驳领的视觉效果影响很大，要善于灵活地设定。

（8）定下驳领线，下驳领线与翻折线相交40～70° 通常翻折点低取值40～50°，翻折点高则取值60～70°，或按流行趋势设定角度。该线段应用三角板或量角器画出，制板熟练者可以按视觉直觉画出。

（9）定下驳领宽，宽度在6～12厘米范围，视设计效果或流行趋势设定，用三角板、直角尺按设定的宽度从翻折线直角量出与下驳领线相交定点，画驳领宽线，并连接翻折点画下驳领基础线，

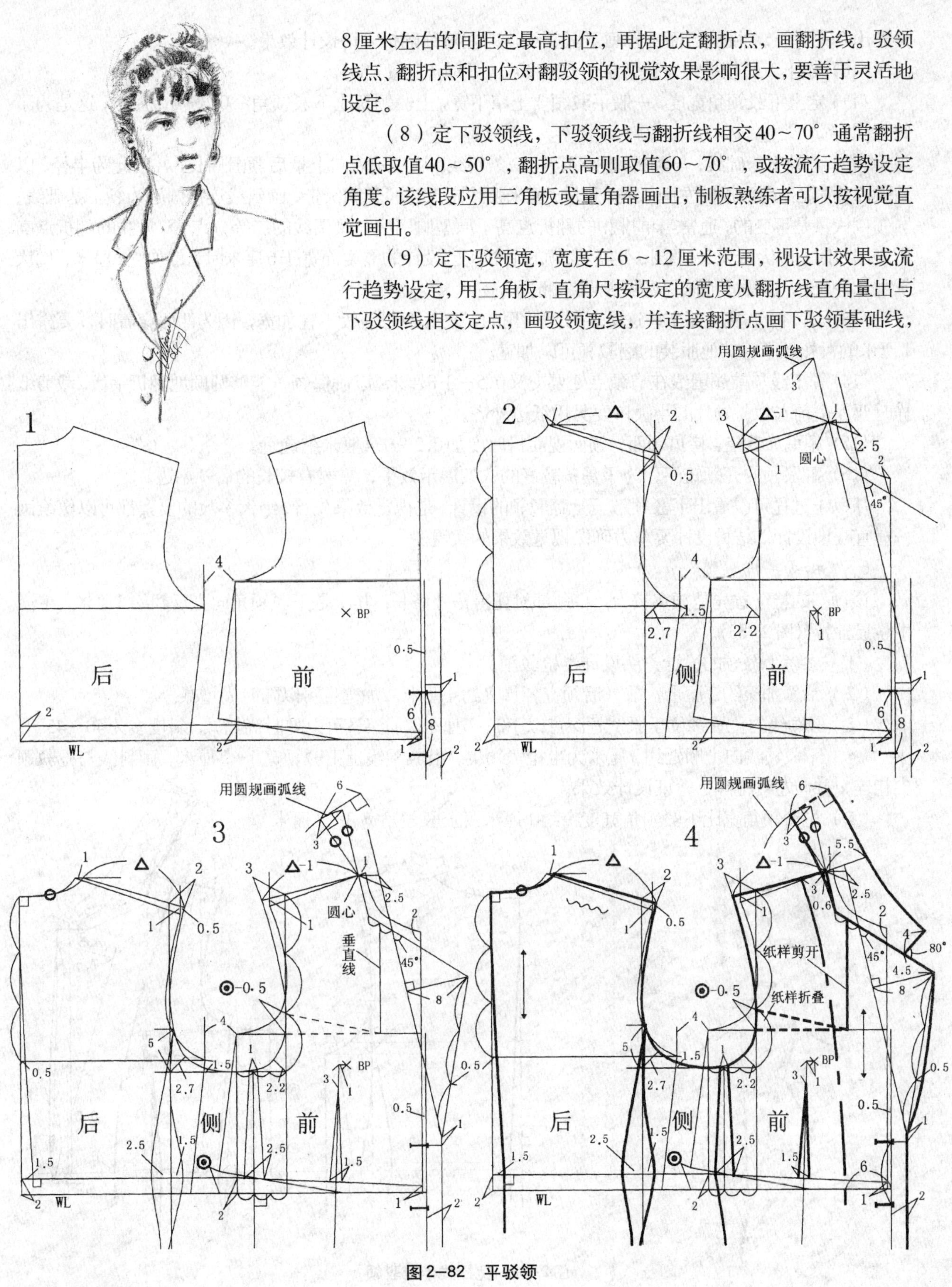

图 2–82　平驳领

再抛出0～1厘米（视流行而定）画下驳领线，向左对称翻折验证设计效果。

(10) 定上下驳领夹角，通常定于60～90°，目前较流行80°。

(11) 定上下驳领角宽度，一般平驳领要上窄下宽，上驳领角比下驳领角窄0.3～0.5厘米，这是为了修正视错觉。

(12) 画领下基础线，与翻折线相平行画一条斜线，从肩颈点向上量后领围周长，并以此为半径，以肩颈点为圆心，用圆规向左画弧线，量取3厘米弧线定点为驳领倒伏量，画斜线连接圆心为领下基础线。驳领倒伏量是可变的，通常当单排扣的翻折点高于原型胸围线与腰围线的二等分点、双排扣的翻折点高于腰围线时，倒伏量为3.5厘米；当翻驳领的后领宽因设计的需要而宽于6厘米时，每加宽1厘米，倒伏量加0.5厘米，这样才能确保翻驳领圆顺翻折。

(13) 后领中心宽6厘米，这是各号型通用的，正式西服一般不宜加宽，因为西服穿着时，要露出1厘米的衬衫领子；其他服装的翻驳领可以加宽。

(14) 领下线与前领围线在肩颈点处要交叉0.5～0.8厘米，以确保领子能够圆顺地翻折平伏。裁剪纸样时要保全前衣片，领片的小缺口要另用纸边补齐。

(15) 领里加毛缝，拷贝领面，领面视面料厚度加0.2～0.4厘米缩缝量。

(16) 翻驳领的开领较深，为了具备较好的衣架展示效果，需要有较长的后领贴边。

从以上过程可以看出平驳领乃至于翻驳领的设计，是视觉效果先行，绝大多数的要素都可以像绘画一样直观地设计，结构设计要全力确保视觉效果的实现。

8. 宽松式半枪驳领

该领型的特征首先是领宽较大，将颈部衬托得格外修长；其次是下驳领角向上反翘约3厘米，平淡中稍显独特（图2–83）。

（1）参考平驳领的设计方法设计半枪驳领。

（2）后领加深约2厘米，前、后领宽各加宽约4厘米，加宽量可以随时尚增减。

（3）驳领线的位置多位于原型领深点以下1～6厘米，加深量可以随时尚增减；斜度多为40～45°。

（4）下驳领线向上顺延约3厘米为半枪驳领尖，沿驳领线量下驳领宽4～5厘米，画斜线与枪驳领尖相连，并向左对称翻折验证设计效果。

（5）上驳领角宽比下驳领角宽度窄约1厘米（上驳领角宽3～4厘米）。

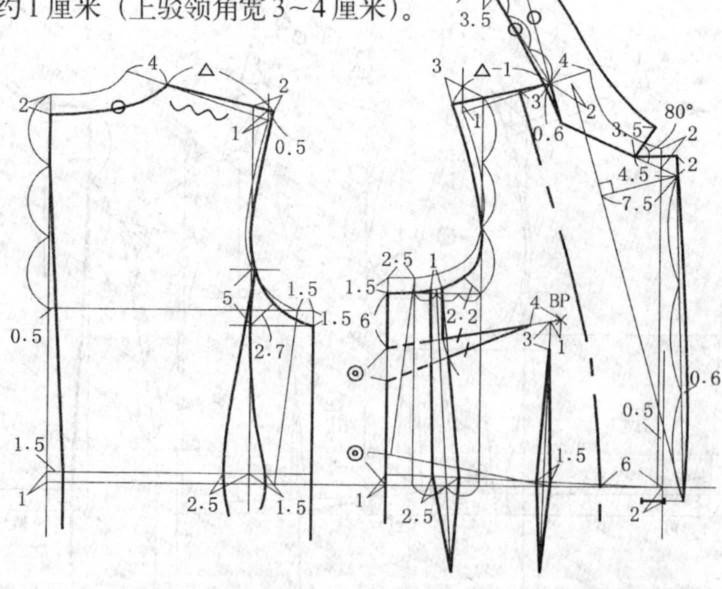

图2–83　宽松式半枪驳领

9. 燕子领

燕子领亦是翻驳领中的一种经典领型，其特征是上下驳领连为一体，领片宽度变化较大，领外线可以设计为多种款式线，可应用服装的范围与平驳领相同，常与平驳领置换设计（图2–84）。

（1）参考平驳领的设计方法设计燕子领，并向左对称翻折验证设计效果。

（2）按效果图画好领外线，从领下线圆心点画斜线连接翻折点为领围线。

（3）领里可以与前片连为一片，亦可以分割裁剪。

（4）领面与贴边必须连为一体。

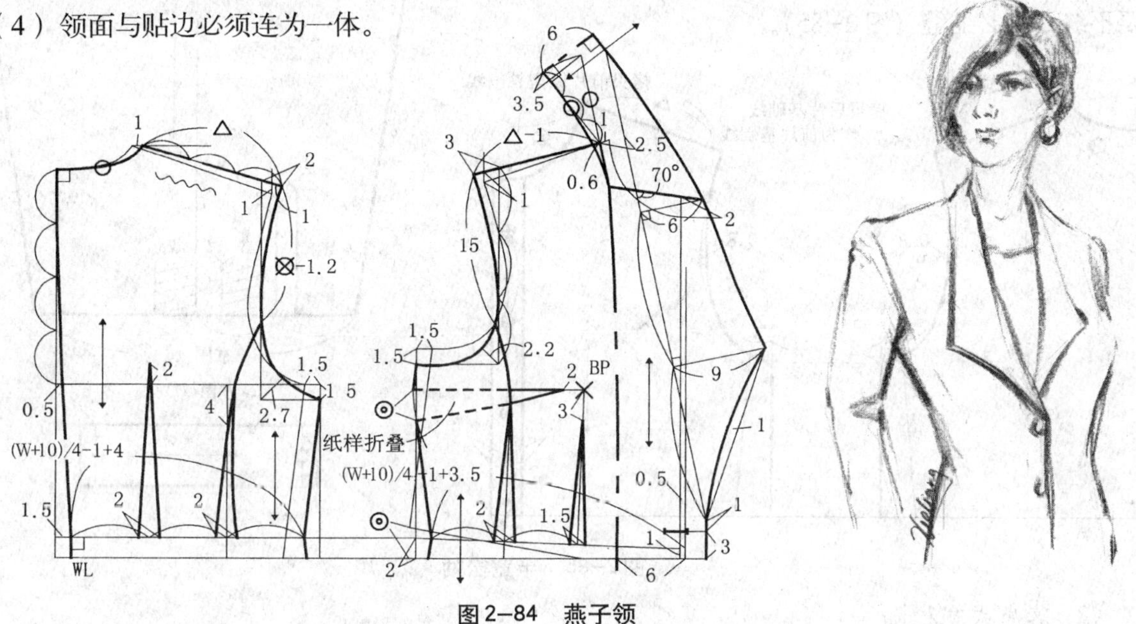

图2–84　燕子领

十一、袖型的设计

袖型设计属于服装款式设计范畴，袖型与服装的舒适性及人机功效性密切相关。因此，现代服装的袖型设计通常是在满足实用功能的前提下追求视觉美感的效果。

原型法为袖型设计提供简便而科学的条件，袖原型可作为袖型设计的模板，初学阶段，以袖原型为基础进行袖型的设计变化，可以减少失误，而且省时高效。

袖原型主要作为圆装袖的模板，其袖山高低适中，袖宽适中，比较符合多数消费者的衣着习惯。只需简单的技法就可以设计成贴体、合体型衬衫、连衣裙的低袖山衬衫袖、高袖山衬衫袖、泡袖、灯笼袖、荷叶袖、郁金香袖等。

技法熟练者，通常是用前、后AH和袖长这3个数值直接设计袖型，特别是上衣、西服、茄克、大衣这类服装的袖子均明显地大于袖原型，这样设计更为快捷。

对于连袖、插肩袖这类非常规袖型，通常是依托前、后衣片进行设计，这样设计能直观地审视袖型效果，能比较简便地进行调整修改，且容易掌握，容易准确匹配，不易失误。

外贸订单制板时，常用“连袖长”（从后领中心量至袖口）规格，必须注意转变测量袖长的方式；而且往往预先设定袖内长、袖宽，对于这一点，一般是用经验性微调的方法来满足订单的要求。

1. 低袖山的半宽松袖

这是不用袖原型直接设计的低袖山的半宽松袖，袖型较宽松，舒适性好，主要用于半宽松休闲类的服装，如半宽松衬衫、茄克、上衣、风衣、大衣等。通过AH/5使袖山降低，前后袖宽各以AH/2－0.3厘米斜向量取，减0.3厘米是为了减掉缩缝量，因为该袖子绱袖只要平缝，不必缩缝（图2-85）。

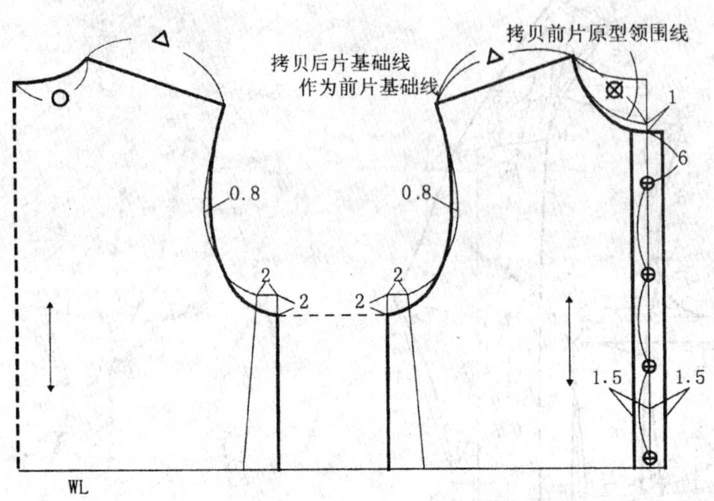

图2-85　半宽松袖

2. 落肩式宽松袖

这是不用袖原型直接设计的落肩式宽松袖，是一款半平面的袖型，主要用于宽松落肩式休闲类的服装，如宽松衬衫、茄克、上衣、风衣、大衣等。宽松式服装配圆装袖应选择落肩式宽松袖，如果采用按比例法成比例地放大的合体袖，既不美观亦不符合材料力学原理，容易使袖窿和侧缝下垂变形。这类服装胸围宽松量非常大。相应的袖窿很深，合体性要求不高，以袖原型为基础进行设计舍近求远了，宜直接设计。袖山高度宜降至10厘米以内，以配合较平面的落肩式袖窿，袖山高度多用AH/8控制，如果要增减袖山高度亦可以再±1厘米；前后袖宽各以AH/2－0.3厘米斜向量取，减0.3厘米是为了减掉缩缝量，因为该袖子绱袖只要平缝，不必缩缝（图2-86）。

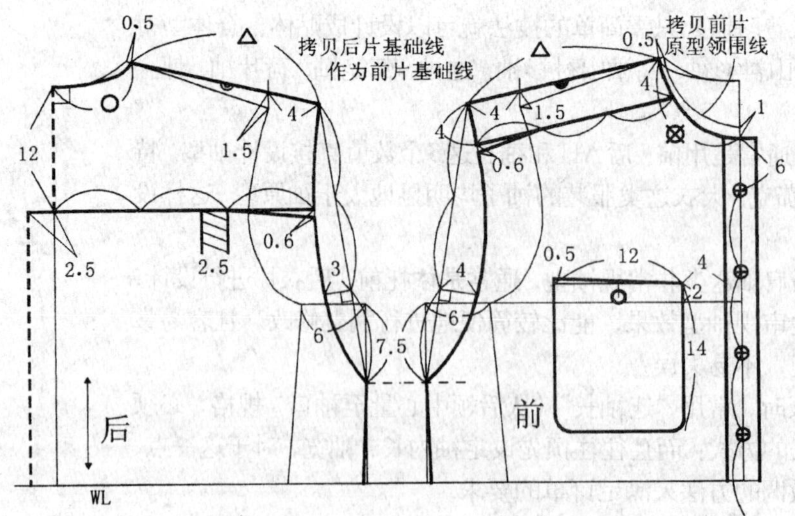

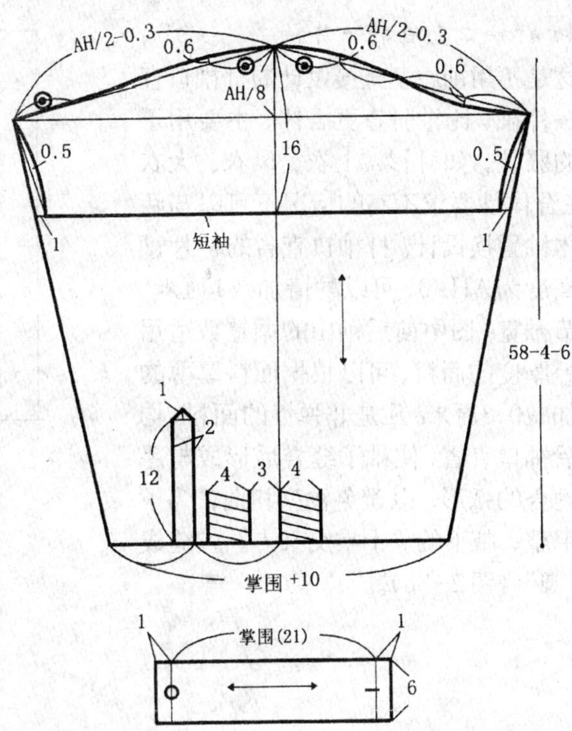

图 2-86　落肩式宽松袖

3. 窄袖口的泡袖

这是以袖原型为基础设计的泡袖，是一款立体的袖型，主要用于衬衫、连衣裙。把袖原型先设计成“高袖山的衬衫袖”，再将袖山展宽成泡袖。为了袖型合体，袖后线要打袖肘省（图 2-87）。

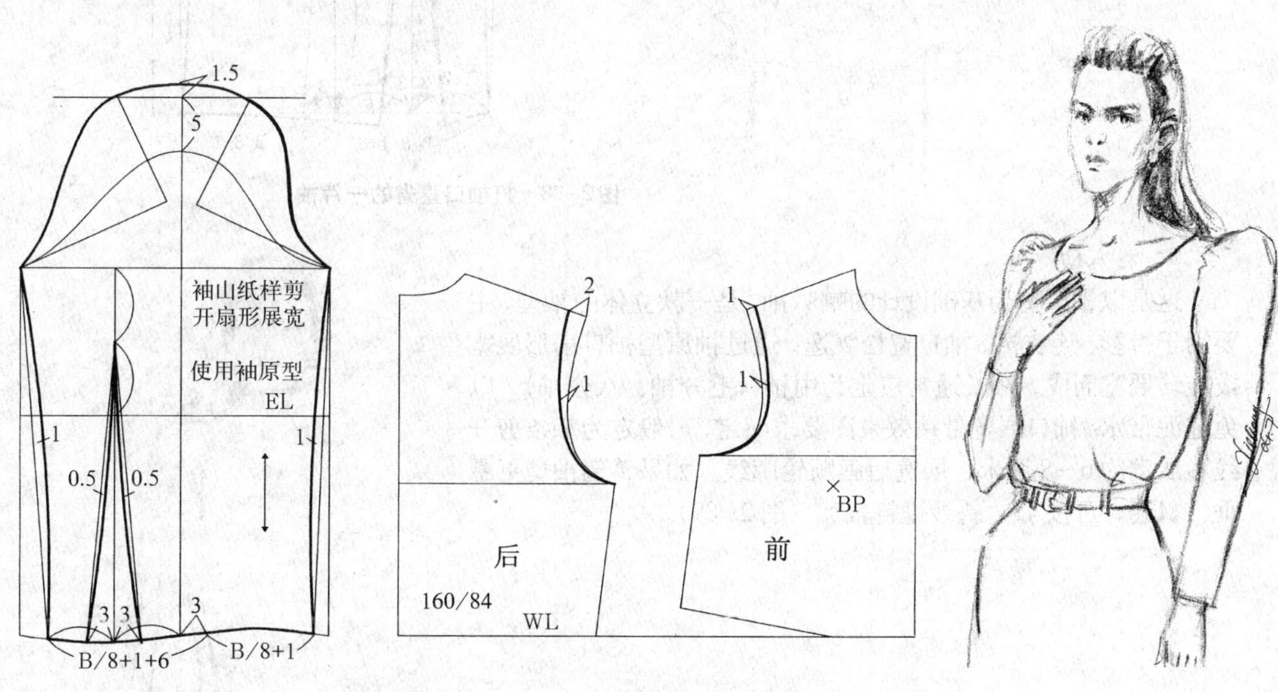

图 2-87　打袖口直省的泡袖

4. 打袖口直省的一片袖

这是不用袖原型直接设计的打袖口直省的一片袖，比袖肘省更合体，主要用于合体的服装，如衬衫、上衣、风衣、大衣等，在合体性要求不高的情况下可以与两片合体袖置换设计。打袖口直省的一片袖袖山高度为AH/3，可以酌情加减1厘米，以调节袖宽；图中前后袖山的调整数适用于中等厚度的面料，可以根据面料厚薄的不同加减0.3厘米；凡是非弹性的面料，均应打后袖口直省，使袖子缝合后形成与手臂相吻合的弧形，以避免袖型扭曲；为了袖型平整，腋下的"十字交叉点"应缝成"圆对圆"（图2-88）。

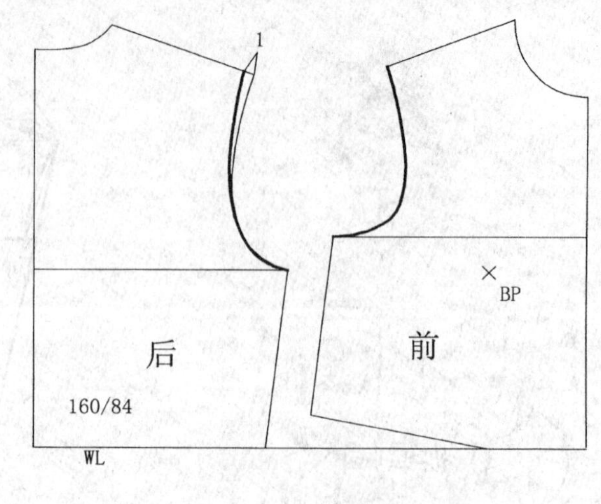

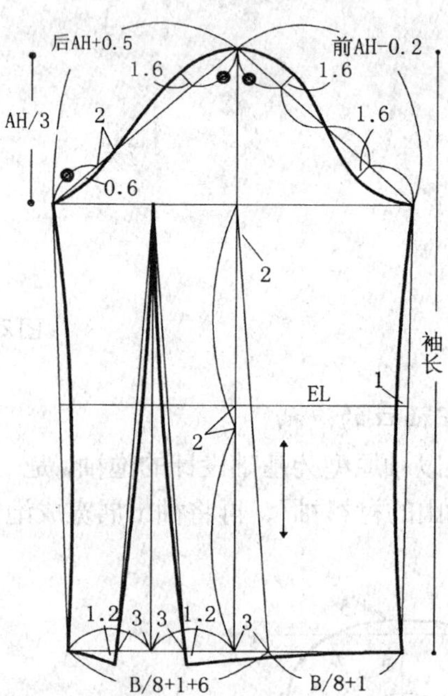

图2-88 打袖口直省的一片袖

5. 喇叭袖

这是以袖原型为基础设计的喇叭袖，是一款立体的袖型，主要用于衬衫、连衣裙。袖口宽松飘逸。通过袖原型袖口扇形展宽或旋转展宽而成。袖长通常应定为中袖（七分袖、八分袖），以免拖泥带水；袖口展宽量按效果图要求而定，一般定为每条剪开线各展宽约6～8厘米，展宽后画顺轮廓线。如果希望袖型更悬垂、飘逸，可按45°斜纱排料裁剪（图2-89）。

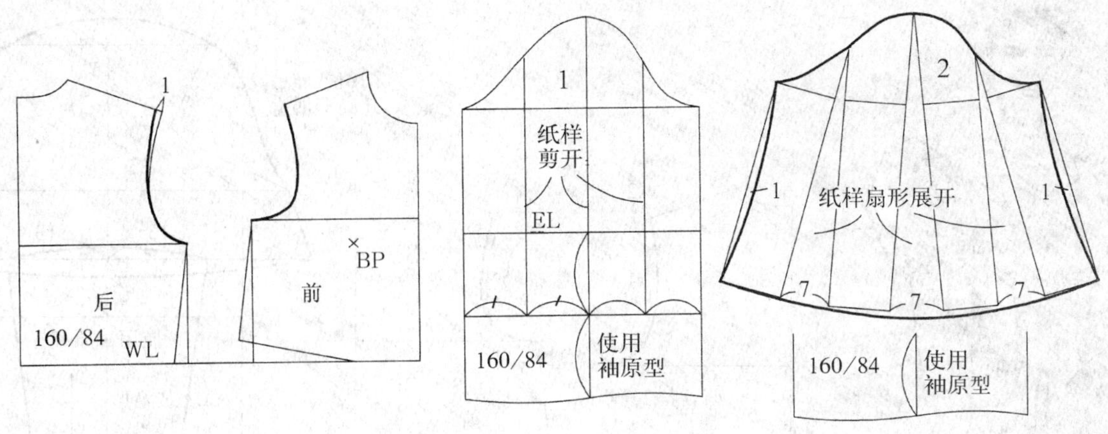

图2–89 大喇叭袖

6. 荷叶袖

这是以袖原型为基础设计的荷叶袖，是一款立体的袖型，主要用于衬衫、连衣裙。袖型柔美、俊秀。把袖原型截取20厘米左右的短袖袖长，把前后袖宽分别三等分，每条等分线下端按效果图要求展宽3~5厘米，展宽后画顺轮廓线，要按45°斜纱排料裁剪（图2–90）。

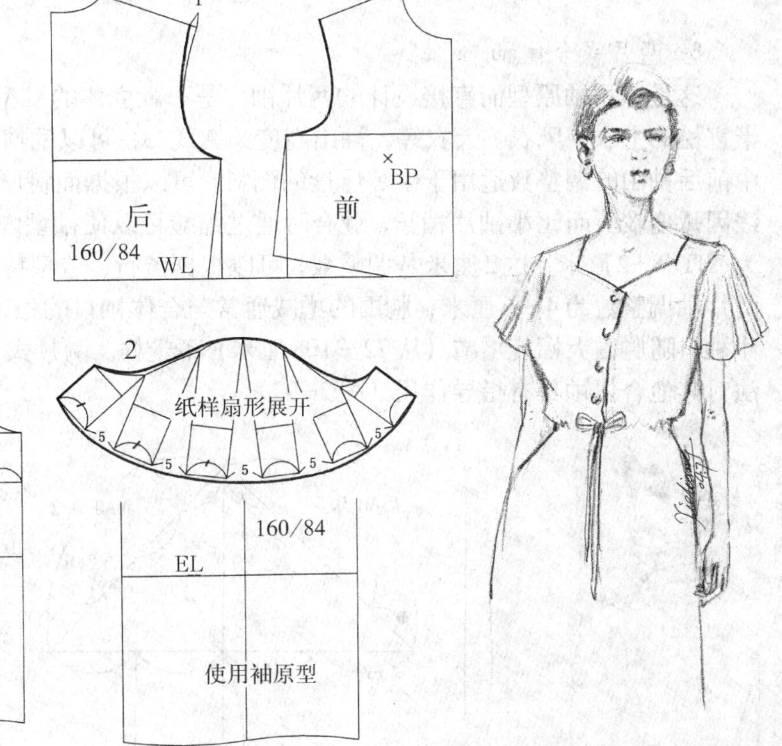

图2–90 荷叶袖

7. 羊腿袖

这是以袖原型为基础设计的羊腿袖，是一款立体的袖型，主要用于礼服，是由极夸张、极膨松的上臂部分和极紧窄的小臂部分组合而成的。上臂部分用袖原型作扇形扩展而成，小臂部分设计成小扇形，上口宽为上臂围＋2厘米，下口宽为腕围＋1厘米，下口中心呈三角形向下延伸7~8厘米，前端做线环套于中指。由于腕部很贴体，不能直接穿脱（手掌无法通过），必须在袖侧缝装一条隐形拉链（图2–91）。

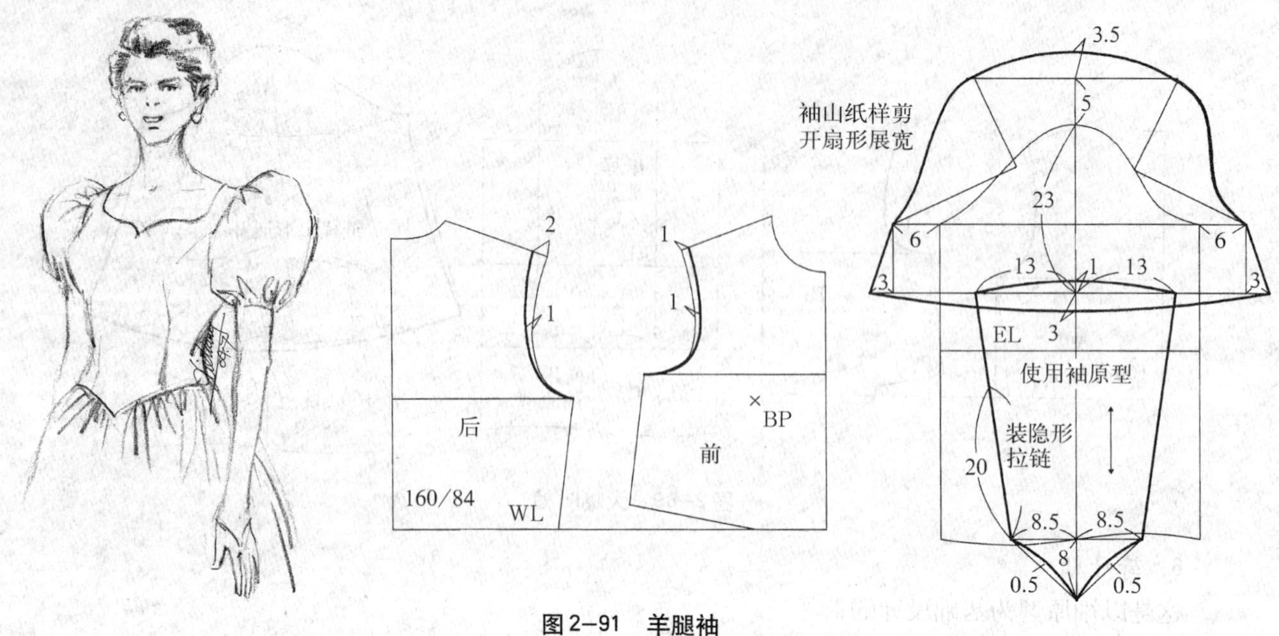

图 2–91 羊腿袖

8. 两片式合体袖

这是不用袖原型而直接设计的两片袖，是一款立体的袖型，主要用于西服，亦可以用于合体、半宽松的上衣，风衣、大衣等，袖山高度为 AH/3，可以酌情 ± 1 厘米的调整量，以调节袖宽；图中前后袖山的调整数适用于中等厚度的面料，可以根据面料厚薄的不同 ± 0.3 厘米；大袖片的后侧线因弧度较大而比小袖片稍长，缝合时通过缩缝可以使袖型内敛，袖型比一片袖美观；1/2 袖口大为 AH/8+2 厘米，这 2 厘米是调整数，可以根据流行、造型特点、个人喜好而增减，如合体大衣的两片袖调整数为 4～6 厘米；胸围的增减通常与合体袖口的档差呈 8 : 1 的比例，这个比例能确保合体袖口随胸围大幅度增减（从 72～108 厘米）不走样。两片式合体袖是合体袖型的经典代表，其技法对其他合体袖具有指导作用（图 2–92）。

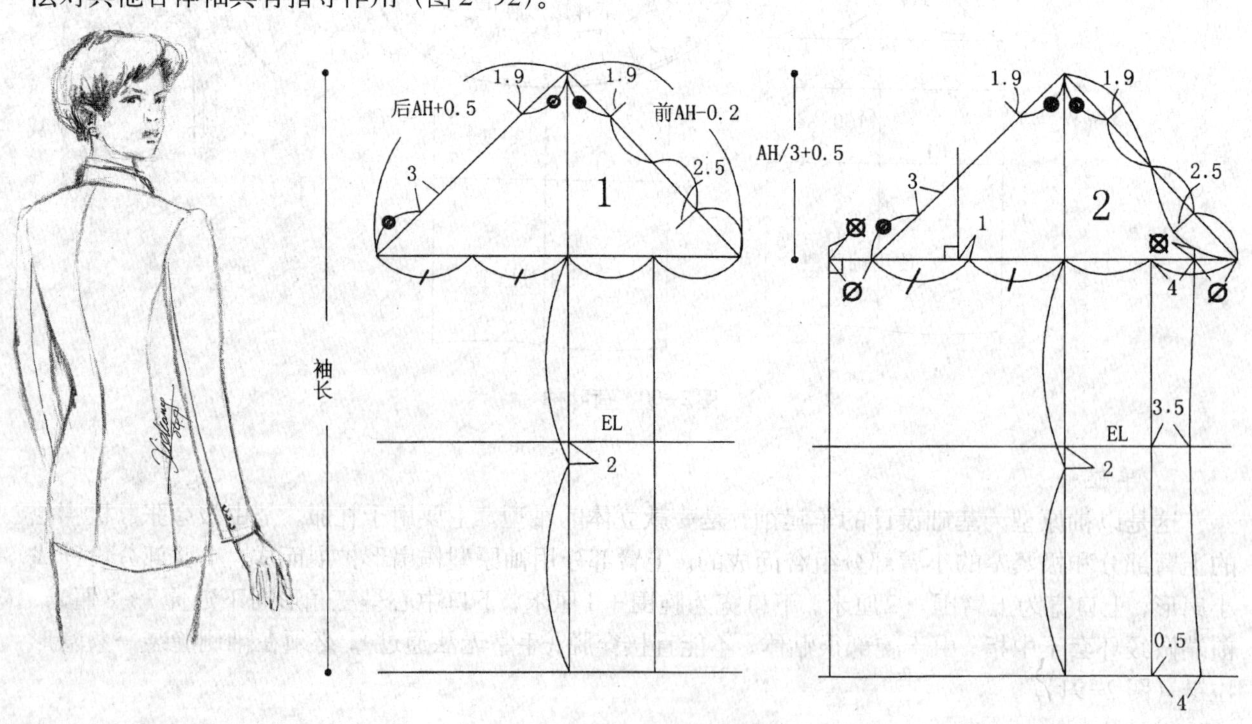

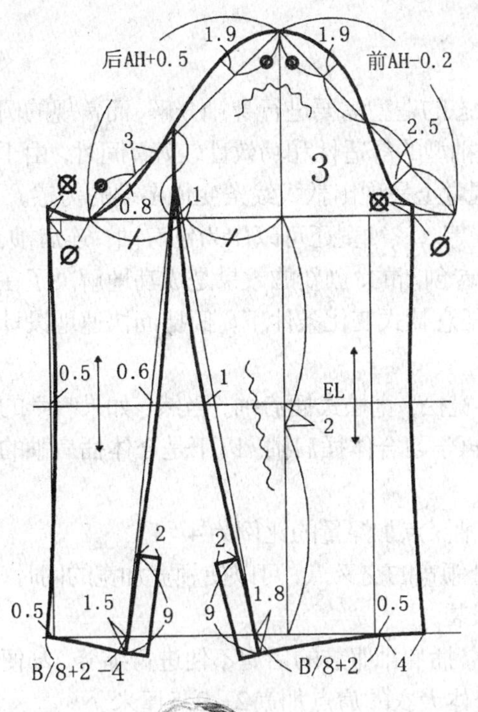

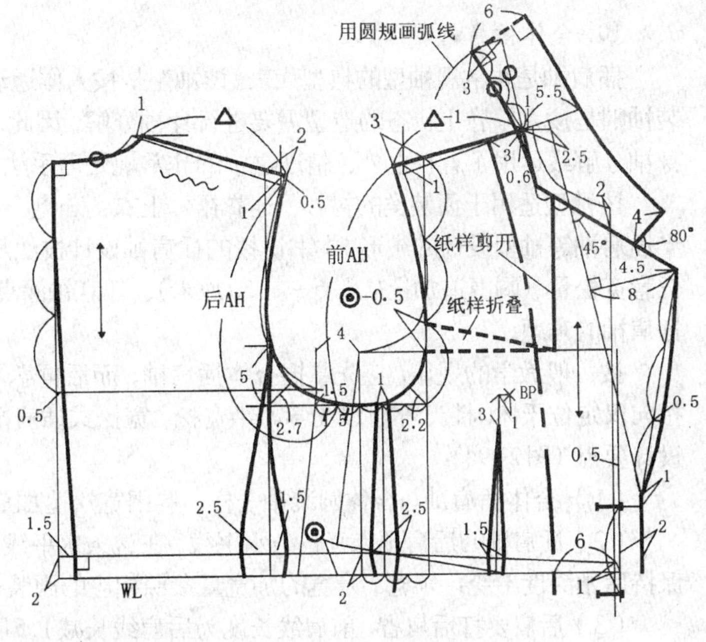

图2–92　两片式合体袖

9.三片袖

这是不用袖原型而直接设计的三片袖，是一款立体的袖型，主要用于合体、半宽松的休闲上衣，风衣、大衣等。一般是在两片袖的基础上设计成三片袖，可以在不改变袖窿的情况下增大袖宽。袖山高度为AH/3，可以酌情±1厘米的调整量，以调节袖宽；这类袖型的缩缝量极小，在袖中线上端将大部分的缩缝量转化为内切弧线省，使袖山形成立体的勺形造型，袖中线与袖宽线交叉点以下至袖口偏袖4厘米，交叉点处左右交叉扩展各1厘米以增大袖宽（图2–93）。

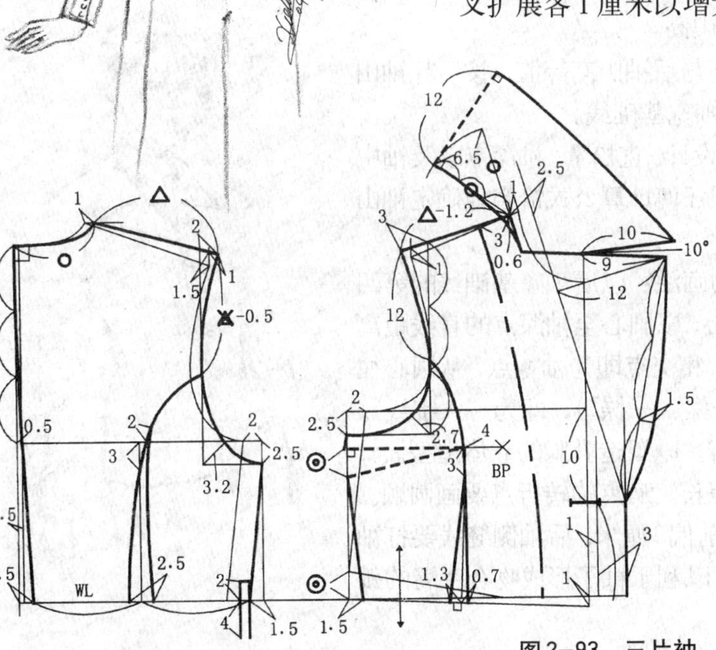

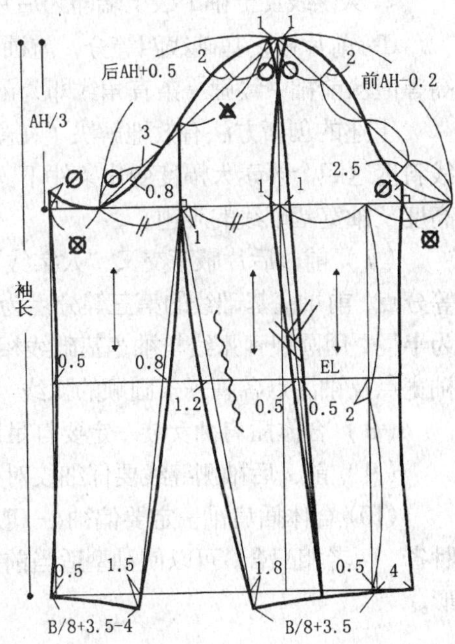

图2–93　三片袖

10. 合体插肩袖

插肩袖是非常规袖型的典型代表。该袖型是按人体运动状态的造型需要进行身袖分解，而常规的圆装袖则是按人体静止状态的造型需要进行身袖分解，因此，该袖型的舒适性和功效性较好，同时，由于身袖分解线运用了意料之外、情理之中的非常规处理手法，视觉上呈现出款式线条变化多端的美感。

该袖型适用于便装类的衬衫、连衣裙、上衣、茄克、大衣等。该袖型还可以作为包肩袖、连肩袖、半插肩袖等袖型设计的皱形。本书讲授的插肩袖设计技法是笔者创新的，创新的效果是成功地解决了在任意宽松量（胸围追加量从－6～＋50厘米）、任意袖深点、任意款式变化条件下，简捷而快速地设计插肩袖的难题。

按一般教学的规律，应先掌握合体插肩袖，而后再学习半宽松、宽松式插肩袖。当然，如果教学的指向仅定位于休闲装，亦可以先学习半宽松、宽松式插肩袖，再学习合体插肩袖。以下是合体插肩袖的设计要点（图2–94）：

（1）合体插肩袖与合体圆装袖一样，胸围宽松追加量与袖深点加深量的比例为4∶1。

（2）插肩袖的后肩颈点画一条水平线，在这条水平线上量领宽的交叉点，可以使领宽加宽的同时，保持后领深度不变；领宽、肩宽的加宽量参照相应的圆装袖服装。

（3）后肩要打后肩省，前肩线长度为后肩线长减1.5厘米。插肩袖服装的后肩不便进行缩缝，却便于将后肩省转入袖窿线。合体上衣的肩点加宽1～1.5厘米，合体大衣的肩点加宽2～2.5厘米。

（4）前肩点升高量宜较后肩点升高量少0.5厘米，使肩线、袖中线适度向前偏，有利于突出肩线、袖中线的装饰性。

（5）合体插肩袖的袖中线斜度通常为50～60°，前后片斜度一样。在其他条件不变的情况下，该斜度与袖宽成反比。斜度大，袖宽小；斜度小，则袖宽大，可以利用这一规律微调袖宽。

（6）袖山高度的确定方法是笔者最重要的创新点之一，确定方法如下：

a. 前后片分别从袖深点画水平线与原型背宽、胸宽线相交，并将该线二等分。

b. 取等分点分别画斜线到前、后领围线1/2稍靠近肩线的任意点，即为前、后片袖窿基础线。后片袖窿基础线五等分，最低等分内再分为三个小等分，从袖中线画直角线通过最低小等分点，该线即为后片袖宽基础线。

c. 从该线量至袖中线上端即为后片袖山高。

d. 前片袖窿基础线四等分，前袖山高与后袖山高等值，按后片袖山高等值从前袖中线画一条直角线即为前片袖宽基础线。

上述的创新方法有效地解决了在款式设计、宽松量、袖深点以及袖中线斜度这四个要素大幅度变化条件下，不用任何计算公式恰当地确定袖山高度及袖宽基础线的难题。

（7）前、后片腋下交叉“人字线”的画法：以后袖窿基础线的第四等分点、前袖窿基础线的第三等分点为圆心，以圆心至袖深点的直线距离为半径，用圆规画弧线与袖宽基础线相交，相交点即为袖宽点，从圆心往袖宽点及袖深点各画一条圆顺的弧线（“一撇、一捺”），即为“人字线”。

（8）合体插肩袖女装一定要打足胸省，以塑造乳胸的立体造型。

（9）前、后袖侧缝线要仔细校对至等长。肩点的转折点要画圆顺。

（10）合体插肩袖一定要偏袖，一般向前偏3厘米；后袖侧缝线要打袖肘省，两者相配合，可以使袖型适当前抛，以利于袖子形成吻合手臂的弧形。

(11) 腋下的“十字交叉”处要缝成“圆对圆”，或将“十字交叉”改成“丁字交叉”；

(12) 插肩袖服装应选用椭圆形垫肩。

(13) 插肩袖的袖山线、袖窿线都是斜线和弧线，极易伸长变形，裁剪后应尽快在“人字线”以上的袖山线、袖窿线贴上粘合牵条。

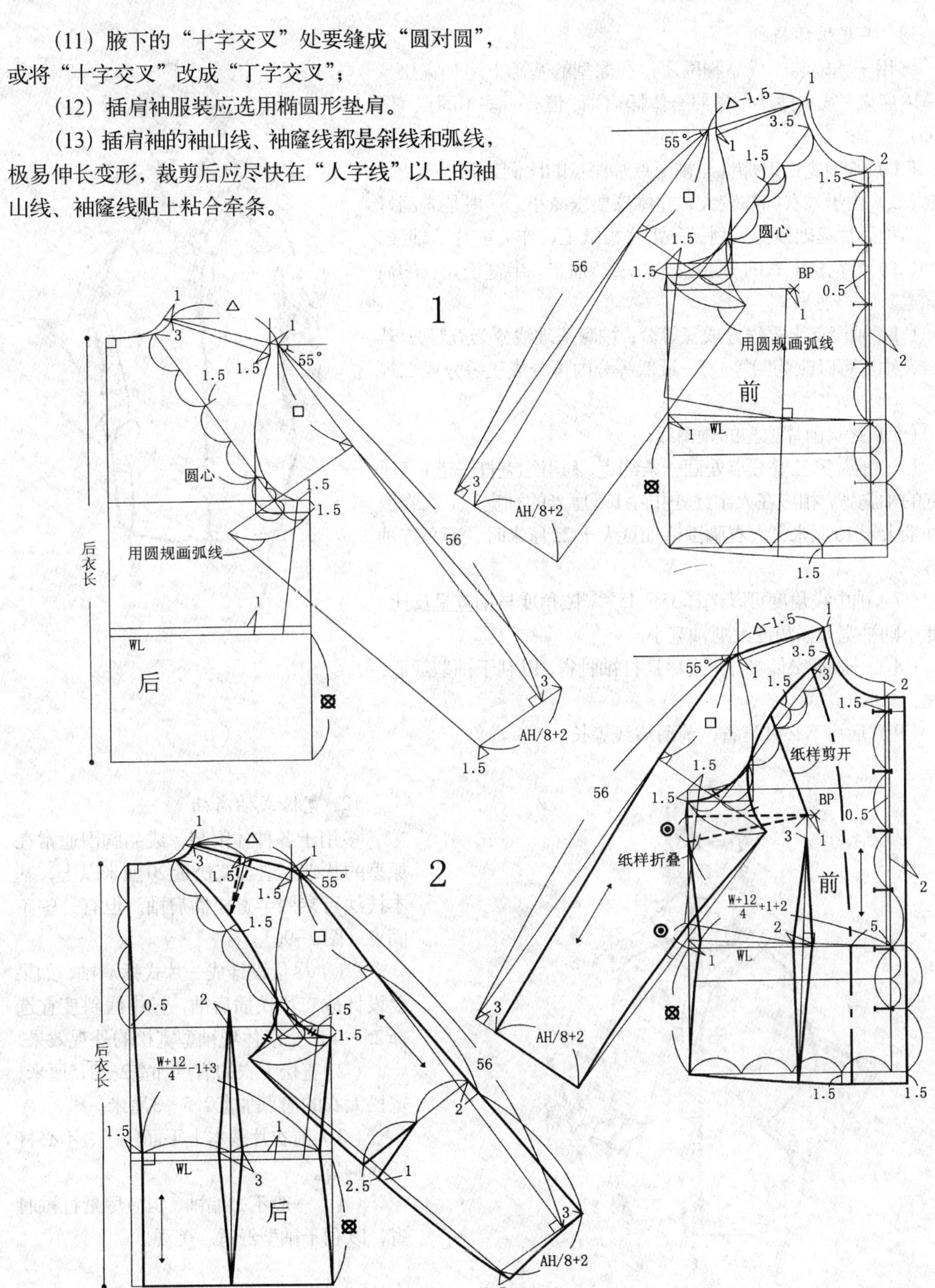

图2-94　合体插肩袖

11. 半宽松插肩袖

多用于休闲装，成品胸围通常在原型的基础上追加宽松量10～18厘米，基本技法可参照合体插肩袖。但有一些不同点（图2–95）。

（1）胸围宽松追加量与袖深点加深量的比例为3：1。

（2）由于人衣间隙较大，立体感要求减小，一般是先画好后片，把后片基础线拷贝到另一张样板纸上，作为前片基础线。

（3）半宽松上衣的肩点加宽2～2.5厘米，半宽松大衣的肩点加宽2.5～3厘米。

（4）袖深点水平线分成三等分；袖窿基础线分为五等分(若要增大袖宽可以改为四等分)，最低等分内再分成三等分或二等分。

（5）拷贝前片原型的领围线。

（6）前片第三等分点处画一条约克，利用约克打一道1.5厘米宽的袖胸省，相应在人字线处扣除1.5厘米的袖宽；上衣胸围追加量大于16厘米、大衣胸围追加量大于22厘米时，不必打袖胸省。

（7）袖中线角度可以选择35～45°，该角度与袖宽呈反比，角度小则袖宽大，角度大则袖宽小。

（8）一般不必偏袖，但应尽量打袖肘省，以利于袖型舒适、美观。

（9）后肩不必打肩省，前后肩线等长。

12. 宽松式插肩袖

多用于各种休闲装，成品胸围通常在原型的基础上追加宽松量20厘米以上，基本技法可参照半宽松插肩袖。但有一些不同点（图2–96）。

（1）尽量设计成一片式插肩袖，如果要设计成二片式插肩袖，袖中线斜度宜选择25～40°，以体现袖型宽松的外观效果。

（2）宽松上衣的肩点加宽2～2.5厘米，宽松大衣的肩点加宽2.5～3厘米。

（3）前衣片基本上平面化了，不必打任何胸省。

（4）一般不必偏袖，但应尽量打袖肘省，以利于袖型舒适、美观。

袖长
B/8+3.5
拷贝后片基础线
作为前片基础线
拷贝前片原型领围线
相交点
圆心
用圆规画弧线
WL
后
侧
前
后衣长
装拉链
内遮襟
袋口

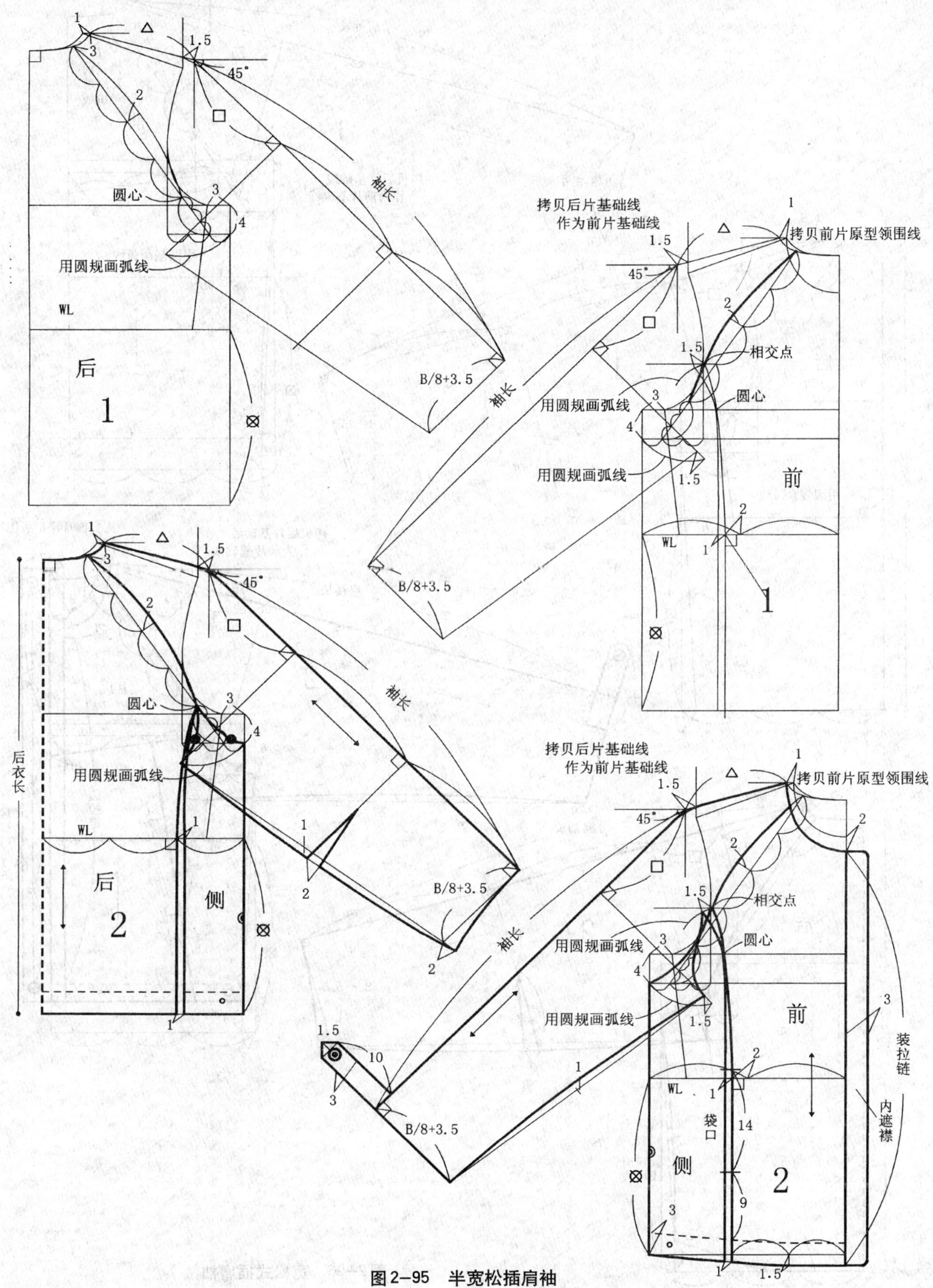

图2–95　半宽松插肩袖

肩袖长
1.5
1.5
拷贝前
片原型
领围线
前
1
B/8+5.5
拷贝后片基础线
作为前片基础线
6
8
圆心
3
用圆规画弧线
WL
4
2
后
1
圆心
用圆规画弧线
后
衣
长
2
拷贝后片基础线
作为前片基础线
拷贝前片原型领围线
7
9
12
5
装
拉
链
外
遮
襟
14
11
2.5

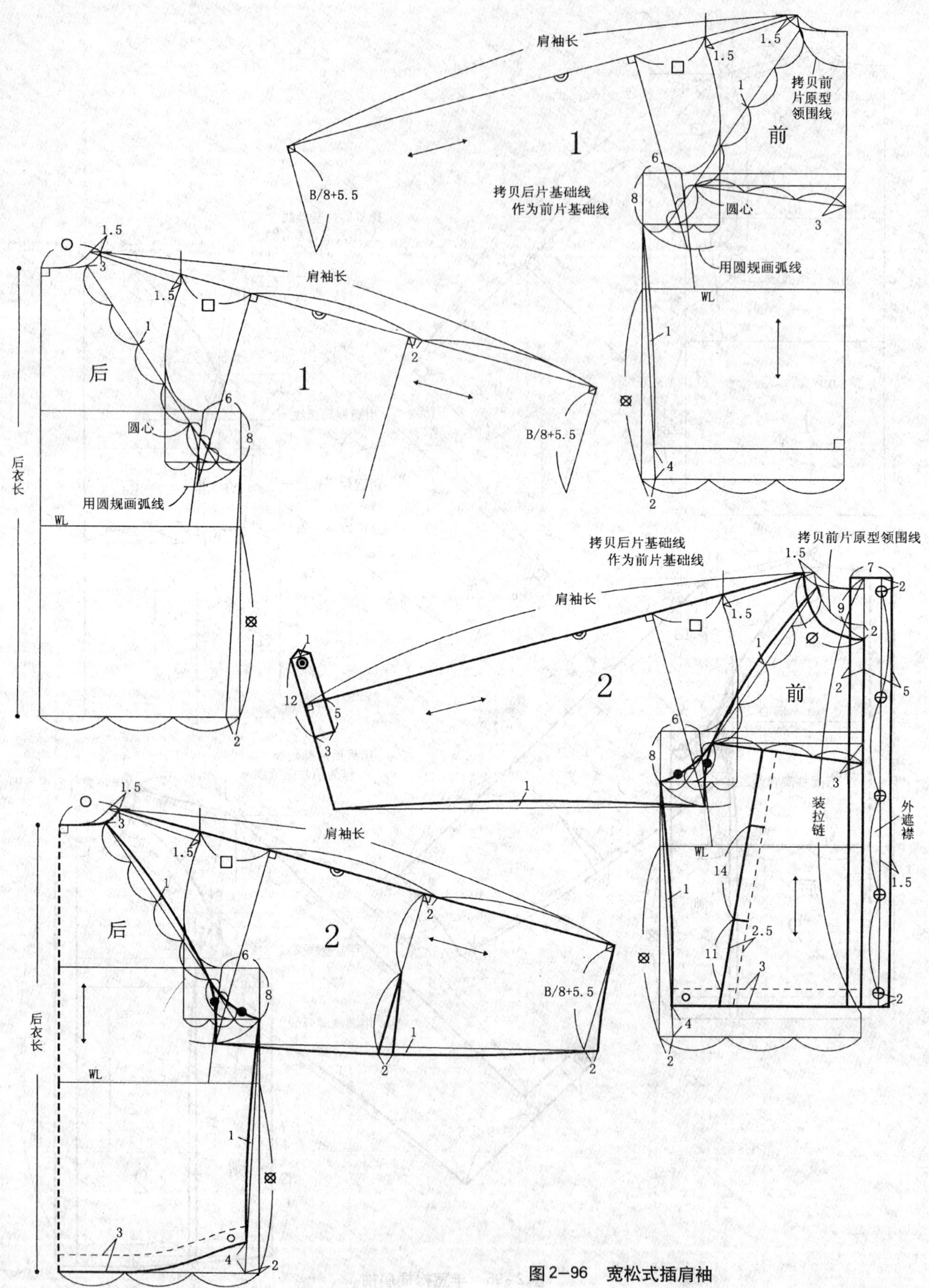

图2–96　宽松式插肩袖

13. 与约克相拼的插肩袖

这是以半宽松插肩袖为基础设计的约克插肩袖，既可以设计成半宽松插肩袖，亦可以设计成宽松插肩袖，适用于半宽松或宽松式服装。前后约克宽度按效果图设置，只要把握约克线能与人字线圆顺地相接即可，袖中线斜度以30～45° 左右为宜，成品胸围以在原型的基础上追加22～36厘米为宜（图2–97）。

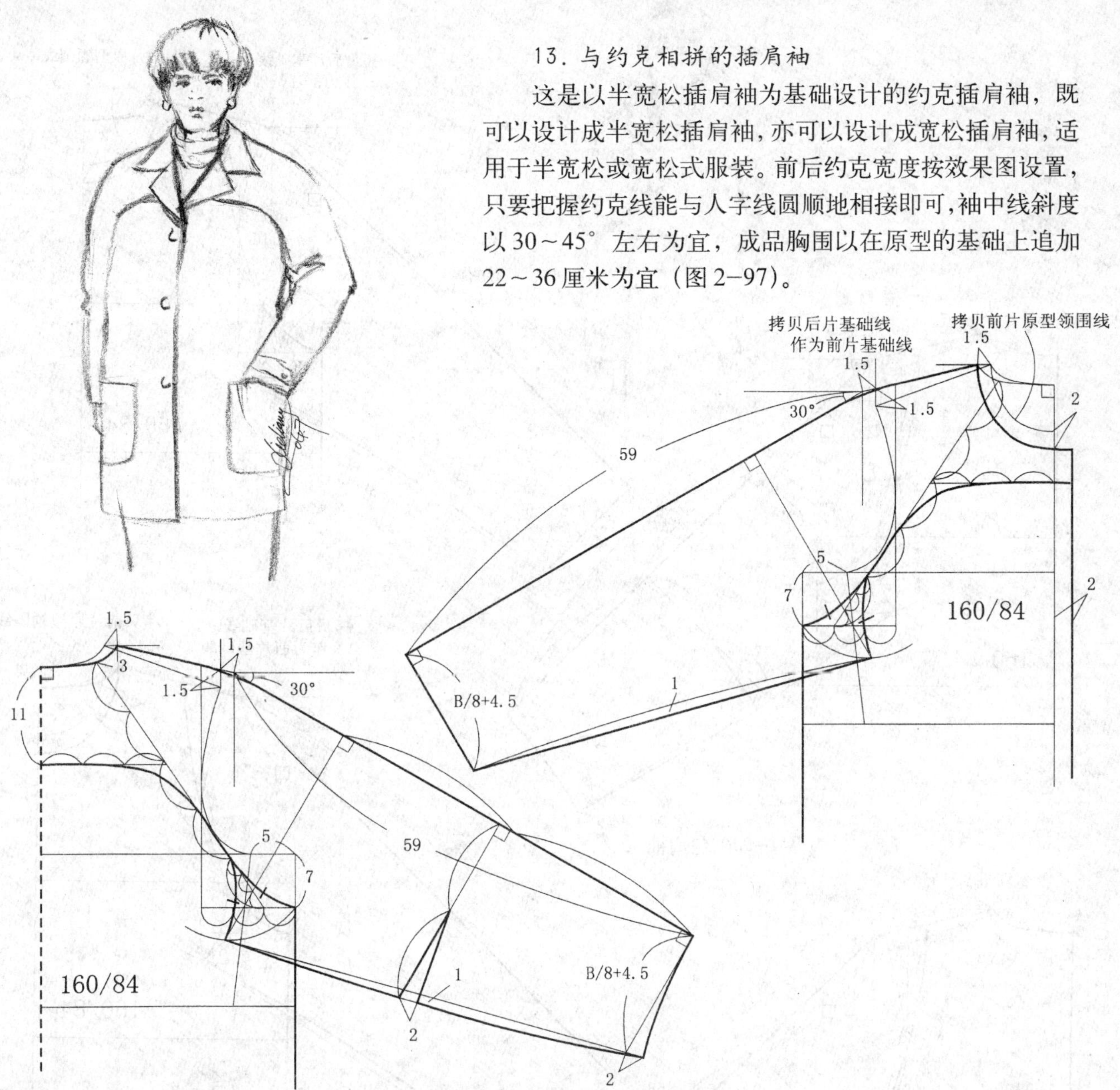

图2–97　与约克相拼的插肩袖

14. 包肩袖

这是以合体插肩袖为基础设计的包肩袖，适用于半宽松或合体服装。袖中线斜度以40～50° 为宜，前后约克按效果图设置，以约克弧线圆顺为宜；约克弧线与袖中线的相交点应呈90° ，该相交点应离肩点3厘米以上，前后片的相交点应对齐。若是设计成合体袖型则一定要打足胸省、偏袖及打袖肘省（图2–98）。

15. 半插肩袖

这是以半宽松插肩袖为基础设计的半插肩袖。插肩袖人字线以上的袖窿线没有插入领围线，而是转向肩线，其上端定在肩线的二等分点左右，前后片袖窿线上端应对在一起。袖窿线弧度的方向左右均可，以圆顺为准（图2–99）。

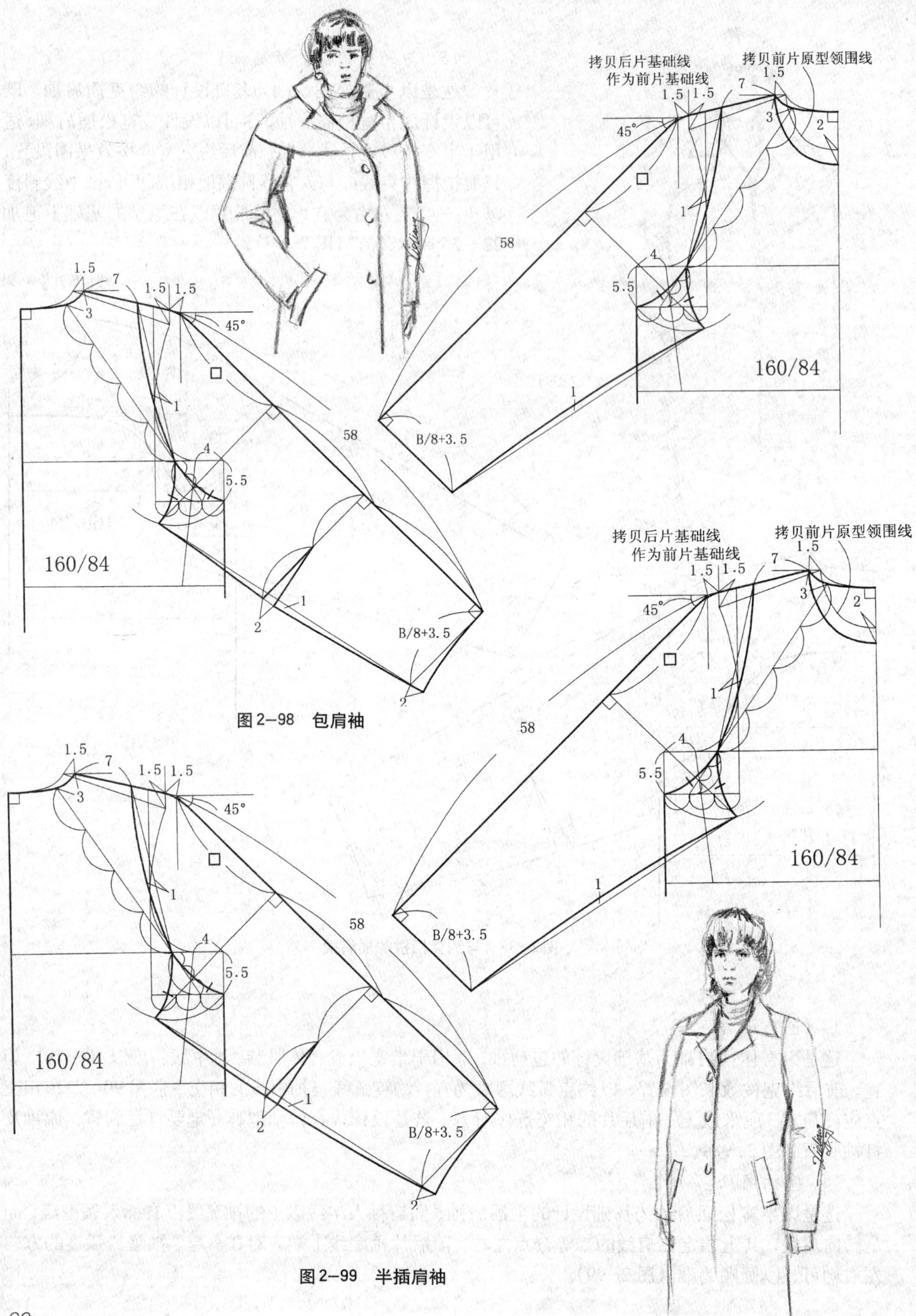

图 2-98 包肩袖

图 2-99 半插肩袖

16. 前插后圆袖

这是以半宽松插肩袖为基础设计的前插后圆袖（亦可以是前圆后插袖），适用于半宽松服装。利用插肩袖断开的袖中线，把前后袖片处理成不同的外观效果；袖中线斜度以45～50°以上为宜；仿圆装袖的那一片（无论在前片还是后片）袖窿线与袖山线须交叉裁剪（图2-100）。

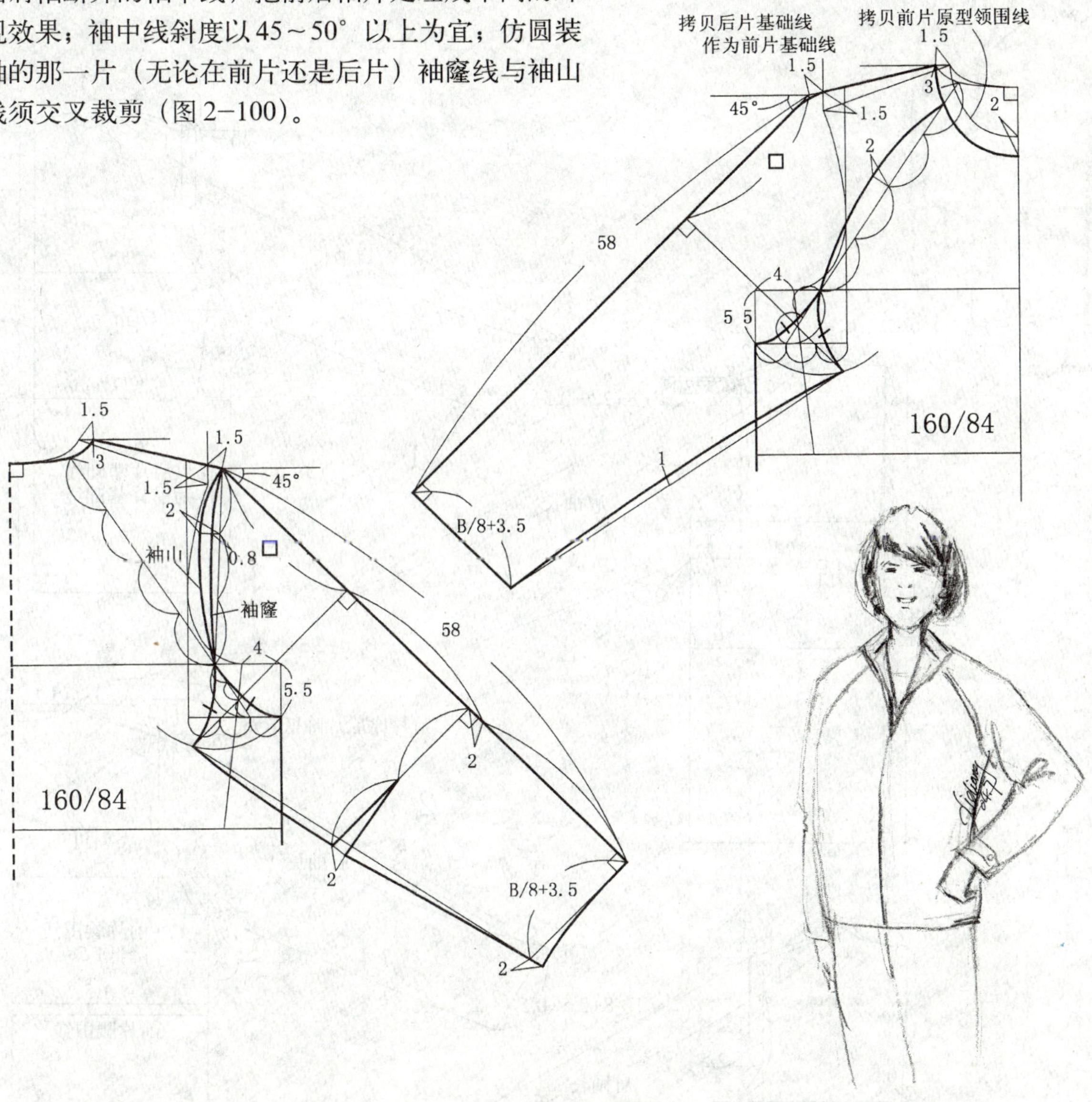

图2-100 前插后圆袖

17. 腋下插角的连肩袖

这是将蝙蝠袖缩小设计而成的连肩袖，是一款立体的袖型，适用于半宽松服装。胸围追加量应按照H型或T型造型加放，袖深点宜按2∶1的比例加深。袖中线斜度以25～30°为宜，从前、后腋下各画一个等腰三角形，并据其画一条角等分线，如图切出两小片箭形裁片，将其扩展拼合成扁菱形或长菱形裁片，再拼缝入腋下，构成体现躯干厚度的立体造型（图2-101）。

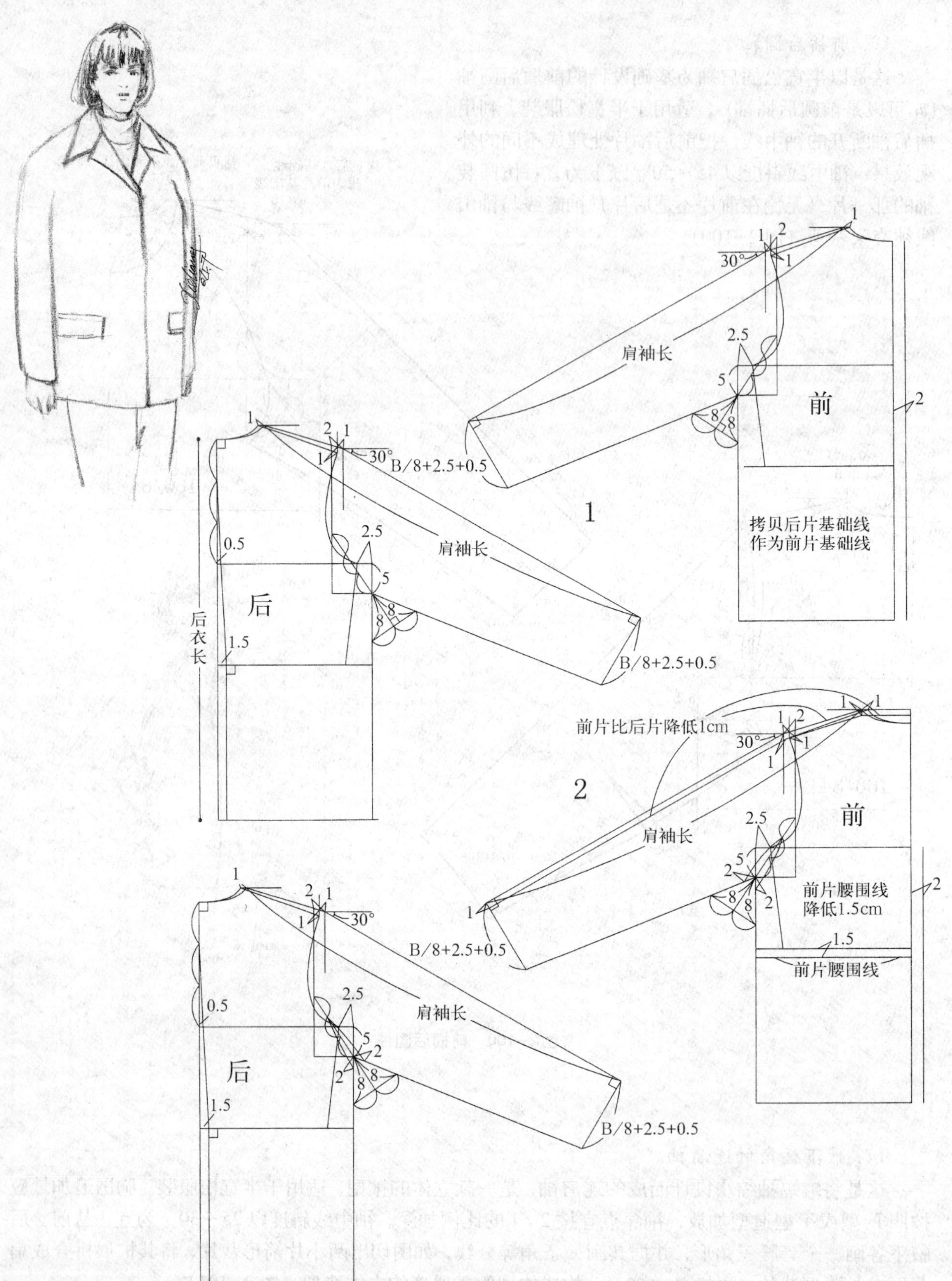
1
2
1
30°
1
肩袖长
2.5
5
8
8
前
2
B/8+2.5+0.5
1
2
1
1
30°
B/8+2.5+0.5
1
0.5
2.5
肩袖长
5
8
8
拷贝后片基础线
作为前片基础线
后
后
衣
长
1.5
B/8+2.5+0.5
前片比后片降低1cm
1
1
1
2
30°
1
1
2
2.5
前
肩袖长
5
2
8
8
2
前片腰围线
降低1.5cm
1
B/8+2.5+0.5
1.5
前片腰围线
1
2
1
1
30°
0.5
2.5
肩袖长
5
2
2
8
8
后
1.5
B/8+2.5+0.5

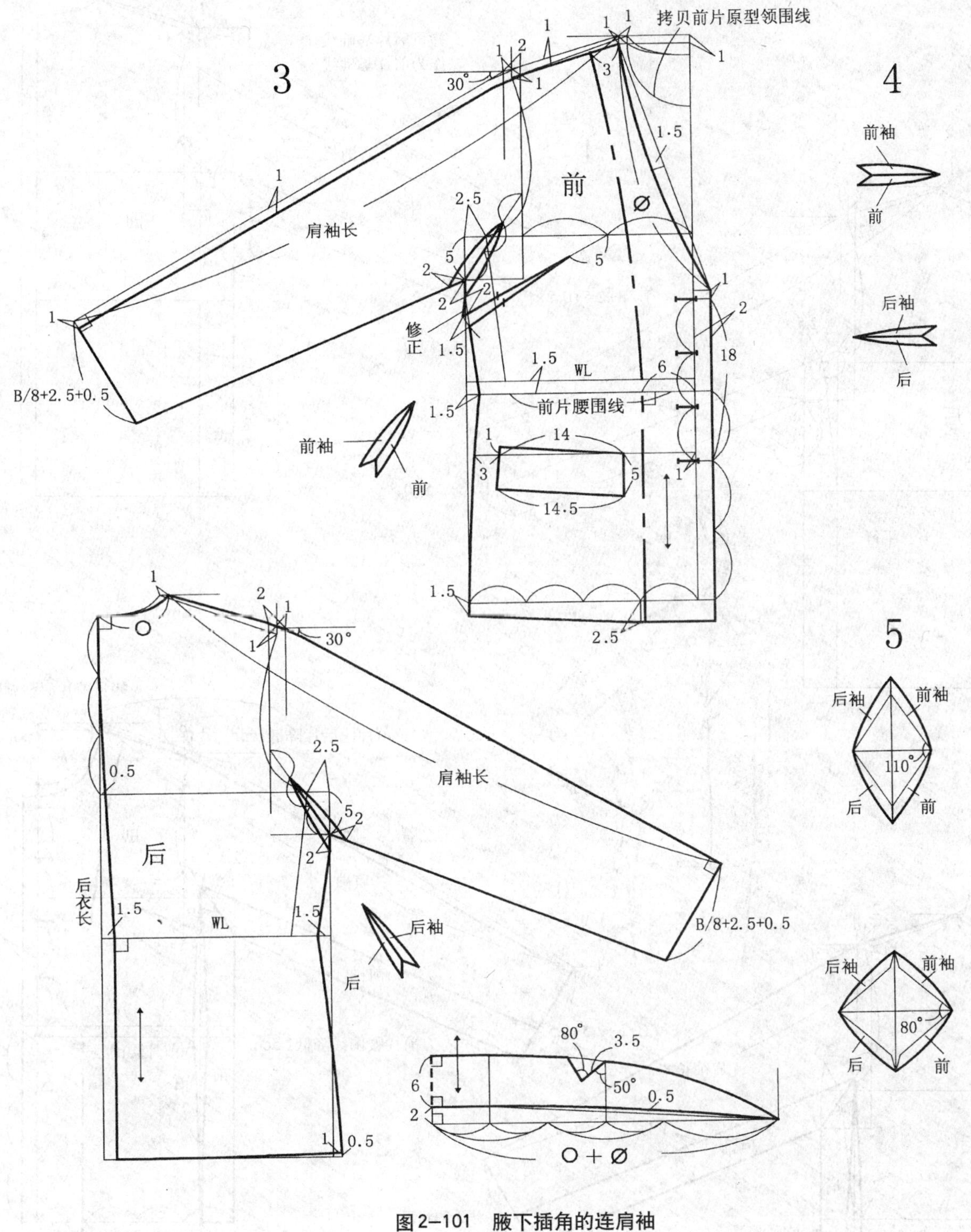

图2–101　腋下插角的连肩袖

18. 腋下插片的连肩袖

这是在腋下插角的连肩袖的基础上设计成的腋下插片的连肩袖，适用于半宽松服装。从前、后腋下及袖内侧切出两片长条形裁片，将其拼合扩展成一大片长条形插片，再拼缝入腋下，构成体现躯干厚度的立体造型（图2–102）。

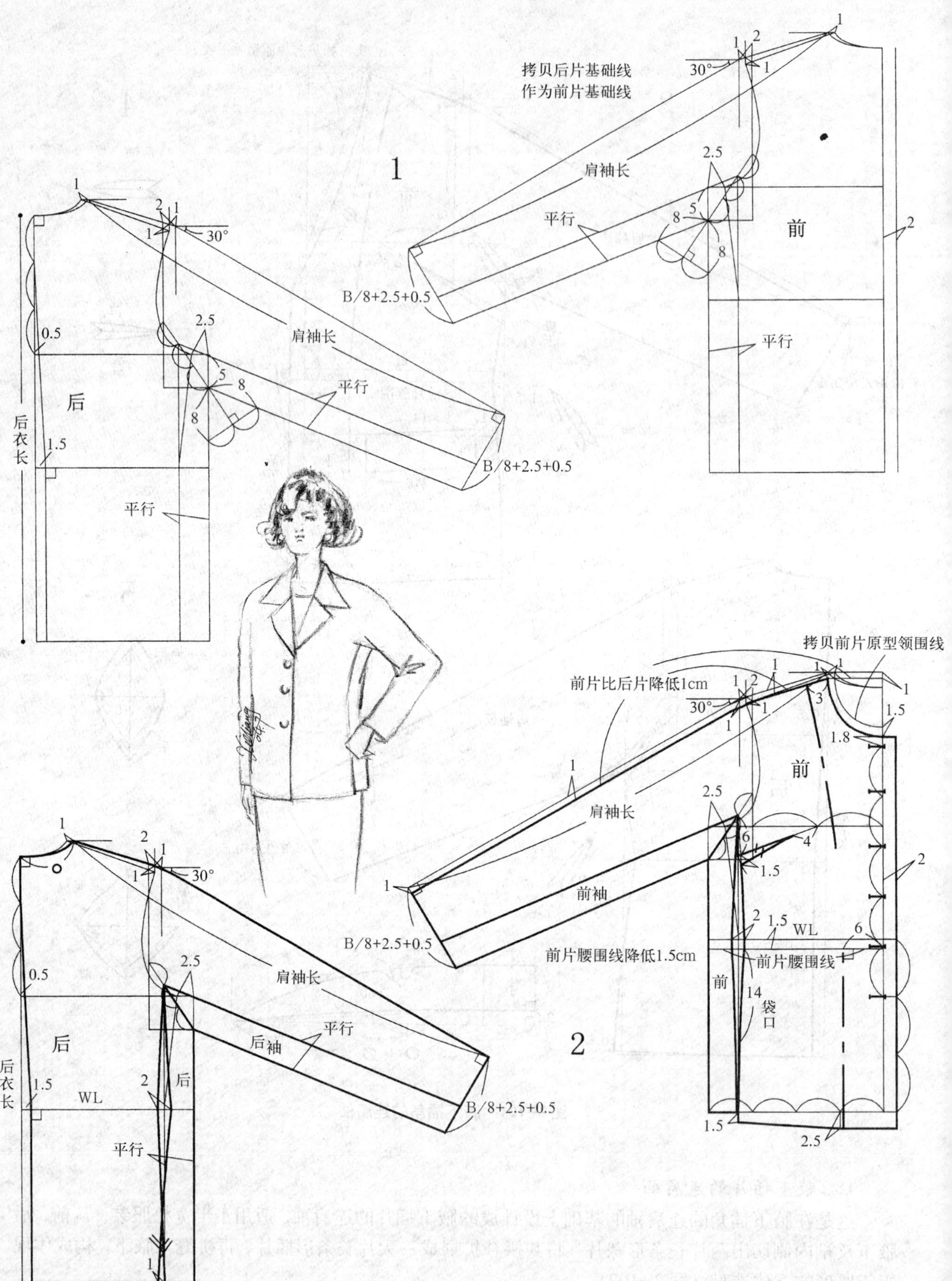
拷贝后片基础线
作为前片基础线
1
肩袖长
平行
前
B/8+2.5+0.5
后
后衣长
拷贝前片原型领围线
前片比后片降低1cm
前
前袖
后袖
前片腰围线降低1.5cm
前片腰围线
WL
袋口
2

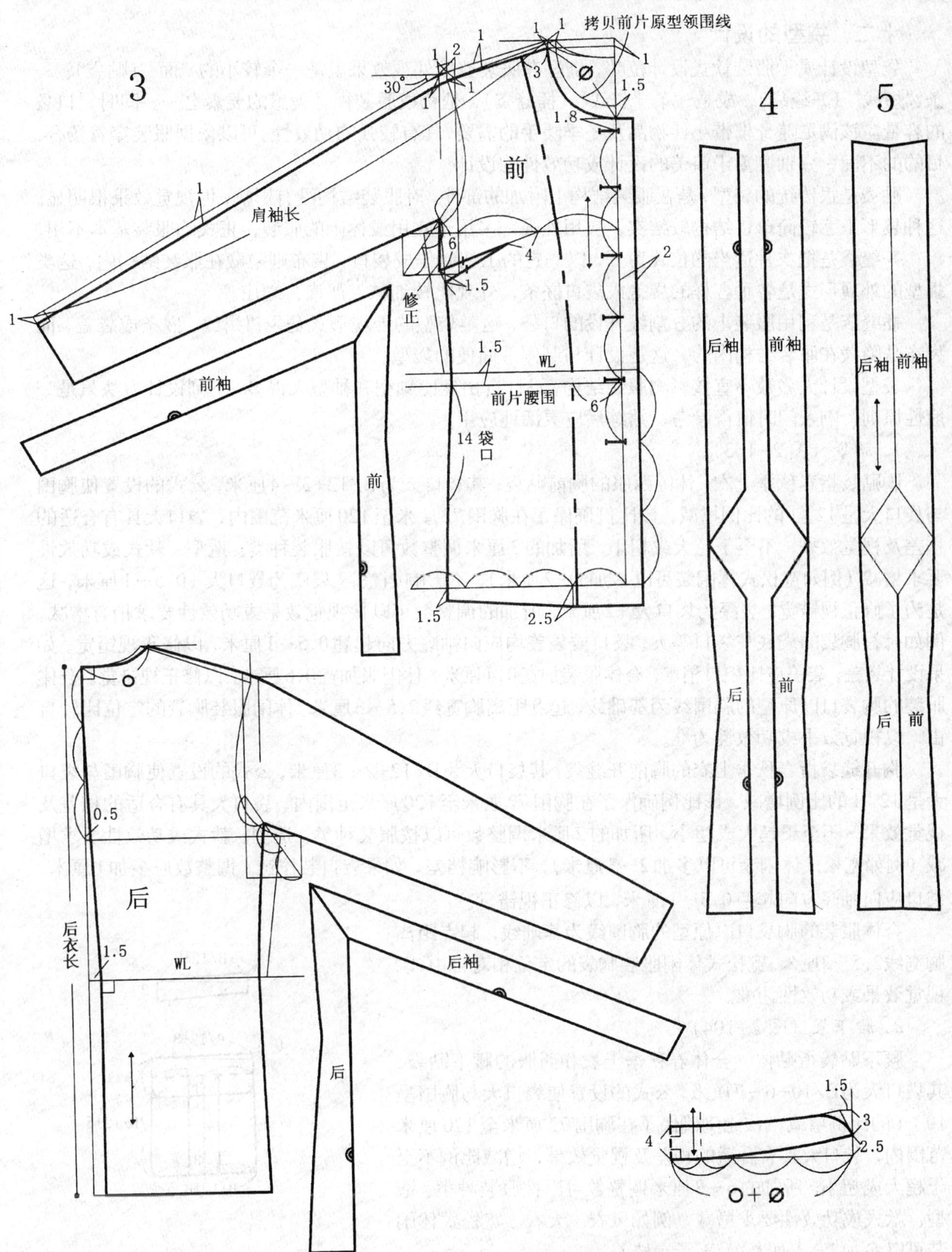

图2–102　腋下插片的连肩袖

十二、袋型的设计

袋型设计属于服装款式设计范畴，袋型在服装整体外观效果上是一个较小的“面”（贴袋）、一条“短线”（开缝袋），或是一条“长线”（插缝袋），是构成服装视觉美感的要素之一。同时，口袋的容量应该满足随身携带小件物品及冬季暖手的需要，具有较强的功效性。可以依据服装穿着场合、目的的不同，分别侧重于审美的设计或功效性的设计。

贴袋是很传统的袋型，是在服装结构上附加的部件，对服装结构没有影响，但视觉效果很明显。这种袋形工艺较简单，结构较结实，实用性强，多用于实用或休闲的服装，正式的服装基本不用。

开缝袋是把衣片适当的位置剪开，以一定的工艺制作成袋口，袋布则隐藏在服装结构内，这类袋型的外观形式是各种各样的袋盖或袋口嵌条，外观比较细腻、严谨、端庄。

插缝袋是利用服装上的分割线开设的口袋，这类袋型的外观形式是袋口缉线、嵌条或袋盖，而袋布是隐藏在服装结构内的，这是设计与制作最简便的袋型。

袋型设计大多数不直接影响服装结构，设计自由度比领型和袖型大得多，下列设计方法只是一般性原则，刚入门时值得参考，熟练后应灵活地应用。

1. 胸袋（图2–103）

胸贴袋指春秋季上衣、休闲西服的胸前贴袋，其袋口大为B/12+3～4厘米，公式的设置使胸围与袋口大呈12∶1的比例增减，该比例确保了在胸围72厘米至120厘米范围内，袋口大具有合适的档差及视觉效果，不至于超大或超小，所加的3厘米调整数可以按服装种类、造型、款式或功效性要求增减（例如宽松式休闲装可以多加1～2厘米），不影响档差。袋底为袋口大+0.5～1厘米，这是为了修正视错觉；袋深为袋口大+2厘米，所加的调整数可以按视觉效果或功效性要求稍有增减，例如衬衫胸袋的袋底与袋口等大。袋口或袋盖均应向袖窿方向起翘0.5～1厘米，以修正视错觉。如果设计袋盖，袋盖应比袋口稍宽，合体服装加宽0.4厘米，休闲服加宽0.6厘米，以修正视错觉。合体服装的胸袋口以原型的胸围线为基础线，起点距离胸宽线2.5～3厘米。休闲服装胸袋的定位比较自由，以视觉效果或功效性为准。

胸开缝袋指春秋季上衣的胸前开缝袋，其袋口大为B/12+2～3厘米，公式的设置使胸围与袋口大呈12∶1的比例增减，该比例确保了在胸围72厘米至120厘米范围内，袋口大具有合适的档差及视觉效果，不至于超大或超小，所加的2厘米调整数可以按服装种类、造型、款式或功效性要求增减（例如宽松式休闲装可以多加2～3厘米），不影响档差，如果袋口装拉链，调整数应多加1厘米。袋口应向袖窿方向起翘0.5～1厘米，以修正视错觉。

合体服装的胸袋口以原型的胸围线为基础线，起点距离胸宽线2.5～3厘米。宽松式休闲服装胸袋的定位相对自由，以视觉效果或功效性为准。

2. 腰下袋（图2–104）

腰下贴袋指贴体、合体春秋季上衣和西服的腰下贴袋，其袋口大为B/10+6～7厘米，公式的设置使袋口大与胸围呈10∶1的比例增减，该比例确保了在胸围72厘米至120厘米范围内，袋口大具有合适的档差及视觉效果，增减比例不至于超大或超小，所加的6～8厘米调整数可以按服装种类、造型、款式或功效性要求增减（例如风衣、大衣、宽松式休闲装可以多加1～2厘米），不影响档差。

袋底为袋口大+1～1.5厘米，这是为了修正视错觉；袋

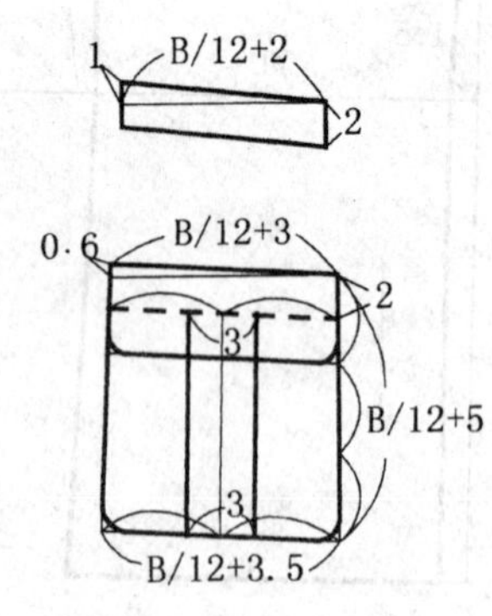

图2–103　胸袋

深为袋口大+3厘米，所加的调整数均可以按视觉效果或功效性要求稍有增减。袋口、袋底、袋盖均应向侧缝方向起翘1厘米。

如果设计袋盖，袋盖应比袋口稍宽，合体服装加宽0.4厘米，宽松式休闲服加宽0.6厘米，以修正视错觉。

合体服装的腰贴袋口以原型腰围线与下摆基础线的三等分点上升0.5～1厘米画水平线为基础线，袋口起点距离前中轴线7～10厘米。

合体风衣、大衣的腰贴袋口位于原型腰围线下12厘米左右。宽松式休闲服装腰贴袋的定位比较自由，以视觉效果或功效性为准。

风衣、大衣的腰下袋口大为B/10+7～8厘米，以足够容纳戴厚手套的手掌。袋盖高应等于或稍小于贴袋高度的三分之一。

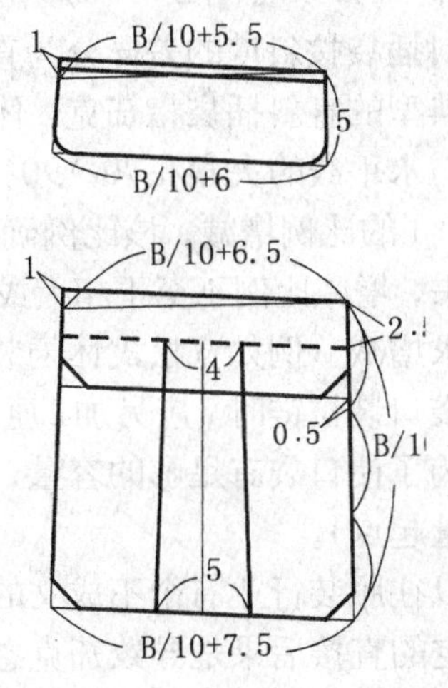

图2-104 腰下袋

腰下长度少于腰长数值的短上衣一般不宜设计腰贴袋。

腰下开缝袋指春秋季上衣、西服的腰下开缝袋，其袋口大为B/10+5～6厘米，公式的设置使胸围与袋口大呈10：1的比例增减，该比例确保了在胸围72厘米至120厘米范围内，袋口大具有合适的档差及视觉效果，增减比例不至于超大或超小，所加的5～6厘米调整数可以按服装种类、造型、款式或功效性要求增减（例如合体风衣、大衣、宽松式休闲装可以多加2～3厘米），不影响档差。

袋盖一般宽4～5.5厘米，袋口、袋盖均应向侧缝方向起翘1厘米，袋盖下沿应大于袋盖上沿0.5厘米，以修正视错觉。

其他要点与腰下贴袋相似。

3. 袖、腿侧贴袋（图2-105）

典型的袖贴袋指茄克、衬衫、休闲装袖子上部的贴袋，袋口大、袋深尺寸可以参考胸贴袋，袋底可以与袋口等大（因为手臂不是主要观赏面，视错觉效应不明显），从功能性角度考虑宜设计成立体袋。

从功效性着眼，袋子应三分之二位于袖前部，三分之一位于袖后部；袖贴袋口的水平位置应位于袖宽线以下不少于3厘米。

典型的腿侧贴袋指休闲裤大腿侧面的贴袋，袋口大、袋深尺寸可以参考腰下贴袋或比腰下贴袋更大一些，袋底可以与袋口等大（因为大腿侧面不是主要观赏面，视错觉效应不明显）。从功能性角度考虑宜设计成立体袋，例如，军裤的腿侧贴袋尺寸通常是按军用口粮包的尺寸设计。

从功效性着眼，袋底不宜太靠近膝围线，以避免影响膝部动作。

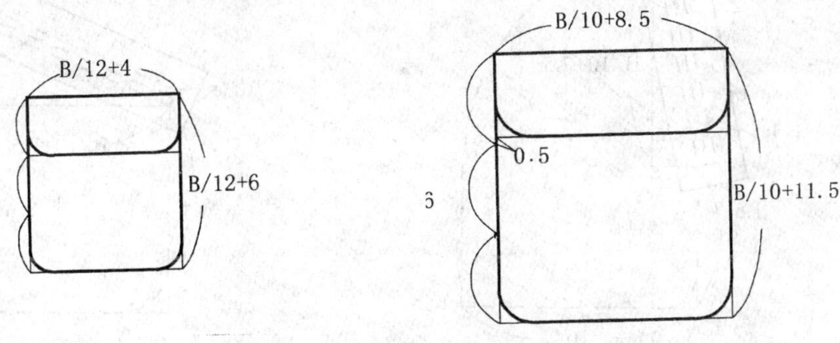

图2-105 袖、腿侧贴袋

4. 斜插袋（图2−106）

斜插袋按斜度的差异分为直斜插袋及横斜插袋。

典型的直斜插袋指茄克、休闲装、风衣、大衣的腰上、腰间、腰下的斜插袋（图2−106），其袋口线与水平线的夹角在70～90° 之间，袋口大一般为B/10+5～6厘米，公式的设置使胸围与袋口大呈10∶1的比例增减，该比例确保了在胸围72厘米至120厘米范围内，袋口大具有合适的档差及视觉效果，增减比例不至于超大或超小，所加的5～6厘米调整数可以按服装种类、造型、款式或功效性要求增减（例如宽松式休闲装、风衣、大衣可以多加2～3厘米），不影响档差。

袋口装拉链时，应另加2厘米长度作为拉链头量。

为了使口袋有足够的容量，袋布宽度应不少于14厘米，深度应不少于8厘米（均以袋口线下端为测量起点）。

以往服装行业有个不成文的规定，即“斜插袋上端不能高于腰围线”，这是没有什么道理的，这个规定的直接后果是导致茄克之类短上衣的斜插袋定位太低，袋布深度太浅。茄克和休闲短上衣常用的腰间斜插袋口、以及短大衣、中大衣的腰上斜插袋口，只要在原型的胸宽线以内，又大于袋布的最小宽度，无论从美观角度还是功效角度而言都是合适的。

风衣、大衣常用的腰下斜插袋，应注意最深深度不大于原型腰围线下33厘米，这是自然直立状态下手掌能触及的最深点。

典型的横斜插袋指茄克、休闲装、西服、风衣、大衣的腰上、腰间、腰下的斜插袋，其袋口线与水平线的夹角不大于45° ，其功效性界于平口袋与直斜插袋之间，袋口大一般为B/10+6～7厘米，公式的设置使胸围与袋口大呈10∶1的比例增减，该比例确保了在胸围72厘米至120厘米范围内，

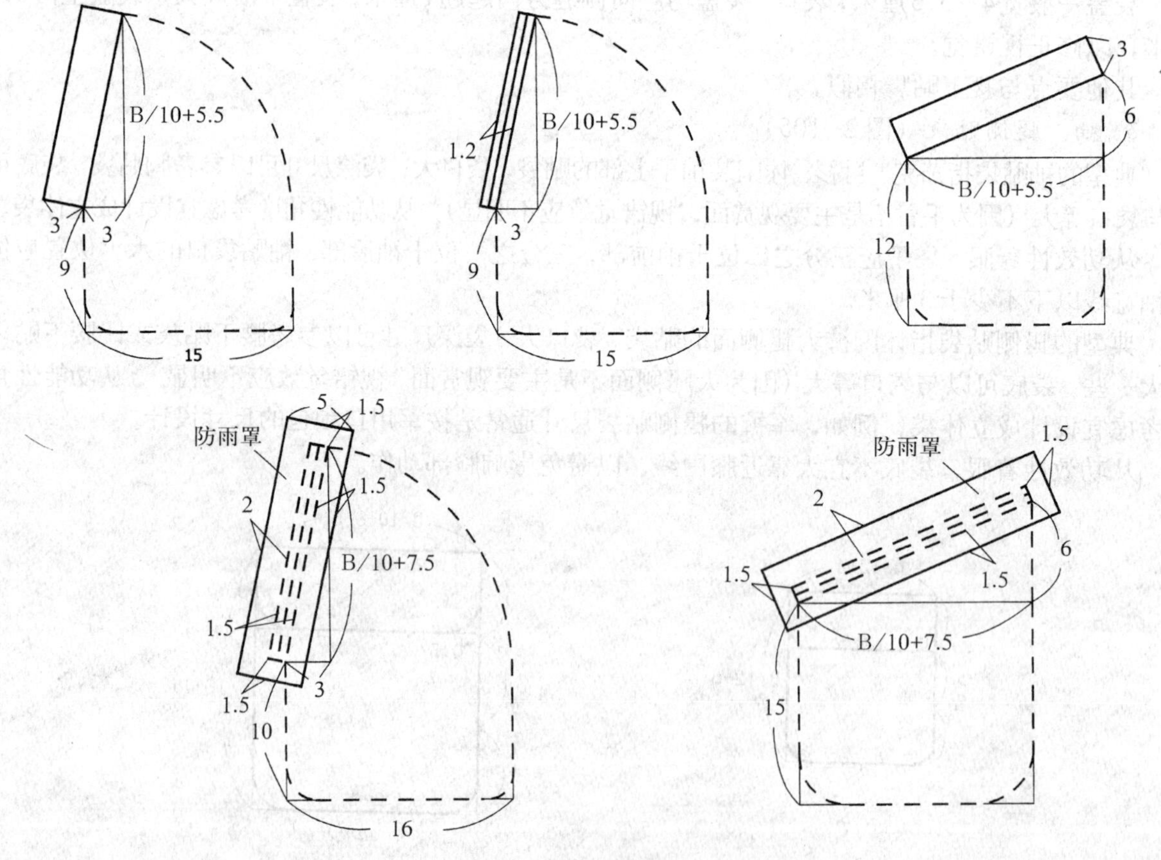

图2−106　斜插袋

袋口大具有合适的档差及视觉效果，增减比例不至于超大或超小，所加的6～7厘米调整数可以按服装种类、造型、款式或功效性要求增减（例如宽松式休闲装、风衣、大衣可以多加2～3厘米），不影响档差。

为了使口袋有足够的容量，袋布深度应不少于14厘米（以袋口斜线低端为测量起点）。

风衣、大衣的横斜插袋，应注意其袋布最深深度不超过原型腰围线下30厘米，这是自然直立状态下手指尖能触及的最深点。

十三、吊带服装的设计

吊带服装多为贴身穿着的连衣裙和短衫，露臂、露肩和露背，前后衣片是不完整的，仅包裹腋部以下的躯干，衣片用各种形式的吊带挂住颈部或挂住肩部。胸围宽松量大多数是很小的，属贴体型服装，胸部应完全吻合乳胸造型，是立体感最强的服装，为了塑造胸部的“杯型”，除了打足原型预留的胸省量以外，还要附加辅助的肩胸省。亦有少数宽松式吊带服装，用打褶的方式收紧胸部上围及下围形成立体效果。

下列几个要点对各款吊带服装具有较普遍的指导作用：

（1）吊带服装大多数是贴体型的，对于非弹性面料而言，胸围宽松量只需要4～6厘米（即每片原型减小1～1.5厘米，全围减小4～6厘米）。

（2）袖深点宜升高1～1.5厘米，以消除一部分装袖用的宽松量。

（3）前片要在原有的胸省、腰省基础上增加辅助的2厘米宽的肩胸省。为了视觉效果的简洁，通常应将其中两个省合并，有时将3个省都合并为1个省。

（4）吊带点至前、后中轴线间距的设置，前片应比后片窄至少1厘米，以防止低头时前领口下垂。

（5）吊带服装的上围多为曲线、斜线，应全部贴上布粘合牵条，以防伸长变形。

1. 滚边式吊带服装

这款是比较经典的吊带服装，后片在后领中心点至胸围线的三分之一点画基础线；前片在前领深点至胸围线的三分之一点画基础线，这二条基础线的位置不是一成不变的，可以按视觉设计效果要求适当升降。前胸、后背的高度按个人的喜好或时尚而定：侧胸省、肩胸省合并后，构成前胸的扇形褶，上围线得先打褶后滚边，吊带宜从袖窿滚边向上延伸而成；吊带宜用45°斜纱面料裁成；由于斜纱料会伸长，滚边料一般要按斜纱伸长率减短约4%。所有滚边部位都是裁剪净缝，不要加毛缝（图2–107）。

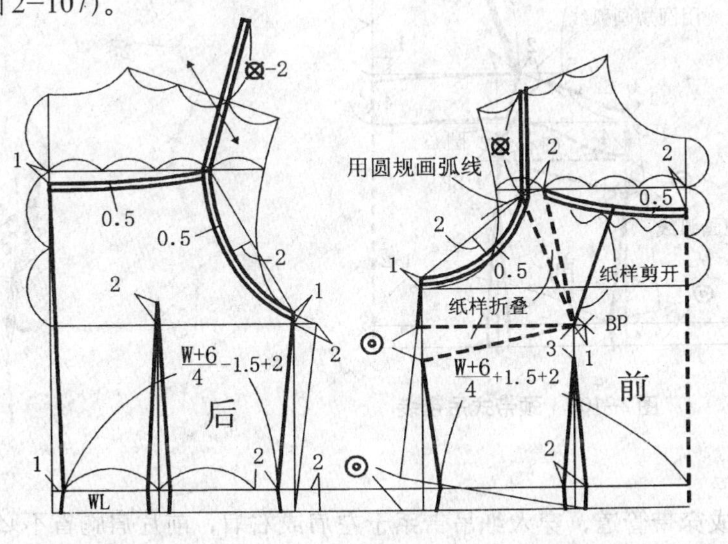

图2–107　滚边式吊带装

2. 贴边式吊带服装

这款吊带服装的前片肩胸省转省合并入侧胸省，这是比较典型的吊带服装的处理手法；胸背上沿用贴边，贴边的前后中轴线要各切角0.5厘米，使胸背上沿外松内紧，以利造型的完美。吊带宜用1厘米左右宽的经纱吊带（图2–108）。

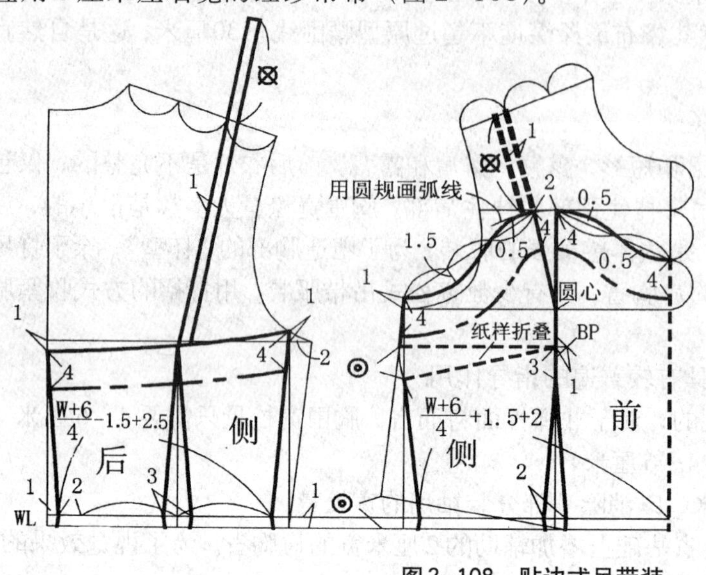

图2–108　贴边式吊带装

3. 颈带式低后背吊带服装

这款吊带服装的上围用滚边吊带打蝴蝶结系于颈后，吊带的缝合点宜尽量靠近腋部。肩胸省、侧胸省都合并到腰省里去（图2–109）。

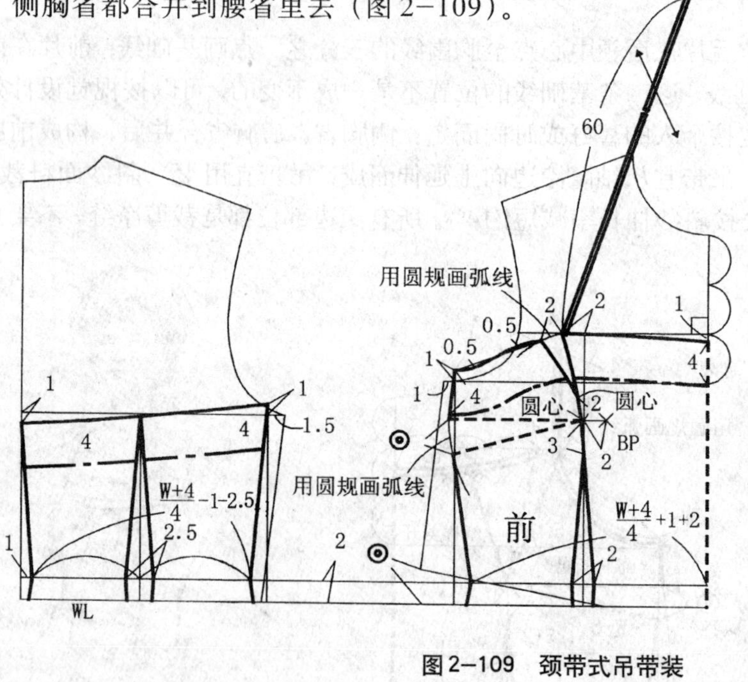

图2–109　颈带式吊带装

4. 穿带式吊带服装

这款吊带服装的胸背上沿缝成穿带管道，穿入细吊带系于左肩或右肩；前片肩胸省不必转省，也不必打省，留作穿带抽褶用（图2–110）。

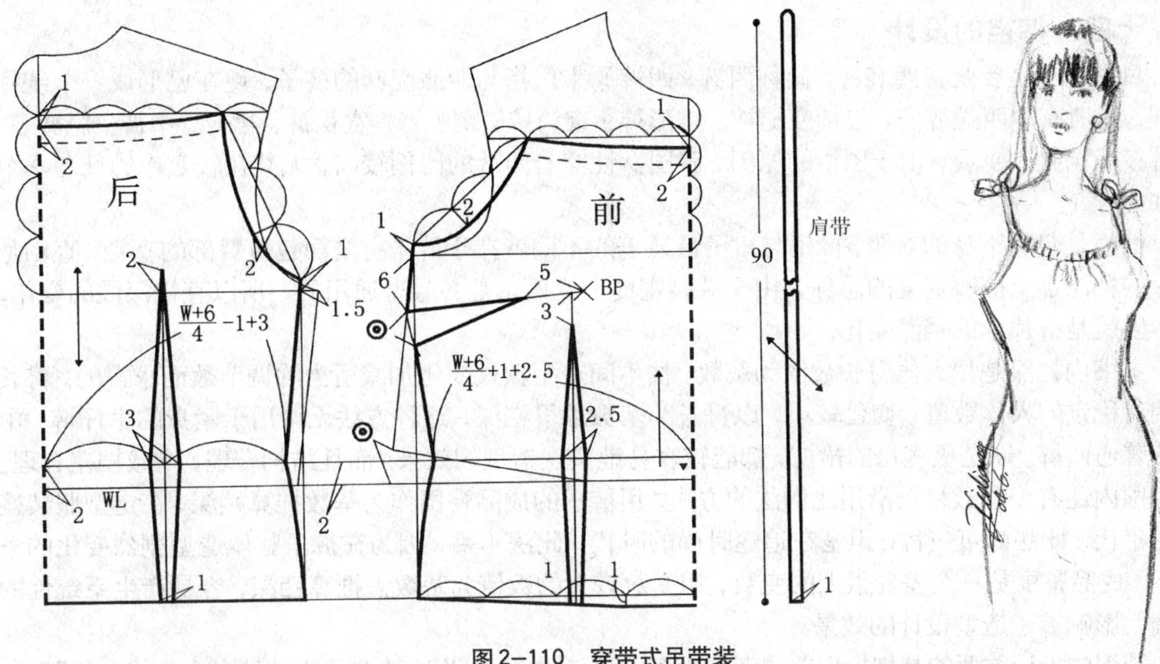

图2-110　穿带式吊带装

5．单肩式吊带服装

这款吊带服装可以根据设计的要求定为左侧露肩或右侧露肩。由于领围是较长的弧线，为避免变形，要贴上粘合牵条。领围和袖窿贴边合并，使上围部位成为双层结构，这样处理整体感较好，贴边在前后中轴线处宜适当切角，使领围外松内紧（图2-111）。

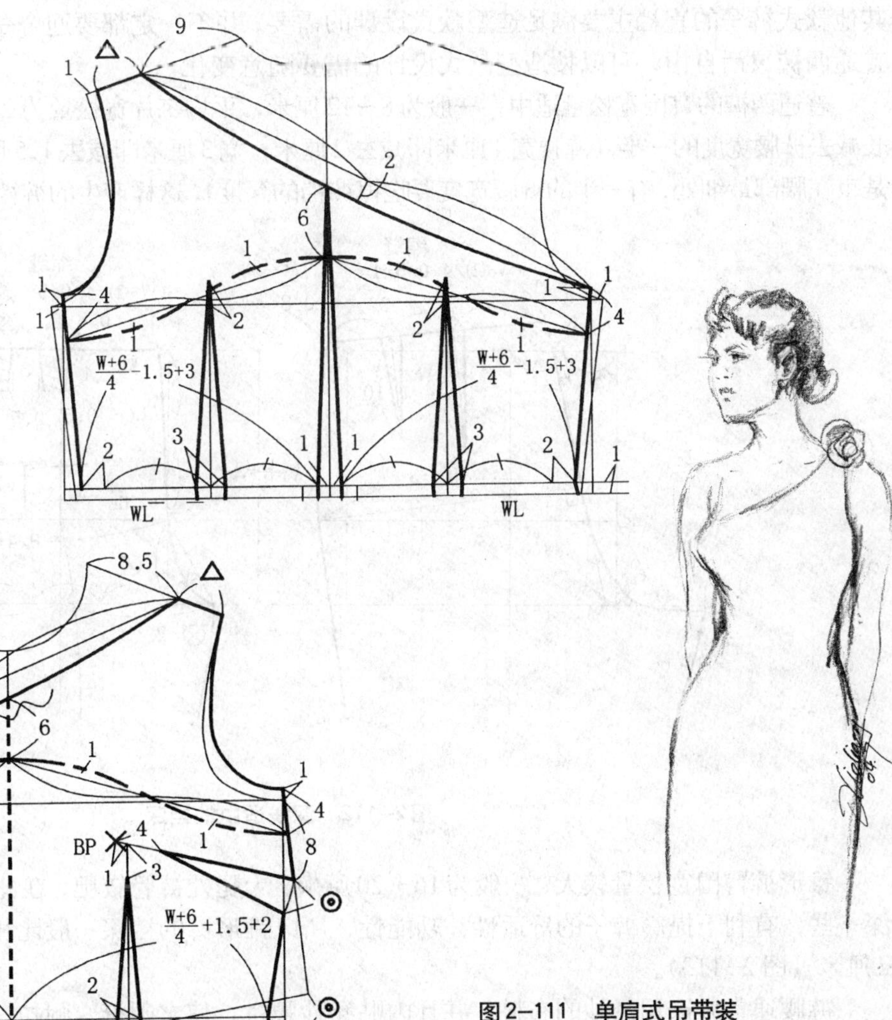

图2-111　单肩式吊带装

十四、裤裆的设计

目前裤子主要是指西装裤，简称西裤。西裤原来仅指与西服配套的裤子，现在已形成一个统称名词，指所有的西式裤子，包括瘦腿裤、锥形裤、直筒裤、喇叭裤、宽松裤、裙裤、中裤、短裤等。西裤在我国特别重要，由于国情的原因，我国女性穿着西裤的比例较高，尤其在较寒冷的秋冬季节更如此。

同样是包裹下身的衣服，裤子与裙子最显著的不同就在于裤子有全面包覆臀部的直裆。直裆是裤片的裆深加上裤腰宽度的总称，由于裤腰宽度一旦设定是各号型通用的，所以直裆深浅的变化，基本上就是裤片上的裆深变化。

本书内裆深是用人体臀长数值为基数，按不同造型款式变化加减适当的调节数而求得的。臀长是相对稳定的人体数值，变化较小，以臀长为基数求得裆深，这种方法无论用于紧身的牛仔裤、中庸的普通西裤、还是极宽松的裙裤，都能较容易地实现造型的效果，而且结构合理，增减档差合理。

国内还有一些教材仍沿用比例法的方式，用裤子的成品臀围作为基数推算裆深，在定型服装盛行的年代，此法尚可应付；但是在追逐时尚的时代，此法不妥，因为在裤子整体造型剧烈变化的条件下，成品臀围是一个差异很大的变数，用变数较大的数值为基数去推算裆深，容易产生系统性的失调，影响裤子造型设计的效果。

裆深的设计首要的是把握住普通西裤裆深的设计方法，因为这款裤子要满足大众化的合体要求。其他款式裤子的直裆主要满足造型款式设计的需要，并不一定都要迎合一般的合体要求，所以都比普通西裤灵活自由，可以按造型款式设计的需要随意变化。

普通西裤的臀围宽松量适中，一般为8～12厘米，平均每片宽松量为2～3厘米。相应的裆深为臀长减去裤腰宽度的一半（裤腰宽4厘米即减去2厘米，宽3厘米即减去1.5厘米。因为裤腰的标准位置是束在腰部最细处，有一半的裤腰宽度要吃掉裤裆的深度），这样产生的裤裆深浅比较适中（图2–112）。

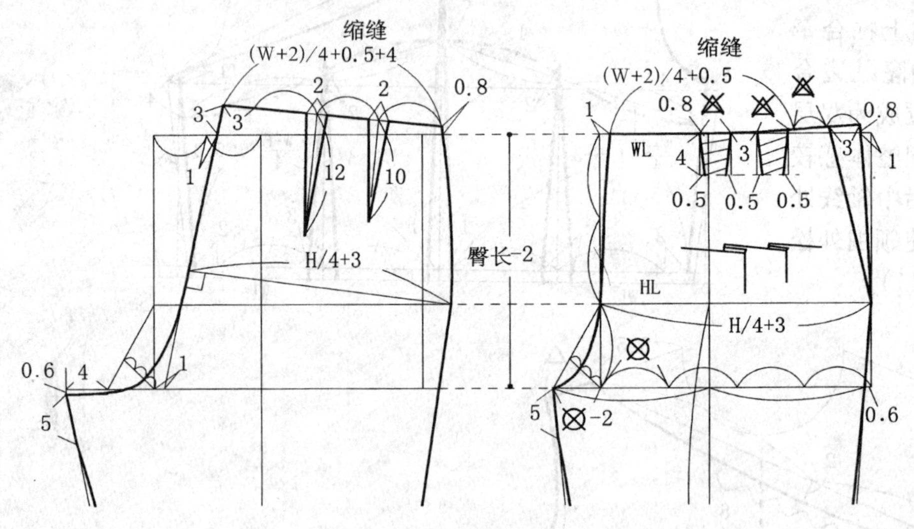

图2–112　深浅适中的裆深

锥形裤臀围宽松量较大，一般为16～20厘米，大腿处裤管较肥，在此前提下，裆深相对设定得深一些，有利于提高裤子的舒适性、功能性，所以锥形裤的裆深一般比相同身高的普通西裤深1～2厘米（图2–113）。

裤腰通常应选用经纱的布料，并且内贴经纱腰衬，使之硬挺、耐拉，不变形。

低腰裤的臀围宽松量较小，仅4厘米，大腿处裤管较窄，在此情况下档深定得浅一些，使裤腰束在髋部，有利于保障最低限度的舒适性，所以低腰裤的直裆一般比同身高的普通西裤浅2～4厘米。

由于低腰裤的裤腰束在人体的髋部，该处的形体呈上小下大的截锥形，为了与之配合，低腰裤的裤腰下沿要比人体腰围大6～8厘米，裤腰宜呈下凹的弧线形（图2–114）。

低弹性面料（如弹性牛仔布、灯芯绒）低腰裤的裤腰宜选用纬纱的布料，而且要内贴纬纱腰衬，利用纬纱的伸长率使裤腰下沿撑大；并在裤腰上沿贴一条1厘米宽的厚质经纱牵条，保持裤腰上口尺寸稳定，使裤腰下沿能被臀部撑大呈下凹的弧线形，以协调腰臀差。

非弹性面料低腰裤的裤腰，应如图将裤腰设计成弧线形。但是市场定位于低成本产品的裤腰，可以参考前述弹性面料裤腰的方法设计，利用纬纱有限的伸长率亦能使裤腰呈少量的弧线形，虽然这样的弧线形未臻完美，勉强亦能达到合体的要求。

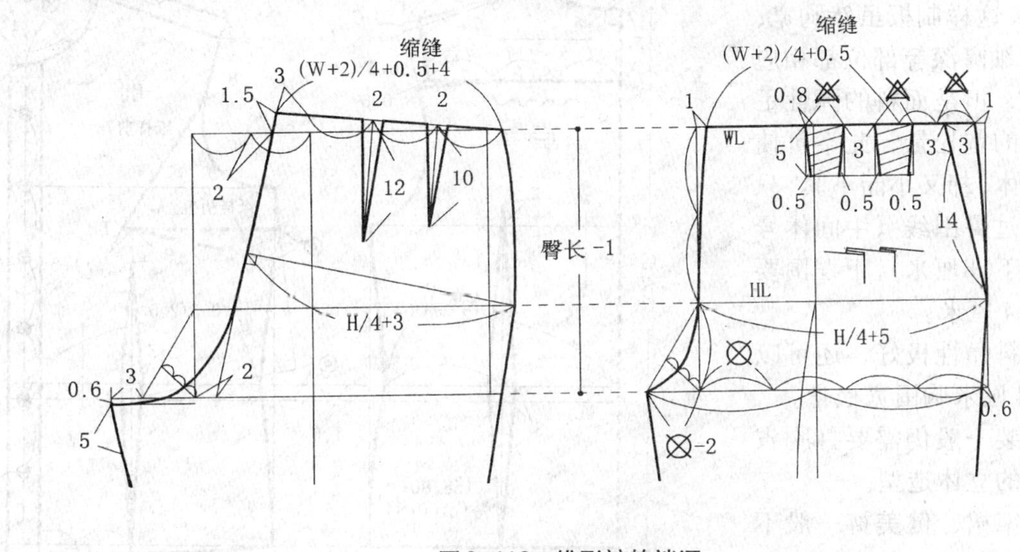

图2–113　锥形裤的裆深

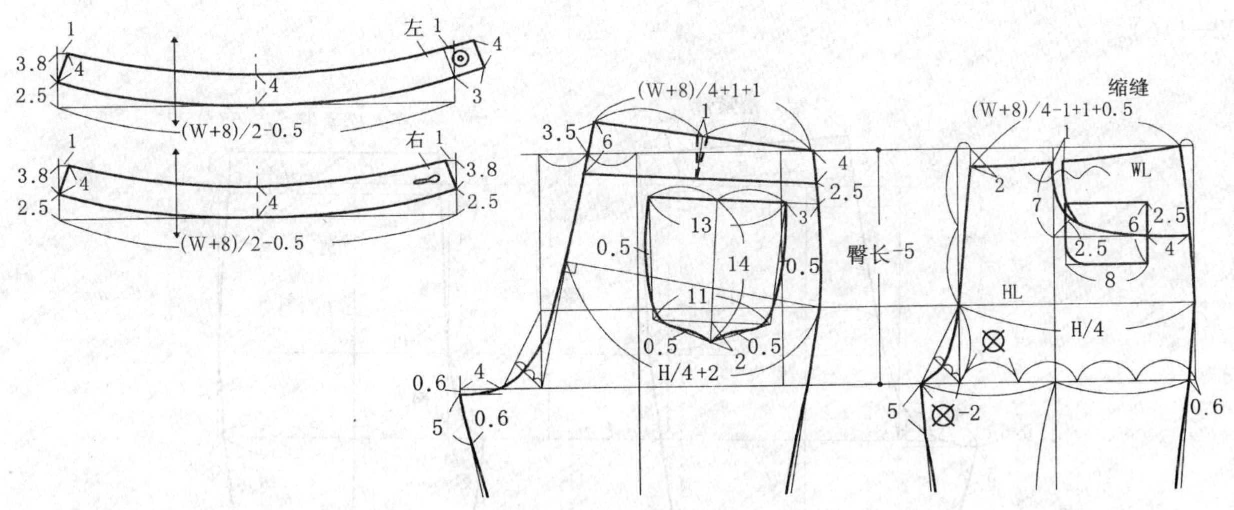

图2–114　低腰裤的裆深

十五、弹性面料服装的设计

本书所涉及的弹性面料服装主要指外穿化的弹性面料服装，其面料主要有二大类，一类是含有少量莱卡（Lycra）的梭织面料；另一类是低弹性针织面料。这二类面料弹性适当，造型稳定挺括，工艺性好，体型覆盖面大，是设计流行服装的好面料。

对于外穿化流行服装，这类面料基本上可以像非弹性面料的服装一样制板（图2–115），为了发挥弹性面料的特点，可以把服装设计得紧身一点，具体的方法是：减小4厘米的胸围选用原型，换而言之，就是把胸围76厘米的原型用于胸围80厘米的体型，把胸围80厘米的原型用于胸围84厘米的体型，其他号型照此类推。用“小一号”的原型按照前文所述的A型或H型造型的宽松量制板，这样制板虽然胸宽、背宽、肩宽、袖窿深等部位都相应缩小了一档，但是面料的弹性足以补偿缩小的宽松量，此举可使服装极其贴体，却又小而不紧，只是下摆若超过臀围线（中间体号型为腰围线下18厘米），下摆围要相应增大约4厘米。

如果面料弹性极好，还可以再减小2～4厘米胸围宽松量。

这类服装一般仍需要打胸省来塑造乳胸的立体造型。

紧身的窄裙、健美裤一般不必加放臀围宽松量。如果面料弹性极好，还可以使成品腰围、臀围小于人体腰围、臀围4～6厘米（图2–116）。

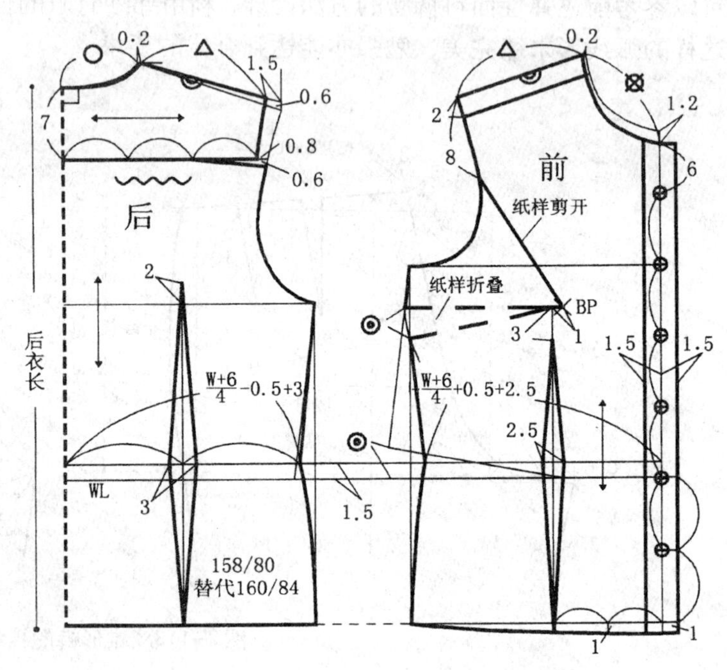

图2–115　弹性面料服装

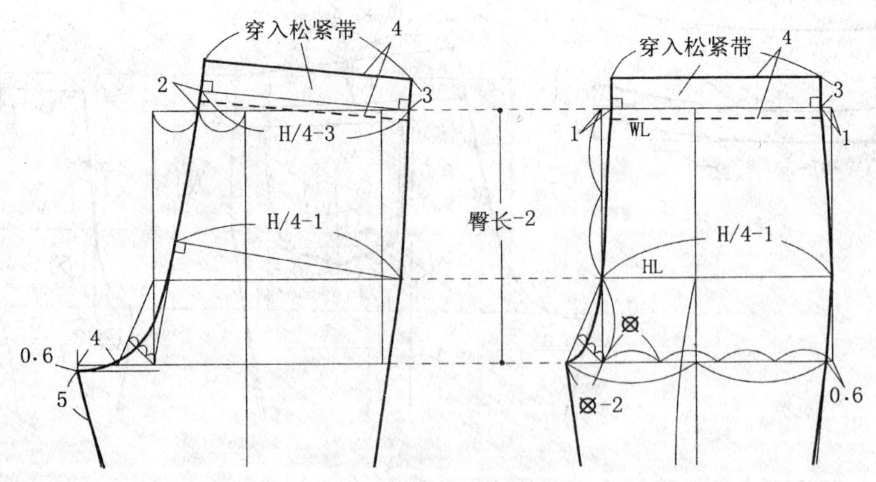

图2–116　弹性面料裤子

第三章　女装结构设计案例

1. 后开衩超短窄裙

参考规格（2.5·4.5系列）　　　　　　　　　　　　　　单位：厘米

群体分组	序号	身高	腰围(W)	臀围(H)	下体号型	裙长	成品腰围	成品臀围	裙摆围	腰长
高密集度群体	1	155	59	82	155/59	43.4	61	86	82	17.2
	2	157.5	63.5	86	158/64	44.2	65.5	90	86	17.6
	3	160	68	90	160/68	45	70	94	90	18
	4	162.5	72.5	94	163/73	45.8	74.5	98	94	18.4
	5	165	77	98	165/77	46.6	79	102	98	18.8
	6	167.5	81.5	102	168/82	47.4	83.5	106	102	19.2
	7	170	86	106	170/86	48.2	88	110	106	19.6
较高身材中密集度群体	1	165	61.5	84	165/62	46.4	63.5	88	86	19.2
	2	167.5	66	88	168/66	47.2	68	92	90	19.6
	3	170	70.5	92	170/71	48	72.5	96	94	20
	4	172.5	75	96	173/75	48.8	77	106	98	20.4
	5	175	79.5	100	175/80	49.6	81.5	104	102	20.8

要点：

（1）这款裙子是使用裙原型设计窄裙类裙子的典型范例，对其他窄裙具有指导意义。

（2）窄裙亦称为“一步裙”、“包裙”、“筒裙”等，基本特征是紧裹腰、臀、腿，呈T型或H型造型，常与衬衫、上衣、西服配套设计成套装，亦常以单品与其他服装搭配穿着。

（3）人体腰围档差明显地高于臀围档差，为了提高体型覆盖面，将腰围档差设置为4.5厘米，将臀围档差设置为4厘米。

（4）腰围宽松量2厘米，臀围宽松量4厘米，这可以满足人体下蹲或坐下时腰、臀部的膨胀量。

（5）腰围的公式里含有缩缝量，绱腰时要缩缝。

（6）超短窄裙的裙摆一般宜定在膝上约10厘米左右，太短了坐立均显尴尬。

（7）女青年的窄裙下摆宜收小，以营造视错觉美化体型。一般定在裙原型侧缝膝围线处收小2厘米定点，从侧缝臀围线下5厘米处（即大腿最粗处）画斜线连接该点，无论裙子长短均以这条斜线的角度画侧缝完成线。为胖体及高龄女性设计的窄裙多倾向于舒适性，下摆一般不收小。

（8）成批生产时，腰部两侧宜装松紧带，以提高体型覆盖面；单件定制时，可以不装松紧带，全腰围打8道省，以充抵松紧带的伸缩量（以下裙款同此例）。

（9）后开衩位置以臀围线下15厘米为宜。

不装松紧带的腰部设计
3
W+2
2
W+2
4
-1+0.5
缩缝
W+2
4
+1+0.5
缩缝
装拉链18
12
10
后
9
10
前
HL
穿入松紧带
3
2
W+8
2
1
1.5
1
HL
2
后
开衩
4
1
左
右
4
1
WL
HL
1
前
4
加放毛缝
1
1
1
W+8
4
-1+0.5
缩缝
W+8
4
+1+0.5
缩缝
WL
11
装拉链18
HL
5
5
15(15~25)
4
遮襟
开衩
后
2
9
WL
腰长
5
HL
5
裙长-3
前
2
使用裙原型

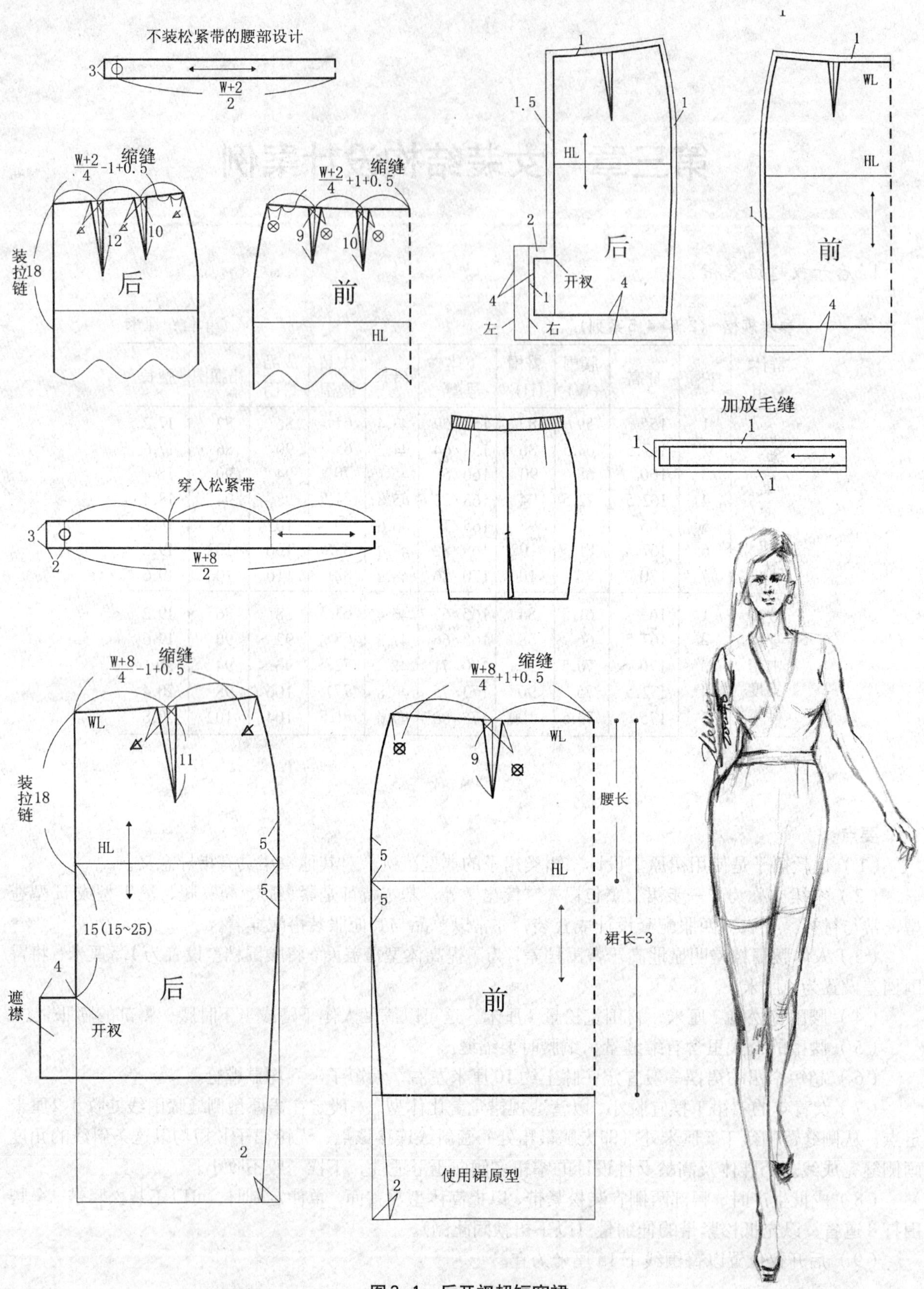

图 3–1　后开衩超短窄裙

2. 长窄裙

参考规格 （2.5•4.5系列） 单位：厘米

群体分组	序号	身高	腰围(W)	臀围(H)	下体号型	裙长	成品腰围	成品臀围	裙摆围	腰长
高密集度群体	1	155	59	82	155/59	89	61	86	72	17.2
	2	157.5	63.5	86	158/64	90.5	65.5	90	76	17.6
	3	160	68	90	160/68	92	70	94	80	18
	4	162.5	72.5	94	163/73	93.5	74.5	98	84	18.4
	5	165	77	98	165/77	95	79	102	88	18.8
	6	167.5	81.5	102	168/82	96.5	83.5	106	92	19.2
	7	170	86	106	170/86	98	88	110	96	19.6
较高身材中密集度群体	1	165	61.5	84	165/62	95	63.5	88	76	19.2
	2	167.5	66	88	168/66	96.5	68	92	80	19.6
	3	170	70.5	92	170/71	98	72.5	96	84	20
	4	172.5	75	96	173/75	99.5	77	100	88	20.4
	5	175	79.5	100	175/80	101	81.5	104	92	20.8

要点

（1）这款裙子与超短窄裙基本相似，唯裙身较长。

（2）侧缝斜线仍在裙原型膝围线处收小2厘米。因侧缝线较长，到裙摆处实际收小量将超过4厘米。

（3）后开衩位置以臀围线下18~23厘米为宜。

（4）中老年女性的窄裙臀围宽松量6~8厘米。

（5）如果把裙长减短为55厘米左右，就成为适合上班穿着的中裙。

（6）成批生产时，腰部两侧宜装松紧带，以提高体型覆盖面；单件定制时，可以不装松紧带，全腰围打8道省，以充抵松紧带的伸缩量。

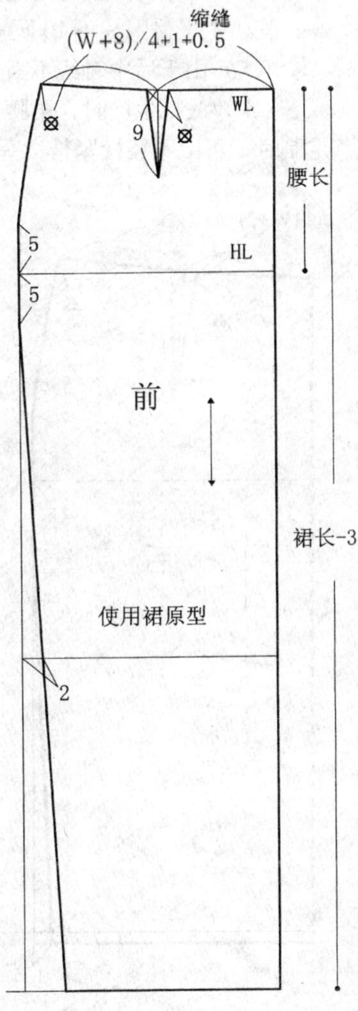

图3–2 长窄裙

3. 西服裙

参考规格（2.5·4.5系列） 单位：厘米

群体分组	序号	身高	腰围(W)	臀围(H)	下体号型	裙长	成品腰围	成品臀围	裙摆围	腰长
高密集度群体	1	155	59	82	155/59	58	61	86	82	17.2
	2	157.5	63.5	86	158/64	59	65.5	90	86	17.6
	3	160	68	90	160/68	60	70	94	90	18
	4	162.5	72.5	94	163/73	61	74.5	98	94	18.4
	5	165	77	98	165/77	62	79	102	98	18.8
	6	167.5	81.5	102	168/82	63	83.5	106	102	19.2
	7	170	86	106	170/86	64	88	110	106	19.6
较高身材中密集度群体	1	165	61.5	84	165/62	62	63.5	88	86	19.2
	2	167.5	66	88	168/66	63	68	92	90	19.6
	3	170	70.5	92	170/71	64	72.5	96	94	20
	4	172.5	75	96	173/75	65	77	106	98	20.4
	5	175	79.5	100	175/80	66	81.5	104	102	20.8

要点

（1）前中轴线处打一对宽裥是这款窄裙的特色。

（2）宽裥实际上是封闭式的开衩，由于是封闭式的，所以开衩点可以高一些，定于臀围线下10厘米。

（3）由于后中轴线不断开，宜在侧缝装拉链。

（4）成批生产时，裙腰后中部宜装松紧带，以提高体型覆盖面；单件定制时，可以不装松紧带，全腰围打8道省，以充抵松紧带的伸缩量。

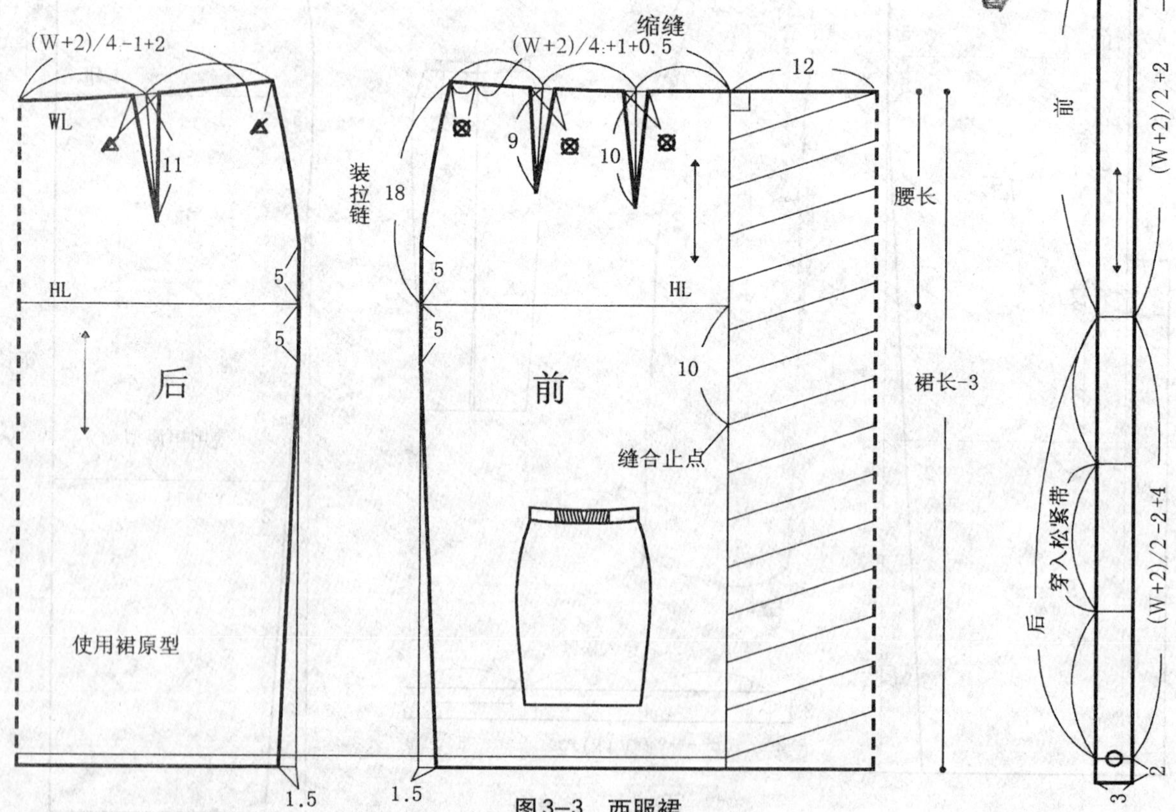

图3–3　西服裙

4. 偏襟开衩窄裙

参考规格（2.5·4.5系列） 单位：厘米

群体分组	序号	身高	腰围(W)	臀围(H)	下体号型	裙长	成品腰围	成品臀围	裙摆围	腰长
高密集度群体	1	155	59	82	155/59	51.4	61	86	84	17.2
	2	157.5	63.5	86	158/64	52.2	65.5	90	88	17.6
	3	160	68	90	160/68	53	70	94	92	18
	4	162.5	72.5	94	163/73	53.8	74.5	98	96	18.4
	5	165	77	98	165/77	54.6	79	102	100	18.8
	6	167.5	81.5	102	168/82	55.4	83.5	106	104	19.2
	7	170	86	106	170/86	56.2	88	110	108	19.6
较高身材中密集度群体	1	165	61.5	84	165/62	54.4	63.5	88	88	19.2
	2	167.5	66	88	168/66	55.2	68	92	92	19.6
	3	170	70.5	92	170/71	56	72.5	96	96	20
	4	172.5	75	96	173/75	56.8	77	100	100	20.4
	5	175	79.5	100	175/80	57.6	81.5	104	104	20.8

要点：

（1）开衩线既可以选择在腰省处，亦可以选择在左侧腰围线二等分处。

（2）拉链既可以装开衩线上端，亦可以装于侧缝线上端。

（3）开衩点宜定于臀围线下15~18厘米

（4）成批生产时，腰部两侧宜装松紧带，以提高体型覆盖面；单件定制时，可以不装松紧带，全腰围打8道省，以充抵松紧带的伸缩量。

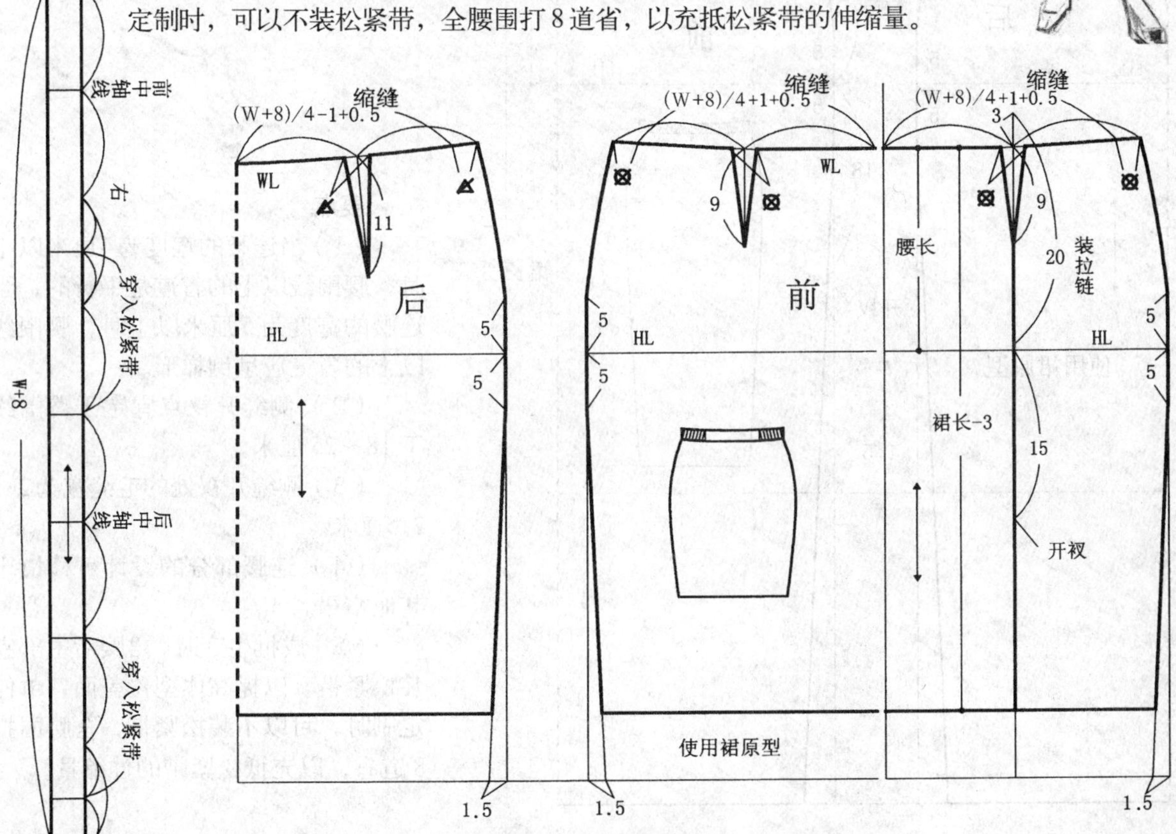

图3-4 偏襟开衩窄裙

5. 连腰旗袍裙

参考规格（2.5·4.5系列） 单位：厘米

群体分组	序号	身高	腰围(W)	臀围(H)	下体号型	裙长	成品腰围	成品臀围	裙摆围	腰长
高密集度群体	1	155	59	82	155/59	85	61	86	84	17.2
	2	157.5	63.5	86	158/64	86.5	65.5	90	88	17.6
	3	160	68	90	160/68	88	70	94	92	18
	4	162.5	72.5	94	163/73	89.5	74.5	98	96	18.4
	5	165	77	98	165/77	91	79	102	100	18.8
	6	167.5	81.5	102	168/82	92.5	83.5	106	104	19.2
	7	170	86	106	170/86	93	88	110	108	19.6
较高身材中密集度群体	1	165	61.5	84	165/62	90	63.5	88	88	19.2
	2	167.5	66	88	168/66	91.5	68	92	92	19.6
	3	170	70.5	92	170/71	93	72.5	96	96	20
	4	172.5	75	96	173/75	94.5	77	100	100	20.4
	5	175	79.5	100	175/80	96	81.5	104	104	20.8

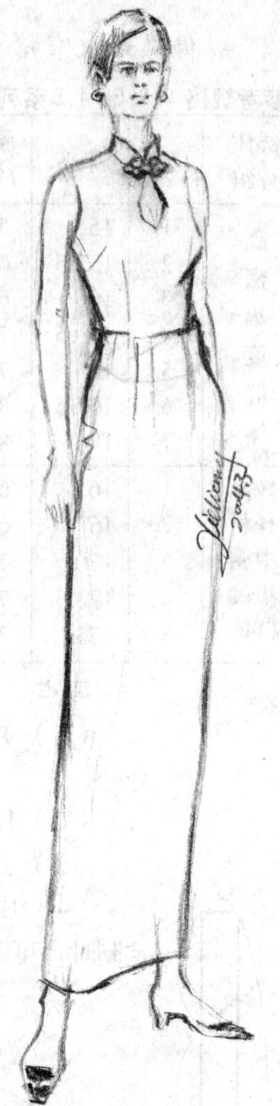

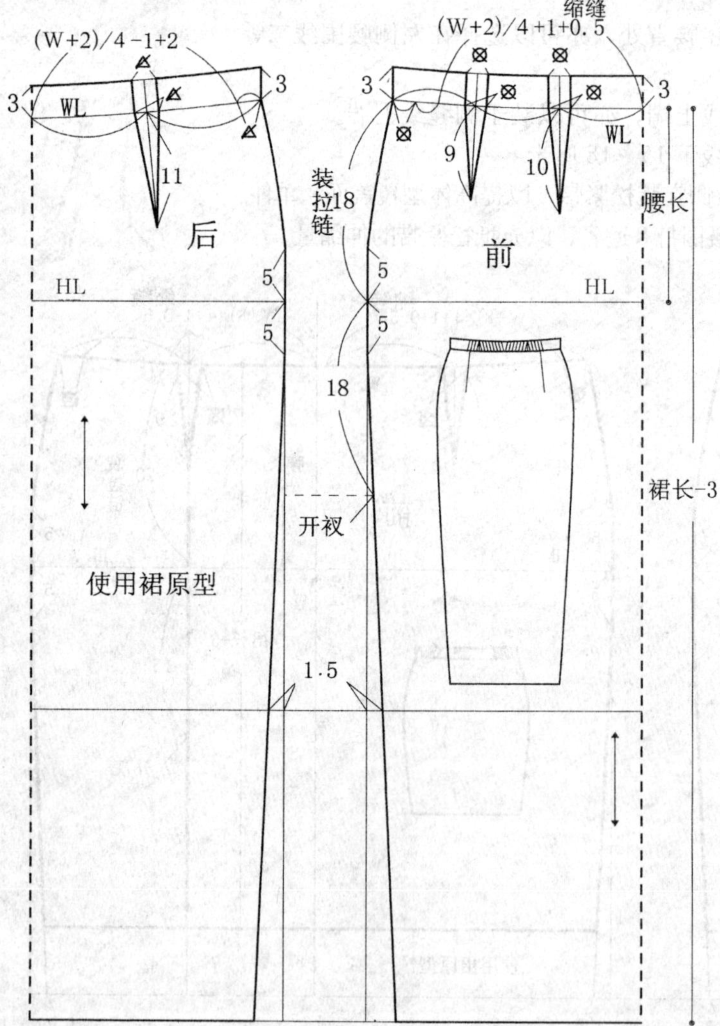

要点

（1）当连腰的宽度为4厘米以下时，腰围线以上的省道是平行的；当连腰的宽度为5厘米以上时，腰围线以上的省道应呈倒梯形。

（2）侧缝开衩点宜定于臀围线下18～25厘米。

（3）侧缝开衩处的毛缝宽为2～2.5厘米。

（4）连腰部分的设计可移植于其他窄裙。

（5）成批生产时，裙腰后中部宜装松紧带，以提高体型覆盖面；单件定制时，可以不装松紧带，全腰围打8道省，以充抵松紧带的伸缩量。

图3–5 连腰旗袍裙

6. 腆腹体旗袍裙

参考规格（2.5·4.5系列） 单位：厘米

群体分组	序号	身高	腰围(W)	臀围(H)	下体号型	裙长	成品腰围	成品臀围	裙摆围	腰长
特胖群体	1	155	81	92	155/81	73.6	83	100	102	17.2
	2	157.5	85.5	96	158/86	74.8	87.5	104	106	17.6
	3	160	90	100	160/90	76	92	108	110	18
	4	162.5	94.5	104	163/95	77.2	96.5	112	114	18.4
	5	165	99	108	165/99	78.4	101	116	118	18.8

要点：

（1）前片裙原型以 A 点为圆心向左倾斜 1 厘米，使前腰中心向上起翘，增大前腰腹部的容量。

（2）前片臀围线以下的侧缝线垂直向下。

（3）成批生产时，裙腰后中部宜装松紧带，以提高体型覆盖面。

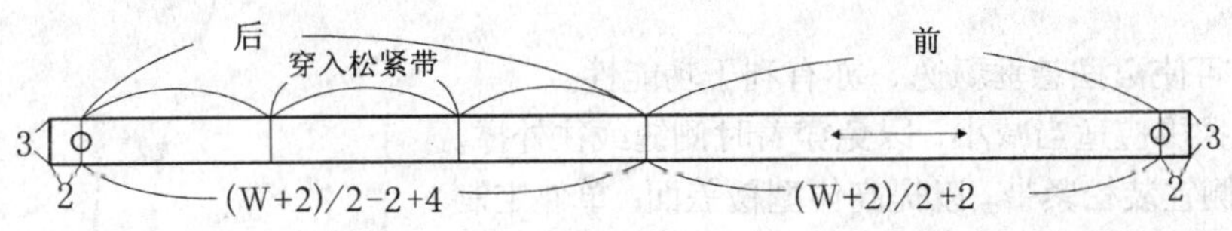

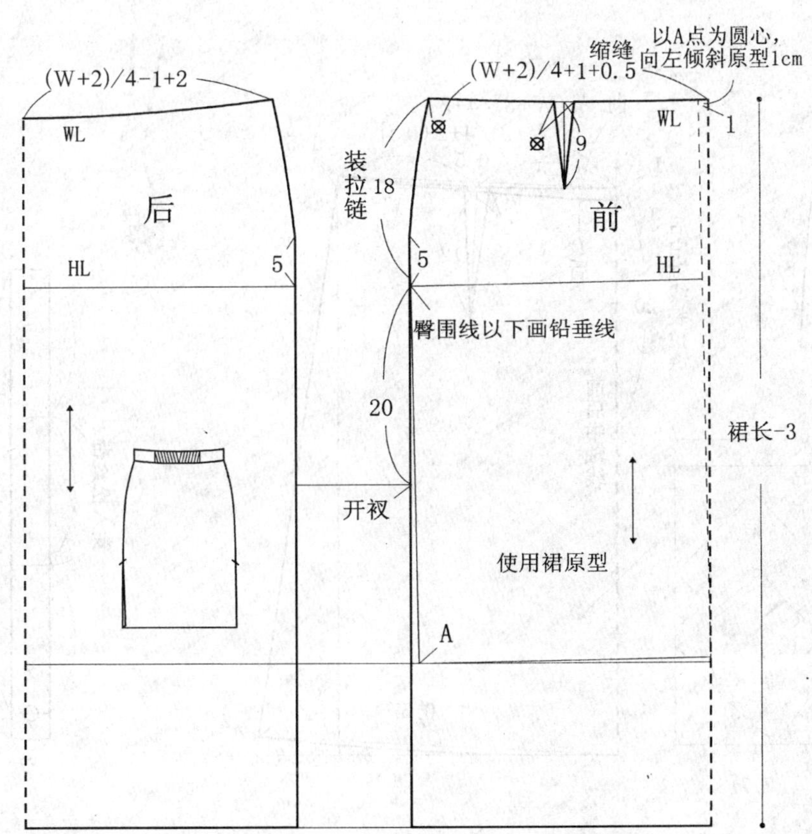

图 3–6 腆腹体旗袍裙

7. 短A裙

参考规格（2.5·4.5系列）　　单位：厘米

群体分组	序号	身高	腰围(W)	下体号型	裙长	成品腰围	裙摆围
高密集度群体	1	155	59	155/59	46.4	61	98
	2	157.5	63.5	158/64	47.2	65.5	103
	3	160	68	160/68	48	70	108
	4	162.5	72.5	163/73	48.8	74.5	113
	5	165	77	165/77	49.6	79	118
	6	167.5	81.5	168/82	50.4	83.5	123
	7	170	86	170/86	51.2	88	128
较高身材中密集度群体	1	165	61.5	165/62	49.4	63.5	103
	2	167.5	66	168/66	50.2	68	108
	3	170	70.5	170/71	51	72.5	113
	4	172.5	75	173/75	51.8	77	118
	5	175	79.5	175/80	52.6	81.5	123

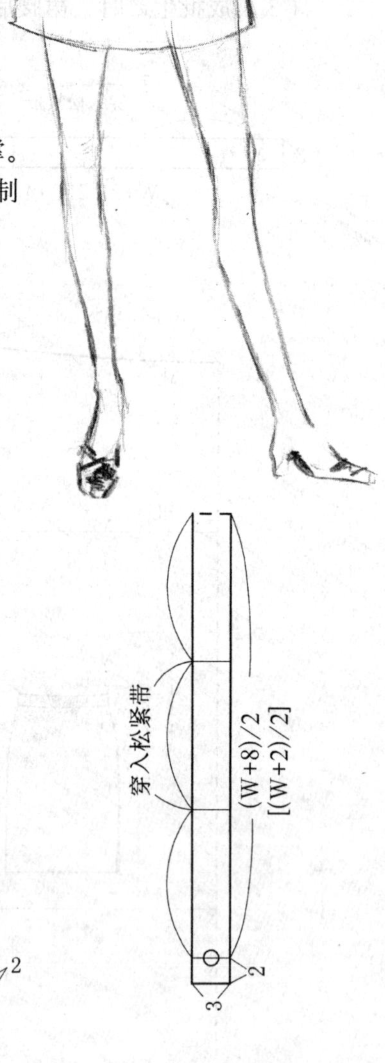

要点：

（1）宜用斜纱排料裁剪，可使裙摆悬垂飘逸，亦有利于功能性。

（2）若用经纱排料，则裙摆围应适当减小，以免穿着时侧缝线往外撑。

（3）成批生产时，腰部两侧宜装松紧带，以提高体型覆盖面；单件定制时，按括号内的公式计算腰围，在斜裁的情况下不必增加腰省量。

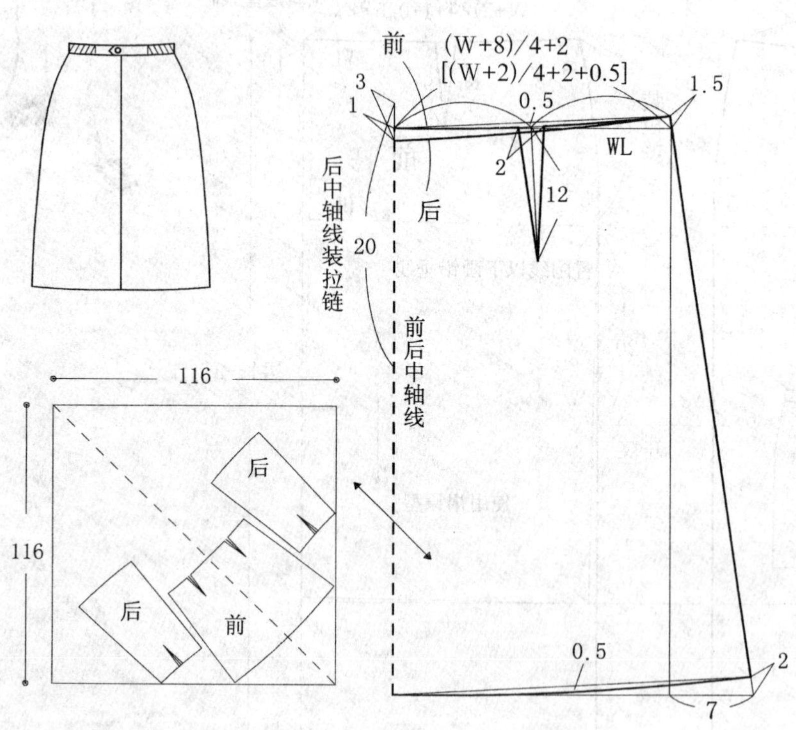

图3-7　短A裙

8 . 长A裙

要点:

（1）短A裙的要点都适用于本款。

（2）长A裙的侧缝线比短A裙更容易外撑，所以更应利用斜纱裁剪，以使A裙造型悬垂、飘逸。

（3）成批生产时，腰部两侧宜装松紧带，以提高体型覆盖面；单件定制时，按括号内的公式计算腰围，在斜裁的情况下不必增加腰省量。

参考规格（2.5·4.5系列） 单位：厘米

群体分组	序号	身高	腰围(W)	下体号型	裙长	成品腰围	裙摆围
高密集度群体	1	155	59	155/59	87	61	120
	2	157.5	63.5	158/64	88.5	65.5	125
	3	160	68	160/68	90	70	130
	4	162.5	72.5	163/73	91.5	74.5	135
	5	165	77	165/77	93	79	140
	6	167.5	81.5	168/82	94.5	83.5	145
	7	170	86	170/86	96	88	150
较高身材中密集度群体	1	165	61.5	165/62	93	63.5	125
	2	167.5	66	168/66	94.5	68	130
	3	170	70.5	170/71	96	72.5	135
	4	172.5	75	173/75	97.5	77	140
	5	175	79.5	175/80	99	81.5	145

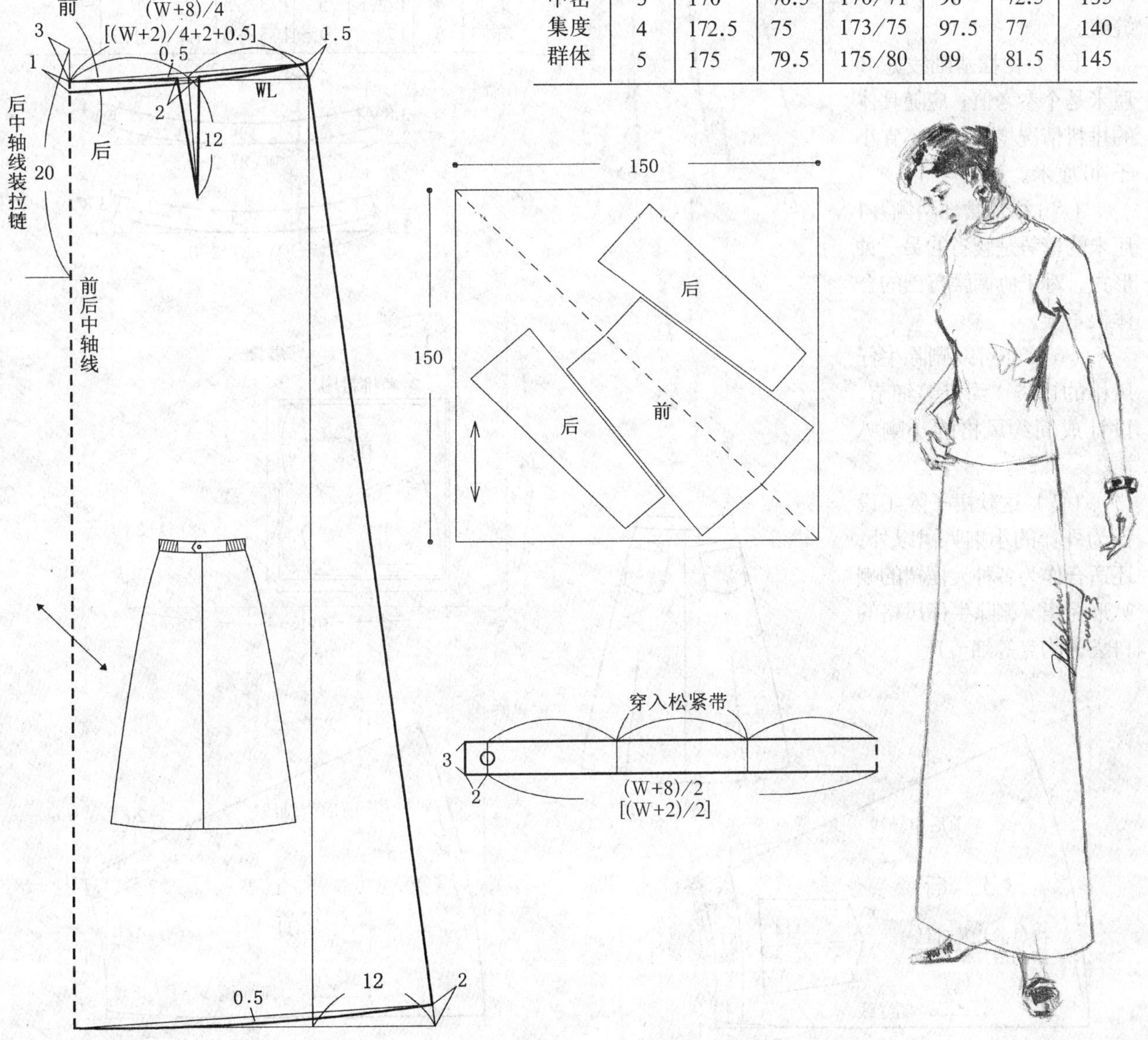

图3–8 长A裙

9 .低腰牛仔喇叭裙

要点：

（1）这款裙子的裙腰束在髋骨处，所以裙腰应呈弧形，以适应髋部截锥形的体型。

（2）裙片斜角控制在20～25°之间，以便于在150厘米以内幅宽的面料内排料为宜。

（3）为使裙褶悬垂飘逸，裙片前后中轴线一定要用斜纱，而要将经纱用于侧缝线。

（4）裙摆基础线宽46厘米是个参考值，应随具体的排料情况增减，但不宜小于40厘米。

（5）裙片腰部两侧各1厘米的劈势是腰省的另一种形式，对于协调腰臀围的合体很重要。

（6）亦可以删除牛仔风格的口袋、约克等细节，设计成简约风格的小喇叭裙。

（7）这款裙子除了设计为外穿的小喇叭裙以外，还适合作为各种大摆裙的喇叭形衬裙（删除牛仔风格的口袋、约克等细节）。

参考规格（2.5•4.5系列） 单位：厘米

群体分组	序号	身高	腰围(W)	下体号型	裙长	成品腰围	裙摆围
高密集度群体	1	155	59	155/59	56	61	170以上
	2	157.5	63.5	158/64	57	65.5	
	3	160	68	160/68	58	70	
	4	162.5	72.5	163/73	59	74.5	
	5	165	77	165/77	60	79	
	6	167.5	81.5	168/82	61	83.5	
	7	170	86	170/86	62	88	
较高身材中密集度群体	1	165	61.5	165/62	60	63.5	170以上
	2	167.5	66	168/66	61	68	
	3	170	70.5	170/71	62	72.5	
	4	172.5	75	173/75	63	77	
	5	175	79.5	175/80	64	81.5	

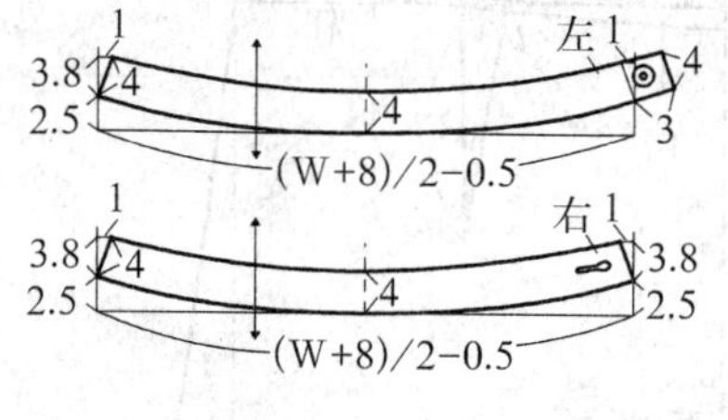

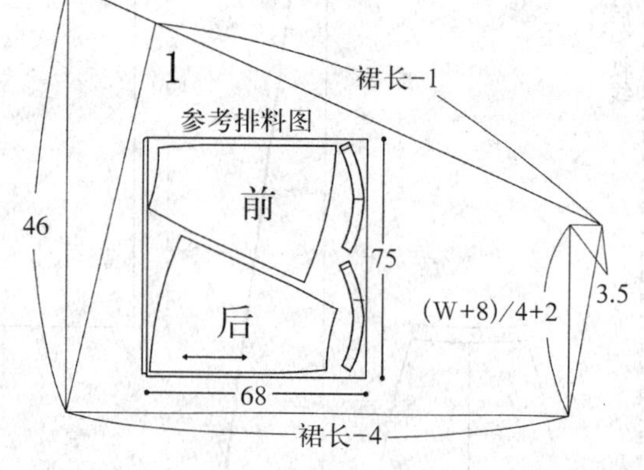

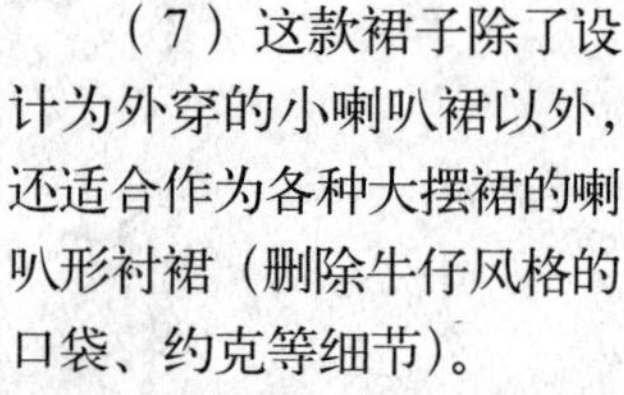

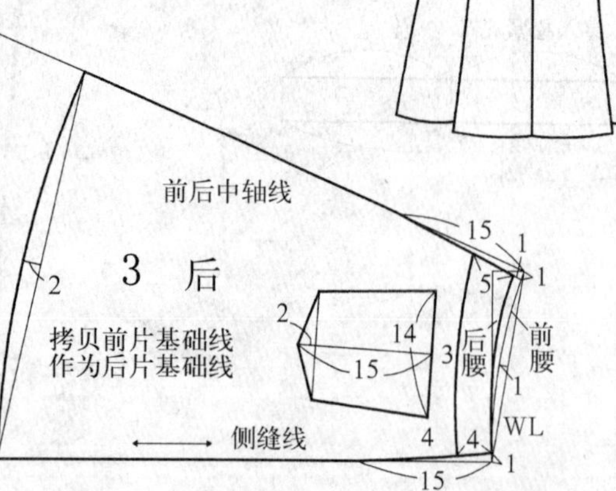

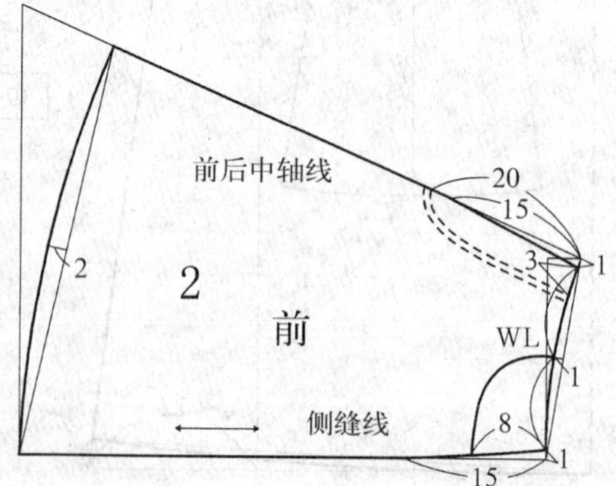

图 3–9 低腰牛仔喇叭裙

10．八片喇叭裙

参考规格（2.5·4.5系列） 单位：厘米

群体分组	序号	身高	腰围(W)	臀围(H)	下体号型	裙长	成品腰围	成品臀围	裙摆围	腰长
高密集度群体	1	155	59	82	155/59	85	61	90	250以上	17.2
	2	157.5	63.5	86	158/64	86.5	65.5	94		17.6
	3	160	68	90	160/68	88	70	98		18
	4	162.5	72.5	94	163/73	89.5	74.5	102		18.4
	5	165	77	98	165/77	91	79	106		18.8
	6	167.5	81.5	102	168/82	92.5	83.5	110		19.2
	7	170	86	106	170/86	93	88	114		19.6
较高身材中密集度群体	1	165	61.5	84	165/62	90	63.5	92	250以上	19.2
	2	167.5	66	88	168/66	91.5	68	96		19.6
	3	170	70.5	92	170/71	93	72.5	100		20
	4	172.5	75	96	173/75	94.5	77	104		20.4
	5	175	79.5	100	175/80	96	81.5	108		20.8

要点

（1）8片喇叭裙是多片裙的典型代表，多片喇叭裙与其他喇叭裙的区别主要在于多片裙适宜设计成花冠形。

（2）多片裙的片数多在6~16片之间。

（3）每侧裙摆展宽量为10~13厘米，主要视排料情况而调整。

（4）成批生产时，腰部两侧宜装松紧带，以提高体型覆盖面。

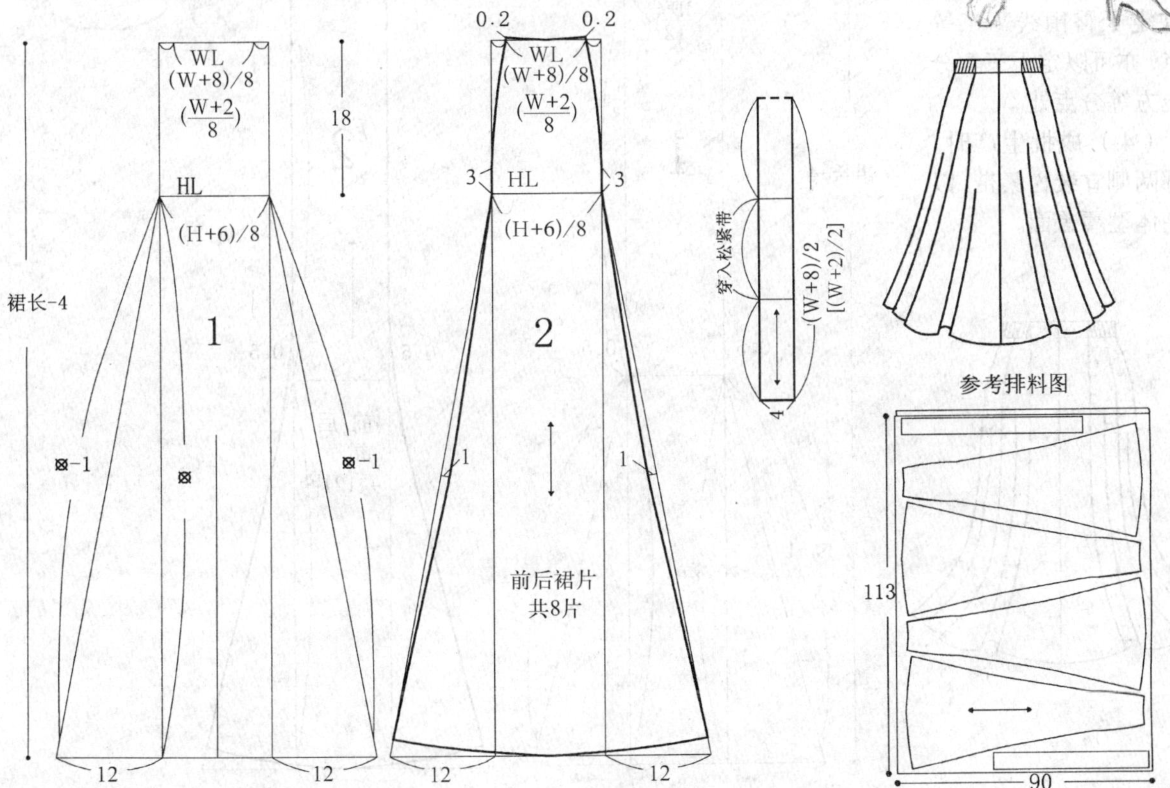

图3-10 八片喇叭裙

11．十二片连腰鱼尾裙

参考规格（2.5·4.5系列） 单位：厘米

群体分组	序号	身高	腰围(W)	臀围(H)	下体号型	裙长	成品腰围	成品臀围	下摆围	腰长
高密集度群体	1	155	59	82	155/59	89	61	86	250以上	17.2
	2	157.5	63.5	86	158/64	90.5	65.5	90		17.6
	3	160	68	90	160/68	92	70	94		18
	4	162.5	72.5	94	163/73	93.5	74.5	98		18.4
	5	165	77	98	165/77	95	79	104		18.8
较高身材中密集度群体	1	165	61.5	84	165/62	95	63.5	90	250以上	19.2
	2	167.5	66	88	168/66	96.5	68	94		19.6
	3	170	70.5	92	170/71	98	72.5	98		20
	4	172.5	75	96	173/75	99.5	77	102		20.4
	5	175	79.5	100	175/80	101	81.5	106		20.8

要点

（1）8片喇叭裙的要点基本上都适用于本款。

（2）裙长宜定于膝围线以下，即中裙、中长裙或长裙。

（3）裙摆展宽的起点宜定于臀围线下二等分点，亦可以定于三等分的上方等分点处。

（4）成批生产时，腰部两侧宜装松紧带，以提高体型覆盖面。

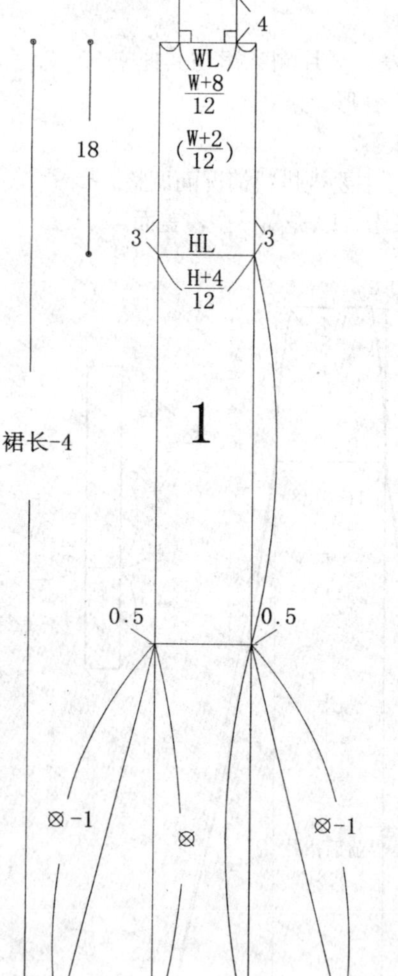

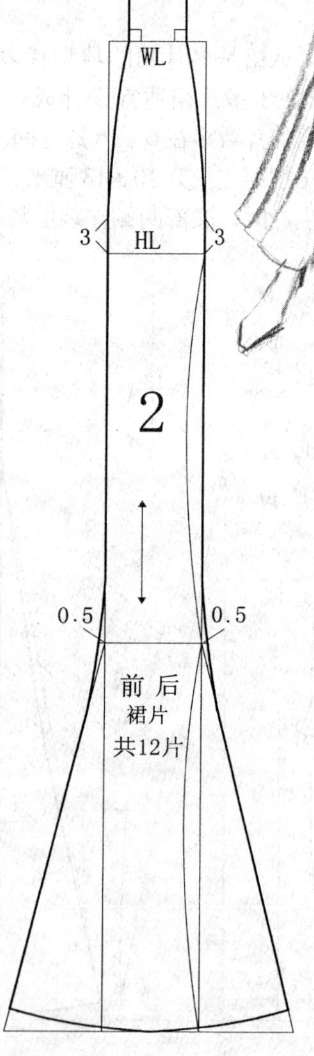

图3-11 十二片连腰鱼尾裙

12．180° 喇叭裙

要点：

（1）这是斜裁法喇叭裙的典型代表。

（2）一般用圆周法制板，裙腰公式里的"3"即圆周率3.14，省略去小数点后的数字是为了口算方便之故，-0.5是为了消除部分误差。

（3）任何一种纺织面料的45°斜纱处承受拉力时都会伸长，导致喇叭裙的裙摆在穿着过程中长短不齐，影响美观。较简便的解决方法是在制板时进行修正（亦就是在45°斜纱处适当减短），修正率多为4%；对于伸长率较大的富春纺、粗花呢等面料，要按8%进行修正。较理想的解决方法是将裙片裁好后先悬挂3~4天，再修掉伸长的部分。

（4）后腰中心要减短裙长1厘米。

（5）排料时，一定要使前后裙片的侧缝线经纬相对，即前经后纬或前纬后经。

（6）成批生产时，腰部两侧宜装松紧带，以提高体型覆盖面。

参考规格（2.5·4.5系列）　　　　　　单位：厘米

群体分组	序号	身高	腰围（W）	下体号型	裙长	成品腰围	裙摆围
高密集度群体	1	155	59	155/59	77.6	61	250以上
	2	157.5	63.5	158/64	78.8	65.5	
	3	160	68	160/68	80	70	
	4	162.5	72.5	163/73	81.2	74.5	
	5	165	77	165/77	82.4	79	
	6	167.5	81.5	168/82	83.6	83.5	
	7	170	86	170/86	84.8	88	
较高身材中密集度群体	1	165	61.5	165/62	82.6	63.5	250以上
	2	167.5	66	168/66	83.8	68	
	3	170	70.5	170/71	85	72.5	
	4	172.5	75	173/75	86.2	77	
	5	175	79.5	175/80	87.4	81.5	

参考排料图

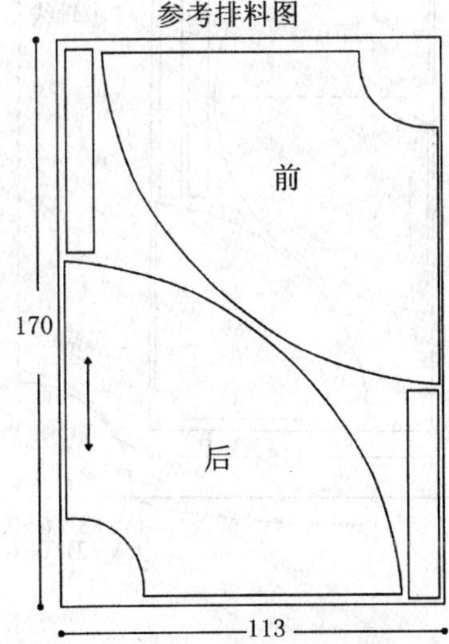

图3-12　180° 喇叭裙

13. 360° 喇叭裙

参考规格（2.5·4.5系列）　　　　单位：厘米

群体分组	序号	身高	腰围(W)	下体号型	裙长	成品腰围	裙摆围
高密集度群体	1	155	59	155/59	85	61	500以上
	2	157.5	63.5	158/64	86.5	65.5	
	3	160	68	160/68	88	70	
	4	162.5	72.5	163/73	89.5	74.5	
	5	165	77	165/77	91	79	
	6	167.5	81.5	168/82	92.5	83.5	
	7	170	86	170/86	94	88	
较高身材中密集度群体	1	165	61.5	165/62	91	63.5	500以上
	2	167.5	66	168/66	92.5	68	
	3	170	70.5	170/71	94	72.5	
	4	172.5	75	173/75	95.5	77	
	5	175	79.5	175/80	97	81.5	

要点：

（1）360° 喇叭裙又称圆台裙，由于裙摆有四处45° 斜纱，所以飘逸效果优于180° 喇叭裙。

（2）裙摆4处45° 斜纱均应修正，修正的方法与180° 裙相同。

（3）裙子的前后中轴线都是面料的纬纱，亦会少量伸长，应适当修正，修正量为斜纱的1/3。

（4）单条裁剪时，前片为完整的180° 裙片，后片由2片90° 裙片构成，这样有利于紧密排料。

（5）成批生产时，腰部两侧宜装松紧带，以提高体型覆盖面。

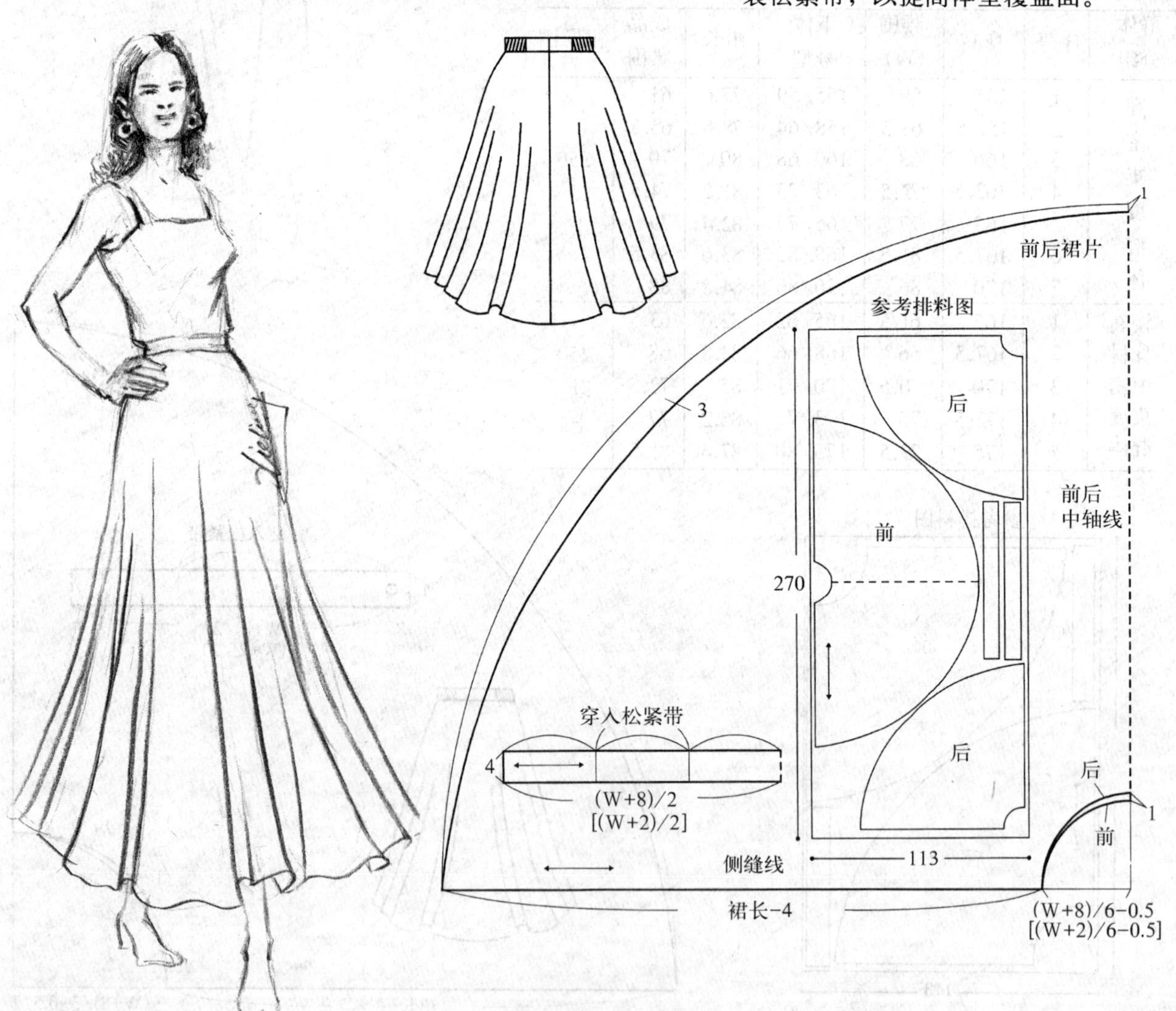

图3-13　360° 喇叭裙

14. 宽摆褶裙

参考规格（2.5•4.5系列）　　　　单位：厘米

群体分组	序号	身高	腰围(W)	下体号型	裙长	成品腰围	裙摆围
高密集度群体	1	155	59	155/59	89	61	220以上
	2	157.5	63.5	158/64	90.5	65.5	
	3	160	68	160/68	92	70	
	4	162.5	72.5	163/73	93.5	74.5	
	5	165	77	165/77	95	79	
	6	167.5	81.5	168/82	96.5	83.5	
	7	170	86	170/86	98	88	
较高身材中密集度群体	1	165	61.5	165/62	95	63.5	220以上
	2	167.5	66	168/66	96.5	68	
	3	170	70.5	170/71	98	72.5	
	4	172.5	75	173/75	99.5	77	
	5	175	79.5	175/80	101	81.5	

要点：

（1）这款裙子直接利用幅宽113厘米左右的面料构成，前后各一幅。

（2）腰部打细褶；如果是化纤面料，亦可以用褶裥机压定型褶。

（3）成批生产时，腰部两侧宜装松紧带，以提高体型覆盖面。

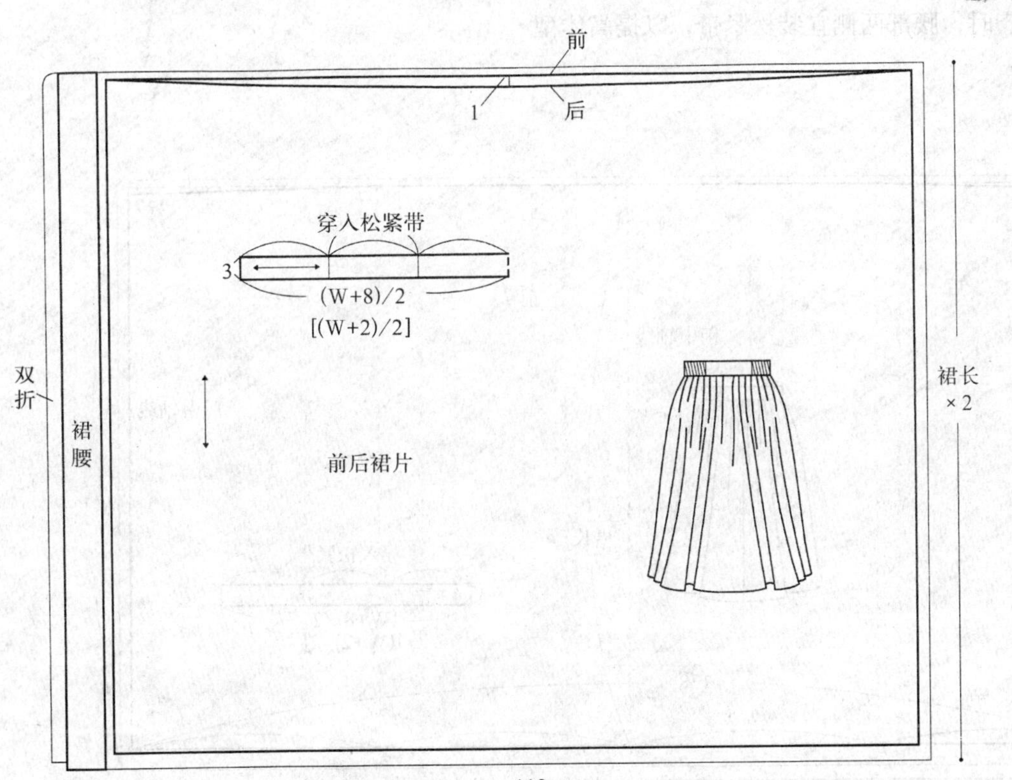

图3–14　宽摆褶裙

15. 小碎褶裙

参考规格（2.5·4.5系列） 单位：厘米

群体分组	序号	身高	腰围(W)	下体号型	裙长	成品腰围	裙摆围
高密集度群体	1	155	59	155/59	79	61	140以上
	2	157.5	63.5	158/64	80.5	65.5	
	3	160	68	160/68	82	70	
	4	162.5	72.5	163/73	83.5	74.5	
	5	165	77	165/77	85	79	
	6	167.5	81.5	168/82	86.5	83.5	
	7	170	86	170/86	88	88	
较高身材中密集度群体	1	165	61.5	165/62	85	63.5	140以上
	2	167.5	66	168/66	86.5	68	
	3	170	70.5	170/71	88	72.5	
	4	172.5	75	173/75	89.5	77	
	5	175	79.5	175/80	91	81.5	

要点：

（1）这款裙子用1幅宽144厘米以上的面料构成，接缝在后中轴线，褶量较少，裙摆不大，但足够上下楼梯、骑自行车等活动需要。

（2）如果要再加长裙子，可以在后中轴线下端开30厘米长的衩，以增大活动舒适性。

（3）成批生产时，腰部两侧宜装松紧带，以提高体型覆盖面。

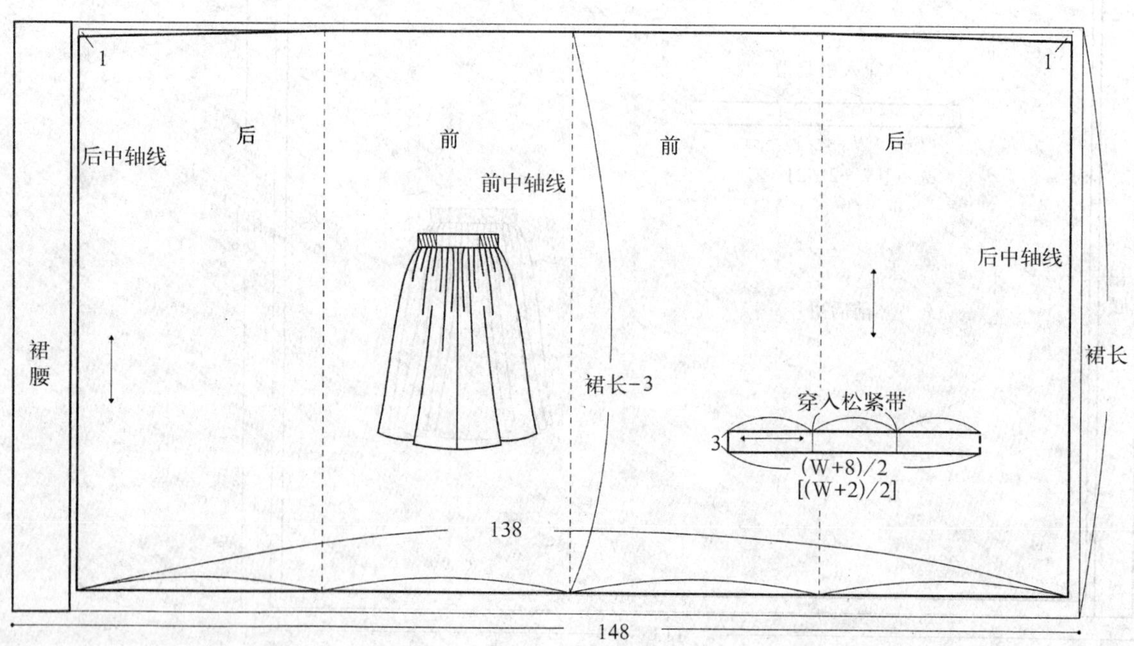

图3–15 小碎褶裙

16. 二节式褶裙

参考规格（2.5·4.5系列）　　　　　　　　单位：厘米

群体分组	序号	身高	腰围（W）	下体号型	裙长	成品腰围（平量）	裙摆围
高密集度群体	1	155	59	155/59	69.6	61	220以上
	2	157.5	63.5	158/64	70.8	65.5	
	3	160	68	160/68	72	70	
	4	162.5	72.5	163/73	73.2	74.5	
	5	165	77	165/77	74.4	79	
	6	167.5	81.5	168/82	75.6	83.5	
	7	170	86	170/86	76.8	88	
较高身材中密集度群体	1	165	61.5	165/62	74.8	63.5	220以上
	2	167.5	66	168/66	76	68	
	3	170	70.5	170/71	77.2	72.5	
	4	172.5	75	173/75	78.4	77	
	5	175	79.5	175/80	79.6	81.5	

要点：

（1）这款裙子上节为1幅113厘米左右宽的裙片，下节为2幅113厘米左右宽的裙片，上节较合身，下节较飘逸。

（2）视裙子的长短，上下节之比可定为1∶2、1∶3、1∶4或1∶5，上节长度以15～20厘米为宜。

（3）全腰围装3厘米宽的松紧带，不必装拉链。

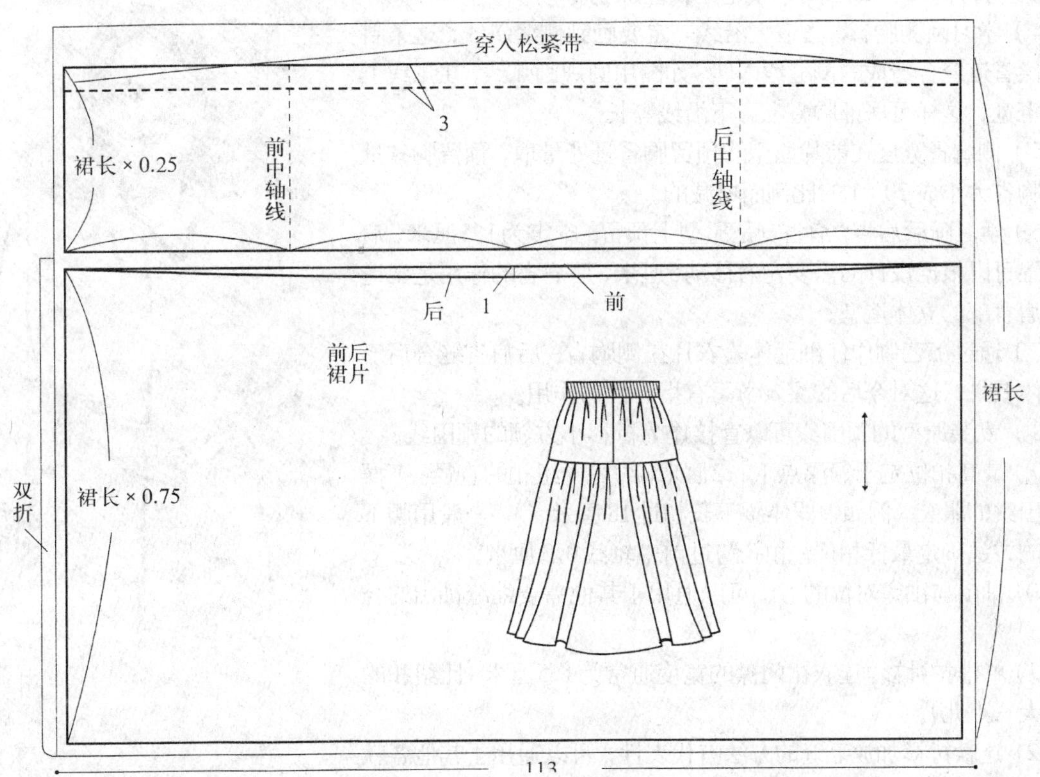

图3–16　二节式褶裙

17. 小翻领衬衫

参考规格 （2.5·4系列） 单位：厘米

群体分组	序号	身高	胸围（B）	上体号型	后衣长	成品胸围	下摆围	领围	肩宽	袖长	袖卡夫
高密集度群体	1	155	76	155/76A	60	86	93	制板、推板后实量	37	54.4	22
	2	157.5	80	158/80A	61	90	97		38	55.2	22.5
	3	160	84	160/84A	62	94	101		39	56	23
	4	162.5	88	163/88A	63	98	105		40	56.8	23.5
	5	165	92	165/92A	64	102	109		41	57.6	24
	6	167.5	96	168/96B	65	106	113		42	58.4	24.5
	7	170	100	170/100B	66	110	117		43	59.2	25
较高身材中密集度群体	1	165	80	165/80Y	64	90	97	制板、推板后实量	38.6	57.4	22
	2	167.5	84	168/84A	65	94	101		39.6	58.2	22.5
	3	170	88	170/88A	66	98	105		40.6	59	23
	4	172.5	92	173/92A	67	102	109		41.6	59.8	23.5
	5	175	96	175/96A	68	106	113		42.6	60.6	24

要点:

（1）这是一款经典样式的前开襟女衬衫，把宽松量缩小（直接按原型的宽松量制板）后显得比较时尚。由于这是对原型改动最少的衬衫之一，其制板技法对其他合体衬衫具有指导作用，很适合作为入门学习的内容。

（2）按图示的程序认真地制图，毕竟这是刚起步的第一件衬衫。

（3）成品胸围直接利用原型，对于当前女青年穿着已足够了；如果是中年人穿着，胸围应追加2～4厘米宽松量（每片0.5～1厘米），袖宽亦相应加宽。

（4）学习画侧胸省，省道上沿线一定要画到侧缝斜线，这条斜线能补偿省道缝合造成的侧缝线内凹，如图用圆规画弧线，在弧线上量取胸省宽，这样可保证胸省上、下沿线等长。

（5）侧胸省宽度在前片原型的预留胸省量处量取，预留胸省量是随着胸省大小成20：1的比例而增减的。

（6）学习画后肩省，肩省宽是原型上预留的，定为1.5厘米，肩省的位置可以根据设计的需要左右移动5厘米，后肩省的作用是塑造后衣片肩背部的立体造型。

（7）通过工艺制作仔细地体验衣片在侧胸省、后肩省缝合后形成的立体效果，这对今后的深入学习有指导性的作用。

（8）女装原型的领围线可以直接作为衬衫小方领的领围线。

（9）最高扣位定于领深点下1.2厘米，约等于纽扣的直径。下摆超过臀围线的服装（例如中间体腰下长超过18厘米者），一般用腰下三等分的方法确定最低扣位。扣孔跨过前中轴线0.3厘米。

(10) 袖山与袖窿对位的方法可以通用于其他需要缩缝袖山的合体衬衫。

(11) 单排扣衬衫、连衣裙门襟的宽度通常为1.5厘米（比纽扣的直径稍大一点儿）。

(12) 这款衬衫加放毛缝的方法有代表性，可以通用于其他各款衬衫。

小翻领衬衫衣片制图

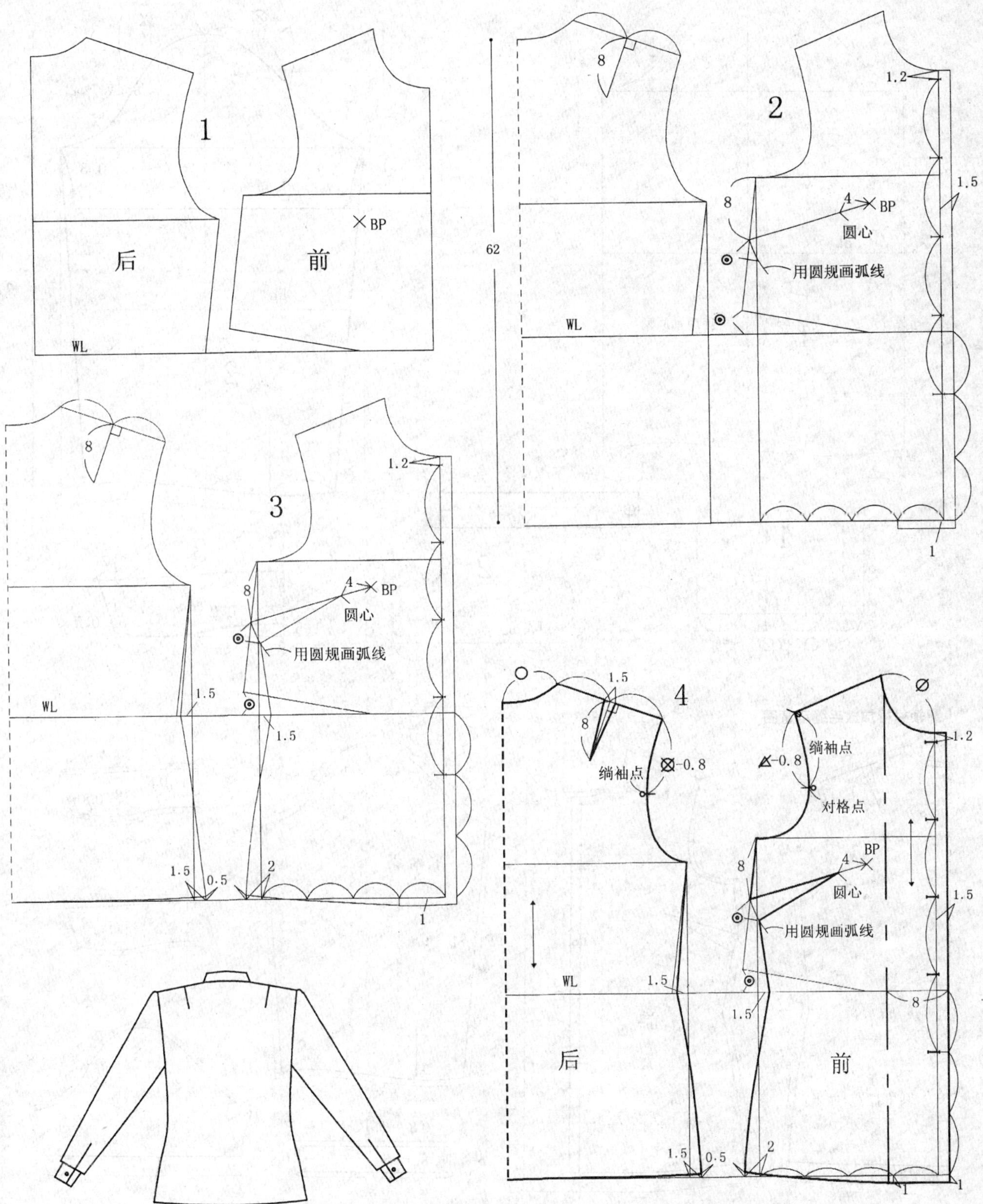

图3–17（1） 小翻领衬衫

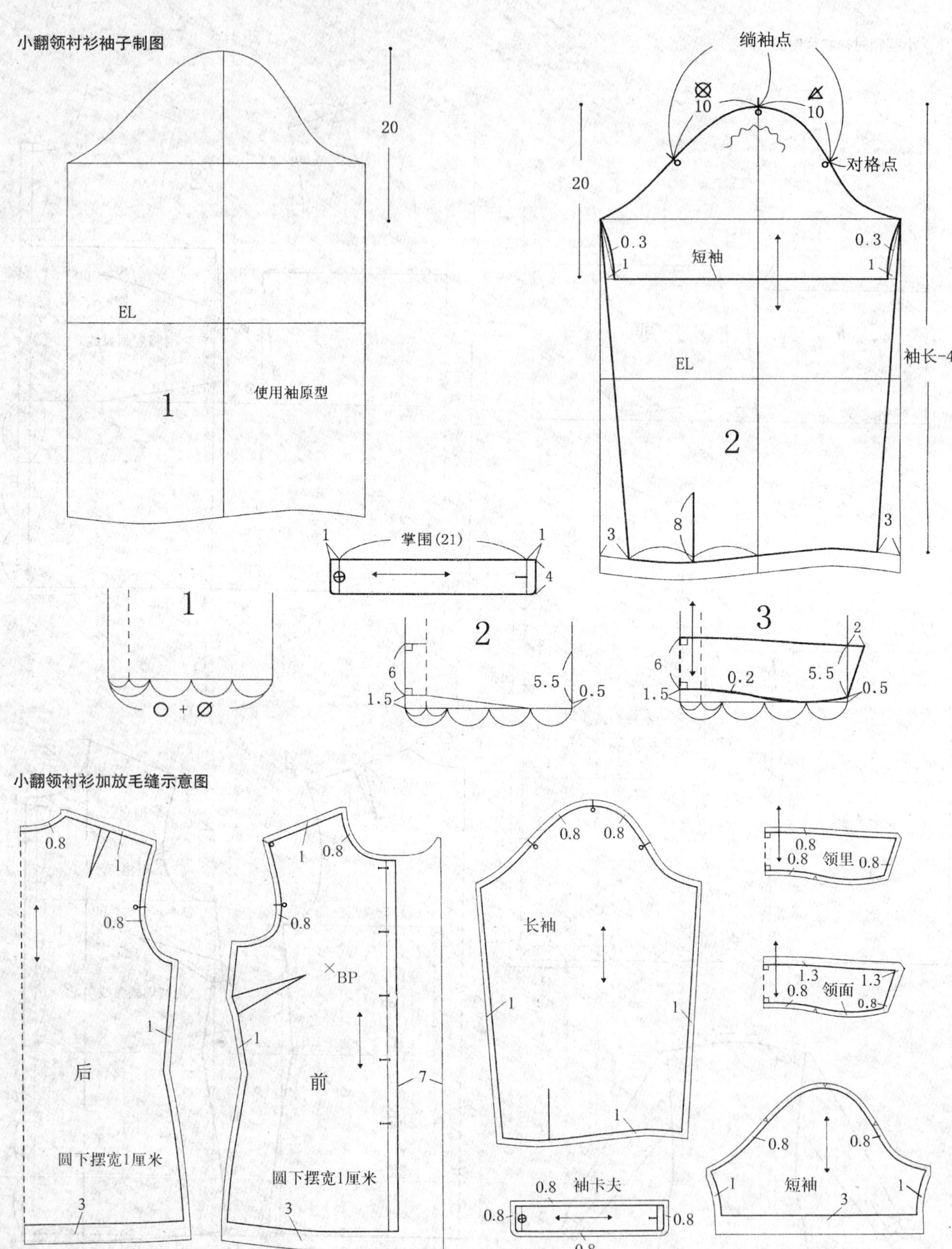

小翻领衬衫袖子制图
20
EL
1
使用袖原型
绱袖点
10
10
20
对格点
0.3
0.3
短袖
1
1
袖长-4
EL
2
8
3
3
1
掌围(21)
1
4
1
○+∅
2
6
1.5
5.5
0.5
3
2
6
0.2
5.5
1.5
0.5
小翻领衬衫加放毛缝示意图
0.8
1
0.8
1
后
圆下摆宽1厘米
3
1
0.8
0.8
BP
1
前
7
圆下摆宽1厘米
3
0.8
0.8
长袖
1
1
1
0.8
袖卡夫
0.8
0.8
0.8
0.8
0.8
领里
0.8
1.3
1.3
0.8
领面
1.3
0.8
0.8
0.8
短袖
1
1
3

图3–17（2） 小翻领衬衫

18. 长翻领双排扣卡腰衬衫

参考规格 （2.5·4系列）　　　　单位：厘米

群体分组	序号	身高	胸围（B）	腰围（W）	上体号型	后衣长	成品胸围	成品腰围	下摆围	领围	肩宽	袖长	袖卡夫
高密集度群体	1	155	76	59	155/76A	53	87	67	84	制板、推板后实量	37	54.4	22
	2	157.5	80	63.5	158/80A	54	91	71.5	88		38	55.2	22.5
	3	160	84	68	160/84A	55	95	76	92		39	56	23
	4	162.5	88	72.5	163/88A	56	99	80.5	96		40	56.8	23.5
	5	165	92	77	165/92A	57	103	85	100		41	57.6	24
较高身材中密集度群体	1	165	80	61.5	165/80Y	57	91	69.5	88	制板、推板后实量	38.6	57.4	22
	2	167.5	84	66	168/84A	58	95	74	92		39.6	58.2	22.5
	3	170	88	70.5	170/88A	59	99	78.5	96		40.6	59	23
	4	172.5	92	75	173/92A	60	103	83	100		41.6	59.8	23.5
	5	175	96	79.5	175/96A	61	107	87.5	104		42.6	60.6	24

要点：

（1）成品胸围为B+11厘米（后片的追加量与后中轴线收腰的影响相抵消，不计入成品胸围）。由于卡腰比较到位，对体型较挑剔，所以“高密集度群体”只设置5个号型。

（2）双排扣衬衫的门襟宽度通常为4～6厘米。

（3）后中轴线切开收腰是为了在背上部形成符合人体的立体造型，这对于卡腰的服装很重要，可以避免后中轴线“起吊”。收腰线的上端起点通常女青年定于后领中心至袖深线的1/4点处，中年女性定于1/3点处，这定点的方法从衬衫到西服都通用；腰部收腰量为1.5厘米，袖深线处设0.5厘米的过渡点，腰围线以下多为垂直线。

（4）A型、Y型体型的腰围线升高1～2厘米，可以形成缩短上身、拉长下身的视错觉，有利于美化体型，但腰围偏大者不宜，因为反而容易暴露体型缺点。不卡腰的服装不必升高，因为视觉上没作用。

（5）长方领的前领降低量可以从穿着者的颈窝向下测量直观地确定（原型的领深点相当于人体的颈窝点），通常降低5～12厘米，按流行或穿着者的接受程度而定。

（6）下摆不超过臀围线的服装，侧缝线下端不必往外抛，因为该处体型小于臀围。

（7）下摆不超过臀围线的服装（例如中间体腰下长度不超过17厘米者），通常用腰下二等分的方法确定最低扣位。

（8）泡袖的袖山用切开线扇形展开法设计。袖山升高量4～6厘米。

（9）领型可以置换为飘带领（领围线不必改变），注意飘带领的缝合止点；领片与领围线缝合的部分为对折缝合，飘带部分则是单层的，边缘缝细双折边。

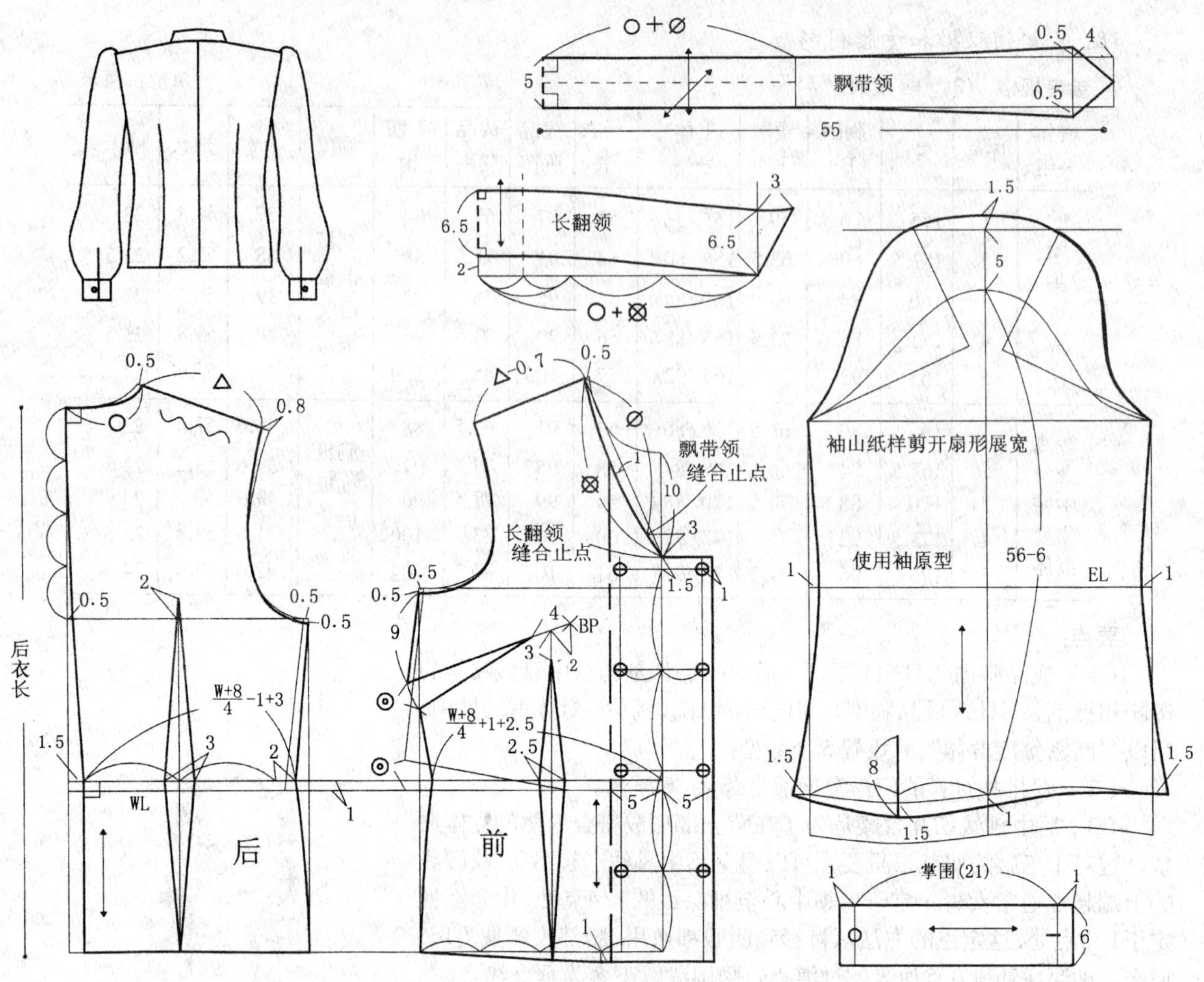

图3–18　长翻领双排扣卡腰衬衫

19. 合体仿男式立领衬衫

参考规格　(2.5·4系列)　　　　　　　　单位：厘米

群体分组	序号	身高	胸围(B)	上体号型	后衣长	成品胸围	下摆围	领围	肩宽	袖长	袖卡夫
高密集度群体	1	155	76	155/76A	61	88	93	制板、推板后实量	38	54.4	22
	2	157.5	80	158/80A	62	92	97		39	55.2	22.5
	3	160	84	160/84A	63	96	101		40	56	23
	4	162.5	88	163/88A	64	100	105		41	56.8	23.5
	5	165	92	165/92A	65	104	109		42	57.6	24
	6	167.5	96	168/96B	66	108	113		43	58.4	24.5
	7	170	100	170/100B	67	112	117		44	59.2	25
较高身材中密集度群体	1	165	80	165/80Y	65	92	97	制板、推板后实量	38.6	57.4	22
	2	167.5	84	168/84A	66	96	101		39.6	58.2	22.5
	3	170	88	170/88A	67	100	105		40.6	59	23
	4	172.5	92	173/92A	68	104	109		41.6	59.8	23.5
	5	175	96	175/96A	69	108	113		42.6	60.6	24

要点:

（1）这是一款经典的仿男式女衬衫，适合作为休闲衬衫，成品胸围为B+12厘米。

（2）男式立领的前领深应加深1厘米，以避免领子卡住喉结。

（3）前胸利用约克打一道2厘米宽的胸省，这在稍宽松的休闲服装上是一种变体胸省的设计方法。

（4）前后肩部的约克要拼接后再裁剪，其他仿男式衬衫的约克也都照此处理。

（5）由于袖窿增大，袖山亦要相应增大，这款袖型是不用袖原型而直接制板的，方法与画袖原型差不多，只是AH大一些。

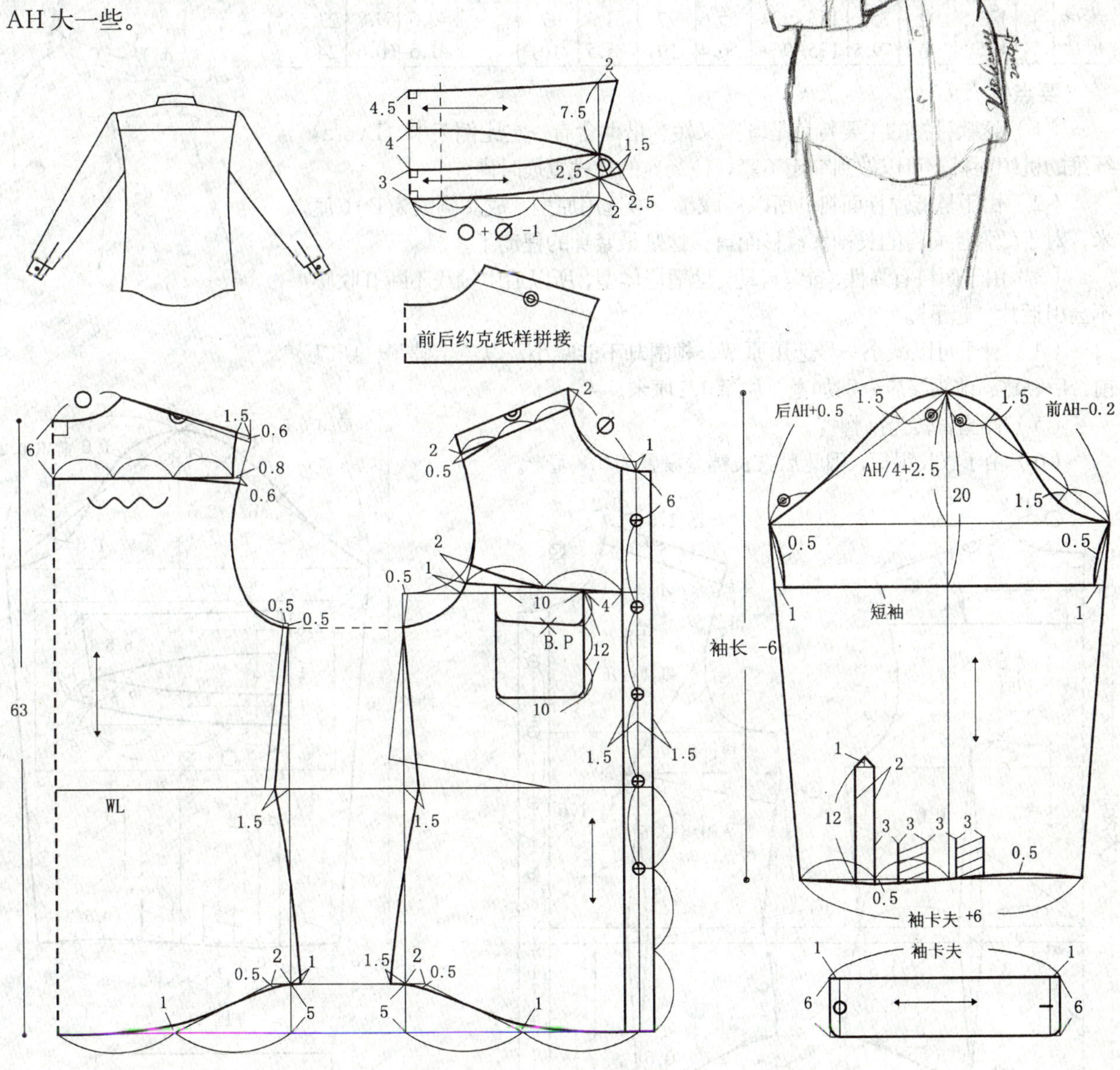

图3–19　合体仿男式立领衬衫

20. 低弹性面料仿男式立领衬衫

参考规格 （2.5·4系列） 单位：厘米

群体分组	序号	身高	胸围(B)	腰围(W)	上体号型	后衣长	成品胸围	成品腰围	下摆围	领围	肩宽	袖长	袖卡夫
高密集度群体	1	155	76	59	155/76A	50.4	81	65	81	制板、推板后实量	36	54.4	22
	2	157.5	80	63.5	158/80A	51.2	85	69.5	85		37	55.2	22.5
	3	160	84	68	160/84A	52	89	74	89		38	56	23
	4	162.5	88	72.5	163/92A	52.8	93	78.5	93		39	56.8	23.5
	5	165	92	77	165/96A	53.6	97	83	97		40	57.6	24
较高身材中密集度群体	1	165	80	61.5	165/80Y	53.2	85	67.5	85	制板、推板后实量	37.6	57.4	22
	2	167.5	84	66	168/84A	54	89	72	89		38.6	58.2	22.5
	3	170	88	70.5	170/88A	54.8	93	76.5	93		39.6	59	23
	4	172.5	92	75	173/92A	55.6	97	81	97		40.6	59.8	23.5
	5	175	96	79.5	175/96A	56.4	101	85.5	101		41.6	60.6	24

要点：

（1）这款衬衫的主要特色是既窄又短，借助含有一定比例莱卡（Lycra）纤维的机织面料，可以做到窄而不紧，使经典的款式重焕时尚。

（2）由于是低弹性面料，所以应减小一号选用原型，成品胸围为B+6厘米，对于低弹性面料的长袖女衬衫而言，这是最紧身的程度了。

（3）由于面料有弹性，能“自动”地适应体型，所以后中轴线不断开收腰不会引后片“起吊”。

（4）身子可以减小一号选用原型，领围却不能减小，以免卡脖子，所以前、后领宽、前领深应分别加宽、加深0.2厘米。

（5）侧胸省转为袖胸省。

（6）由于衣长很短，因此后衣长档差设置为0.8厘米。

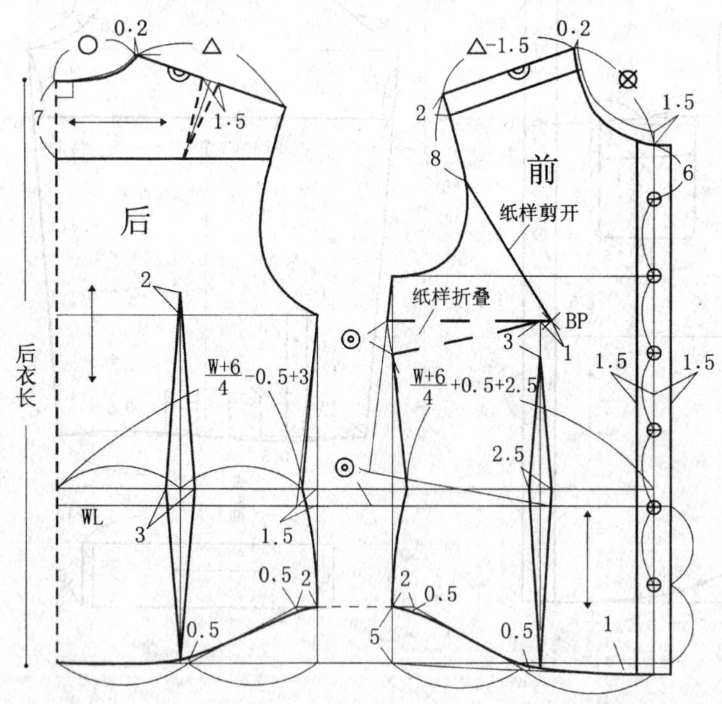

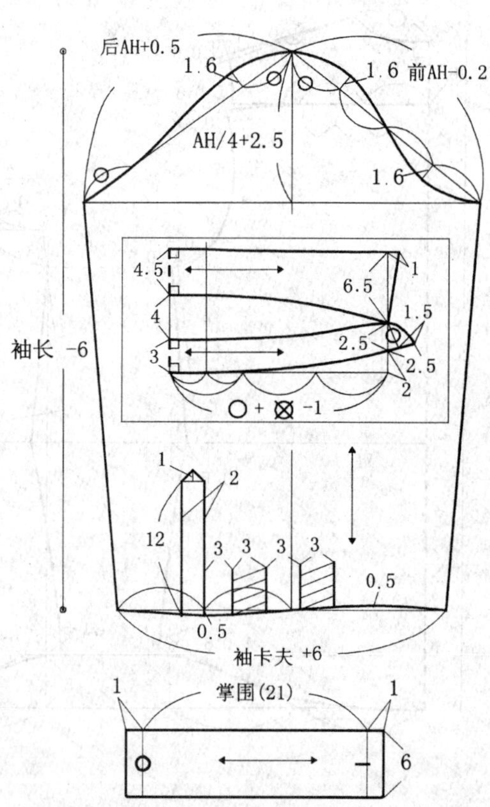

图3-20 低弹性面料仿男式立领衬衫

21. 半宽松仿男式立领衬衫

参考规格 （3·6系列） 单位：厘米

群体分组	序号	身高	胸围(B)	上体号型	后衣长	成品胸围	下摆围	领围	肩宽	袖长	袖卡夫
高密集度群体	1	157	78	157/78A	60.8	96	96	制板、推板后实量	39.2	55	21.2
	2	160	84	160/84A	62	102	102		41	56	22
	3	163	90	163/90A	63.2	108	108		42.4	57	22.8
	4	166	96	166/96A	64.4	114	114		43.8	58	23.6
	5	169	102	169/102B	65.6	120	120		45.2	59	24.4
较高身材中密集度群体	1	165	78	165/78Y	63.8	96	96	制板、推板后实量	40.2	58	21.2
	2	168	84	168/84A	65	102	102		41.6	59	22
	3	171	90	171/90A	66.2	108	108		43	60	22.8
	4	174	96	174/96A	67.4	114	114		44.4	61	23.6
	5	177	102	177/102A	68.6	120	120		45.8	62	24.4

要点:

（1）这款衬衫常用作职业服、工作服。

（2）成品胸围为B+18厘米，对于衬衫而言，属半宽松式，前片在后片的基础上制板，基本上是直线裁剪，臀围已足够大，所以下摆不必外抛。

（3）因为不贴体，所以不必打胸省。

（4）袖山适当降低，使袖型较宽，以增强舒适性。

（5）注意袖山的画法，这是最典型的休闲半宽松袖，袖山基本上不含缩缝量，只要平缝就行了。

（6）因为是半宽松式，所以成批投产推板（放码）时，宜采用3·6系列号型，可以达到既不影响选购，又能够“少号型量，大覆盖面”的效果。

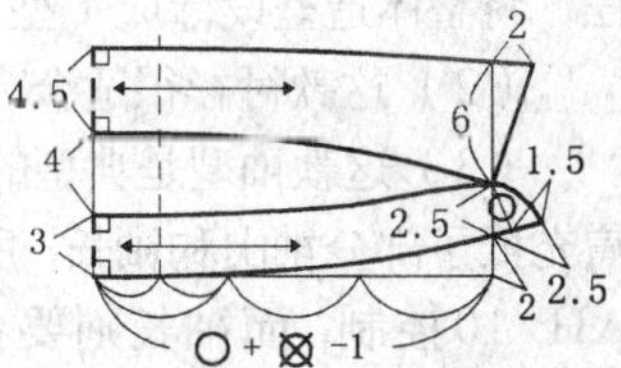

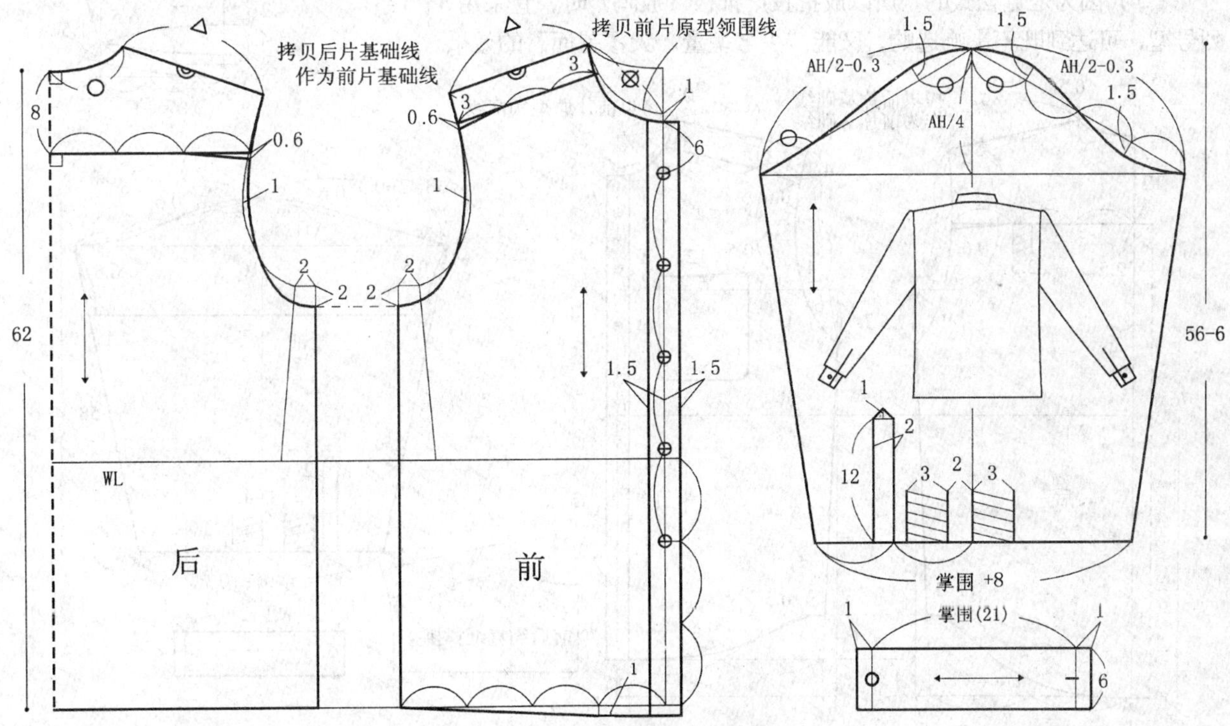

图3-21 半宽松仿男式立领衬衫

22. 宽松仿男式立领衬衫

参考规格 （3·6系列）

单位：厘米

群体分组	序号	身高	胸围（B）	上体号型	后衣长	成品胸围	下摆围	领围	肩袖长	袖卡夫
高密集度群体	1	157	78	157/78A	74.8	112	107	制板、推板后实量	71.5	21.2
	2	160	84	160/84A	76	118	113		73	22
	3	163	90	163/90A	77.2	124	119		74.5	22.8
	4	166	96	166/96A	78.4	130	125		76	23.6
	5	169	102	169/102B	79.6	136	131		77.5	24.4
较高身材中密集度群体	1	165	78	165/78Y	77.8	112	107	制板、推板后实量	75.5	21.2
	2	168	84	168/84A	79	118	113		77	22
	3	171	90	171/90A	80.2	124	119		78.5	22.8
	4	174	96	174/96A	81.4	130	125		80	23.6
	5	177	102	177/102A	82.6	136	131		81.5	24.4

要点：

（1）同属仿男式立领衬衫，这款是宽松量最大的，成品胸围为B+34厘米，比以往概念的大衣还要大一些，但通过适当的细节设计，特别是收缩下摆，将整体造型设计成T型，穿着效果就显得宽而不肥。

（2）这款衬衫很适合人们在松弛身心的闲暇时间穿着。

（3）这款袖型是典型的落肩式宽松袖，落肩量多在3~6厘米之间，落肩充抵了部分袖山和袖长，所以袖山很低，袖宽较大，袖山多用AH/8或AH/10控制；而袖长则要扣除落肩量，在成衣生产中为方便品检，多用肩袖长规格。

（4）前片在后片的基础线上制板。

（5）因为是宽松式的，所以成批投产推板（放码）时，宜采用3·6系列号型，可达到既不影响选购，又能“少号型量，大覆盖面”的效果。

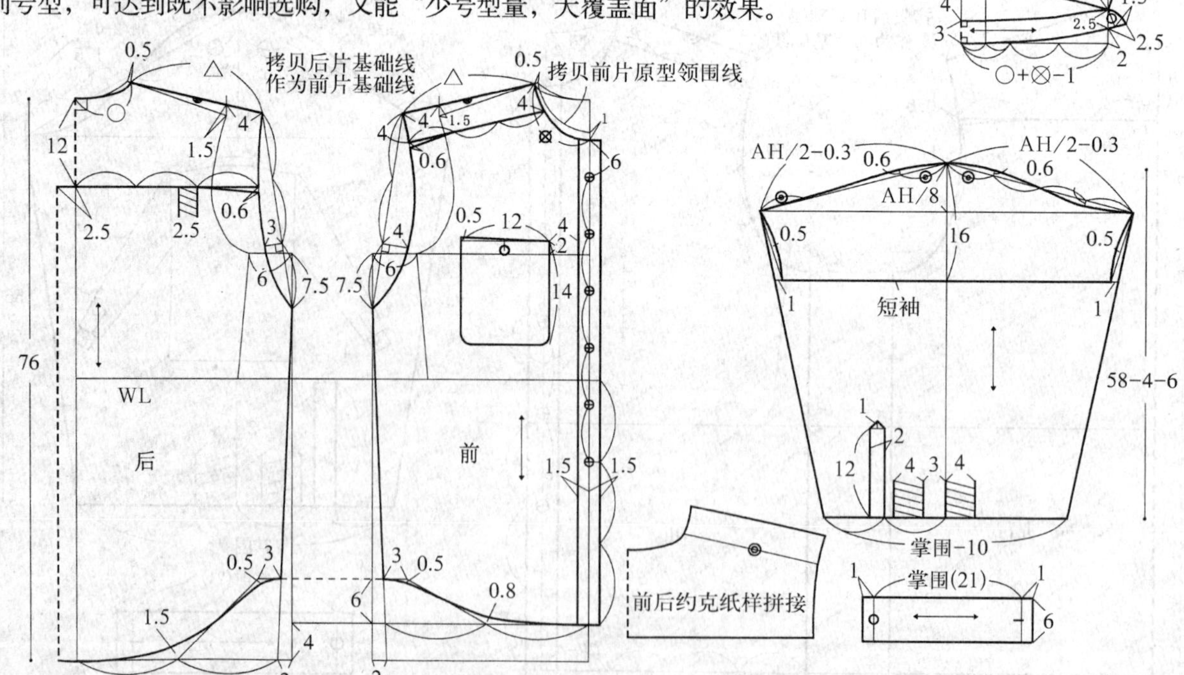

图3-22 宽松仿男式立领衬衫

23. 翻驳领公主线衬衫

参考规格 （2.5·4系列） 单位：厘米

群体分组	序号	身高	胸围（B）	腰围（W）	上体号型	后衣长	成品胸围	成品腰围	下摆围	领围	肩宽	袖长	1/2袖口
高密集度群体	1	155	76	59	155/76A	54	85	67	87	制板、推板后实量	37	52.4	10.5
	2	157.5	80	63.5	158/80A	55	89	71.5	91		38	53.2	11
	3	160	84	68	160/84A	56	93	76	95		39	54	11.5
	4	162.5	88	72.5	163/88A	57	97	80.5	99		40	54.8	12
	5	165	92	77	165/92A	58	101	85	103		41	55.6	12.5
	6	167.5	96	81.5	168/96B	59	105	89.5	107		42	56.4	13
	7	170	100	86	170/100B	60	109	94	111		43	57.2	13.5
较高身材中密集度群体	1	165	80	61.5	165/80Y	58	89	69.5	92	制板、推板后实量	38.6	55.4	11
	2	167.5	84	66	168/84A	59	93	74	96		39.6	56.2	11.5
	3	170	88	70.5	170/88A	60	97	78.5	100		40.6	57	12
	4	172.5	92	75	173/92A	61	101	83	104		41.6	57.8	12.5
	5	175	96	79.5	175/96A	62	105	87.5	108		42.6	58.6	13

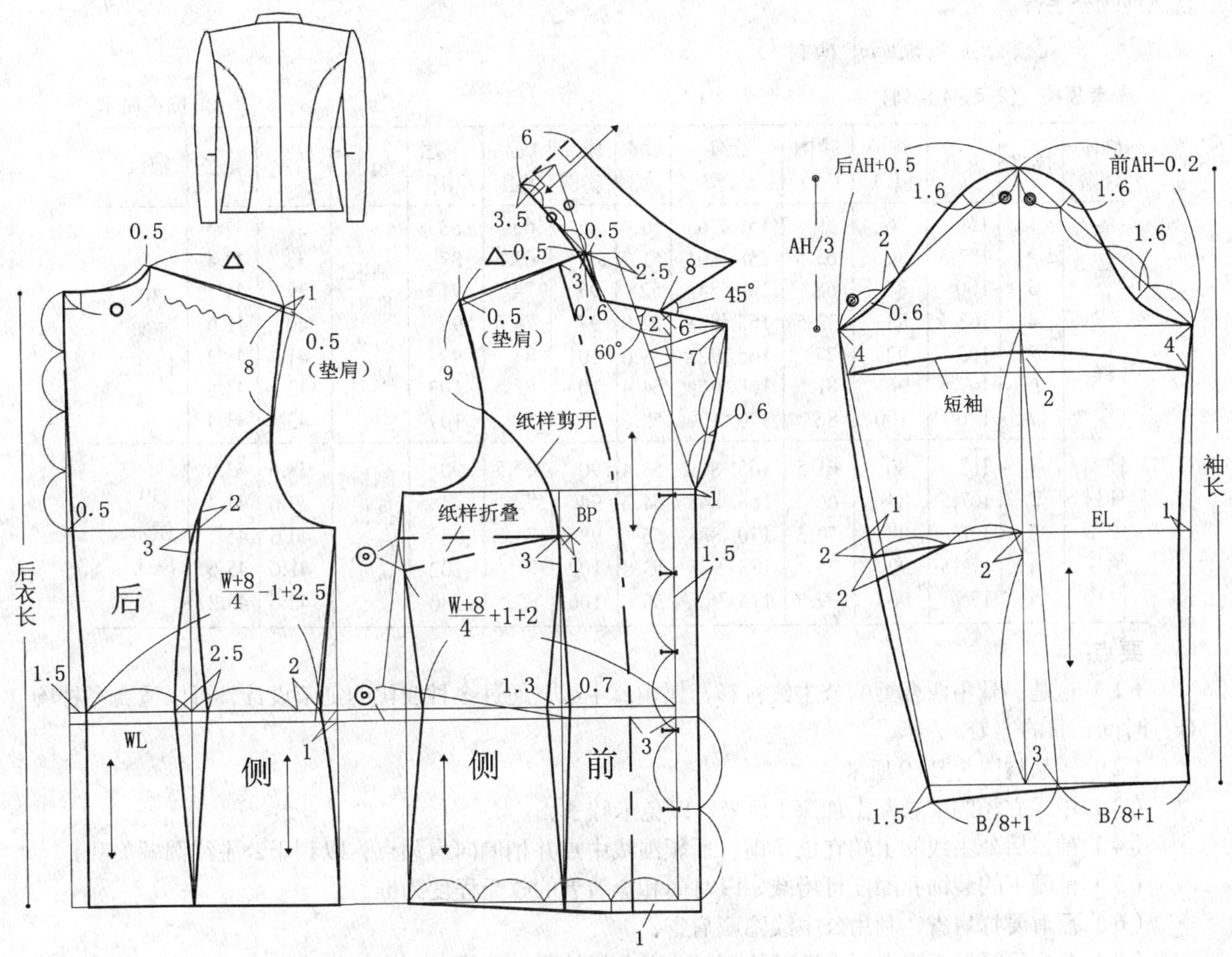

图3–23　翻驳领公主线衬衫

要点:

（1）这是一款典型的公主线衬衫，属袖公主线，适合设计成职业女性夏秋季的上班套装。

（2）成品胸围为B+9厘米(半围在后中轴线／胸围线处收小0.5厘米)。

（3）腰量宽松量为8厘米，这样的卡腰量既能勾勒纤细的腰肢，又有利于工作时的舒适性。

（4）后片公主线位于腰围线等分点偏左一点的位置，上端位于袖窿线中点偏上一点的位置；前片公主线位于BP点偏左1厘米处，上端位于袖窿线中点偏上一点的位置。这是公主线服装常见的设计手法，这些设计点都可以按视觉效果或流行时尚略作移动。

（5）前片公主线卡腰应不对称，将腰省宽分成三份，靠门襟侧占一份，另一侧占二份，目的是减少卡腰对门襟的应力。

（6）翻驳领的翻折点可以上下移动，主要是依据翻折线与前中轴线相交点的视觉效果，对于贴身穿着的衬衫而言，相交点不宜低于领深点下10厘米。

（7）机织面料的一片式衬衫袖一定要偏袖并打袖肘省或袖口直省，以利于袖型美观。针织面料就不必偏袖，也不必打袖省，因为面料的弹性效应会使袖子自然地吻合手臂。

24. 中式领公主线喇叭中袖衬衫

参考规格（2.5·4系列）

单位：厘米

群体分组	序号	身高	胸围（B）	腰围（W）	上体号型	后衣长	成品胸围	成品腰围	下摆围	领围	肩宽	袖长	袖口
高密集度群体	1	155	76	59	155/76A	50.4	85	65	83	制板、推板后实量	37	39.8	30厘米以上
	2	157.5	80	63.5	158/80A	51.2	89	69.5	87		38	40.4	
	3	160	84	68	160/84A	52	93	74	91		39	41	
	4	162.5	88	72.5	163/88A	52.8	97	78.5	95		40	41.6	
	5	165	92	77	165/92A	53.6	101	83	99		41	42.2	
	6	167.5	96	81.5	168/96B	54.4	105	87.5	103		42	42.8	
	7	170	100	86	170/100B	55.2	109	91	107		43	43.4	
较高身材中密集度群体	1	165	80	61.5	165/80Y	53.4	90	67.5	90	制板、推板后实量	38.6	43.8	30厘米以上
	2	167.5	84	66	168/84A	54.2	94	72	94		39.6	44.4	
	3	170	88	70.5	170/88A	55	98	76.5	98		40.6	45	
	4	172.5	92	75	173/92A	55.8	102	81	102		41.6	45.6	
	5	175	96	79.5	175/96A	56.6	106	85.5	106		42.6	46.2	

要点:

（1）这是一款中西合璧的公主线衬衫，属领公主线，通过多种变化的细节设计，可以适合多种场合、时间、目的穿着。

（2）成品胸围为B+9厘米。

（3）中式立领的前领深需加深1厘米，以免卡脖子。

（4）前、后公主线的上端宜位于前、后领围线中点并稍偏向肩颈点，以利于公主线圆顺美观。

（5）前领下的装饰孔深度可增减，以时尚和穿着者的收受程度为准。

（6）后肩要打肩省，利用公主线隐藏肩省。

（7）公主线衬衫不宜选用太透明的面料，以免拼接线太明显。

（8）如果喇叭袖用斜纱面料则效果更飘逸。

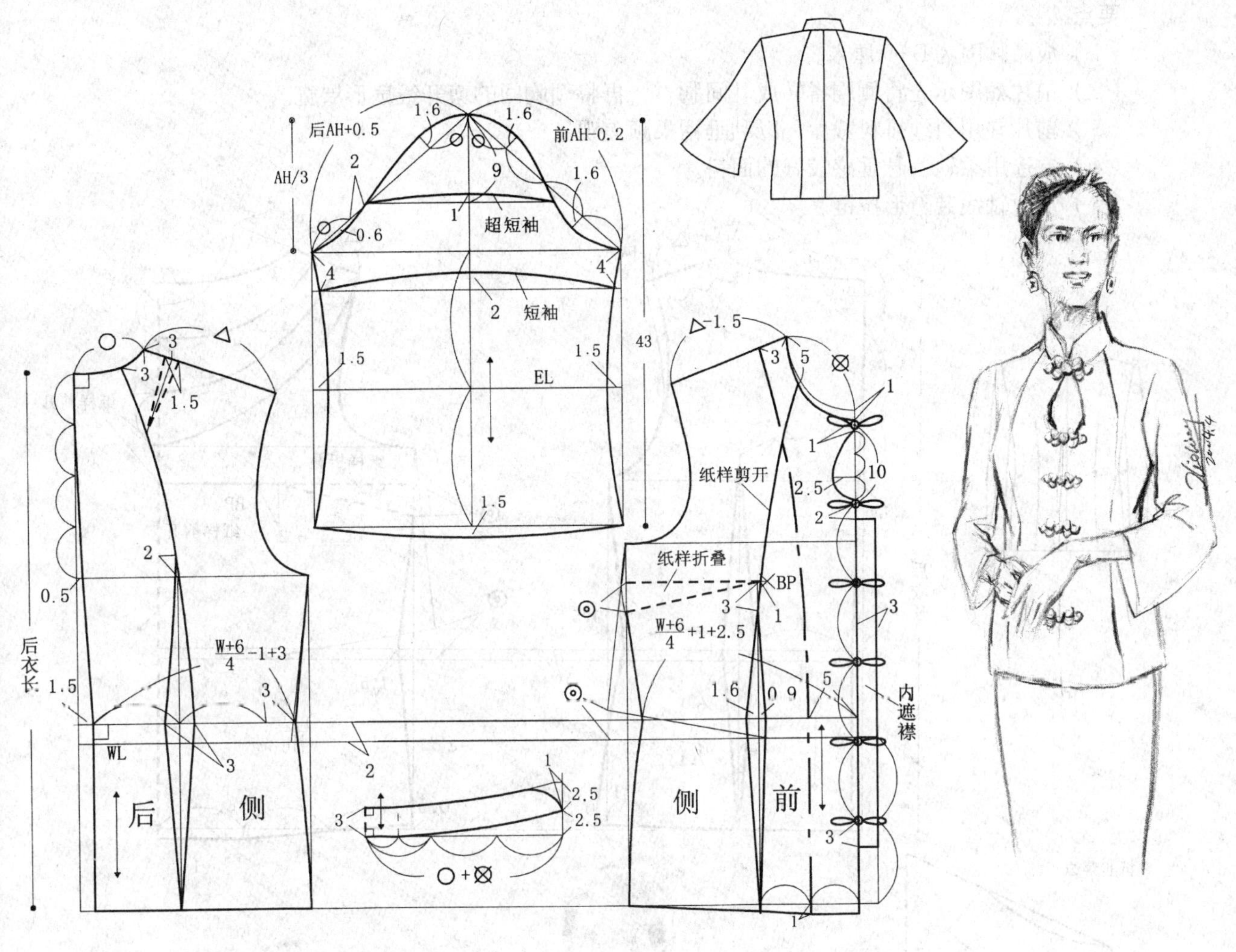

图3–24 中式领公主线喇叭中袖衬衫

25. 后开襟坚领衬衫

参考规格 (2.5·4系列) 单位：厘米

群体分组	序号	身高	胸围(B)	腰围(W)	上体号型	后衣长	成品胸围	成品腰围	下摆围	肩宽	袖长	1/2袖口
高密集度群体	1	155	76	59	155/76A	54	85	65	85	37	39.8	11.5
	2	157.5	80	63.5	158/80A	55	89	69.5	89	38	40.4	12
	3	160	84	68	160/84A	56	93	74	93	39	41	12.5
	4	162.5	88	72.5	163/88A	57	97	78.5	97	40	41.6	13
	5	165	92	77	165/92A	58	101	83	101	41	42.2	13.5
	6	167.5	96	81.5	168/96B	59	105	87.5	105	42	42.8	14
	7	170	100	86	170/100B	60	109	91	109	43	43.4	14.5
较高身材中密集度群体	1	165	80	61.5	165/80Y	58	92	67.5	92	38.6	43.8	12
	2	167.5	84	66	168/84A	59	96	72	96	39.6	44.4	12.5
	3	170	88	70.5	170/88A	60	100	76.5	100	40.6	45	13
	4	172.5	92	75	173/92A	61	104	81	104	41.6	45.6	13.5
	5	175	96	79.5	175/96A	62	108	85.5	108	42.6	46.2	14

要点:

（1）成品胸围为 B+9 厘米。

（2）前片如图示先将侧胸省转成乳间胸省，再将领胸间的剪开线扇形展宽。

（3）前片宜用斜纱排料裁剪，以利垂褶柔顺美观。

（4）宜选用柔软、悬垂感较好的面料。

（5）后中轴线装隐形拉链。

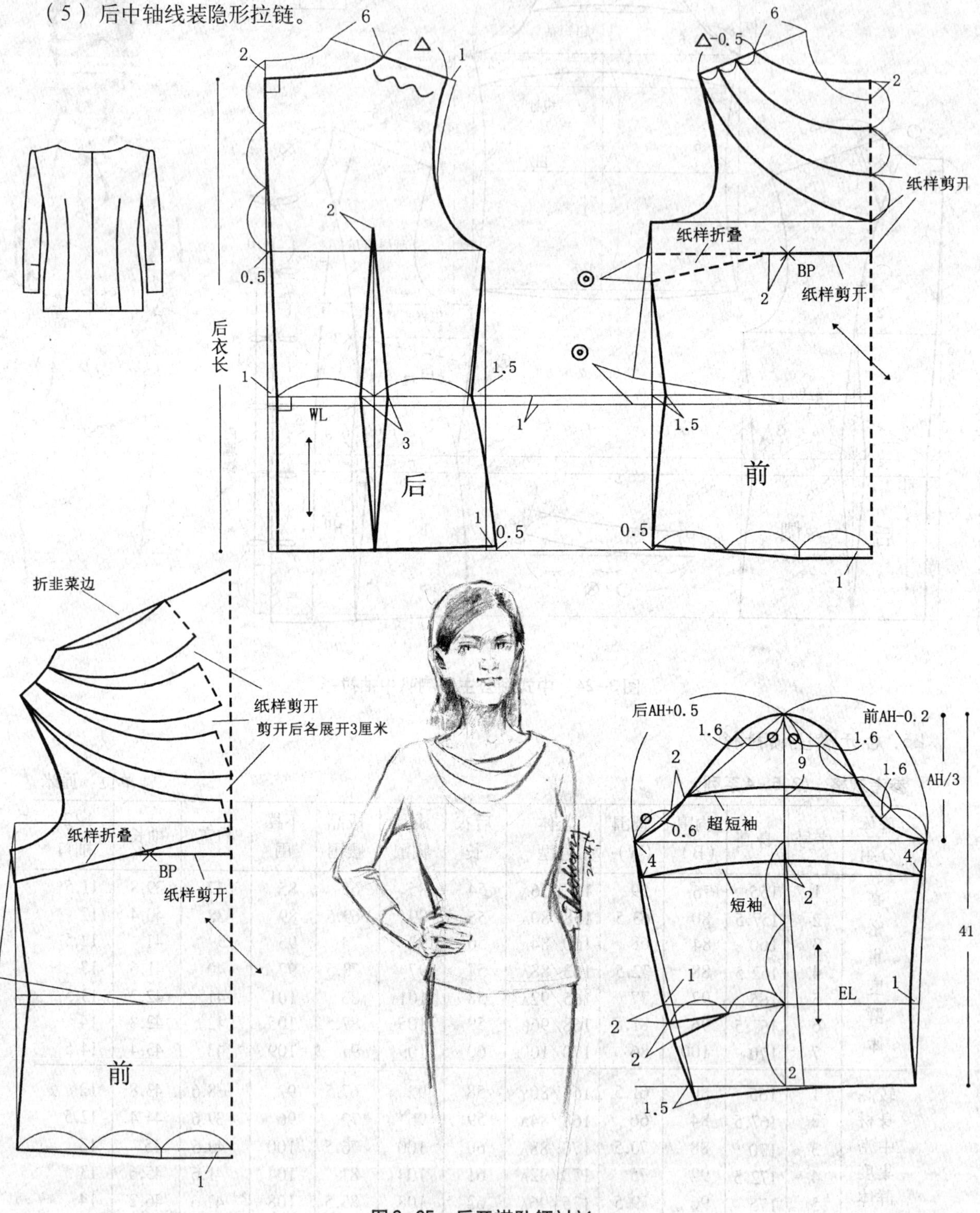

图 3-25　后开襟坠领衬衫

26. 弹性面料开领T恤衫

参考规格（2.5·4系列） 单位：厘米

群体分组	序号	身高	胸围(B)	上体号型	后衣长	成品胸围	下摆围	领围	肩宽	袖长	1/2袖口
高密集度群体	1	155	76	155/76A	56	82	80	制板、推板后实量	37	19.2	13
	2	157.5	80	158/80A	57	86	84		38	19.6	13.5
	3	160	84	160/84A	58	90	88		39	20	14
	4	162.5	88	163/88A	59	94	92		40	20.4	14.5
	5	165	92	165/92A	60	98	96		41	20.8	15
	6	167.5	96	168/96B	61	102	100		42	21.2	15.5
	7	170	100	170/100B	62	106	104		43	21.6	16
较高身材中密集度群体	1	165	80	165/80Y	62	86	82	制板、推板后实量	38.6	21.2	13.5
	2	167.5	84	168/84A	63	90	88		39.6	21.6	14
	3	170	88	170/88A	64	94	92		40.6	22	14.5
	4	172.5	92	173/92A	65	98	96		41.6	22.4	15
	5	175	96	175/96A	66	102	100		42.6	22.8	15.5

要点：

（1）这是弹性针织面料的夏装，应减小一号选用原型，成品胸围为B+6厘米。

（2）弹性针织面料服装可以利用面料的弹性适应体型，多采用拷贝后片基础线进行前片制板的方法，这样既容易掌握，制板效率亦较高。

（3）由于面料有弹性，侧胸省宽可以适当减小，各号型均定寸为2厘米宽。侧胸省转成袖胸省。

（4）领子用有弹性的罗纹领，虽然原型减小一号，领围不必加大，不影响合体性、舒适性。

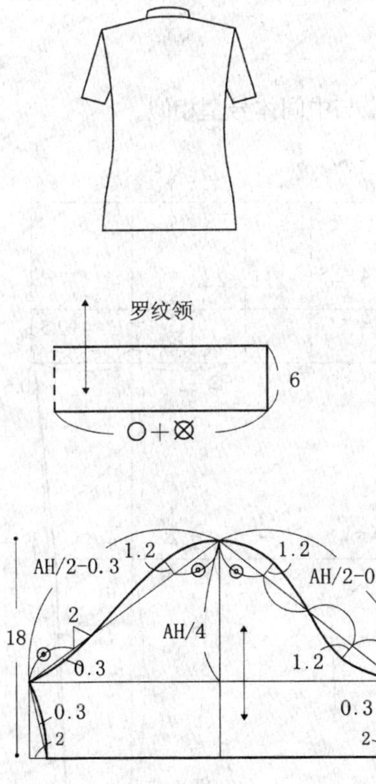

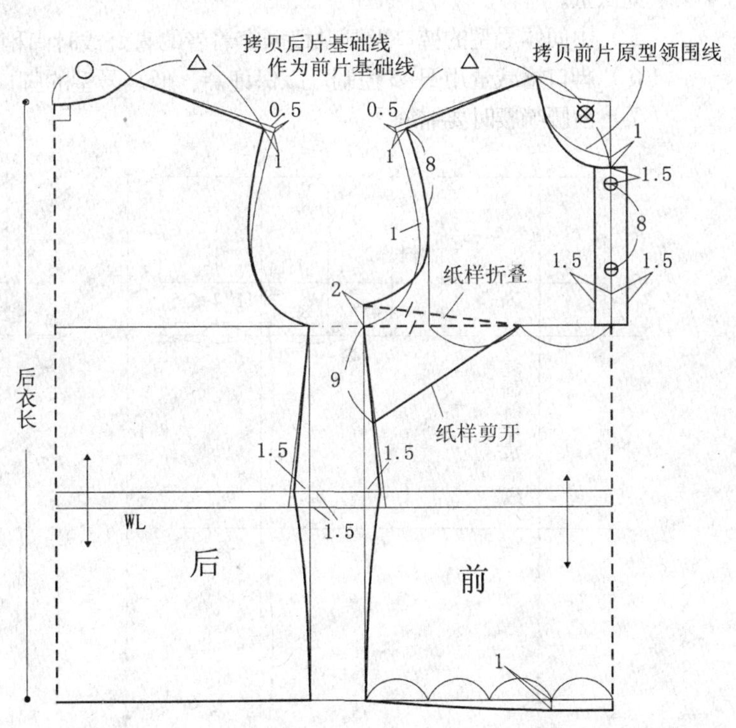

图3–26 弹性面料开领T恤衫

27. 经典西裤

参考规格（2.5·4.5系列） 单位：厘米

群体分组	序号	身高	腰围(W)	臀围(H)	臀长	下体号型	裤毛长	成品腰围	成品臀围	直裆	前裆弧长	前裆弧长	1/2脚口
高密集度群体	1	155	59	82	26	155/59	100	61	92	28	制板、推板后实量	制板、推板后实量	19.4
	2	157.5	63.5	86	26.5	158/64	101.5	65.5	96	28.5			20.2
	3	160	68	90	27	160/68	103	70	100	29			21
	4	162.5	72.5	94	27.5	163/73	104.5	74.5	104	29.5			21.8
	5	165	77	98	28	165/77	106	79	108	30			22.6
	6	167.5	81.5	102	28.5	168/82	107.5	83.5	112	30.5			23.4
	7	170	86	106	29	170/86	109	88	116	31			24.2
较高身材中密集度群体	1	165	61.5	84	28	165/62	106	63.5	94	30	制板、推板后实量	制板、推板后实量	20.2
	2	167.5	66	88	28.5	168/66	108	68	98	30.5			21
	3	170	70.5	92	29	170/71	109.5	72.5	102	31			21.8
	4	172.5	75	96	29.5	173/75	111	77	106	31.5			22.6
	5	175	79.5	100	30	175/80	112.5	81.5	116	32			23.4

要点：

（1）这是一款女西裤的基础型，其制板技法对其他女西裤具有指导作用。

（2）人体的腰围档差明显地高于臀围档差，为了提高体型覆盖面，将腰围档差设置为4.5厘米，将臀围档差设置为4厘米。

（3）这款西裤宽窄适中，臀围宽松量可以控制在8～12厘米之间，即每片宽松量2～3厘米，本款为2.5厘米，前后等宽。因为腿部的动作是趋前性的，前片宽松量稍大一点儿有利于提高舒适性。

（4）腰部宽松量2厘米，这可以满足人体下蹲或坐下时臀部的膨胀量。若是北方的冬天要套毛裤则应加4厘米宽松量。

（5）中间体号型的裤口大可以根据穿着者的喜好或时尚稍作增减。

（6）脚口增减量用H/5控制，以保证高、低端号型的脚口视觉效果与中间体号型相似。

（7）前腰缃腰时要缩缝。

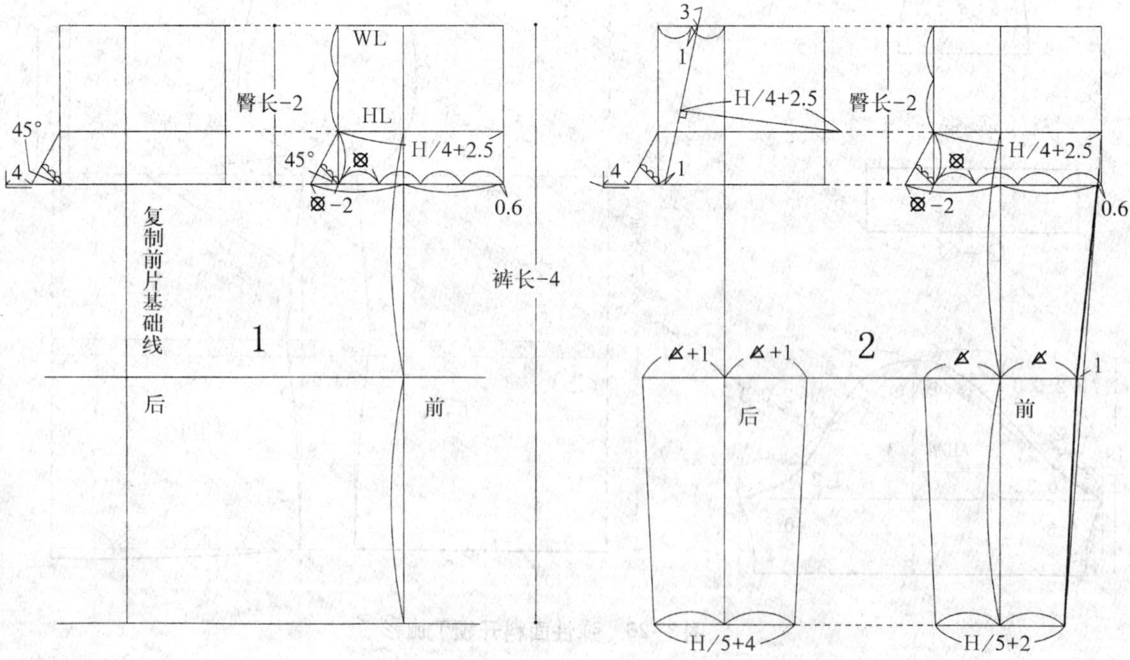

（8）“裤毛长”指未做折边前的裤长，折边宽度通常为4厘米。

（9）按我国以往的习惯，女裤的门襟是设在右边侧缝线处，这个习惯与前苏联是一样的。而欧美、日本等国及港台地区则是设在左边。如果在正面开门襟，门襟的开口方向应朝向左边，即与男裤相反。

（10）成批生产时，腰部两侧宜装松紧带或伸缩扣，以提高体型覆盖面。

（11）制板、推板完成后，要仔细地量取前裆弧长、后裆弧长数值，供生产过程中品检用。

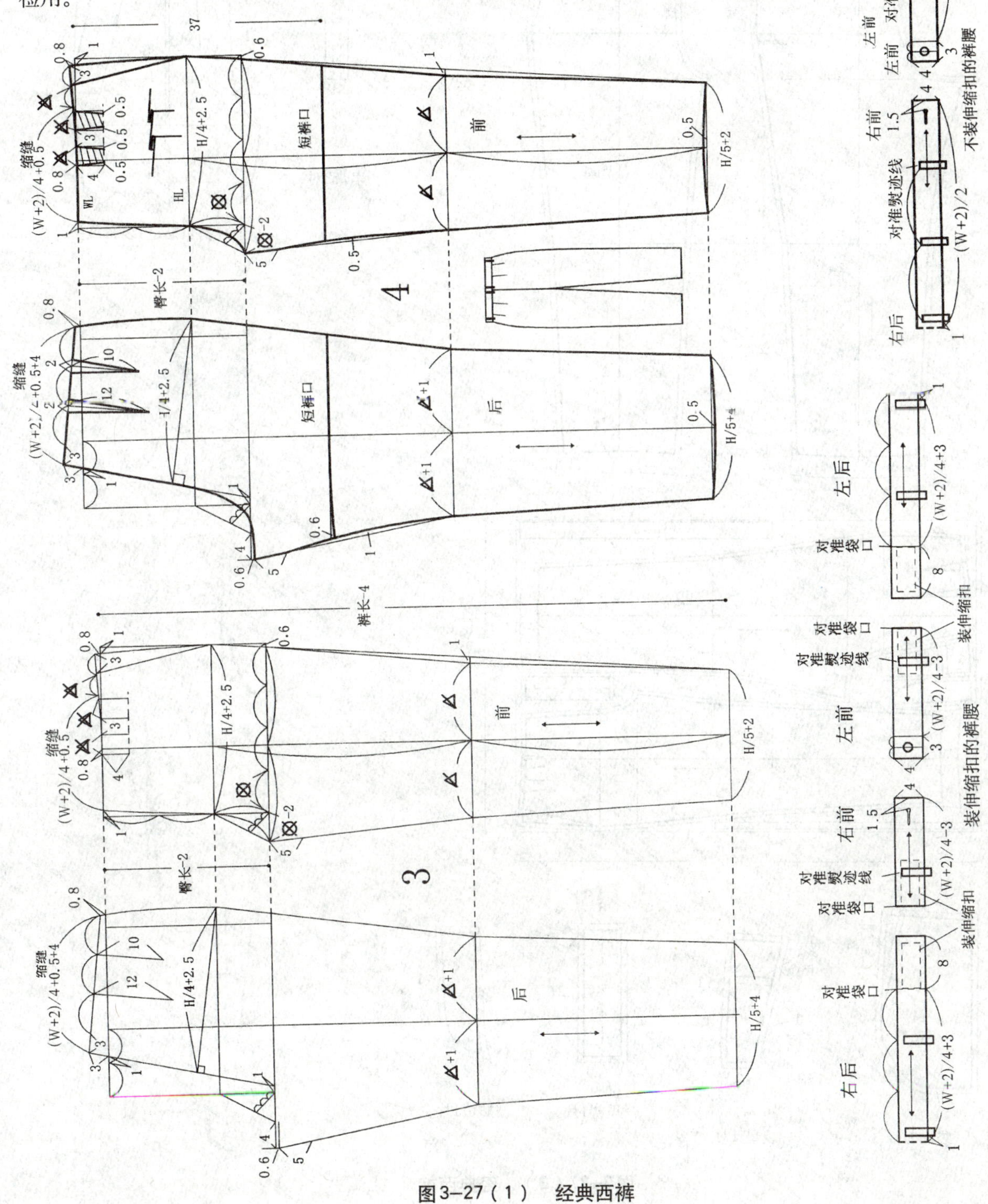

图3–27（1） 经典西裤

后
前
4
串带3对
8
3
15
5
8
3
21
28
5
3
前
从前片拷贝贴边 袋布袋垫
75
105
3
后
前
袋布2对
小袋口
6
袋垫 1对
6
21
里襟1片
贴边1片

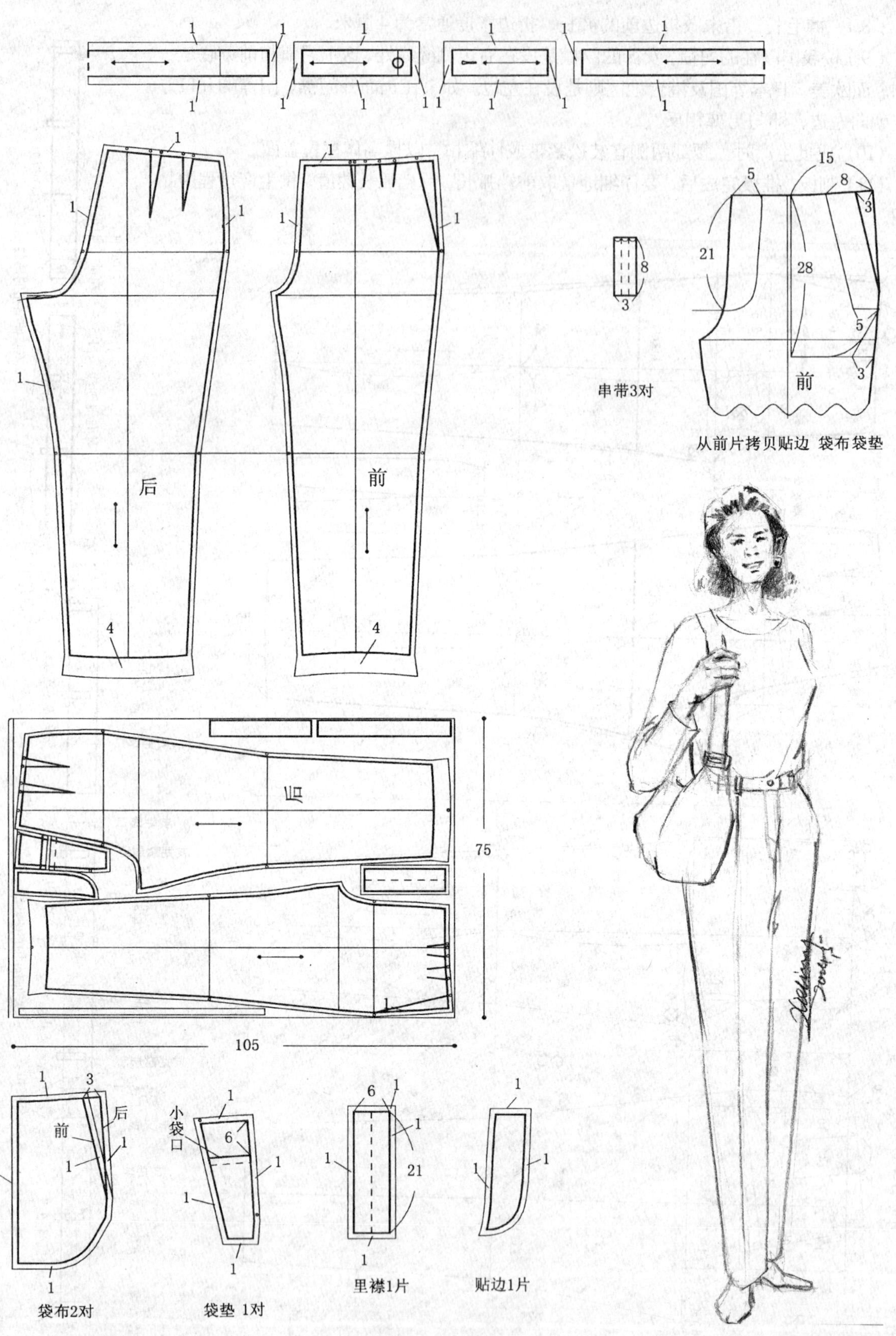

图3–27（2） 经典西裤

28 .半宽松直筒裤

参考规格（2.5·4.5系列） 单位：厘米

群体分组	序号	身高	腰围(W)	臀围(H)	臀长	下体号型	裤毛长	成品腰围	成品臀围	直裆	前后裆弧长	1/2脚口
高密集度群体	1	155	59	82	26	155/59	104	61	90	28	制板、推板后实量	22.4
	2	157.5	63.5	86	26.5	158/64	105.5	65.5	94	28.5		23.2
	3	160	68	90	27	160/68	107	70	98	29		24
	4	162.5	72.5	94	27.5	163/73	108.5	74.5	102	29.5		24.8
	5	165	77	98	28	165/77	110	79	106	30		25.6
	6	167.5	81.5	102	28.5	168/82	111.5	83.5	110	30.5		26.4
	7	170	86	106	29	170/86	113	88	114	31		27.2
较高身材中密集度群体	1	165	61.5	84	28	165/62	110.5	63.5	92	30	制板、推板后实量	23.2
	2	167.5	66	88	28.5	168/66	112	68	96	30.5		24
	3	170	70.5	92	29	170/71	113.5	72.5	100	31		24.8
	4	172.5	75	96	29.5	173/75	115	77	104	31.5		25.6
	5	175	79.5	100	30	175/80	116.5	81.5	108	32		26.4

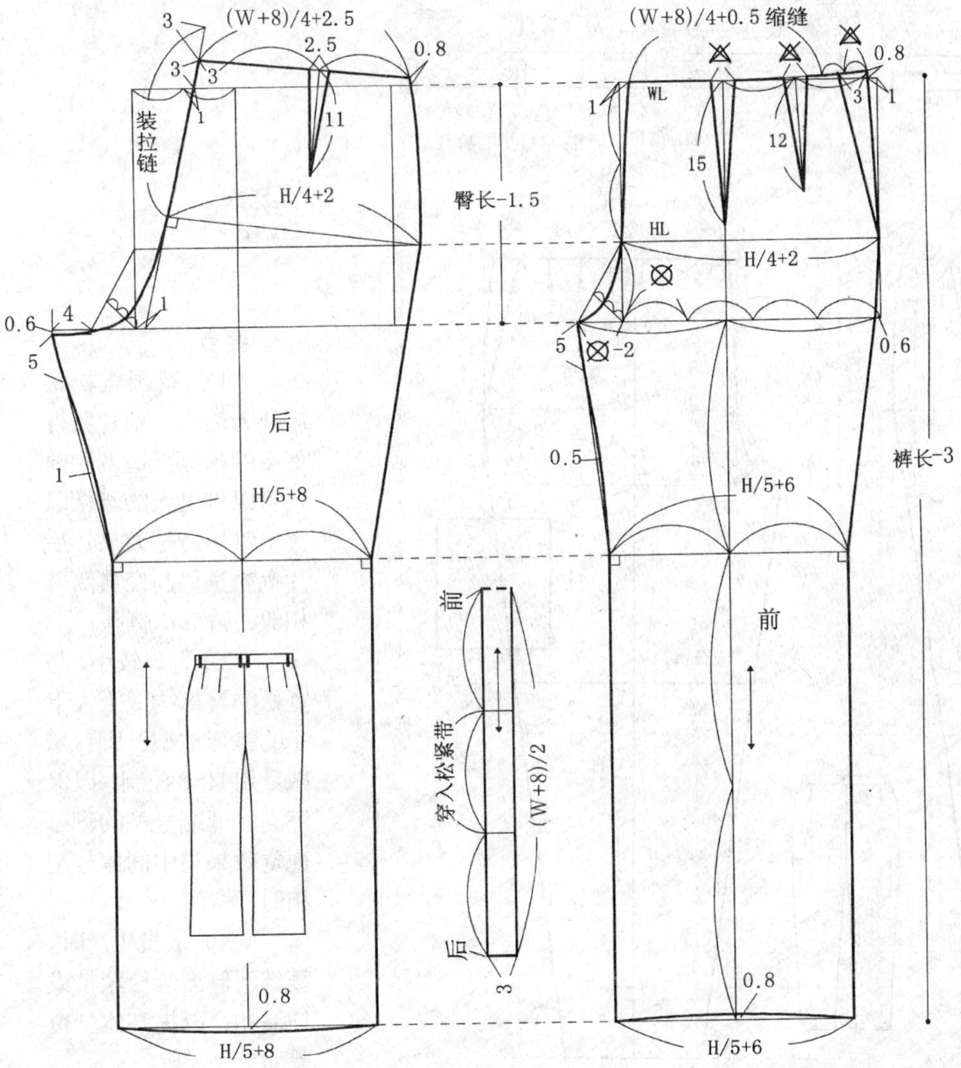

图3–28 半宽松直筒裤

要点：

（1）基本造型与经典西裤相似，唯裤筒较宽，并呈直筒形。

（2）直筒裤的膝围线要适当提高（图中三等分），有利于产生视错觉，拉长腿部，美化体型。

（3）若要设计小喇叭裤，只要使裤口尺寸大于膝围2~3厘米。

（4）成批生产时，腰部两侧需装松紧带或伸缩扣，以提高体型覆盖面。

29. 小锥形裤

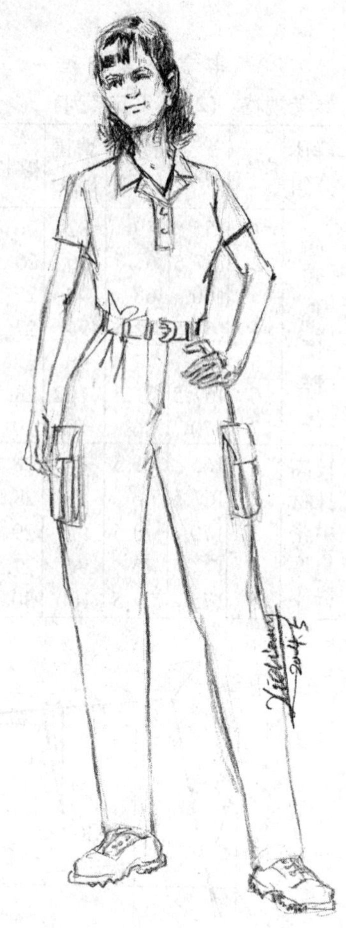

参考规格（2.5·4.5系列） 单位：厘米

群体分组	序号	身高	腰围(W)	臀围(H)	臀长	下体号型	裤毛长	成品腰围	成品臀围	直裆	前后裆弧长	1/2脚口
高密集度群体	1	155	59	82	26	155/59	102	61	98	29	制板、推板后实量	14
	2	157.5	63.5	86	26.5	158/64	103.5	65.5	102	29.5		14.5
	3	160	68	90	27	160/68	105	70	106	30		15
	4	162.5	72.5	94	27.5	163/73	106.5	74.5	110	30.5		15.5
	5	165	77	98	28	165/77	108	79	114	31		16
	6	167.5	81.5	102	28.5	168/82	109.5	83.5	118	31.5		16.5
	7	170	86	106	29	170/86	111	88	122	32		17
较高身材中密集度群体	1	165	61.5	84	28	165/62	108.5	63.5	100	31	制板、推板后实量	14.5
	2	167.5	66	88	28.5	168/66	110	68	104	31.5		15
	3	170	70.5	92	29	170/71	111.5	72.5	108	32		15.5
	4	172.5	75	96	29.5	173/75	113	77	112	32.5		16
	5	175	79.5	100	30	175/80	114.5	81.5	116	33		16.5

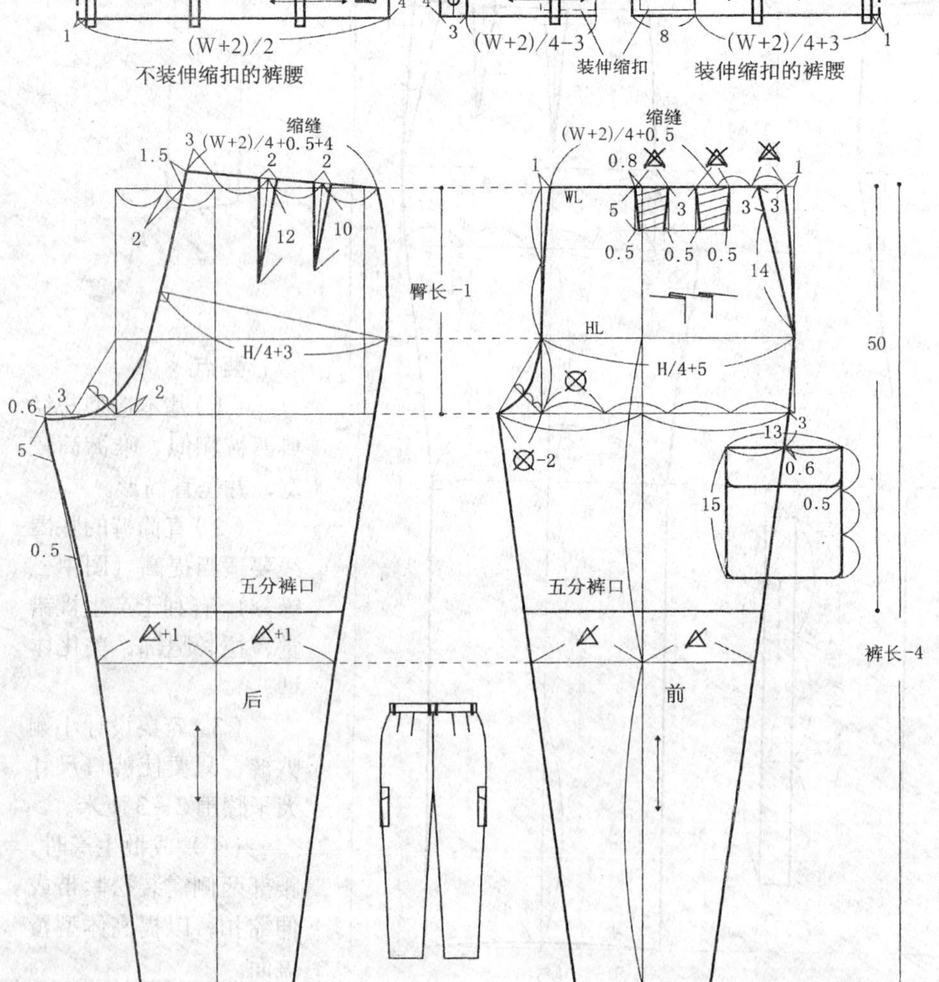

图3-29 小锥形裤

要点：

（1）臀围宽松量应前大后小，前片获得更多的抬脚舒适度，前腰可以打更大的腰褶以突出锥形造型效果；后片宽松量仍与经典西裤相似，臀部不臃肿。

（2）脚口较小，与宽松的臀部构成上大下小的锥形造型；脚口增减量用H/8控制，以保证高、低端号型的脚口视觉效果与中间体号型相似。

（3）成批生产时，腰部两侧需装松紧带或伸缩扣，以提高体型覆盖面。

30. 紧身低腰小喇叭裤（非弹性面料）

参考规格　（3·7系列半档）　　单位：厘米

群体分组	序号	身高	腰围(W)	臀围(H)	臀长	下体号型	裤长	成品腰围	成品臀围	直裆	前裆弧长	后裆弧长	1/2脚口
高密集度群体	1	157	61	84	26.4	157/61	100	65	88	25.4	制板、推板后实量	制板、推板后实量	22.8
	2		64.5	87		157/65		68.5	91				23.4
	3	160	68	90	27	160/68	102	72	94	26			24
	4		71.5	93		160/72		75.5	97				24.6
	5	163	75	96	27.6	163/75	104	79	100	26.6			25.2
	6		78.5	99		163/79		82.5	103				25.8
	7	166	82	102	28.2	166/82	106	86	106	27.2			26.4
	8		85.5	105		166/86		89.5	109				27
	9	169	89	108	28.8	169/89	108	93	112	27.8			27.6
	10		92.5	111		169/93		96.5	115				28.2
较高身材中密集度群体	1	165	59	82	28	165/59	105	63	86	27	制板、推板后实量	制板、推板后实量	22.8
	2		62.5	85		165/63		66.5	89				23.4
	3	168	66	88	28.6	168/66	107	70	92	27.6			24
	4		69.5	91		168/70		73.5	95				24.6
	5	171	73	94	29.2	171/73	109	77	98	28.2			25.2
	6		76.5	97		171/77		80.5	101				25.8
	7	174	80	100	29.8	174/80	111	84	104	28.8			26.4
	8		83.5	103		174/84		87.5	107				27
	9	177	87	106	30.4	177/87	113	91	110	29.4			27.6
	10		90.5	109		177/91		94.5	113				28.2

要点：

（1）由于腰臀比较紧身，腰臀围均应前小后大，后片中裆线的位置亦相应调整。

（2）低腰裤的裤腰呈弧形，要用纬纱面料，贴纬纱腰衬，但裤腰上沿要贴1厘米宽的经纱牵条，使之不能伸长，而裤腰下沿却可以少许伸长，以提高腰臀部的舒适性。

（3）腰围数值应测量裤腰上沿。

（4）后裆弧线的凹势小于其他裤子（相交第一等分点），可以产生提臀的效果，但该效果仅限于紧身的裤子。

（5）小喇叭裤的膝围线要适当提高（图中三等分），有利于拉长腿部，美化体型。

（6）若要设计直筒裤，只要按膝围尺寸把裤管垂直画到脚口。

（7）一些低成本的牛仔裤不用弧形裤腰，可以适当增加裆深（臀长−3），腰围宽松量由8厘米减少到4厘米，配3厘米宽纬纱的直裤腰。

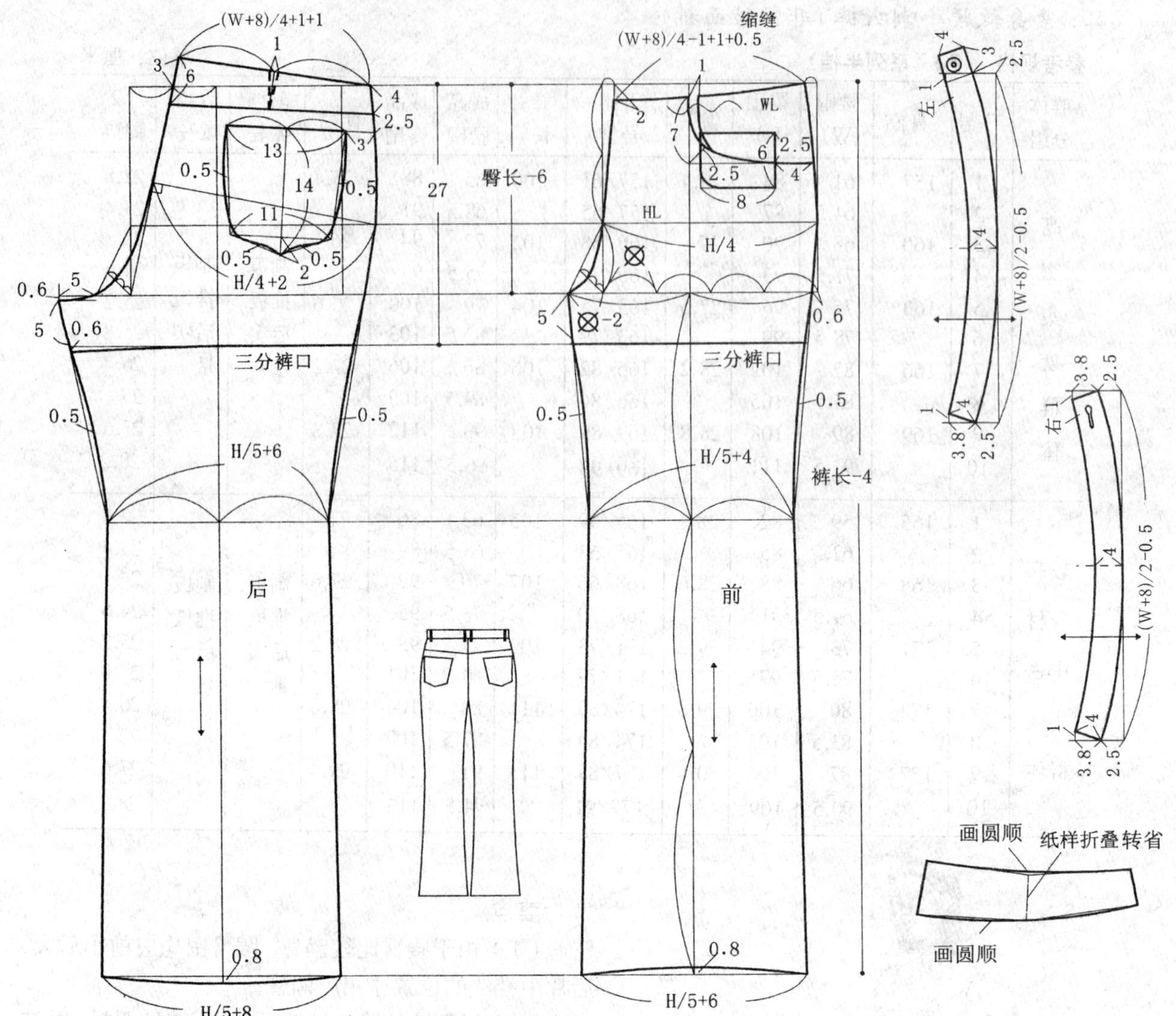

图3-30 紧身低腰小喇叭裤(非弹性面料)

31. 高弹性面料健美裤

参考规格 (3·7系列)　　单位：厘米

群体分组	序号	身高	腰围(W)	臀围(H)	臀长	下体号型	裤长	成品腰围	成品臀围	直裆	前后裆弧长	1/2脚口
高密集度群体	1	157	61	84	26.4	157/61	92	59	80	26.4	制板、推板后实量	11.3
	2	160	68	90	27	160/68	94	66	86	27		12
	3	163	75	96	27.6	163/75	96	73	92	27.6		12.7
	4	166	82	102	28.2	166/82	98	80	98	28.2		13.4
	5	169	89	108	28.8	169/89	100	87	104	28.8		14.1
较高身材中密集度群体	1	165	59	82	28	165/59	97	57	78	28.4	制板、推板后实量	11.3
	2	168	66	88	28.6	168/66	99	64	84	29		12
	3	171	73	94	29.2	171/73	101	71	90	29.6		12.7
	4	174	80	100	29.8	174/80	103	79	96	30.2		13.4
	5	177	87	106	30.4	177/87	105	85	102	30.8		14.1

要点:

（1）臀围不必加宽松量，以发挥高弹性面料的优势。

（2）成品腰围是穿入松紧带后的数值。

（3）脚口增减量用 H/8 控制，以保证高、低端号型的脚口视觉效果与中间体号型相似。

（4）后裆弧线的凹势小于其他裤子（通过第一等分点），可以产生提臀的效果，但该效果仅限于紧身的裤子。

（5）踏脚带的接头应位于脚弓内侧，以免磨脚底，也可以不用连身的踏脚带，而用外接的踏脚带，接头位于足踝两侧。

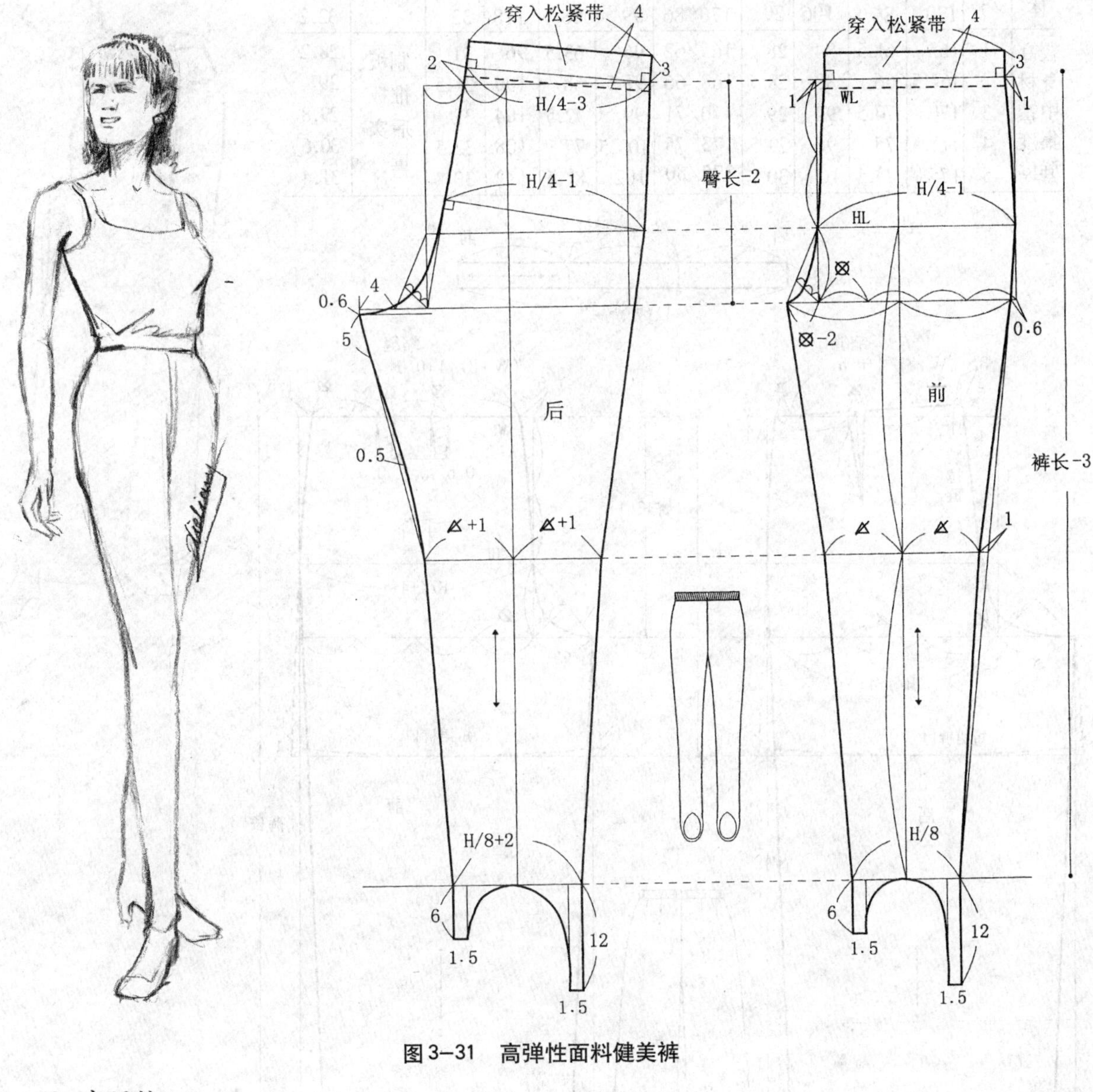

图 3–31 高弹性面料健美裤

32. 宽腿裤

要点:

（1）由于臀围、裤筒宽松量都较大，不必画烫迹线、膝围线。

（2）由于裤口已明显地超过鞋长，为避免绊脚，裤长应稍短。

（3）成批生产时，腰部两侧需装松紧带，以提高体型覆盖面。

参考规格（2.5·4.5系列） 单位：厘米

群体分组	序号	身高	腰围(W)	臀围(H)	臀长	下体号型	裤长	成品腰围	成品臀围	直裆	前后裆弧长	1/2脚口
高密集度群体	1	155	59	82	26	155/59	90	61	94	29	制板、推板后实量	27.4
	2	157.5	63.5	86	26.5	158/64	91.5	65.5	98	29.5		28.2
	3	160	68	90	27	160/68	93	70	102	30		29
	4	162.5	72.5	94	27.5	163/73	94.5	74.5	106	30.5		29.8
	5	165	77	98	28	165/77	96	79	110	31		30.6
	6	167.5	81.5	102	28.5	168/82	97.5	83.5	114	31.5		31.4
	7	170	86	106	29	170/86	99	88	118	32		32.2
较高身材中密集度群体	1	165	61.5	84	28	165/62	96	63.5	96	31	制板、推板后实量	28.2
	2	167.5	66	88	28.5	168/66	97.5	68	100	31.5		29
	3	170	70.5	92	29	170/71	99	72.5	104	32		29.8
	4	172.5	75	96	29.5	173/75	100.5	77	108	32.5		30.6
	5	175	79.5	100	30	175/80	102	81.5	112	33		31.4

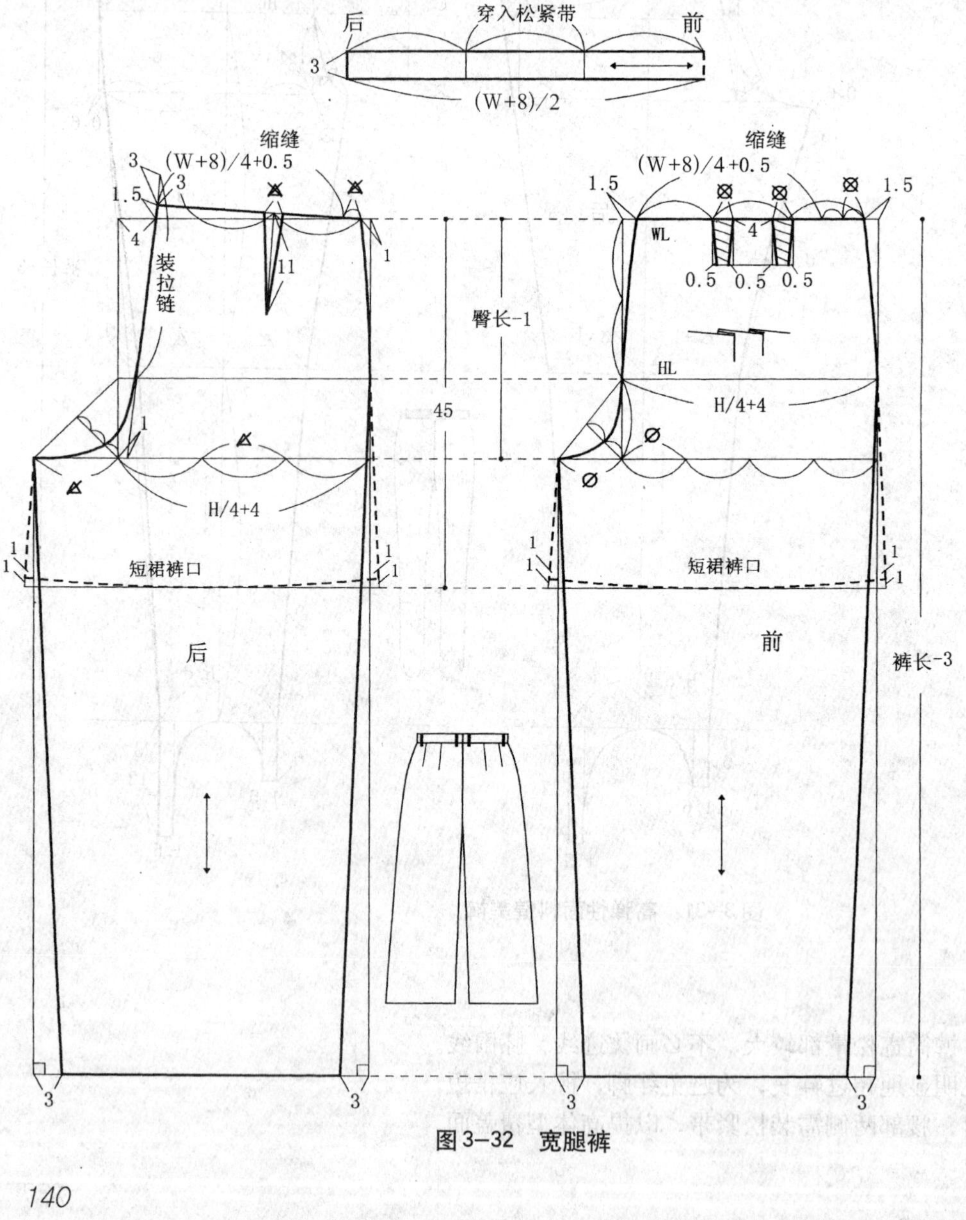

后 穿入松紧带 前
3
(W+8)/2

缩缝
(W+8)/4+0.5
3 1.5 3 4 1 11
装拉链
臀长-1
45
H/4+4
短裙裤口
1 1 1 1
后
3 3

缩缝
(W+8)/4+0.5
1.5 1.5
WL 4
0.5 0.5 0.5
HL
H/4+4
短裙裤口
1 1 1 1
前
裤长-3
3 3

图3–32 宽腿裤

33. 宽褶裙裤

参考规格（2.5·4.5系列）　　　　　　　　　　单位：厘米

群体分组	序号	身高	腰围（W）	臀长	下体号型	裤长	成品腰围	直裆	前后裆弧长	1/2脚口
高密集度群体	1	155	59	26	155/59	48	61	34	制板、推板后实量	50以上
	2	157.5	63.5	26.5	158/64	49	65.5	34.5		
	3	160	68	27	160/68	50	70	35		
	4	162.5	72.5	27.5	163/73	51	74.5	35.5		
	5	165	77	28	165/77	52	79	36		
	6	167.5	81.5	28.5	168/82	53	83.5	36.5		
	7	170	86	29	170/86	54	88	37		
较高身材中密集度群体	1	165	61.5	28	165/62	52	63.5	36	制板、推板后实量	50以上
	2	167.5	66	28.5	168/66	53	68	36.5		
	3	170	70.5	29	170/71	54	72.5	37		
	4	172.5	75	29.5	173/75	55	77	37.5		
	5	175	79.5	30	175/80	56	81.5	38		

要点：

（1）直裆深度为臀长 +6 厘米，目的是使裤裆不明显，造型像褶裙。

（2）裤腰的褶量可以视排料的情况适当增减，图中的褶量适用于113厘米宽的面料。

（3）成批生产时，腰部两侧需装松紧带，以提高体型覆盖面。

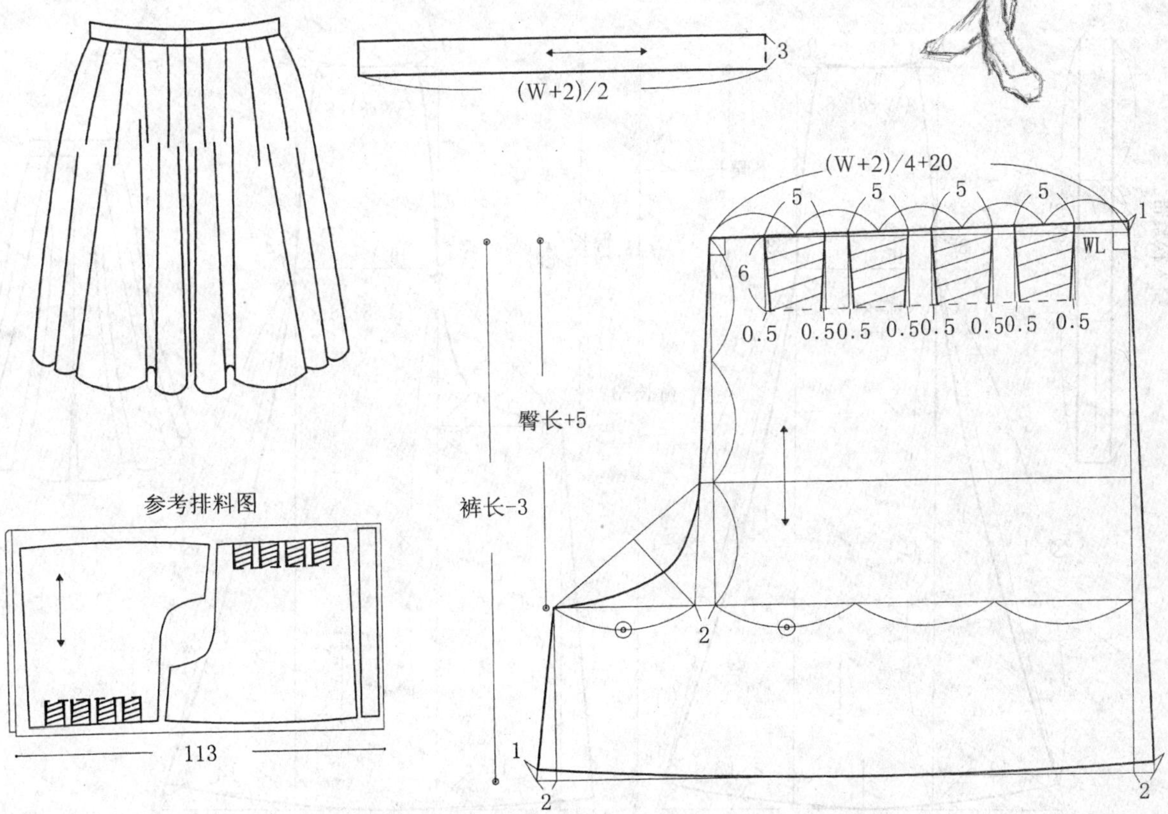

图 3–33　宽褶裙裤

34. 八片裙裤

参考规格（2.5·4.5系列）　　　　　　　　　　　　　　　　单位：厘米

群体分组	序号	身高	腰围(W)	臀围(H)	臀长	下体号型	裤长	成品腰围	成品臀围	直裆	腰长	前后裆弧长	1/2脚口
高密集度群体	1	155	59	82	26	155/59	53	61	90	34	17.2	制板、推板后实量	65以上
	2	157.5	63.5	86	26.5	158/64	54	65.5	94	34.5	17.6		
	3	160	68	90	27	160/68	55	70	98	35	18		
	4	162.5	72.5	94	27.5	163/73	56	74.5	102	35.5	18.4		
	5	165	77	98	28	165/77	57	79	106	36	18.8		
	6	167.5	81.5	102	28.5	168/82	58	83.5	110	36.5	19.2		
	7	170	86	106	29	170/86	59	88	114	37	19.6		
较高身材中密集度群体	1	165	61.5	84	28	165/62	57	63.5	92	36	19.2	制板、推板后实量	65以上
	2	167.5	66	88	28.5	168/66	58	68	96	36.5	19.6		
	3	170	70.5	92	29	170/71	59	72.5	100	37	20		
	4	172.5	75	96	29.5	173/75	60	77	104	37.5	20.4		
	5	175	79.5	100	30	175/80	61	81.5	108	38	20.8		

要点：

（1）这款裙裤由四片喇叭形的裤片和四片带有裤裆的裤片构成。

（2）直裆深度为臀长 +2 厘米，这样的裤裆深度可以确保裙裤造型的效果与八片式喇叭裙非常相似。

（3）裤裆宽 11 厘米是各号型通用的。

（4）裙摆的展宽量可以根据排料情况适当增减，但裤裆宽度不增减。

（5）成批生产时，腰部两侧需装松紧带，以提高体型覆盖面。

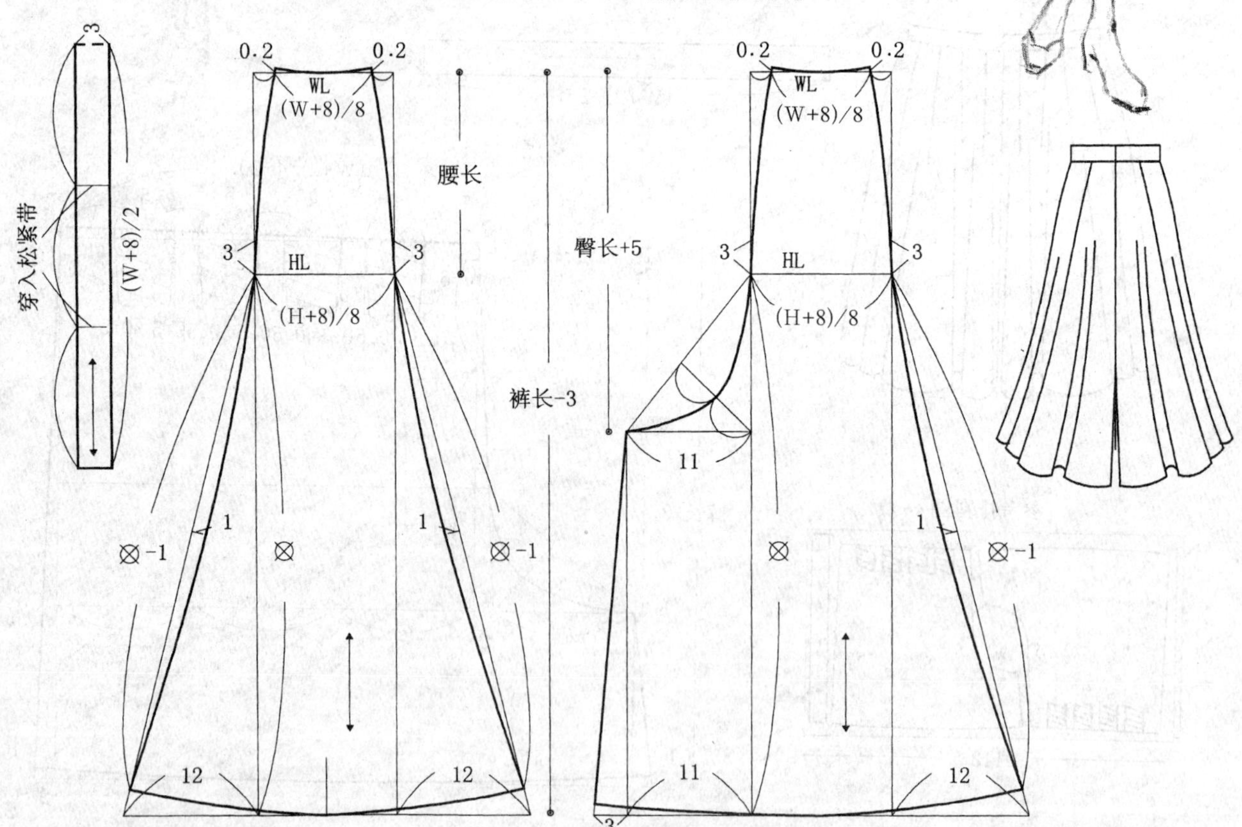

图3-34　八片裙裤

35．腆腹体西裤

参考规格 （2.5•4.5系列） 单位：厘米

群体分组	序号	身高	腰围(W)	臀围(H)	臀长	下体号型	裤毛长	成品腰围	成品臀围	直裆	前后裆弧长	1/2脚口
特胖群体	1	155	81	92	27	155/80	99	83	106	30	制板、推板后实量	21.4
	2	157.5	85.5	96	27.5	158/85	100.5	87.5	110	30.5		22.2
	3	160	90	100	28	160/90	102	92	114	31		23
	4	162.5	94.5	104	28.5	163/95	103.5	96.5	118	31.5		23.8
	5	165	99	108	29	165/100	105	101	120	32		24.6

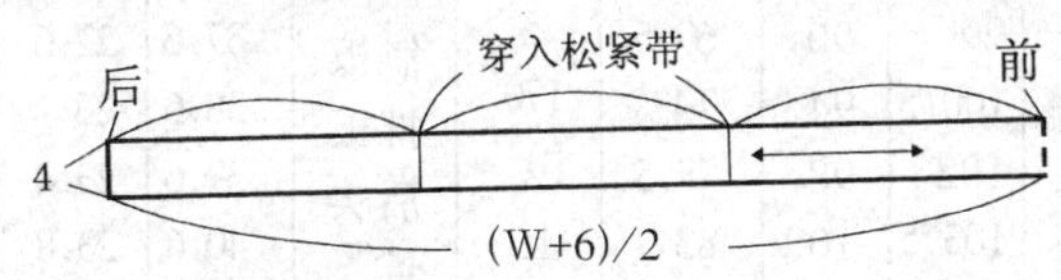

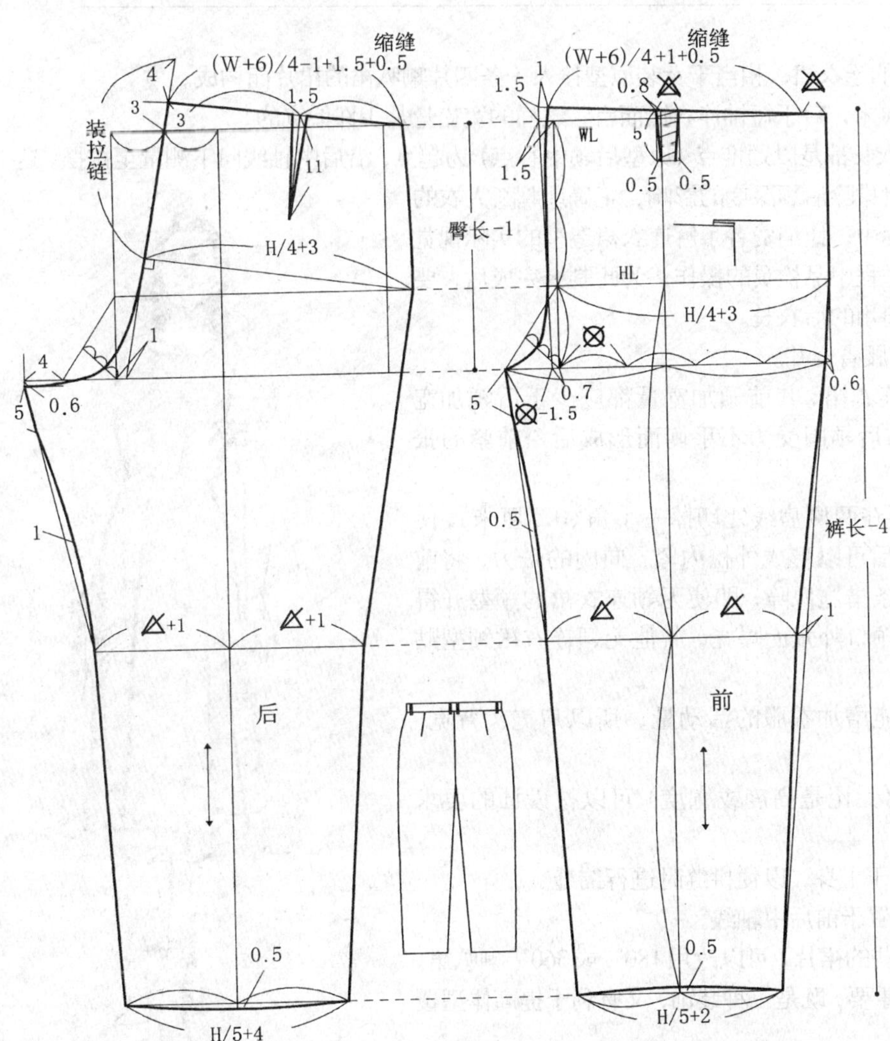

图 3–35 腆腹体西裤

要点

这款裤子适用于女性腰臀围度差小于14厘米的腆腹体型。腆腹体型的修正主要有下列措施：

（1）在普通西裤的基础上修正。

（2）直裆加深1厘米，即（臀长−1）。

（3）前裆宽加宽1厘米。

（4）前中裆线向外修宽、向上修高，前腰围应大于后腰围2厘米，以容纳外挺的腹部。

（5）成批生产时，腰部两侧需装松紧带，以提高体型覆盖面。

36. 圆领公主袖连衣裙

参考规格 （2.5·4系列）　　　　单位：厘米

群体分组	序号	身高	胸围（B）	腰围（W）	上体号型	后衣长	成品胸围	成品腰围	下摆围	领围	肩宽	袖长	袖卡夫
高密集度群体	1	155	76	59	155/76A	93	86	67	170以上	制板、推板后实量	36	21.2	27.6
	2	157.5	80	63.5	158/80A	94.5	90	71.5			37	21.6	28.8
	3	160	84	68	160/84A	96	94	76			38	22	30
	4	162.5	88	72.5	163/88A	97.5	98	84.5			39	22.4	31.2
	5	165	92	77	165/92A	99	102	85			40	22.8	32.4
	6	167.5	96	81.5	168/96B	100.5	106	89.5			41	23.2	33.6
	7	170	100	86	170/100B	102	110	94			42	23.6	34.8
较高身材中密集度群体	1	165	80	61.5	165/80Y	99	90	69.5	170以上	制板、推板后实量	37.6	22.6	28.8
	2	167.5	84	66	168/84A	100.5	94	74			38.6	23	30
	3	170	88	70.5	170/88A	102	98	78.5			39.6	23.4	31.2
	4	172.5	92	75	173/92A	103.5	102	83			40.6	23.8	32.4
	5	175	96	79.5	175/96A	105	106	87.5			41.6	24.2	33.6

要点：

（1）这是一款式样简洁的连衣裙，相当于女装原型接入一条四片喇叭裙的裙片而构成。

（2）成品胸围为B+10厘米，对于短袖连衣裙而言，这样的宽松量是少许偏宽的。

（3）本书内连衣裙的后衣长都是以颈椎点（原型后领中心点）为起点，沿后中轴线向下测量至裙摆。这样测量有利于在设计、制板时排除后领深度的影响，正确地判断人衣的相互关系，亦便于在销售过程中，让消费者了解连衣裙造型的实际视觉效果。但是这样不便于生产过程中品检员的操作，为此制板完成后，要按后领深点完成线量取供品检用的后衣长。

（4）侧胸省用剪折法与腰省合并。

（5）贴身穿着的无领连衣裙，其前领加宽量都应少于后领加宽量0.5厘米，缝合后，由于前后领围受力不平衡而形成后松前紧的张力，使前领围绷紧在胸前。

（6）领围贴边制板时要在两侧肩线处切掉一小角（0.5厘米），使贴边稍小于领围，领围缩缝后可以形成外松内紧、向内的张力，将前领围绷紧在胸前。由上述两条措施保障，即使无领连衣裙的领型开得比较大，也不必担心低头时领口外张而曝光。其他无领连衣裙领型贴边的制板亦参照此法。

（7）公主袖的蓬松感能增加衣服的活动量，所以肩宽、背宽、胸宽可以适当减小。

（8）公主袖的展宽量（无论是高度或宽度）可以按设计的要求适当增减。

（9）裙子的腰围要稍大于上身，以便拼缝时进行缩缝。

（10）裙片的斜纱一定要置于前后中轴线。

（11）如果要设计更大一些的裙片，可以改用180°或360°喇叭裙。

（12）腰部两侧的腰带很重要，既是一种装饰，又有利于提高体型覆盖面。

（13）后中轴线装拉链，拉链下端要达到不少于腰下15厘米。

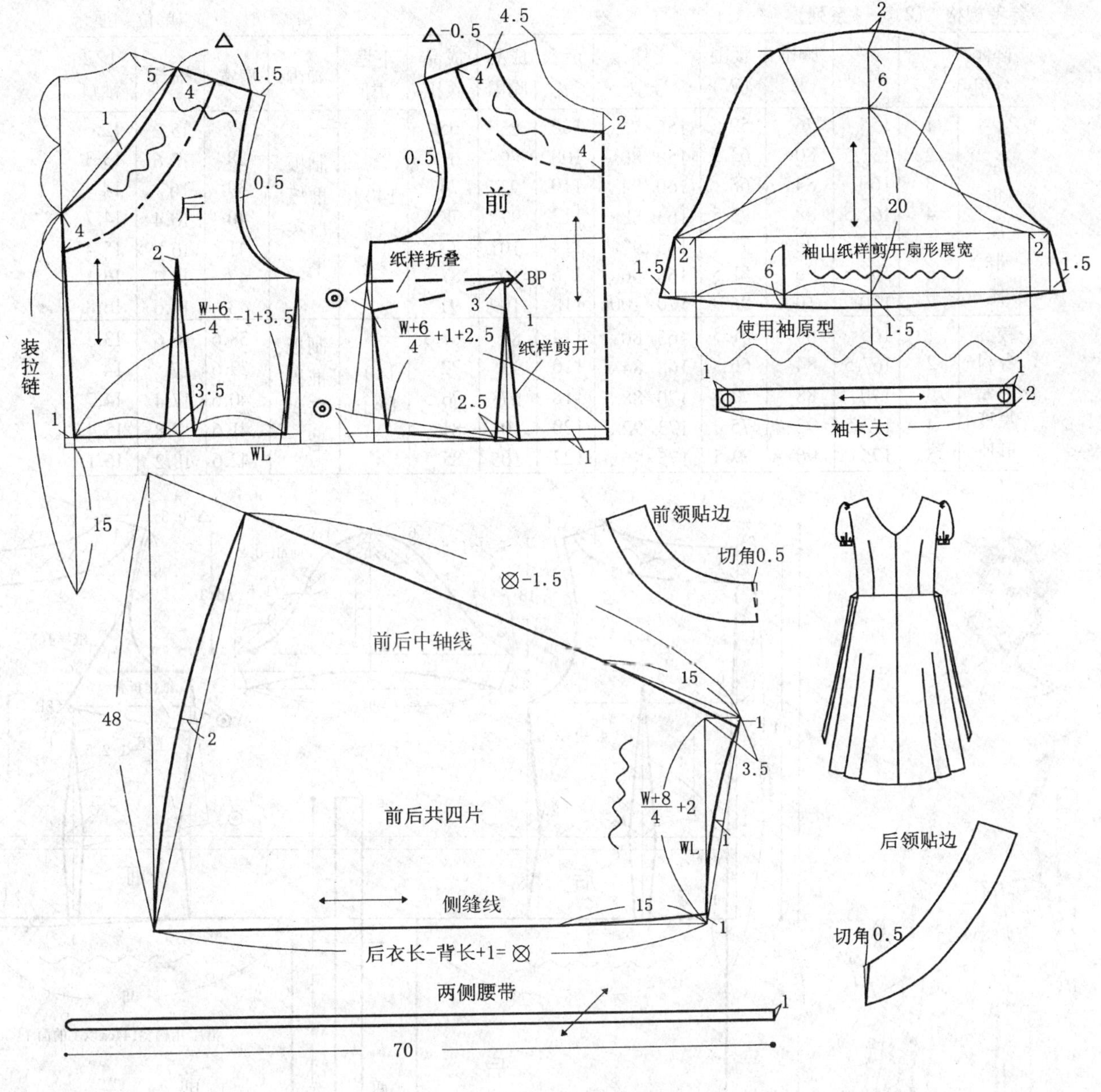

图3-36 圆领公主袖连衣裙

37. 船形领低腰连衣裙

要点:

（1）这是一款式样简洁的连衣裙，相当于一件短袖套衫接入一条裙片而构成。

（2）成品胸围为B+9厘米（后中轴线／胸围线处半围收小0.5厘米）。

（3）低腰式连衣裙上下身分节比例多为近似黄金分割率的4∶6或6∶4，一般后衣长较长的为上4下6，较短的为上6下4。

（4）侧胸省转移成袖胸省。

（5）裙片用144厘米以上幅宽的面料，腰部打少量的细褶后接入衣片。

（6）腰部两侧的腰带很重要，既是一种装饰，又有利于提高体型覆盖面。

（7）后中轴线装拉链，拉链下端要达到不少于腰下15厘米。

参考规格 （2.5·4系列） 单位：厘米

群体分组	序号	身高	胸围（B）	腰围（W）	上体号型	后衣长	成品胸围	成品腰围	下摆围	领围	肩宽	袖长	1/2袖口
高密集度群体	1	155	76	59	155/76A	106	85	65	140以上	制板、推板后实量	37	15.2	12.6
	2	157.5	80	63.5	158/80A	108	89	69.5			38	15.6	13.3
	3	160	84	68	160/84A	110	93	74			39	16	14
	4	162.5	88	72.5	163/88A	112	97	78.5			40	16.4	14.7
	5	165	92	77	165/92A	114	101	83			41	16.8	15.4
	6	167.5	96	81.5	168/96B	116	105	87.5			42	17.2	16.1
	7	170	100	86	170/100B	118	109	91			43	17.6	16.8
较高身材中密集度群体	1	165	80	61.5	165/80Y	114	89	67.5	140以上	制板、推板后实量	38.6	16.6	13.3
	2	167.5	84	66	168/84A	116	93	72			39.6	17	14
	3	170	88	70.5	170/88A	118	97	76.5			40.6	17.4	14.7
	4	172.5	92	75	173/92A	120	101	81			41.6	17.8	15.4
	5	175	96	79.5	175/96A	122	105	85.5			42.6	18.2	16.1

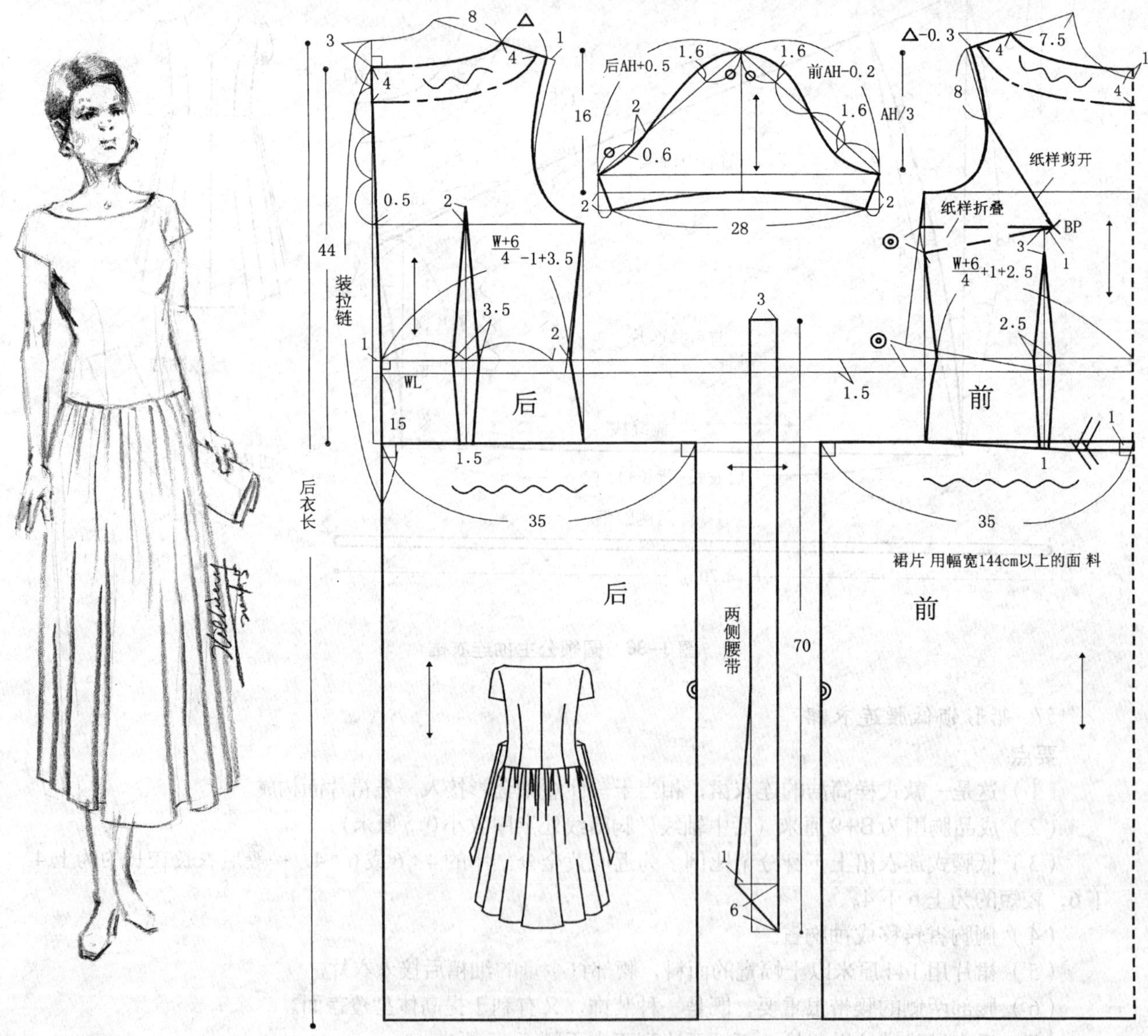

图3–37 船形领低腰连衣裙

38. 衬衫式连衣裙

要点:

（1）这是将仿男式立领女衬衫加长而设计成的连衣裙，穿着效果洗练、精干。

（2）成品胸围为B+11厘米。

（3）侧胸省转移隐藏到胸前装饰片的剪接线里；装饰片可以作拼色或绉褶处理。

（4）腰部虽有收省但不太到位，需系上一条腰带，这样更增添了女性味。

（5）如果要配短袖，可按袖长16厘米截短袖片，袖中线处打4厘米宽的对褶收小袖口，袖窿不用改。

（6）腰围线下第3个纽扣以下的门襟应用暗缝缝住，相应位置的纽扣是装饰扣。

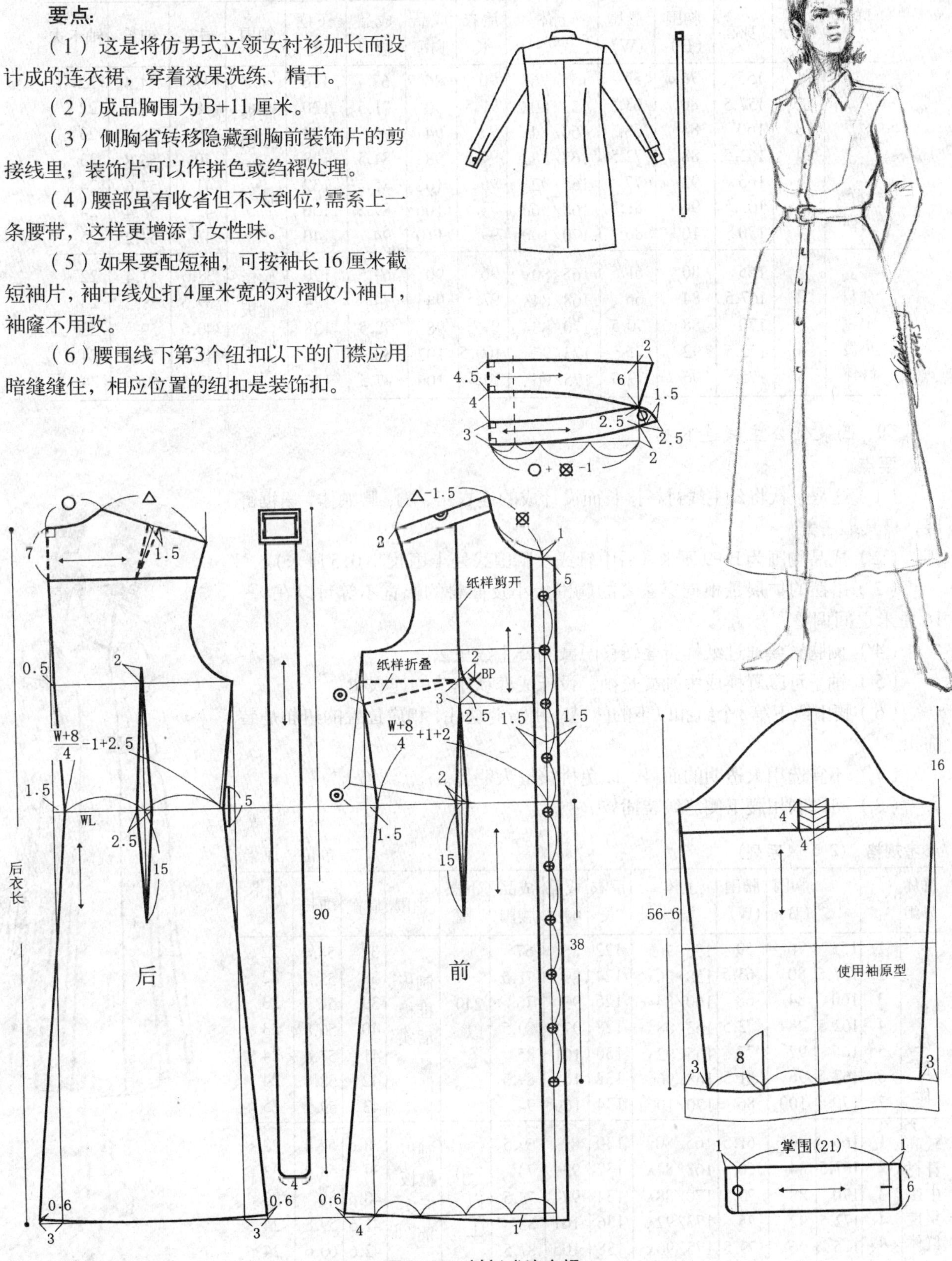

图3-38　衬衫式连衣裙

参考规格（2.5·4系列）

单位：厘米

群体分组	序号	身高	胸围(B)	腰围(W)	上体号型	后衣长	成品胸围	成品腰围	下摆围	领围	肩宽	袖长	袖卡夫
高密集度群体	1	155	76	59	155/76A	90	86	67	116	制板、推板后实量	37	54.4	22
	2	157.5	80	63.5	158/80A	91.5	90	71.5	120		38	55.2	22
	3	160	84	68	160/84A	93	94	76	124		39	56	23
	4	162.5	88	72.5	163/88A	94.5	98	84.5	128		40	56.8	23
	5	165	92	77	165/92A	96	102	85	132		41	57.6	24
	6	167.5	96	81.5	168/96B	97.5	106	89.5	136		42	58.4	24
	7	170	100	86	170/100B	99	110	94	140		43	59.2	25
较高身材中密集度群体	1	165	80	61.5	165/80Y	96	90	69.5	120	制板、推板后实量	38.6	57.4	22
	2	167.5	84	66	168/84A	97.5	94	74	124		39.6	58.2	23
	3	170	88	70.5	170/88A	99	98	78.5	128		40.6	59	23
	4	172.5	92	75	173/92A	100.5	102	83	132		41.6	59.8	24
	5	175	96	79.5	175/96A	102	106	87.5	136		42.6	60.6	24

39. 西装领公主线连衣裙

要点：

（1）这是一款将公主线衬衫接长而设计成的连衣裙，胸、腰贴体，裙裾舒展，极具端庄美。

（2）成品胸围为B+9厘米（后中轴线／胸围线处半围收小0.5厘米）。

（3）裙摆的扩展量根据穿着者的胸围大小及面料的幅宽不等可以在9～16厘米之间调整。

（4）侧胸省要通过纸样折叠转移隐藏到公主线里去。

（5）袖子可以置换成中袖或长袖，设计成春秋季节的连衣裙。

（6）腰围线下第3个纽扣以下的门襟应用暗缝缝住，相应位置的纽扣是装饰扣。

（7）不宜选用太透明的面料，以免拼接缝太明显。

（8）可以利用腰下侧缝线装插袋。

参考规格（2.5·4系列）

单位：厘米

群体分组	序号	身高	胸围(B)	腰围(W)	上体号型	后衣长	成品胸围	成品腰围	下摆围	领围	肩宽	袖长	袖卡夫
高密集度群体	1	155	76	59	155/76A	122	85	67	240以上	制板、推板后实量	37	54.4	22
	2	157.5	80	63.5	158/80A	124	89	71.5			38	55.2	22
	3	160	84	68	160/84A	126	93	76			39	56	23
	4	162.5	88	72.5	163/88A	128	97	80.5			40	56.8	23
	5	165	92	77	165/92A	130	101	85			41	57.6	24
	6	167.5	96	81.5	168/96B	132	105	89.5			42	58.4	24
	7	170	100	86	170/100B	134	109	94			43	59.2	25
较高身材中密集度群体	1	165	80	61.5	165/80Y	130	89	69.5	240以上	制板、推板后实量	38.6	57.4	22
	2	167.5	84	66	168/84A	132	93	74			39.6	58.2	23
	3	170	88	70.5	170/88A	134	97	78.5			40.6	59	23
	4	172.5	92	75	173/92A	136	101	83			41.6	59.8	24
	5	175	96	79.5	175/96A	138	105	87.5			42.6	60.6	24

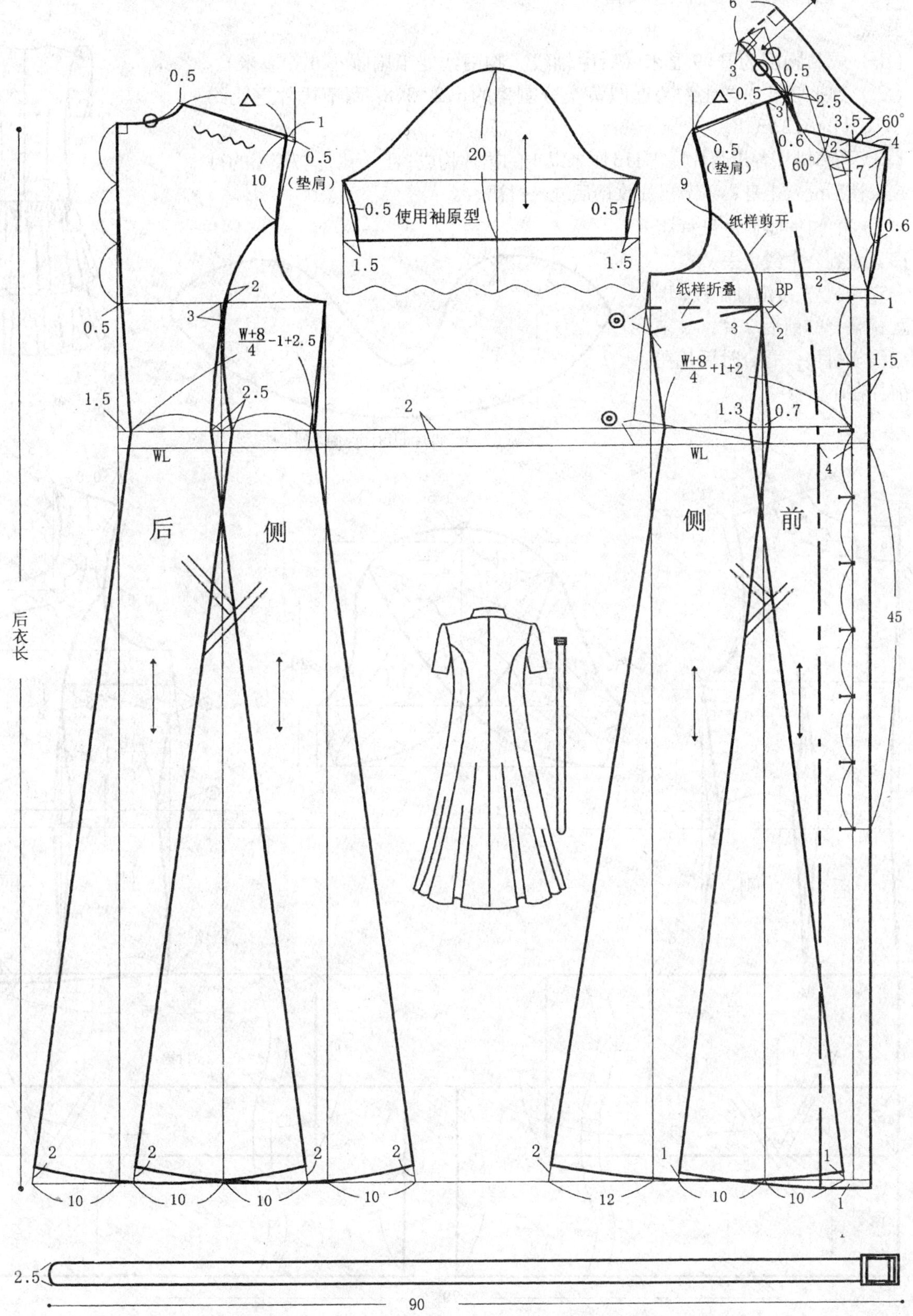

图 3-39　西装领公主线连衣裙

40．郁金香袖三节低腰连衣裙

要点：

（1）成品胸围为B+9厘米（后中轴线／胸围线处半围收小0.5厘米）。

（2）上身与裙片之比约为近似黄金分割率的6.2：3.8；两节裙片之比约为较小尺寸的6.2：3.8。

（3）两节裙片各用两片幅宽113厘米以上的裙片构成。上节裙片与较小的衬裙一起收褶后缝入上身；下节裙片收褶后缝入衬裙。

（4）侧胸省要通过纸样折叠转移隐藏到公主线里去。

（5）袖型先按泡袖制板，再分成互相叠合的前后2片；2袖片侧缝线相拼接，叠合时后片在上、前片在下。

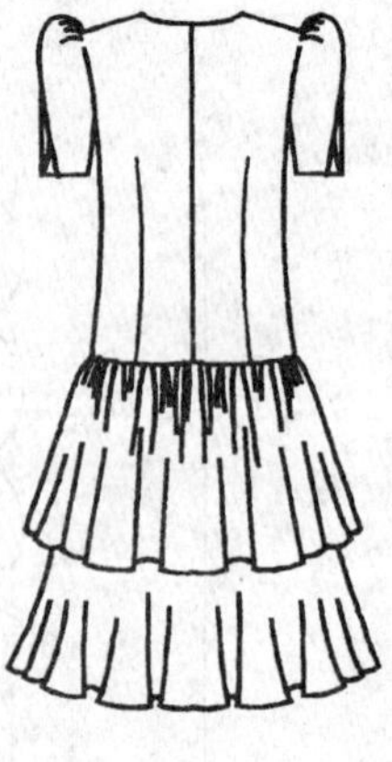

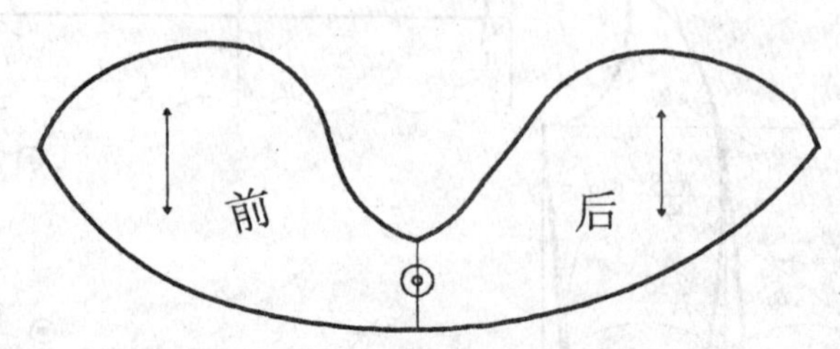

袖片切开后侧缝拼接

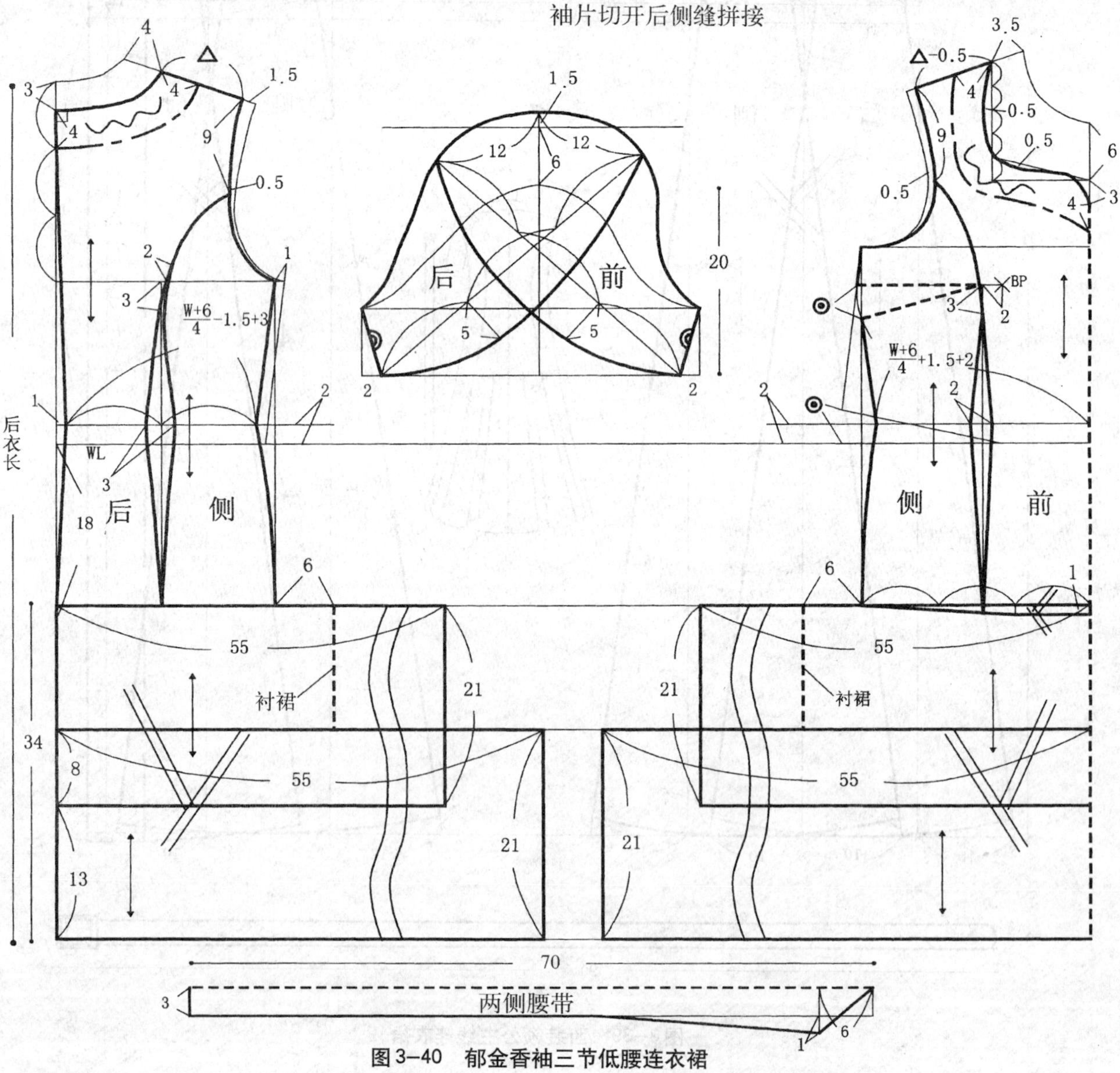

图3–40 郁金香袖三节低腰连衣裙

参考规格（2.5·4系列）　　　　　　　　　　　　　　　　单位：厘米

群体分组	序号	身高	胸围(B)	腰围(W)	上体号型	后衣长	成品胸围	成品腰围	下摆围	领围	肩宽	袖长
高密集度群体	1	155	76	59	155/76A	87	85	65	220以上	制板、推板后实量	37	21.2
	2	157.5	80	63.5	158/80A	88.5	89	69.5			38	21.6
	3	160	84	68	160/84A	90	93	74			39	22
	4	162.5	88	72.5	163/88A	91.5	97	78.5			40	22.4
	5	165	92	77	165/92A	93	101	83			41	22.8
较高身材中密集度群体	1	165	80	61.5	165/80Y	93	89	67.5	220以上	制板、推板后实量	38.6	22.2
	2	167.5	84	66	168/84A	94.5	93	72			39.6	22.6
	3	170	88	70.5	170/88A	96	97	76.5			40.6	23
	4	172.5	92	75	173/92A	97.5	101	81			41.6	23.4
	5	175	96	79.5	175/96A	99	105	85.5			42.6	23.8

41. 落肩式短袖高腰多片连衣裙

要点：

（1）这是一款高腰式连衣裙的典型代表，缩短的上身与裙片构成夸张的比例，以形成视错觉美化体型。

（2）成品胸围为B+5厘米。

（3）上下身之比一般为1∶3。如果要设计齐膝连衣裙，可以设定为1∶2。

（4）领围、袖窿用滚边；裙片腰围线以上要略呈喇叭口，以适应肋部的体型。

（5）上身腰线要稍大于裙片，上身与裙片缝合时应略加缩缝，以利造型美观。

（6）裙片亦可以设计成8片。

参考规格（2.5·4系列）　　　　　　　　　　　　　　　　单位：厘米

群体分组	序号	身高	胸围(B)	腰围(W)	上体号型	后衣长	成品胸围	成品腰围	下摆围	领围	肩宽
高密集度群体	1	155	76	59	155/76A	126	81	65	260以上	制板、推板后实量	37
	2	157.5	80	63.5	158/80A	128	85	69.5			38
	3	160	84	68	160/84A	130	89	74			39
	4	162.5	88	72.5	163/88A	132	93	78.5			40
	5	165	92	77	165/92A	134	97	83			41
较高身材中密集度群体	1	165	80	61.5	165/80Y	135	85	67.5	260以上	制板、推板后实量	38.6
	2	167.5	84	66	168/84A	137	89	72			39.6
	3	170	88	70.5	170/88A	139	93	76.5			40.6
	4	172.5	92	75	173/92A	141	97	81			41.6
	5	175	96	79.5	175/96A	143	101	85.5			42.6

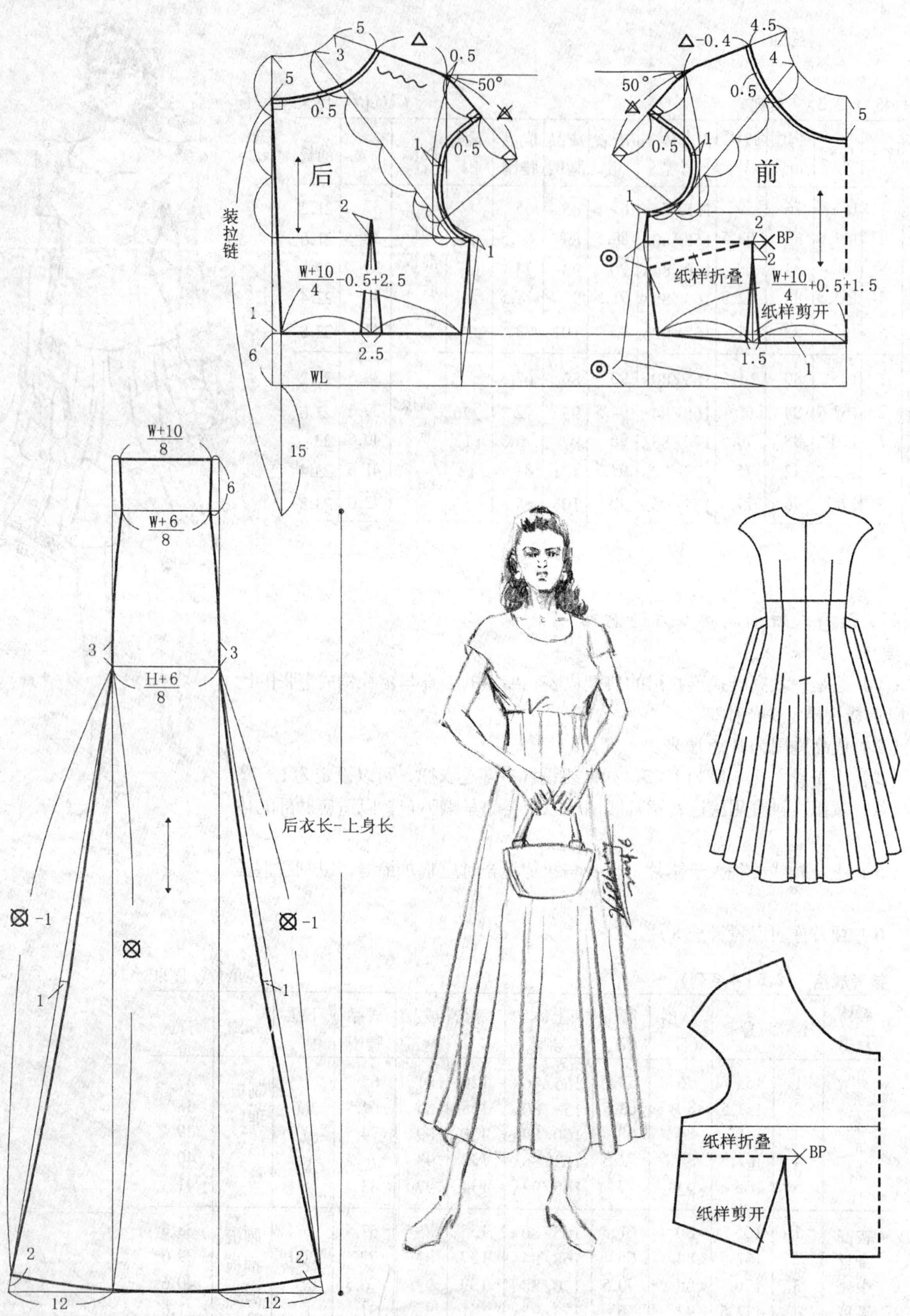

图3-41　落肩式短袖高腰多片连衣裙

42. 单肩式连衣裙

要点:

（1）这款连衣裙香肩半露，三围贴体，与正装式的衬衫或上衣配套穿着，就成为端庄的上班套装；下班后脱去上衣，就成为一款优雅的小礼服。

（2）成品胸围为B+7厘米。无袖连衣裙因为没有袖子对衣片的牵扯，所以可以减小2～4厘米胸围宽松量。

（3）可以根据设计的要求定为左侧露肩或右侧露肩。

（4）由于领围是较长的弧线，为避免变形，一定要贴上粘合牵条。

（5）领围和袖窿贴边合并，使肩部成为双层结构，这样处理整体感较好。

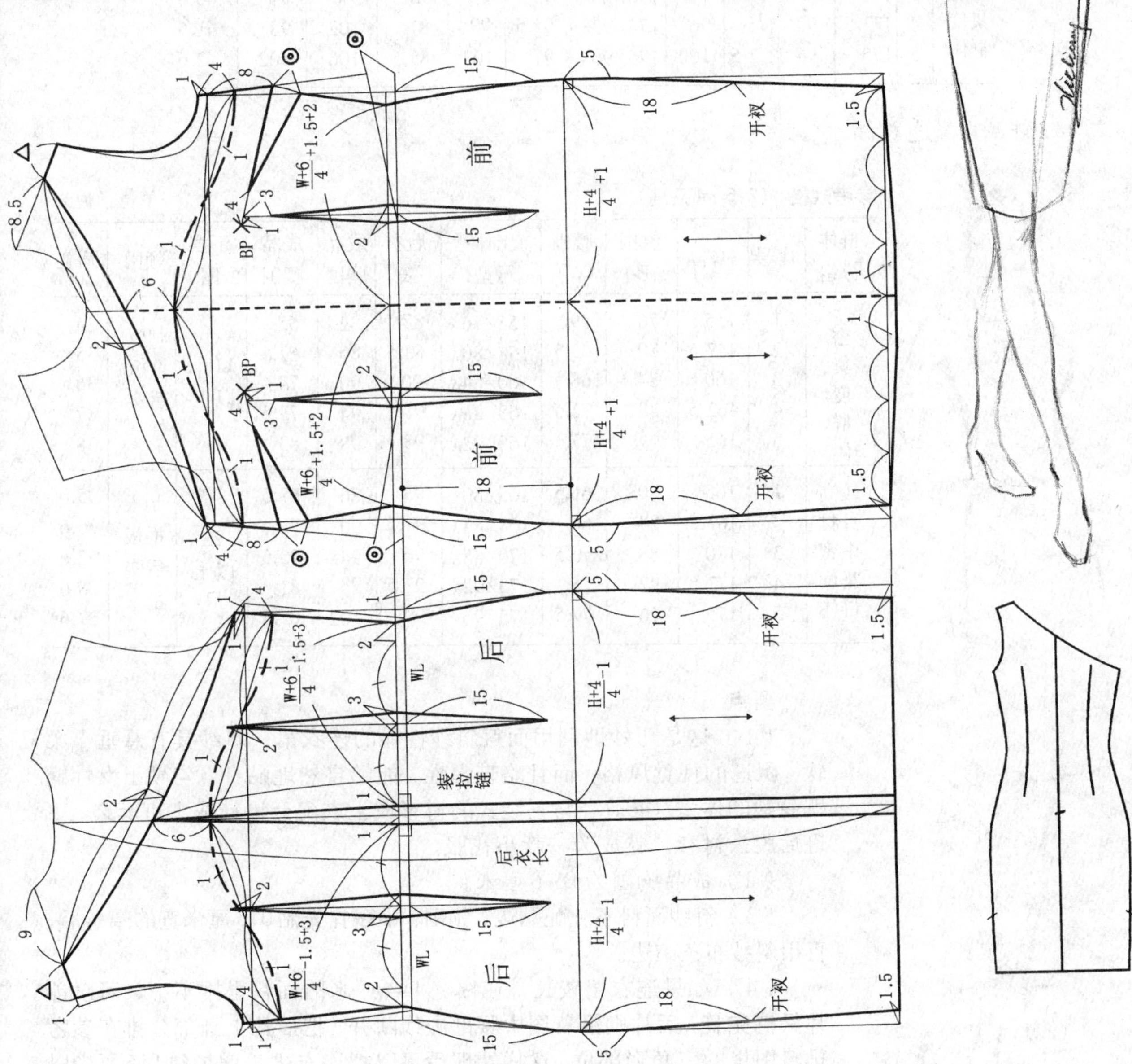

图3–42　单肩式连衣裙

参考规格 (2.5·4系列) 单位：厘米

群体分组	序号	身高	胸围(B)	腰围(W)	臀围(H)	上体号型	后衣长	成品胸围	成品腰围	成品臀围	下摆围	肩宽
高密集度群体	1	155	76	59	82	155/76A	85	83	65	88	82	36
	2	157.5	80	63.5	86	158/80A	86.5	87	69.5	92	86	37
	3	160	84	68	90	160/84A	88	91	74	96	90	38
	4	162.5	88	72.5	94	163/88A	89.5	95	78.5	100	94	39
	5	165	92	77	98	165/92A	91	99	83	104	98	40
较高身材中密集度群体	1	165	80	61.5	84	165/80Y	91	87	67.5	90	86	38.6
	2	167.5	84	66	88	168/84A	92.5	91	72	94	90	39.6
	3	170	88	70.5	92	170/88A	94	95	76.5	98	94	40.6
	4	172.5	92	75	96	173/92A	95.5	99	81	102	98	41.6
	5	175	96	79.5	100	175/96A	97	103	85.5	106	102	42.6

43. 斜裁直身连衣裙

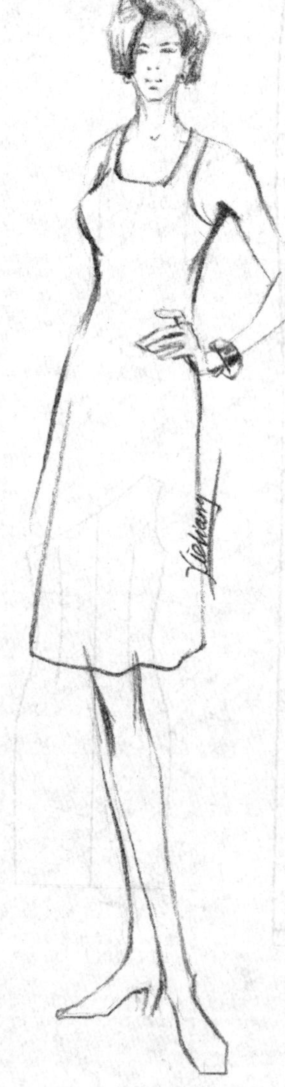

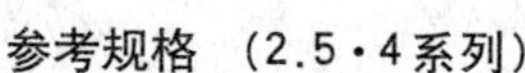

参考规格 (2.5·4系列) 单位：厘米

群体分组	序号	身高	胸围(B)	腰围(W)	上体号型	后衣长	成品胸围	成品腰围	下摆围	领围	肩宽
高密集度群体	1	155	76	59	155/76A	87	82	65	118以上	制板、推板后实量	34
	2	157.5	80	63.5	158/80A	88.5	86	69.5			35
	3	160	84	68	160/84A	90	90	74			36
	4	162.5	88	72.5	163/88A	91.5	94	78.5			37
	5	165	92	77	165/92A	93	98	83			38
较高身材中密集度群体	1	165	80	61.5	165/80Y	93	86	67.5	122以上	制板、推板后实量	35.6
	2	167.5	84	66	168/84A	94.5	90	72			36.6
	3	170	88	70.5	170/88A	96	94	76.5			37.6
	4	172.5	92	75	173/92A	97.5	98	81			38.6
	5	175	96	79.5	175/96A	99	102	85.5			39.6

要点：

（1）这是巧妙地利用面料斜纱性能的连衣裙，斜纱具有悬垂、柔软、飘逸的视觉风格；而且略带弹性，能够自然地贴身，勾勒出女性婀娜曼妙的体型；很适合与正装式的衬衫或上衣配套设计成上班套装，下班后脱去衬衫，就成为一款小礼服。

（2）成品胸围为B+6厘米。

（3）斜纱面料不宜配贴边，领围、袖窿宜先贴0.5厘米宽的牵条后，再用斜纱布条滚边。

（4）如果连衣裙较长，在幅宽144厘米的面料里排不下，可以前片保持完整，后片则沿着图中腰部虚线断开，把后片上身部分排在参考排料图里的三角形部位。这样处理后可以把连衣裙长增加到115厘米以上。

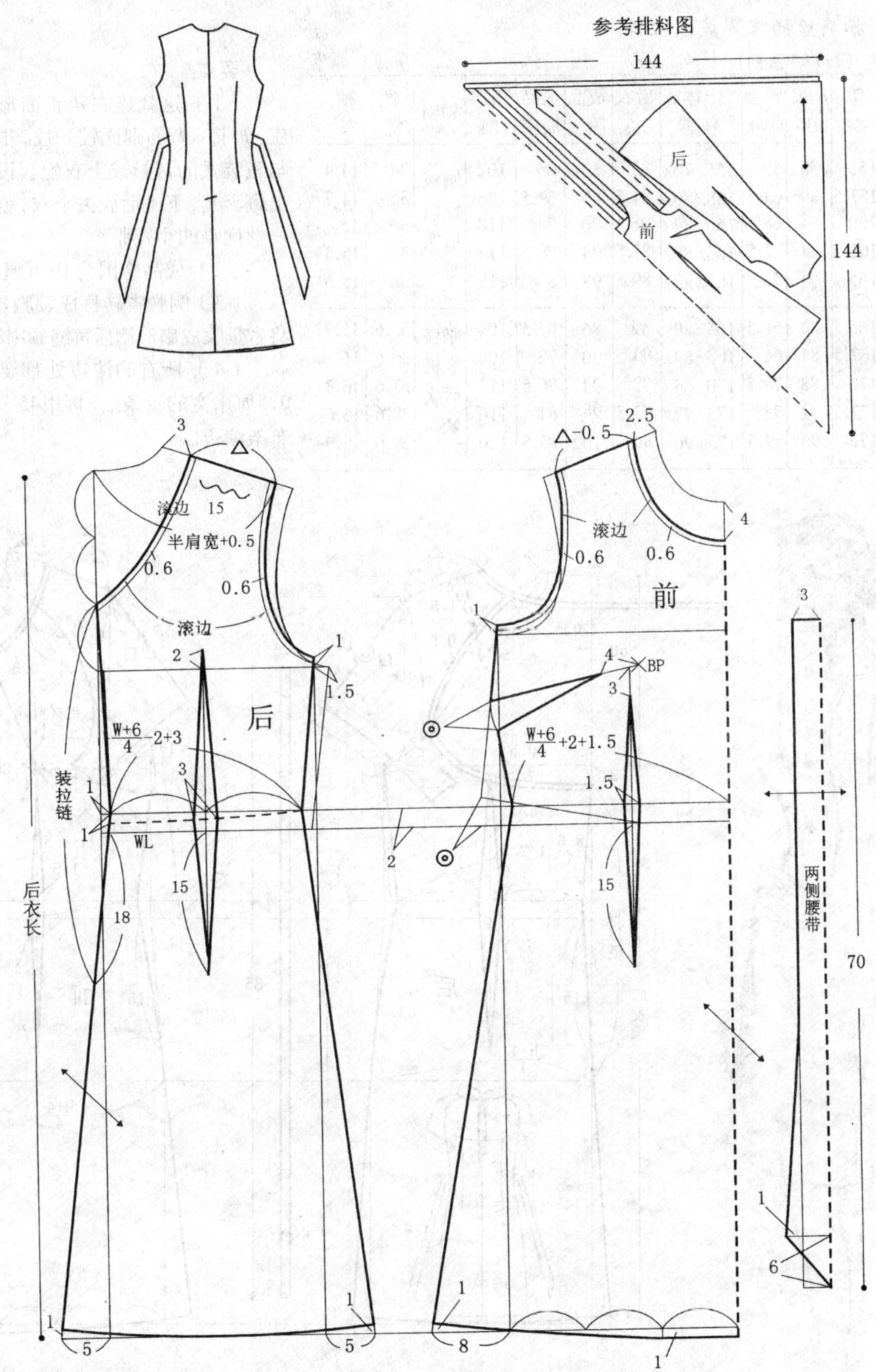

图3-43 斜裁直身连衣裙

44. 插肩短袖露背式连衣裙

参考规格 （2.5·4系列） 单位：厘米

群体分组	序号	身高	胸围(B)	腰围(W)	上体号型	后衣长	成品胸围	成品腰围	下摆围	领围	肩宽	袖长
高密集度群体	1	155	76	59	155/76A	83	82	65	102	制板、推板后实量	34	14.4
	2	157.5	80	63.5	158/80A	84.5	86	69.5	106		35	14.7
	3	160	84	68	160/84A	86	90	74	110		36	15
	4	162.5	88	72.5	163/88A	87.5	94	78.5	114		37	15.3
	5	165	92	77	165/92A	89	98	83	118		38	15.6
较高身材中密集度群体	1	165	80	61.5	165/80Y	89	86	67.5	104	制板、推板后实量	35.6	15.7
	2	167.5	84	66	168/84A	90.5	90	72	108		36.6	16
	3	170	88	70.5	170/88A	92	94	76.5	112		37.6	16.3
	4	172.5	92	75	173/92A	93.5	98	81	116		38.6	16.6
	5	175	96	79.5	175/96A	95	102	85.5	120		39.6	16.9

要点：

（1）这款连衣裙正面形象端庄、严谨，背面则比较开放；很适合与正装式的衬衫或上衣配套设计成上班套装，下班后脱去上衣，就成为一款优雅的小礼服。

（2）成品胸围为B+6厘米。

（3）侧胸省转移成领胸省，并将省量收成扇形褶后再缝领围滚边。

（4）所有的滚边处都要先贴0.5厘米宽的牵条后，再用45°斜纱布条滚边。

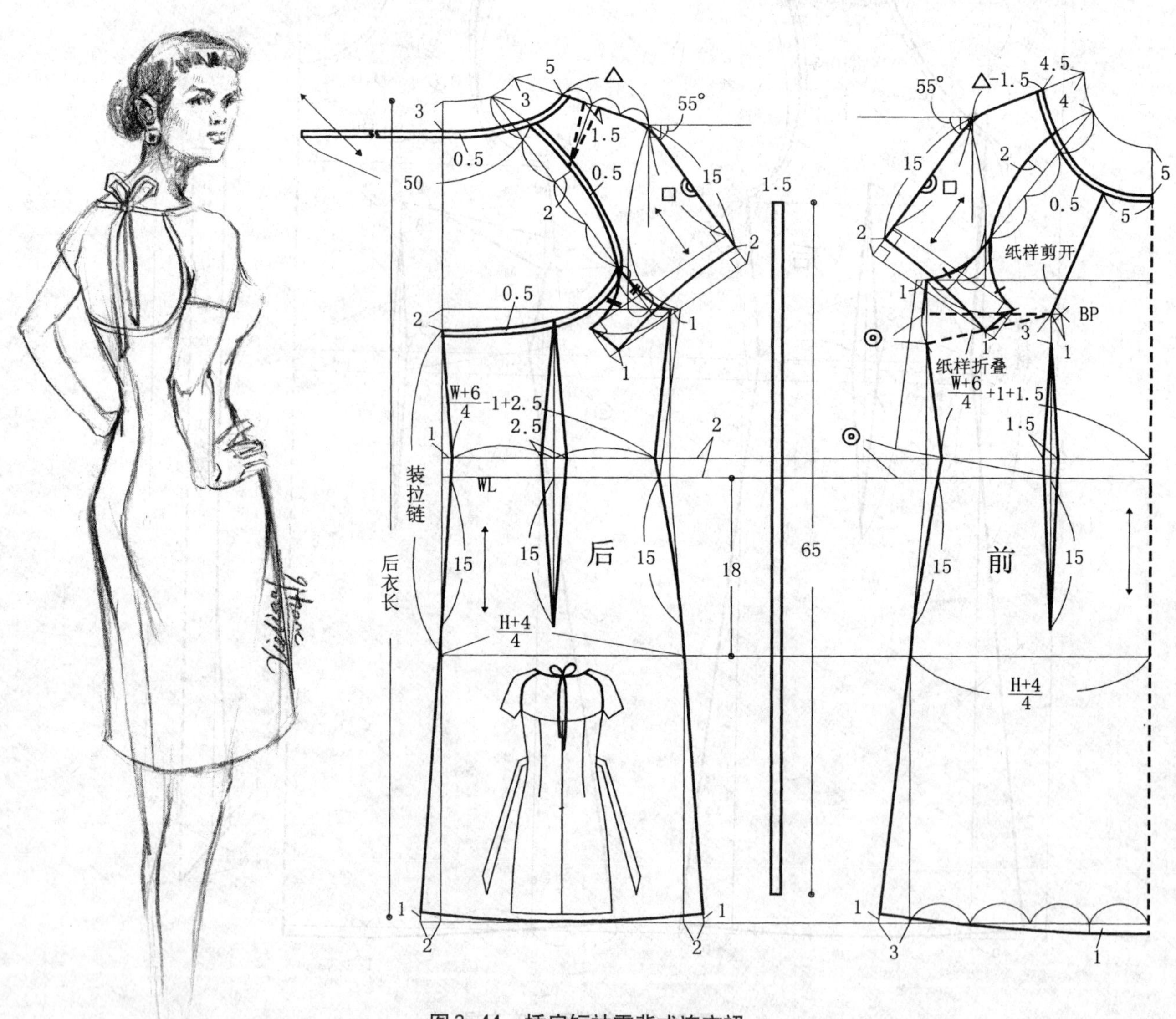

图3-44 插肩短袖露背式连衣裙

45. A型斜裁滚边吊带裙

要点：

（1）这是利用面料斜纱的优点设计的吊带裙，呈A字形，虽然侧缝斜度较大，依托斜纱的性能，裙裾的褶裥都能归向中轴线，不会往两侧撑开，造型悬垂、飘逸。

（2）合体吊带装除了要打足原型预留的胸省量以外，还要额外增加2厘米宽的肩胸省，以利于塑造乳胸的半球形造型。

（3）成品胸围为B+5厘米。

（4）为了避免款式线零乱，侧胸省与肩胸省应作转省合并处理，例如本款将侧胸省合并到肩胸省里去。

（5）如果按经纱排料裁剪，下摆展宽量要减小一半，以减少侧缝外撑。

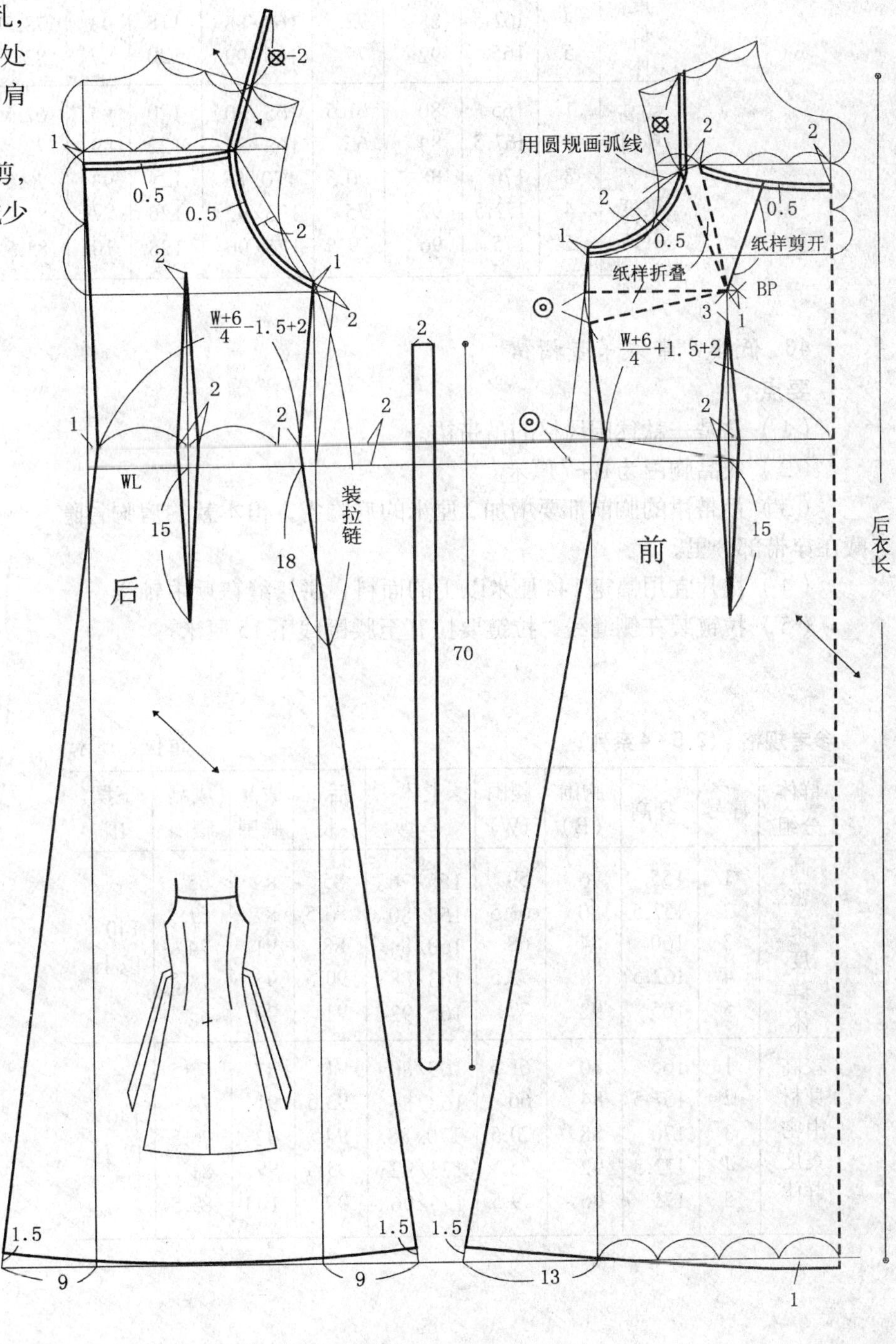

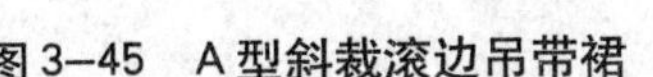

图3-45　A型斜裁滚边吊带裙

参考规格 （2.5·4系列） 单位：厘米

群体分组	序号	身高	胸围(B)	腰围(W)	上体号型	后衣长	成品胸围	成品腰围	下摆围
高密集度群体	1	155	76	59	155/76A	112	81	65	140以上
	2	157.5	80	63.5	158/80A	114	85	69.5	
	3	160	84	68	160/84A	116	89	74	
	4	162.5	88	72.5	163/88A	118	93	78.5	
	5	165	92	77	165/92A	120	97	83	
较高身材中密集度群体	1	165	80	61.5	165/80Y	120	85	67.5	140以上
	2	167.5	84	66	168/84A	122	89	72	
	3	170	88	70.5	170/88A	124	93	76.5	
	4	172.5	92	75	173/92A	126	97	81	
	5	175	96	79.5	175/96A	128	101	85.5	

46. 低腰穿带式吊带褶裙

要点：

（1）这是一款休闲风格的吊带裙。

（2）成品胸围为B+7厘米。

（3）吊带裙的胸前都要增加2厘米的肩胸省，但本款的肩胸省隐藏在穿带部分里。

（4）裙片宜用幅宽144厘米以上的面料，拼接缝在后中轴线。

（5）拉链装在侧缝线，拉链要拉开至腰围线下15厘米。

参考规格 （2.5·4系列） 单位：厘米

群体分组	序号	身高	胸围(B)	腰围(W)	上体号型	后衣长	成品胸围	成品腰围	下摆围
高密集度群体	1	155	76	59	155/76A	85	83	65	140以上
	2	157.5	80	63.5	158/80A	86.5	87	69.5	
	3	160	84	68	160/84A	88	91	74	
	4	162.5	88	72.5	163/88A	90.5	95	78.5	
	5	165	92	77	165/92A	91	99	83	
较高身材中密集度群体	1	165	80	61.5	165/80Y	91	87	67.5	140以上
	2	167.5	84	66	168/84A	92.5	91	72	
	3	170	88	70.5	170/88A	94	92	76.5	
	4	172.5	92	75	173/92A	95.5	99	81	
	5	175	96	79.5	175/96A	97	103	85.5	

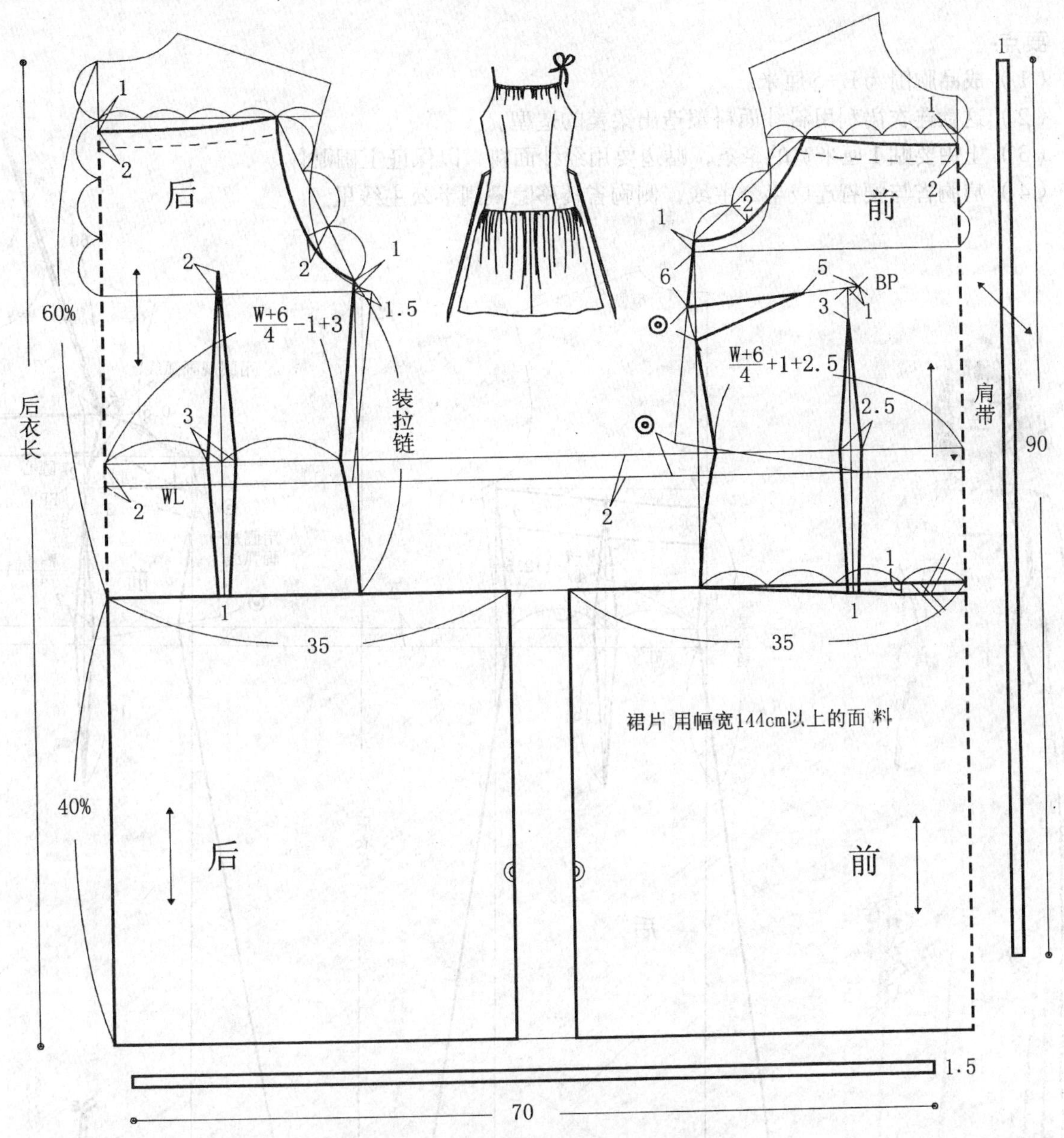

图3–46　低腰穿带式吊带褶裙

47. A型斜裁颈带式太阳裙

参考规格　(2.5·4系列)　　单位：厘米

群体分组	序号	身高	胸围(B)	腰围(W)	上体号型	后衣长	成品胸围	成品腰围	下摆围
高密集度群体	1	155	76	59	155/76A	112	81	65	180以上
	2	157.5	80	63.5	158/80A	114	85	69.5	
	3	160	84	68	160/84A	116	89	74	
	4	162.5	88	72.5	163/88A	118	93	78.5	
	5	165	92	77	165/92A	120	97	83	
较高身材中密集度群体	1	165	80	61.5	165/80Y	120	85	67.5	180以上
	2	167.5	84	66	168/84A	122	89	72	
	3	170	88	70.5	170/88A	124	93	76.5	
	4	172.5	92	75	173/92A	126	97	81	
	5	175	96	79.5	175/96A	128	101	85.5	

要点:

（1）成品胸围为 B+5 厘米。

（2）这款连衣裙利用斜纱面料塑造出柔美的造型。

（3）上围要贴 1 厘米宽的牵条，贴边要用经纱面料，以保证上围贴体。

（4）肩胸省与腰省连成半公主线，侧胸省转移隐藏到半公主线里。

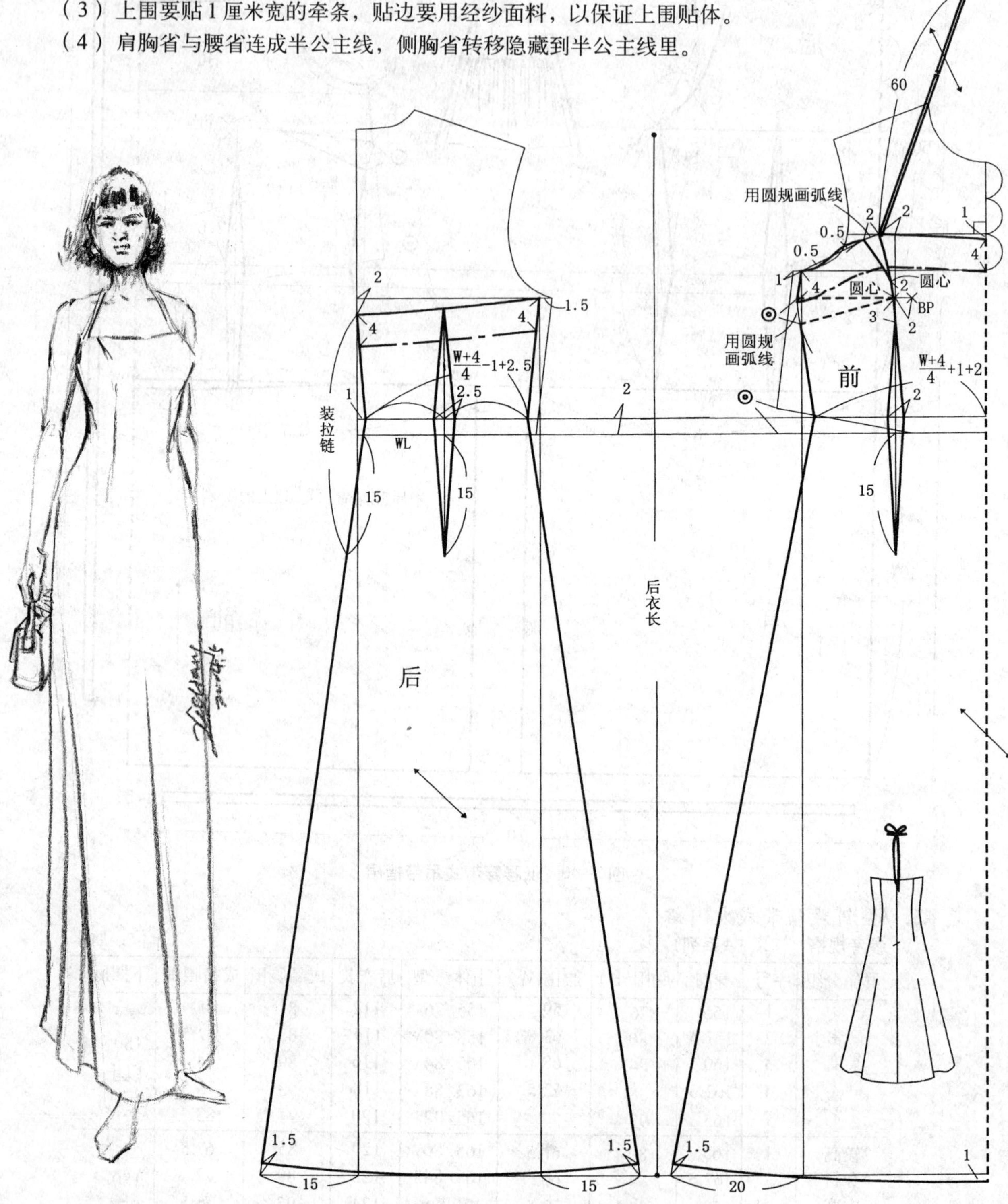

图 3–47　A 型斜裁颈带式太阳裙

48. 公主线式太阳裙

参考规格 （2.5·4系列） 单位：厘米

群体分组	序号	身高	胸围(B)	腰围(W)	上体号型	后衣长	成品胸围	成品腰围	下摆围
高密集度群体	1	155	76	59	155/76A	116	82	65	120以上
	2	157.5	80	63.5	158/80A	118	86	69.5	
	3	160	84	68	160/84A	120	90	74	
	4	162.5	88	72.5	163/88A	122	94	78.5	
	5	165	92	77	165/92A	124	98	83	
较高身材中密集度群体	1	165	80	61.5	165/80Y	124	86	67.5	124以上
	2	167.5	84	66	168/84A	126	90	72	
	3	170	88	70.5	170/88A	128	94	76.5	
	4	172.5	92	75	173/92A	130	98	81	
	5	175	96	79.5	175/96A	132	102	85.5	

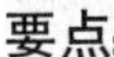

要点：

（1）成品胸围为B+6厘米。

（2）侧胸省要转移隐藏到公主线里。

（3）上围贴边宽4厘米，除了整体贴粘合衬以外，还要贴1厘米宽的牵条。

（4）裙摆展宽量视面料宽度而定，一般在9～16厘米之间。

（5）吊带用经纱面料，宽度可以在1～3厘米之间选择。

49. 公主线式露肩旗袍

参考规格 （2.5·4系列） 单位：厘米

群体分组	序号	身高	胸围(B)	腰围(W)	臀围(H)	上体号型	后衣长	成品胸围	成品腰围	成品臀围	领围
高密集度群体	1	155	76	59	82	155/76A	124	81	65	86	制板、推板后实量
	2	157.5	80	63.5	86	158/80A	126	85	69.5	90	
	3	160	84	68	90	160/84A	128	89	74	94	
	4	162.5	88	72.5	94	163/88A	130	93	78.5	98	
	5	165	92	77	98	165/92A	132	97	83	102	
较高身材中密集度群体	1	165	80	61.5	84	165/80Y	132	85	67.5	88	制板、推板后实量
	2	167.5	84	66	88	168/84A	134	89	72	92	
	3	170	88	70.5	92	170/88A	136	93	76.5	96	
	4	172.5	92	75	96	173/92A	138	97	81	100	
	5	175	96	79.5	100	175/96A	140	101	85.5	104	

要点：

（1）成品胸围为B+5厘米。

（2）袖窿线可以选择滚边、镶边或贴边。

（3）可以在左侧公主线开衩；亦可以在两侧侧缝线开衩，但只能选择一种开衩形式，以免琐碎。

（4）拉链上端在立领后中轴线上沿。

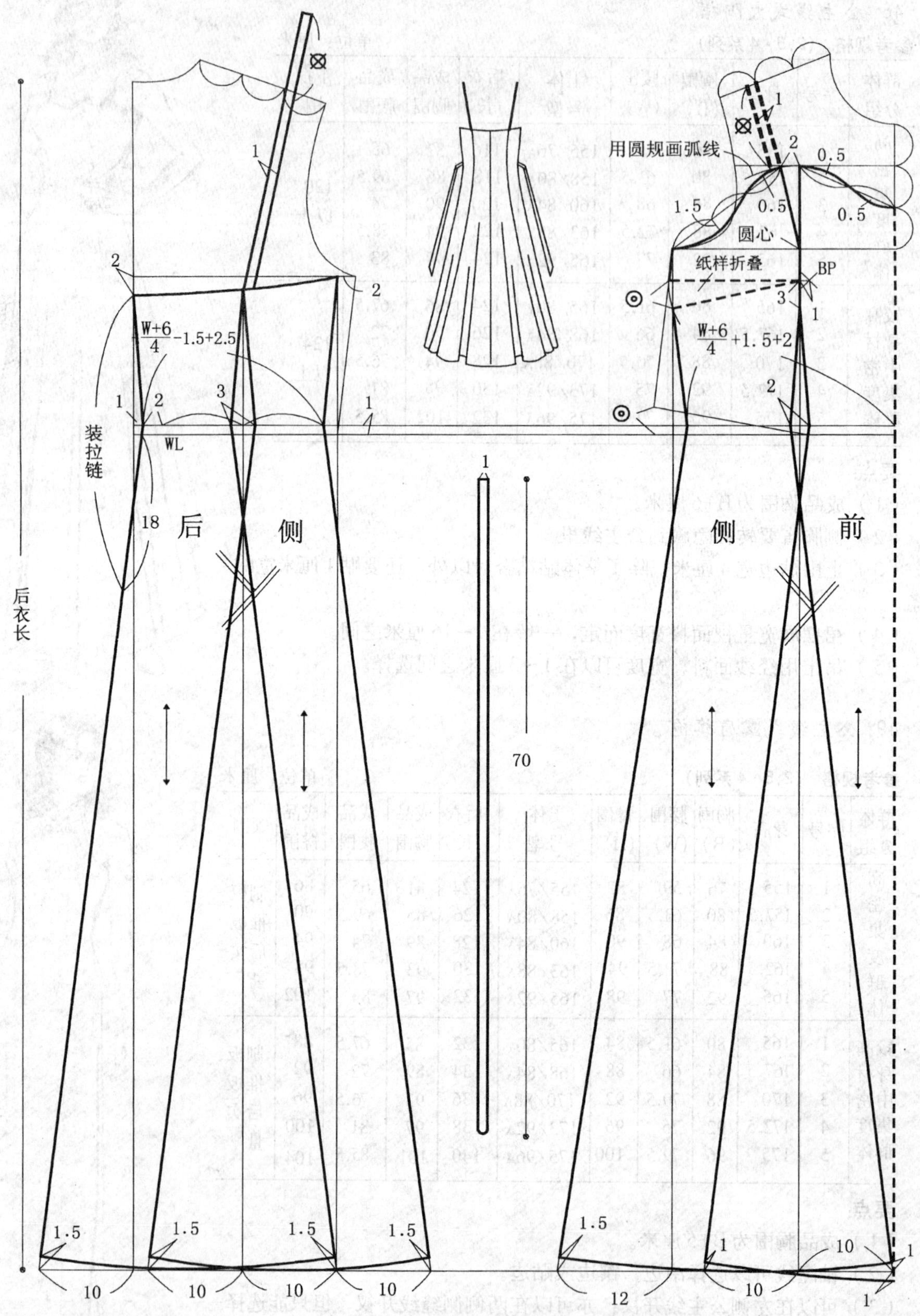

图3-48 公主线式太阳裙

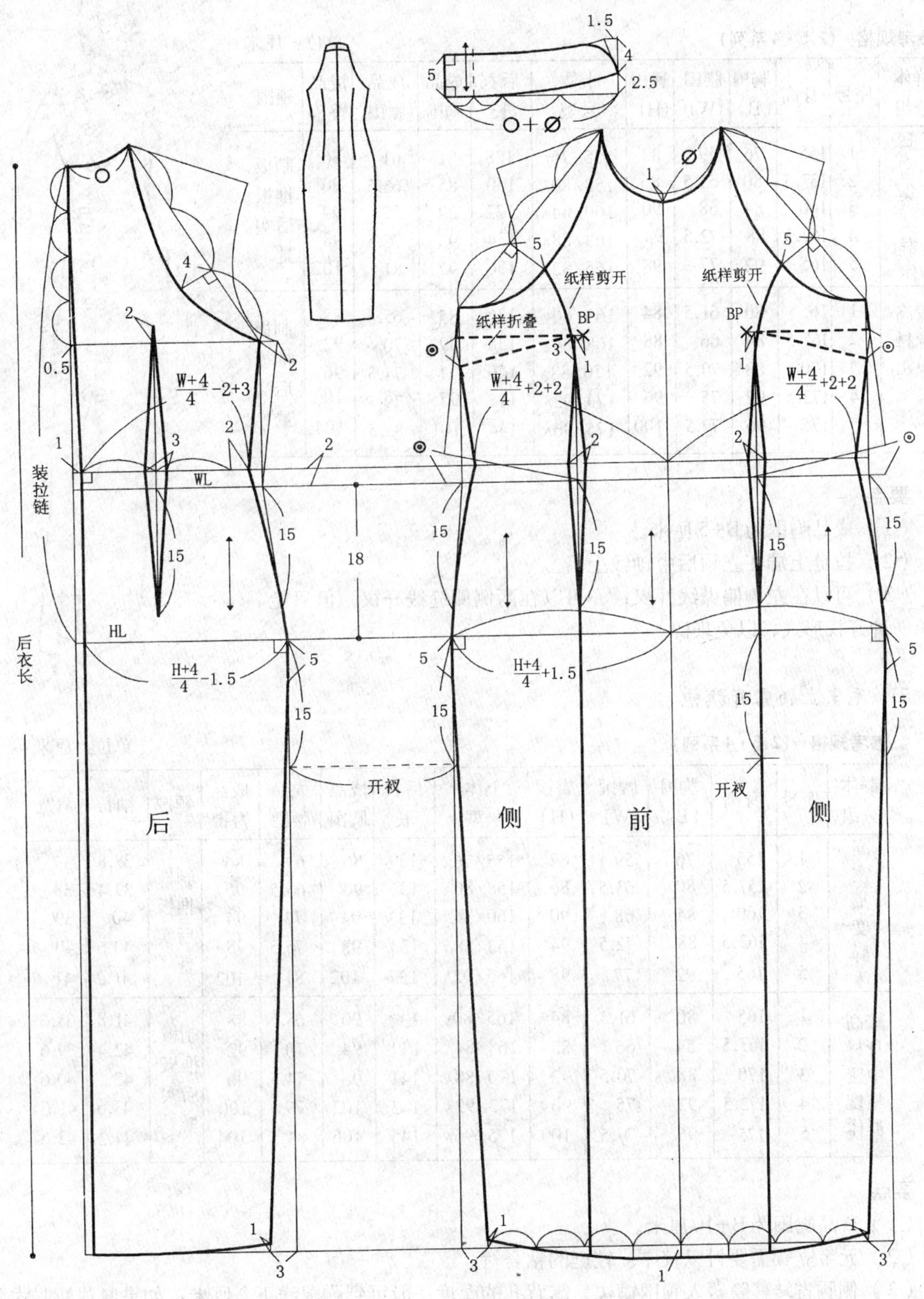

图3-49　公主线式露肩旗袍

50. 无袖偏襟旗袍

参考规格 （2.5·4系列） 单位：厘米

群体分组	序号	身高	胸围(B)	腰围(W)	臀围(H)	上体号型	后衣长	成品胸围	成品腰围	成品臀围	领围
高密集度群体	1	155	76	59	82	155/76A	128	81	61	86	制板、推板后实量
	2	157.5	80	63.5	86	158/80A	130	85	66.5	90	
	3	160	84	68	90	160/84A	132	89	72	94	
	4	162.5	88	72.5	94	163/88A	134	93	76.5	98	
	5	165	92	77	98	165/92A	136	97	81	102	
较高身材中密集度群体	1	165	80	61.5	84	165/80Y	136	85	65.5	88	制板、推板后实量
	2	167.5	84	66	88	168/84A	138	89	70	92	
	3	170	88	70.5	92	170/88A	140	93	74.5	96	
	4	172.5	92	75	96	173/92A	142	97	79	100	
	5	175	96	79.5	100	175/96A	144	101	83.5	104	

要点

（1）成品胸围为B+5厘米。

（2）拉链上端在立领后中轴线上沿。

（3）可以在左侧偏襟线开衩；亦可以在两侧侧缝线开衩，但只能选择一种开衩形式，以免琐碎。

51. 元宝立领露背旗袍

参考规格 （2.5·4系列） 单位：厘米

群体分组	序号	身高	胸围(B)	腰围(W)	臀围(H)	上体号型	后衣长	成品胸围	成品腰围	成品臀围	领围	袖长	肩宽
高密集度群体	1	155	76	59	82	155/76A	129	86	61	86	制板、推板后实量	38.8	37
	2	157.5	80	63.5	86	158/80A	131	90	66.5	90		39.4	38
	3	160	84	68	90	160/84A	133	94	72	94		40	39
	4	162.5	88	72.5	94	163/88A	135	98	76.5	98		40.6	40
	5	165	92	77	98	165/92A	137	102	81	102		41.2	41
较高身材中密集度群体	1	165	80	61.5	84	165/80Y	137	90	65.5	88	制板、推板后实量	41.8	38.6
	2	167.5	84	66	88	168/84A	139	94	70	92		42.4	39.6
	3	170	88	70.5	92	170/88A	141	98	74.5	96		43	40.6
	4	172.5	92	75	96	173/92A	143	102	79	100		43.6	41.6
	5	175	96	79.5	100	175/96A	145	106	83.5	104		44.2	42.6

要点

（1）成品胸围为B+10厘米。

（2）元宝立领需要衬以较厚、较挺的粘合衬。

（3）侧胸省转移隐藏入领围镶边。露背孔的深度一般可到胸围线下2厘米；如果佩戴礼服式胸罩，可以深至靠近腰围线。

（4）可以根据设计需要改为短袖。

后
前
侧
装拉链
后衣长
WL
HL
BP
开衩
18
0.5
1.5
3.5
2.5
$\frac{W+4}{4}-2+3$
$\frac{W+4}{4}+2+2$
$\frac{H+4}{4}-1.5$
$\frac{H+4}{4}+1.5$

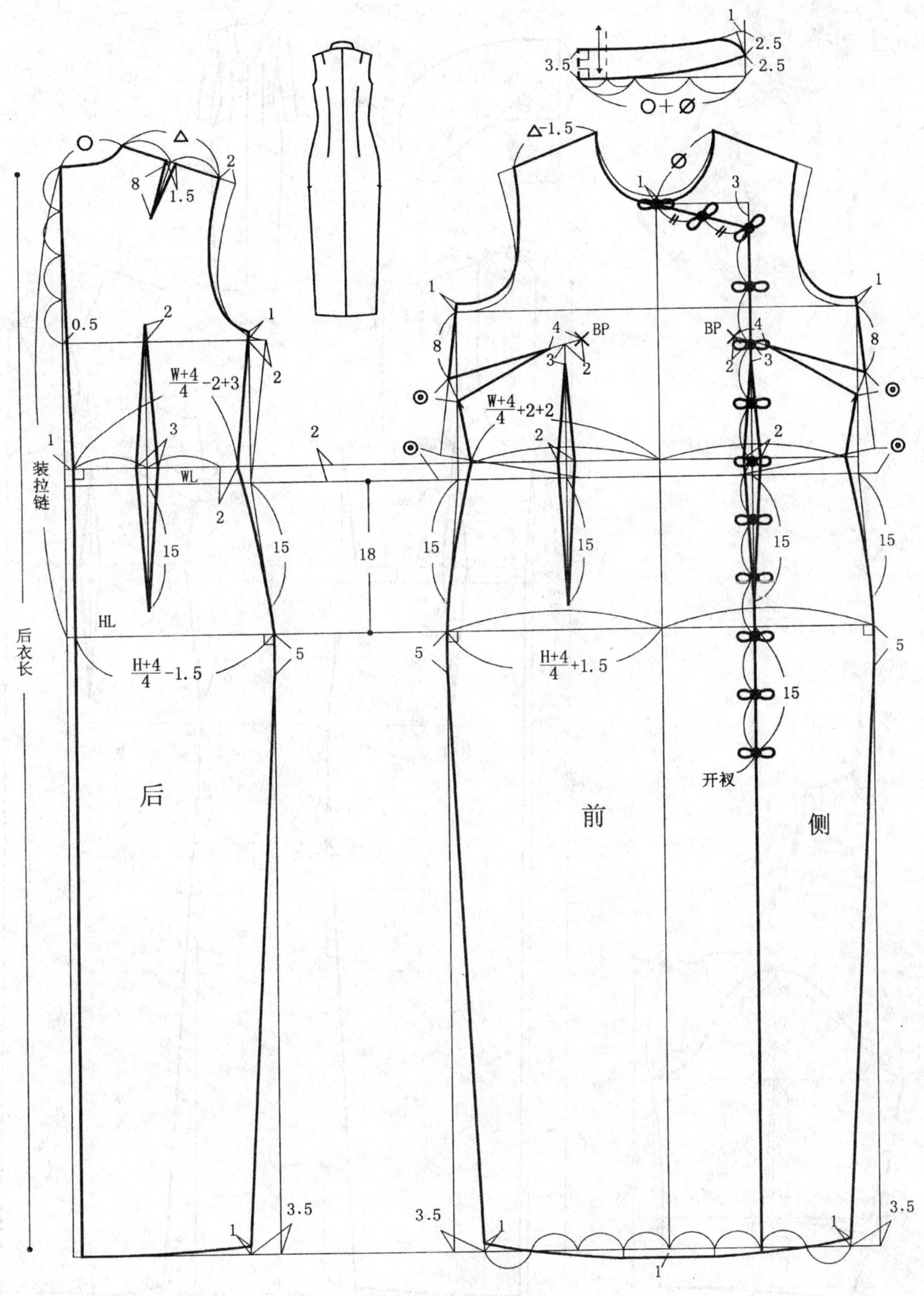

图 3-50　无袖偏襟旗袍

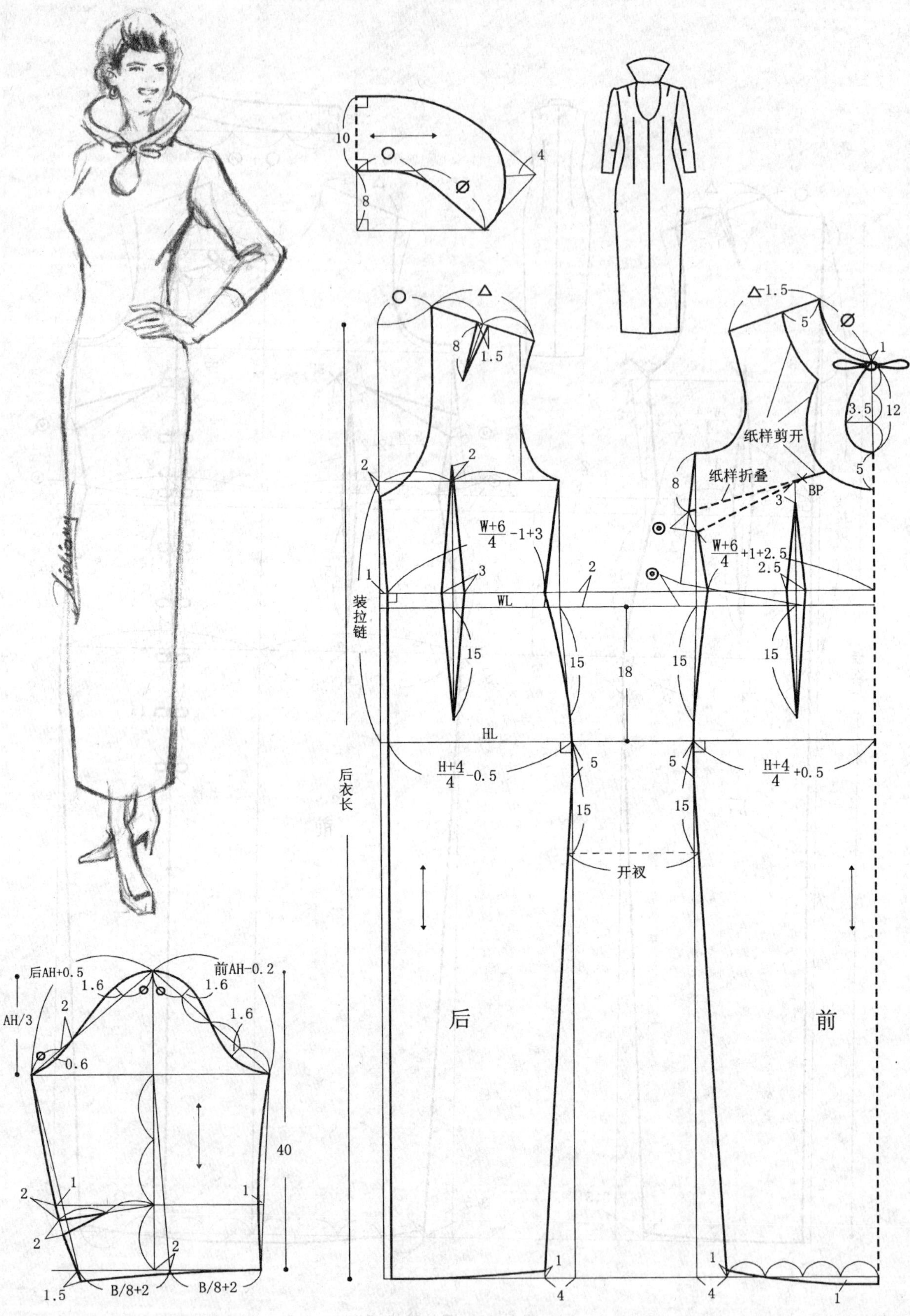

图3–51　元宝立领露背旗袍

52. 露背短旗袍

要点:

（1）成品胸围为B+6厘米。

（2）这是短旗袍的典型代表；其他旗袍亦可以根据设计需要参照改短。

（3）所有的滚边部位都要先贴0.5厘米宽的牵条后再滚边。

（4）拉链既可以装在后中轴线，也可以装在侧缝。

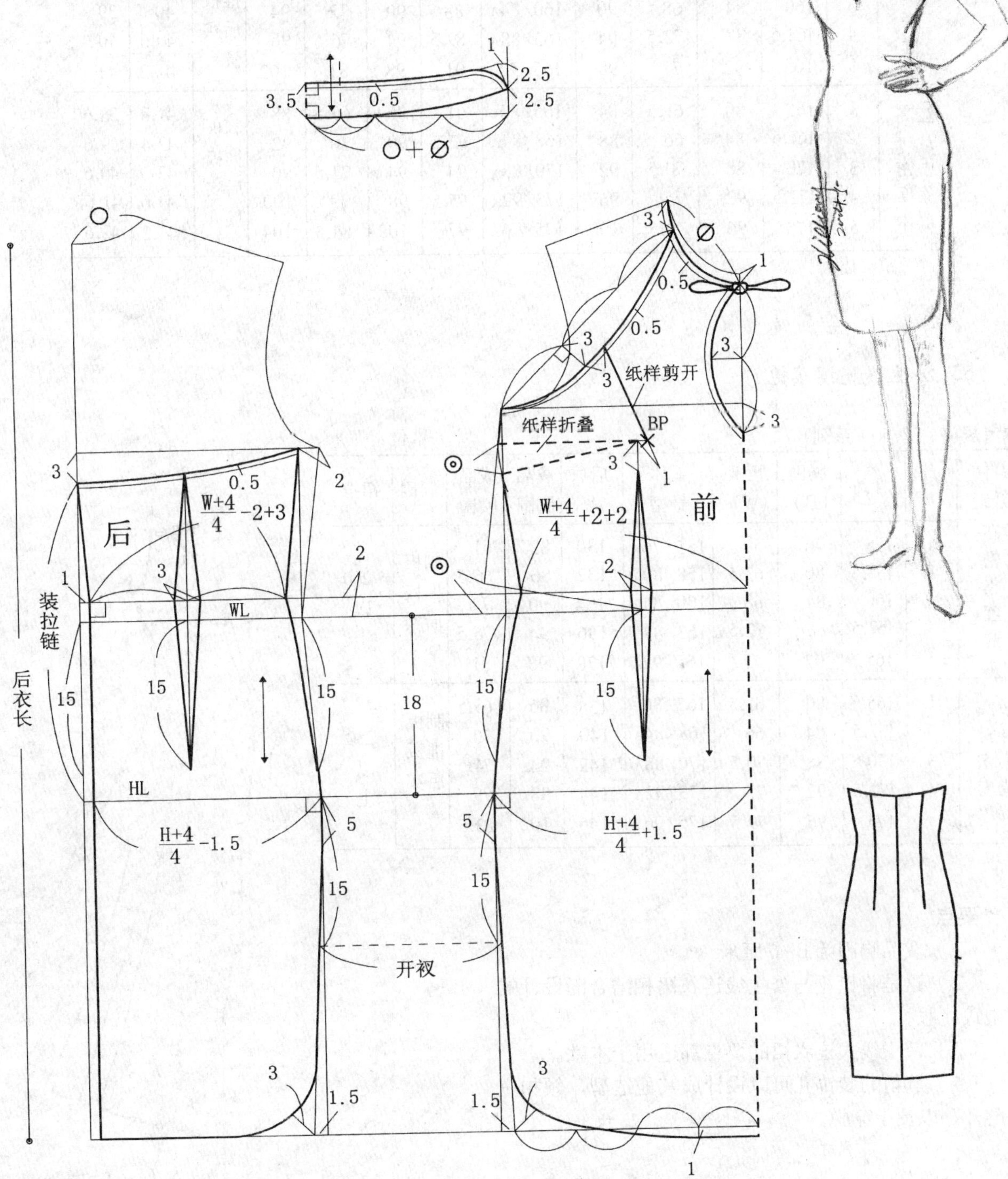

图3-52 露背短旗袍

参考规格 （2.5・4系列） 单位：厘米

群体分组	序号	身高	胸围（B）	腰围（W）	臀围（H）	上体号型	后衣长	成品胸围	成品腰围	成品臀围	领围	袖长	肩宽
高密集度群体	1	155	76	59	82	155/76A	85	82	61	86	制板、推板后实量	38.8	37
	2	157.5	80	63.5	86	158/80A	86.5	86	66.5	90		39.4	38
	3	160	84	68	90	160/84A	88	90	72	94		40	39
	4	162.5	88	72.5	94	163/88A	89.5	94	76.5	98		40.6	40
	5	165	92	77	98	165/92A	91	98	81	102		41.2	41
较高身材中密集度群体	1	165	80	61.5	84	165/80Y	91	86	65.5	88	制板、推板后实量	41.8	38.6
	2	167.5	84	66	88	168/84A	92.5	90	70	92		42.4	39.6
	3	170	88	70.5	92	170/88A	94	94	74.5	96		43	40.6
	4	172.5	92	75	96	173/92A	95.5	98	79	100		43.6	41.6
	5	175	96	79.5	100	175/96A	97	102	83.5	104		44.2	42.6

53. 公主线宽摆旗袍

参考规格 （2.5・4系列） 单位：厘米

群体分组	序号	身高	胸围（B）	腰围（W）	上体号型	后衣长	成品胸围	成品腰围	领围	裙摆
高密集度群体	1	155	76	59	155/76A	130	82	61	制板、推板后实量	260以上
	2	157.5	80	63.5	158/80A	132	86	66.5		
	3	160	84	68	160/84A	134	90	72		
	4	162.5	88	72.5	163/88A	136	94	76.5		
	5	165	92	77	165/92A	138	98	81		
较高身材中密集度群体	1	165	80	61.5	165/80Y	138	86	65.5	制板、推板后实量	250以上
	2	167.5	84	66	168/84A	140	90	70		
	3	170	88	70.5	170/88A	142	94	74.5		
	4	172.5	92	75	173/92A	144	98	79		
	5	175	96	79.5	175/96A	146	102	83.5		

要点：

（1）成品胸围为B+6厘米。

（2）这是将旗袍与公主线连衣裙相结合而设计的旗袍式礼服。

（3）公主线式连衣裙的要点都适用于本款。

（4）胸前的装饰孔可以设计成其他造型，领扣应能解开，以便于穿脱。

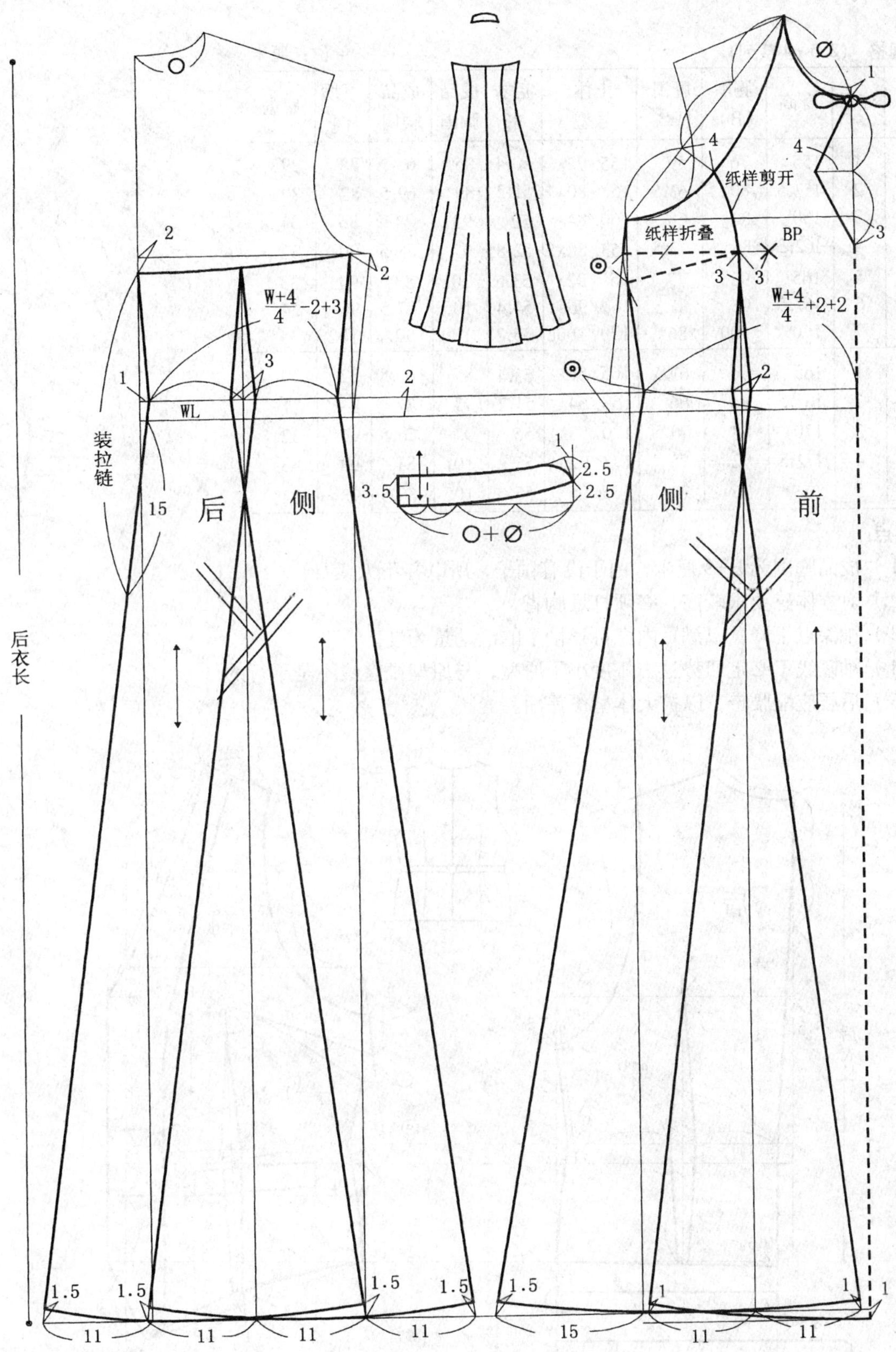

图 3–53　公主线宽摆旗袍

54. 马甲

参考规格 （2.5·4系列） 单位：厘米

群体分组	序号	身高	胸围（B）	腰围（W）	上体号型	后衣长	成品胸围	成品腰围	下摆围	肩宽
高密集度群体	1	155	76	59	155/76A	50.4	85	65	78	29
	2	157.5	80	63.5	158/80A	51.2	89	69.5	82	30
	3	160	84	68	160/84A	52	93	74	86	31
	4	162.5	88	72.5	163/88A	52.8	97	78.5	90	32
	5	165	92	77	165/92A	53.6	101	83	94	33
	6	167.5	96	81.5	169/96B	54.4	105	87.5	98	34
	7	170	100	86	170/100B	55.2	109	92	102	35
较高身材中密集度群体	1	165	80	61.5	165/80Y	53.4	89	67.5	82	30
	2	167.5	84	66	168/84A	54.2	93	72	86	31
	3	170	88	70.5	170/88A	55	97	76.5	90	32
	4	172.5	92	75	173/92A	55.8	101	81	94	33
	5	175	96	79.5	175/96A	56.6	105	85.5	98	34

要点：

（1）成品胸围为B+9厘米，由于没有袖子，所以并不太紧身。

（2）对立体感要求较高，必须打足胸省。

（3）袖深点下降量以满足内穿衬衫袖子的活动量为度。

（4）袖窿线不必定凹势量，弧度小于原型，与原型袖窿线不是平行的。

（5）后腰应配腰带，以扩大体型覆盖面。

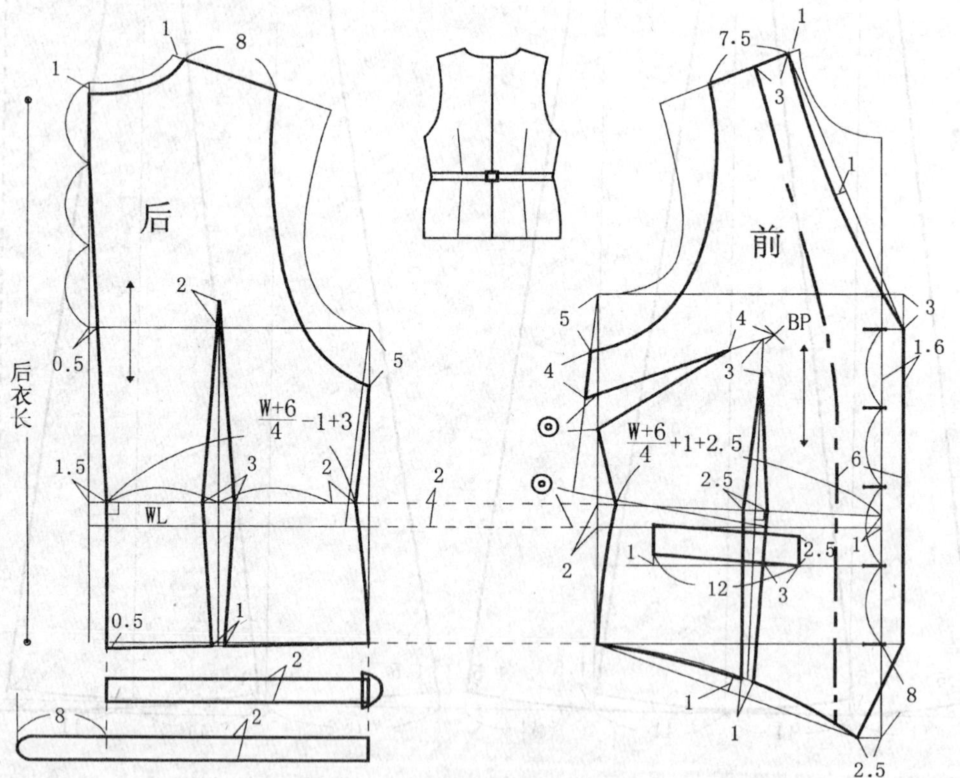

图3–54 马甲

55. 公主线马甲

参考规格 （2.5·4系列） 单位：厘米

群体分组	序号	身高	胸围(B)	腰围(W)	上体号型	后衣长	成品胸围	成品腰围	下摆围	肩宽
高密集度群体	1	155	76	59	155/76A	46.4	82	65	75	25
	2	157.5	80	63.5	158/80A	47.2	86	69.5	79	26
	3	160	84	68	160/84A	48	90	74	83	27
	4	162.5	88	72.5	163/88A	48.8	94	78.5	87	28
	5	165	92	77	165/92A	49.6	98	83	91	29
较高身材中密集度群体	1	165	80	61.5	165/80Y	49.4	85	67.5	79	26
	2	167.5	84	66	168/84A	50.2	89	72	83	27
	3	170	88	70.5	170/88A	51	93	76.5	87	28
	4	172.5	92	75	173/92A	51.8	97	81	91	29
	5	175	96	79.5	175/96A	52.6	101	85.5	95	30

要点：

（1）这款马甲很贴体，成品胸围为B+6厘米，仅适合女青年穿着。

（2）对立体感要求较高，必须打足胸省。

（3）后腰应配腰带，以扩大体型覆盖面。

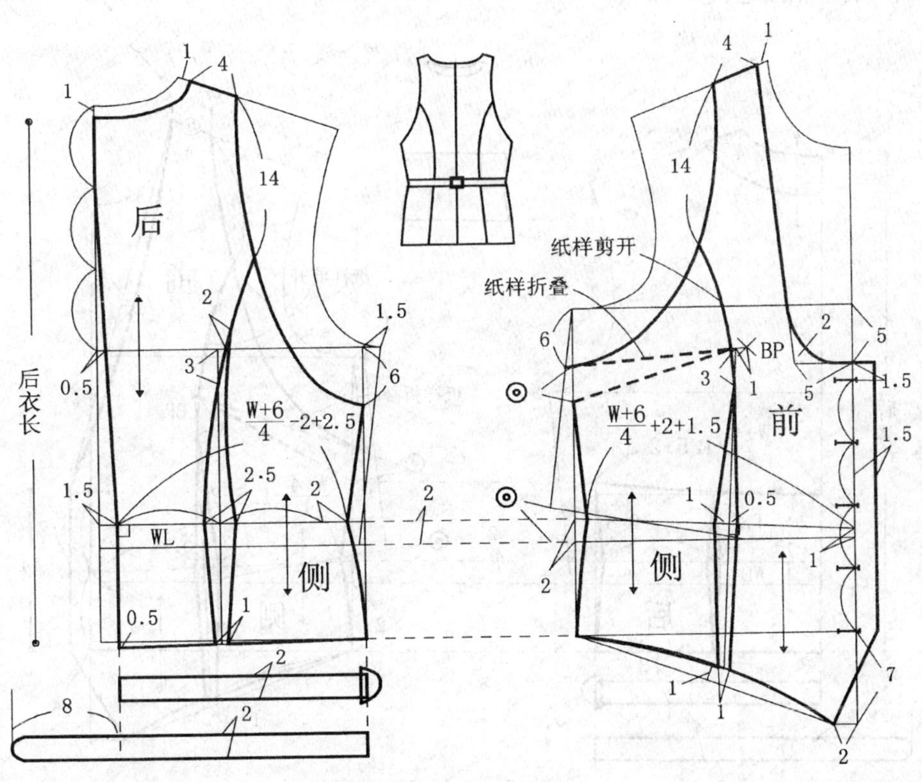

图3–55 公主线马甲

56. 露背式马甲

参考规格 （2.5·4系列） 单位：厘米

群体分组	序号	身高	胸围（B）	腰围（W）	上体号型	后衣长	成品胸围	成品腰围	下摆围
高密集度群体	1	155	76	59	155/76A	44.4	77	63	81
	2	157.5	80	63.5	158/80A	45.2	81	67.5	85
	3	160	84	68	160/84A	46	85	72	89
	4	162.5	88	72.5	163/88A	46.8	89	76.5	93
	5	165	92	77	165/92A	47.6	93	81	97
较高身材中密集度群体	1	165	80	61.5	165/80Y	46.6	81	65.5	85
	2	167.5	84	66	168/84A	47.2	85	70	89
	3	170	88	70.5	170/88A	48	89	71.5	93
	4	172.5	92	75	173/92A	48.8	93	79	97
	5	175	96	79.5	175/96A	49.6	97	83.5	101

要点：

（1）成品胸围为B+1厘米。

（2）由于没有实际上的胸围线，所以成品胸围是虚拟的，宽松量似乎极小，但并不太约束。

（3）后腰应配腰带，以扩大体型覆盖面。

（4）颈后的吊带可以与前片连裁（后中轴线断开），亦可以不与前片连裁（后中轴线连裁）。

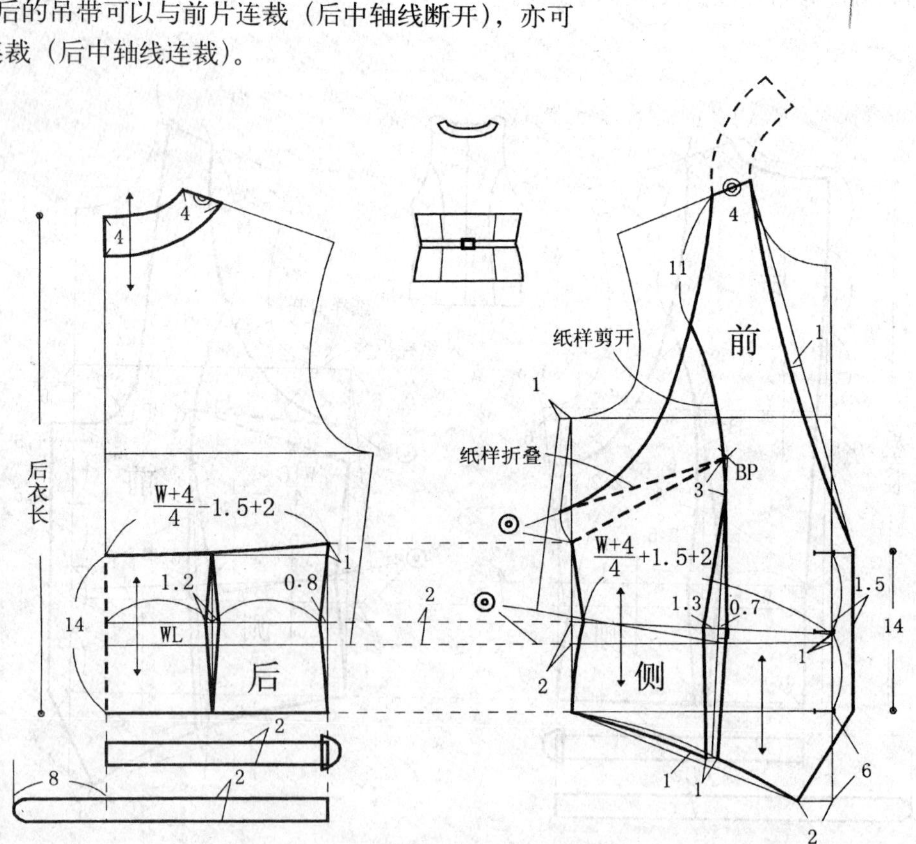

图3-56 露背式马甲

57. 休闲马甲

参考规格　（3·6系列）　　单位：厘米

群体分组	序号	身高	胸围（B）	上体号型	后衣长	成品胸围	下摆围	肩宽
高密集度群体	1	157	78	157/78A	55	94	94	35
	2	160	84	160/84A	56	100	100	36.5
	3	163	90	163/90A	57	106	106	38
	4	166	96	166/96A	58	112	112	39.5
	5	169	102	169/102B	59	118	118	41
较高身材中密集度群体	1	165	78	165/78Y	58	94	94	35
	2	168	84	168/84A	59	100	100	36.5
	3	171	90	171/90A	60	106	106	38
	4	174	96	174/96A	61	112	112	39.5
	5	177	102	177/102A	62	118	118	41

要点：

（1）成品胸围为B+16厘米。

（2）前片在拷贝后片的基础线上制板。

（3）胸围宽松量较大，不必打全胸省，前片利用约克线打一道1.5厘米宽的袖胸省。

（4）右前襟拉链后面垫一片内遮襟。

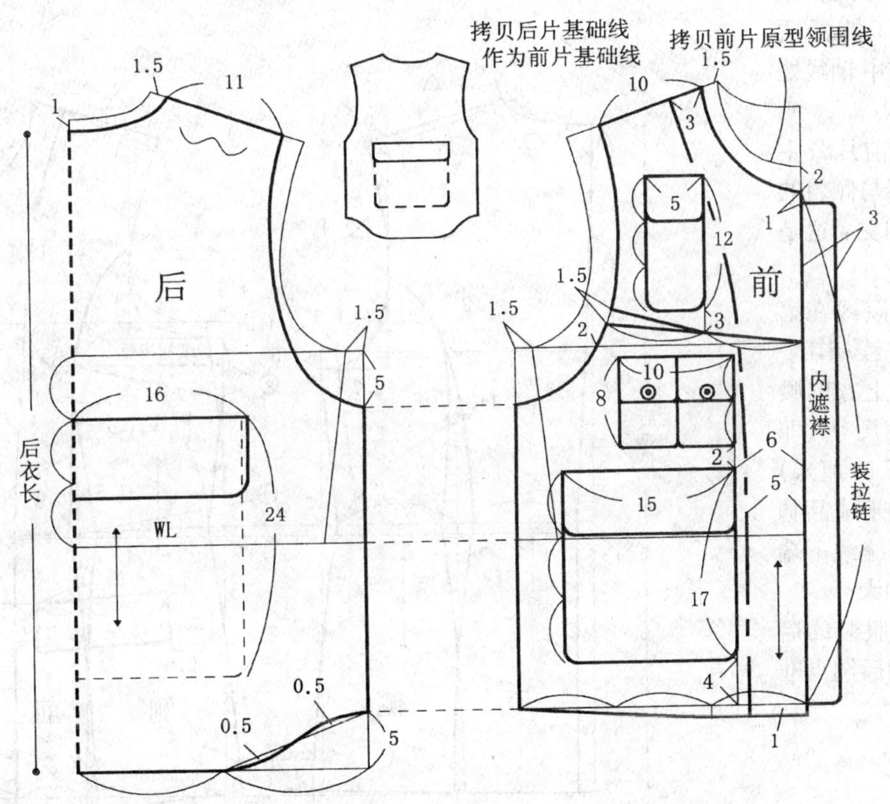

图3–57　休闲马甲

58. 翻领公主线上衣

参考规格 （2.5·4系列） 单位：厘米

群体分组	序号	身高	胸围(B)	腰围(W)	上体号型	后衣长	成品胸围	成品腰围	下摆围	领围	肩宽	袖长	1/2袖口
高密集度群体	1	155	76	59	155/76A	60	92	71	99	制板、推板后实量	39	54.6	11.5
	2	157.5	80	63.5	158/80A	61	96	75.5	103		40	55.2	12
	3	160	84	68	160/84A	62	100	80	107		41	56	12.5
	4	162.5	88	72.5	163/88A	63	104	84.5	111		42	56.8	13
	5	165	92	77	165/92A	64	108	89	115		43	57.6	113.5
	6	167.5	96	81.5	168/96B	65	112	93.5	119		44	58.4	14
	7	170	100	86	170/100B	66	116	98	123		45	59.2	14.5
较高身材中密集度群体	1	165	80	61.5	165/80Y	64	96	73.5	101	制板、推板后实量	40.6	58.4	12
	2	167.5	84	66	168/84A	65	100	78	105		41.6	59.2	12.5
	3	170	88	70.5	170/88A	66	104	82.5	109		42.6	60	13
	4	172.5	92	75	173/92A	67	108	87	113		43.6	60.8	13.5
	5	175	96	79.5	175/96A	68	112	91.5	117		44.6	61.6	14

要点:

（1）这是典型的春秋季节合体上衣，成品胸围为B+16厘米，一般可穿在衬衫及毛衣外面，其制板技法对其他合体上衣具有指导作用。

（2）原型前领宽小于后领宽，这可以直接用于衬衫、连衣裙。但上衣则相反，前领宽应大于后领宽，这样有利于在内穿厚毛衣时提高领子的舒适性，方法是在前中轴线处加宽0.5厘米。

（3）上衣前片公主线的基础线都要与倾斜的腰围线呈直角相交，这是为了修正视错觉。

（4）前袖窿线在第二等分点与胸宽线相切。

（5）合体上衣的腰下长度大于腰长尺寸（即中间体号型大于18厘米）时，下摆围要大于成品胸围，主要通过侧缝线下端及公主线下端加大。

（6）精制服装的后片公主线应与袖后翘点准确对位。

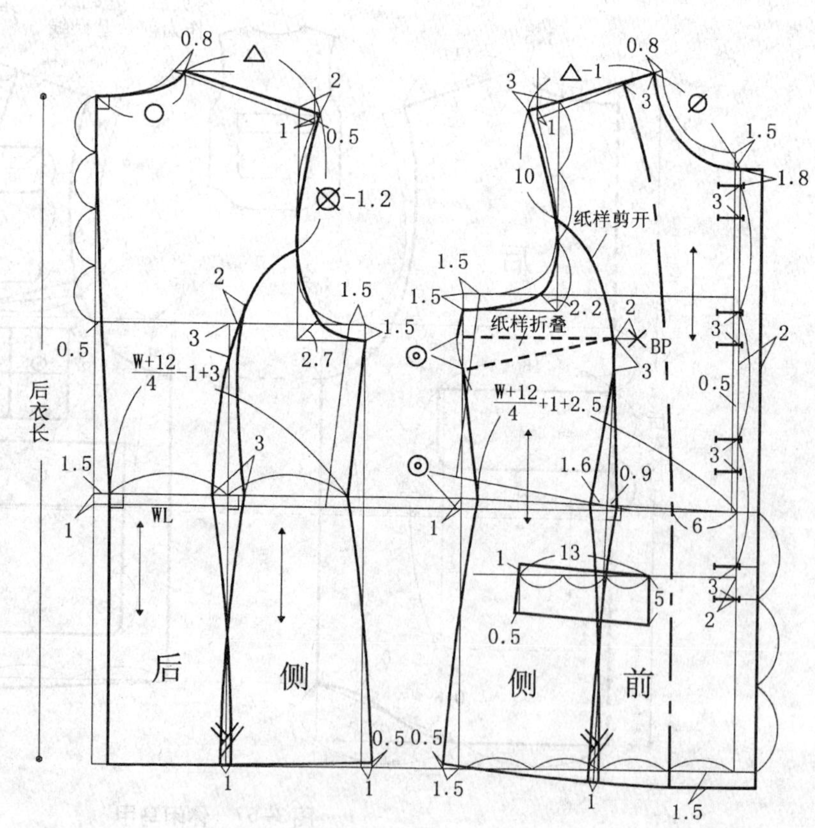

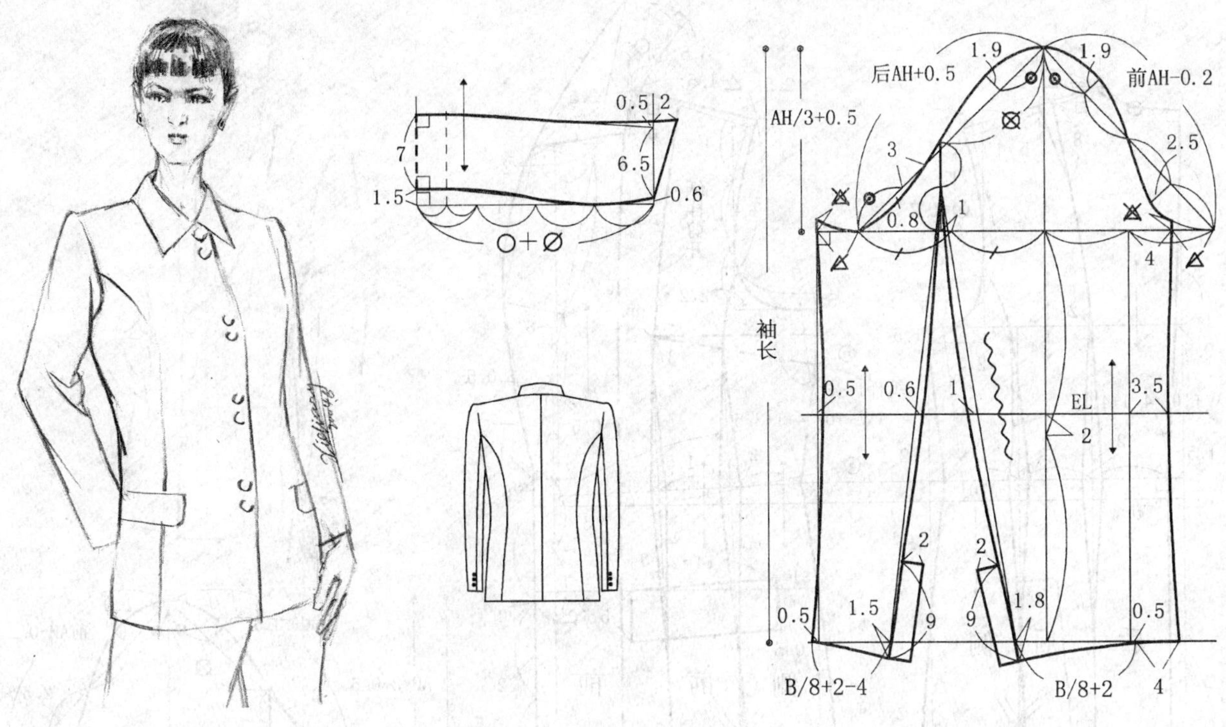

图3-58　翻领公主线上衣

59. 双公主线青果领上衣

参考规格　(2.5·4系列)　　　　单位：厘米

群体分组	序号	身高	胸围(B)	腰围(W)	上体号型	后衣长	成品胸围	成品腰围	下摆围	领围	肩宽	袖长	1/2袖口
高密集度群体	1	155	76	59	155/76A	65	92	69	101	制板、推板后实量	39	54.4	11.5
	2	157.5	80	63.5	158/80A	66	96	73.5	105		40	55.2	12
	3	160	84	68	160/84A	67	100	78	109		41	56	12.5
	4	162.5	88	72.5	163/88A	68	104	82.5	113		42	56.8	13
	5	165	92	77	165/92A	69	108	87	117		43	57.6	113.5
	6	167.5	96	81.5	168/96B	70	112	91.5	121		44	58.4	14
	7	170	100	86	170/100B	71	116	96	125		45	59.2	14.5
较高身材中密集度群体	1	165	80	61.5	165/80Y	69	96	71.5	99	制板、推板后实量	40.6	58.4	12
	2	167.5	84	66	168/84A	70	100	76	103		41.6	59.2	12.5
	3	170	88	70.5	170/88A	71	104	80.5	107		42.6	60	13
	4	172.5	92	75	173/92A	72	108	85	111		43.6	60.8	13.5
	5	175	96	79.5	175/96A	73	112	89.5	115		44.6	61.6	14

要点：

（1）成品胸围为B+16厘米。

（2）双公主线的设计有利于把腰省量均匀分散，使卡腰效果更为立体、圆顺。

（3）凡后肩有肩公主线，就应在其上端打肩省，前肩线长为后肩线长 1.5厘米。

（4）青果领是翻驳领的一种变化形式，其特征是领面与贴边之间不断开，但领里与衣片是分断的。

（5）精制服装的后片公主线应与袖后翘点准确对位。

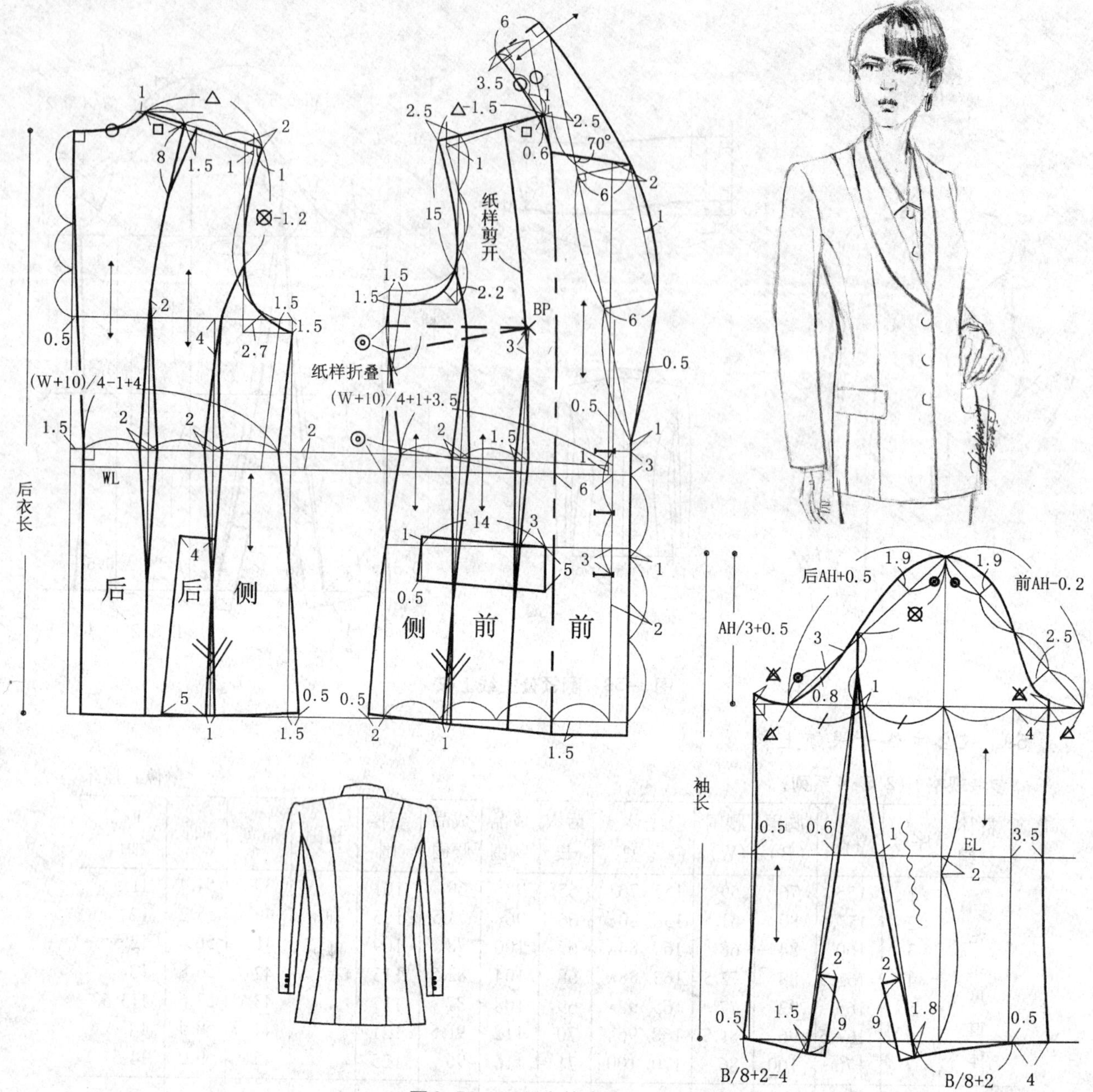

图3-59　双公主线青果领上衣

60. 连身立领中式上衣（唐装）

要点：

（1）成品胸围为B+14厘米。

（2）为了设计成“削肩美人”的造型，胸围仅在原型的基础上追加4厘米，肩部不加宽，肩点升高量仅0.5厘米，配最薄的垫肩；衣长短于臀围线，下摆围可以稍小于成品胸围。

（3）连身立领一定要利用交叉裁剪展宽领上线，使领子的造型立体、圆顺。这款上衣的后领利用肩省转领肩省，前领利用侧胸省转领胸省进行交叉裁剪。

（4）凡后肩打肩省，前肩线长为后肩线长-1.5厘米肩省量。

（5）门襟按普通单排扣上衣叠合2厘米，盘花扣的位置稍偏离前中轴线；亦可以按中式服装的惯例设计成对襟。

（6）腰下长度短于腰长尺寸（即中间体号型短于18厘米），下摆围可以小于成品胸围。

参考规格 （2.5·4系列） 单位：厘米

群体分组	序号	身高	胸围(B)	腰围(W)	上体号型	后衣长	成品胸围	成品腰围	下摆围	领围	肩宽	袖长	1/2袖口
高密集度群体	1	155	76	59	155/76A	52	90	68	85	制板、推板后实量	38	53.4	11.5
	2	157.5	80	63.5	158/80A	53	94	73	89		39	54.2	12
	3	160	84	68	160/84A	54	98	78	93		40	55	12.5
	4	162.5	88	72.5	163/88A	55	102	83	97		41	55.8	13
	5	165	92	77	165/92A	56	106	88	101		42	56.6	113.5
	6	167.5	96	81.5	168/96B	57	110	93	105		43	57.4	14
	7	170	100	86	170/100B	58	114	98	109		44	58.2	14.5
较高身材中密集度群体	1	165	80	61.5	165/80Y	56	94	71	89	制板、推板后实量	39.6	57.4	12
	2	167.5	84	66	168/84A	57	98	76	93		40.6	58.2	12.5
	3	170	88	70.5	170/88A	58	102	80	97		41.6	59	13
	4	172.5	92	75	173/92A	59	106	86	101		42.6	59.8	13.5
	5	175	96	79.5	175/96A	60	110	91	105		43.6	60.6	14

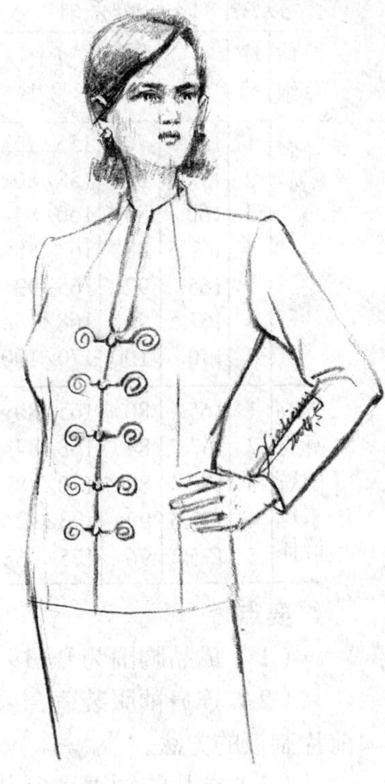

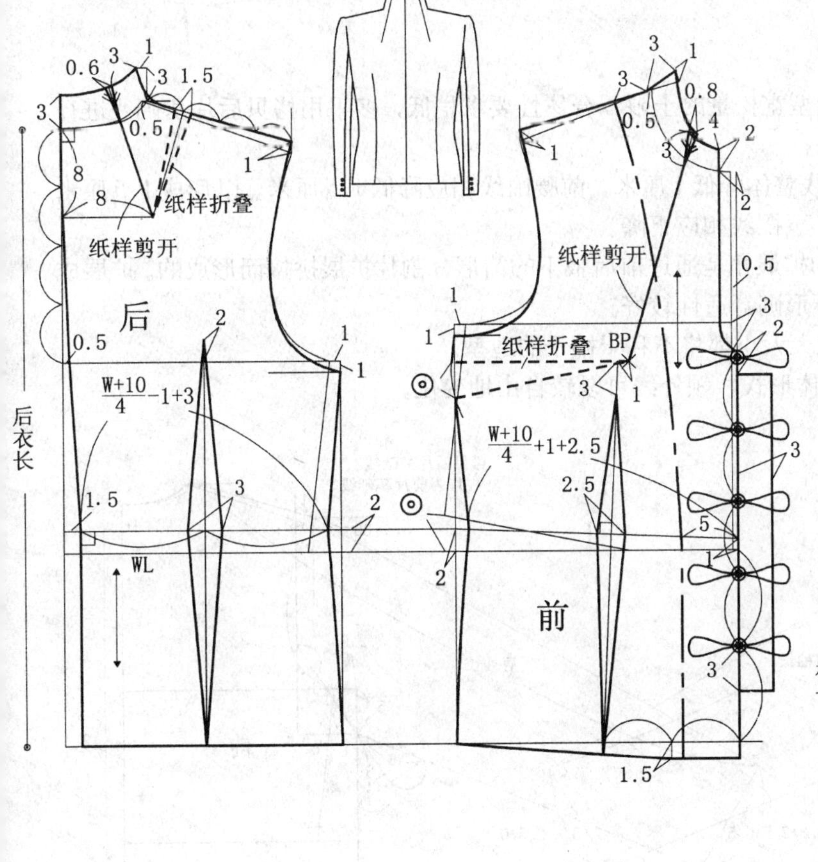

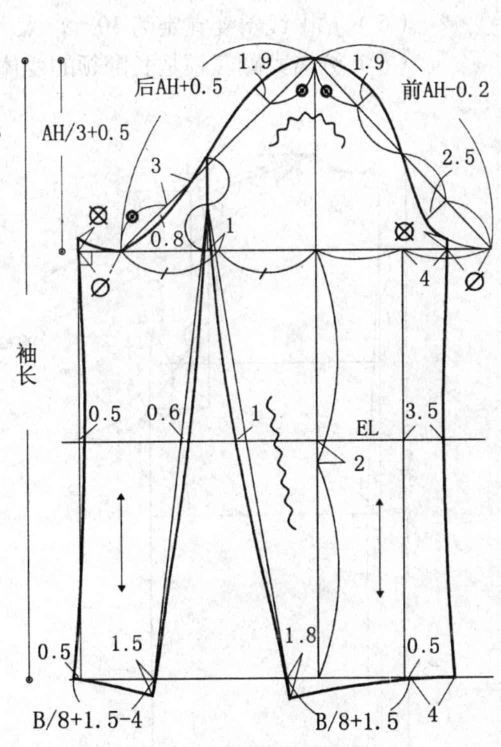

图3-60 连身立领中式上衣

61. 分离式翻驳领连肩袖上衣

参考规格（2.5·4系列） 单位：厘米

群体分组	序号	身高	胸围(B)	上体号型	后衣长	成品胸围	下摆围	领围	肩宽	袖长	袖口
高密集度群体	1	155	76	155/76A	62	95	94	制板、推板后实量	39	57.4	12
	2	157.5	80	158/80A	63	99	98		40	58.2	12.5
	3	160	84	160/84A	64	103	102		41	59	13
	4	162.5	88	163/88A	65	107	106		42	59.8	13.5
	5	165	92	165/92A	66	111	110		43	60.6	14
	6	167.5	96	168/96B	67	115	114		44	61.4	14.5
	7	170	100	170/100B	68	119	118		45	62.2	15
较高身材中密集度群体	1	165	80	165/80Y	66	99	96	制板、推板后实量	40.6	60.4	12.5
	2	167.5	84	168/84A	67	103	100		41.6	61.2	13
	3	170	88	170/88A	68	107	104		42.6	62	13.5
	4	172.5	92	173/92A	69	111	108		43.6	62.8	14
	5	175	96	175/96A	70	115	112		44.6	63.6	14.5

要点:

（1）成品胸围为B+19厘米。

（2）连肩袖服装适合采用H型造型宽松量的上限，合体性要求稍低，多采用拷贝后片基础线进行前片制板的方法。

（3）前片的领围线、肩线、袖中线整体降低1厘米，前腰围线相应降低1.5厘米，以形成1.5厘米的侧胸省量及合理均衡的前后腰节高，下摆线相应下降。

（4）该连肩袖是插角式的，腋下的扩展角是通过前后腋下的箭形分割片扩展拼接而形成的。扩展成长菱形静态合体性较好；而扩展成方菱形则舒适性较好。

（5）袖中线斜度宜定为30°，太大太小都将不利于袖子的造型。

（6）分离式翻驳领是长翻领的变体形式，领外线可以较自由地变化。

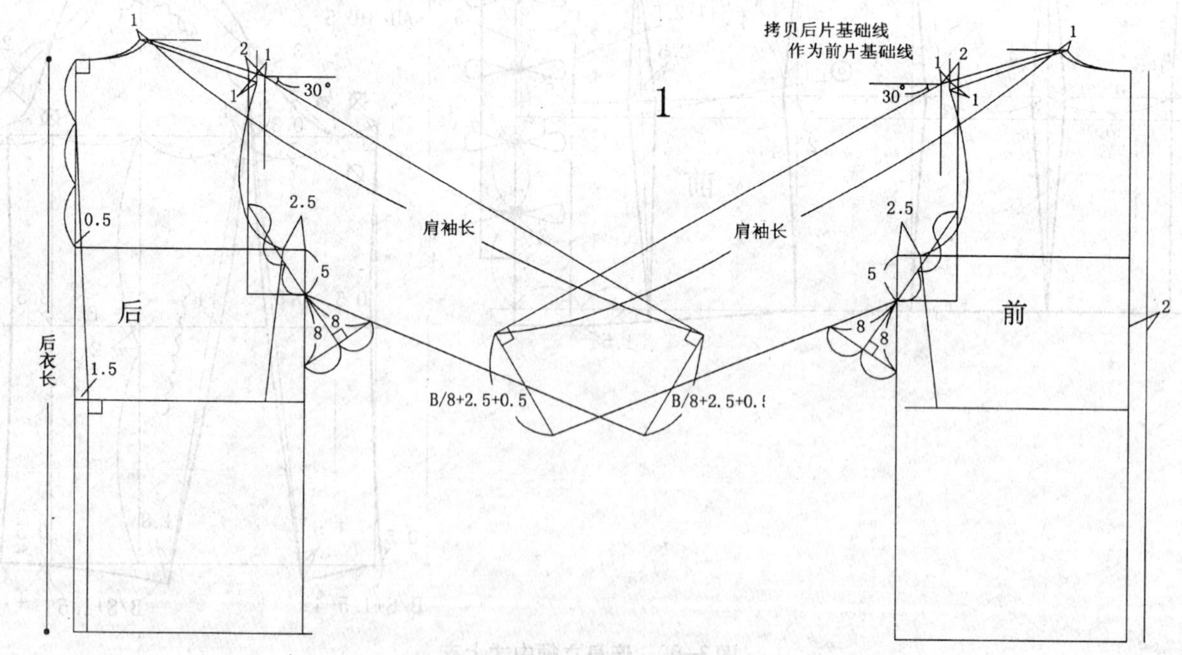

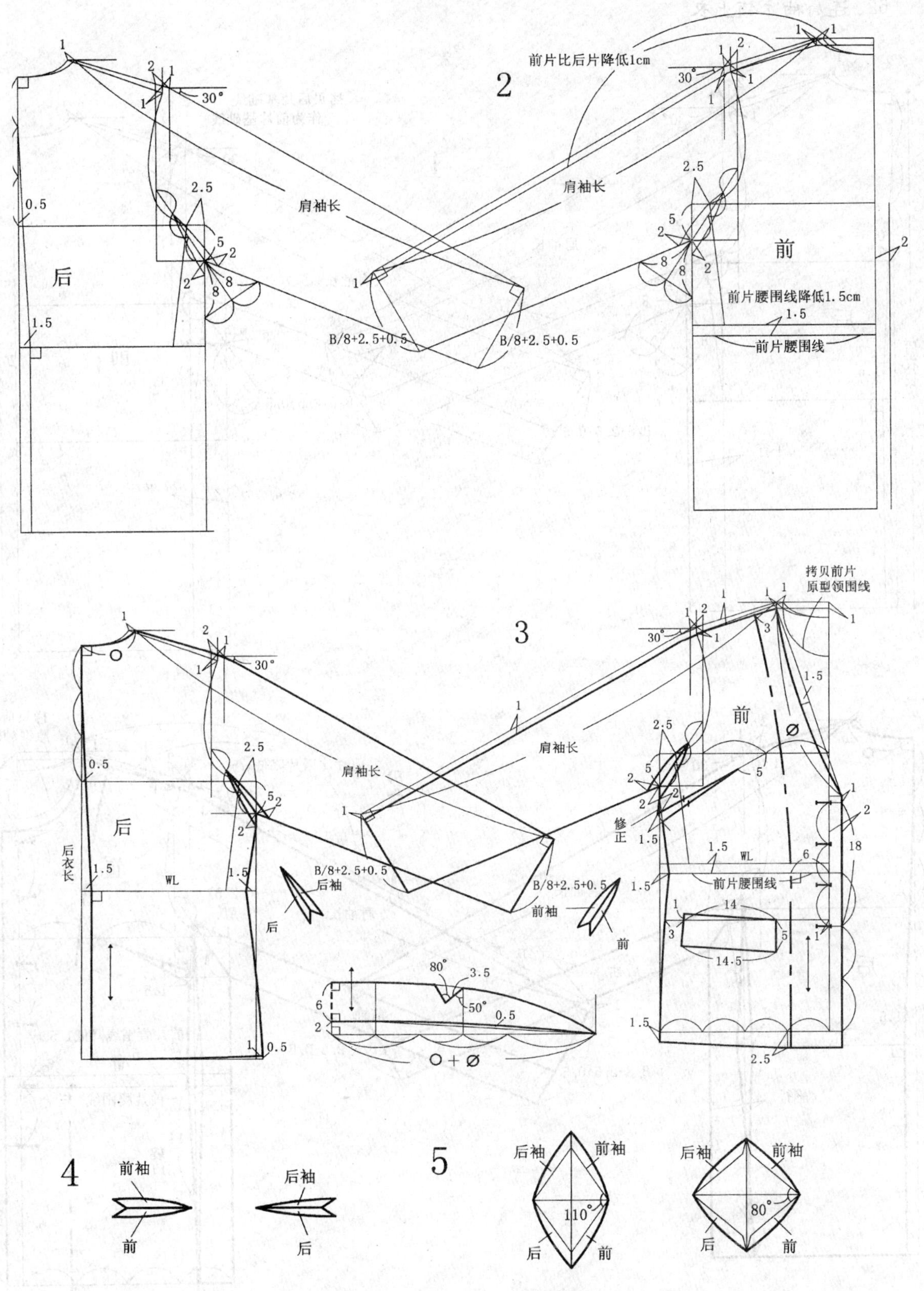

图3-61 分离式翻驳领连肩袖上衣

62. 连肩袖立领上衣

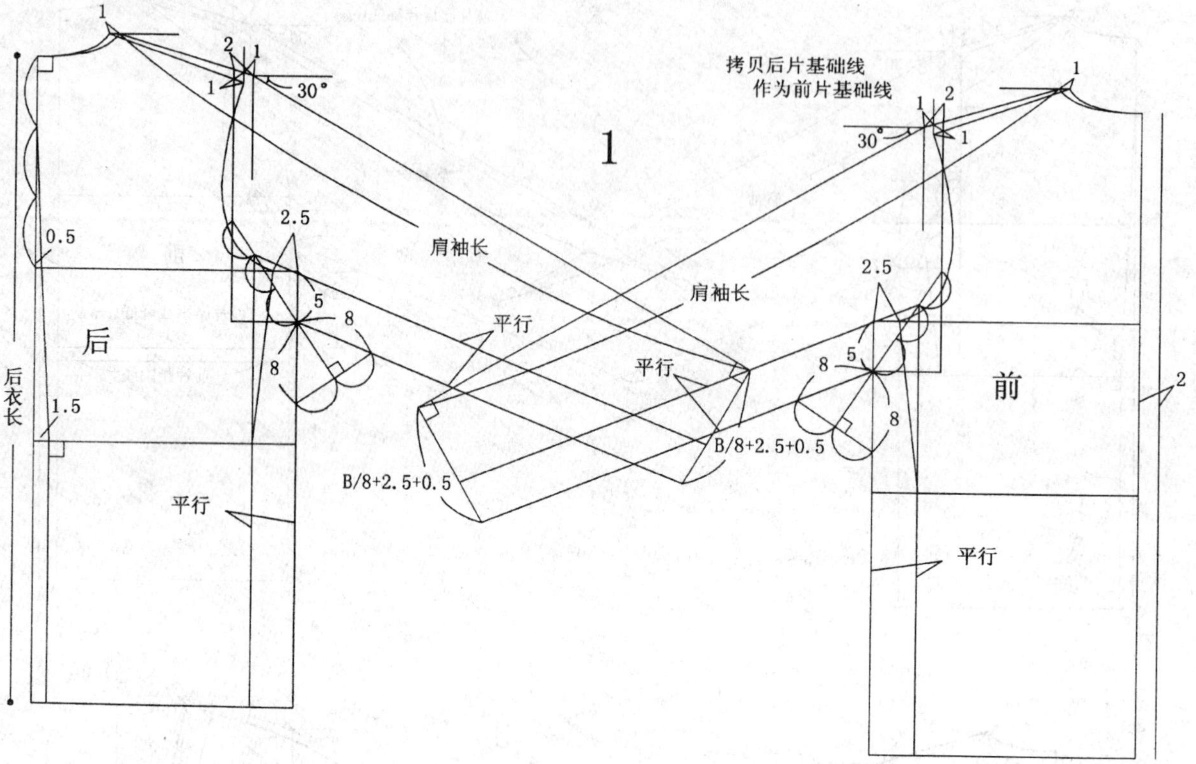

1

拷贝后片基础线
作为前片基础线

后

后衣长

前

肩袖长

平行

B/8+2.5+0.5

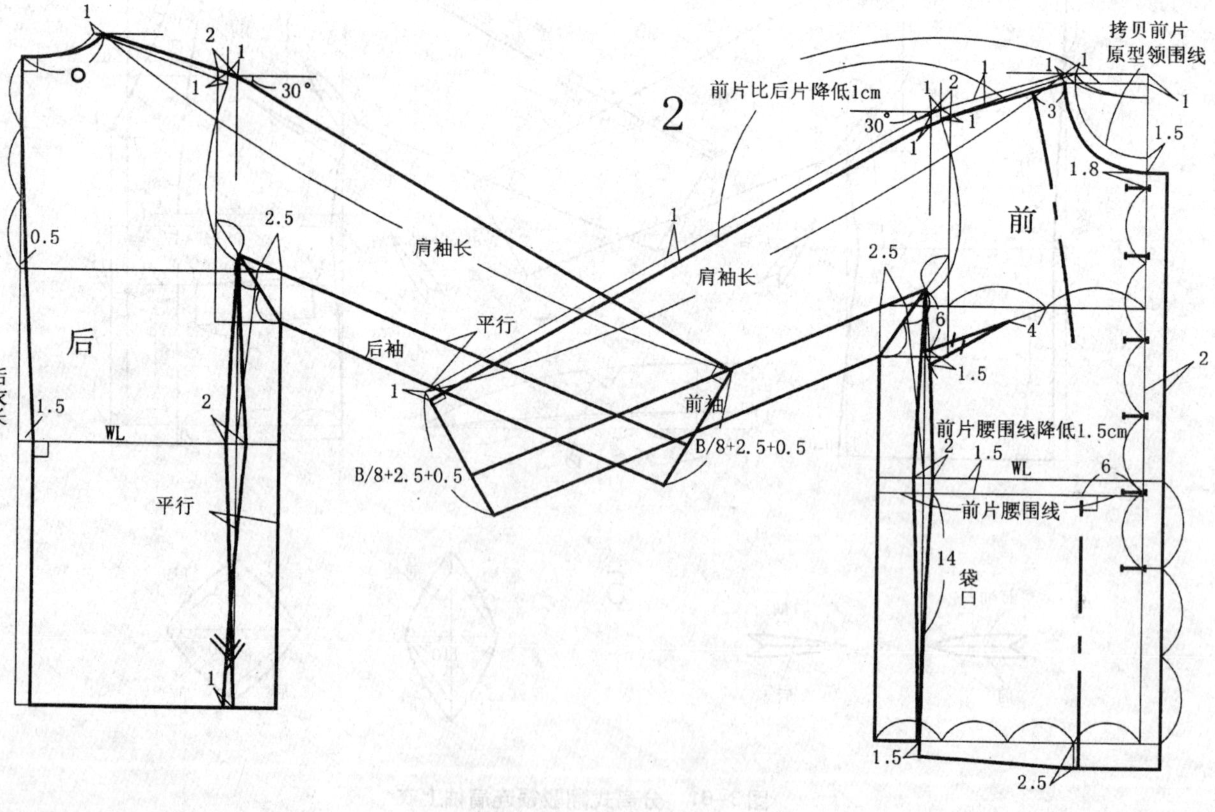

2

拷贝前片
原型领围线

前片比后片降低1cm

后袖

前袖

WL

前片腰围线降低1.5cm

前片腰围线

袋口

尺寸表同分离式翻驳领连肩袖上衣。

要点：

（1）成品胸围为B+19厘米。

（2）连肩袖服装适合采用H型造型宽松量的上限，合体性要求稍低，多采用拷贝后片基础线进行前片制板的方法。

（3）前片的领围线、肩线、袖中线整体降低1厘米，腰围线相应降低1.5厘米，以形成1.5厘米的侧胸省量及合理均衡的前后腰节高。下摆线相应下降。

（4）该连肩袖是插片式的，腋下的扩展片是通过前后身侧片、袖侧片的分割拼接而形成的。

（5）前后身侧片、袖侧片的宽度应尽量等宽，如果出现不等宽现象，应保证前后身侧片平行相拼，前后袖片则多叠少补，但袖口尺寸不变。

（6）袖中线斜度宜定为30°，太大太小都将不利于袖子的造型。

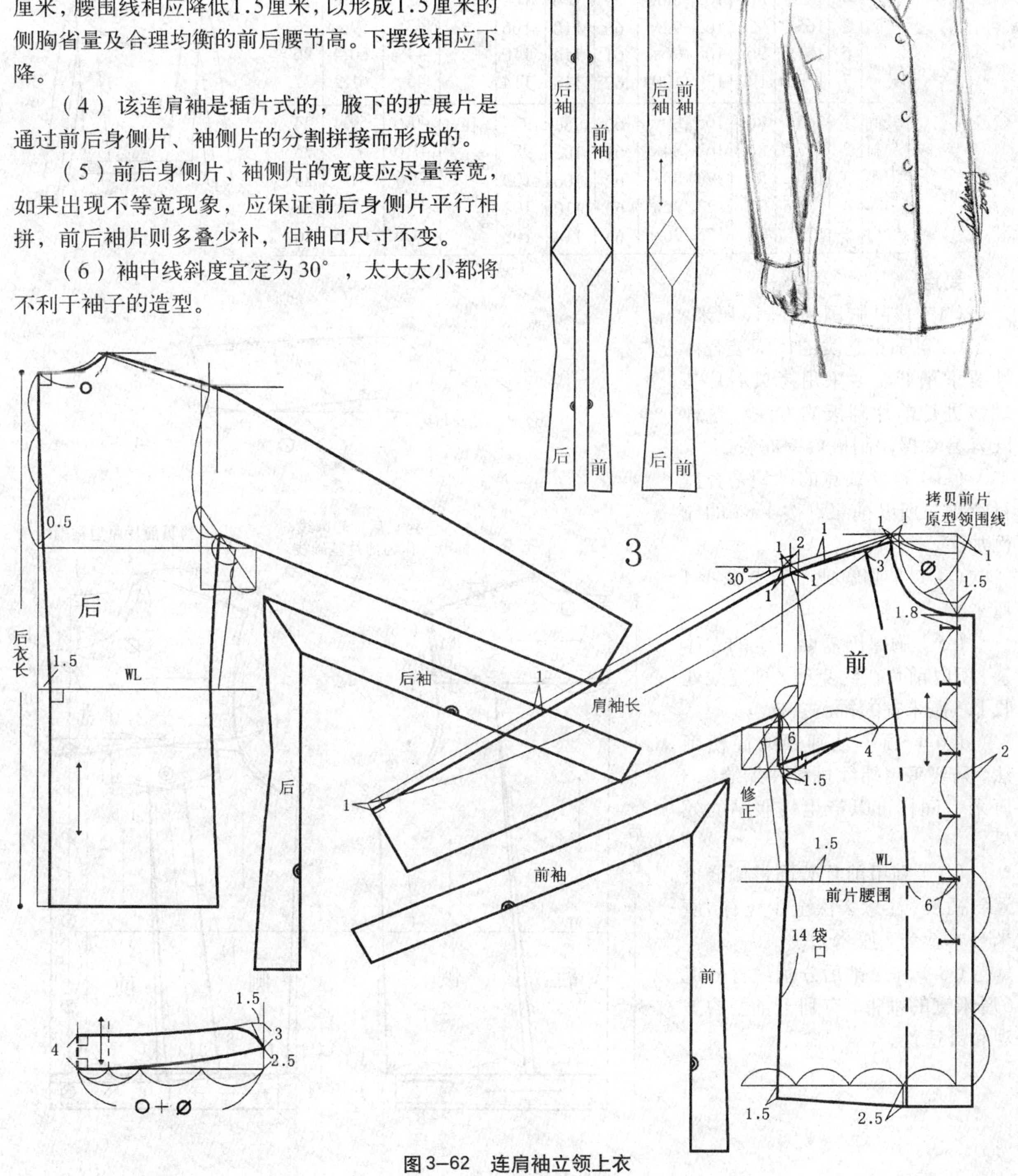

图3–62　连肩袖立领上衣

63. 牛仔式茄克

参考规格 （2.5·4系列） 单位：厘米

群体分组	序号	身高	胸围(B)	上体号型	后衣长	成品胸围	下摆围	领围	肩宽	袖长	袖卡夫
高密集度群体	1	155	76	155/76A	56	94	90	制板、推板后实量	39	56.4	24
	2	157.5	80	158/80A	57	98	94		40	57.2	24
	3	160	84	160/84A	58	102	98		41	58	25
	4	162.5	88	163/88A	59	106	102		42	58.8	25
	5	165	92	165/92A	60	110	106		43	59.6	26
	6	167.5	96	168/96B	61	114	110		44	60.4	26
	7	170	100	170/100B	62	118	114		45	61.2	27
较高身材中密集度群体	1	165	80	165/80Y	60	98	92	制板、推板后实量	40.6	59.4	24
	2	167.5	84	168/84A	61	102	98		41.6	60.2	25
	3	170	88	170/88A	62	106	100		42.6	61	25
	4	172.5	92	173/92A	63	110	104		43.6	61.8	26
	5	175	96	175/96A	64	114	108		44.6	62.6	26

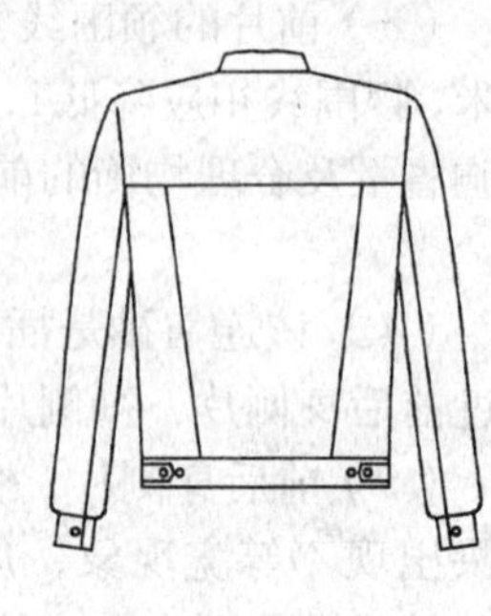

要点：

（1）成品胸围为B+18厘米。

（2）茄克之类的休闲装合体性要求稍低，多采用拷贝后片基础线进行前片制板的方法，这样既容易掌握，制板效率亦较高。

（3）这款茄克的袖型是合体衬衫袖，所以袖深点按4∶1的比例加深。

（4）半胸宽比半背宽减少1厘米。

（5）胸部仍需要一定的立体感，所以前片在约克线/袖窿线处收1.5厘米宽的袖胸省。

（6）领子是翻领的简便画法，只要采用纬纱排料并缩缝0.3厘米，同样可以产生较服贴的效果。

（7）利用前片装饰带侧缝设置斜插袋，注意袋深至少应有6厘米（本款为8厘米）。

（8）利用袖后分割线打一道6厘米宽的袖省，有利于袖型的美观和舒适性。

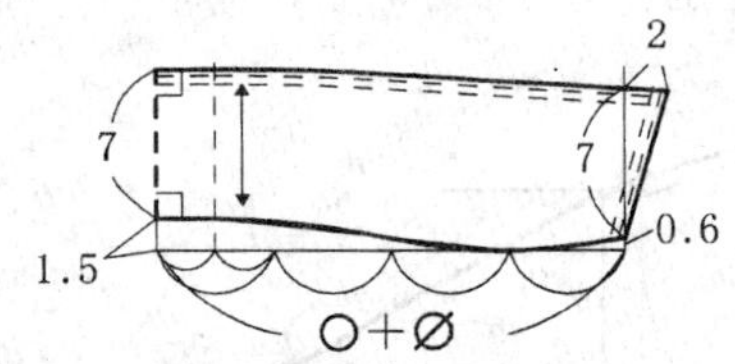

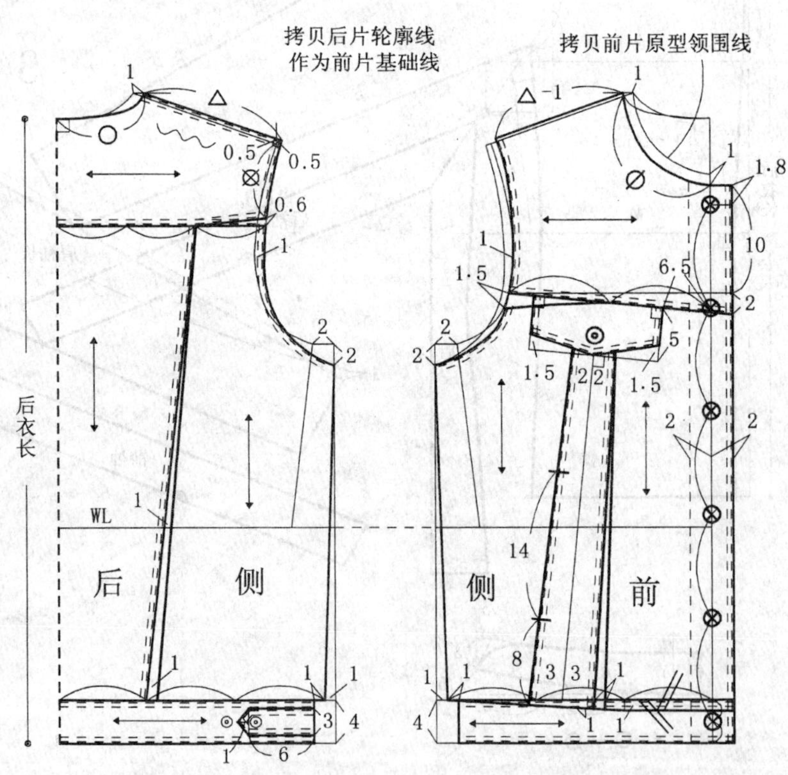

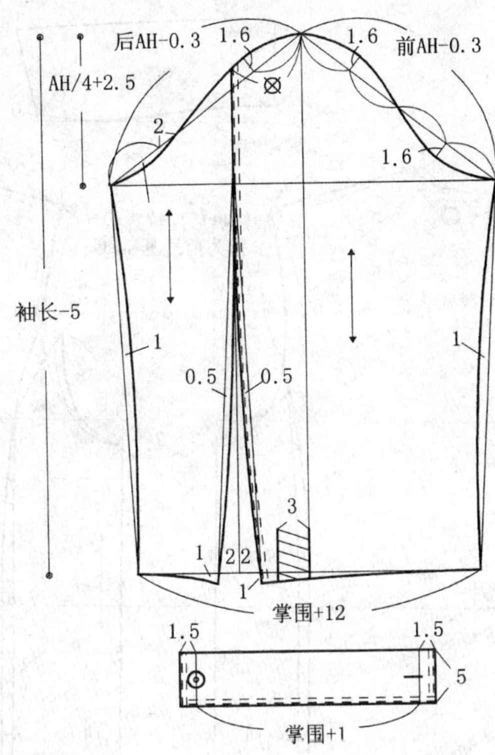

图3-63　牛仔茄克

64. 合体茄克

参考规格　(3·6系列)　　　　单位：厘米

群体分组	序号	身高	胸围(B)	上体号型	后衣长	成品胸围	下摆围	领围	肩宽	袖长	1/2袖口
高密集度群体	1	157	78	157/78A	58.8	98	94	制板、推板后实量	40.6	57	12.7
	2	160	84	160/84A	60	104	100		42	58	13.5
	3	163	90	163/90A	61.2	110	106		43.4	59	14.3
	4	166	96	166/96A	62.4	116	112		44.8	60	15.1
	5	169	102	169/102B	63.6	122	118		46.2	61	15.9
较高身材中密集度群体	1	165	78	165/78Y	62	98	94	制板、推板后实量	41.2	60	12.7
	2	168	84	168/84A	63.2	104	100		42.6	61	13.5
	3	171	90	171/90A	64.4	110	106		44	62	14.3
	4	174	96	174/96A	65.6	116	112		45.4	63	15.1
	5	177	102	177/102A	66.8	122	118		46.8	64	15.9

要点:

（1）成品胸围为B+20厘米。

（2）前片在拷贝后片的基础上制板。

（3）前片、后片各切下一块拼成侧片，这样切割使原有的腋下“十字交叉”变为“丁字交叉”，有利于提高袖子的合体性、舒适性；还可以利用前片的分割线设置斜插袋。

（4）胸宽比背宽少1厘米。

（5）胸部仍需要一定的立体感，所以前片在约克线／袖窿线相交处打1.5厘米宽的袖胸省。

（6）左襟前片拉链下设置内遮襟。

（7）利用袖后分割线打一道6厘米宽的袖省，有利于袖型的美观和舒适性。

拷贝前片原型领围线
拷贝后片轮廓线
作为前片基础线
用圆规画弧线
圆心
后衣长
后
前
侧
侧
装拉链
左襟 内遮襟
WL
后AH-0.3
前AH-0.3
AH/4+2.5
袖长
B/8+3+6
B/8+3

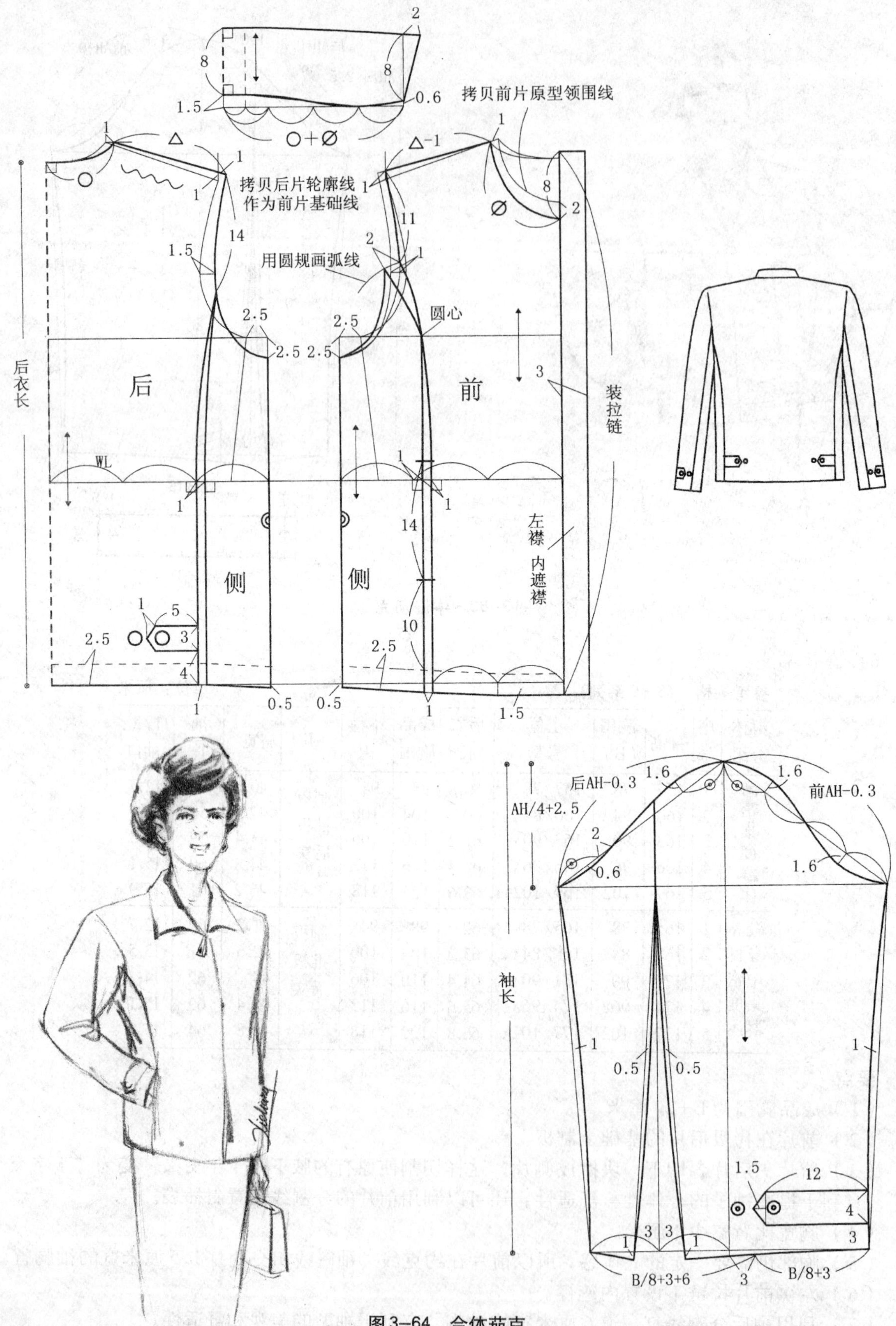

图 3–64　合体茄克

65. 宽松茄克

要点

（1）成品胸围为B+28厘米。

（2）宽松量较大的圆装袖服装多采用落肩袖，相应的袖型是低袖山的宽松袖，袖山高度多在4~8厘米之间。

（3）前片在拷贝后片的基础上制板。

（4）前腰穿腰带的管道下斜1厘米，以修正视错觉。

（5）腰下双唇拉链口袋外加盖一片防水（防盗）袋盖。

（6）袖片分割为3片，分割线应与前、后片的约克对接。

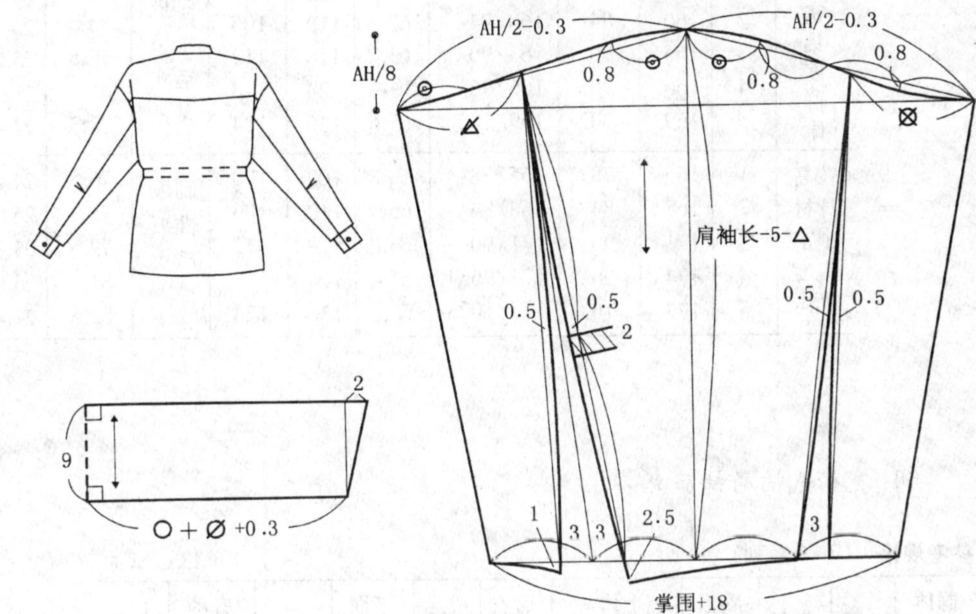

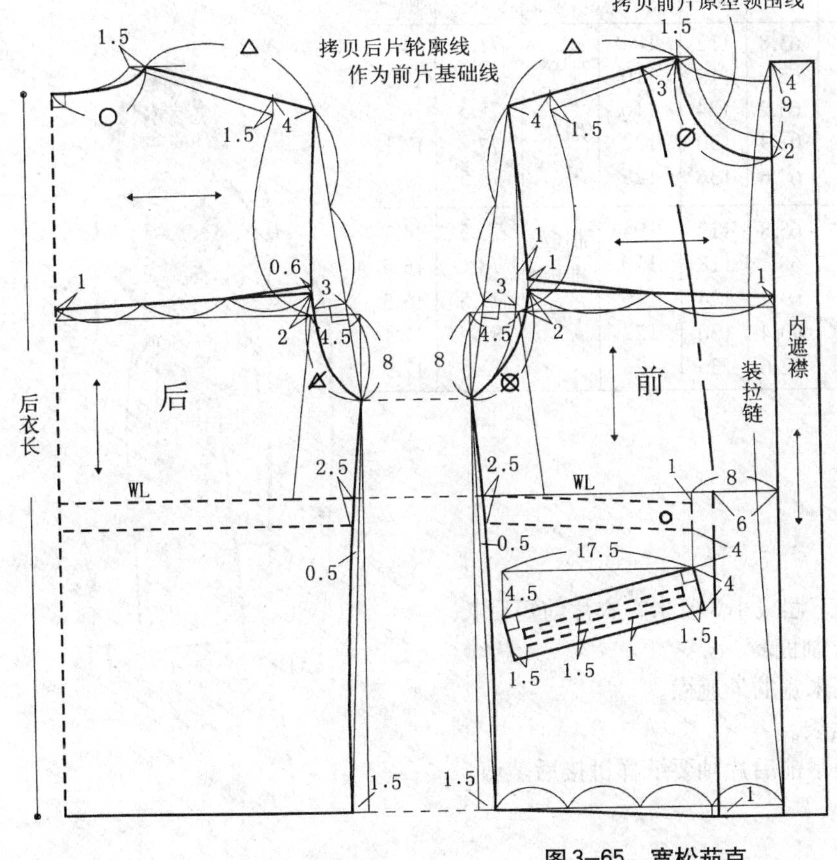

图3–65　宽松茄克

参考规格 （3·6系列） 单位：厘米

群体分组	序号	身高	胸围（B）	上体号型	后衣长	成品胸围	下摆围	领围	肩袖长	袖卡夫
高密集度群体	1	157	78	157/78A	60.8	106	100	制板、推板后实量	72.5	24.2
	2	160	84	160/84A	62	112	106		74	25
	3	163	90	163/90A	63.2	118	112		75.5	25.8
	4	166	96	166/96A	64.4	124	118		77	26.6
	5	169	102	169/102B	65.6	130	124		78.5	27.4
较高身材中密集度群体	1	165	78	165/78Y	63.8	102	100	制板、推板后实量	76.5	24.2
	2	168	84	168/84A	65	112	106		78	25
	3	171	90	171/90A	66.2	118	112		79.5	25.8
	4	174	96	174/96A	67.4	124	118		81	26.6
	5	177	102	177/102A	68.6	130	124		82.5	27.4

66. 宽松式插肩袖茄克

参考规格 （3·6系列） 单位：厘米

群体分组	序号	身高	胸围（B）	上体号型	后衣长	成品胸围	下摆围	领围	肩袖长	1/2袖口
高密集度群体	1	157	78	157/78A	63.8	112	104	制板、推板后实量	72.5	14.7
	2	160	84	160/84A	65	118	110		74	15.5
	3	163	90	163/90A	66.2	124	116		75.5	16.3
	4	166	96	166/96A	67.4	130	122		77	17.1
	5	169	102	169/102B	68.6	136	128		78.5	17.9
较高身材中密集度群体	1	165	78	165/78Y	66.8	112	104	制板、推板后实量	76.5	14.7
	2	168	84	168/84A	68	118	110		78	15.5
	3	171	90	171/90A	69.2	124	116		79.5	16.3
	4	174	96	174/96A	70.4	130	122		81	17.1
	5	177	102	177/102A	72.6	136	128		82.5	17.9

要点：

（1）成品胸围为B+34厘米，下摆减小8厘米，衣片前短后长。

（2）前片在拷贝后片的基础上制板。

（3）前片拉链外加盖一片7厘米宽的外遮襟。

（4）前片利用分割线设置斜插袋。

（5）袖型是1片式插肩袖，通常前后片袖要纸样拼接后裁剪。

（6）后袖肘处要打袖肘省。

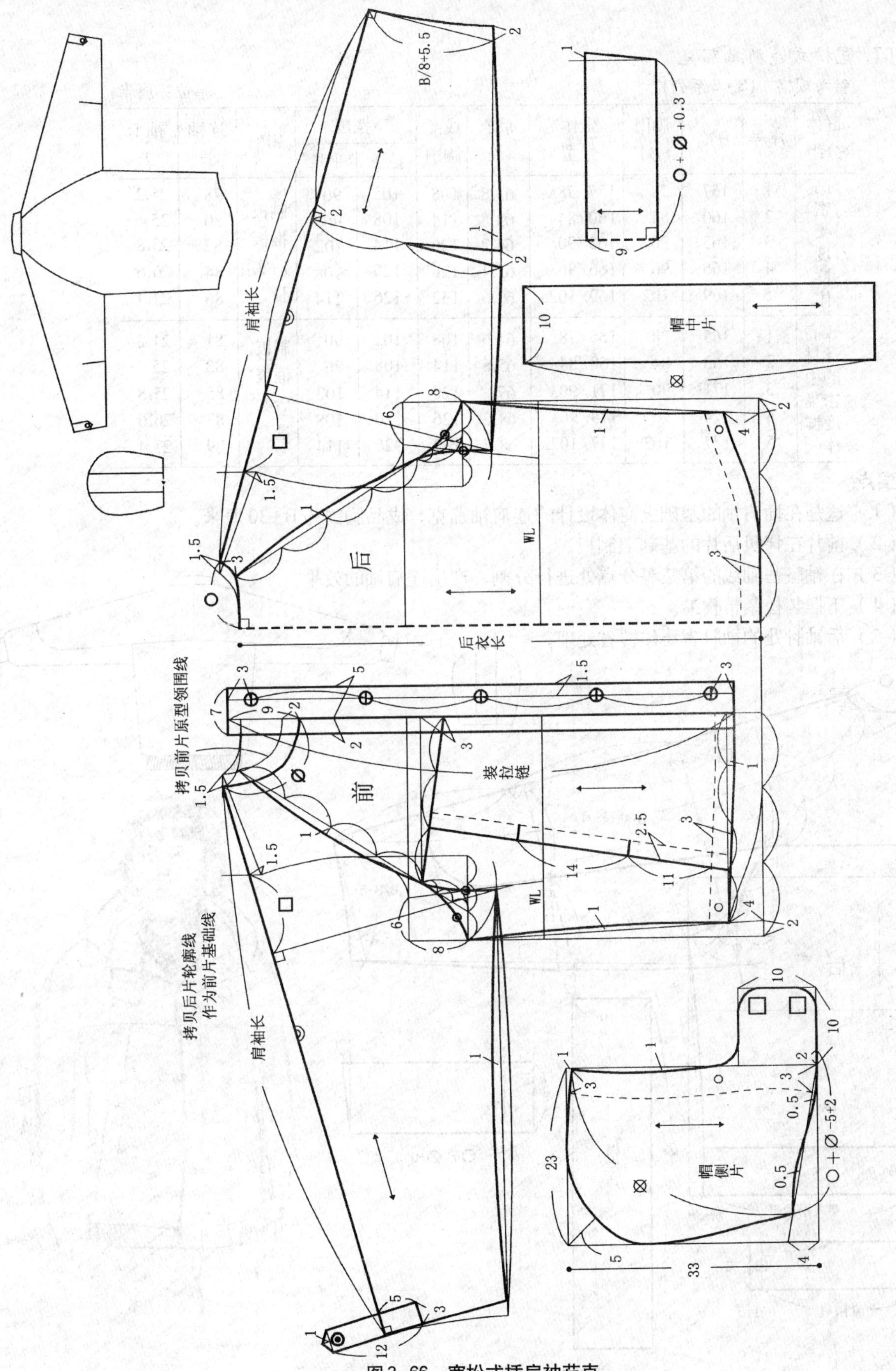

图 3–66　宽松式插肩袖茄克

67. 宽松式连肩袖茄克

参考规格 （3·6系列）

单位：厘米

群体分组	序号	身高	胸围(B)	上体号型	后衣长	成品胸围	下摆围 拉量	下摆围 平量	领围	连袖长	袖卡夫
高密集度群体	1	157	78	157/78A	61.8	108	102	90	制板、推板后实量	78	24.2
	2	160	84	160/84A	63	114	108	96		80	25
	3	163	90	163/90A	64.2	120	114	102		82	25.8
	4	166	96	166/96A	65.4	126	120	108		84	26.6
	5	169	102	169/102B	66.6	132	126	114		86	27.4
较高身材的中密集度群体	1	165	78	165/78Y	64.6	108	102	90	制板、推板后实量	81	24.2
	2	168	84	168/84A	65.8	114	108	96		83	25
	3	171	90	171/90A	67	120	114	102		85	25.8
	4	174	96	174/96A	68.2	126	120	108		87	26.6
	5	177	102	177/102A	68.4	132	126	114		89	27.4

要点:

（1）这是在插肩袖的基础上变体设计的连肩袖茄克，成品胸围为B+30厘米。

（2）前片在拷贝后片的基础上制板。

（3）在袖窿基础线的第三等分点处进行分割，产生连肩袖的效果。

（4）下摆装松紧带收缩。

（5）后袖肘处的袖肘省要作转省处理。

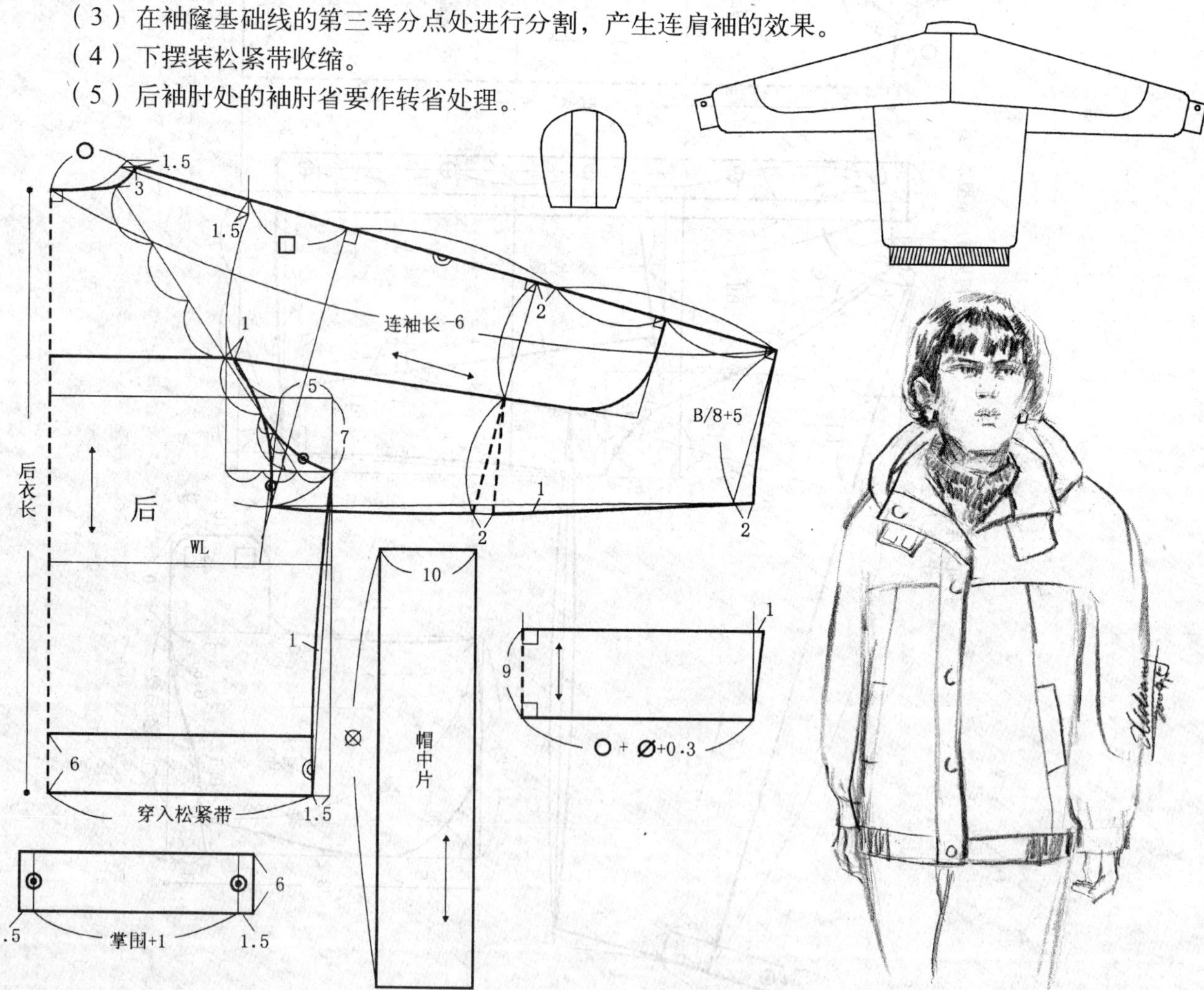

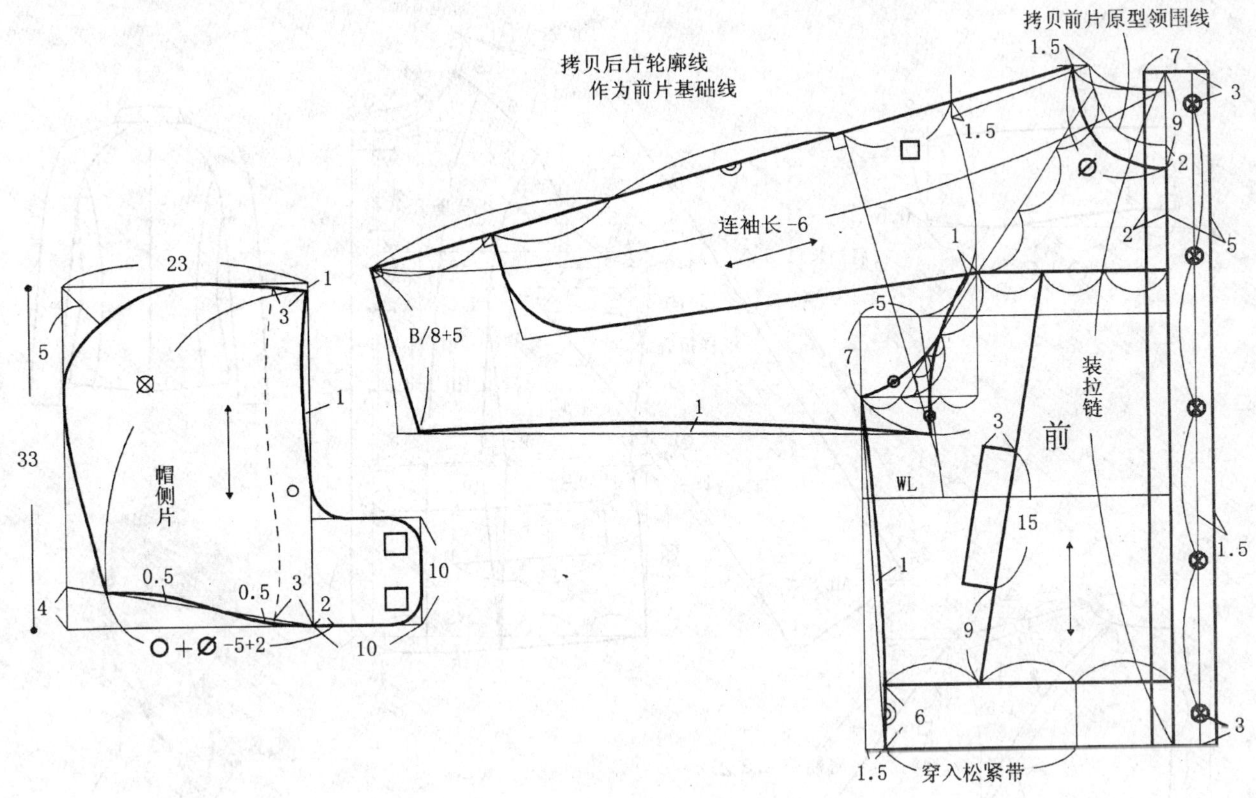

图3–67 宽松式连肩袖茄克

68. 插肩袖公主线上衣

参考规格 (2.5·4系列) 单位：厘米

群体分组	序号	身高	胸围(B)	腰围(W)	上体号型	后衣长	成品胸围	成品腰围	下摆围	领围	袖长	1/2袖口
高密集度群体	1	155	76	59	155/76A	53	90	70	88	制板、推板后实量	66.6	11.5
	2	157.5	80	63.5	158/80A	54	94	75	92		67.8	12
	3	160	84	68	160/84A	55	98	80	96		69	12.5
	4	162.5	88	72.5	163/88A	56	102	85	100		70.2	13
	5	165	92	77	165/92A	57	106	90	104		71.4	13.5
	6	167.5	96	81.5	168/96B	58	110	95	108		72.6	14
	7	170	100	86	170/100B	59	114	100	112		73.8	14.5
较高身材中密集度群体	1	165	80	61.5	165/80Y	57	94	73	92	制板、推板后实量	69.6	12
	2	167.5	84	66	168/84A	58	98	78	96		70.8	12.5
	3	170	88	70.5	170/88A	59	102	83	100		72	13
	4	172.5	92	75	173/92A	60	106	88	104		73.2	13.5
	5	175	96	79.5	175/96A	61	110	93	108		74.4	14

要点

(1) 成品胸围为B+16厘米。

(2) 合体插肩袖的后袖窿基础斜线分五等分，前袖窿基础斜线分四等分。

(3) 合体插肩袖的腋下水平短线仅二等分，而后片袖窿斜线的第五等分内通常是三等分。

(4) 插肩袖难以进行后肩缩缝，合体服装的后肩均应打肩省，并将肩省转入袖窿线。

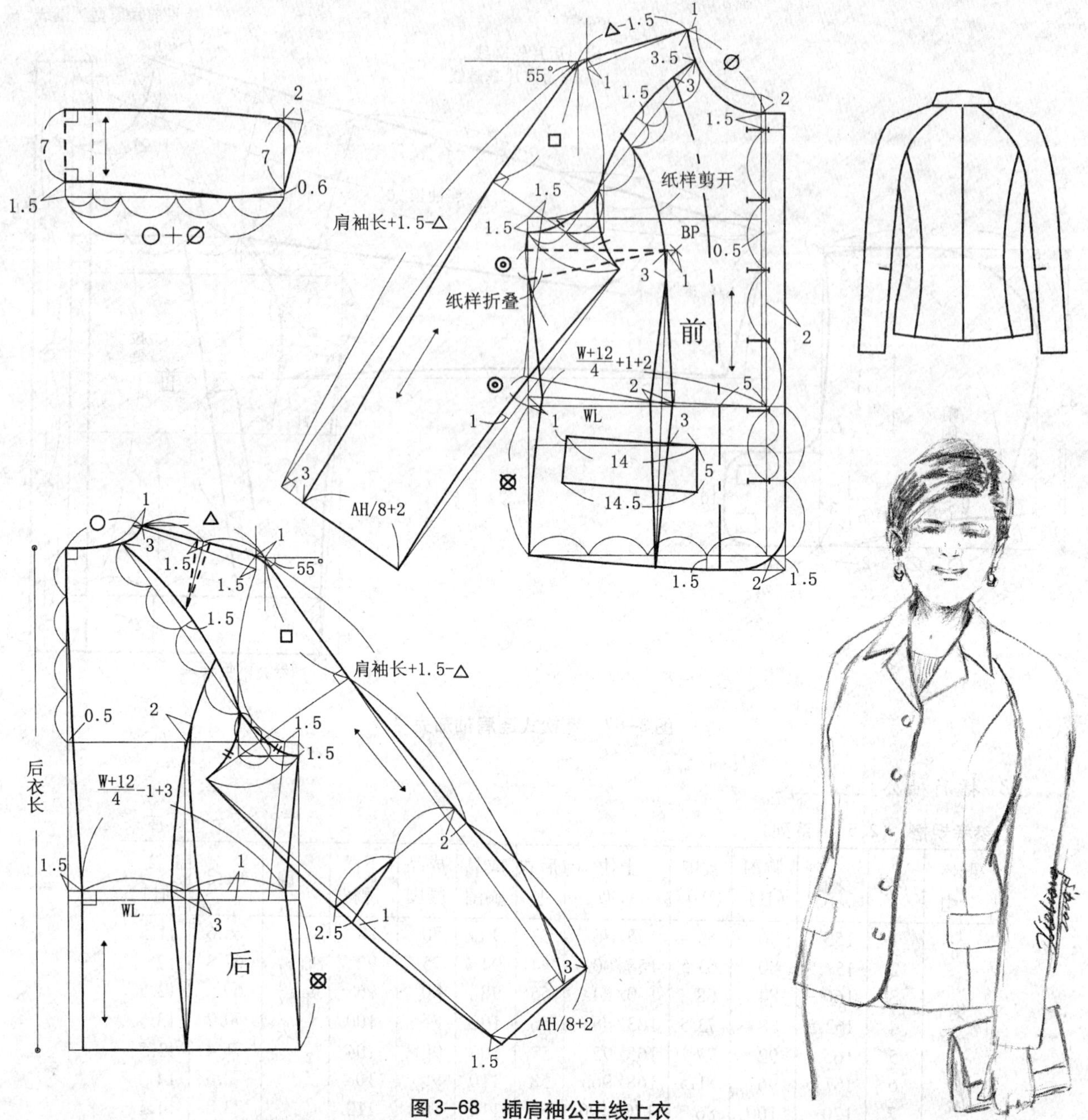

图 3–68 插肩袖公主线上衣

69. 单排 3 粒扣平驳领西服

要点:

(1) 成品胸围为 B+16 厘米。

(2) 正装西服的衣片是 6 片式的 (半围为 3 片式), 其中侧片是由前、后片各切割下一片拼合而成的 (设计西便服时可以把前片和侧片合并成一大片)。袖型是由内外袖组成的两片袖; 领型为翻驳领。这些款式特点是历史积淀的、约定俗成的国际惯例。

(3) 为了便于 3 片式衣片的分割, 把前、后片原型靠拢制板; 前、后片之间间隔量为半胸围追加量 +1 厘米腋下腰省宽。

(4) 合体西服都必须打胸省, 以利于塑造富有立体感的胸部造型。但是按传统的观念, 女西服的外观应该与男西服一样, 不能出现胸省, 所以传统的处理手法是将胸省转移成领胸省, 隐藏在领下。

（5）为了便于初学者掌握，可以先将侧胸省量转成袖胸省，再将袖胸省用剪折法转成领胸省，袖胸省的宽度为预留胸省量−0.5厘米。

（6）下摆长度超过臀围线的合体西服，侧缝线、腋下腰省线下端都要各交叉扩展1.5厘米，以利臀部合体。

（7）单排扣的开衩多设计为后中轴线下部的单开衩，但亦有少数背侧缝下部的双开衩。

（8）加放毛缝的方法可以通用于其他西服和上衣。

参考规格 （2.5·4系列） 单位：厘米

群体分组	序号	身高	胸围（B）	上体号型	后衣长	成品胸围	下摆围	领围	肩宽	袖长	1/2袖口
高密集度群体	1	155	76	155/76A	62	92	96	制板、推板后实量	39	53.4	11.5
	2	157.5	80	158/80A	63	96	100		40	54.2	12
	3	160	84	160/84A	64	100	104		41	55	12.5
	4	162.5	88	163/88A	65	104	108		42	55.8	13
	5	165	92	165/92A	66	108	112		43	56.6	13.5
	6	167.5	96	168/96B	67	112	116		44	57.4	14
	7	170	100	170/100B	68	116	120		45	58.2	14.5
较高身材中密集度群体	1	165	80	165/80Y	66	96	100	制板、推板后实量	40.6	56.4	12
	2	167.5	84	168/84A	67	100	104		41.6	57.2	12.5
	3	170	88	170/88A	68	104	108		42.6	58	13
	4	172.5	92	173/92A	69	108	112		43.6	58.8	13.5
	5	175	96	175/96A	70	112	116		44.6	59.6	14

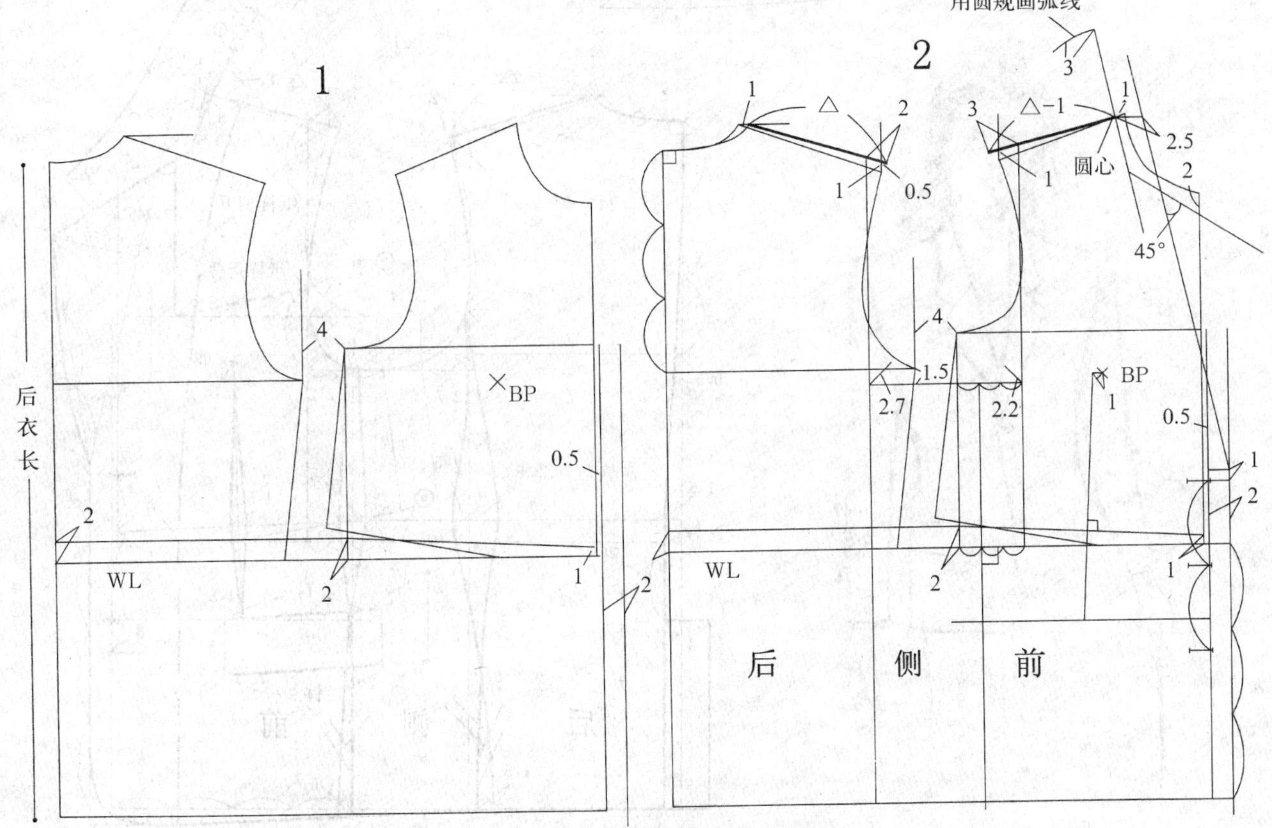

图3–69（1） 单排3粒扣平驳领西服

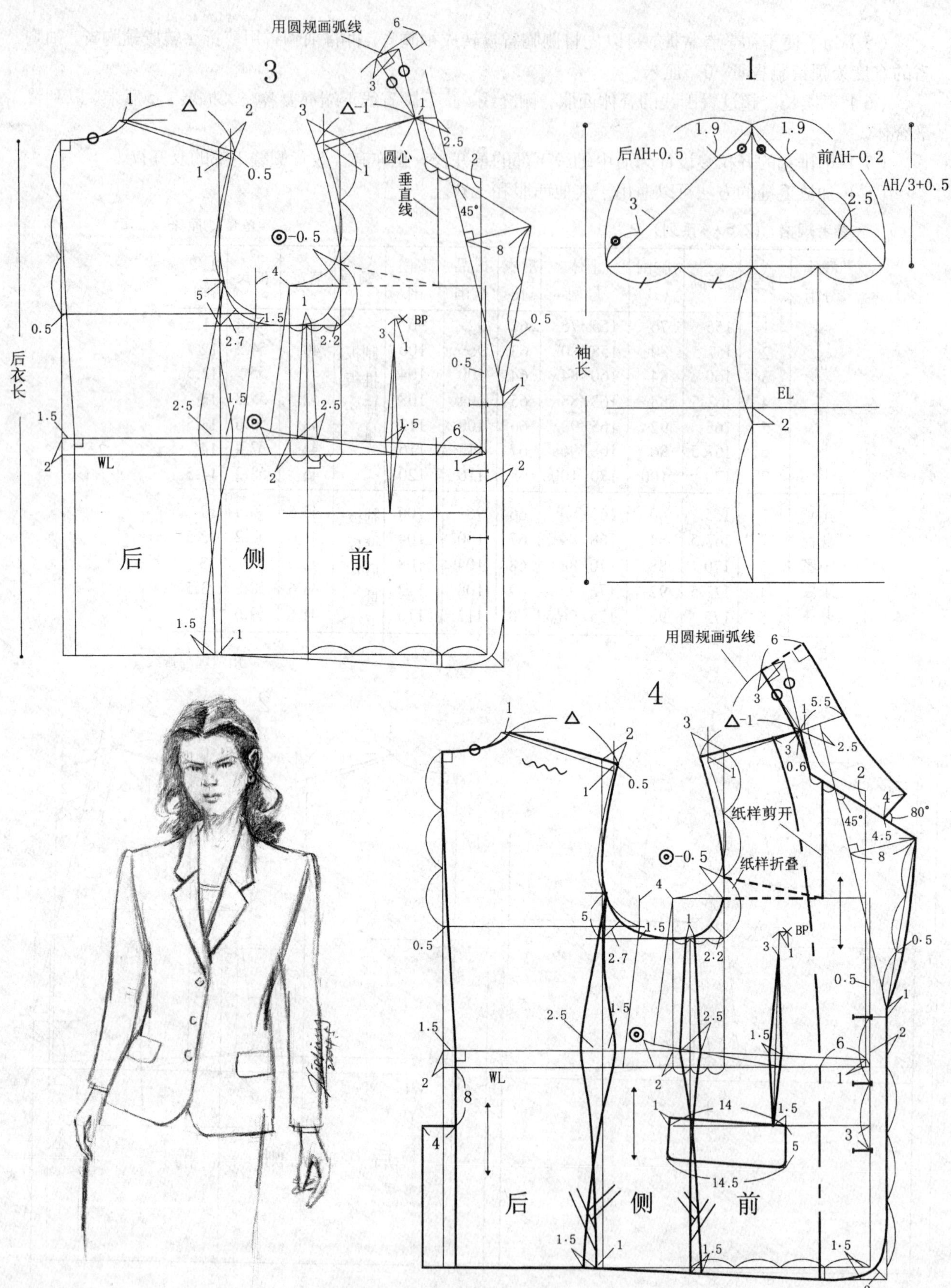
3
用圆规画弧线
圆心
垂直线
后衣长
WL
后
侧
前
1
后AH+0.5
前AH-0.2
AH/3+0.5
袖长
EL
4
用圆规画弧线
纸样剪开
纸样折叠
BP

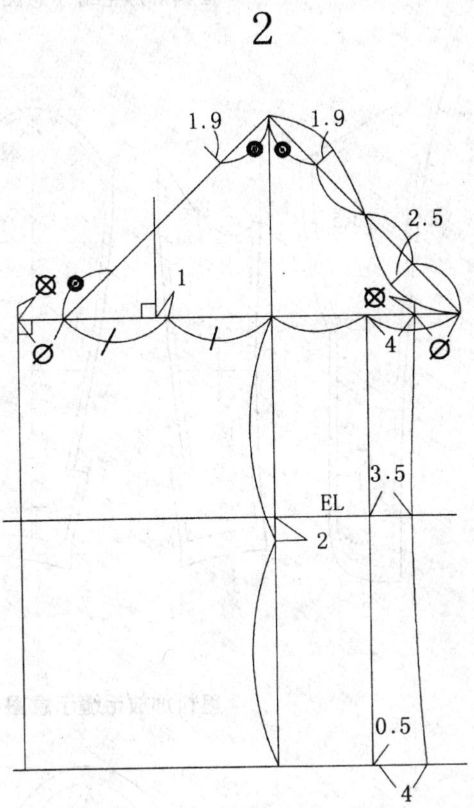

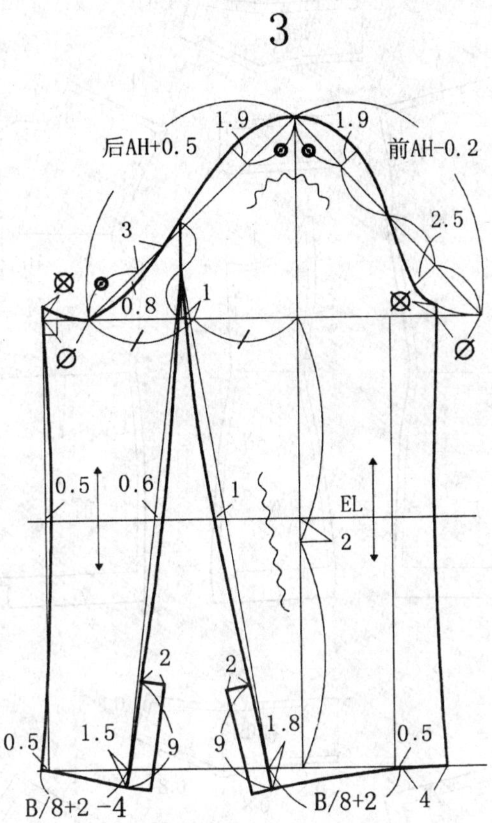

2

3

1.9
1.9
1
2.5
4
3.5
EL
2
0.5
4

1.9
1.9
后AH+0.5
前AH-0.2
3
2.5
0.8
1
0.5
0.6
1
EL
2
2
2
0.5
1.5
9
9
1.8
0.5
B/8+2 -4
B/8+2
4

绱袖点示意图

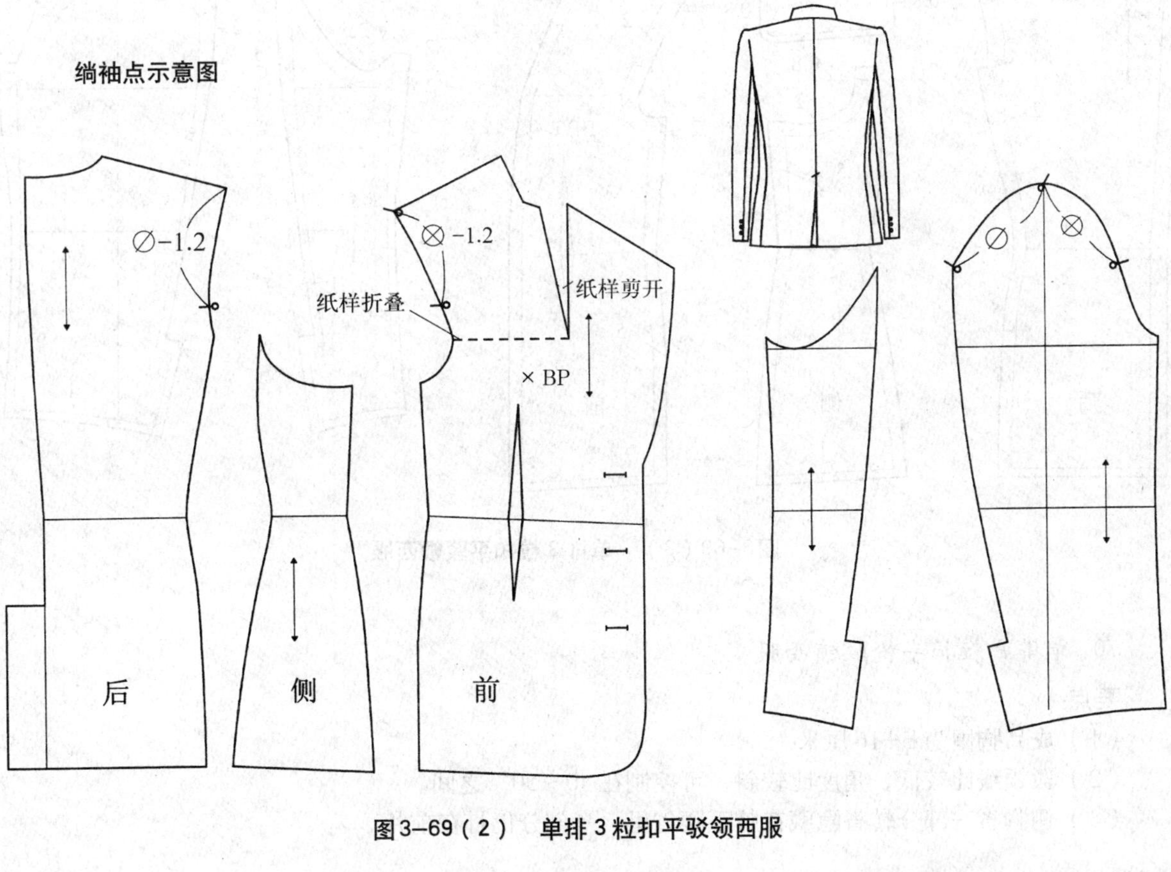

∅-1.2
⊗-1.2
纸样折叠
纸样剪开
× BP
后
侧
前

图3-69（2） 单排3粒扣平驳领西服

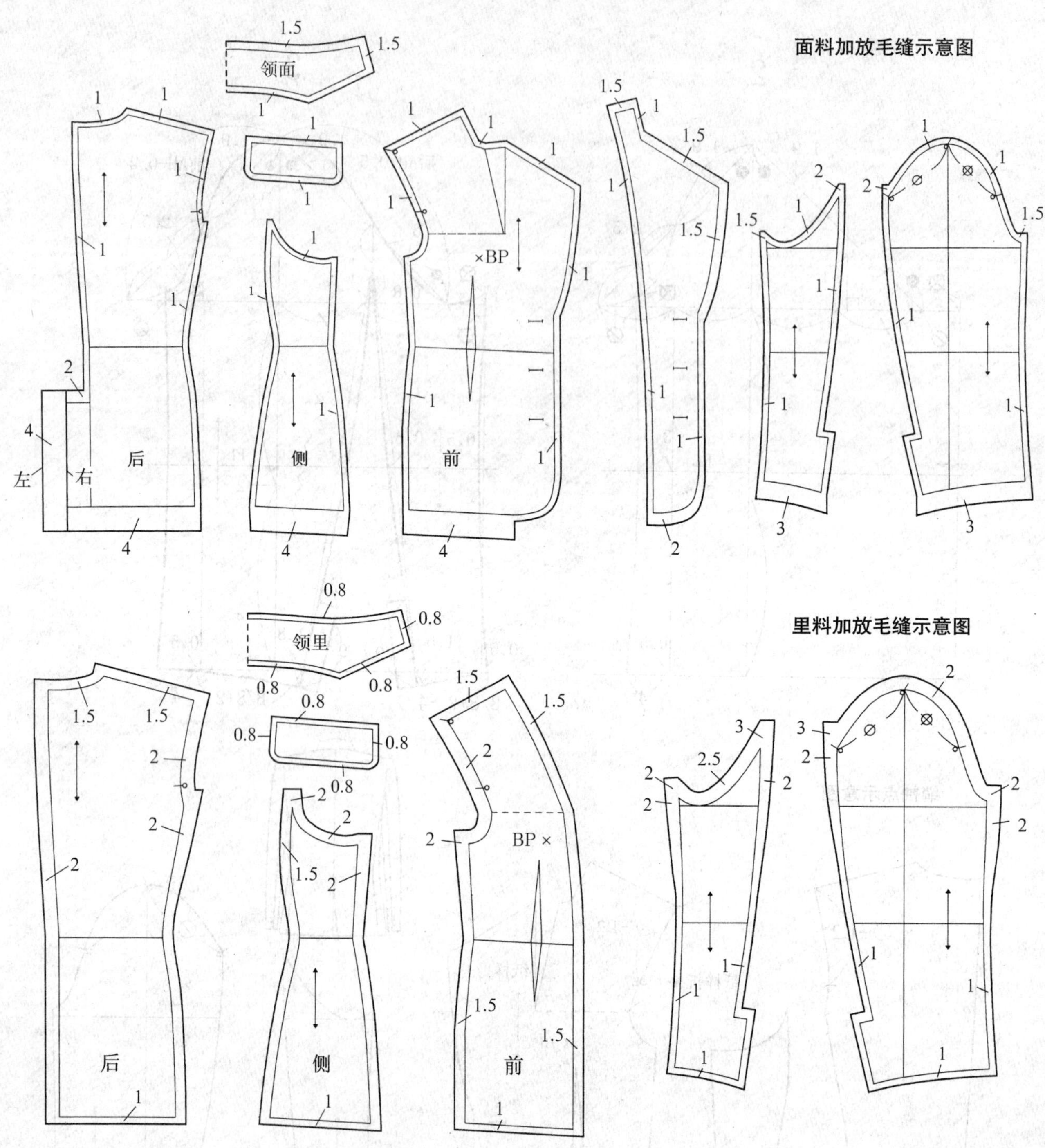

图3–69（3） 单排3粒扣平驳领西服

70. 单排2粒扣半枪驳领西服

要点:

（1）成品胸围为B+16厘米。

（2）驳领线比较低，角度比较斜，可控制在40～50°之间。

（3）侧胸省一部分转省隐藏在腋下腰省里，一部分仍打在前片。

参考规格（2.5·4系列）　　　　　　　　　　　　　　　　单位：厘米

群体分组	序号	身高	胸围（B）	上体号型	后衣长	成品胸围	下摆围	领围	肩宽	袖长	1/2袖口
高密集度群体	1	155	76	155/76A	63	92	96	制板、推板后实量	38	54.4	11.5
	2	157.5	80	158/80A	64	96	100		39	55.2	12
	3	160	84	160/84A	65	100	104		40	56	12.5
	4	162.5	88	163/88A	66	104	108		41	56.8	13
	5	165	92	165/92A	67	108	112		42	57.6	13.5
	6	167.5	96	168/96B	68	112	116		43	58.4	14
	7	170	100	170/100B	69	116	120		44	59.2	14.5
较高身材中密集度群体	1	165	80	165/80Y	67	96	100	制板、推板后实量	39.6	57.4	12
	2	167.5	84	168/84A	68	100	104		40.6	58.2	12.5
	3	170	88	170/88A	69	104	108		41.6	59	13
	4	172.5	92	173/92A	70	108	112		42.6	59.8	13.5
	5	175	96	175/96A	71	112	116		43.6	60.6	14

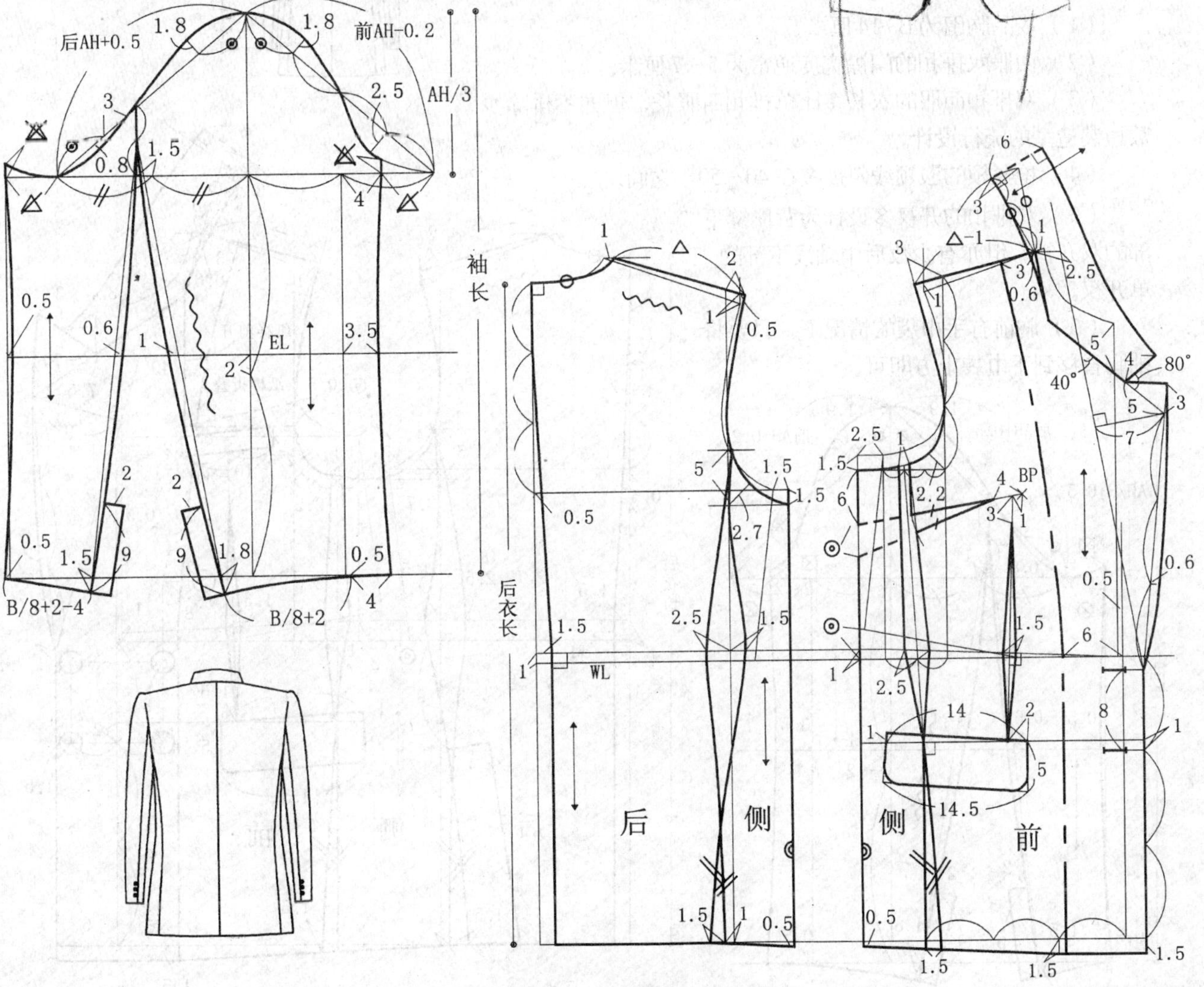

图3–70　单排2粒扣半枪驳领西服

71. 双排6粒扣枪驳领西服

参考规格 （2.5·4系列） 单位：厘米

群体分组	序号	身高	胸围（B）	上体号型	后衣长	成品胸围	下摆围	领围	肩宽	袖长	1/2袖口
高密集度群体	1	155	76	155/76A	64	90	96	制板、推板后实量	39	54.4	11.5
	2	157.5	80	158/80A	65	94	100		40	55.2	12
	3	160	84	160/84A	66	98	104		41	56	12.5
	4	162.5	88	163/88A	67	102	108		42	56.8	13
	5	165	92	165/92A	68	106	112		43	57.6	13.5
	6	167.5	96	168/96B	69	110	116		44	58.4	14
	7	170	100	170/100B	70	114	120		45	59.2	14.5
较高身材中密集度群体	1	165	80	165/80Y	68	94	100	制板、推板后实量	40.6	57.4	12
	2	167.5	84	168/84A	69	98	104		41.6	58.2	12.5
	3	170	88	170/88A	70	102	108		42.6	59	13
	4	172.5	92	173/92A	71	106	112		43.6	59.8	13.5
	5	175	96	175/96A	72	110	116		44.6	60.6	14

要点：

（1）成品胸围为B+14厘米。

（2）西服双排扣的门襟宽度通常为5～7厘米。

（3）双排扣西服的衣长多比单排扣西服长，但亦不排除少数短装造型的流行设计。

（4）枪驳领的驳领线斜度多在40～50°之间。

（5）双排扣的开衩多设计为背侧缝下部的双开衩，但亦有少数后中轴线下部的单开衩。

（6）胸前有手巾袋的情况下，只要将袖胸省移到手巾袋上方即可。

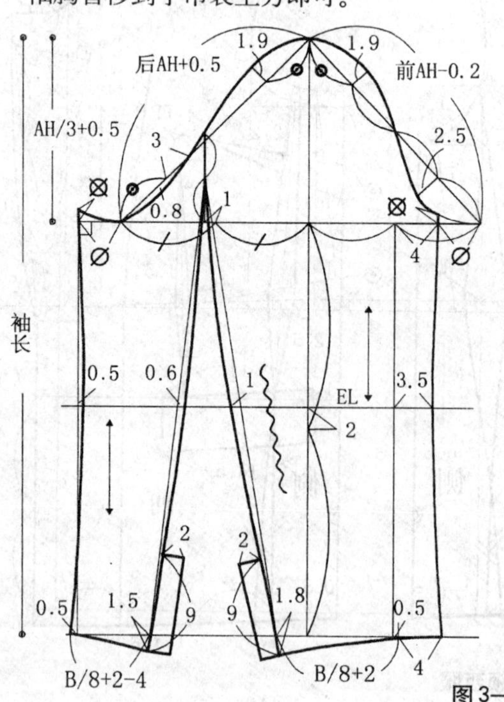

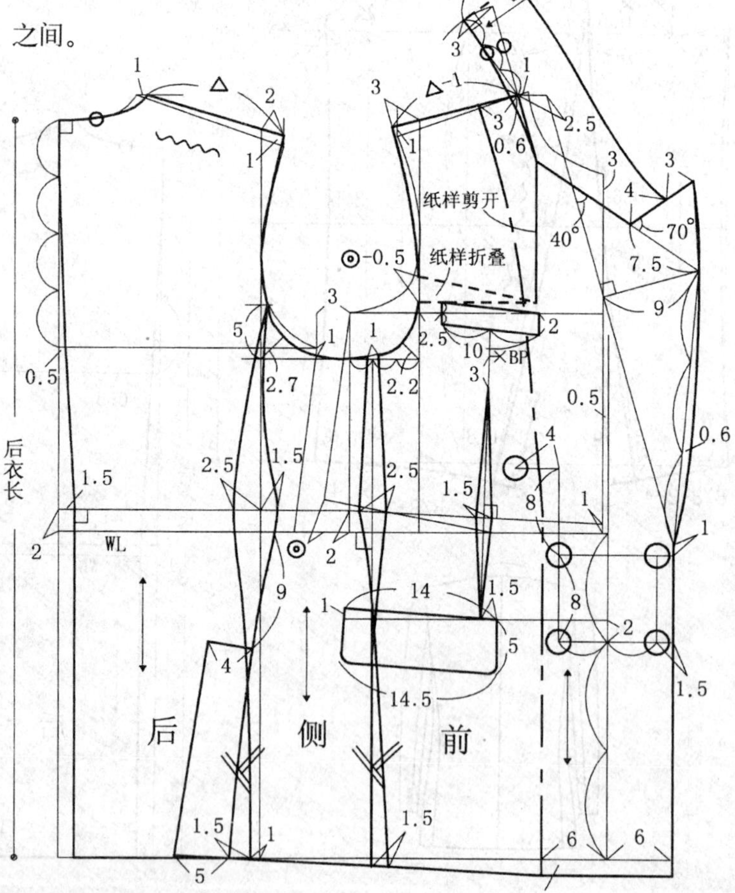

图3-71 双排6粒扣枪驳领西服

72. 单排5粒扣半枪驳领窄身短西服

参考规格 （2.5·4系列） 单位：厘米

群体分组	序号	身高	胸围(B)	上体号型	后衣长	成品胸围	下摆围	领围	肩宽	袖长	1/2袖口
高密集度群体	1	155	76	155/76A	50.4	88	87	制板、推板后实量	39	54.4	11.5
	2	157.5	80	158/80A	51.2	92	91		40	55.2	12
	3	160	84	160/84A	52	96	95		41	56	12.5
	4	162.5	88	163/88A	52.8	100	99		42	56.8	13
	5	165	92	165/92A	53.6	104	103		43	57.6	13.5
较高身材中密集度群体	1	165	80	165/80Y	53.4	92	91	制板、推板后实量	40.6	57.4	12
	2	167.5	84	168/84A	54.2	96	95		41.6	58.2	12.5
	3	170	88	170/88A	55	100	99		42.6	59	13
	4	172.5	92	173/92A	55.8	104	103		43.6	59.8	13.5
	5	175	96	175/96A	56.6	108	107		44.6	60.6	14

要点:

（1）成品胸围为B+12厘米，是比较紧身的西服，只能内穿衬衫。

（2）紧身的造型比较适合设计短西服，可以回避处理胸、臀围关系，比较容易处理胸、腰围关系。

（3）半枪驳领下领角的翘度为20～40°之间。

（4）下驳领宽11厘米比较夸张，相应后领中轴线亦较宽。可以根据时尚或个人喜好设计成较窄的领形。

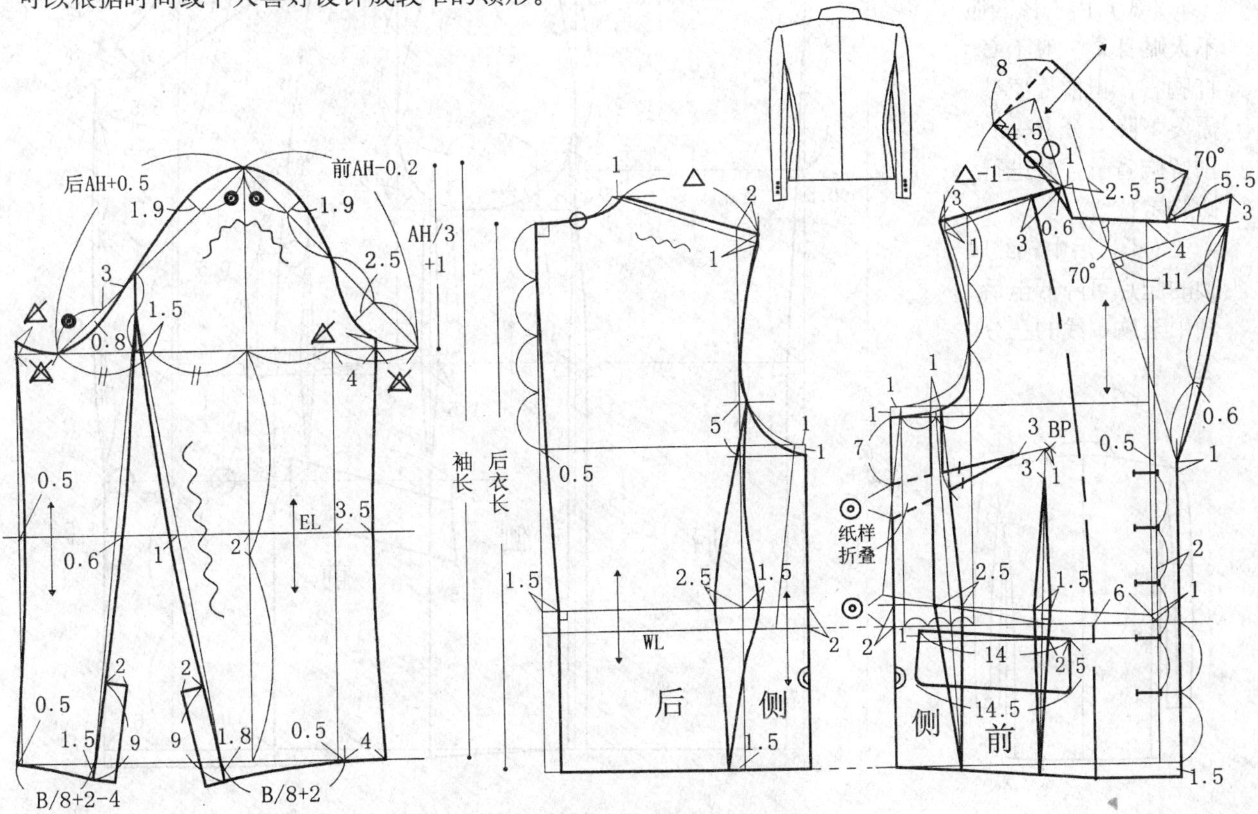

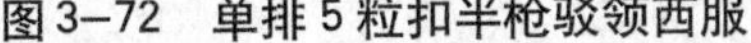

图3–72 单排5粒扣半枪驳领西服

73．双排6粒扣半枪驳领宽松式西服

参考规格　（3·6系列）　　　　　　　　　　　　　　　　　　单位：厘米

群体分组	序号	身高	胸围（B）	上体号型	后衣长	成品胸围	下摆围	领围	肩宽	袖长	1/2袖口
高密集度群体	1	157	78	157/78A	68.8	102	98	制板、推板后实量	42.6	56	12.8
	2	160	84	160/84A	70	108	104		44	57	13.5
	3	163	90	163/90A	71.2	114	110		45.4	58	14.2
	4	166	96	166/96A	72.4	120	116		46.8	59	14.9
	5	169	102	169/102B	73.6	126	122		48.2	60	15.6
较高身材中密集度群体	1	165	78	165/78Y	71.8	102	98	制板、推板后实量	43.2	59	12.8
	2	168	84	168/84A	73	108	104		44.6	60	13.5
	3	171	90	171/90A	74.2	114	110		46	61	14.2
	4	174	96	174/96A	75.4	120	116		47.4	62	14.9
	5	177	102	177/102A	76.6	126	122		48.8	63	15.6

要点：

（1）成品胸围为B+24厘米。

（2）宽松式西服应设计成上宽下窄的T型造型。

（3）由于该西服不太贴身，一般不必打胸省，但前片原型需要下降三分之一的预留胸省量，并进行撇胸定位。

（4）后中轴线收腰的起点可降低至后领中至胸围线的三分之一点。

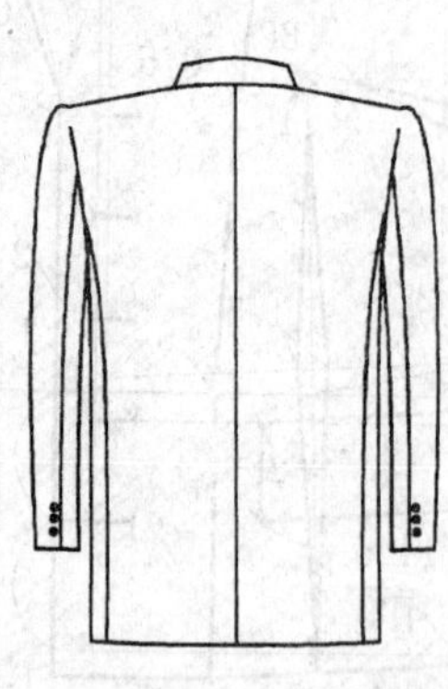

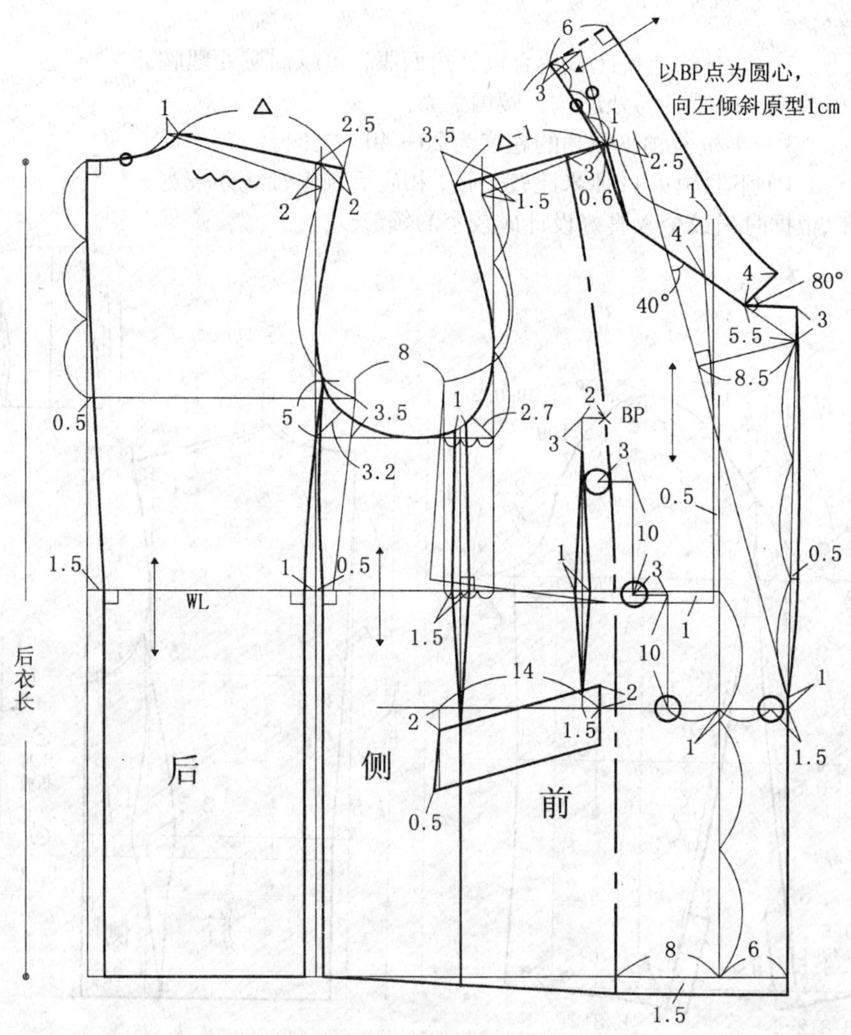

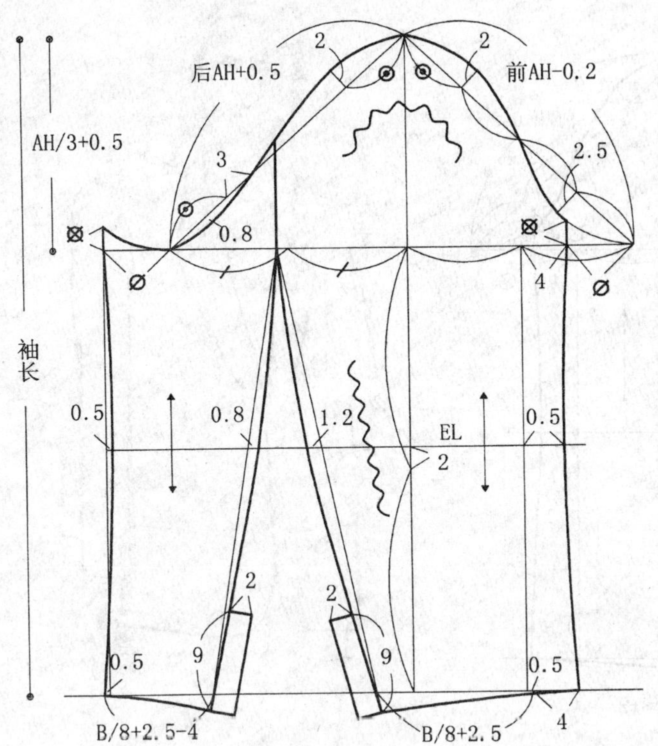

图3–73 双排6粒扣半枪驳领宽松式西服

74. 单排2粒扣平驳领腆腹体西服

参考规格 （2.5·4系列） 单位：厘米

群体分组	序号	身高	胸围（B）	上体号型	后衣长	成品胸围	下摆围	领围	肩宽	袖长	1/2袖口
特胖群体	1	155	88	155/88c	62	106	110	制板、推板后实量	42	54.4	13
	2	157.5	92	158/92c	63	110	114		43	55.2	13.5
	3	160	96	160/96c	64	114	118		44	56	14
	4	162.5	100	163/100c	65	118	122		45	56.8	14.5
	5	165	104	165/104c	66	122	126		46	57.6	15

要点：

（1）腆腹体西服适合于胸腰围度差小于8厘米的胖体女性。

（2）成品胸围为B+18厘米。

（3）腆腹体西服主要通过4处修正，达到适体的目的：

①以前片原型中轴线下端的A点为圆心，向左倾斜原型1厘米定位（即撇胸），同时还要用剩余的预留胸省量打侧胸省。

②前中轴线从原型向右加宽1～2厘米。

③腋下腰省上端加宽至2厘米，下端省尖落在袋口线。

④利用腰下袋口剪开线打一道0.8～1.2厘米宽的横腹省。

这4处修正的综合作用可以使西服的腰下部平伏内收，不上拔，不外翘。

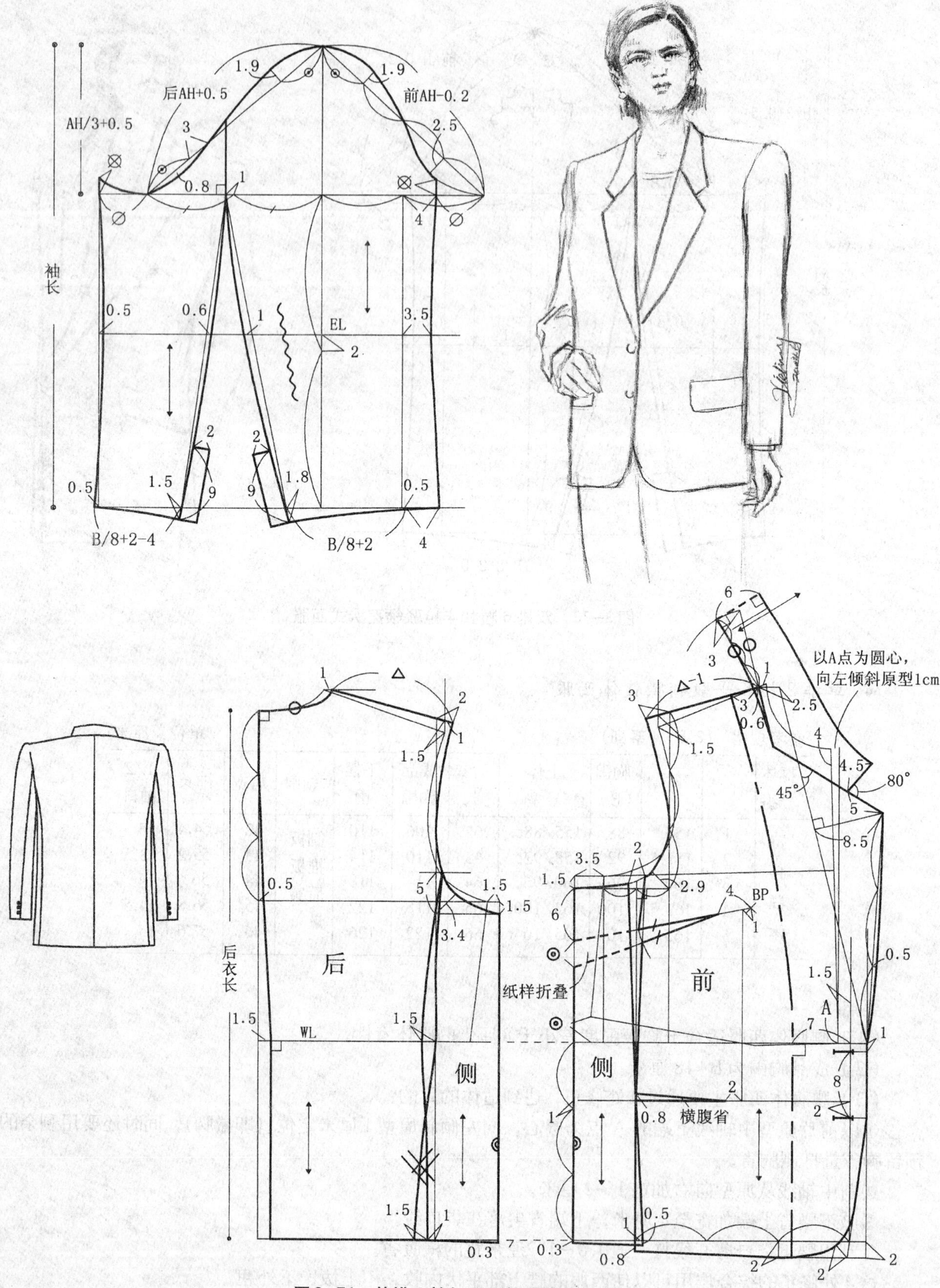

图 3–74　单排 2 粒扣平驳领腆腹体西服

75. 单公主线裙式大(风)衣

要点:

（1）这是一款富有女性味的大（风）衣，修长而贴体，犹如薄呢料的连衣裙。

（2）下摆的展宽量可以视排料的情况适当增减，但应控制下摆围不少于220厘米。

（3）前中轴线追加1厘米，后中轴线追加0.5厘米。

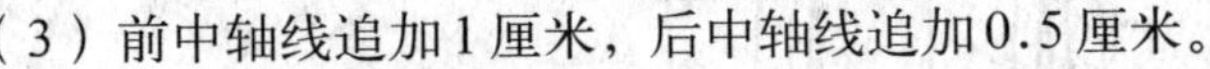

（4）成品胸围为B+20厘米。

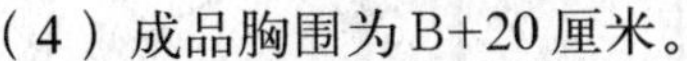

（5）利用公主线设置腰下的斜插袋，既简洁又美观。

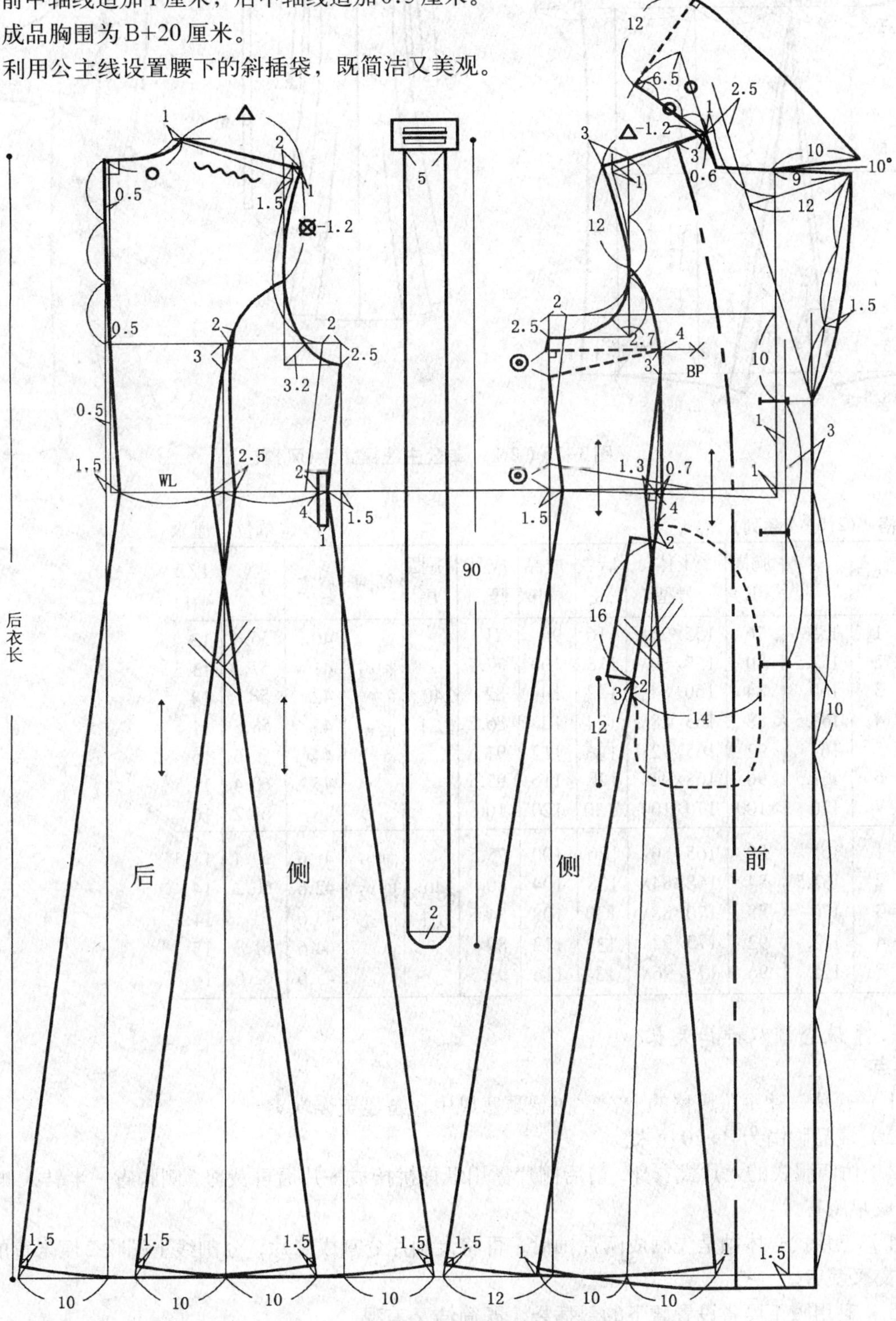

图3–75（1） 单公主线裙式大(风)衣

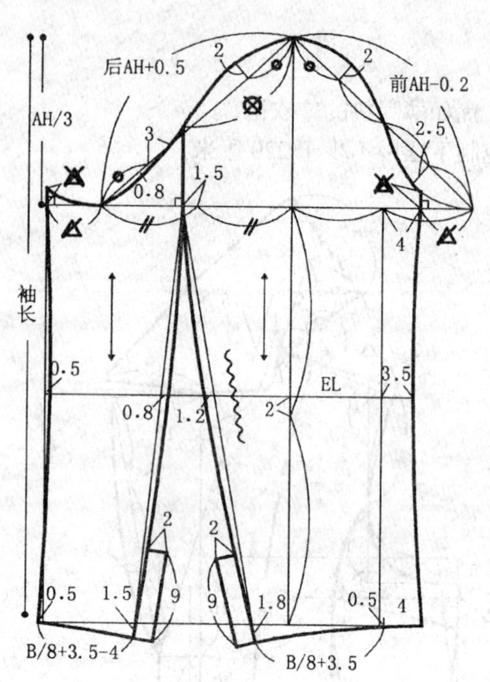

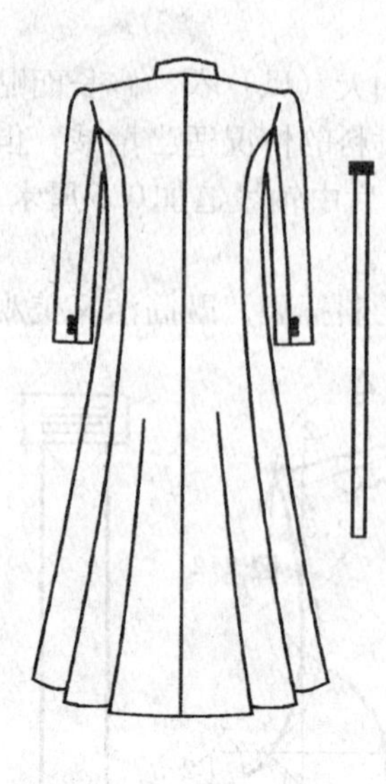

图3–75（2）　单公主线裙式大(风)衣

参考规格（2.5·4系列）　　　　单位：厘米

群体分组	序号	身高	胸围（B）	上体号型	后衣长	成品胸围	成品腰围	下摆围	领围	肩宽	袖长	1/2袖口
高密集度群体	1	155	76	155/76A	116	96	71	240以上	制板、推板后实量	40	56.4	13
	2	157.5	80	158/80A	118	100	77.5			41	57.2	13.5
	3	160	84	160/84A	122	104	82			42	58	14
	4	162.5	88	163/88A	124	108	86.5			43	58.8	14.5
	5	165	92	165/92A	126	112	91			44	59.6	15
	6	167.5	96	168/96B	128	116	95.5			45	60.4	15.5
	7	170	100	170/100B	130	120	100			46	61.2	16
较高身材中密集度群体	1	165	80	165/80Y	126	100	75.5	240以上	制板、推板后实量	41.6	59.4	13.5
	2	167.5	84	168/84A	128	104	80			42.6	60.2	14
	3	170	88	170/88A	130	108	84.5			43.6	61	14.5
	4	172.5	92	173/92A	132	112	89			44.6	61.8	15
	5	175	96	175/96A	134	116	93.5			45.6	62.6	16

76．拿破仑领双排扣大衣

要点

（1）这是一款军服风格的大衣，在瑟瑟寒风中，备显英姿飒爽。

（2）成品胸围为B+20厘米。

（3）仿西服式的六片式衣身，前后侧片需用纸样拼接成一片后再裁剪，侧胸省一半转入侧片，另一半仍缝成半胸省。

（4）三片式合体袖是先画成两片袖后，再将大袖片分割成二片，分割线上端收2厘米宽的省，中、下段要交叉裁剪。

（5）利用腋下腰省设置腰下的斜插袋，既简洁又美观。

参考规格 （2.5·4系列） 单位：厘米

群体分组	序号	身高	胸围（B）	上体号型	后衣长	成品胸围	下摆围	领围	肩宽	袖长	1/2袖口
高密集度群体	1	155	76	155/76A	124	96	160以上	制板、推板后实量	41	57.4	13
	2	157.5	80	158/80A	126	100			42	58.2	13.5
	3	160	84	160/84A	128	104			43	59	14
	4	162.5	88	163/88A	130	108			44	59.8	14.5
	5	165	92	165/92A	132	112			45	60.6	15
	6	167.5	96	168/96B	134	116			46	61.4	15.5
	7	170	100	170/100B	136	120			47	62.2	16
较高身材中密集度群体	1	165	80	165/80Y	132	100	160以上	制板、推板后实量	42.6	60.4	13.5
	2	167.5	84	168/84A	134	104			43.6	61.2	14
	3	170	88	170/88A	136	108			44.6	62	14.5
	4	172.5	92	173/92A	138	112			45.6	62.8	15
	5	175	96	175/96A	140	116			46.6	63.6	16

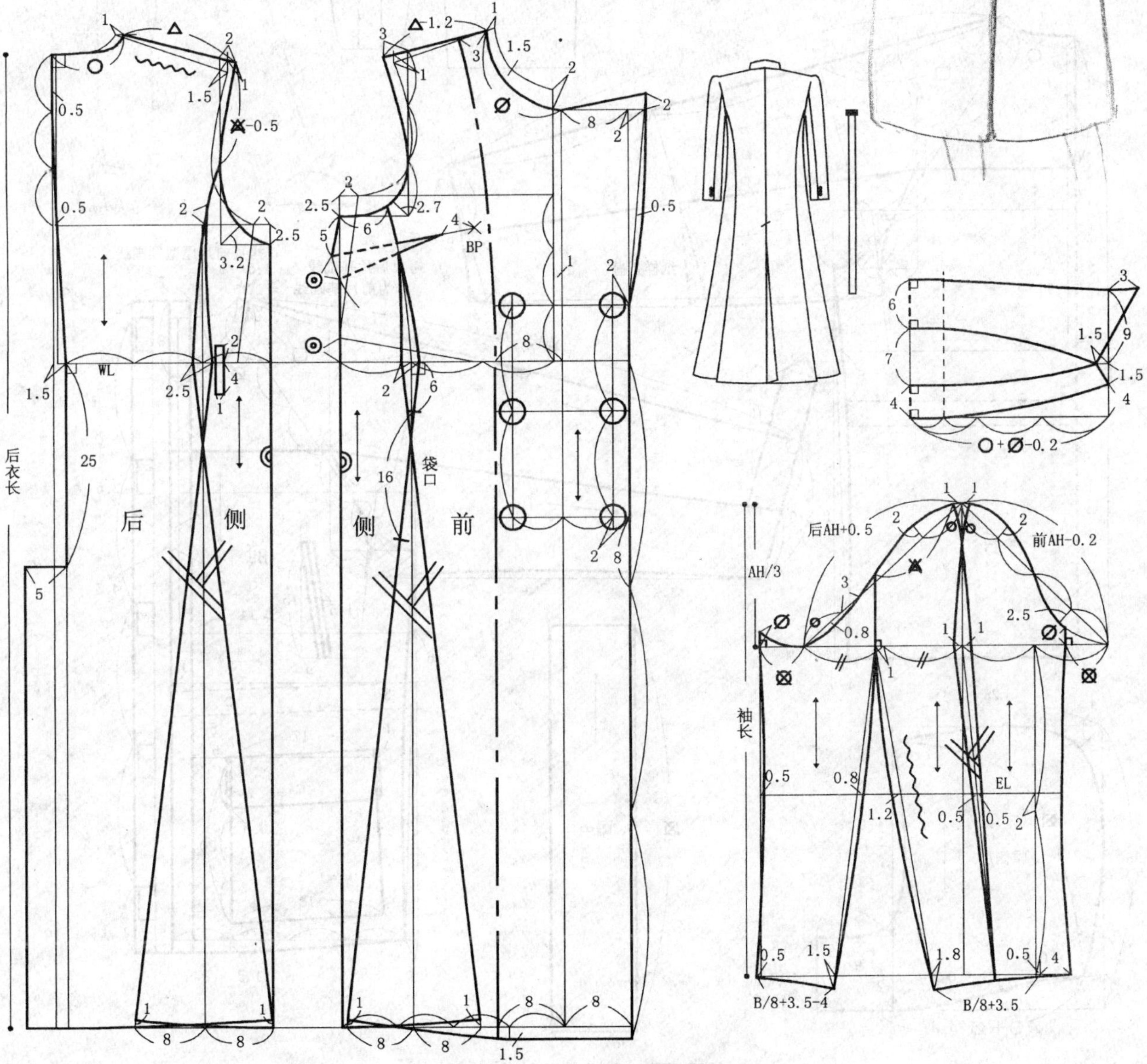

图3-76 拿破仑领双排扣大衣

77. 宽松式羽绒中大衣

要点

（1）这是一款连肩袖式派克大衣，风格豪放而又舒适。

（2）成品胸围为 B+36 厘米，较宽松，因而不必打胸省。

（3）拷贝后片基础线，作为前片的基础线，前后中轴线各加宽 1 厘米。

（4）先按一片式插肩袖画好基础线后，再修改成连肩线。

（5）后袖肘省要作转省处理。

（6）保暖的絮料既可以用羽绒，也可以用化纤蓬松棉(碎棉)。

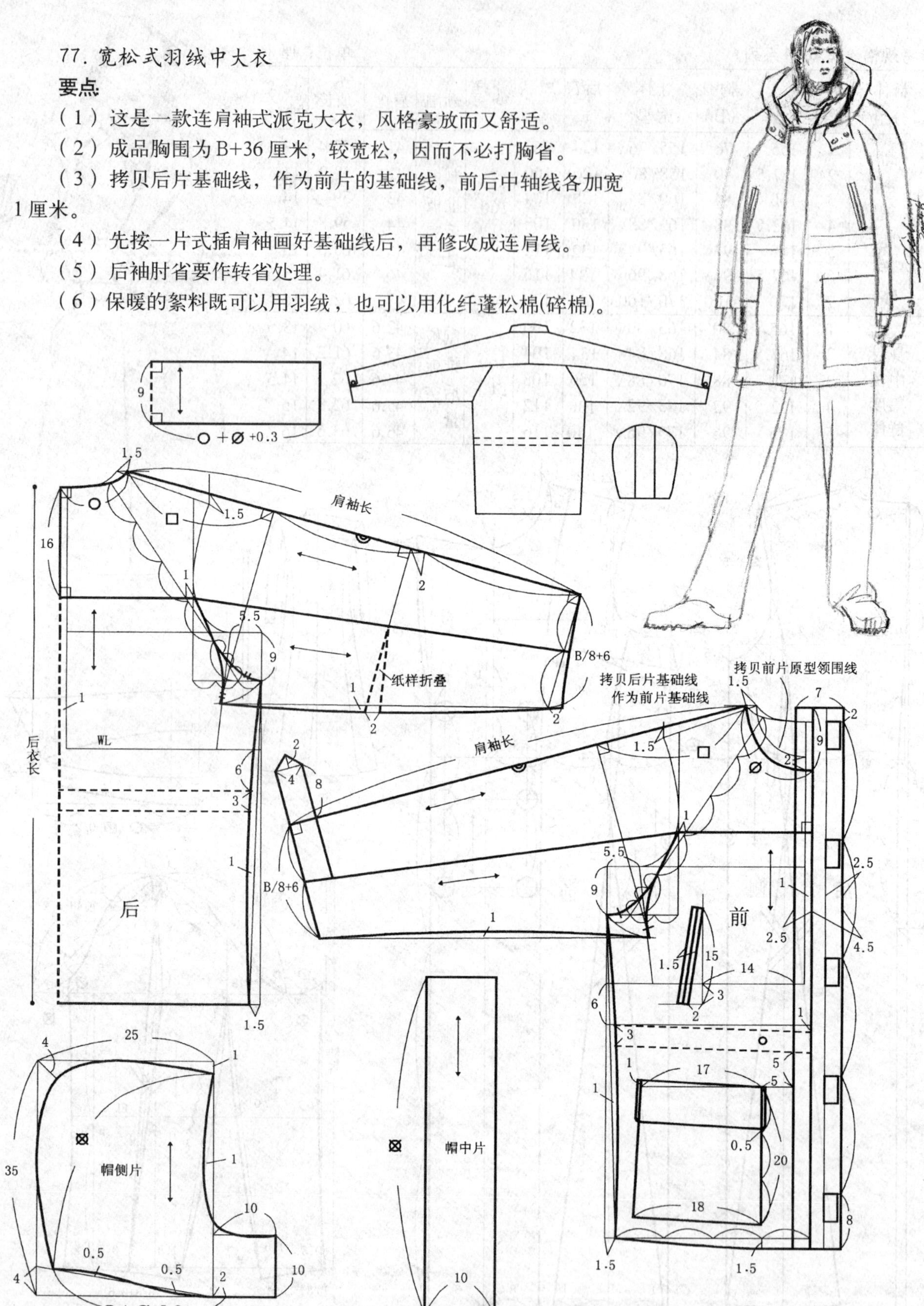

图 3–77　宽松式羽绒中大衣

参考规格 （3·6系列） 单位：厘米

群体分组	序号	身高	胸围(B)	上体号型	后衣长	成品胸围	下摆围	领围	肩袖长	1/2袖口
高密集度群体	1	157	78	157/78A	76.5	114	108	制板、推板后实量	73.5	14.3
	2	160	84	160/84A	78	120	114		75	15
	3	163	90	163/90A	79.5	126	120		74.5	15.7
	4	166	96	166/96A	81	132	126		78	16.4
	5	169	102	169/102A	82.5	138	132		79.5	17.1
较高身材中密集度群体	1	165	78	165/78Y	80.5	114	108	制板、推板后实量	77.5	14.3
	2	168	84	168/84A	82	120	114		79	15
	3	171	90	171/90A	83.5	126	120		80.5	15.7
	4	174	96	174/96A	85	132	126		82	16.4
	5	177	102	177/102A	86.5	138	132		83.5	17.1

78. 宽松式插肩袖大衣

参考规格 （3·6系列） 单位：厘米

群体分组	序号	身高	胸围(B)	上体号型	后衣长	成品胸围	下摆围	领围	肩袖长	1/2袖口
高密集度群体	1	157	78	157/78A	125.5	118	108	制板、推板后实量	73.5	14.3
	2	160	84	160/84A	128	124	114		75	15
	3	163	90	163/90A	130.5	130	120		76.5	15.7
	4	166	96	166/96A	133	136	126		78	16.4
	5	169	102	169/102B	135.5	142	132		79.5	17.1
较高身材中密集度群体	1	165	78	165/78Y	132.5	118	108	制板、推板后实量	77.5	14.3
	2	168	84	168/84A	135	124	114		79	15
	3	171	90	171/90A	137.5	130	120		80.5	15.7
	4	174	96	174/96A	140	136	126		82	16.4
	5	177	102	177/102A	142.5	142	132		83.5	17.1

要点:

（1）这是一款造型雍容的宽松式呢大衣。

（2）成品胸围为B+40厘米。

（3）拷贝后片基础线，作为前片的基础线，前后中轴线各加宽1厘米。

（4）袖型是典型的小角度（30°）宽松式插肩袖。

（5）带领座的大翻领是这款大衣的特色，领座能使领子直立时挺括有型。

（6）后袖肘褶可以改为袖肘省。

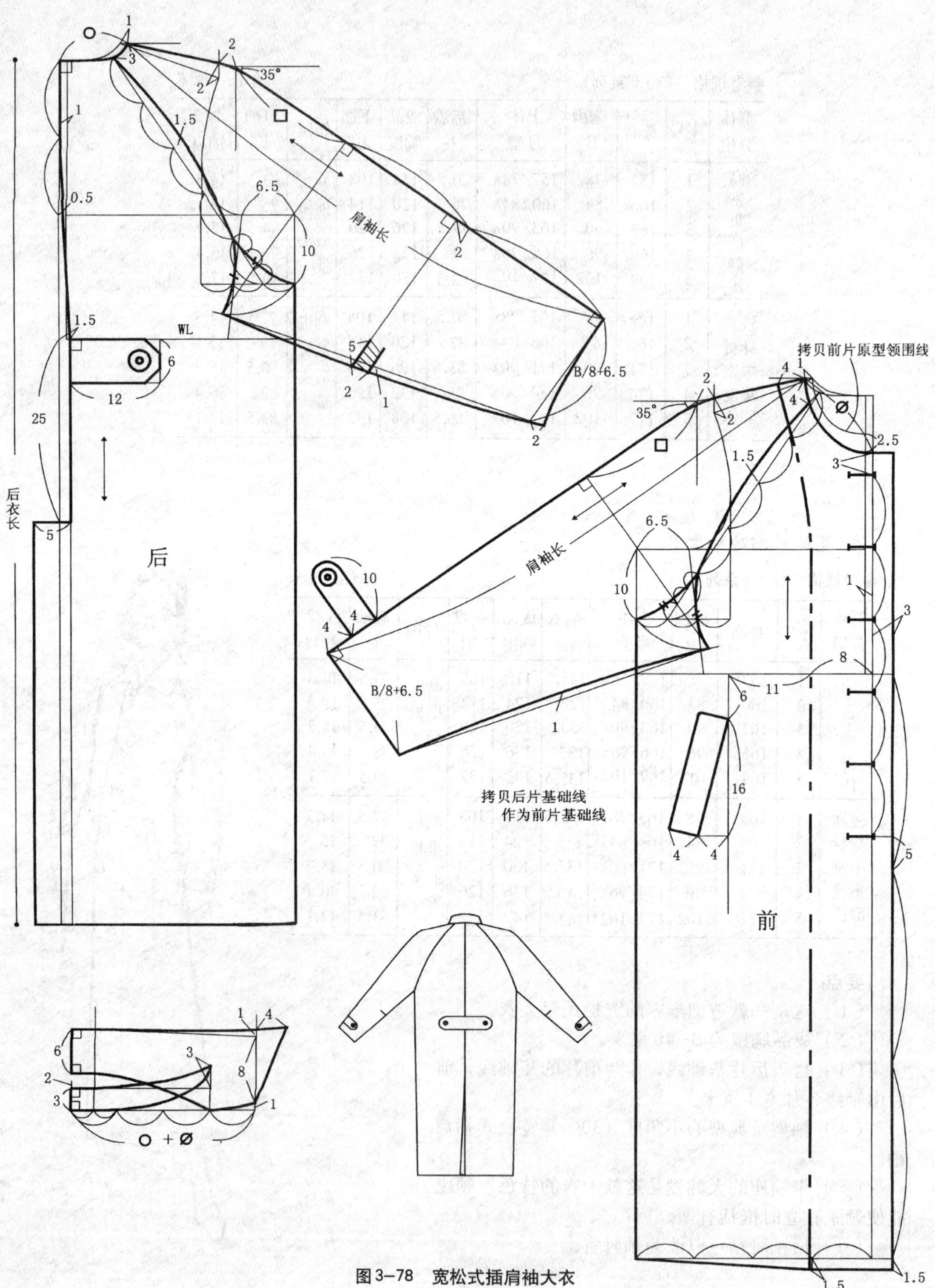

图 3-78 宽松式插肩袖大衣

第四章 男装结构设计研究

第一节 男装制板概述

男装是14周岁以上的青少年及成年男子穿着的服装的总称。

由于历史服饰文化的积淀以及现代社会男子角色定位的影响，男装的规范性比较强，设计风格总体趋向于严谨、含蓄、庄重，造型、款式的设计变化远比女装少，但是制作工艺却比女装精细、考究，特别是正式、半正式的西服等礼仪服装，做工更是一丝不苟。

然而，“文武之道，一张一弛”，随着休闲文化的兴起，人们闲暇时间的增加，双休日、黄金周都极大地影响着男装的设计，一大类休闲便装应运而生，这类服装设计风格比较时尚，规范性的约束比较少，面料、色彩、图案的选择自由度较大，造型、款式的设计变化亦像女装一样百花齐放，往往成为许多年轻设计师、制板师切入男装行业的起点。

男装的制板与女装同样采用原型法。对于西服之类造型款式设计变化比较少的男装，采用原型法制板，直观易学，操作快捷，可获事半功倍之效；对于休闲便装而言，因其造型、款式设计的原理制作工艺均与女装相似，优点亦就相似，除了直观易学、操作快捷之外，更增添了设计自由、变化丰富等优点。

男装原型与女装原型在结构上有明显的不同，男装原型是按照以西服为代表的翻驳领上衣的宽松量和领、肩、袖、撇胸等基础结构特点而设计的；而女装原型则是按照以小翻领衬衫为代表的女衬衫的宽松量和领、肩、袖、侧胸省等基础结构特点而设计的。

由于男装原型没有女装原型上所必须的乳胸点、预留胸省量及相应的胸省移位设计，而且男装比较强调规范性，造型、款式设计变化相对较少，因此，男装原型的使用技法及男装制板技法比较容易入门。

一、男子人体结构与测量

人体的比例通常以头长作为基准单位，我国男子的身高通常略多于7头长，体型较修长者可超过7.5头长。

男性上臂约为1.3头长，下臂约为1.1头长，手约为0.77头长，下肢约为3.8头长，肩宽约为1.9头长。

男性因肩胛骨和背阔肌较发达，背部呈块面状隆起，胸部胸大肌虽然比较发达，但起伏明显小于背部，因此后腰节比前腰节长2.5～3厘米。这表明男装原型是明显的前短后长，而女装原型却是前片稍长于后片，这是区分男装与女装原型的重要特征。

男性胸围与半胸宽的增减比例大约稍小于7∶1；胸围与半背宽的增减比例稍大于7∶1；胸围与袖深点的增减比例约为10∶1；胸围与半领宽的增减比例约为16∶1。合体男装上相应的部位都应符合这些人体重要控制部位的增减比例，这是服装制板技法的基点之一。

男性因骨盆体积较小，通常臀围比胸围大0～4cm，而且臀部比较厚，臀部正面宽度比较小，与宽肩形成上宽下窄的倒梯形；男子的胸腰围度差比较小，多数为10～16cm，腰部凹陷比较小，这是三围的差别，与服装造型有关，表明男装比较易于设计成H型或V型造型。

男性的躯干长度约等于2.9头长，明显小于腿长，与较窄的臀宽相配合，视觉效果上显得男子体型的重心偏高，而且往往身高愈高显得重心愈高。

男性的臀宽比同值臀围的女性窄一些，而因臀大肌比较发达，臀厚要厚一些，体现在男裤结构上臀部的Z轴纵深要大于女裤，立体感更强一些（图4-1）。

二、男子体型测量

男子体型测量与女子体型测量的方法基本相似。测量要求、工具及方法可参照女子体型测量，下面主要介绍男子体型的量体部位。

（1）8个必量数值的测量（图4-1）

胸围：立姿，呼吸自然，用软尺经肩胛骨、腋窝和胸点测量最大水平围度，软尺应松紧适宜，具体测量时掌握松紧程度可以比女性体型测量松一点儿（例如在软尺下垫入4个手指），因为我国男性的肺活量平均大于女性将近900毫升，而且背阔肌、胸大肌比较发达，深呼吸或用力时胸腔膨胀比女性明显。如果因天气寒冷，不便穿衬衫测量，则最多只能在一件紧身薄毛衣外测量，并将量取的数值减去3～4厘米。总之，无论如何必须量取净胸围数值。可以向被量者解释，宽松量将在制板时加放。

腰围：立姿，呼吸自然，用软尺测量腰部最细处的水平围度。

臀围：立姿，用软尺测量臀部最丰满处的水平围度。

身高：立姿赤足，背靠人体测高仪，测量自头顶至足底（地面）的垂直距离，人体上许多长度部位数值与身高呈一定比例，有了身高数值，可以查表或推算获得其他长度部位数值。

背长：立姿，用软尺测量自第七颈椎点沿脊椎曲线至腰围线所得的距离，该数值用于确定腰围线。

臂长：立姿，手臂自然下垂，用软尺测量肩峰点至腕骨点下的距离，该数值是设计合体服装袖长的基数。

臀长：坐姿，用软尺在体侧测量自腰围线至凳子平面的距离。该数值是计算裤子直裆的基数，因为人体坐姿时，腰围线是变形的，不容易量准，建议根据被量者身高查表2-1、表2-2获得。

腰围高：立姿赤足，背靠测高仪，测量自腰围线至足底（地面）的垂直距离。该数值是设计裤长的基数。

（2）8个参考数值的测量（图4-1）

后衣长：立姿，用软尺从颈椎点沿脊椎曲线量至设计所要求的长度。

总肩宽：立姿，手臂自然下垂，用软尺测量左右肩峰点的水平弧长。制备原型时，肩宽是用胸围为基数计算获得的，测量总肩宽数值主要用于校对。

肩袖长（肩颈点至腕长）：立姿，右手握拳放在体侧髋骨处，手臂弯曲90°，用软尺测量肩颈点经肩峰点至手掌虎口的长度。这个数值主要是设计外销定单休闲装的袖长基数。

通袖长（颈椎点至腕长）：立姿，右手握拳放在体侧髋骨处，手臂弯曲90°，用软尺测量颈椎点经肩峰点、手肘鹰突点至尺骨茎突点（腕骨）的距离。这个数值主要是设计外销定单休闲装的袖长基数。

颈椎点高：立姿赤足，背靠测高仪，测量自第七颈椎点至足底（地面）的垂直距离。该数值是设计西服、长大衣等服装后衣长的基数。

颈围：呼吸自然，软尺绕喉结下方围量一周。该数值是设计衬衫、中山装等立领服装领围的基数。

上臂围：软尺绕上臂最大处围量一周。该数值是设计短袖袖口的基数。

掌围：五指并拢，软尺绕手掌最宽处围量一周。该数值是设计合体袖口的基数。

为了方便初学者在学习期间实践习作使用，同时为了满足中小型服装公司开发创新产品、覆盖市场的需要，笔者推出以体型分布密集度进行号型分组的理念，研究、制订了“男性合体服装2.5 · 4号型系列控制部位参考表”及“男性休闲服装3 · 6号型系列控制部位参考表”（表4-1、表4-2），2.5 · 4号型系列适合作为设计合体服装成衣规格表的依据，在实施5～24个号型的情况下，可以替代5 · 4系列9～41个号型；3 · 6号型系列适合作为设计休闲服装成衣规格表的依据，在实施3～18个号型的情况下，可以替代5 · 4系列9～44个号型，具有“少号型量、大覆盖面”优点。

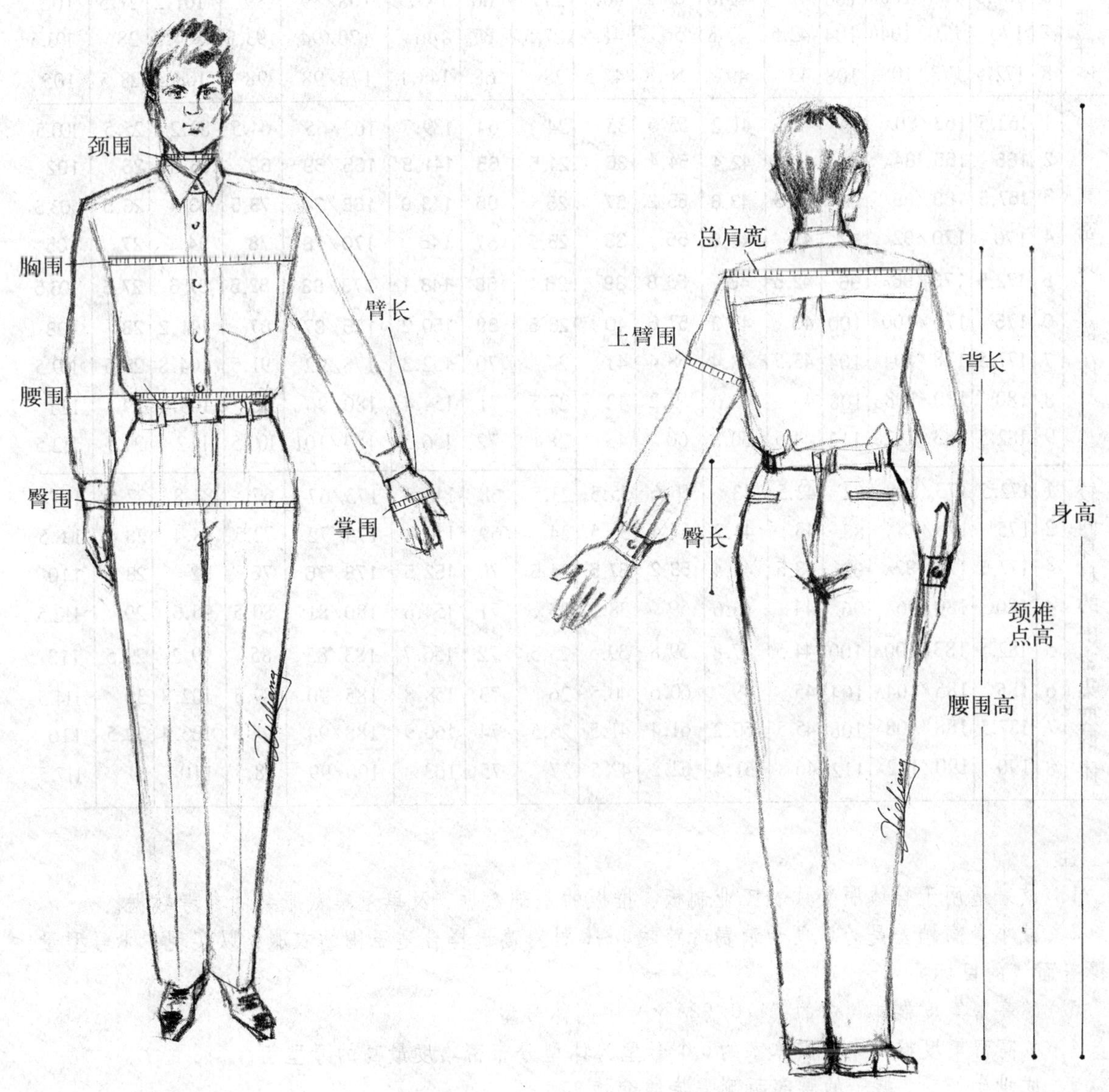

图4-1 男性体型测量数值

表4-1　男性合体服装2.5·4号型系列控制部位参考表

单位：厘米

群体分组	序号	身高	上体号型	胸围	背长	总肩宽	全臂长	颈围	掌围	坐姿颈椎点高	颈椎点高	下体号型	腰围	臀围	臀长	腰围高
稍矮身材的中密集度群体	1	155	155/80A	80	39.5	40.6	51.8	35.5	24.5	61	133.4	155/67	66.5	83.2	25	94.5
	2	157.5	158/84A	84	40	41.8	52	36.5	25	62	135.5	158/71	71	86.8	25.5	96
	3	160	160/88A	88	40.5	43	52.8	37.5	25.5	63	137.6	160/76	75.5	90.4	26	97.5
	4	**162.5**	**163/92A**	**92**	**41**	**44.2**	**53.6**	**38.5**	**26**	**64**	**139.7**	**163/80**	**80**	**94**	**26.5**	**99**
	5	165	165/96B	96	41.5	45.4	54.4	39.5	26.5	65	141.8	165/85	84.5	97.6	27	100.5
	6	167.5	168/100B	100	42	46.6	55.2	40.5	27	66	143.9	168/89	89	101.2	27.5	102
	7	170	170/104B	104	42.5	47.8	56	41.5	27.5	67	146	170/94	93.5	104.8	28	103.5
	8	172.5	173/108B	108	43	49	56.8	42.5	28	68	148.1	173/98	98	108.4	28.5	105
高密集度群体	1	162.5	163/80A	80	40.5	41.2	53.6	35	24	64	139.7	163/65	64.5	83.2	25.5	100.5
	2	**165**	**165/84A**	**84**	**41**	**42.4**	**54.4**	**36**	**24.5**	**65**	**141.8**	**165/69**	**69**	**86.8**	**26**	**102**
	3	**167.5**	**168/88A**	**88**	**41.5**	**43.6**	**55.2**	**37**	**25**	**66**	**143.9**	**168/74**	**73.5**	**90.4**	**26.5**	**103.5**
	4	**170**	**170/92A**	**92**	**42**	**44.8**	**56**	**38**	**25.5**	**67**	**146**	**170/78**	**78**	**94**	**27**	**105**
	5	**172.5**	**173/96A**	**96**	**42.5**	**46**	**56.8**	**39**	**26**	**68**	**148.1**	**173/83**	**82.5**	**97.6**	**27.5**	**106.5**
	6	**175**	**175/100A**	**100**	**43**	**47.2**	**57.6**	**40**	**26.5**	**69**	**150.2**	**175/87**	**87**	**101.2**	**28**	**108**
	7	177.5	178/104A	104	43.5	48.4	58.4	41	27	70	152.3	178/92	91.5	104.8	28.5	109.5
	8	180	180/108A	108	44	49.6	59.2	42	27.5	71	154.4	180/96	96	108.4	29	111
	9	182.5	183/112B	112	44.5	50.8	60	43	28	72	156.5	183/101	100.5	112	29.5	112.5
较高身材的中密集度群体	1	172.5	173/84Y	84	42.5	43	56.6	35.5	23.5	68	148.3	173/67	67	84.8	27.5	107
	2	175	175/88A	88	43	44.2	57.4	36.5	24	69	150.4	175/72	72.5	88.4	28	108.5
	3	**177.5**	**178/92A**	**92**	**43.5**	**45.4**	**58.2**	**37.5**	**24.5**	**70**	**152.5**	**178/76**	**76**	**92**	**28.5**	**110**
	4	180	180/96A	96	44	46.6	59	38.5	25	71	154.6	180/81	80.5	95.6	29	112.5
	5	182.5	183/100A	100	44.5	47.8	59.8	39.5	25.5	72	156.7	183/85	85	99.2	29.5	113
	6	185	185/104A	104	45	49	60.6	40.5	26	73	158.8	185/90	89.5	102.8	30	114.5
	7	187.5	188/108A	108	45.5	50.2	61.4	41.5	26.5	74	160.9	188/94	94	106.4	30.5	116
	8	190	190/112A	112	46	51.4	62.2	42.5	27	75	163	190/99	98.5	110	31	117.5

注：

1. 该表适用于合体服装成衣工业制板、推板的基础数据，及单量单裁服装的参考数据。
2. 减小身高档差是为了便于消费者跨越1～2档身高选择合适三围的衣服，以实现“少号型量、大覆盖面”的目标。
3. “高密集度群体”中的“170/92A”为中间体号型。
4. “高密集度群体”中黑体字的5个号型为体型分布密集度最高的号型组。
5. 成批生产时，裤子的腰部两侧需装伸缩扣。

表 4-2 男性休闲服装 3·6 号型系列控制部位参考表

单位：厘米

群体分组	序号	身高	上体号型	胸围	背长	总肩宽	全臂长	颈围	掌围	坐姿颈椎点高	颈椎点高	下体号型	腰围	臀围	臀长	腰围高
稍矮身材的中密集度群体	1	156	156/80A	80	39.4	40.6	52	35.5	23.6	61.6	134.4	156/66	66	83.2	25.2	95
	2	159	159/86A	86	40	42.4	53	37	24.3	62.8	137	159/73	73	88.6	25.8	97
	3	**162**	**162/92B**	**92**	**40.6**	**44.2**	**54**	**38.5**	**25**	**64**	**139.6**	**162/80**	**80**	**94**	**26.4**	**99**
	4	165	165/98B	98	41.2	46	55	40	25.7	65.2	142.2	165/87	87	99.4	27	101
	5	168	168/104B	104	41.8	47.8	56	41.5	26.4	66.4	144.8	168/94	94	104.8	27.6	103
	6	171	171/110B	110	42.4	49.6	57	43	27.1	67.6	147.4	171/101	101	110.2	28.2	105
高密集度群体	1	164	164/80A	80	40.8	41.2	54	35	23.6	64.6	140.8	162/64	64	83.2	25.8	101
	2	**167**	**167/86A**	**86**	**41.4**	**43**	**55**	**36.5**	**24.3**	**65.8**	**143.4**	**166/71**	**71**	**88.6**	**26.4**	**103**
	3	**170**	**170/92A**	**92**	**42**	**44.8**	**56**	**38**	**25**	**67**	**146**	**170/78**	**78**	**94**	**27**	**105**
	4	**173**	**173/98A**	**98**	**42.6**	**46.6**	**57**	**39.5**	**25.7**	**68.2**	**148.6**	**174/85**	**85**	**99.4**	**27.6**	**107**
	5	176	176/104A	104	43.2	48.4	58	41	26.4	69.4	151.2	178/92	92	104.8	28.2	109
	6	179	179/110B	110	43.8	50.2	59	42.5	27.1	70.6	153.8	182/99	99	110.2	28.8	111
	7	182	182/116B	116	44.4	52	60	44	27.8	71.8	156.4	186/106	106	115.6	29.4	113
较高身材的中密集度群体	1	172	172/80Y	80	42.8	41.6	56	34.5	23.9	67.6	148.5	170/62	62	81.2	27.2	106
	2	175	175/86Y	86	43.4	43.4	57	36	24.6	68.8	151	174/69	69	86.6	27.8	108
	3	**178**	**178/92A**	**92**	**44**	**45.2**	**58**	**37.5**	**25.3**	**70**	**153.6**	**178/76**	**76**	**92**	**28.4**	**110**
	4	181	181/98A	98	44.6	47	59	39	26	71.2	156.2	182/83	83	97.4	29	112
	5	184	184/104A	104	45.2	48.8	60	40.5	26.7	72.4	158.8	186/90	90	102.8	29.6	114
	6	187	187/110A	110	45.8	50.6	61	42	27.4	73.6	161.4	190/97	97	108.2	30.2	116

注：

1. 该表适用于休闲服装成衣工业制板、推板的基础数据。
2. 减小身高档差是为了便于消费者跨越 1～2 档身高选择合适三围的衣服，以实现“少号型量、大覆盖面”的目标。
3. “高密集度群体”中的“170/92A”为中间体号型。
4. “高密集度群体”中黑体字的 3 个号型为体型分布密集度最高的号型组。
5. 成批生产时，裤子的腰部两侧需装伸缩扣，或全腰围装松紧带。

第二节 男装原型的制备

男装原型即成年男性的服装人体模板。这种模板应当由制板师自己制备，学习服装制板，首先应掌握制备原型的方法，而后再掌握运用原型制板的技能。

一、上身原型

男装上身原型的制图程序如图 4-2 所示，尺寸见表 4-3 内“号型 170/92”，这是我国成年男

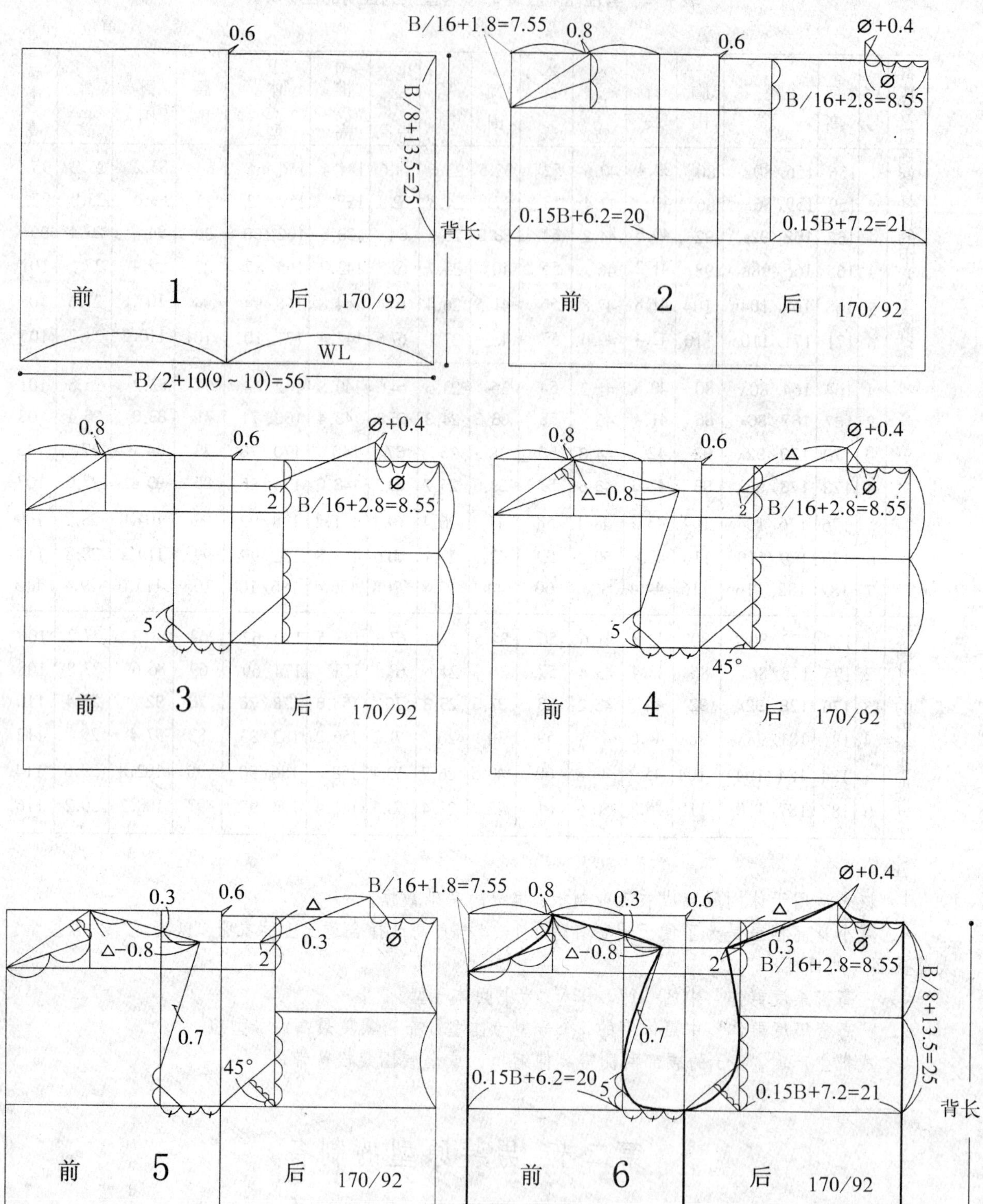

图4–2　男装上衣原型制图程序

子的中间体号型。其他号型的体型（例如表4-1及表4-2中的所有号型）只要把相应的数值代入图中的公式，就可以制成很合体的原型。

表4-3　常用2.5·4系列男装上身原型参考号型表

单位：厘米

号型	163/80Y	165/84A	168/88A	170/92A	173/96A	175/100A	168/104B	180/108B
胸围（B）	80	84	88	92	96	100	104	108
背长	40.5	41	41.5	42	42.5	43	43.5	44

具体男装上身原型的制图要点如下:

（1）男装原型是按照以西服为代表的翻驳领上衣的宽松量和领、肩、袖、撇胸等基础结构特点而设计的(因为男装中合体性要求最高的是男西服)，为了满足上衣的穿着需要，男装原型半围加入了10厘米的宽松量，相当于全围加入了20厘米宽松量，这是男装原型的基础宽松量（这一点与女装原型明显不同，女装原型按贴体型衬衫的需要全围加入了10厘米的基础宽松量）。使用原型设计男装板型时，还要根据具体造型、款式设计的要求，灵活地增减宽松量。

（2）上身原型的制图只用了胸围和背长2个数值。需要的数值少，相应的量体部位少，量体方法易掌握，还可避免因测量不准而导致制图误差。

（3）胸围数值的使用频率比较高，许多细部的尺度（如领宽、领深、胸宽、背宽、肩宽、袖笼深等等）都是用胸围的一定比例加上适当的调整数计算而成的，计算公式的设置来自于人体测量调查，体型覆盖面较大，因此胸围数值一定要准确地量取净体数值，该数值不准确将使许多细部尺度失准。

（4）背长数值用于确定腰围线，原型法服装制板很重视腰围线的作用，腰围线是原型的第一条基础线，亦是每一件服装板型基准线，特别是卡腰造型的服装需要靠腰围线来设置卡腰点，利用背长数值来确定腰围线简便而准确。

（5）原型的后肩线比前肩线长0.8厘米，这是预留后肩缩缝量，为了操作上的方便，该缩缝量是按基础线（斜线）量画的。

（6）男装原型的前肩线较平，后肩线较斜，这样设置使得肩点向后偏移，肩线从肩颈点至肩点逐渐向后斜，由此产生肩部较平、较宽的视错觉效应，强化男性体型美感，非常符合西服、中山装、正装大衣等正式男装的造型设计要求。

（7）前、后腋下凹势量，可以通用于西服、合体上衣及半紧身大衣，要在原型上明显地标注，并且牢记。

（8）原型的前领宽度比较大，其中包括了西服、中山装等合体男装所必须的撇胸量。

（9）男装原型的画法要背熟，要做到每10分钟默画一套任意规格的男装原型，这样才能满足日后职业的需要。

二、男装原型的本国化改革

如同女装一样，日本文化式原型法的引进对我国男装制板技术的进步起了积极的促进作用。但是该原型法在原型的合体性、以及原型法的可传授性二个方面不太符合我国的国情，在一定程度上影响了原型法的推广。笔者在近二十年原型法服装制板的教学过程中，不断地研究、探索对其进行本国化改革，目前已取得显著的成果，较圆满地解决了上述二个方面的问题，为帮助广大初学者快速掌握原型法，为在我国推广原型法作出了自己的贡献。

笔者经研究发现，为了实现大范围体型的合体效果，原型各重要控制部位增减比例的设置应近似于人体相应部位的增减比例。对男装原型的改革主要是按照我国男性的体型特征，归纳出具有典型性、代表性的增减比例，替代文化式男装原型原有重要控制部位的增减比例。具体改革措施如下：

（1）将半胸宽增减的计算公式由“0.15B+6.2”替代“B/6+4”；半背宽增减的计算公式由“0.15B+7.2”替代B/6+4。据各种相关资料表明，我国成年男性胸围与半胸宽、半背宽的增减比例近似于7:1，并存在约1厘米的前后差。文化式男装原型中间体号型的胸、背宽较之我国男性中间体明显偏窄，增减比例设置为B/6（即与胸围呈6:1比例增减）则又显然偏大了，而且胸与背等宽，与我国男性体型特征相悖。应该适当增大中间体原型的胸、背宽，并将胸、背宽的增减比例减小为0.15B，再设置前后差。如果精确计算， 近似于7:1应相当于0.143B，为了便于口算，将其整合为0.15B，即胸围每增减4厘米，“二宽”相应各增减0.6厘米。据笔者观察，近年来“二宽”与胸围的比例有减小的趋势，今后可以根据新的人体计测数值设置为0.14B，仍为近似7:1。

（2）将胸围线（袖深点）增减的计算公式由“B/8+13.5”替代“B/6+8”。我国成年男性胸围与袖深点的增减比例约为10:1，文化式男装原型中间体号型的袖深点的深度偏浅，而增减比例B/6又明显偏大了，应当适当加深中间体原型的袖深点，并同时减小其增减比例，但是据制板实践表明，当最大规格不超过116厘米的情况下，该比例偏大一点儿，有助于提高成衣的体型覆盖面，因此将该比例设置为“B/8+13.5”，即胸围每增减4厘米，袖深点相应增减0.5厘米。

（3）原型的前肩颈点相对提高0.6厘米，这是经长期试验后取得的成果，有利于协调前、后肩颈点的关系，塑造完美的挺胸造型。

（4）将后领宽增减的计算公式由“B/16+2.8”替代“B/12”。我国成年男性胸围与领宽的增减比例近似于20:1，文化式男装原型原设置的增减比例B/12显然太大了，往往造成高端胸围的领宽超宽，低端胸围的领宽超窄的瑕疵，应当减小该比例，但据制板实践发现，该比例稍微偏大一点儿，有利于提高成衣的体型覆盖面，因此将该比例设置为B/16+2.8，即胸围每增减4厘米，后领宽相应增减0.25厘米。

（5）根据我国男性的体型特征，表4-1及表4-2中中等身材的高密集度群体原型的后肩出肩量仍沿用2厘米；而将“较矮身材的中等密集度群体”原型的出肩量设置为1.7厘米，以适应这类体型出肩量偏小、肩宽偏窄的特点；“较高身材的中等密集度群体”原型的出肩量设置为2.3厘米，以适应这类体型出肩量偏大、肩宽偏宽的特点。

上述对男装原型的改革是笔者独创的。经本国化改革而产生的男装原型虽然外观仍与文化式男装原型近似，但其技术内涵已有明显的差别，不仅构成重要控制部位计算公式的设置改变了，由此导致重要控制部位的增减比例更符合我国男性人体的规律，而且应用原型及设计变化的方法也有所差异，最大的优点是明显地提高了合体性和可设计性。与文化式男装原型相比，对我国男性的体型覆盖面更宽，制备方法更简便，传授更快捷，笔者将其命名为“谢式男装原型”。

谢式男装原型基本上解决了文化式男装原型存在的在高、低端胸围上产生累积性误差的瑕疵，能够较简便地覆盖我国男子大范围的体型，这使原型更加易学易用。用于单量单裁定制服装的制板，基本上不必再对重要控制部位进行合体方面的经验性修正，即可直接覆盖我国男性胸围80～116厘米、胸腰差7厘米以上的体型；对于胸腰差小于6厘米的体型，经腆腹体修正后也可以覆盖。用于成衣制板时，对于合体型要求较高的服装，覆盖的效果与单量单裁服装相似；而对于合体型要求不高的半宽松、宽松式服装，可以不计较体型地全面覆盖。

谢式男装原型的改革主要改变了原型内在尺度的增减比例，但是对中间体原型的外观影响甚小，在教学、制板应用中仍然可以与文化式原型法的各种教材、资料兼容。

第三节 原型法男装制板原理

经本国化改革而形成的谢式男装原型，成功地突破了简捷地覆盖大范围体型的合体性难题，但是要全面推广应用原型法，还要解决原型法制板的可传授性难题。笔者在近二十年的教学、应用实践中探索、研究出一套谢式原型法服装制板原理，提高了原型法制板的可传授性。

一、原型法男装制板原理

原型法服装制板将服装的合体问题与造型款式变化问题分解成二个部分分别解决。合体问题主要在制备原型的阶段解决，由于原型是预先制备的，合体问题是制板之前就已基本解决，制板过程中基本上不必分心考虑合体问题，解除了合体问题的后顾之忧，制板师可以较自由地研究、推敲造型、款式变化问题。

从根本的理念而言，原型法男装制板是在人体模板之外较自由地设计板型，可以像写草书一样随意挥洒。但是如同书法一样，每一位初学者都得经过描红、临帖的阶段，都得从楷书学起，谢式原型法服装制板原理原则上就是供初学者写服装“楷书”的教材，初学者可以通过实践消化吸收其中的养分，尽快进入设计制板的“自由王国”，淋漓尽致、挥洒自如地表现设计的效果。绝不要把制板原理奉为圭臬，恪守终生，这样将产生新的教条、新的桎梏，背离了推广原型法的初衷。

二、系列规格原型的制备

学习男装制板或从事男装制板工作，都必须制备一套常用系列规格的男装原型，建议按照表4–1“2.5·4系列男子服装号型参考表”里“高密集度群体”的数值制备，这套系列的8个号型可以覆盖5·4系列的16个号型，这套系列号型对我国南、北方人都适用，只是南方人偏向低端的多一些；北方人偏向高端的多一些。

原型应按1∶1的比例逐号画在牛皮卡纸或其他硬纸板上，原型画好剪好后，用炭笔或麦克笔明显地标上号型规格及其他详细数据，前后片都要写，以便今后查找。全套原型要装入一只大口袋，以便保管和携带，建议用游泳的沙滩包保管和携带原型。

若想省时间，可以把本书附录里1∶1实物大的“高密集度群体”男装原型逐号拷贝到牛皮卡纸上，剪好备用。

若有个别体型超过表4–1号型的顾客，应当为其制备一套专用的原型，这套原型应标明顾客姓名、号型规格并单独保管，不要与通用的原型混淆。

原型具有很广泛的体型覆盖面，代表着众多普通体型的共性，对于消费者中绝大多数的体型（包括国家标准划分的Y型、A型、B型体型），都可以在通用的系列规格原型里“对号入座”，从中提取适当规格的原型作为制图模板，直接在布料的反面制图、裁剪出合体的服装，这就是直裁。与比例法相比多了一套事先准备、可以长期使用的制图模板，却节省了画基础线、辅助线的时间，实际操作起来较比例法更省时间，而且因为量体是测量净体尺度，初学者容易量准，亦就更容易合体。

此外，由于没有女装原型那些较复杂的胸省转移设计，男装原型只要稍许练习，就能在短短的10分钟时间很容易地默写出来。初学者一定要做到快速、准确地默写原型，否则，就如同什么也没学会一样。

三、怎样选用原型

与选用女装原型的原则一样，对于合体性要求较高的服装（如正装西服、合体上衣、衬衫等），无论是单量单裁服装、还是成衣工业制板，都是采取2.5·4系列服装号型制作原型，并按照胸围$\pm\frac{1}{2}$的覆盖范围选用原型，例如胸围86～89厘米的体型选用号型168/88的原型，胸围90～93厘米的体型选用170/92厘米的原型等，其他体型照此类推（表4–4）。

表4–4　常用2.5·4系列男装原型胸围覆盖面表

单位：厘米

号型	163/80Y		165/84A		168/88A		170/92A		173/96A		175/100A		168/104B		180/108B	
覆盖范围	–2	+1	–2	+1	–2	+1	–2	+1	–2	+1	–2	+1	–2	+1	–2	+1
覆盖胸围	78～81		82～85		86～89		90～93		94～97		98～101		102～105		106～109	

选用原型的第一要素是选对胸围，因为胸围与服装合体的关联性最大；胸围选好后再考虑背长，背长数值是用于确定腰围线的，卡腰的服装对腰围线的准确性要求较高，误差不大于±1厘米（含1厘米），不卡腰的服装对腰围线的准确性要求不高。

例如某顾客身高170厘米、胸围88厘米、背长42厘米，宜选用号型168/88的原型，该原型背长41.5厘米，误差为–0.5厘米，不必修改背长；

再如某顾客身高171厘米、胸围104厘米、背长42厘米，宜选用号型176/104的原型，该原型背长43.5厘米，误差为+1.5厘米，应该把原型的腰围线上移1.5厘米；

而某顾客身高176厘米、胸围88厘米、背长43.5厘米，宜选用号型168/88的原型，该原型背长41.5厘米，误差为–2厘米，应该把原型的腰围线下移2厘米。

不卡腰的服装对腰围线的准确性要求不高，误差不大于±2厘米时不必改动腰围线。

现代成衣男装中还有较大量的半宽松、宽松式服装，例如宽松休闲衬衫、宽松西服、茄克、户外休闲服、运动服、大衣等，这类服装宽松量较大，与人体之间的间隙比较大，对合体性要求不高，应按3·6系列服装号型制作原型，宜按照胸围$\pm\frac{2}{3}$的覆盖范围选用原型，例如号型170/92的原型可以覆盖胸围89～94厘米的体型；号型173/98的原型可以覆盖胸围95～100厘米的体型等，其他体型照此类推(表4–5)。

3·6系列服装号型是专供半宽松、宽松式服装制板、推板用的，实施该号型系列，既有利于扩大产品的体型覆盖面，又能降低管理、仓储、营销等一系列成本。

表4–5　常用半宽松、宽松式服装3·6系列男装原型胸围覆盖面表

单位：厘米

号型	164/80Y		167/86A		170/92A		173/98A		176/104A		179/110A	
覆盖范围	–3	+2	–3	+2	–3	+2	–3	+2	–3	+2	–3	+2
覆盖胸围	77～82		83～88		86～94		95～100		101～106		107～112	

第四节 男装原型的应用

一、服装整体造型变化与三围宽松量的设计

二战以后，女装首先进入整体造型设计变化的时代，受其影响男装亦紧随其后，开始追求整体造型设计。近几十年来，常流行的造型主要有合体型（H型）、合体卡腰型（X型）、半宽松型（V型）、宽松型（O型）。

服装整体造型变化主要是通过体量变化，亦即通过人衣之间胸围、腰围、臀围的宽松量及衣长的增减，再加上面料、辅料的配合而实现的，在上述诸要素中，胸围的宽松量是最重要的，起着提纲挈领的作用。

男装原型已包含20厘米的胸围宽松量，这是原型的基础宽松量，这个基础宽一定要牢记在心。制板时要根据服装造型设计的需要灵活地增减胸围宽松量，同时配合腰围、臀围宽松量的设定，实现服装造型设计的效果。

作为设计型制板师，一定要善于发现造型美，善于灵活地运用三围的宽松量来塑造造型美。切不可像以往的裁缝那样，把服装宽松量定量化、服装造型定型化，只问成衣尺度，无视人体尺度，拒绝进行三围宽松量的变化，这往往是服装制板与服装造型设计相脱节的原因之一。

由于男性体型的特殊性，合体男装各层衣服的三围宽松量一般要比女装相应的各层衣服宽4厘米左右。本节论及的服装造型与宽松量的关系适用于非弹性的面料。下列是常见的几种男装造型与三围宽松量的关系。

1．H型

男装H型造型的胸围宽松量跨度比较大，胸围宽松量偏上限的服装松紧比较适中，不卡腰或仅少量卡腰，属合体型造型，整体投影呈长方形(图4−3)，追求端庄、大方、舒适，对穿着者的体型要求不高，体型覆盖面较大，普通衬衫、中山装、合体上衣、合体大衣等多属于这类造型。这类服装在我国市场上长期占有较稳定的份额，因为我国大多数消费者（特别是中年以上消费者）长期习惯的衣着基本上是H型造型，我国以往定型服装亦基本上是H型造型，初学者应该先学会应用这类H型造型的三围宽松量。

胸围、臀围宽松量偏下限的服装比较紧身，紧身卡腰衬衫、正装西服、正装大衣等多属于这类造型，整体投影虽然同样呈长方形，但与身体之间的间隙比较小，对穿着者的体型比较挑剔，体型覆盖面偏小。主要的消费定位是追求时尚、流行的城市男青年。

H型造型的服装其三围宽松量可参照表4−6。

表4−6 H型造型条件下三围宽松量参考表

单位：厘米

品种	成品胸围在原型的基础上追加宽松量	腰围宽松量（W+___）	臀围宽松量（H+___）	备注
衬衫	−6～0	不卡腰或仅少量卡腰	16～20	
中山装、西服	−4～0	不卡腰或仅少量卡腰	16～20	成品胸围减少4厘米时，可内穿紧身薄毛衣；追加10厘米时可内穿棉毛衫、厚毛衣
茄克、户外服	2～8	不卡腰	16～18	
风衣、大衣	4～8	不卡腰或仅少量卡腰	24～28	可套在上衣、西服、茄克外

2．X型

X 型是优雅的现代服装造型，其胸围宽松量略大于 H 型的上限，肩部比较宽，借助垫肩垫平、垫宽，肩点往往上翘，下摆稍宽松，腰部比较贴体，与较宽松的胸部、臀部形成鲜明反差，下身多配喇叭裤，整体造型呈双三角形，属合体卡腰型造型（图 4–4），很适合追求现代感的男青年穿着，其三围宽松量的设计可参照表 4–7。

X 型造型的衣片结构线的处理比 H 型造型自由一些，但因追求卡腰效果，制板要求比较严谨，是学习服装制板的重点之一。

表 4–7　X 型造型条件下三围宽松量参考表

单位：厘米

品种	成品胸围在原型的基础上追加宽松量	腰围宽松量 (W+___)	臀围宽松量 (H+___)	备注
衬衫	–4～0	明显小于成品胸围	稍大于成品胸围	
上衣、西服	–2～0	明显小于成品胸围	稍大于成品胸围	肩部装较宽的垫肩
风衣、大衣	8～10	明显大于成品胸围	稍大于成品胸围	肩部装较宽的垫肩

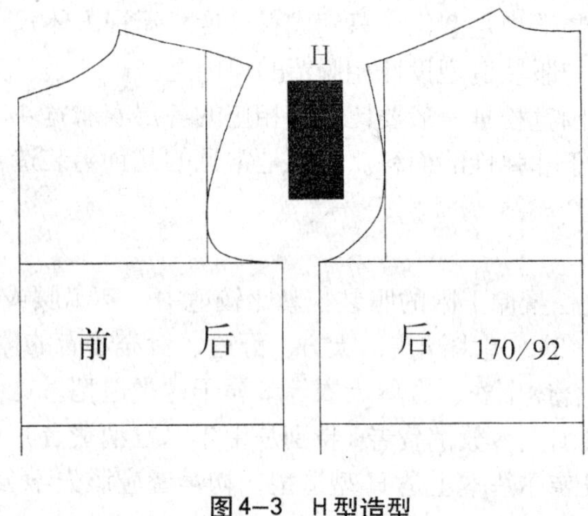

图 4–3　H 型造型

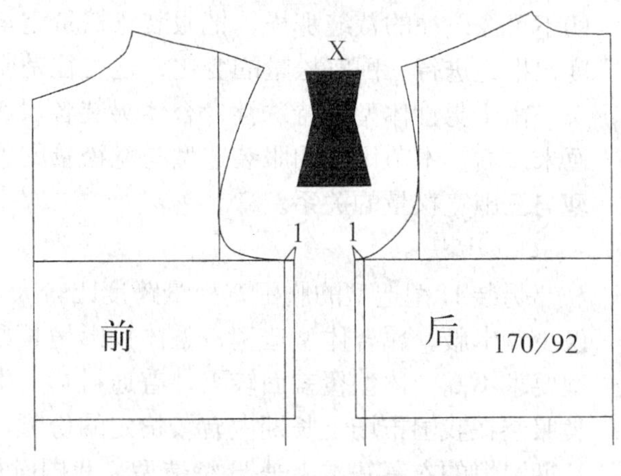

图 4–4　X 型造型

3．Y型

Y 型造型服装是富有现代感的男装。既适合设计办公室套装，亦很适合设计休闲装、户外服等便装。

Y 型服装胸围宽松量比较大，肩部很平、很宽、很夸张，基本上不卡腰，臀部收小，整体造型呈倒梯形，属半宽松或宽松型造型（图 4–5），三围宽松量的设计可参照表 4–8。Y 型服装不太贴体，与人体曲面吻合的程度较低，穿着轻便、宽松、舒适，对体型要求不高，体型覆盖面较大，还有利于在设计中运用平面切割和平面装饰的手法。

4．O型

O 型造型服装通常是中性化风格的服装。其主要特征是胸围、腰围的宽松量非常大，明显地超出合体的需要，臀部或臀部以下用褶裥或松紧带收小，形成近似圆形或椭圆形的宽松式造型（图 4–6），三围宽松量的设计可参照表 4–9。

O 型造型是非正统的造型，夸张且富有个性，追求轻松、舒适、随意，多用于休闲装、户外服等设计。

O型服装的结构线不必贴近原型，通常应明显地大于原型，原型只是起着最基本的人体模板的内限标记作用以及直观的宽松量标记作用，制板操作较自由，稍熟练后很容易脱离原型进行“自由”制板。

表4-8　Y型造型条件下三围宽松量参考表

单位：厘米

品种	成品胸围在原型的基础上追加宽松量	腰围宽松量（W+___）	臀围宽松量（H+___）	备注
衬衫	10≥	略小于成品胸围	略小于成品胸围	肩部可以装宽垫肩
上衣、西服	2~4	略小于成品胸围	略小于成品胸围	肩部装宽垫肩，这类服装需要定型，胸围宽松量应该稍小一些，初学时最好不要超过14厘米
茄克、户外服	12~18	略小于成品胸围	略小于成品胸围	肩部可以装宽垫肩
风衣、大衣	16~22	略小于成品胸围	略小于成品胸围	肩部装宽垫肩，腰围、臀围亦常与成品胸围相等，靠视错觉产生T型造型效果

表4-9　O型造型条件下三围宽松量参考表

单位：厘米

品种	成品胸围在原型的基础上追加宽松量	腰围宽松量（W+___）	臀围宽松量（H+___）	备注
衬衫	10≥	不计腰围	等于或大于成品胸围	下摆收紧
茄克、户外服	12≥	不计腰围	等于或大于成品胸围	下摆收紧
风衣、大衣	20≥	不计腰围	等于或大于成品胸围	下摆收紧

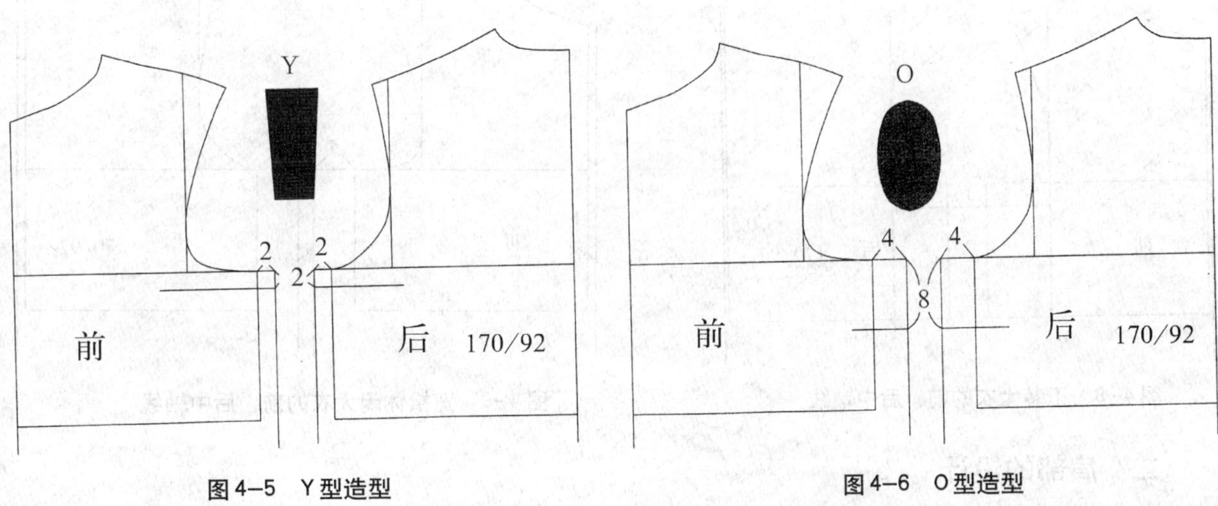

图4-5　Y型造型　　图4-6　O型造型

5．宽松量的设计

追加宽松量的方法通常是将追加值平均分成四份，每片原型的袖深点处追加一份（图4-4~图4-6）。如果追加值不能整除，可以把余数任意放在前片或后片，一般前后片追加量相差1厘米，不会影响外观效果，而且半宽松、宽松式服装设置的追加量后大前小，在一定程度上还有利于提高运动功能性。

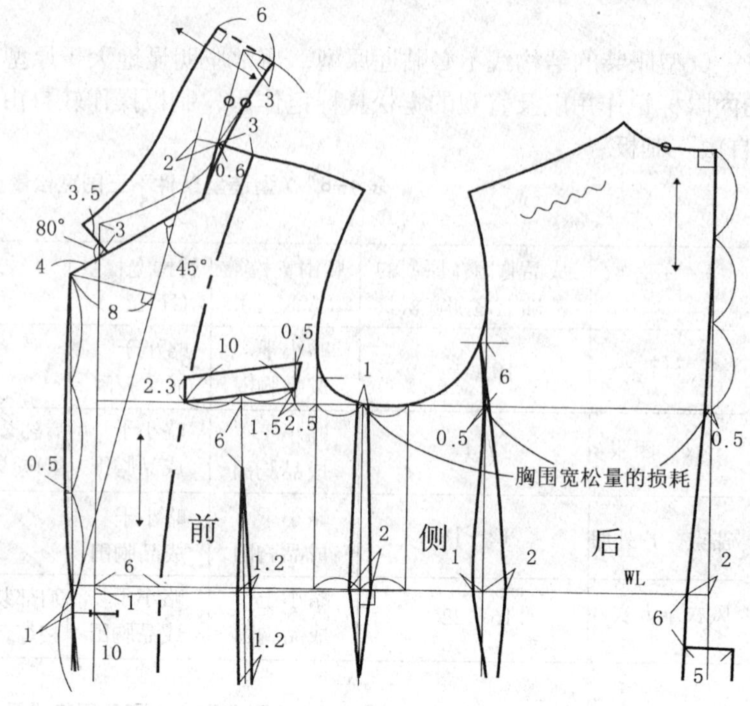

男装正装西服、正装大衣制板时要损耗4厘米的胸围宽松量，主要是在腋下腰省上端损耗1厘米、后中轴线处损耗0.5厘米、背侧缝处损耗0.5厘米，合计半围损耗2厘米、全围损耗4厘米，在计算宽松量时要扣除，例如，正装西服的胸围宽松量比男装原型小4厘米，为16厘米（图4-7）。

正装大衣、合体风衣的前、后中轴线各加宽0.5厘米（图4-8），这是为了辅助追加后领宽、前领宽、肩宽、背宽及胸宽。这类服装的后中轴线通常要收腰，后中轴线加宽的0.5厘米不计入胸围总追加量，而前中轴线加宽量要计入胸围总追加量。

宽松式休闲大衣（羽绒大衣、充棉大衣）的前、后中轴线各加宽1厘米（图4-9），这是为了辅助追加后领宽、前领宽、肩宽、背宽及胸宽。这类服装的后中轴线通常不收腰，前后追加量都要计入胸围总追加量。

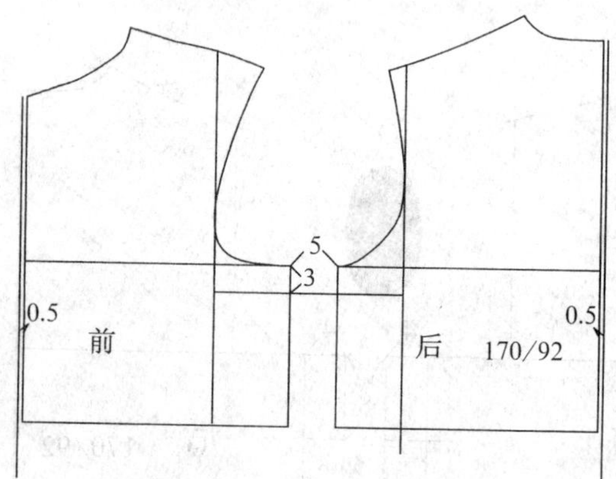

图4-8　正装大衣的前、后中轴线

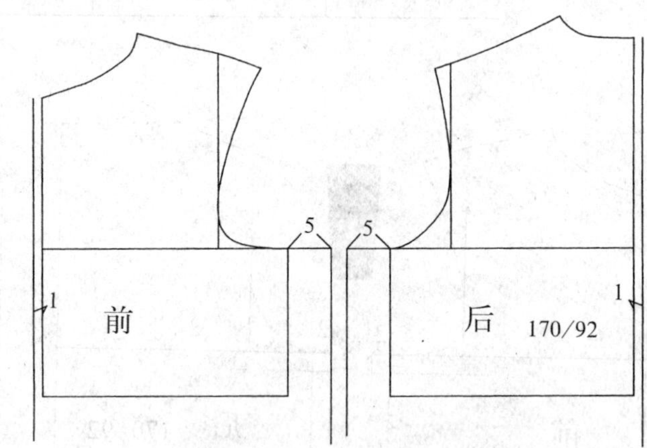

图4-9　宽松休闲大衣的前、后中轴线

二、肩部的设计

谢式男装原型的肩宽相当于正装西服的肩宽，这是用0.15B为基数推算生成的，按此推算胸围与总肩宽呈 4∶1.2的比例增减，即胸围每增减4厘米，总肩宽相应增减1.2厘米，这样的比例能覆盖我国绝大多数成年男子的肩部。

男装原型的肩线前肩角度较平、后肩角度较斜，缝合后肩点偏向后背，这样有利于营造视错觉，使肩部看起来更平、更宽，符合男性形体美的要求。正装西服、中山装及各款合体上衣均直接利用原型的肩线。

原型的后肩线比前肩线长约1厘米，这是预留的后肩缩缝量。通常合体上衣的后肩都要缩缝，缩缝量约1厘米，以使后衣片肩背部轻微地隆起，吻合肩胛骨、背阔肌的立体造型。如果后肩线不缩缝，前肩锁骨处的衣片将出现纵向皱褶。宽松式服装因为人衣之间间隙较大，不强调吻合体型，因此不必后肩缩缝，前后肩线可以等长。半宽松式服装界于合体与宽松之间，要否缩缝主要视袖型而定，一般配合体袖要缩缝，配宽松袖则不必缩缝。

普通男衬衫的肩宽直接利用原型，虽然男装原型的肩宽相当于正装西服的肩宽，但因习惯上男衬衫的肩宽可以稍宽一些，所以可以直接利用原型。不过肩线的斜度要适当调整，衬衫不必像西服那样为了营造视错觉把肩线、肩点向后偏，通常应将前后肩线都调整成20°左右，还应确保前肩线比后肩线的斜度多1～2°，前后肩线等长，不必缩缝（图4-10），大多数合体性要求不高的休闲装肩线都可以参照衬衫肩线的斜度。宽松落肩式衬衫、夹克的后肩线宜更平一些，通常比原型后肩点提高2～2.5厘米，后肩线斜度约16～17°（图4-11）。

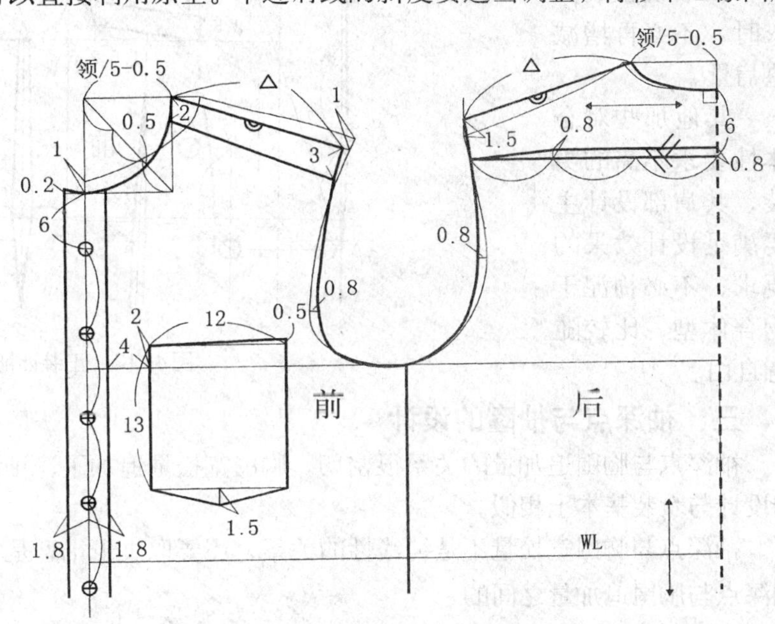

图4-10　合体衬衫的肩线和袖窿线

正装男西服直接利用原型的肩线（图4-12）。宽松西服、中山装、上衣的半肩宽比原型加宽0.8～1厘米（图4-13），肩宽加宽后，胸宽、背宽亦要相应加0.8～1厘米。

正装大衣、风衣的前、后中轴线需加宽0.5厘米，这是为了辅助加大后领宽、前领宽、肩宽、背宽及胸宽，在此基础上肩点处像宽松西服一样加

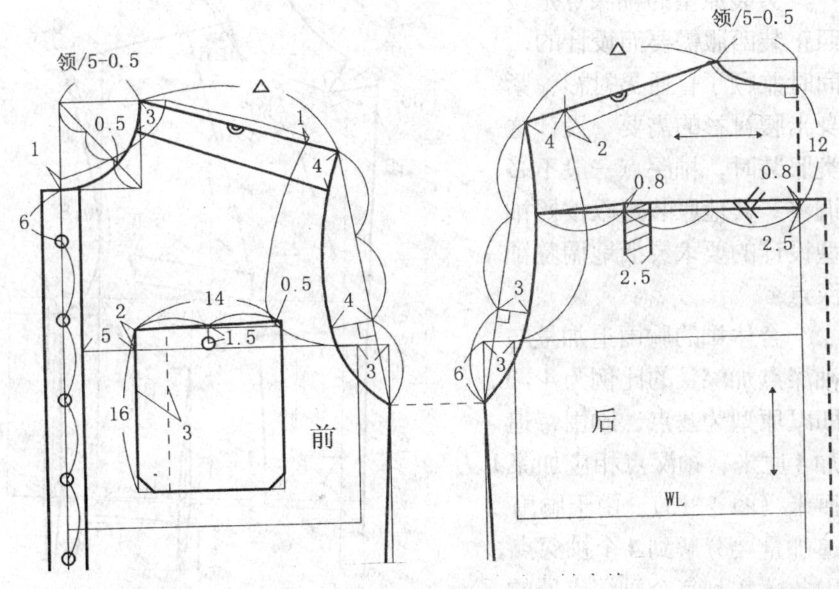

图4-11　宽松休闲衬衫的肩线和袖窿线

宽0.8～1厘米(图4–14)。

男装原型的肩斜度已包含西服的垫肩量，用于正装西服、中山装、合体上衣、宽松西服、宽松中山装及正装大衣时，不必再增减垫肩量。

其他那些对合体性要求不高的男装，其肩部设计主要满足设计效果的要求，不必拘泥于吻合体型，比较随意自由。

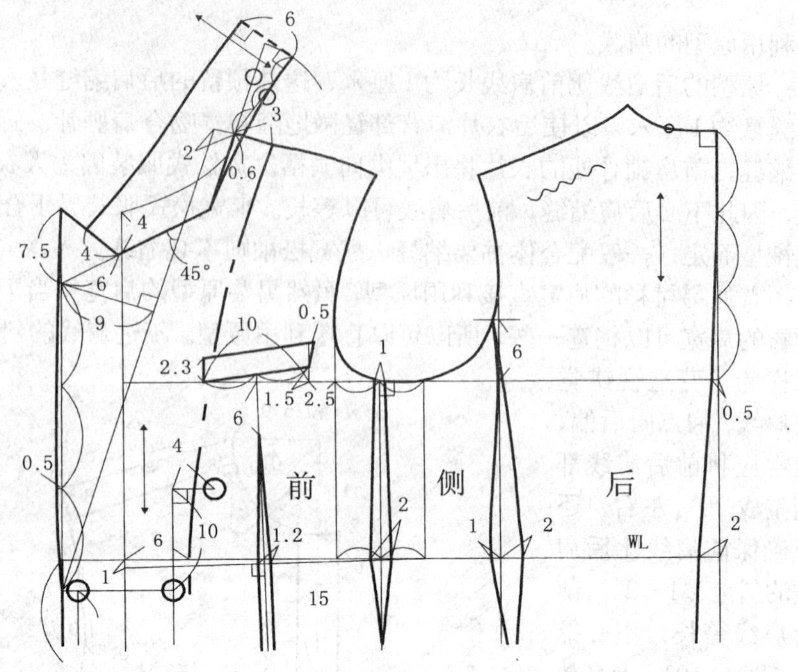

图4–12　正装西服的肩线和袖窿线

三、袖深点与袖窿的设计

袖深点与胸围追加量的关系很密切，胸围宽松量追加了，袖深点亦要相应加深，男装袖深点的设计与女装基本上相似。

袖深点与胸围宽松量不是纯线性的关系，还要取决于袖型是合体袖、还是宽松袖。合体袖的袖深点与胸围追加量之间的关系比较严谨，而宽松袖的相应关系则比较自由。

男装原型的袖深点是按照正装西服需要而设计的，同时兼顾了普通男衬衫、紧身卡腰衬衫的需要，设计这类服装时，袖深点一般不必调整。其他服装可以按照袖型设计的要求灵活地调整袖深点。

合体袖的胸围追加量与袖深点加深量的比例为4∶1，即以原型为基点，胸围每追加4厘米、袖深点相应加深1厘米（图4–13）。由于胸围追加量要分解到4个袖深点，因此落实到每个袖深点处的比例为1∶1，即每个袖深点

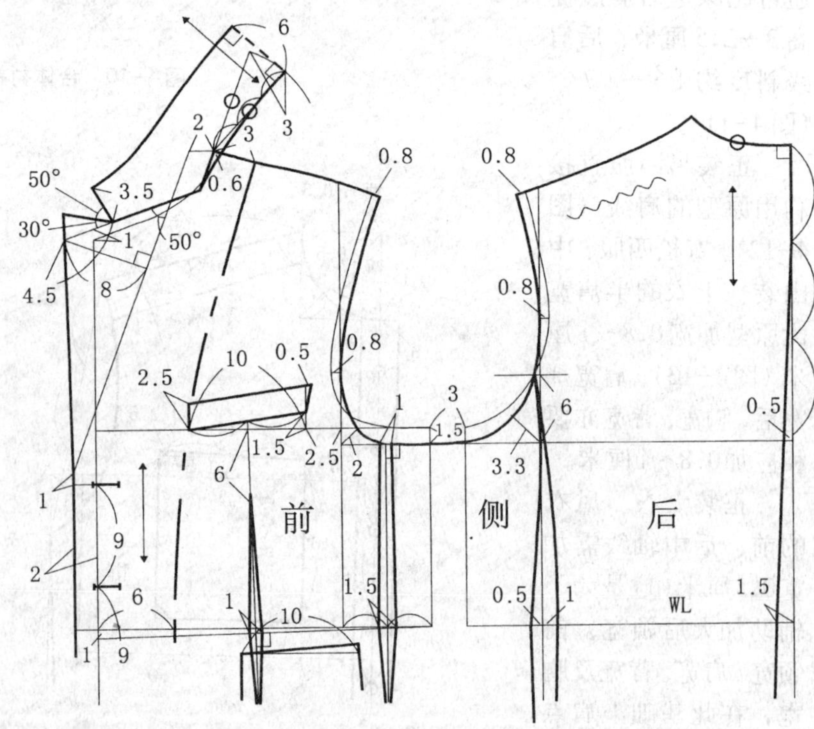

图4–13　宽松西服的肩线和袖窿线

处的胸围追加1厘米，袖深点相应加深1厘米。该加深量不是一成不变的，可以根据造型效果的需要（如稍宽一些的合体袖或较紧的贴体袖等），或舒适性的需要稍加调整，调整值一般不超过±1厘米。宽松西服、正装大衣均按此规律控制袖深点加深量。

宽松袖的胸围追加量与袖深点加深量的比例为2∶1或3∶1，即以原型为基点，胸围每追加2厘米或3厘米、袖深点相应加深1厘米（图4–14）。由于胸围追加量要分解到4个袖深点处，因此落实到每个袖深点处的比例为1∶2或1∶1.33，即每个袖深点处的胸围追加1厘米、袖深点相应加深2厘米或1.33厘米，加深量大于合体袖。但是该加深量不是一成不变的，因为宽松袖的舒适性比较好，袖深点的设计主要是追求轻松、飘逸的造型效果或满足客户对袖宽、袖内侧长的具体要求（这种情况多出现于外单订货）等等，往往需要对袖深点进行上下调整，袖深点的调整量往往比较大，有些袖型可深达腰部。宽松衬衫、茄克、上衣、大衣均按此规律控制袖深点加深量。

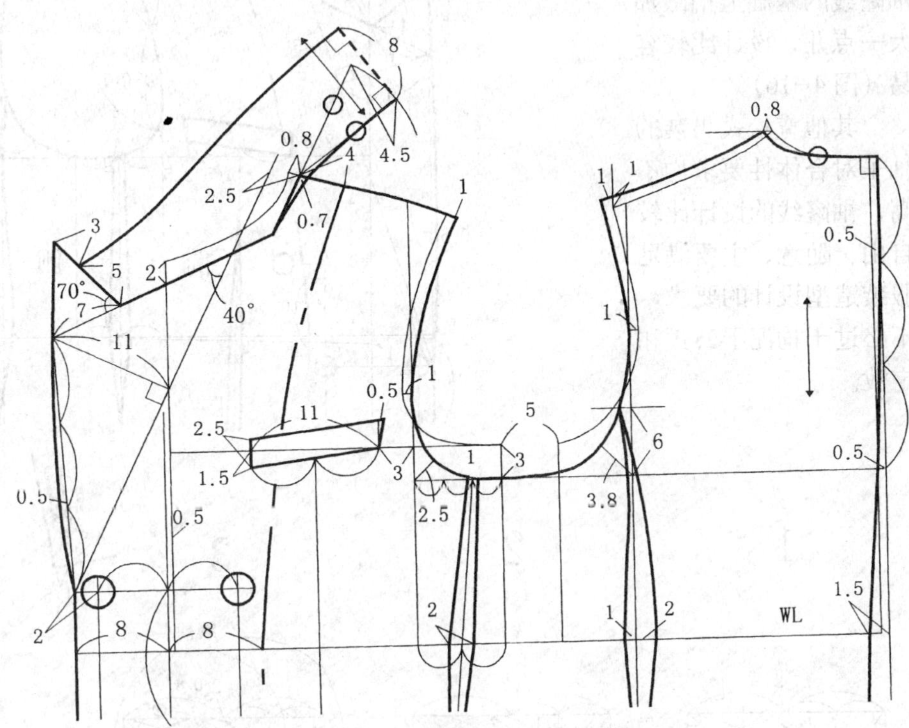

图4–14　正装大衣的肩线和袖窿线

以上袖深点的设计方法可以通用于长袖和短袖服装，其中已经考虑到服装面料、辅料对合体性、舒适性的影响，因此可以适用于从衬衫到大衣里外各层的服装。

男装原型的袖窿线可直接用于正装西服，这类服装对袖子的合体性要求很高，男装原型的袖窿正是按照这种要求而设计的，袖窿线精致完美，用于设计这类服装时，袖窿线基本上不必调整（图4–15）。

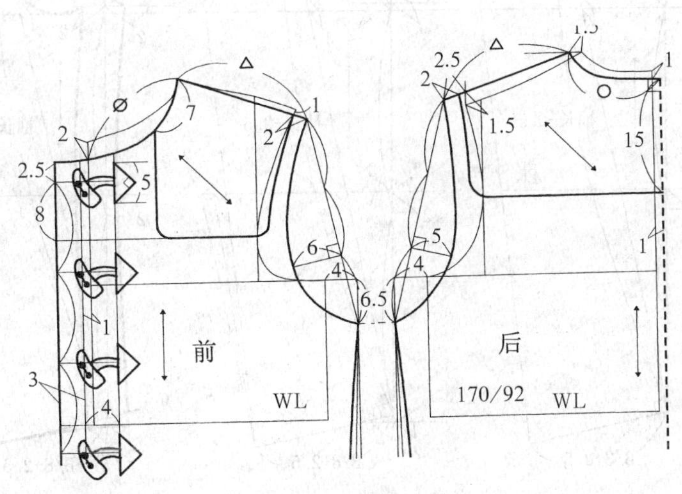

图4–15　宽松休闲大衣的肩线和袖窿线

宽松西服、中山装及装合体两片袖的半宽松上衣、正装大衣等对袖子的合体性亦比较高，但其袖窿线只是在原型袖窿线的基础上稍微加大一点儿，设计比较容易（图4–16）。

其他宽松式男装的袖子对合体性要求均不高，袖窿线的设计比较自由、随意，主要满足服装造型设计的要求，不必过于拘泥于公式和定数。

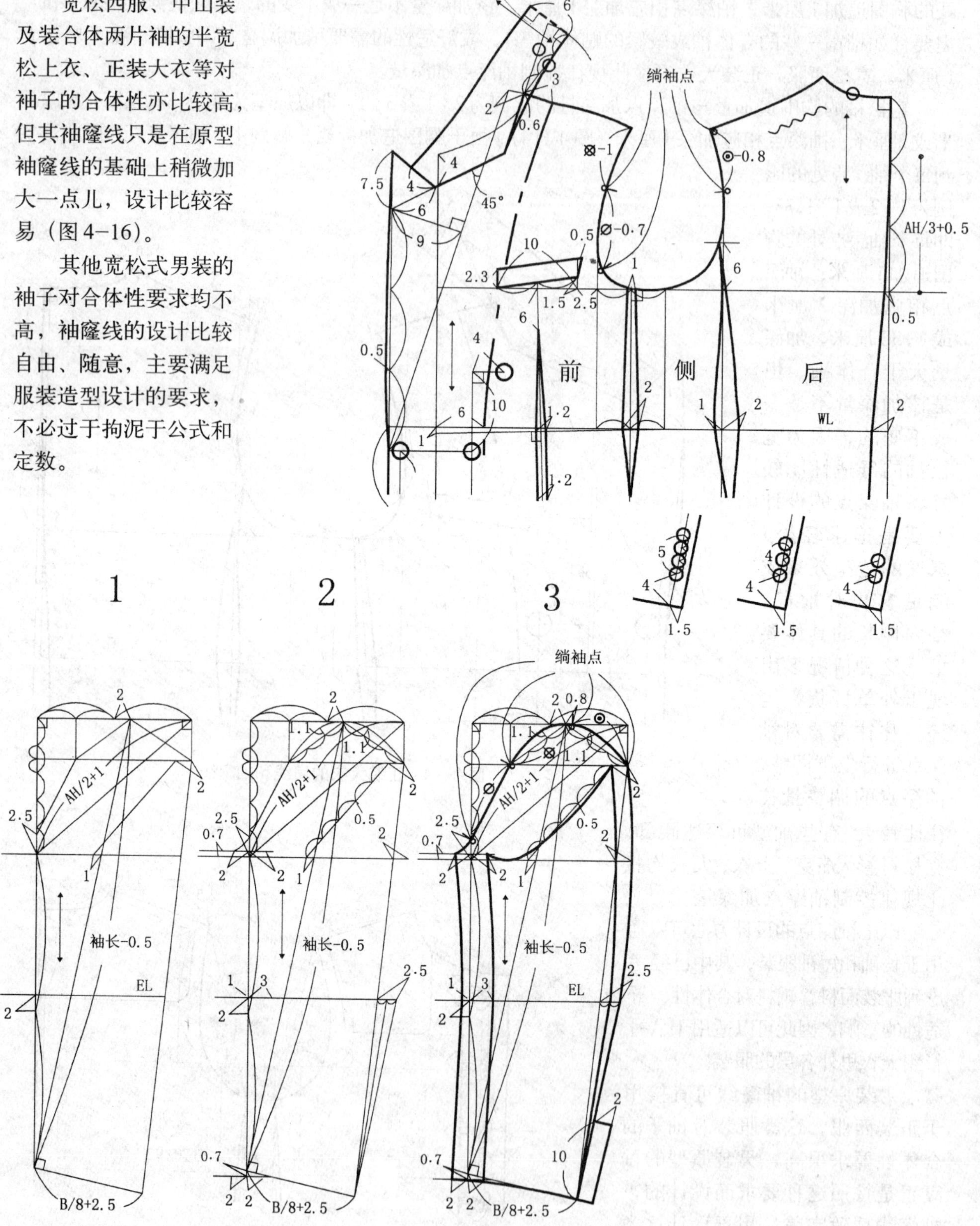

图4–16　两片袖

四、袖山的设计

袖山的设计取决于袖子的造型和功效性的要求。

设计袖山高度、宽度的基础数值是袖窿周长（AH），在袖窿周长已定的前提下，袖山高度与袖宽成反比，袖山越高、袖宽越小；袖山越低、则袖宽越大。

男正装西服、中山装、宽松西服、宽松中山装、半宽松上衣、正装大衣等通常配两片式合体袖，袖山高度用公式AH/2控制，还可以用±1厘米来调整袖宽；袖宽用公式AH/2+1～2厘米斜向控制，1～2厘米的调整数用于调整缩缝量，视面料的可塑性与厚薄而调整，通常西服用1～1.3厘米，大衣用1.5～2厘米。这类袖型袖山较高、袖宽较窄，追求端庄、严谨、平整、挺括的静态穿着效果，人体功效性的要求可以适当降低（图4–16）。

而大多数半宽松、宽松式服装通常与半宽松袖配套，袖山高度用公式AH/4、AH/5或AH/6来控制，在此基础上还可以用±1厘米来调整袖宽（图4–17）。

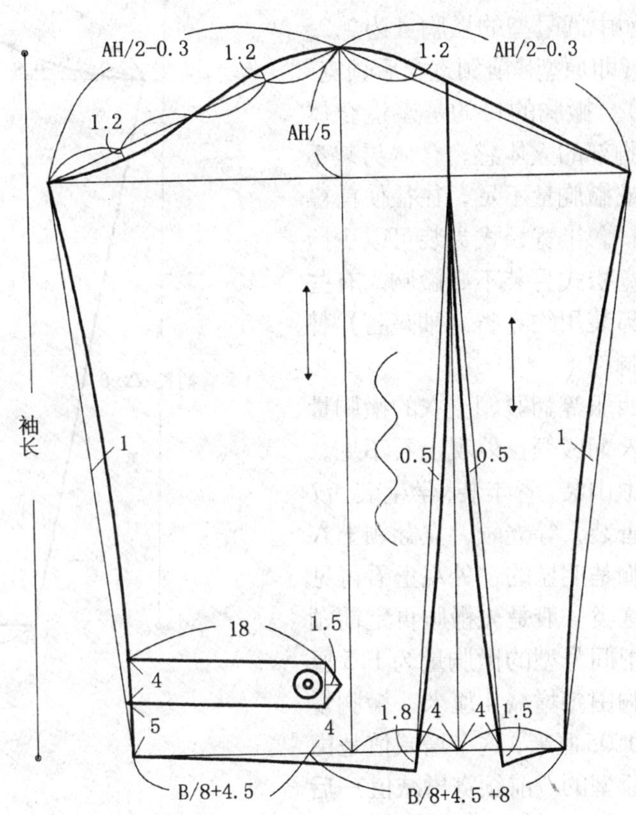

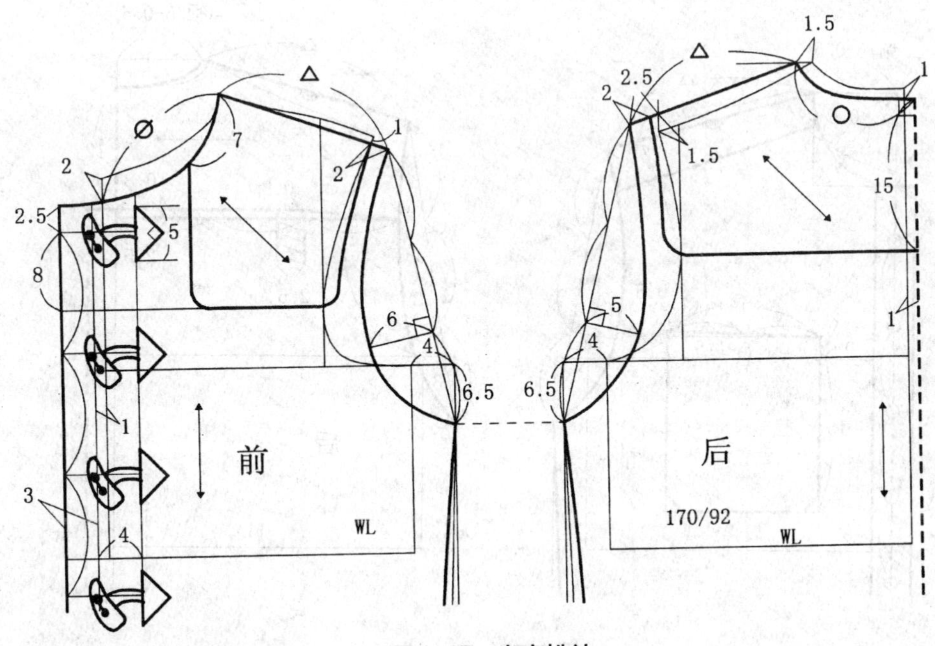

图4–17　半宽松袖

另有一类宽松落肩式袖型，其袖山高度用公式AH/8、 AH/10来控制，这两类袖型袖山较低、袖宽较大，舒适性、功效性较好，追求洒脱、飘逸、轻松、舒适的动态穿着效果，设计比较随意（图4-18）。

五、撇胸的设计

男装原型包括相当大的撇胸量，如中间号型的撇胸量为2.25厘米（即原型“前领宽－后领宽”的差）。撇胸的目的是塑造合体男装胸部的立体感，合体男装不撇胸或撇胸量不足，往往使前襟“起吊”。半宽松式男装可以少撇胸，宽松式男装不必撇胸。有些合体男装用约克省（袖窿省）替代撇胸。

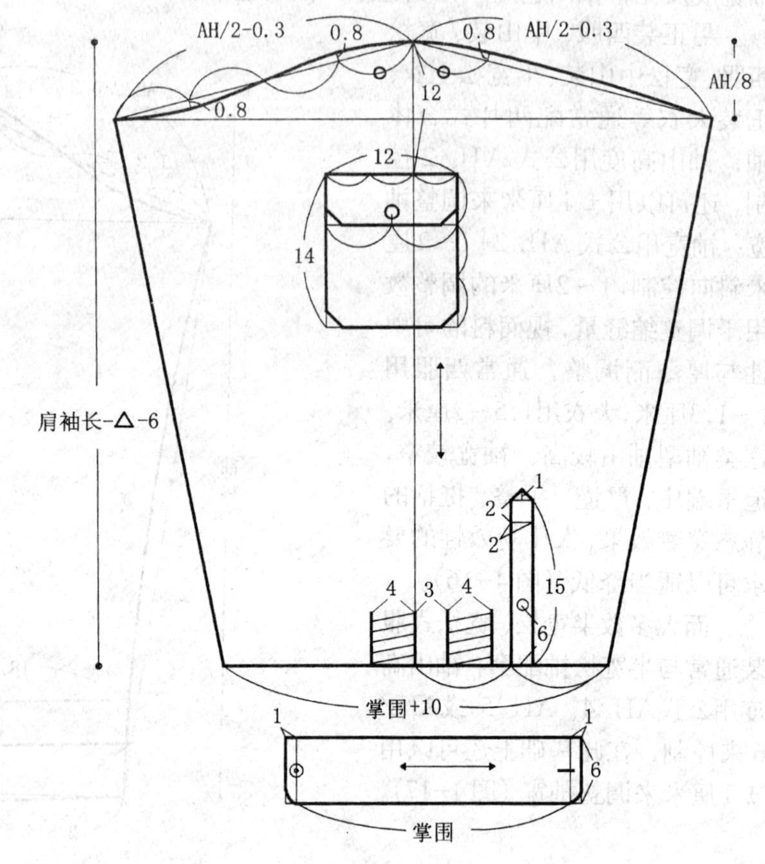

西服等翻驳领上衣的撇胸量隐藏入翻驳领，外观上看不见。

中山装、青年装、学生装、汉装（唐装）等立领、立翻领上衣的撇胸是明显的，外观上看得见的，这类一般是先撇胸再定前领宽，中间号型的撇胸量为1.5厘米，胸围每增减4厘米，撇胸量增减0.05厘米，这个增减值是由男装原型的“前领宽增减值－后

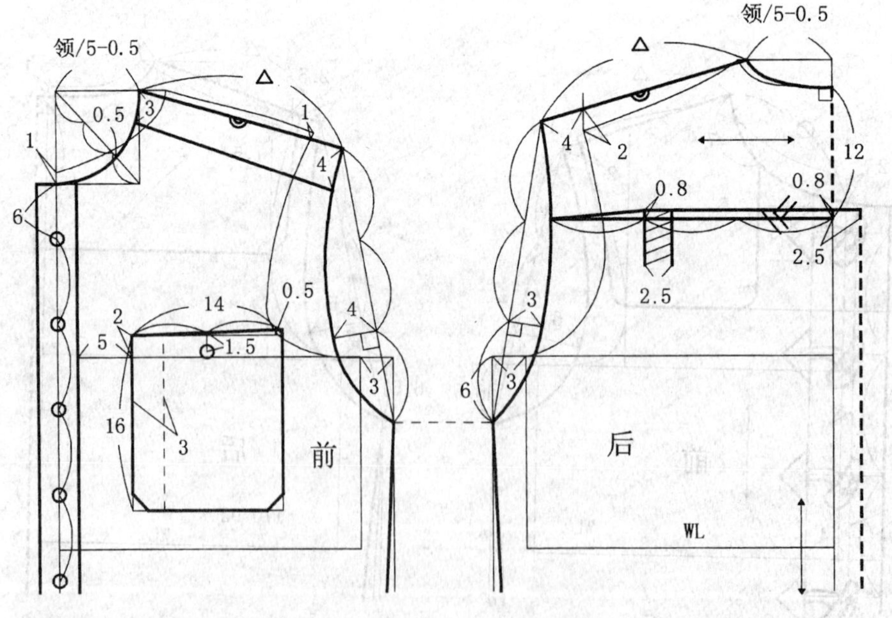

图4-18　宽松袖

领宽增减值”而获得的。撇胸线的下端在原型胸围线下3厘米切入前中轴线（图4–19）。

立翻领、立领男衬衫因下摆多掖入裤腰穿着，且较宽松，为了追求大批量生产的效率，所以一般不撇胸。

翻领休闲衬衫因下摆多为散穿在裤腰外，为保持前襟平整，一般要撇胸1厘米，但撇胸量是隐藏在翻领里的（图4–20）。

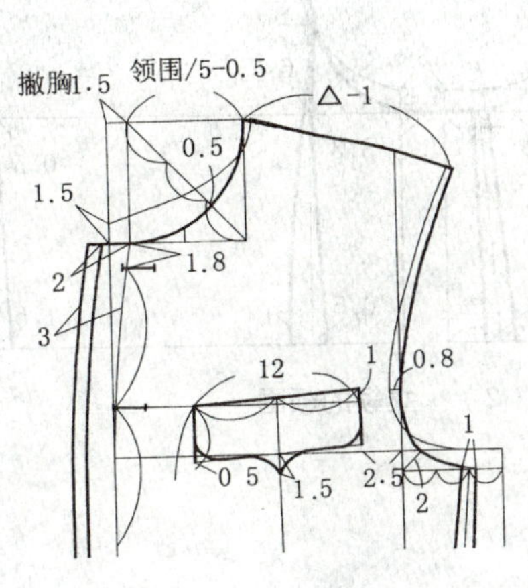

图4–19 撇胸

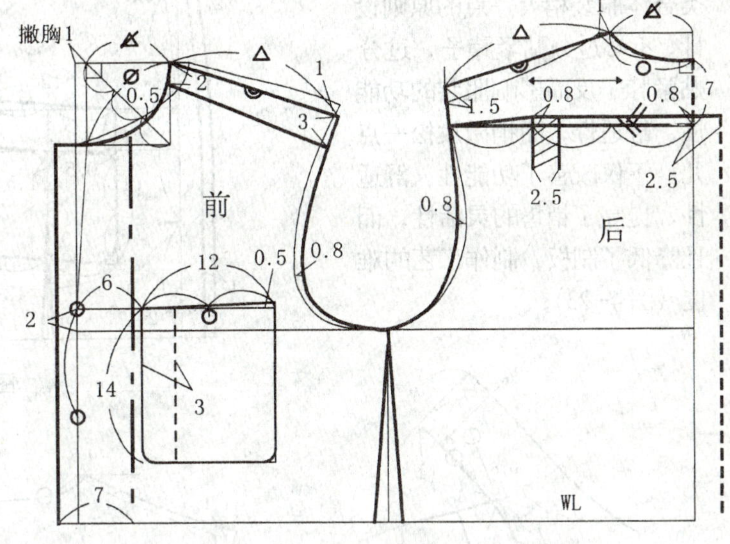

图4–20 翻领衬衫的撇胸

六、领围的设计

男装领围的设计要抓重点、放一般。最重点是是正装西服、宽松式西服及其他翻领合体上衣，因其是重点，所以原型的领围就是按这类领围设计的，可以直接利用。不过近年来西服的驳领线高低、角度变化较多，前领深点成为受时尚影响的外观性要素，可以灵活地上下移动，设计的方法可以参照女装的“翻驳领设计”。这些变化一般不涉及领围合体的问题，可以按视觉效果灵活地处理。

次重点的是包覆颈部的立翻领服装（图4–21），如立翻领衬衫、中山装、青年装、学生装、汉装（唐装）等，这类领子一般都要预先按照颈围数值加上适当的宽松量来设置上领围数值(通常衬衫的上领围为颈围+2～3厘米，中山装等上衣的上领围为颈围+5～6厘米)，再以“领/5−0.5”的公式来控制前后领宽，其中“领”指上领围；前领深则是衬衫从原型领深点降低1厘米、中山装等上衣降低1.5厘米，这主要是为了避开喉结，后领深通常不降低。

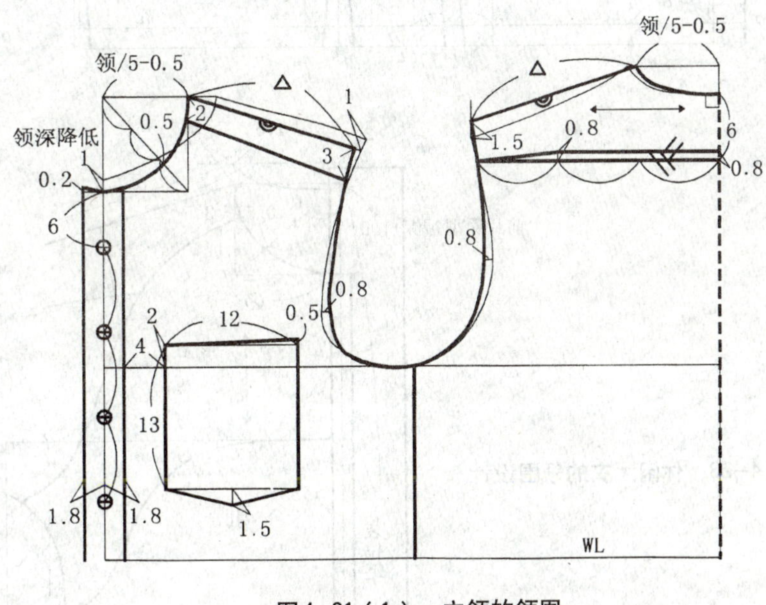

图4–21（1） 立领的领围

正装大衣领围的合体性要求不太高，前、后领宽均比原型宽出1.3厘米左右，其中前、后中轴线处各加0.5厘米，前、后肩颈点处各加0.8厘米（图4-22）。

至于茄克、两用衫、休闲大衣等服装的领围应本着比同类合体服装稍大一点的原则设计，不必过分贴紧脖子，过分贴紧脖子反而影响服装的功能性、舒适性，而稍微放松一点儿，不仅改善了功能性、舒适性，提高了销售的灵活性，而且降低了制板、制作工艺的难度（图4-23）。

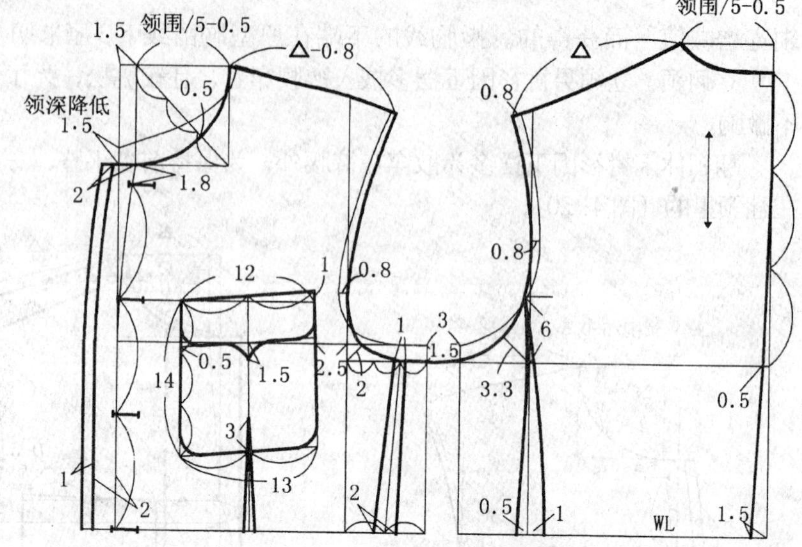

图4-21（2） 立领的领围

图4-22 正装大衣领围的设计

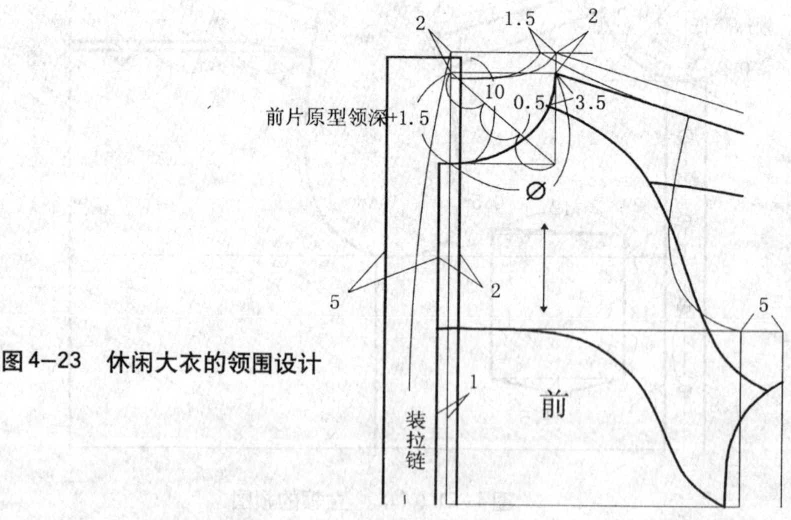

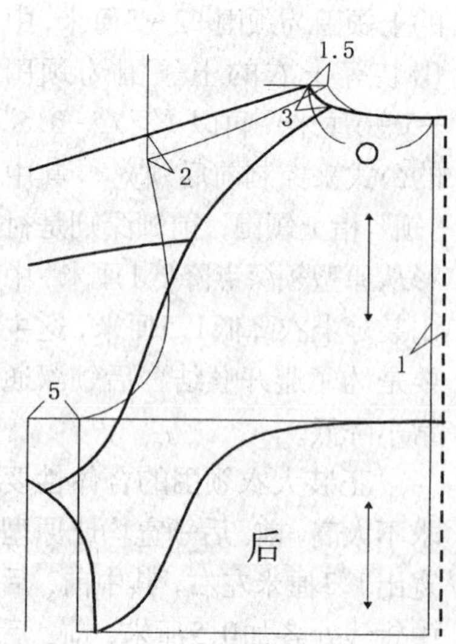

图4-23 休闲大衣的领围设计

第五章　男装结构设计案例

1. 经典硬领衬衫

参考规格 （2.5·4.5系列）　　　　单位：厘米

群体分组	序号	身高	胸围（B）	上体号型	后衣长	成品胸围	下摆围	上领围	肩宽	袖长	袖卡夫
高密集度群体	1	162.5	80	163/80A	69	100	98	37	42	57.6	25.5
	2	165	84	165/84A	70	104	102	38	43.2	58.4	26
	3	167.5	88	168/88A	71	108	106	39	44.4	59.2	26.5
	4	170	92	170/92A	72	112	110	40	45.6	60	27
	5	172.5	96	173/96A	73	116	114	41	46.8	60.8	27.5
	6	175	100	175/100B	74	120	118	42	48	61.6	28
	7	177.5	104	178/104B	75	124	122	43	49.2	62.4	28.5
	8	180	108	180/108B	76	128	118	44	50.4	63.2	29
较高身材中密集度群体	1	172.5	84	173/84Y	73	104	98	37.5	43.8	60.6	26
	2	175	88	175/88A	74	108	102	38.5	45	61.4	26.5
	3	177.5	92	178/92A	75	112	106	39.5	46.2	62.2	27
	4	180	96	180/96A	76	116	110	40.5	47.4	63	27.5
	5	182.5	100	183/100A	77	120	114	41.5	48.6	63.8	28
	6	185	104	185/104A	78	124	118	42.5	49.8	64.6	28.5
	7	187.5	108	188/108B	79	128	122	43.5	51	65.4	29
	8	190	112	190/112B	80	132	118	44.5	52.2	66.2	29.5

要点：

（1）这是一款与西服配套穿着的正式衬衫，成品胸围为B+20厘米，可以直接使用男装原型的宽松量，腰身是直线的，整体造型呈H型。

（2）男式硬领衬衫的领围数值是制板前预设的上领围数值，而男装原型的领围线是外衣的，所以应该如图用上领围数值为基数重新设计。

（3）原型的肩线适用于西服，用于衬衫时，要将后肩线修平，前肩线改斜。

（4）前后肩的约克要先将纸样拼接后再裁剪。

（5）领尖的角度应该按时尚而变，既可以设计得尖一些，亦可以设计得方一些。

（6）胸袋口右上角起翘0.5厘米，以修正视错觉。

（7）门襟线上端起翘0.2厘米，是为了用盒式包装时领型美观；如果用挂架式包装就不要起翘。

（8）短袖衬衫的衣身不必修改，袖山亦不必修改，只要把袖长减短即可。

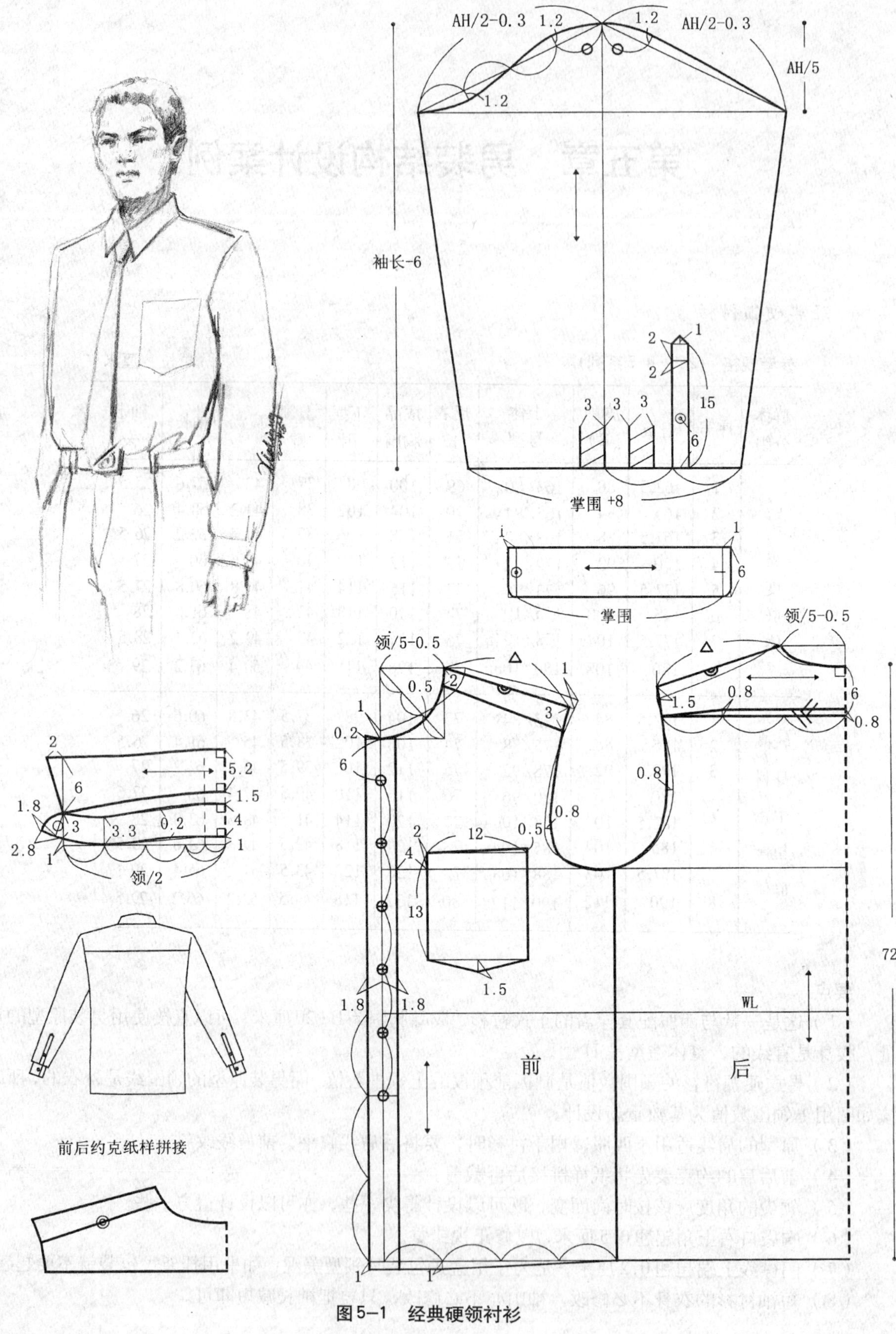

AH/2-0.3
1.2
1.2
AH/2-0.3
AH/5
1.2
袖长-6
2
1
2
3
3
3
15
6
掌围 +8
1
6
掌围
领/5-0.5
领/5-0.5
0.5
2
1
3
1.5
0.8
6
0.8
1
0.2
6
0.8
0.8
0.5
2
12
4
13
1.5
1.8
1.8
72
WL
前
后
1
1
2
5.2
6
1.5
1.8
3
3.3
0.2
4
2.8
1
1
领/2
前后约克纸样拼接

图5–1 经典硬领衬衫

2. 贴体卡腰衬衫

要点

（1）这是一款适合于腰身较匀称的青年穿着的正式衬衫。

（2）每片原型减小1.5厘米的胸围宽松量，全围减小6厘米，成品胸围为B+14厘米。

（3）比较紧身，腰部两侧及后片卡腰，腰部平整服贴，整体呈X型造型。

（4）下摆呈圆弧形，前短后长，弯腰时后下摆不易被拔出。

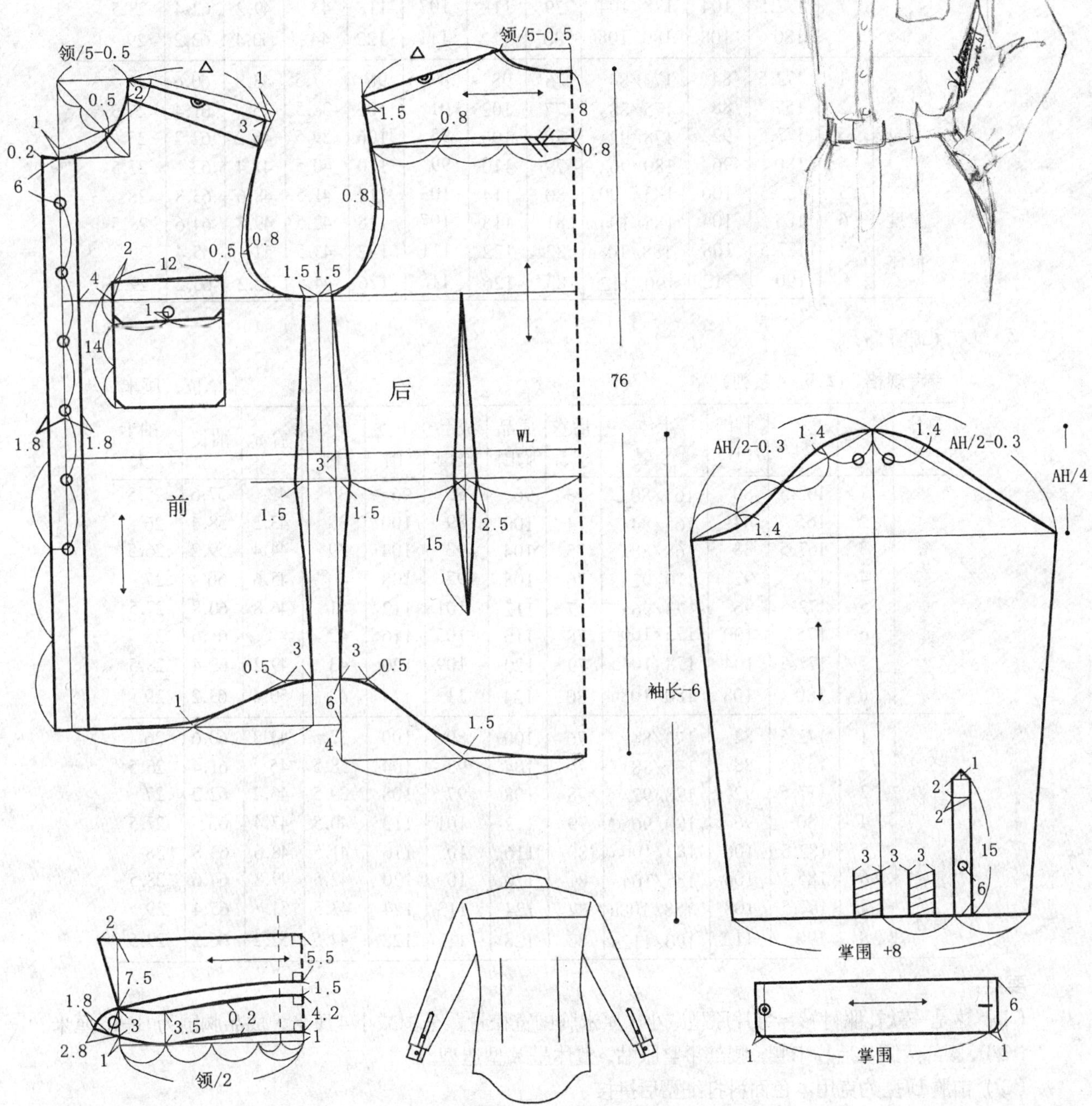

图5-2　贴体卡腰衬衫

参考规格 （2.5·4系列）

单位：厘米

群体分组	序号	身高	胸围（B）	上体号型	后衣长	成品胸围	成品腰围	下摆围	上领围	肩宽	袖长	袖卡夫
高密集度群体	1	162.5	80	163/80A	73	94	83	94	37	42	57.6	25.5
	2	165	84	165/84A	74	98	87	98	38	43.2	58.4	26
	3	167.5	88	168/88A	75	102	91	102	39	44.4	59.2	26.5
	4	170	92	170/92A	76	106	95	106	40	45.6	60	27
	5	172.5	96	173/96A	77	110	99	110	41	46.8	60.8	27.5
	6	175	100	175/100B	78	114	103	114	42	48	61.6	28
	7	177.5	104	178/104B	79	118	107	118	43	49.2	62.4	28.5
	8	180	108	180/108B	80	122	111	122	44	50.4	63.2	29
较高身材中密集度群体	1	172.5	84	173/84Y	76	98	87	98	37.5	43.8	60.6	26
	2	157	88	175/88A	77	102	91	102	38.5	45	61.4	26.5
	3	177.5	92	178/92A	78	106	95	106	39.5	46.2	62.2	27
	4	180	96	180/96A	79	110	99	110	40.5	47.4	63	27.5
	5	182.5	100	183/100A	80	114	103	114	41.5	48.6	63.8	28
	6	185	104	185/104A	81	118	107	118	42.5	49.8	64.6	28.5
	7	187.5	108	188/108B	82	122	111	122	43.5	51	65.4	29
	8	190	112	190/112B	83	126	115	126	44.5	52.2	66.2	29.5

3. 翼领礼服衬衫

参考规格 （2.5·4系列）

单位：厘米

群体分组	序号	身高	胸围（B）	上体号型	后衣长	成品胸围	成品腰围	下摆围	上领围	肩宽	袖长	袖卡夫
高密集度群体	1	162.5	80	163/80A	73	96	85	96	37	42	57.6	25.5
	2	165	84	165/84A	74	100	89	100	38	43.2	58.4	26
	3	167.5	88	168/88A	75	104	93	104	39	44.4	59.2	26.5
	4	170	92	170/92A	76	108	97	108	40	45.6	60	27
	5	172.5	96	173/96A	77	112	101	112	41	46.8	60.8	27.5
	6	175	100	175/100B	78	116	105	116	42	48	61.6	28
	7	177.5	104	178/104B	79	120	109	120	43	49.2	62.4	28.5
	8	180	108	180/108B	80	124	113	124	44	50.4	63.2	29
较高身材中密集度群体	1	172.5	84	173/84Y	76	100	89	100	37.5	43.8	60.6	26
	2	157	88	175/88A	77	104	93	104	38.5	45	61.4	26.5
	3	177.5	92	178/92A	78	108	97	108	39.5	46.2	62.2	27
	4	180	96	180/96A	79	112	101	112	40.5	47.4	63	27.5
	5	182.5	100	183/100A	80	116	105	116	41.5	48.6	63.8	28
	6	185	104	185/104A	81	120	109	120	42.5	49.8	64.6	28.5
	7	187.5	108	188/108B	82	124	113	124	43.5	51	65.4	29
	8	190	112	190/112B	83	128	117	128	44.5	52.2	66.2	29.5

要点：

（1）这是一款礼服衬衫，每片原型减小1厘米胸围宽松量，全围减小4厘米，成品胸围为B+16厘米。

（2） 腰部两侧及后片卡腰，腰部平整服贴，整体呈X型造型。

（3）前胸U型约克用本色面料打细褶后拼接。

（4）翼领的后中部有一小段穿带，以固定住领结的扣带。

（5）袖口双折后，佩上礼仪袖扣。

AH/2-0.3
1.2
1.2
AH/2-0.3
AH/5
1.2
袖长-6
1
2
2
15
3
3
3
6
掌围 +8
1
1
12
2
2
掌围
领/5-0.5
领/5-0.5
1
0.5
2
1
3
0.8
6
0.8
1
0.2
6
0.8
0.8
1
1
后
76
4
WL
3
前
1.5
1.5
2.5
15
1.8
1.8
3
3
0.5
0.5
1
6
1.5
4
固定领结带的隧道
1
4
5
1.8
3
3.5
0.2
4.5
2.8
1
1
领/2

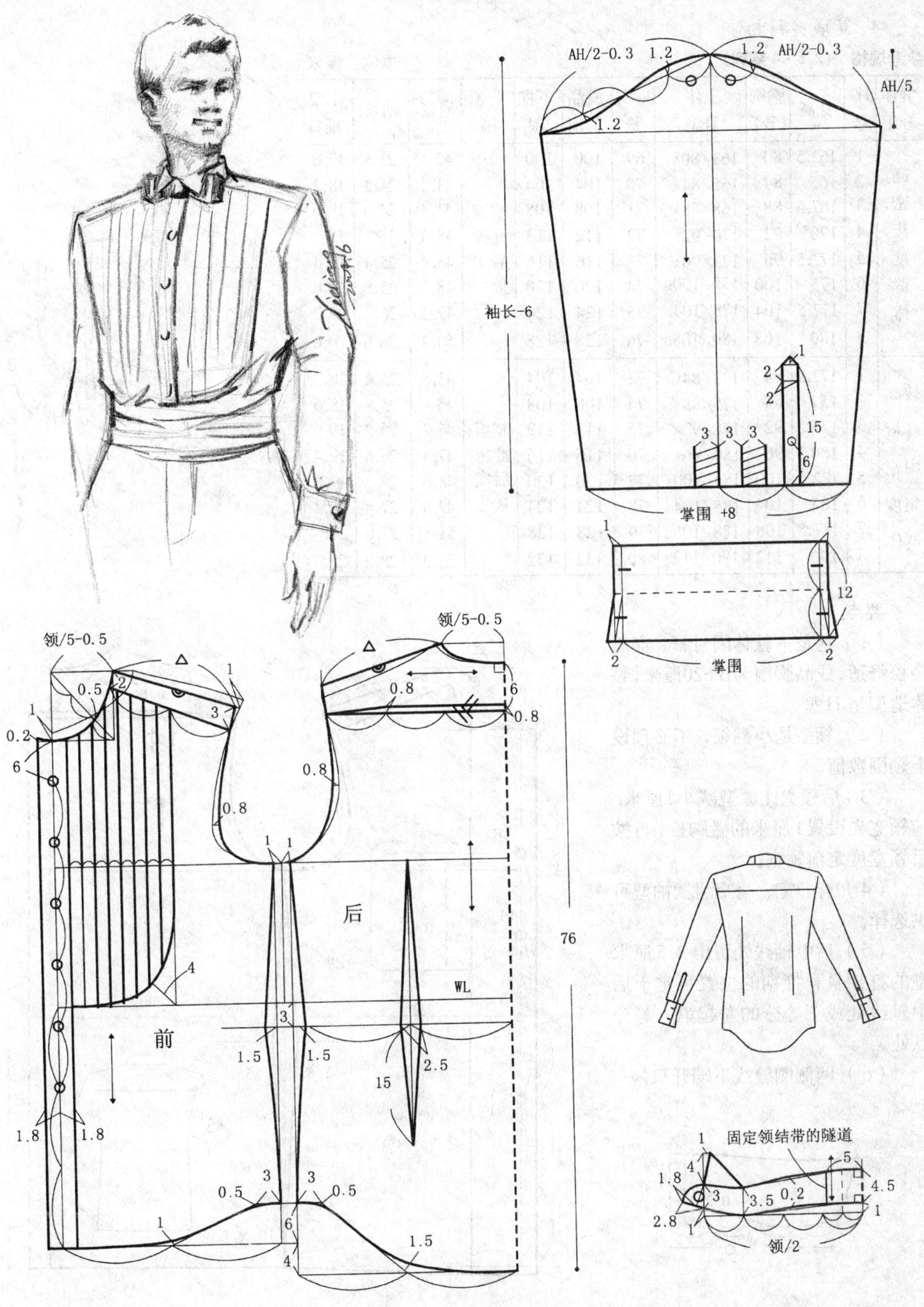

图5-3 翼领礼服衬衫

4. 夏威夷衬衫

参考规格 （2.5·4系列） 单位：厘米

群体分组	序号	身高	胸围（B）	上体号型	后衣长	成品胸围	下摆围	上领围	肩宽	袖长	1/2袖口
高密集度群体	1	162.5	80	163/80A	69	100	100	制板、推板后实量	42	23.8	17.8
	2	165	84	165/84A	70	104	104		43.2	24.2	18.2
	3	167.5	88	168/88A	71	108	108		44.4	24.6	18.6
	4	170	92	170/92A	72	112	112		45.6	25	19
	5	172.5	96	173/96A	73	116	116		46.8	25.4	19.4
	6	175	100	175/100B	74	120	120		48	25.8	19.8
	7	177.5	104	178/104B	75	124	124		49.2	26.2	20.2
	8	180	108	180/108B	76	128	128		50.4	26.6	20.6
较高身材中密集度群体	1	172.5	84	173/84Y	73	104	104	制板、推板后实量	43.8	25.4	18.2
	2	157	88	175/88A	74	108	108		45	25.8	18.6
	3	177.5	92	178/92A	75	112	112		46.2	26.2	19
	4	180	96	180/96A	76	116	116		47.4	26.6	19.4
	5	182.5	100	183/100A	77	120	120		48.6	27	19.8
	6	185	104	185/104A	78	124	124		49.8	27.4	20.2
	7	187.5	108	188/108B	79	128	128		51	27.8	20.6
	8	190	112	190/112B	80	132	132		52.2	28.2	21

要点

（1）这是一款休闲衬衫，穿着轻松舒适，成品胸围为B+20厘米，整体造型呈H型。

（2）领型是小翻领，不必预设上领围数值。

（3）后领宽比原型减小1厘米；前领宽先设置1厘米的撇胸量，再按后领宽度定前领宽。

（4）有一宽、一窄两款袖型可供选择。

（5）后中轴线处留出2.5厘米宽的打褶量，打褶的位置可定于后中轴线处或三等分的左起第一等分点处。

（6）两侧侧缝线下端开衩。

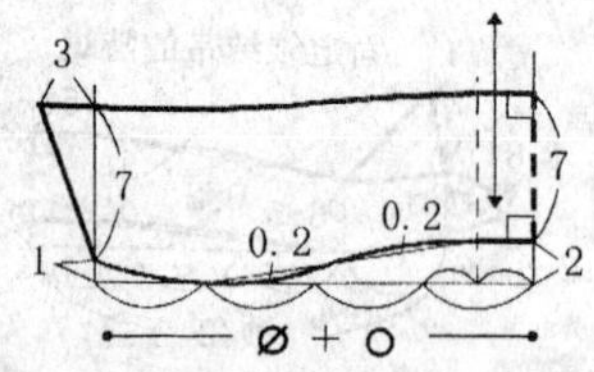

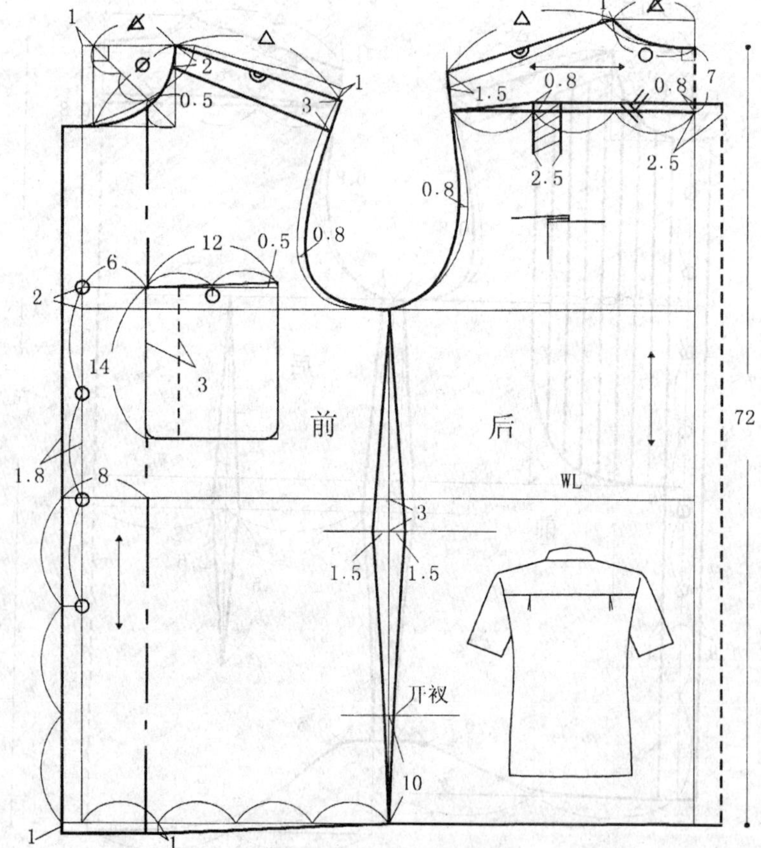

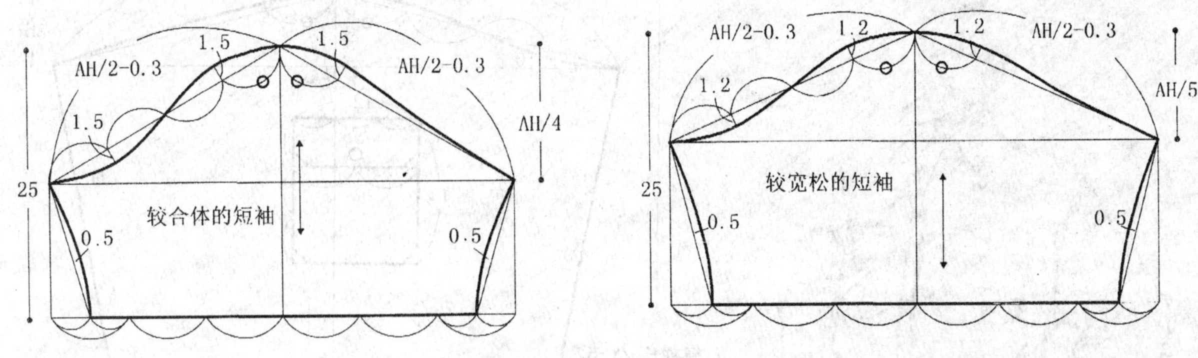

图 5–4　夏威夷衬衫

5. 宽松休闲衬衫

要点：

（1）这是一款休闲的宽松式衬衫，成品胸围为 B+32 厘米，下摆围适当减小，整体呈 Y 型造型，设计上追求舒适性、功效性。

（2）肩部加宽，成为落肩式宽松袖，袖深点按胸围追加量 2∶1 加深，相应的袖山高宜定于 5～10 厘米之间，袖宽达 55 厘米以上。

（3）领围宜较同号型正式衬衫加大 1 厘米，以增强休闲感和舒服性。

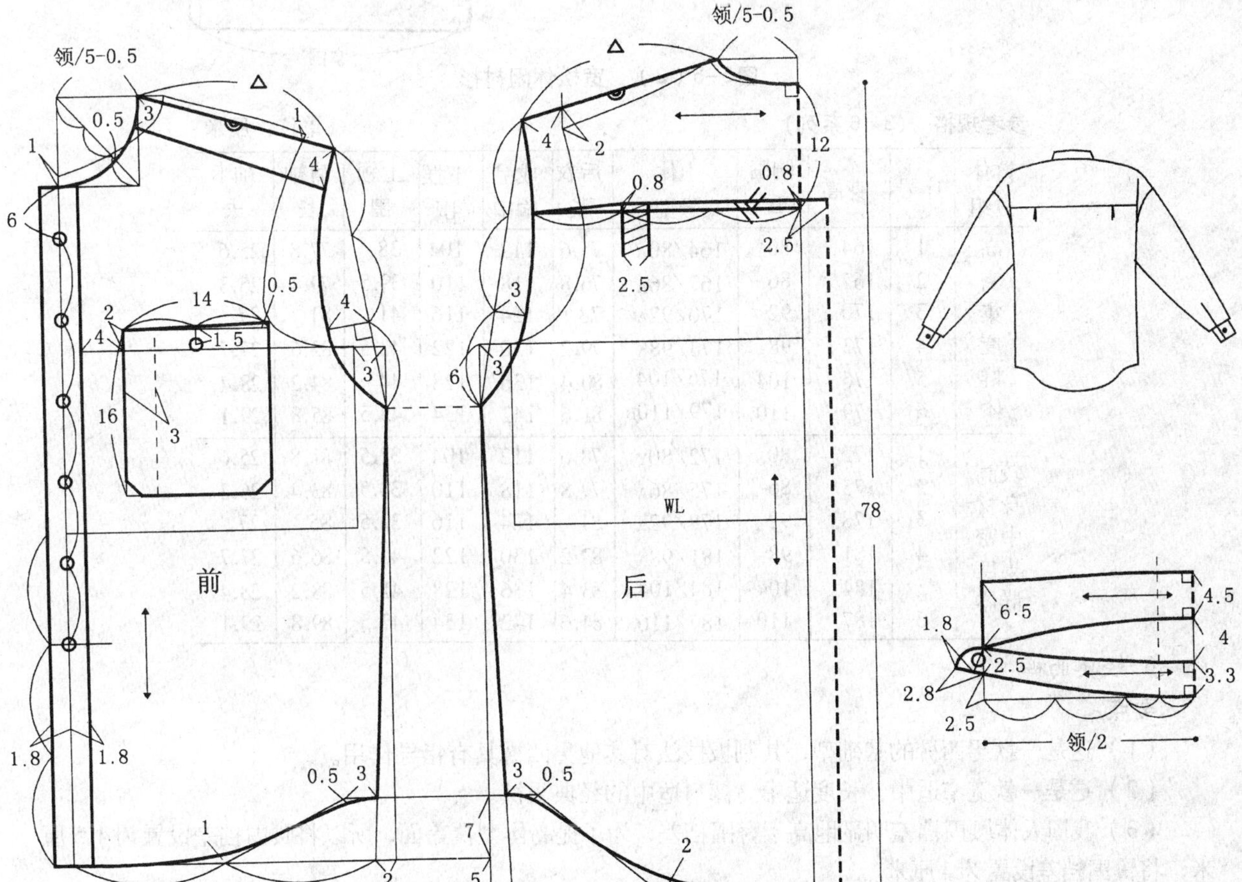

图 5–5（1）　宽松休闲衬衫

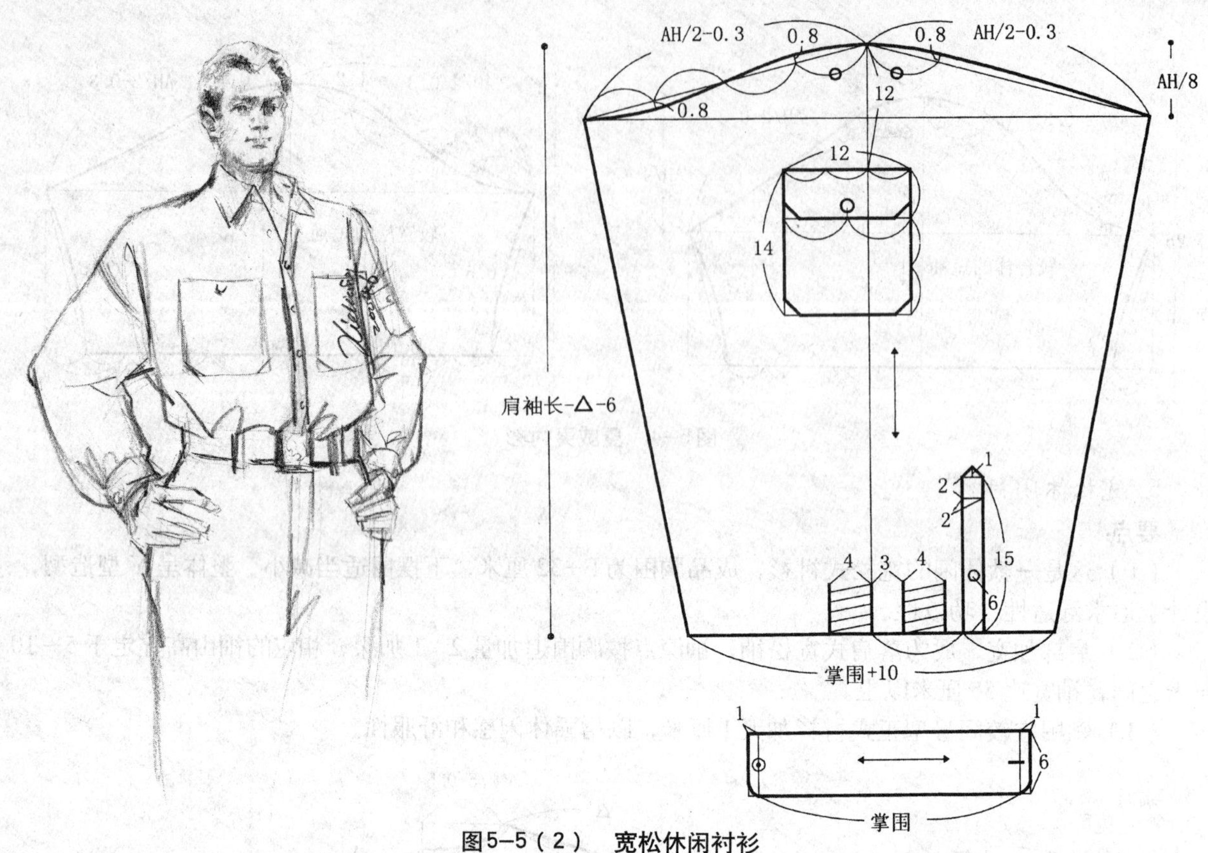

图5–5（2） 宽松休闲衬衫

参考规格 （3·6系列） 单位：厘米

群体分组	序号	身高	胸围（B）	上体号型	后衣长	成品胸围	下摆围	上领围	肩袖长	袖卡夫
高密集度群体	1	164	80	164/80A	75.6	112	104	38	77.8	25.6
	2	167	86	167/86A	76.8	118	110	39.5	79.4	26.3
	3	170	92	170/92A	78	124	116	41	81	27
	4	173	98	173/98A	79.2	130	122	42.5	82.6	27.7
	5	176	104	176/104A	80.4	136	128	44	84.2	28.4
	6	179	110	179/110B	81.6	142	134	45.5	85.8	29.1
较高身材中密集度群体	1	172	80	172/80Y	78.6	112	104	37.5	81.8	25.6
	2	175	86	175/86A	79.8	118	110	38.5	83.4	26.3
	3	178	92	178/92A	81	124	116	39.5	85	27
	4	181	98	181/98A	82.2	130	122	40.5	86.6	27.7
	5	184	104	184/104A	83.4	136	128	41.5	88.2	28.4
	6	187	110	187/110A	84.6	142	134	42.5	89.8	29.1

6. 经典西裤

要点：

（1）这是一款男西裤的基础型，其制板技法对其他男西裤具有指导作用。

（2）这是一款宽窄适中、长度适中、裤口适中的经典男裤。

（3）我国人体腰围档差明显地高于臀围档差，为了提高体型覆盖面，所以将腰围档差设置为4.5厘米，将臀围档差设置为4厘米。

（4）臀围宽松量宜控制于8~12厘米之间（平均每片2~3厘米）。

（5）由于腿部的动作是趋前的，为了腿部动作的舒适性，所以臀围宽松量的分配为前后宽松量相等。

（6）男性的臀宽比同值臀围的女性窄一些，而臀厚却要厚一些，体现在裤子结构上主要有二点差异：①烫迹线右侧（转向侧缝线的一侧）宽度比同值臀围的女裤宽1厘米左右；②前后裤裆宽均比同值臀围的女裤宽1厘米。这二点差异使男裤臀部的Z轴纵深大于女裤，立体感更强一些。

（7）裤口可以视个人喜好或时尚适当增减。

（8）成批生产套装时，腰部两侧需装伸缩扣，或在门襟钉两个裤钩座（间距2厘米）；生产单品西裤时可以参照下体3·7系列设置规格表，以实现“少号型量，大覆盖面”。

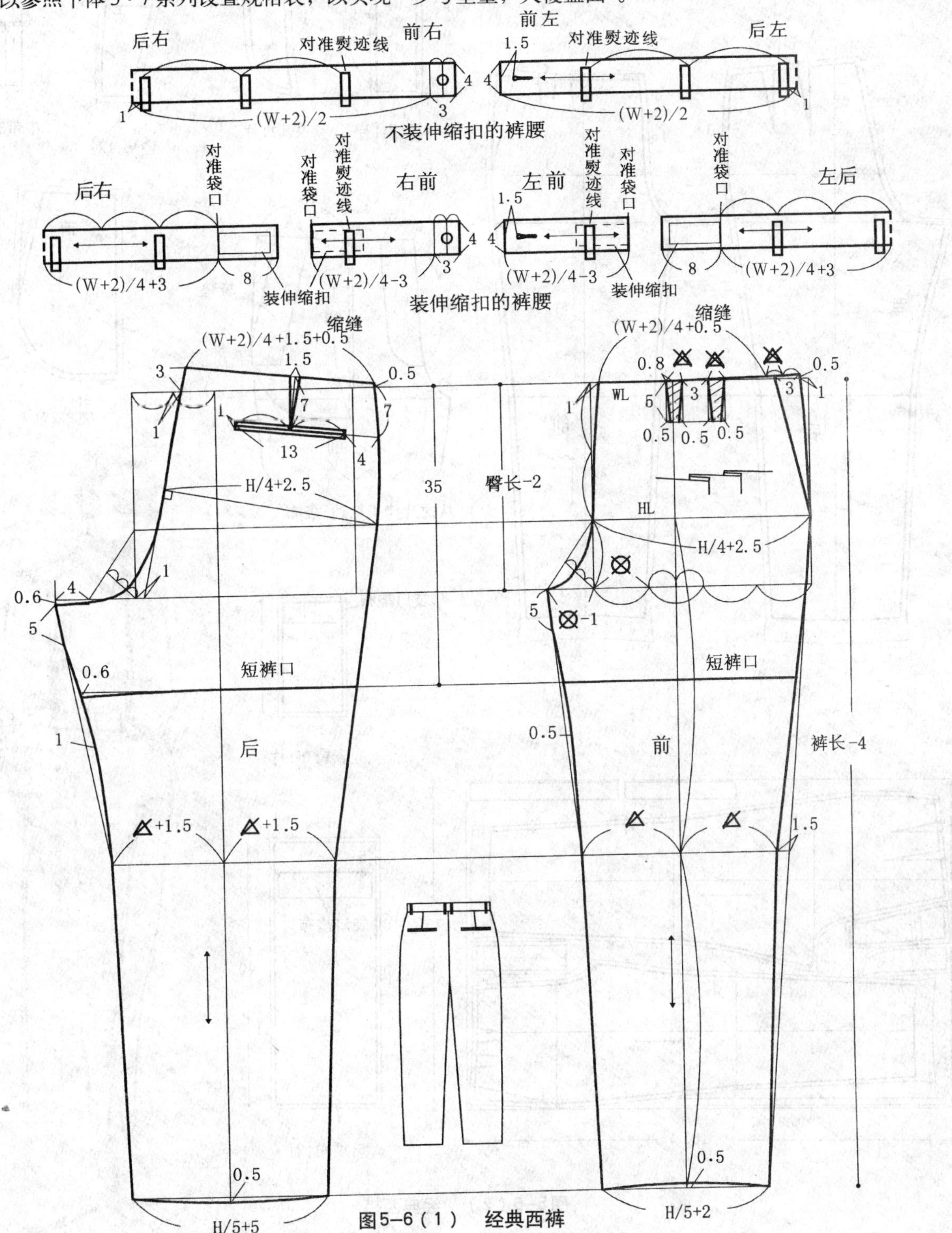

图5-6（1） 经典西裤

经典西裤放缝、排料图
里襟1片
贴边1片
小袋口
袋垫 1对
串带3对
前
后
袋垫
袋布2对
从前片拷贝贴边 袋布
袋口垫布
表袋布1片
后袋布1对
75
105

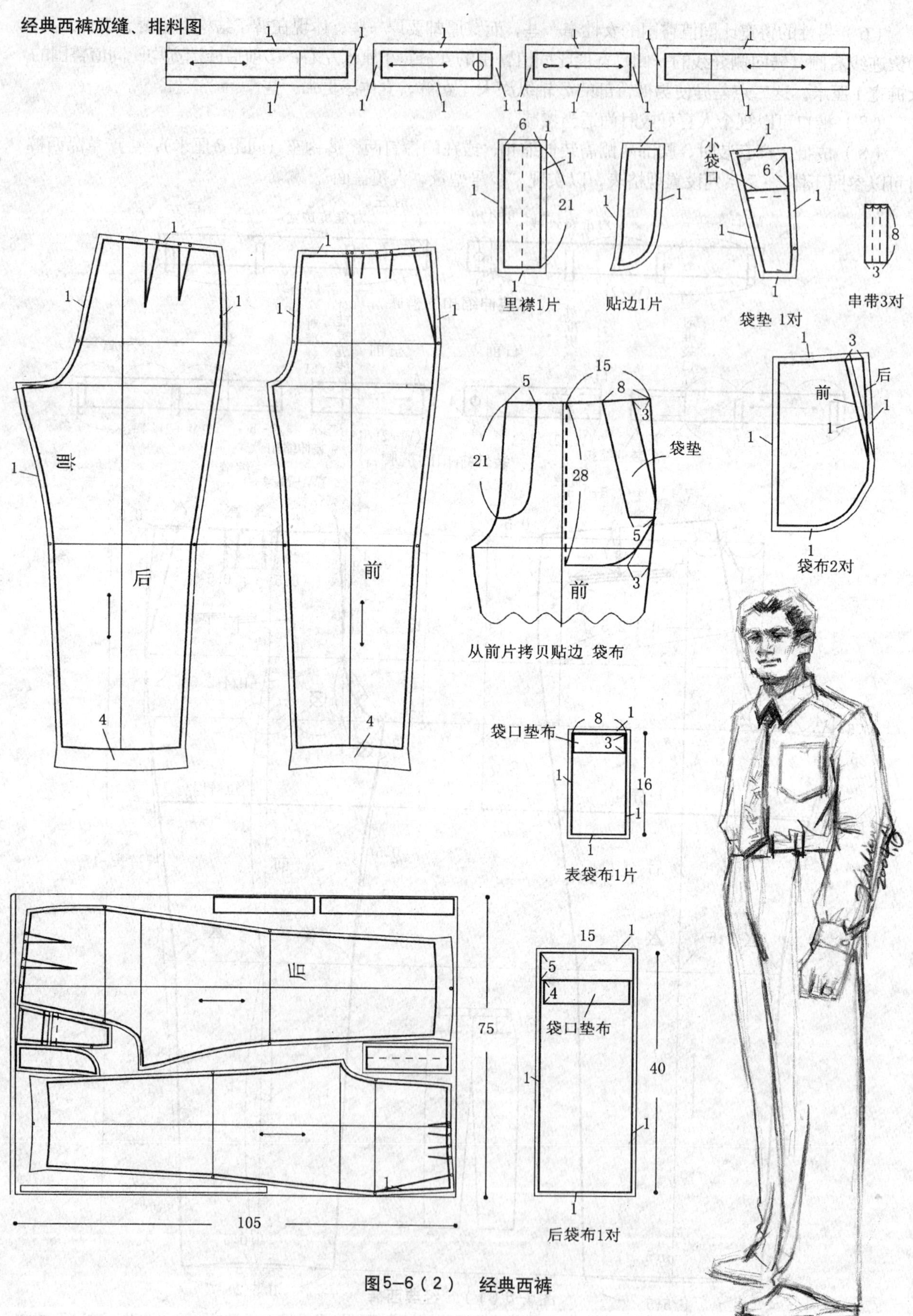

图5-6（2） 经典西裤

参考规格（2.5·4.5系列，供制作套装用） 单位：厘米

群体分组	序号	身高	腰围(W)	臀围(H)	臀长	下体号型	裤毛长	成品腰围	成品臀围	直裆	前裆弧长	后裆弧长	1/2脚口
高密集度群体	1	162.5	64.5	82	25.5	163/65	103.5	66.5	92	27.5	制板、推板后实量	制板、推板后实量	18.6
	2	165	69	86	26	165/69	105	71	96	28			19.4
	3	167.5	73.5	90	26.5	168/74	106.5	75.5	100	28.5			20.2
	4	170	78	94	27	170/78	108	80	104	29			21
	5	172.5	82.5	98	27.5	173/83	109.5	84.5	108	29.5			21.8
	6	175	87	102	28	175/87	111	89	112	30			22.6
	7	177.5	91.5	106	28.5	178/92	112.5	93.5	116	30.5			23.4
	8	180	96	110	29	180/96	114	98	120	31			24.2
较高身材中密集度群体	1	172.5	67	84	27.5	173/67	110	69	94	29	制板、推板后实量	制板、推板后实量	19.4
	2	175	71.5	88	28	175/72	111.5	73.5	98	29.5			20.2
	3	177.5	76	92	28.5	178/76	113	78	102	30			21
	4	180	80.5	96	29	180/81	114.5	82.5	106	30.5			21.8
	5	182.5	85	100	29.5	183/85	116	87	110	31			22.6
	6	185	89.5	104	30	185/90	117.5	91.5	114	31.5			23.4
	7	187.5	94	108	30.5	188/94	119	96	118	32			24.2
	8	190	98.5	112	31	190/99	120.5	100.5	122	32.5			25

参考规格（3·7系列半裆，供制作单品裤子用） 单位：厘米

群体分组	序号	身高	腰围(W)	臀围(H)	臀长	下体号型	裤长	成品腰围	成品臀围	直裆	前裆弧长	后裆弧长	1/2脚口
高密集度群体	1	164	64	82	25.8	164/64	100	66	92	27.8	制板、推板后实量	制板、推板后实量	18.6
	2		67.5	85		164/68		69.5	95				19.2
	3	167	71	88	26.4	167/71	102	73	98	28.4			19.8
	4		74.5	91		167/75		76.5	101				20.4
	5	170	78	94	27	170/78	104	80	104	29			21
	6		81.5	97		170/82		83.5	107				21.6
	7	173	85	100	27.6	173/85	106	87	110	29.6			22.2
	8		88.5	103		173/89		90.5	113				22.8
	9	176	92	106	28.2	176/92	108	94	116	30.2			23.4
	10		95.5	109		176/96		97.5	119				23.7
	11	179	99	112	28.8	179/99	110	101	122	30.8			24
较高身材的中密集度群体	1	172	62	80	27.2	172/62	105	64	92	29.2	制板、推板后实量	制板、推板后实量	18.6
	2		65.5	83		172/66		67.5	95				19.2
	3	175	69	86	27.8	175/69	107	71	98	29.8			19.8
	4		72.5	89		175/73		74.5	101				20.4
	5	178	76	92	28.4	178/76	109	78	102	30.4			21
	6		79.5	95		178/80		81.5	105				21.6
	7	181	83	98	29	181/83	111	85	108	31			22.2
	8		86.5	101		181/87		88.5	111				22.8
	9	184	90	104	29.6	184/90	113	92	114	31.6			23.4
	10		93.5	107		184/94		95.5	117				23.7
	11	187	97	110	30.2	187/97	115	99	120	32.2			24

7. 小锥形裤

参考规格 （2.5·4.5系列，供制作套装用）

单位：厘米

群体分组	序号	身高	腰围(W)	臀围(H)	臀长	下体号型	裤毛长	成品腰围	成品臀围	直裆	前裆弧长	后裆弧长	1/2脚口
高密集度群体	1	162.5	64.5	82	25.5	163/65	103.5	66.5	98	28.5	制板、推板后实量	制板、推板后实量	17.5
	2	165	69	86	26	165/69	105	71	102	29			18
	3	167.5	73.5	90	26.5	168/74	106.5	75.5	106	29.5			18.5
	4	170	78	94	27	170/78	108	80	110	30			19
	5	172.5	82.5	98	27.5	173/83	109.5	84.5	114	30.5			19.5
	6	175	87	102	28	175/87	111	89	118	31			20
	7	177.5	91.5	106	28.5	178/92	112.5	93.5	122	31.5			20.5
	8	180	96	110	29	180/96	114	98	126	32			21
较高身材中密集度群体	1	172.5	67	84	27.5	173/67	110	69	100	30	制板、推板后实量	制板、推板后实量	18
	2	175	71.5	88	28	175/72	111.5	73.5	104	30.5			18.5
	3	177.5	76	92	28.5	178/76	113	78	108	31			19
	4	180	80.5	96	29	180/81	114.5	82.5	112	31.5			19.5
	5	182.5	85	100	29.5	183/85	116	87	116	32			20
	6	185	89.5	104	30	185/90	117.5	91.5	120	32.5			20.5
	7	187.5	94	108	30.5	188/94	119	96	124	33			21
	8	190	98.5	112	31	190/99	110.5	100.5	128	33.5			21.5

参考规格 （3·7系列半裆，供制作单品裤子用）

单位：厘米

群体分组	序号	身高	腰围(W)	臀围(H)	臀长	下体号型	裤长	成品腰围	成品臀围	直裆	前裆弧长	后裆弧长	1/2脚口
高密集度群体	1	164	64	82	25.8	164/64	99	66	98	27.8	制板、推板后实量	制板、推板后实量	16.6
	2		67.5	85		164/68		69.5	101				17.2
	3	167	71	88	26.4	167/71	101	73	104	28.4			17.8
	4		74.5	91		167/75		76.5	107				18.4
	5	170	78	94	27	170/78	103	80	110	29			19
	6		81.5	97		170/82		83.5	113				19.6
	7	173	85	100	27.6	173/85	105	87	116	29.6			20.2
	8		88.5	103		173/89		90.5	119				20.8
	9	176	92	106	28.2	176/92	107	94	122	30.2			21.4
较高身材的中密集度群体	1	172	62	80	27.2	172/62	104	64	96	29.2	制板、推板后实量	制板、推板后实量	16.6
	2		65.5	83		172/66		67.5	99				17.2
	3	175	69	86	27.8	175/69	106	71	102	29.8			17.8
	4		72.5	89		175/73		74.5	105				18.4
	5	178	76	92	28.4	178/76	108	78	108	30.4			19
	6		79.5	95		178/80		81.5	111				19.6
	7	181	83	98	29	181/83	110	85	114	31			20.2
	8		86.5	101		181/87		88.5	117				20.8
	9	184	96	104	29.6	184/90	112	92	120	31.6			21.4

要点:

（1）这是一款穿着轻松、舒适的西裤，臀部较宽松，裤口适当收小，整体造型呈Y型造型。

（2）为了腿部向前动作的舒适性，为了突出Y型造型，同时为了避免后臀部造型臃肿，臀围宽松量的分配为前片多于后片2～3厘米。

（3）前腰裥应缝合4～5厘米，腰裥应如图缝成倒梯形，以利于腰腹部贴体。

（4）脚口增减量用H/8控制，以保证高、低端号型的脚口视觉效果与中间体号型相似。

（5）成批生产时，腰部两侧需装伸缩扣，或在门襟钉两个裤钩座（间距2厘米）；生产单品西裤时可以参照下体3·7系列设置规格表，以实现“少号型量，大覆盖面”。

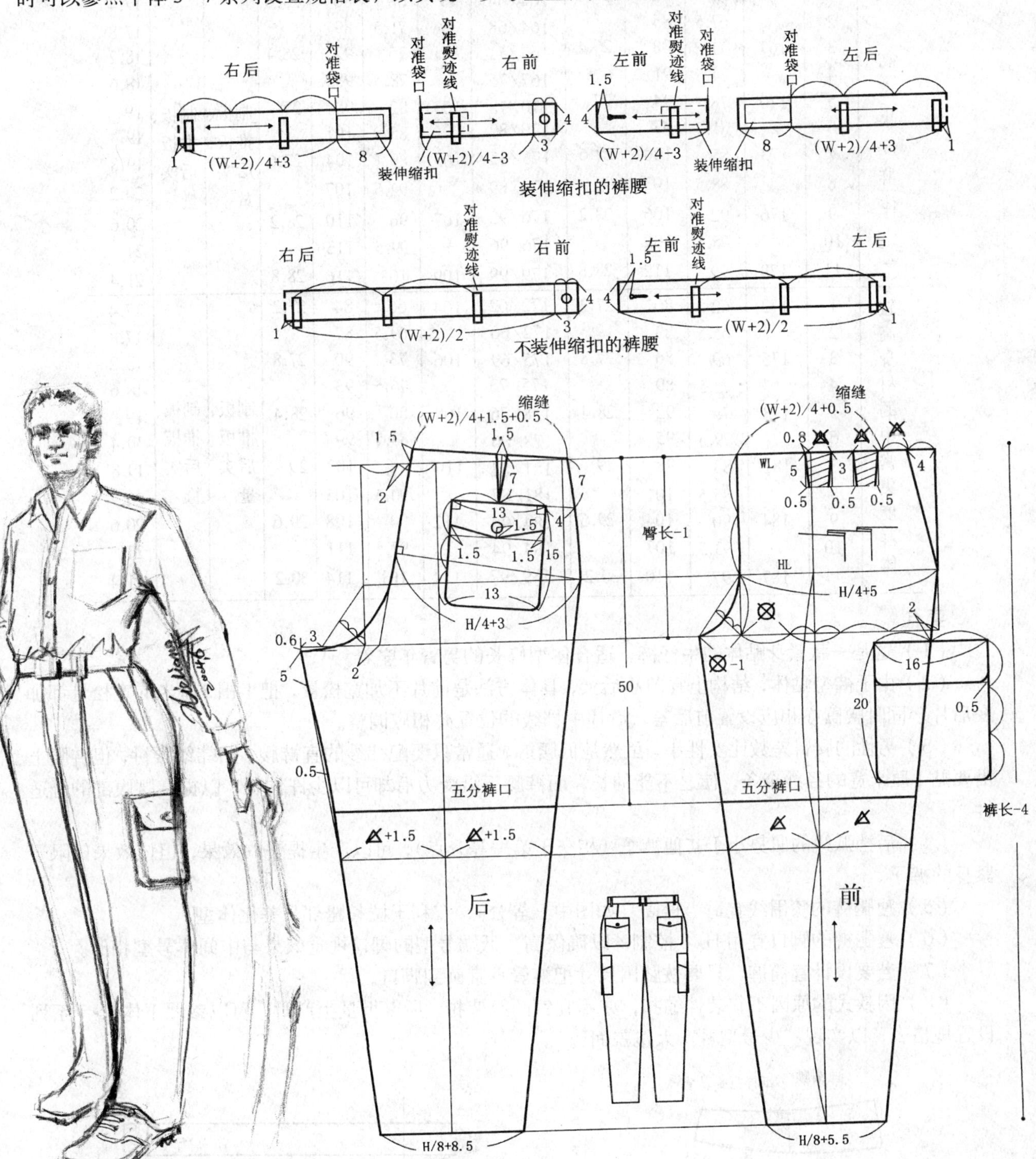

图5-7　小锥形裤

8．紧身瘦腿牛仔裤

参考规格 （3·7系列半裆，供制作单品裤子用） 单位：厘米

群体分组	序号	身高	腰围(W)	臀围(H)	臀长	下体号型	裤长	成品腰围	成品臀围	直裆	前裆弧长	后裆弧长	1/2脚口
高密集度群体	1	164	64	82	25.8	164/64	99	68	86	25.8			17.4
	2		67.5	85		164/68		71.5	89				17.8
	3	167	71	88	26.4	167/71	101	75	92	26.4			18.2
	4		74.5	91		167/75		78.5	95				18.6
	5	170	78	94	27	170/78	103	82	98	27	制板、推板后实量	制板、推板后实量	19
	6		81.5	97		170/82		85.5	101				19.4
	7	173	85	100	27.6	173/85	105	89	104	27.6			19.8
	8		88.5	103		173/89		92.5	107				20.2
	9	176	92	106	28.2	176/92	107	96	110	28.2			20.6
	10		95.5	109		176/96		99.5	113				21
	11	179	99	112	28.8	179/99	109	103	116	28.8			21.4
较高身材的中密集度群体	1	172	62	80	27.2	172/62	104	66	84	27.2			17.4
	2		65.5	83		172/66		69.5	87				17.8
	3	175	69	86	27.8	175/69	106	73	90	27.8			18.2
	4		72.5	89		175/73		76.5	93				18.6
	5	178	76	92	28.4	178/76	108	80	96	28.4	制板、推板后实量	制板、推板后实量	19
	6		79.5	95		178/80		83.5	99				19.4
	7	181	83	98	29	181/83	110	87	102	29			19.8
	8		86.5	101		181/87		90.5	105				20.2
	9	184	90	104	29.6	184/90	112	94	108	29.6			20.6
	10		93.5	107		184/94		97.5	111				21
	11	187	97	110	30.2	189/97	114	101	114	30.2			21.4

要点：

（1）这是一款紧身贴体的牛仔裤，适合体型修长的男青年穿着。

（2）由于裤型贴体，结构上宜前小后大，具体方法是前片不加宽松量，把半围2厘米的宽松量都加在后片，同时腰围亦相应设置前后差，后片中档线的位置亦相应调整。

（3）男性的腰臀差数比女性小，虽然是低腰裤，通常只要配纬纱的直裤腰，贴纬纱腰衬，但裤腰上沿要贴1厘米宽的经纱牵条，使之不能伸长，而裤腰下沿受力后却可以少许伸长，以提高腰腹部的舒适性。

（4）后裆弧线的凹势小于其他裤子（相交于第一等分点），可以产生提臀的效果，但该效果仅限于紧身的裤子。

（5）瘦腿裤的膝围线宜适当提高（如图中三等分），有利于拉长腿部，美化体型。

（6）瘦腿裤的脚口宜用H/8控制，以确保高、低端号型的脚口视觉效果与中间体号型相似。

（7）若要设计直筒裤，只要按膝围尺寸把裤管垂直画到脚口。

（8）因款式的原因不宜装伸缩扣，亦不宜钉两粒裤扣，所以批量生产时，可以参照下体3·7系列设置规格表，以实现“少号型量，大覆盖面”。

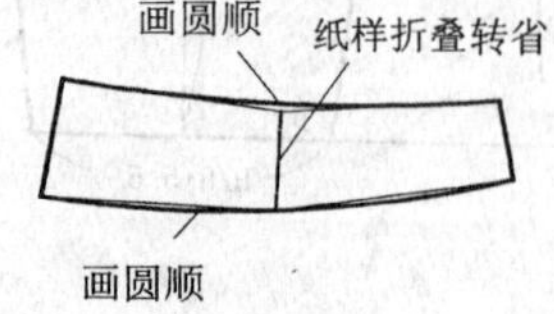

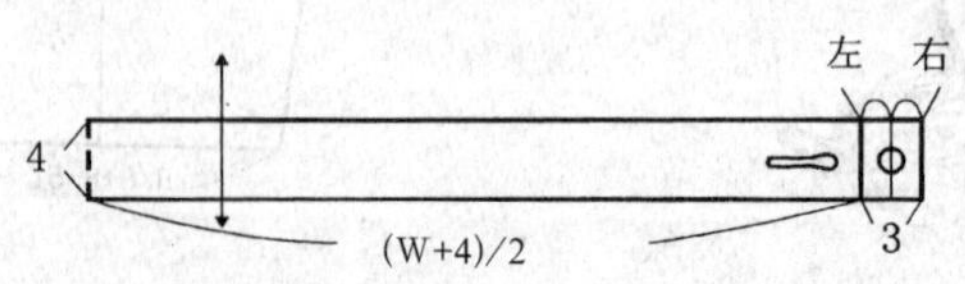

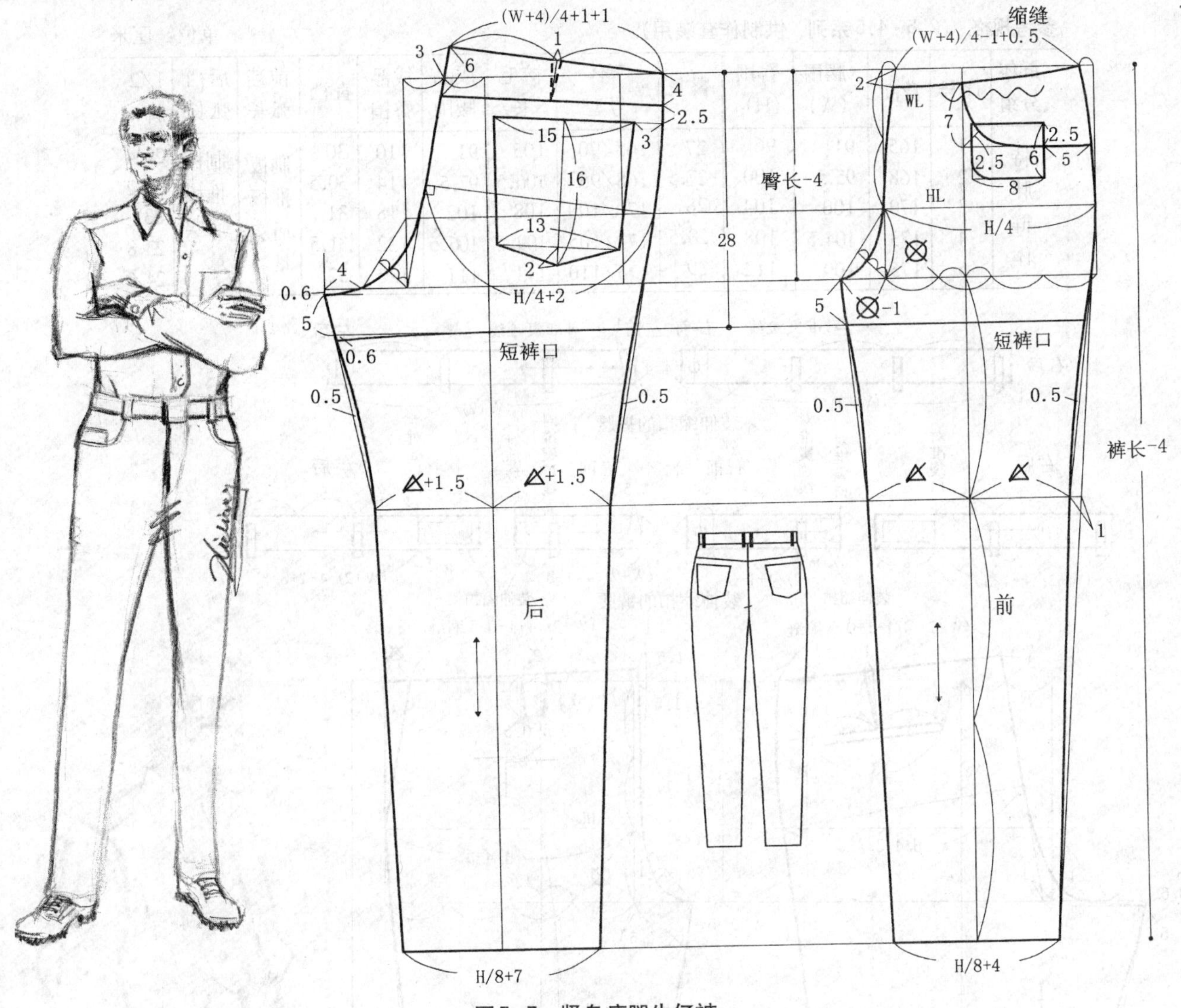

图5-7　紧身瘦腿牛仔裤

9. 腆腹体西裤

要点：

（1）这款裤子适用于男性腰臀围度差小于8厘米的腆腹体型。腆腹体型的修正主要有下列措施：宜在普通西裤的基础上修正；直裆加深1厘米（臀长-1）；前裆宽加宽1厘米；前中裆线向外修宽、向上修高，前腰围应大于后腰围2厘米。以上4处修正，有利于容纳并修饰外挺的腹部。

（2）成批生产套装时，腰部两侧需装伸缩扣，或在门襟钉两个裤钩座（间距2厘米）；生产单品西裤时可以参照下体3·7系列设置规格表，以实现"少号型量，大覆盖面"。

参考规格　（3·7系列半档，供制作单品裤子用）　　单位：厘米

群体分组	序号	身高	腰围(W)	臀围(H)	臀长	下体号型	裤长	成品腰围	成品臀围	直裆	前裆弧长	后裆弧长	1/2脚口
特胖群体	1	167	93	98	27.4	167/90	102	95	112	30.4	制板、推板后实量	制板、推板后实量	22.8
	2		96.5	101		167/95		98.5	115				23.4
	3	170	100	104	28	170/100	104	102	118	31			24
	4		103.5	107		170/105		105.5	121				24.6
	5	173	107	110	28.6	173/110	106	109	124	31.6			25.2
	6		110.5	113		173/113		112.5	127				25.8
	7	176	114	116	29.2	176/116	108	116	130	32.2			26.4

参考规格 （2.5·4.5系列，供制作套装用） 单位：厘米

群体分组	序号	身高	腰围(W)	臀围(H)	臀长	下体号型	裤毛长	成品腰围	成品臀围	直裆	前裆弧长	后裆弧长	1/2脚口
特胖群体	1	165	91	96	27	165/90	105	91	110	30	制板、推板后实量	制板、推板后实量	21.4
	2	168	95.5	100	27.5	168/95	106.5	97.5	114	30.5			22.2
	3	170	100	104	28	170/100	108	102	118	31			23
	4	173	104.5	108	28.5	173/105	109.5	106.5	122	31.5			23.8
	5	175	109	112	29	175/110	111	111	126	32			24.6

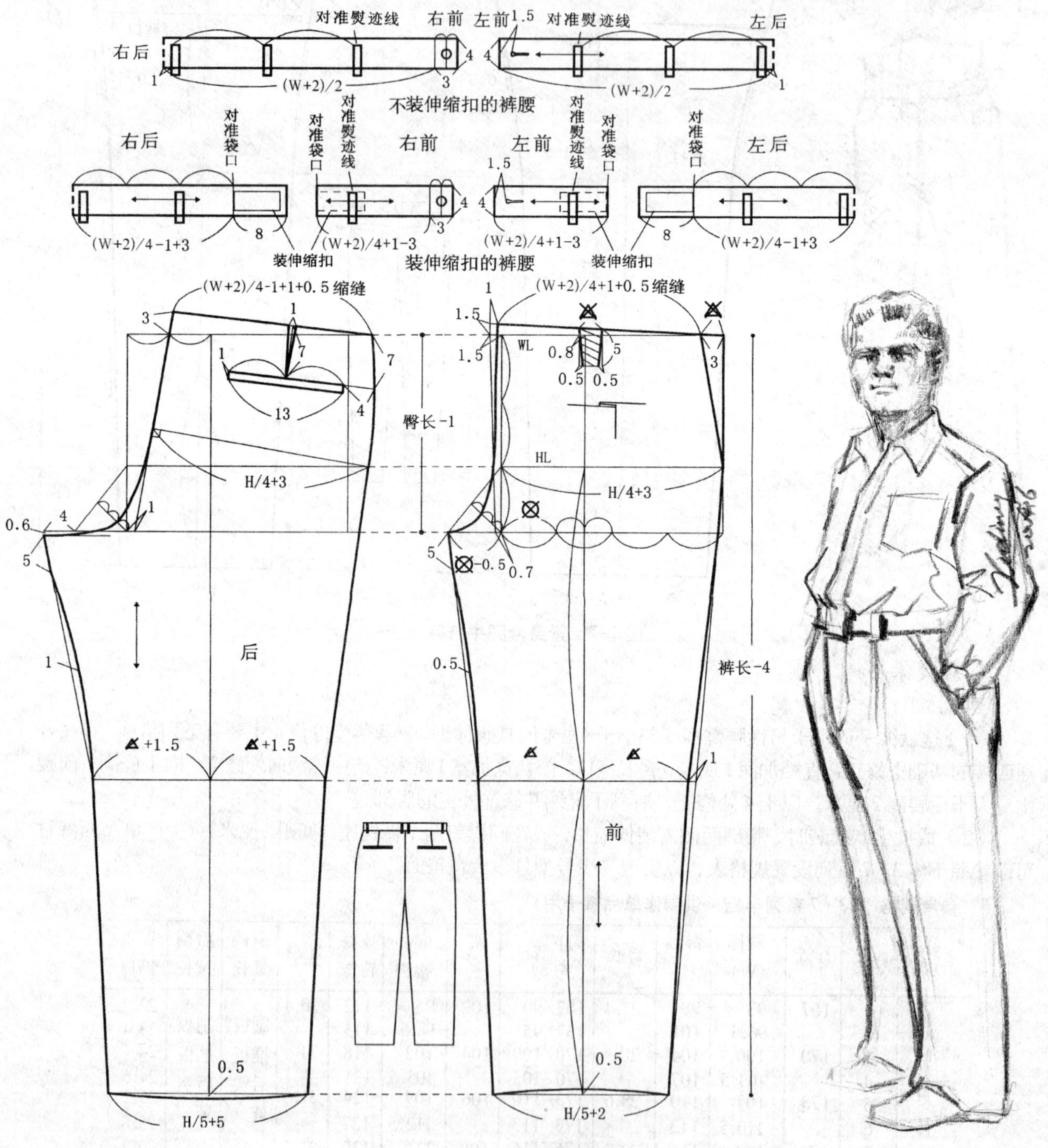

图5-9 腆腹体西裤

10. 单排2个纽扣平驳领西服

参考规格（2.5·4系列）　　　　单位：厘米

群体分组	序号	身高	胸围（B）	上体号型	后衣长	成品胸围	下摆围	领围	肩宽	袖长	1/2袖口
高密集度群体	1	162.5	80	163/80A	70	96	100	制板、推板后实量	41.4	55.6	12.5
	2	165	84	165/84A	71	100	104		42.6	56.4	13
	3	167.5	88	168/88A	72	104	108		43.8	57.2	13.5
	4	170	92	170/92A	73	108	112		45	58	14
	5	172.5	96	173/96A	74	112	116		46.2	58.8	14.5
	6	175	100	175/100B	75	116	120		47.4	59.6	15
	7	177.5	104	178/104B	76	120	124		48.6	60.4	15.5
	8	180	108	180/108B	77	124	128		49.8	61.2	16
较高身材中密集度群体	1	172.5	84	173/84Y	74	100	104	制板、推板后实量	43.2	58.6	13
	2	175	88	175/88A	75	104	108		44.4	59.4	13.5
	3	177.5	92	178/92A	76	108	112		45.6	60.2	14
	4	180	96	180/96A	77	112	116		46.8	61	14.5
	5	182.5	100	183/100A	78	116	120		48	61.8	15
	6	185	104	185/104A	79	120	124		49.2	62.6	15.5
	7	187.5	108	188/108B	80	124	128		50.4	63.4	16
	8	190	112	190/112B	81	128	132		51.6	64.2	16.5

要点：

（1）这是一款合体西服的经典款式，直接使用男装原型制板，制板过程中需损耗2厘米（半围）的宽松量，成品胸围为B+16厘米，适度收腰，整体呈H型造型。

（2）经典男西服衣长的测量方法为：依照身高查“2.5·4系列男子服装号型控制部位参考表”里相应的“颈椎点高”数值，用“颈椎点高／2”作为西服后衣长数值。

（3）经典男西服袖长的测量方法为：从肩骨外端点为起点，用软尺沿手臂外侧向下量至拇指尖，量取的数值减掉10厘米即为西服袖长。

（4）男西服的驳领宽度，上下驳领夹角大小、宽度都可以按照个人喜好或时尚而增减，但增减幅度不像女装那样大，设计手法一般是渐变的。

（5）后领中轴线宽6厘米，这是各号型通用的，不宜随便加宽，因为西服穿着时，要露出1～1.5厘米宽的衬衫领子。

（6）精制西服的领子要如图分割、剪折成领面、领座，使领型更为伏贴、低矮。

（7）纽扣的数量可以根据个人喜好或时尚而确定，但最高扣位一般不高于胸围线。

（8）腰下大袋口要打一道0.8厘米的横腹省，其作用是使门襟下部圆挺内收，0.8厘米的省量来自前片下摆的小台阶。

（9）开衩可视个人喜好或时尚设计在后中部或侧缝处，长度亦可以适当增减。

（10）男西服的内袋很重要，通常大内袋左右各一个；名片票证袋仅左腰下一个；笔袋仅在左大内袋上方一个。

（11）面料、里料加放毛缝的方法适用于其他西服及合体上衣。

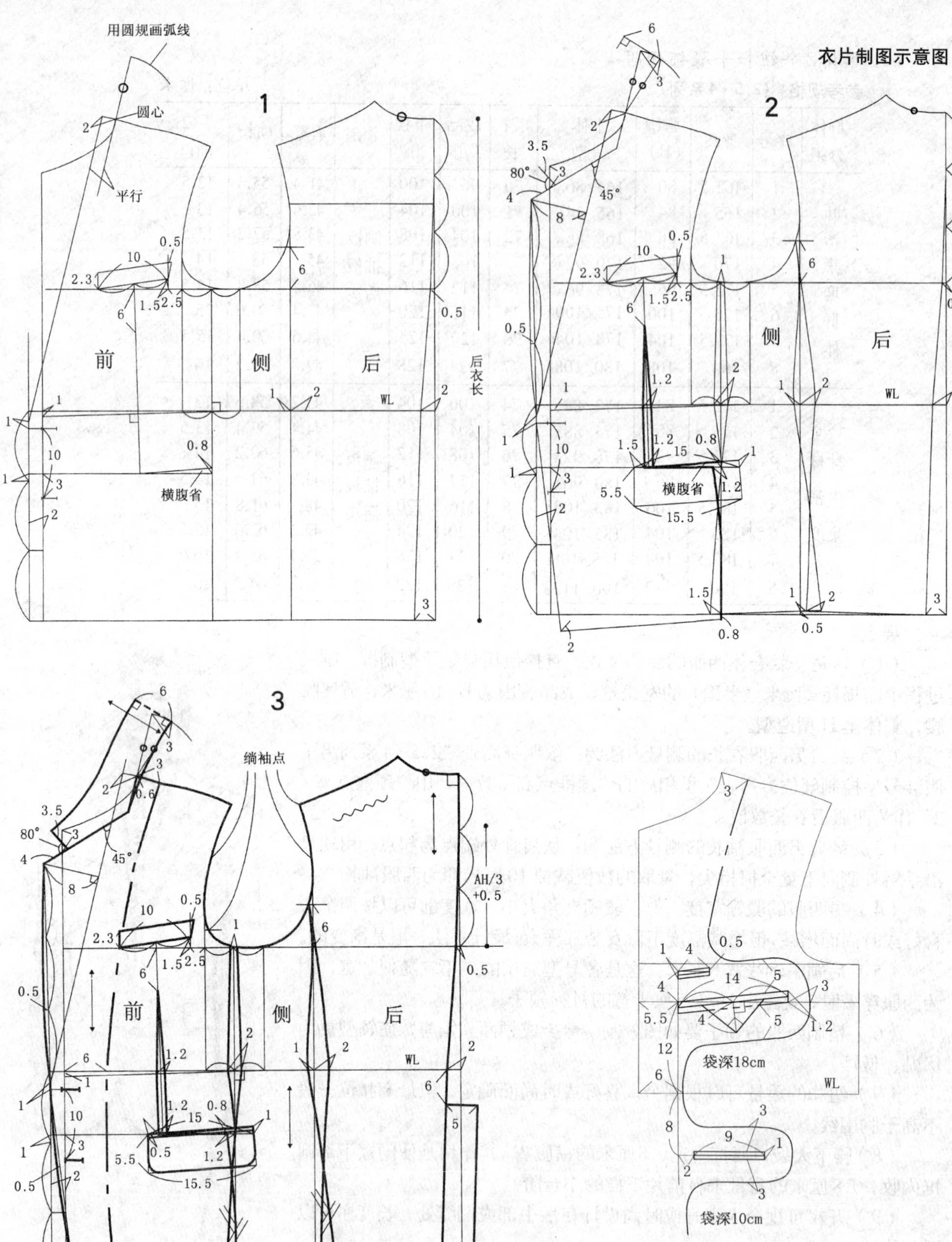
衣片制图示意图
用圆规画弧线
圆心
平行
1
2
3
前
侧
后
后衣长
WL
横腹省
绱袖点
AH/3
+0.5
袋深18cm
袋深10cm
内袋示意图

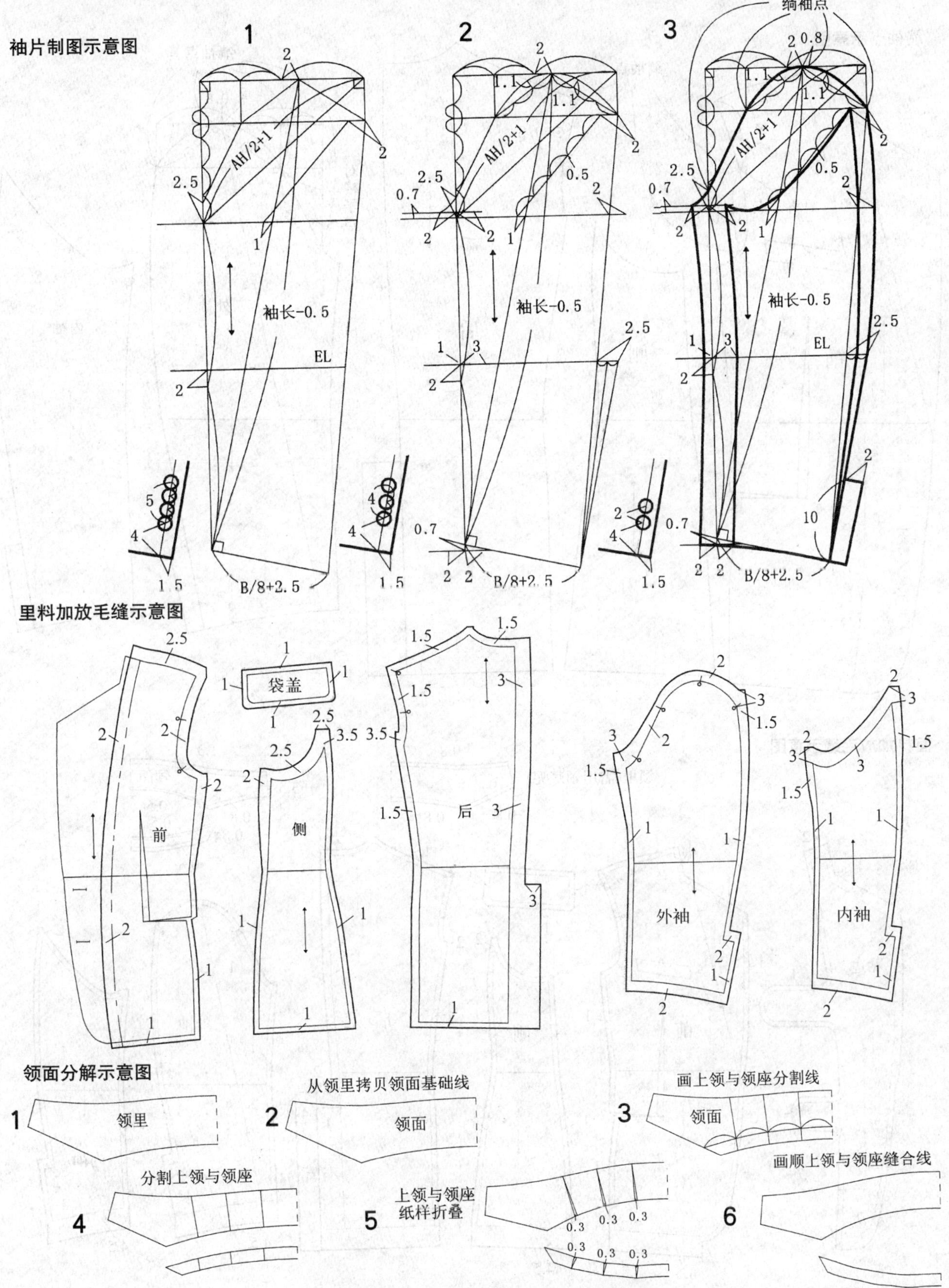

图5–10（1） 单排2个纽扣平驳领西服

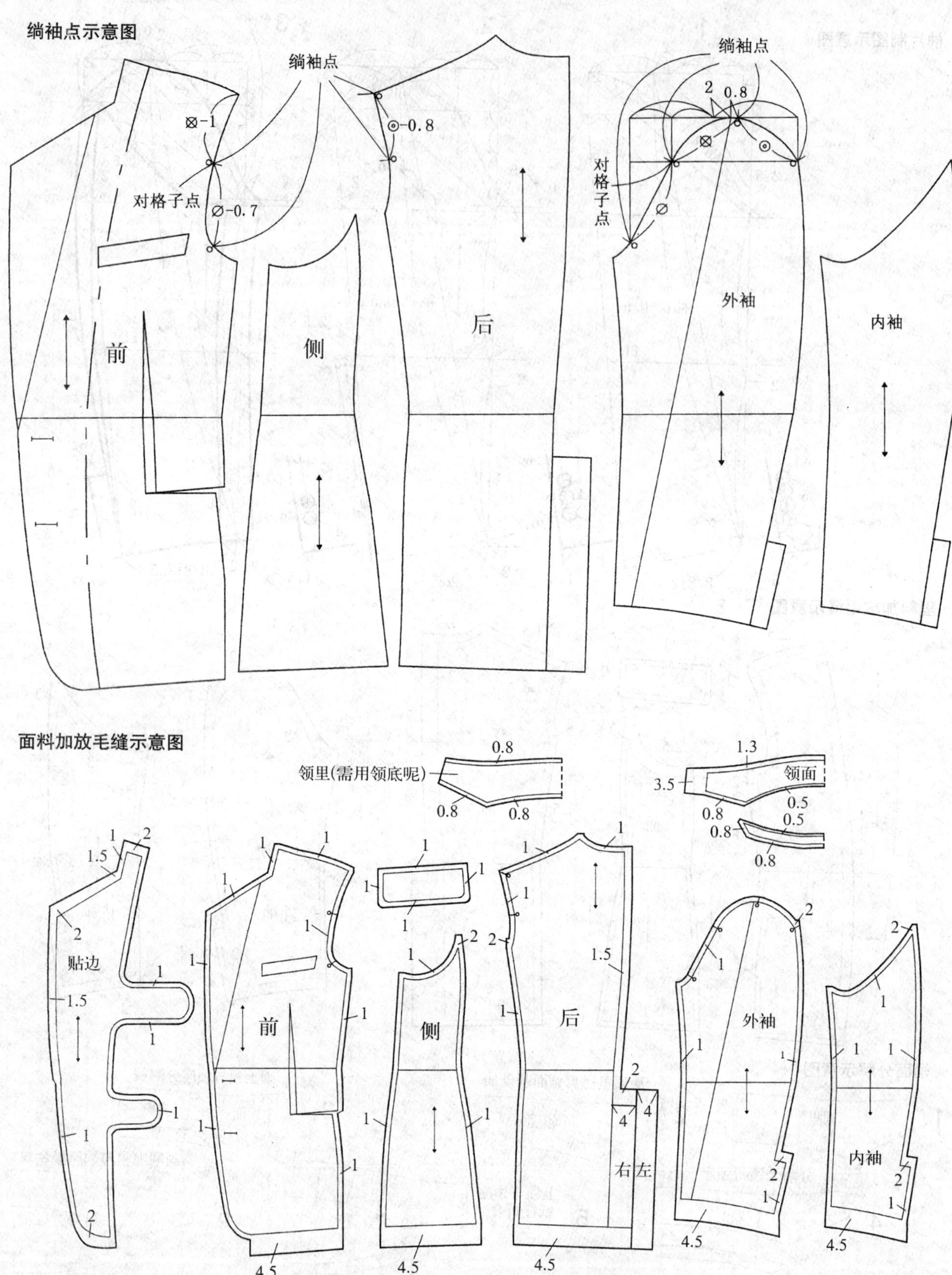

图5-10（2） 单排2个纽扣平驳领西服

11．双排6个纽扣枪驳领西服

参考规格　(2.5·4系列)　　　　　　　　　　　　单位：厘米

群体分组	序号	身高	胸围(B)	上体号型	后衣长	成品胸围	下摆围	领围	肩宽	袖长	1/2袖口
高密集度群体	1	162.5	80	163/80A	70	96	100	制板、推板后实量	41.4	55.6	12.5
	2	165	84	165/84A	71	100	104		42.6	56.4	13
	3	167.5	88	168/88A	72	104	108		43.8	57.2	13.5
	4	170	92	170/92A	73	108	112		45	58	14
	5	172.5	96	173/96A	74	112	116		46.2	58.8	14.5
	6	175	100	175/100B	75	116	120		47.4	59.6	15
	7	177.5	104	178/104B	76	120	124		48.6	60.4	15.5
较高身材中密集度群体	1	172.5	84	173/84Y	74	100	104	制板、推板后实量	43.2	58.6	13
	2	175	88	175/88A	75	104	108		44.4	59.4	13.5
	3	177.5	92	178/92A	76	108	112		45.6	60.2	14
	4	180	96	180/96A	77	112	116		46.8	61	14.5
	5	182.5	100	183/100A	78	116	120		48	61.8	15
	6	185	104	185/104A	79	120	124		49.2	62.6	15.5
	7	187.5	108	188/108B	80	124	128		50.4	63.4	16

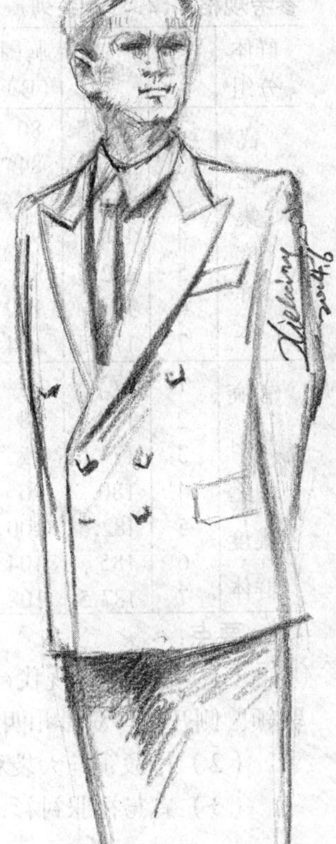

要点：

（1）这是一款风格优雅的经典西服，基本结构与单排扣西服相似，但门襟、下驳领、开衩有明显的差别。

（2）双排扣门襟的宽度通常为5～7厘米。

（3）最低扣位可在大袋口至袋盖下沿之间定位。

（4）双排扣里4个纽扣加2个装饰扣是最常见的样式，此外还有2个纽扣加4个装饰扣以及6个纽扣的样式。

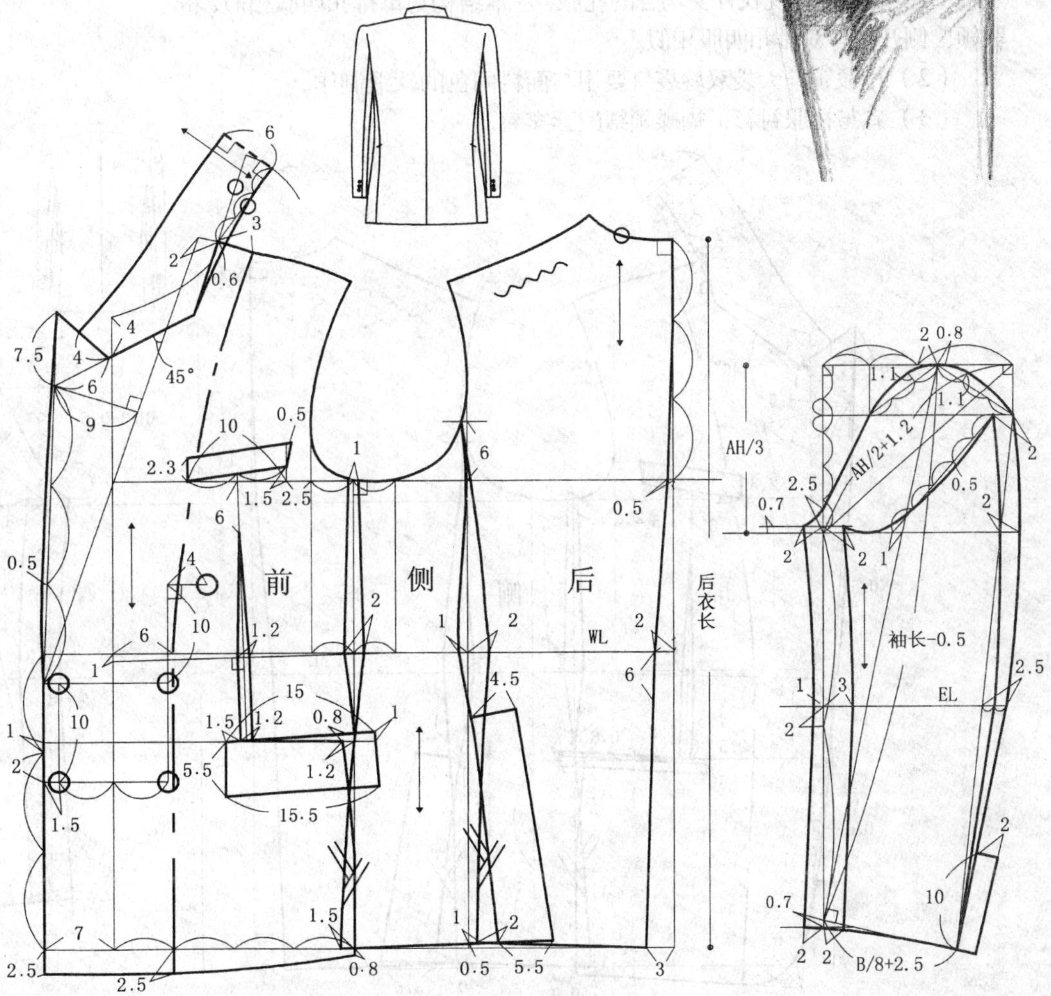

图5–11　双排6个纽扣枪驳领西服

12. 枪驳领筒式晚礼服

参考规格（2.5·4系列） 单位：厘米

群体分组	序号	身高	胸围（B）	上体号型	后衣长	成品胸围	下摆围	领围	肩宽	袖长	1/2袖口
高密集度群体	1	162.5	80	163/80A	70	96	100	制板、推板后实量	41.4	55.6	12.5
	2	165	84	165/84A	71	100	104		42.6	56.4	13
	3	167.5	88	168/88A	72	104	108		43.8	57.2	13.5
	4	170	92	170/92A	73	108	112		45	58	14
	5	172.5	96	173/96A	74	112	116		46.2	58.8	14.5
	6	175	100	175/100B	75	116	120		47.4	59.6	15
	7	177.5	104	178/104B	76	120	124		48.6	60.4	15.5
较高身材中密集度群体	1	172.5	84	173/84Y*	74	100	104	制板、推板后实量	43.2	58.6	13
	2	175	88	175/88A	75	104	108		44.4	59.4	13.5
	3	177.5	92	178/92A	76	108	112		45.6	60.2	14
	4	180	96	180/96A	77	112	116		46.8	61	14.5
	5	182.5	100	183/100A	78	116	120		48	61.8	15
	6	185	104	185/104A	79	120	124		49.2	62.6	15.5
	7	187.5	108	188/108B	80	124	128		50.4	63.4	16

要点：

（1）这是一款现代社交场合的礼服，基本结构与单排扣西服相似，枪驳领、侧开衩与双排扣西服相似。

（2）枪驳领与大袋双唇袋口要用与面料同色的软缎制作。

（3）宜与礼服衬衫、蝴蝶领结配套穿着。

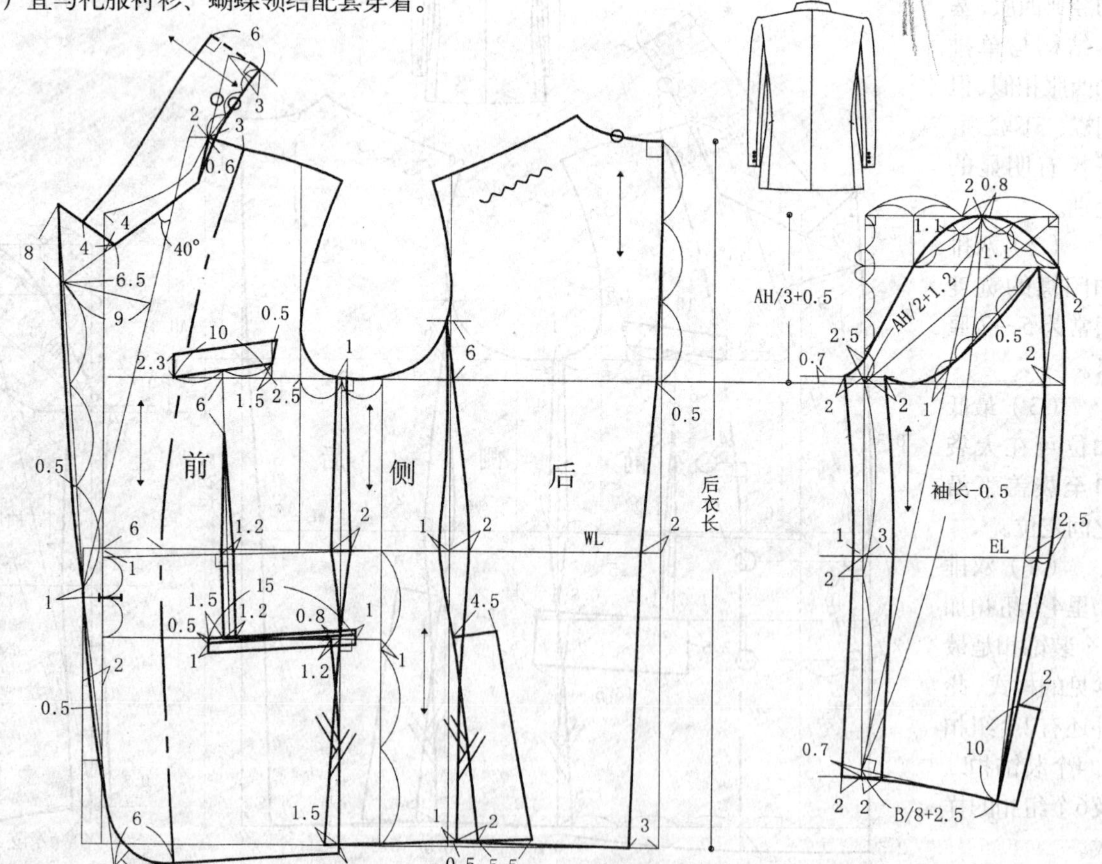

图5-12 枪驳领筒式晚礼服

13. 夏季简式晚礼服

参考规格 （2.5·4系列） 单位：厘米

群体分组	序号	身高	胸围(B)	上体号型	后衣长	成品胸围	下摆围	领围	肩宽	袖长	1/2袖口
高密集度群体	1	162.5	80	163/80A	44.9	96	81	制板、推板后实量	41.4	55.6	12.5
	2	165	84	165/84A	45.6	100	86		42.6	56.4	13
	3	167.5	88	168/88A	46.3	104	91		43.8	57.2	13.5
	4	170	92	170/92A	47	108	96		45	58	14
	5	172.5	96	173/96A	47.7	112	101		46.2	58.8	14.5
	6	175	100	175/100B	48.4	116	106		47.4	59.6	15
	7	177.5	104	178/104B	49.1	120	111		48.6	60.4	15.5
较高身材中密集度群体	1	172.5	84	173/84Y	47.9	100	86	制板、推板后实量	43.2	58.6	13
	2	175	88	175/88A	48.6	104	91		44.4	59.4	13.5
	3	177.5	92	178/92A	49.3	108	96		45.6	60.2	14
	4	180	96	180/96A	50	112	101		46.8	61	14.5
	5	182.5	100	183/100A	50.7	116	106		48	61.8	15
	6	185	104	185/104A	51.4	120	111		49.2	62.6	15.5
	7	187.5	108	188/108B	52.1	124	116		50.4	63.4	16

要点

（1）这同样是一款现代社交场合的礼服，供夏季出席礼仪活动穿着。目前在我国还常被作为服务生的职业服。

（2）后衣长极短，一般仅齐腰，前下摆呈尖角形。

（3）门襟不重叠，前片的6个纽扣都是装饰扣。

（4）宜与礼服衬衫、蝴蝶领结配套穿着。

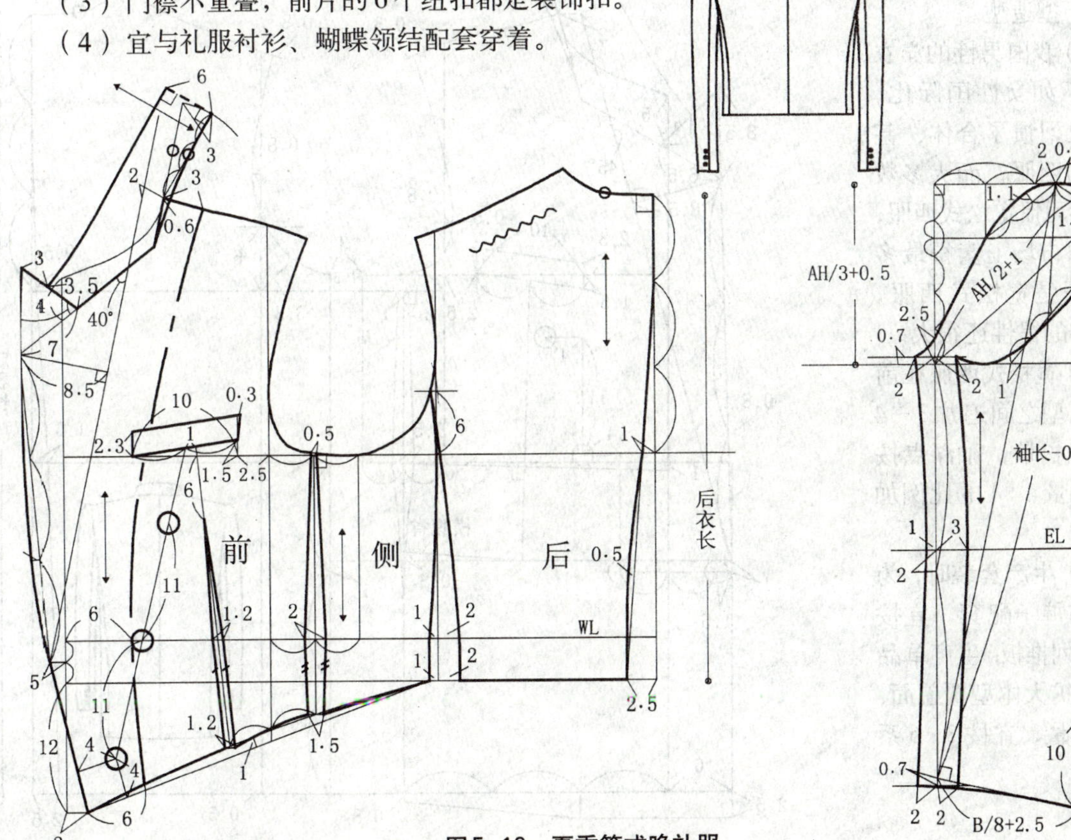

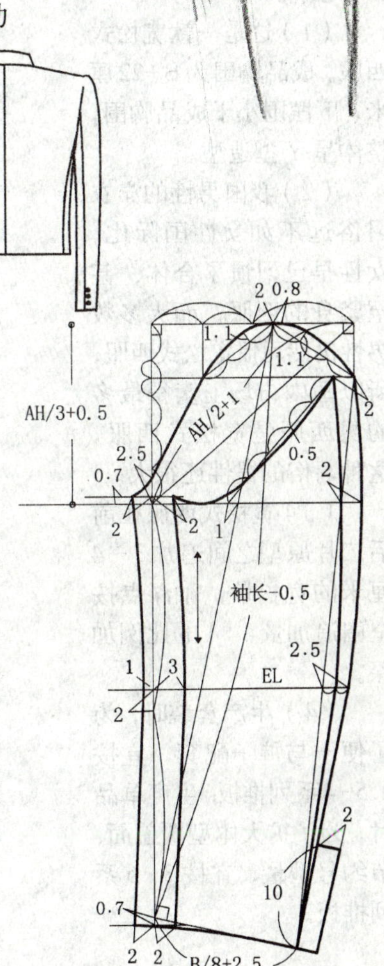

图5-13 夏季简式晚礼服

14. 双排6个纽扣枪驳领宽松西服

参考规格 （2.5·4系列，供套装用） 单位：厘米

群体分组	序号	身高	胸围（B）	上体号型	后衣长	成品胸围	下摆围	领围	肩宽	袖长	1/2袖口
高密集度群体	1	162.5	80	163/80A	71	102	99	制板、推板后实量	43	56.6	13
	2	165	84	165/84A	72	106	103		44.2	57.4	13.5
	3	167.5	88	168/88A	73	110	107		45.4	58.2	14
	4	170	92	170/92A	74	114	111		46.6	59	14.5
	5	172.5	96	173/96A	75	118	115		47.8	59.8	15
	6	175	100	175/100B	76	122	119		49	60.6	15.5
	7	177.5	104	178/104B	77	126	123		50.2	61.4	16
较高身材中密集度群体	1	172.5	84	173/84Y	75	106	103	制板、推板后实量	44.8	59.6	13.5
	2	175	88	175/88A	76	110	107		46	60.4	14
	3	177.5	92	178/92A	77	114	111		47.2	61.2	14.5
	4	180	96	180/96A	78	118	115		48.4	62	15
	5	182.5	100	183/100A	79	122	119		49.6	62.8	15.5
	6	185	104	185/104A	80	126	123		50.8	63.6	16
	7	187.5	108	188/108B	81	130	127		52	64.4	16.5

要点:

（1）这是一款宽松式西服，成品胸围为B+22厘米，下摆围小于成品胸围，整体呈Y型造型。

（2）我国男性的穿衣习俗远不如女性国际化，女性早已习惯了合体、甚至紧身的西服，而大多数男性仍然习惯宽松式西服，所以国内市场上卖得最多的男西服是宽松式西服，这种习俗的惯性还很大。

（3）宽松式西服在前后二片原型之间追加3~4厘米的宽松量；袖深点按全围追加量4∶1的比例加深。

（4）生产套装时，为了便于与裤子配套，宜按2.5–4系列推板；生产单品时，为了扩大体型覆盖面、节约号型量，宜按3·6系列推板。

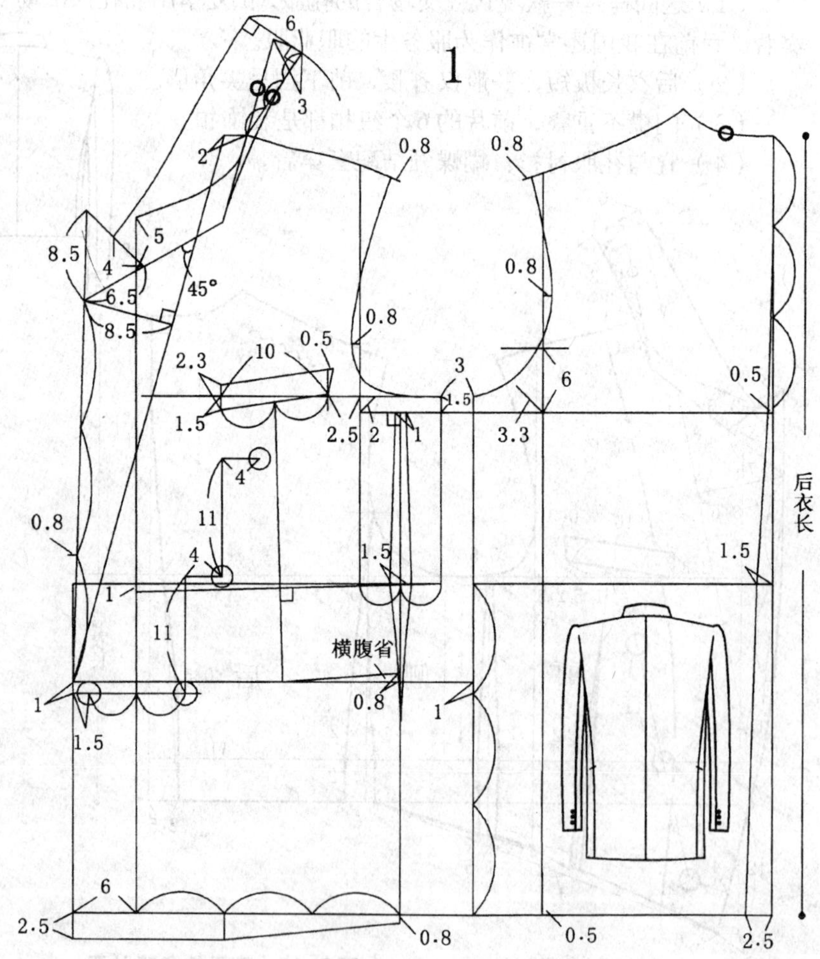

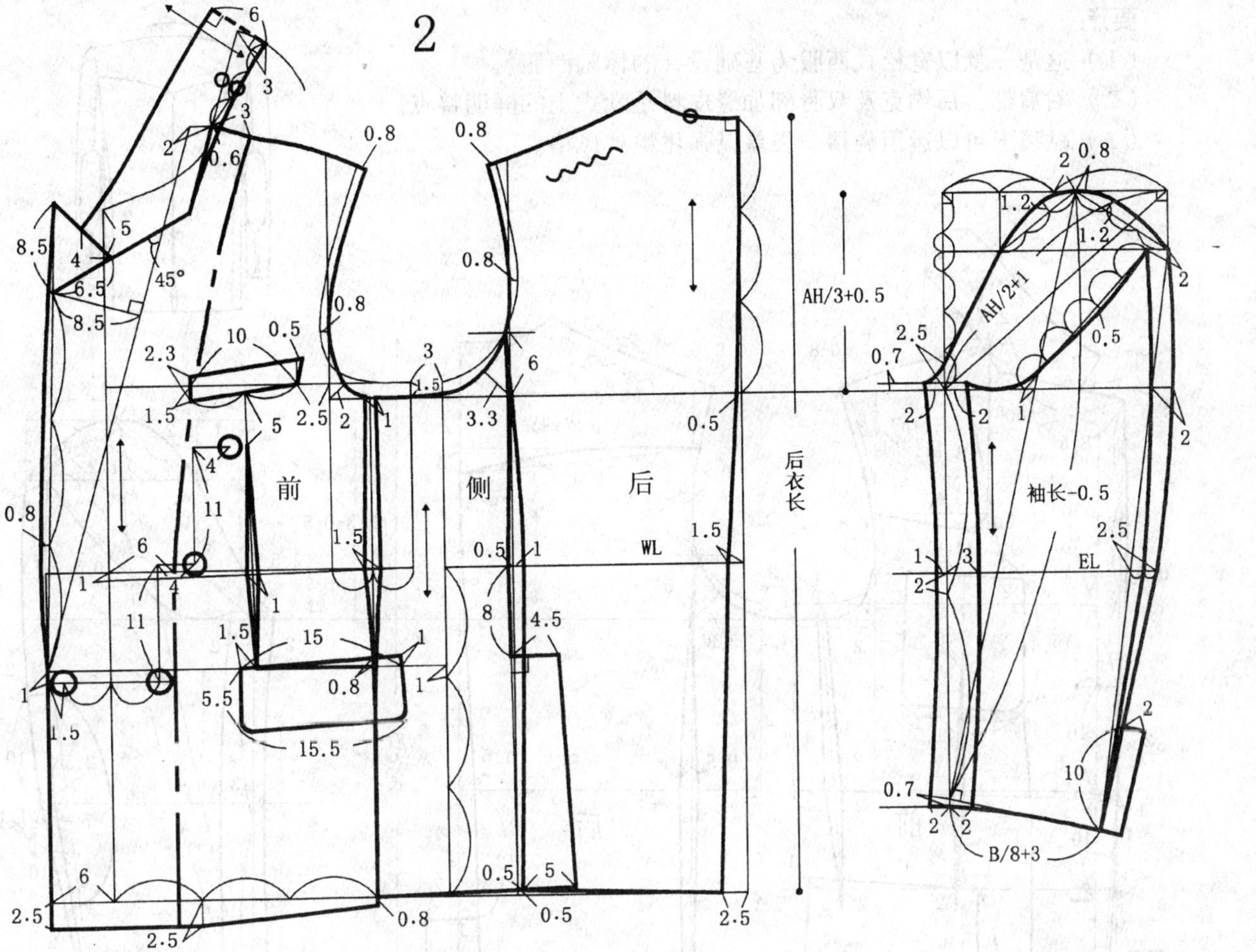

图5-14　双排6个纽扣枪驳领宽松西服

15. 单排3个钮扣狩猎式西服

参考规格　（3·6系列，供非套装用）　　　　　单位：厘米

群体分组	序号	身高	胸围（B）	上体号型	后衣长	成品胸围	下摆围	领围	肩宽	袖长	1/2袖口
高密集度群体	1	164	80	164/80A	70.6	102	99	制板、推板后实量	43	57	13.1
	2	167	86	167/86A	71.8	108	105		44.8	58	13.8
	3	170	92	170/92A	73	114	111		46.6	59	14.5
	4	173	98	173/98A	74.2	120	117		48.4	60	15.2
	5	176	104	176/104B	75.4	126	123		50.2	61	15.9
	6	179	110	179/110B	76.6	132	129		52	62	16.6
较高身材中密集度群体	1	172	80	172/80Y	74.6	102	99	制板、推板后实量	43.6	60	13.1
	2	175	86	175/86A	75.8	108	105		45.4	61	13.8
	3	178	92	178/92A	77	114	111		47.2	62	14.5
	4	181	98	181/98A	78.2	120	117		49	63	15.2
	5	184	104	184/104A	79.4	126	123		50.8	64	15.9
	6	187	110	187/110A	80.6	132	129		52.6	65	16.6

要点：

（1）这是一款以宽松式西服为基础设计的休闲西服。

（2）右肩部、后约克及双肘部加缝皮料是款式上的鲜明特点。

（3）贴袋上可以运用袋褶、袋盖以强化粗犷风格。

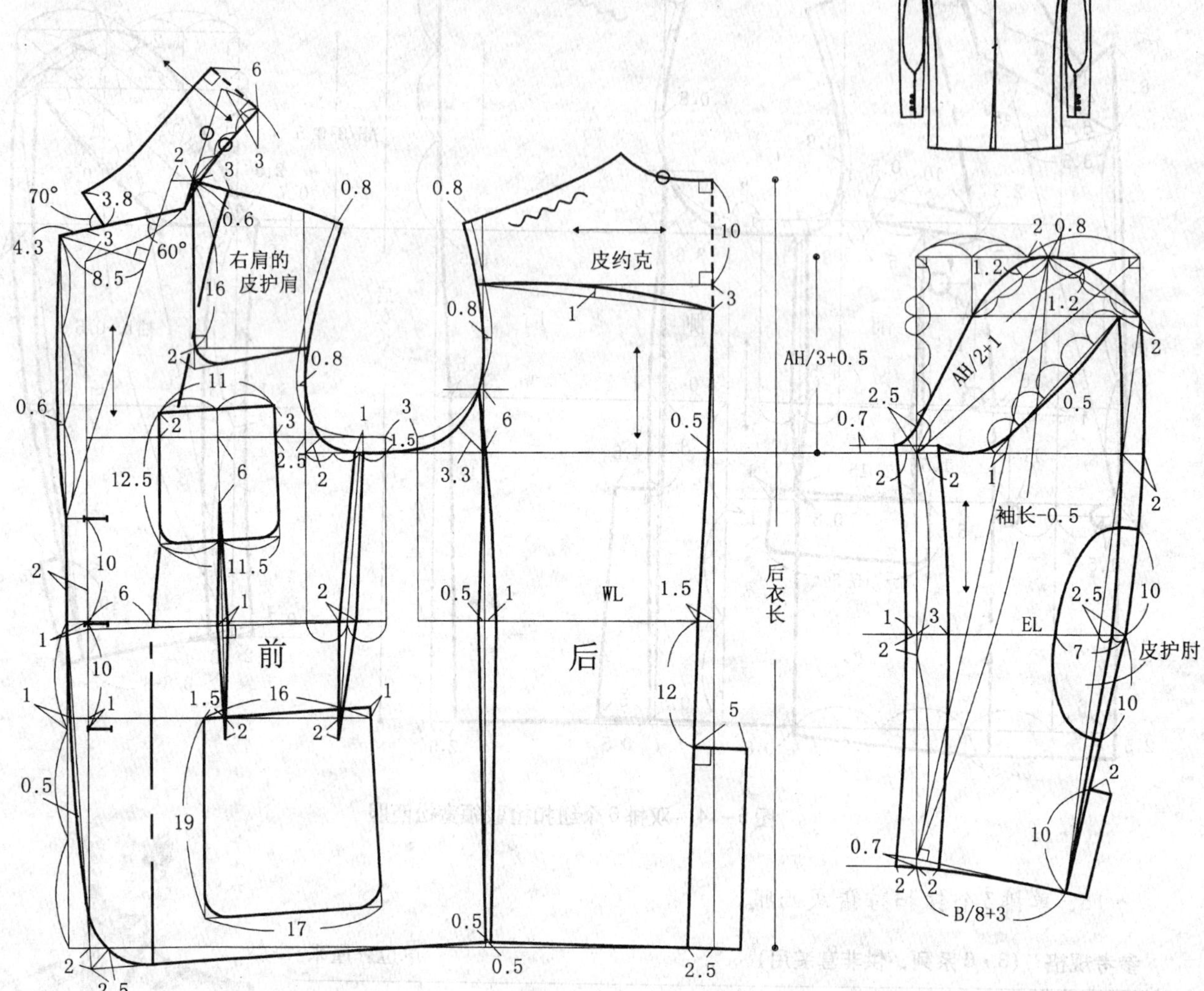

图5-15　单排3个钮扣狩猎式西服

16．单排4个纽扣半枪驳领休闲西服

要点：

（1）这是一款以宽松式西服为基础设计的休闲西服。

（2）半枪驳领的翘度多在30~40°之间。

（3）右侧大袋上方的表袋是这款西服的特点。

（4）纽扣较多时，扣间距可以适当减小，总的原则是最高扣位（翻折点）不高于胸围线。

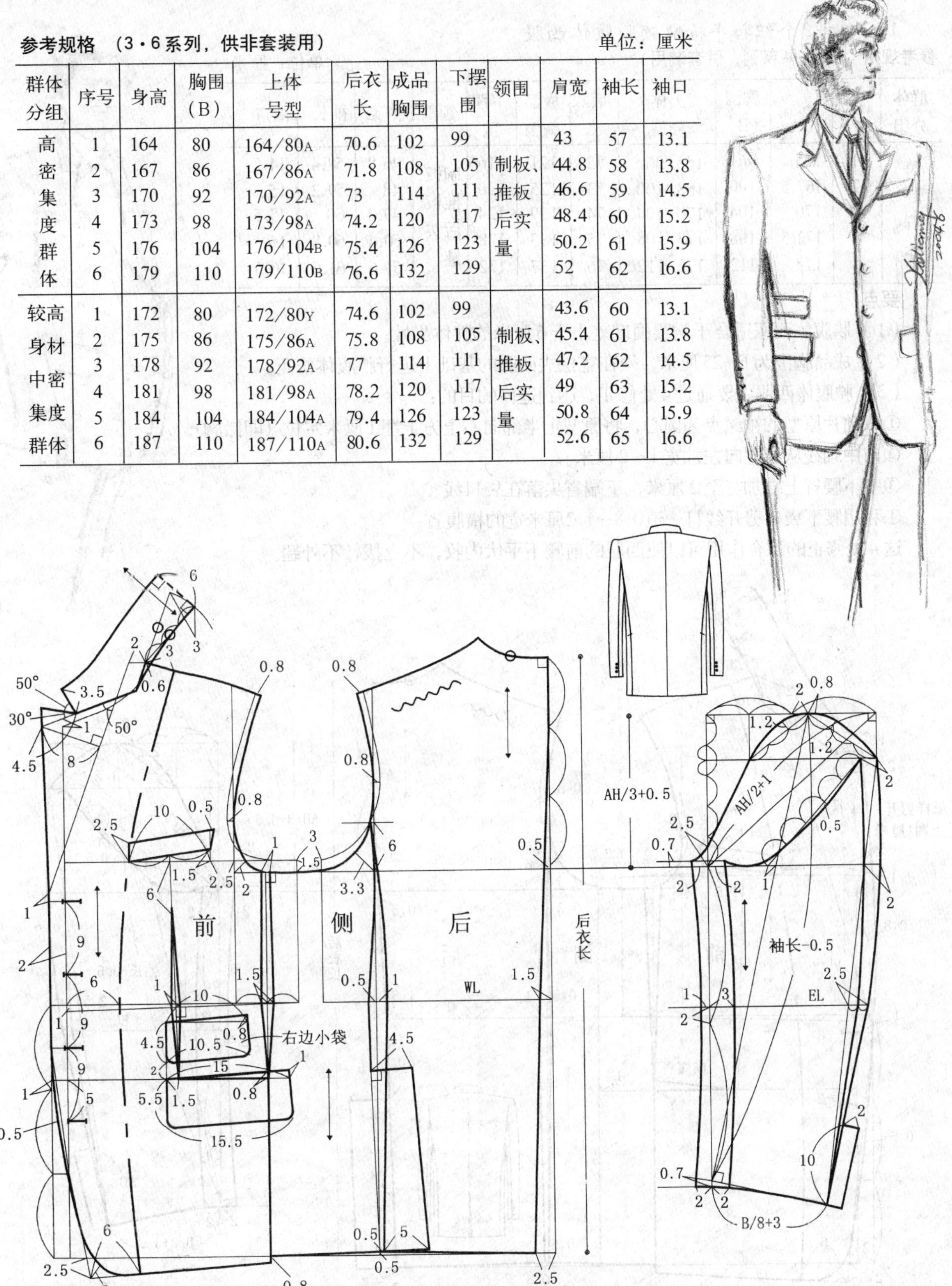

参考规格 （3·6系列，供非套装用） 单位：厘米

群体分组	序号	身高	胸围(B)	上体号型	后衣长	成品胸围	下摆围	领围	肩宽	袖长	袖口
高	1	164	80	164/80A	70.6	102	99		43	57	13.1
密	2	167	86	167/86A	71.8	108	105	制板、	44.8	58	13.8
集	3	170	92	170/92A	73	114	111	推板	46.6	59	14.5
度	4	173	98	173/98A	74.2	120	117	后实	48.4	60	15.2
群	5	176	104	176/104B	75.4	126	123	量	50.2	61	15.9
体	6	179	110	179/110B	76.6	132	129		52	62	16.6
较高	1	172	80	172/80Y	74.6	102	99		43.6	60	13.1
身材	2	175	86	175/86A	75.8	108	105	制板、	45.4	61	13.8
中密	3	178	92	178/92A	77	114	111	推板	47.2	62	14.5
集度	4	181	98	181/98A	78.2	120	117	后实	49	63	15.2
	5	184	104	184/104A	79.4	126	123	量	50.8	64	15.9
群体	6	187	110	187/110A	80.6	132	129		52.6	65	16.6

图 5-16 单排 4 个纽扣半枪驳领休闲西服

17. 单排2个纽扣半枪驳领腆腹体西服

参考规格 （2.5·4系列，供套装用） 单位：厘米

群体分组	序号	身高	胸围（B）	上体号型	后衣长	成品胸围	下摆围	领围	肩宽	袖长	袖口
特胖群体	1	165	96	165/96c	72	121	116	制板、推板后实量	46.8	58.4	14.5
	2	167.5	100	168/100c	73	125	120		48	59.2	15
	3	170	104	170/104c	74	129	124		49.2	60	15.5
	4	172.5	108	173/108c	75	133	128		50.4	60.8	16
	5	175	112	175/112c	76	137	132		51.6	61.6	16.5

要点

（1）腆腹体西服适合于胸腰围度差小于6厘米的胖体男性。

（2）成品胸围为B+23厘米，须在宽松式西服的基础上进行腆腹体修正。

（3）腆腹体西服主要通过4处修正，达到适体的目的：

①以前片原型的袖深点为圆心，将原型上半部向右上方上翘1厘米定位（即撇胸）。

②前中轴线从原型向左加宽1～2厘米。

③腋下腰省上端加宽至2厘米，下端省尖落在袋口线。

④利用腰下袋口剪开线打一道0.8～1.2厘米宽的横腹省。

这4处修正的综合作用可以使西服的前腰下平伏内收，不上拔，不外翘。

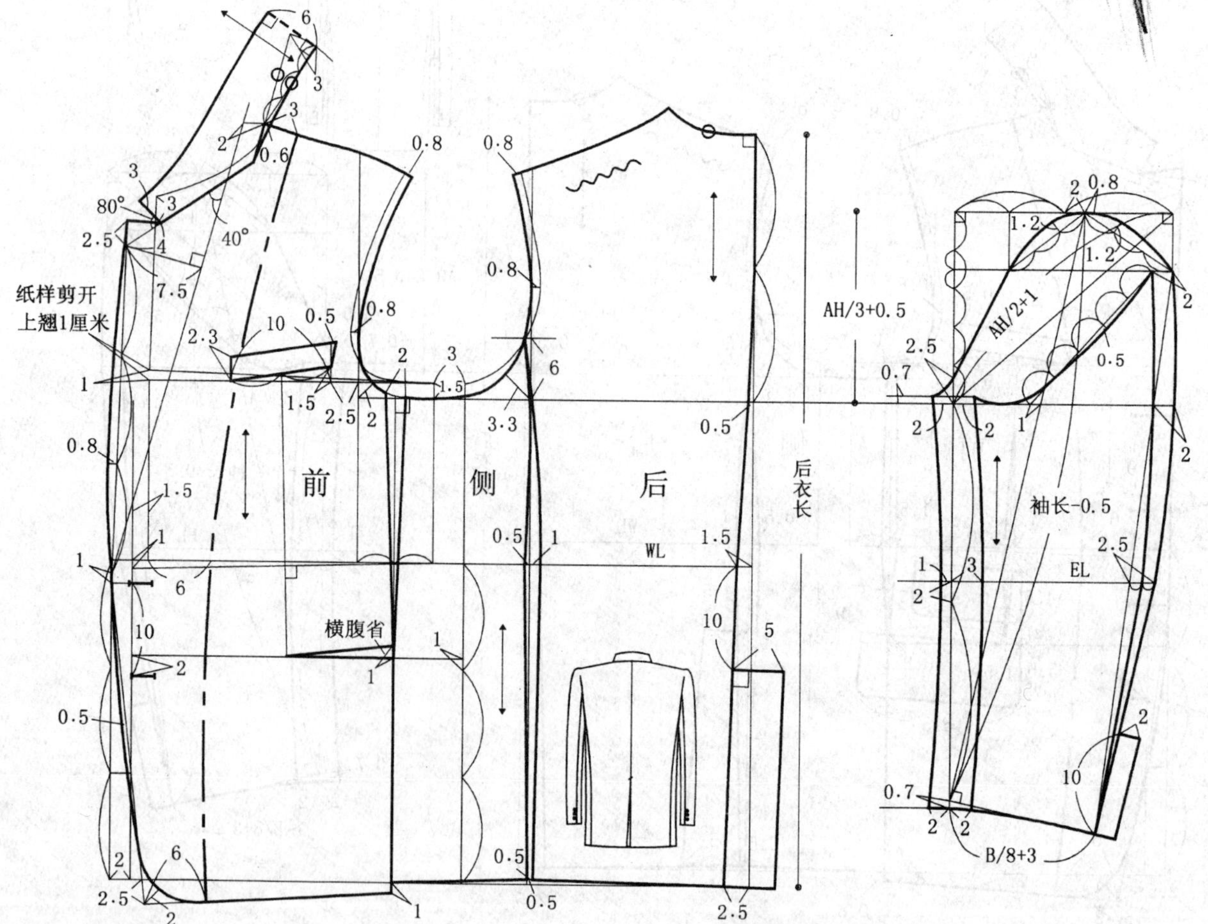

图5-17 单排2个纽扣半枪驳领腆腹体西服

18. 单排6个纽扣西服马甲

参考规格 （2.5·4系列） 单位：厘米

群体分组	序号	身高	胸围(B)	上体号型	后衣长	成品胸围	下摆围
高密集度群体	1	162.5	80	163/80A	50.6	89	79
	2	165	84	165/84A	51.4	93	83
	3	167.5	88	168/88A	52.2	97	87
	4	170	92	170/92A	53	101	91
	5	172.5	96	173/96A	53.8	105	95
	6	175	100	175/100B	54.6	109	99
	7	177.5	104	178/104B	55.4	113	103
较高身材中密集度群体	1	172.5	84	173/84Y	53.6	93	83
	2	175	88	175/88A	54.4	97	87
	3	177.5	92	178/92A	55.2	101	91
	4	180	96	180/96A	56	105	95
	5	182.5	100	183/100A	56.8	109	99
	6	185	104	185/104A	57.6	113	103
	7	187.5	108	188/108B	58.4	117	107

要点：

（1）以深灰、藏青、黑色精纺毛料精工制作的三件套西服，是规格很高的男士礼仪服。其西服上衣通常是单排扣合体西服，亦可以是单排扣宽松式西服。双排扣西服通常不与马甲配套。

（2）马甲对合体性要求很高，其成品胸围为B+9厘米。

（3）为了增加舒适性，马甲的后片里外两层都要用塔夫绸之类的里料制作，而且后片的面积应尽量大一些，所以前肩降低，让后肩线向前延伸；前侧缝线前移，让后侧缝线向前延伸。

（4）侧缝线下端开4厘米长的衩，既协调了前后片台阶式的下摆，又有利于舒适性。

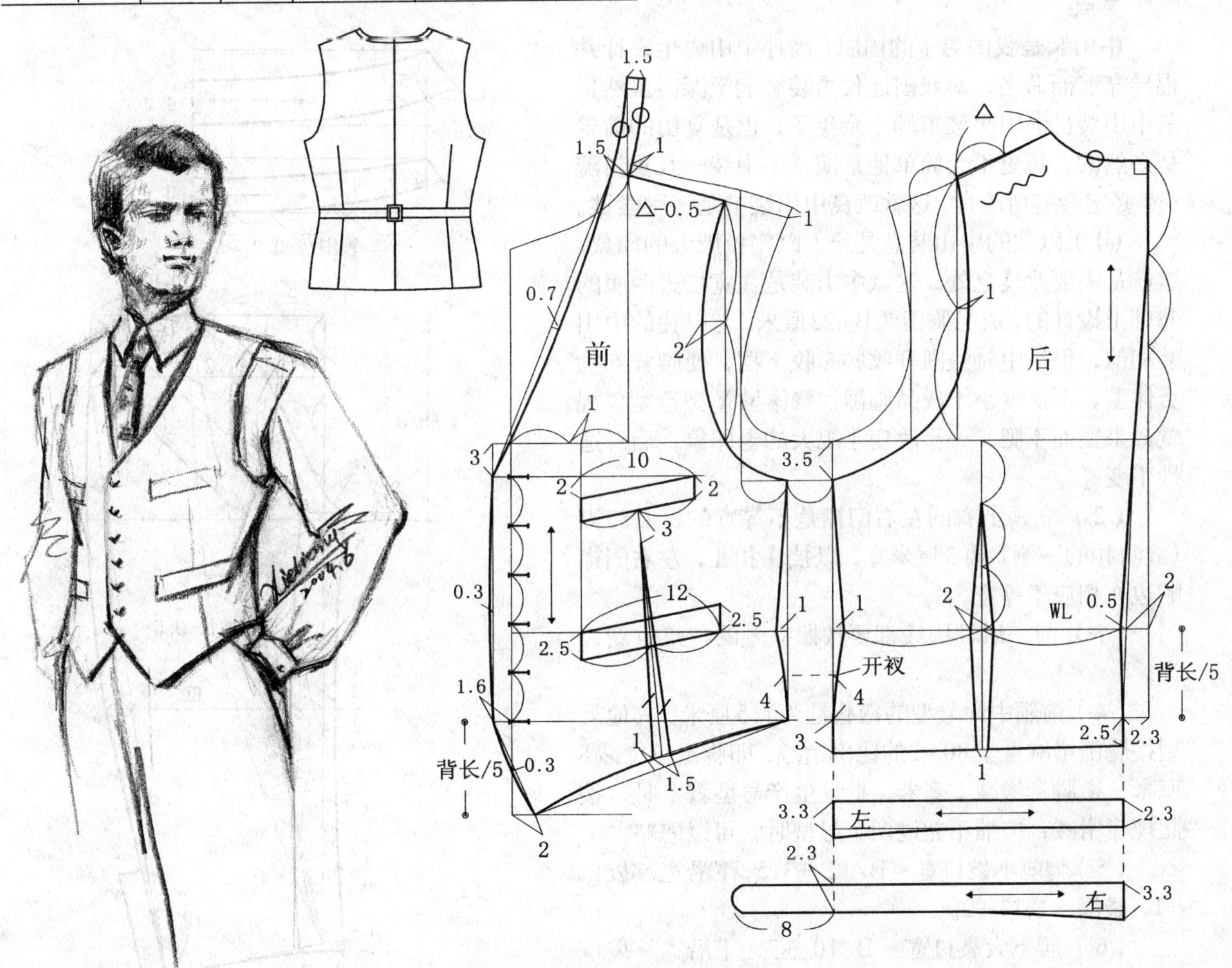

图5-18 单排6个纽扣西服马甲

19. 改良中山装

参考规格 （2.5·4系列，供套装用） 单位：厘米

群体分组	序号	身高	胸围（B）	上体号型	后衣长	成品胸围	下摆围	上领围	肩宽	袖长	袖口
高密集度群体	1	162.5	80	163/80A	70	102	99	40	43	56.6	13
	2	165	84	165/84A	71	106	103	41	44.2	57.4	13.5
	3	167.5	88	168/88A	72	110	107	42	45.4	58.2	14
	4	170	92	170/92A	73	114	111	43	46.6	59	14.5
	5	172.5	96	173/96A	74	118	115	44	47.8	59.8	15
	6	175	100	175/100B	75	122	119	45	49	60.6	15.5
	7	177.5	104	178/104B	76	126	123	46	50.2	61.4	16
较高身材中密集度群体	1	172.5	84	173/84Y	75	106	103	40.4	44.8	59.6	13.5
	2	175	88	175/88A	76	110	107	41.4	46	60.4	14
	3	177.5	92	178/92A	77	114	111	42.4	47.2	61.2	14.5
	4	180	96	180/96A	78	118	115	43.4	48.4	62	15
	5	182.5	100	183/100A	79	122	119	44.4	49.6	62.8	15.5
	6	185	104	185/104A	80	126	123	45.4	50.8	63.6	16
	7	187.5	108	188/108B	81	130	127	46.4	52	64.4	16.5

要点:

中山装是我国男子的国服，因孙中山先生设计并倡导穿着而命名，对我国近代男装影响至深。虽然目前中山装已淡出男装市场十余年了，但是复出的前景是必然的。历史不会简单地重演，中山装一旦重新流行，必定会有所改良，这款改良中山装就是一种尝试。

（1）以往的中山装总是给人以宽松肥大的印象，这就是需要改良之处。这款中山装是在宽松式西服的基础上设计的，成品胸围为B+22厘米，与以往的中山装相似，但后中轴线断开收腰、收下摆，使腰背部吻合体型，下摆围小于成品胸围，整体呈Y型造型，视觉效果宽而不肥，一举改变了肥大的老印象，而舒适性不变。

（2）立领上衣的左右门襟是不等宽的，右门襟（缝纽扣的一侧）要3厘米宽，以挡住扣孔，左右门襟贴边亦相应不等宽。

（3）前、后领围线都要按照立领的特点重新设计。

（4）前领中间号型的撇胸量为1.5厘米，其他号型按胸围增减量呈80∶1的比例增减，即胸围每增减8厘米、撇胸量增减1毫米。批量生产号型较多时，按此规律增减；扩缩不超过两个号型时，可以忽略。

（5）胸前小袋口宽≈B/12 +3.5，下沿宽≈袋口+1，袋深≈袋口+2。

（6）腰下大袋口宽≈B/10 +7，下沿宽≈袋口+1.5；袋深≈袋口+3。

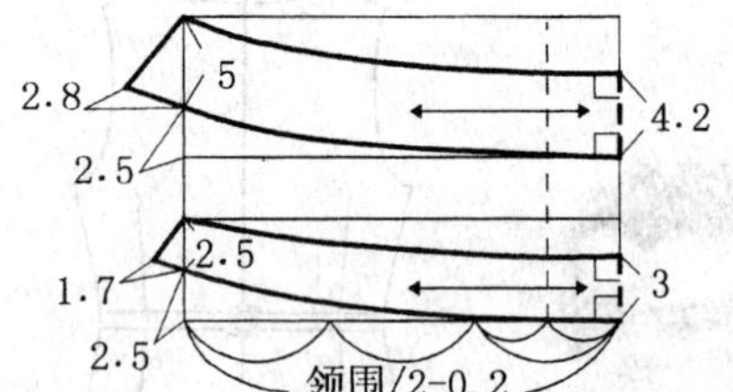

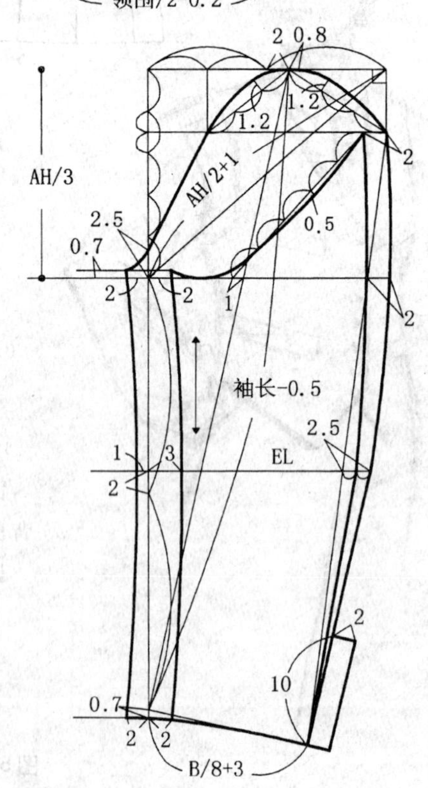

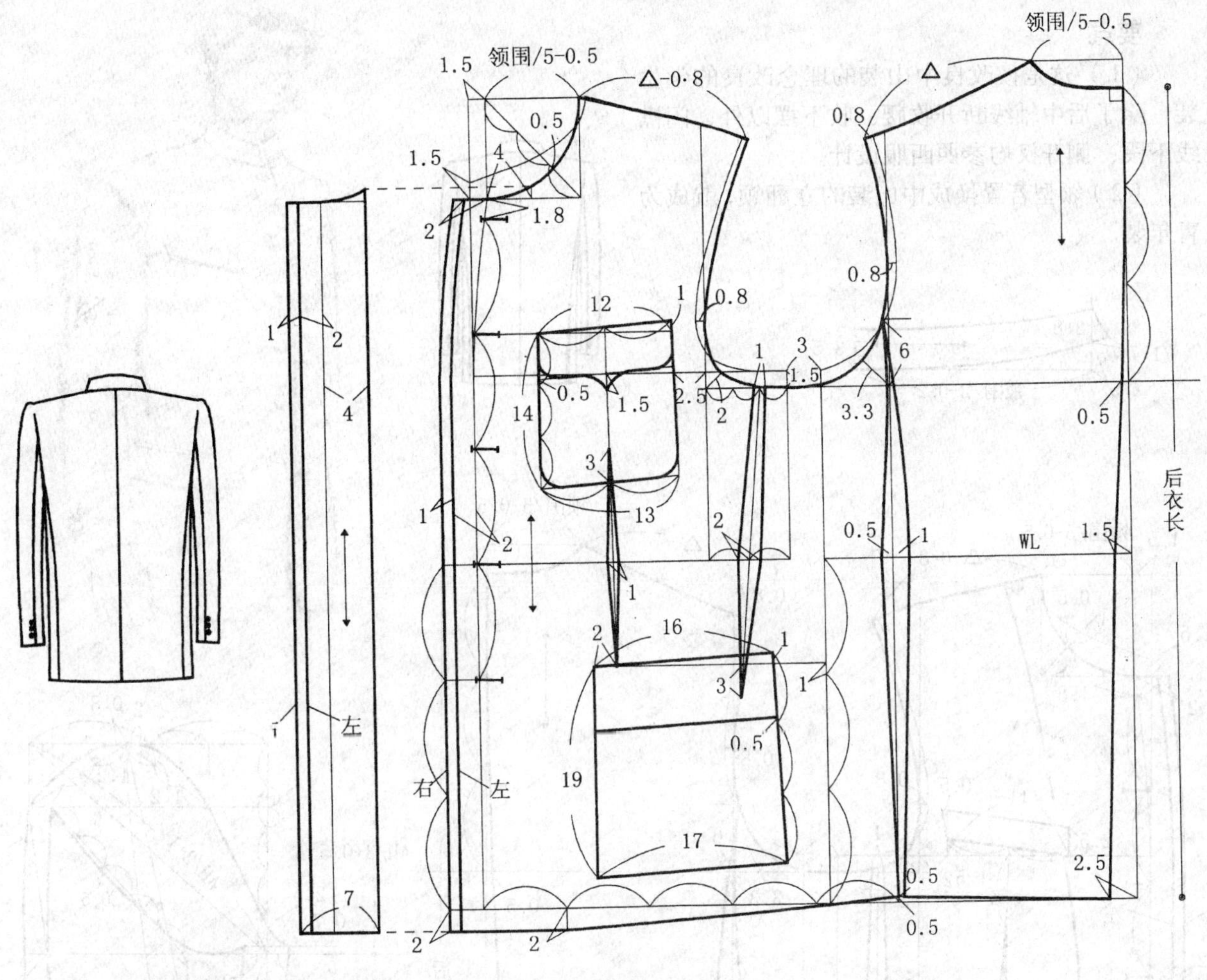

图5-19 改良中山装

20. 改良学生装

参考规格（3·6系列） 单位：厘米

群体分组	序号	身高	胸围（B）	上体号型	后衣长	成品胸围	下摆围	上领围	肩宽	袖长	1/2袖口
高密集度群体	1	164	80	164/80A	70.6	102	99	40	43	57	13.1
	2	167	86	167/86A	71.8	108	105	41.5	44.8	58	13.8
	3	170	92	170/92A	73	114	111	43	46.6	59	14.5
	4	173	98	173/98A	74.2	120	117	44.5	48.4	60	15.2
	5	176	104	176/104A	75.4	126	123	46	50.2	61	15.9
	6	179	110	179/110B	76.6	132	129	47.5	52	62	16.6
较高身材中密集度群体	1	172	80	172/80Y	74.6	102	99	39.5	43.6	60	13.1
	2	175	86	175/86Y	75.8	108	105	41	45.4	61	13.8
	3	178	92	178/92A	77	114	111	42.5	47.2	62	14.5
	4	181	98	181/98A	78.2	120	117	44	49	63	15.2
	5	184	104	184/104A	79.4	126	123	45.5	50.8	64	15.9
	6	187	110	187/110A	80.6	132	129	46	52.6	65	16.6

要点:

（1）这是按改良中山装的理念改良的学生装，除了后中轴线断开收腰、收下摆以外，门襟线下段、侧开衩均参照西服设计。

（2）领型若置换成中山装的立翻领，就成为青年装。

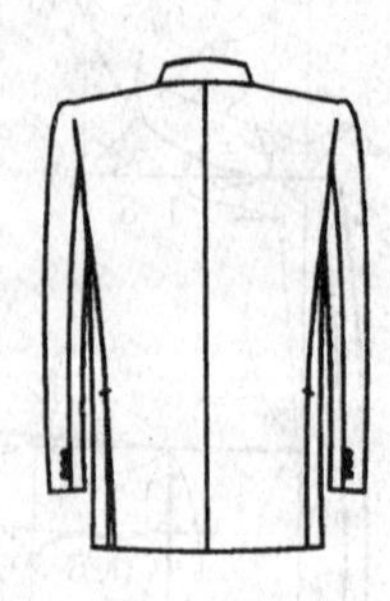

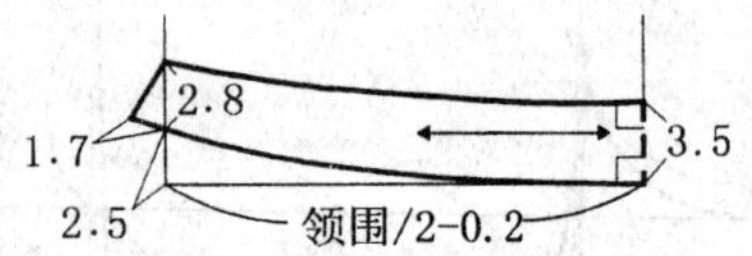

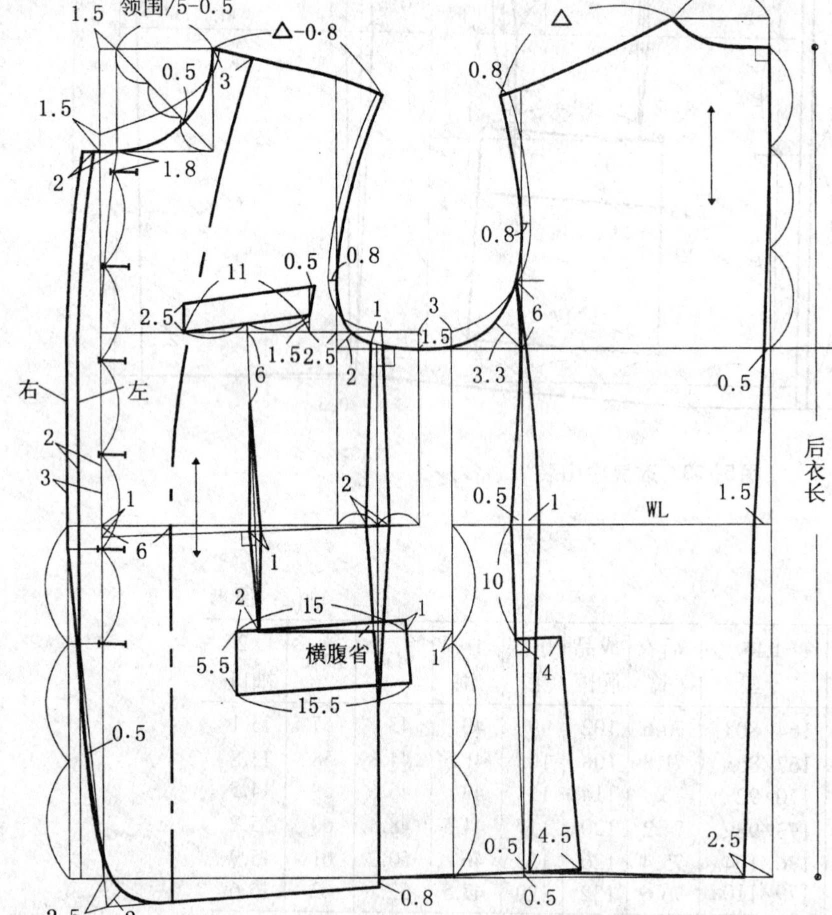

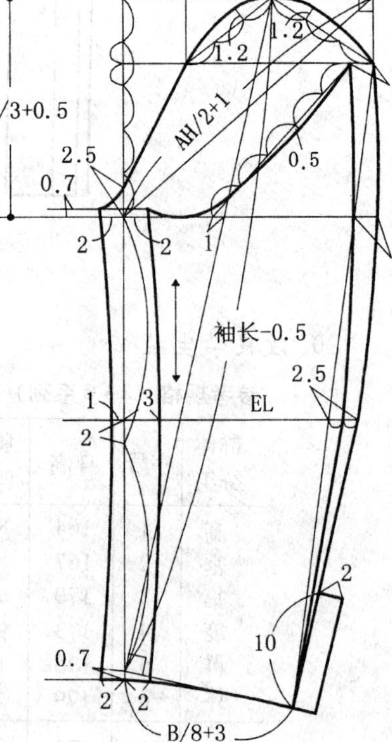

图5-20　改良学生装

21. 中式上衣（唐装）

要点:

（1）这是按改良中山装的理念改良的中式上衣（唐装），除了后中轴线断开收腰、收下摆以外，侧缝线前移至前片原型的侧缝线处，腰下设置插袋。

（2）门襟是对襟，右襟下设置一片内遮襟。

参考规格　(3·6系列)　　　　　　　　　　　　　　　　单位：厘米

群体分组	序号	身高	胸围(B)	上体号型	后衣长	成品胸围	下摆围	上领围	肩宽	袖长	1/2袖口
高密集度群体	1	164	80	164/80A	71.6	102	99	40	43	58	13.1
	2	167	86	167/86A	72.8	108	105	41.5	44.8	59	13.8
	3	170	92	170/92A	74	114	111	43	46.6	60	14.5
	4	173	98	173/98A	75.2	120	117	44.5	48.4	61	15.2
	5	176	104	176/104A	76.4	126	123	46	50.2	62	15.9
	6	179	110	179/110B	77.6	132	129	47.5	52	63	16.6
较高身材中密集度群体	1	172	80	172/80Y	74.6	102	99	39.5	43.6	61	13.1
	2	175	86	175/86A	75.8	108	105	41	45.4	62	13.8
	3	178	92	178/92A	77	114	111	42.5	47.2	63	14.5
	4	181	98	181/98A	78.2	120	117	44	49	64	15.2
	5	184	104	184/104A	79.4	126	123	45.5	50.8	65	15.9
	6	187	110	187/110A	80.6	132	129	46	52.6	66	16.6

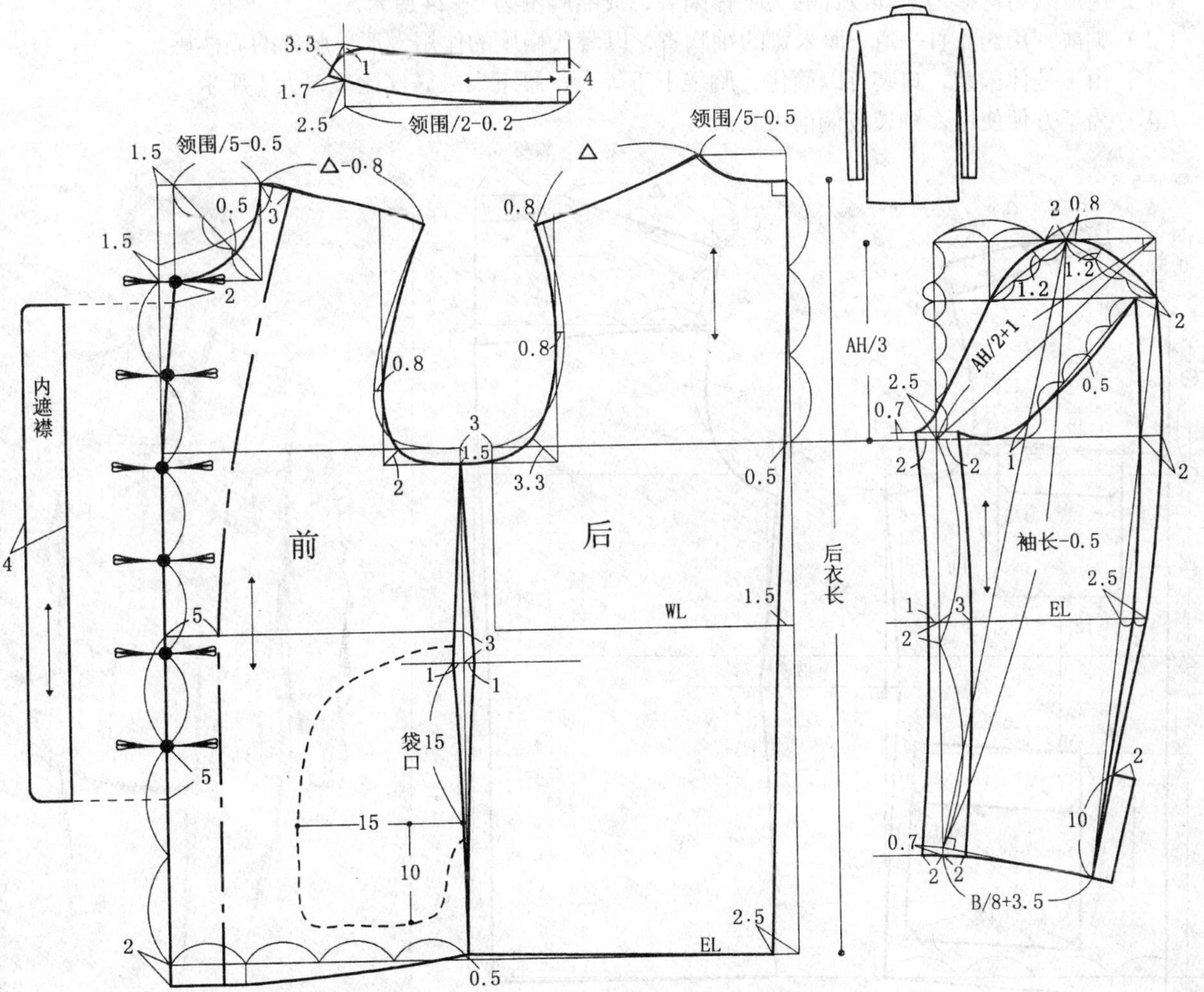

图5-21　中式上衣（唐装）

22. 猎装

参考规格 （3·6系列）　　　　单位：厘米

群体分组	序号	身高	胸围（B）	上体号型	后衣长	成品胸围	下摆围	上领围	肩宽	袖长	袖卡夫
高密集度群体	1	164	80	164/80A	70.6	104	99	40	43	60	27
	2	167	86	167/86A	71.8	110	105	41.5	44.8	61	28
	3	170	92	170/92A	73	116	111	43	46.6	62	29
	4	173	98	173/98A	74.2	122	117	44.5	48.4	63	30
	5	176	104	176/104A	75.4	128	123	46	50.2	64	31
	6	179	110	179/110B	76.6	134	129	47.5	52	65	32
较高身材中密集度群体	1	172	80	172/80Y	74.6	104	99	39.5	43.6	63	27
	2	175	86	175/86A	75.8	110	105	41	45.4	64	28
	3	178	92	178/92A	77	116	111	42.5	47.2	65	29
	4	181	98	181/98A	78.2	122	117	44	49	66	30
	5	184	104	184/104A	79.4	128	123	45.5	50.8	67	31
	6	187	110	187/110A	80.6	134	129	46	52.6	68	32

要点：

（1）这是以男衬衫为基础设计的男士休闲装，成品胸围为B+24厘米。

（2）胸前利用约克打一道1厘米宽的袖胸省，以替代撇胸的作用，形成胸部的立体感。

（3）由于是休闲装，口装可以简化，胸袋上下等大，腰下大袋底仅比袋口大1厘米。

（4）为了方便使用，袖袋应偏前设置。

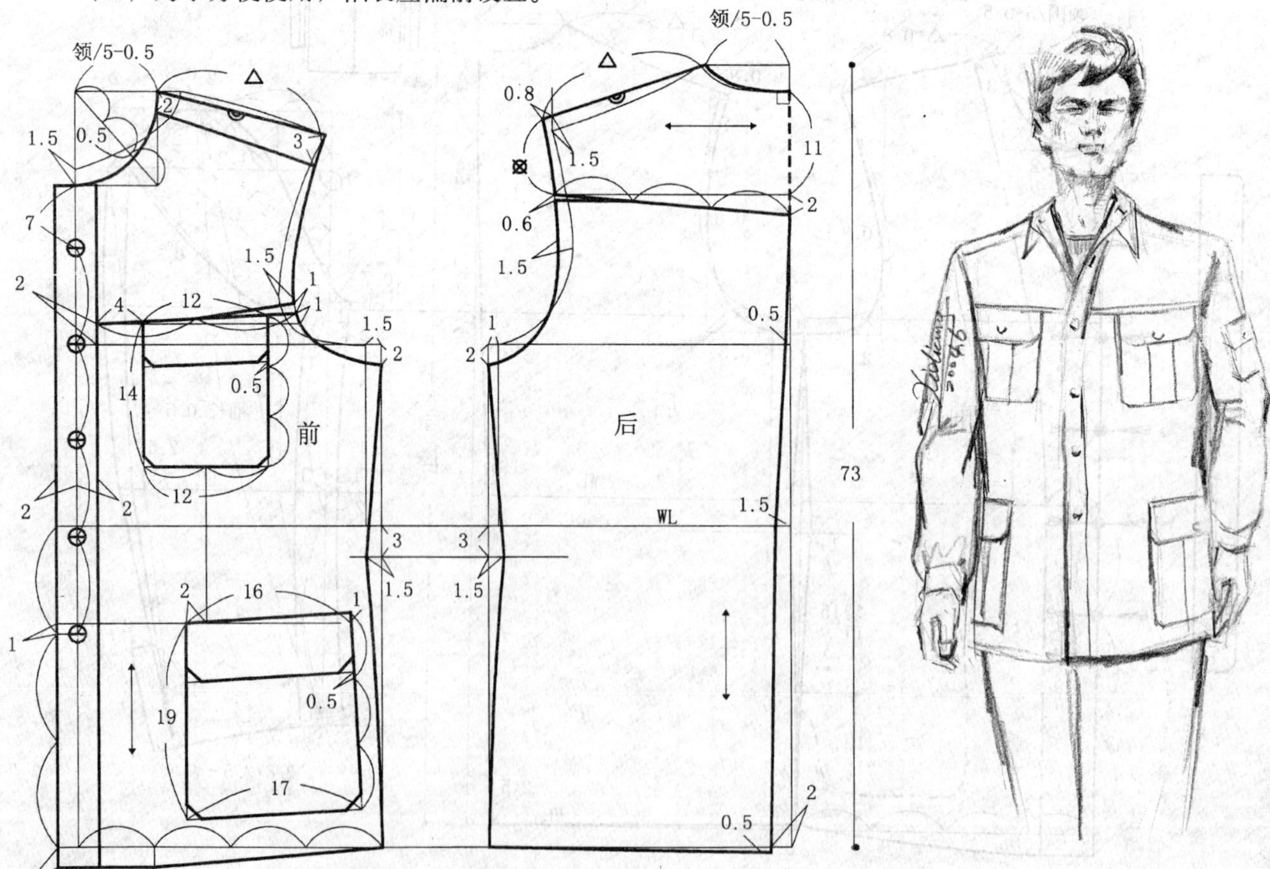

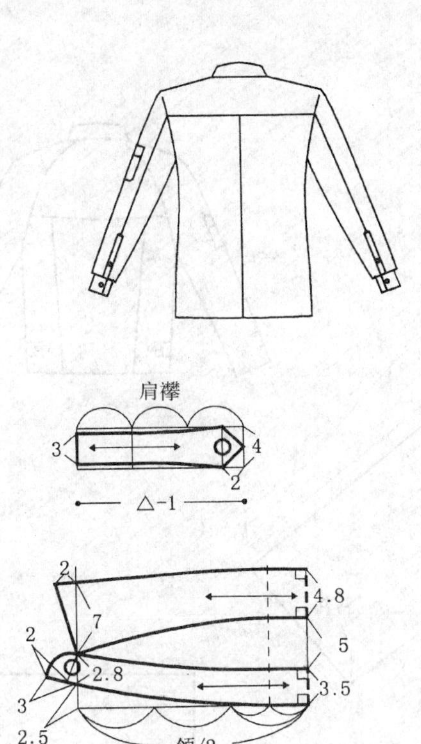

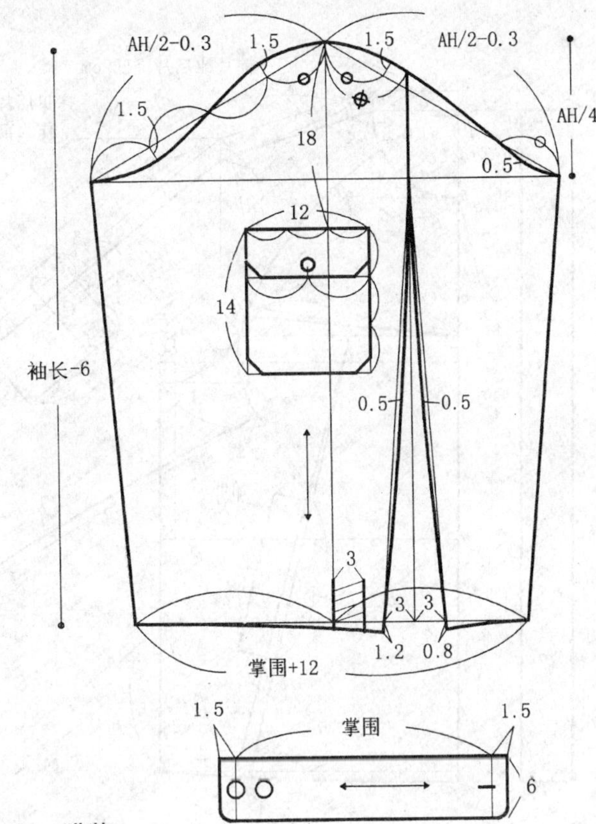

图5—22 猎装

23. 插肩袖茄克

参考规格 （3·6系列） 单位：厘米

群体分组	序号	身高	胸围（B）	上体号型	后衣长	成品胸围	下摆围	领围	肩袖长	1/2袖口
高密集度群体	1	164	80	164/80A	67.6	106	102	制板、推板后实量	78.8	13.5
	2	167	86	167/86A	68.8	112	108		80.4	14.5
	3	170	92	170/92A	70	118	114		82	15.5
	4	173	98	173/98A	71.2	124	120		83.6	16.5
	5	176	104	176/104A	72.4	130	126		85.2	17.5
	6	179	110	179/110A	73.6	136	132		86.8	18.5
较高身材中密集度群体	1	172	80	172/80Y	70.6	106	102	制板、推板后实量	81.8	14
	2	175	86	175/86Y	71.8	112	108		83.4	14.5
	3	178	92	178/92A	73	118	114		85	15.5
	4	181	98	181/98A	74.2	124	120		86.6	16.5
	5	184	104	184/104A	75.4	130	126		88.2	17.5
	6	187	110	187/110A	76.6	136	132		89.8	18.5

要点：

（1）这是一款半宽松茄克，成品胸围为B+26厘米。

（2）前片在后片的基础线上制板，但男装的前片肩线、领围线、袖中线向整体降低2厘米。

（3）胸前利用约克打一道1厘米宽的袖胸省，以替代撇胸作用，形成胸部的立体感。

（4）由于胸省使袖窿线减短，袖山线相应较腋下扣短1厘米。

（5）斜插袋的垂直容量应不少于袋口下沿以下9厘米。

前片比后片降低2cm
拷贝后片基础线
作为前片基础线
B/16+3
40°
肩袖长
装拉链
内遮襟
前
侧
WL
B/6
后
侧
WL
后衣长
○+∅+0.3

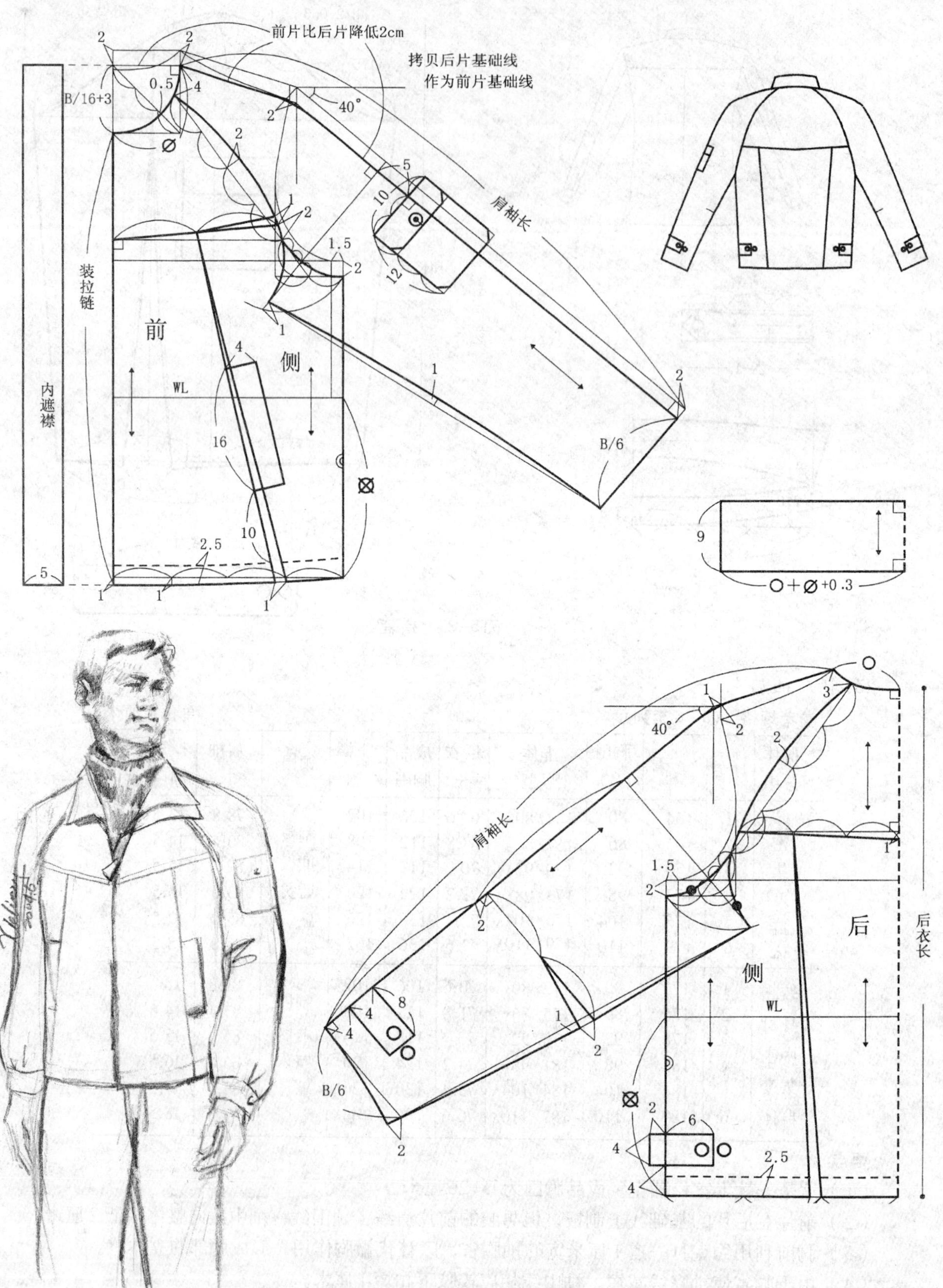

图5-23 插肩袖茄克

24. 修身茄克

参考规格 （3·6系列） 单位：厘米

群体分组	序号	身高	胸围（B）	上体号型	后衣长	成品胸围	下摆围	领围	袖长	袖卡夫
高密集度群体	1	164	80	164/80A	65.6	106	100	制板、推板后实量	62	27
	2	167	86	167/86A	66.8	112	106		63	28
	3	170	92	170/92A	68	118	112		64	29
	4	173	98	173/98A	69.2	124	118		65	30
	5	176	104	176/104A	70.4	130	124		66	31
	6	179	110	179/110A	71.6	136	130		67	32
较高身材中密集度群体	1	172	80	172/80Y	69.6	106	100	制板、推板后实量	65	27
	2	175	86	175/86Y	70.8	112	106		66	28
	3	178	92	178/92A	72	118	112		67	29
	4	181	98	181/98A	73.2	124	118		68	30
	5	184	104	184/104A	74.4	130	124		69	31
	6	187	110	187/110A	75.6	136	130		70	32

要点：

（1）这是一款半宽松茄克，成品胸围为B+26厘米。

（2）这款是茄克下摆边不装松紧带的典型处理方式。

（3）前门襟上部有1.5厘米宽的撇胸，各号型等宽。

（4）前后片的分割线可以按时尚比较自由地处理，基本上不影响整体关系。

（5）斜插袋的垂直容量应不少于袋口下沿以下9厘米。

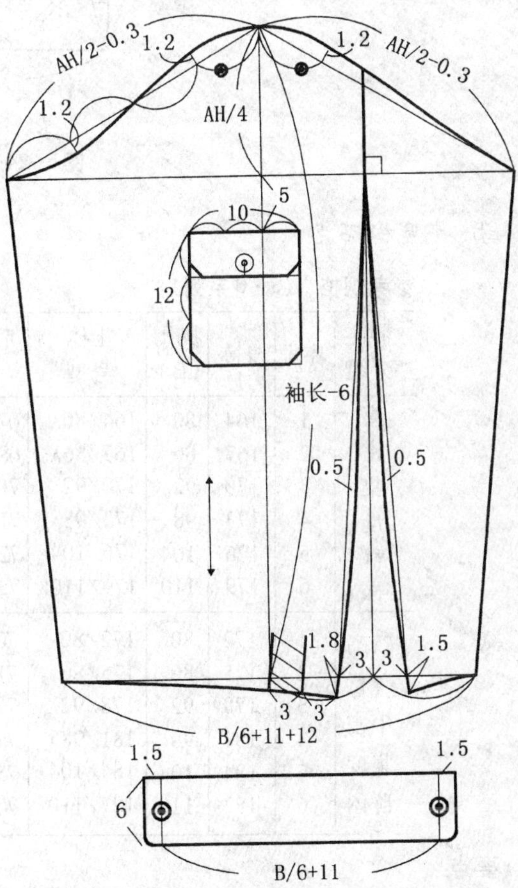

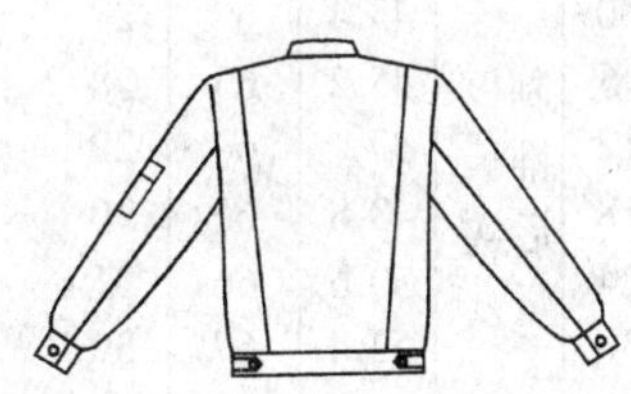

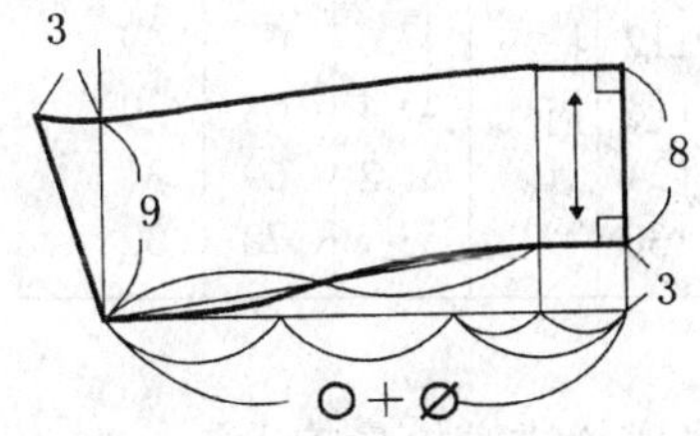

图5-24（1） 修身茄克

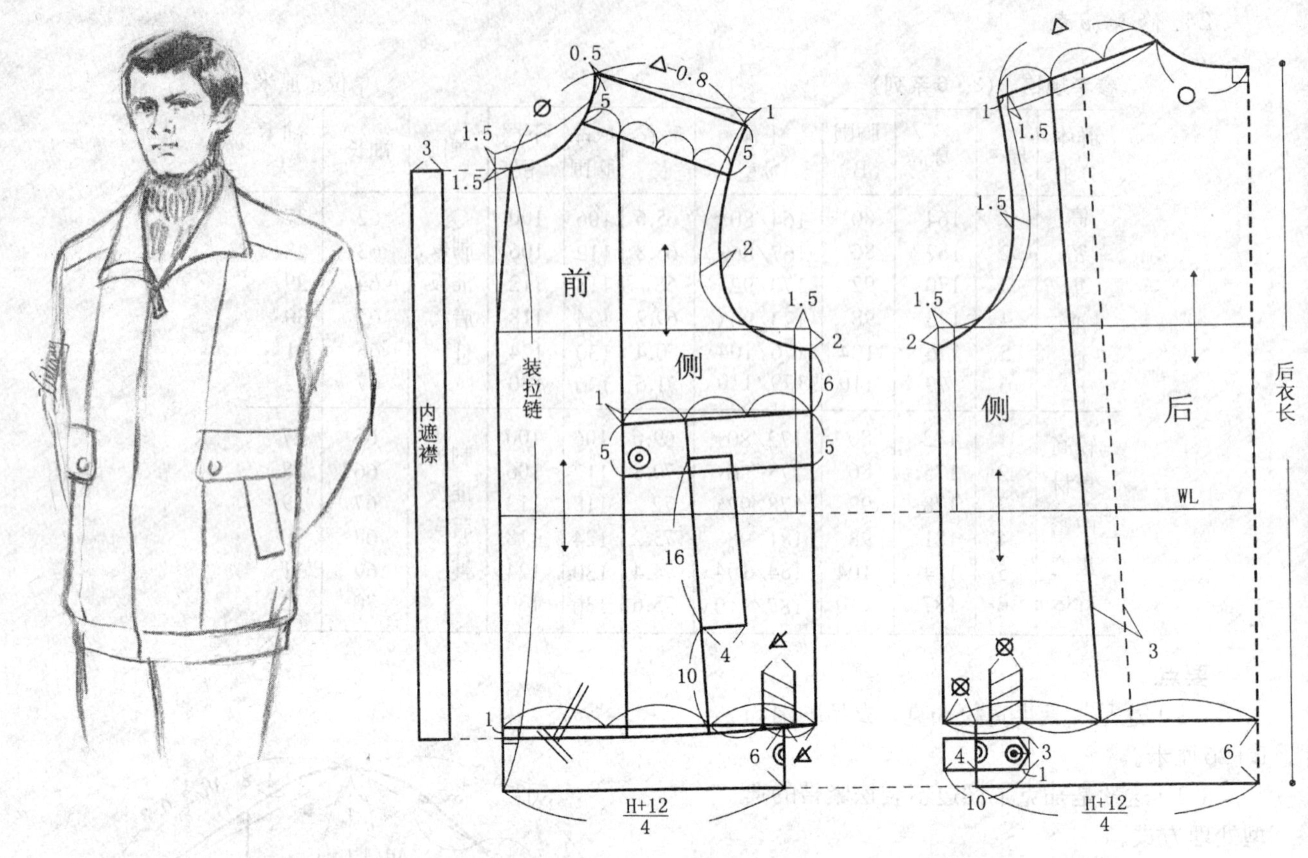

图5-24（2） 修身茄克

25. 半宽松茄克

参考规格 （3·6系列） 单位：厘米

群体分组	序号	身高	胸围(B)	上体号型	后衣长	成品胸围	下摆围 平量	下摆围 拉量	领围	肩宽	袖长	袖卡夫
高密集度群体	1	164	80	164/80A	67.6	110	86	100	制板、推板后实量	43.4	62	27
	2	167	86	167/86A	68.8	116	90	106		45.2	63	28
	3	170	92	170/92A	70	122	94	112		47	64	29
	4	173	98	173/98A	71.2	128	98	118		48.8	65	30
	5	176	104	176/104A	72.4	134	102	124		50.6	66	31
	6	179	110	179/110A	73.6	140	106	130		52.4	67	32
较高身材中密集度群体	1	172	80	172/80Y	70.6	110	86	100	制板、推板后实量	44	65	27
	2	175	86	175/86Y	71.8	116	90	106		45.8	66	28
	3	178	92	178/92A	73	122	94	112		47.6	67	29
	4	181	98	181/98A	74.2	128	98	118		49.4	68	30
	5	184	104	184/104A	75.4	134	102	124		51.2	69	31
	6	187	110	187/110A	76.6	140	106	130		53	70	32

要点

（1）这是一款半宽松茄克，成品胸围为B+30厘米，是半宽松式宽松量的上限。

（2）这款是茄克下摆边装松紧带的典型处理方式。

AH/2-0.3
1.2
AH/2-0.3
1.2
1.2
AH/4
11
5
13
0.5
袖长-6
0.5
0.5
1.8
3
3
1.5
3
3
B/6+11+12
9
○+∅+0.3
1.5
1.5
6
B/6+11
前片比后片降低2cm
2
2
△-0.8
1
2
B/16+3
0.5
∅
0.8
1
1
6
13
3
0.5
15
拷贝后片基础线
作为前片基础线
2.5
3.5
2.5
3.5
1
1.5
0.6
1
1.5
侧
后
后衣长
WL
内遮襟
装拉链
前
15
9
3
6
穿入松紧带
穿入松紧带
6

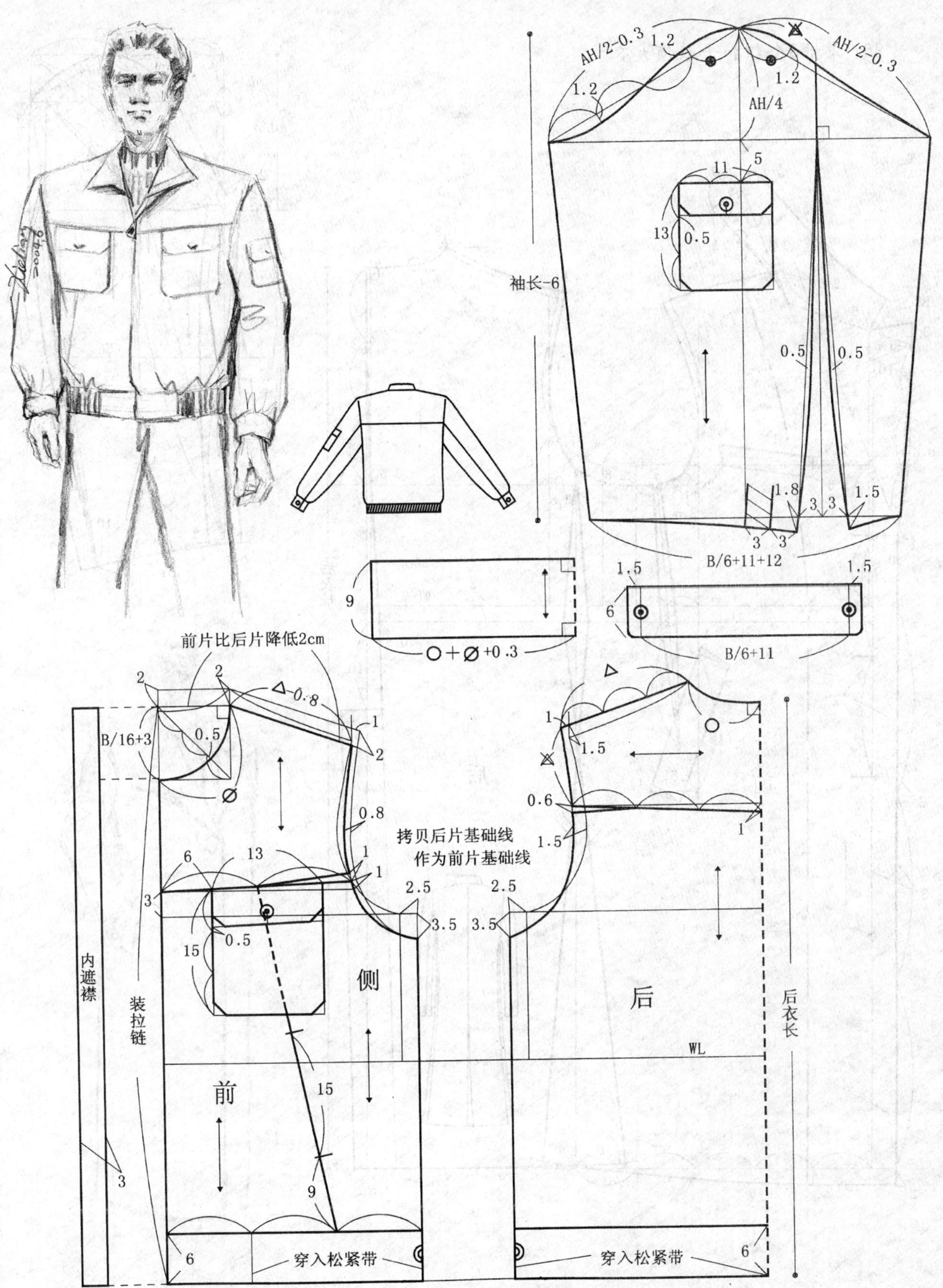

图5-25 半宽松茄克

26. 单排3个纽扣平驳领大衣

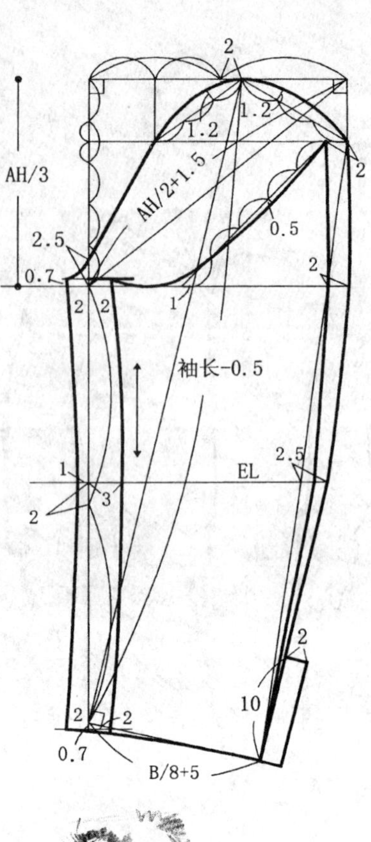

前

后

WL

后衣长

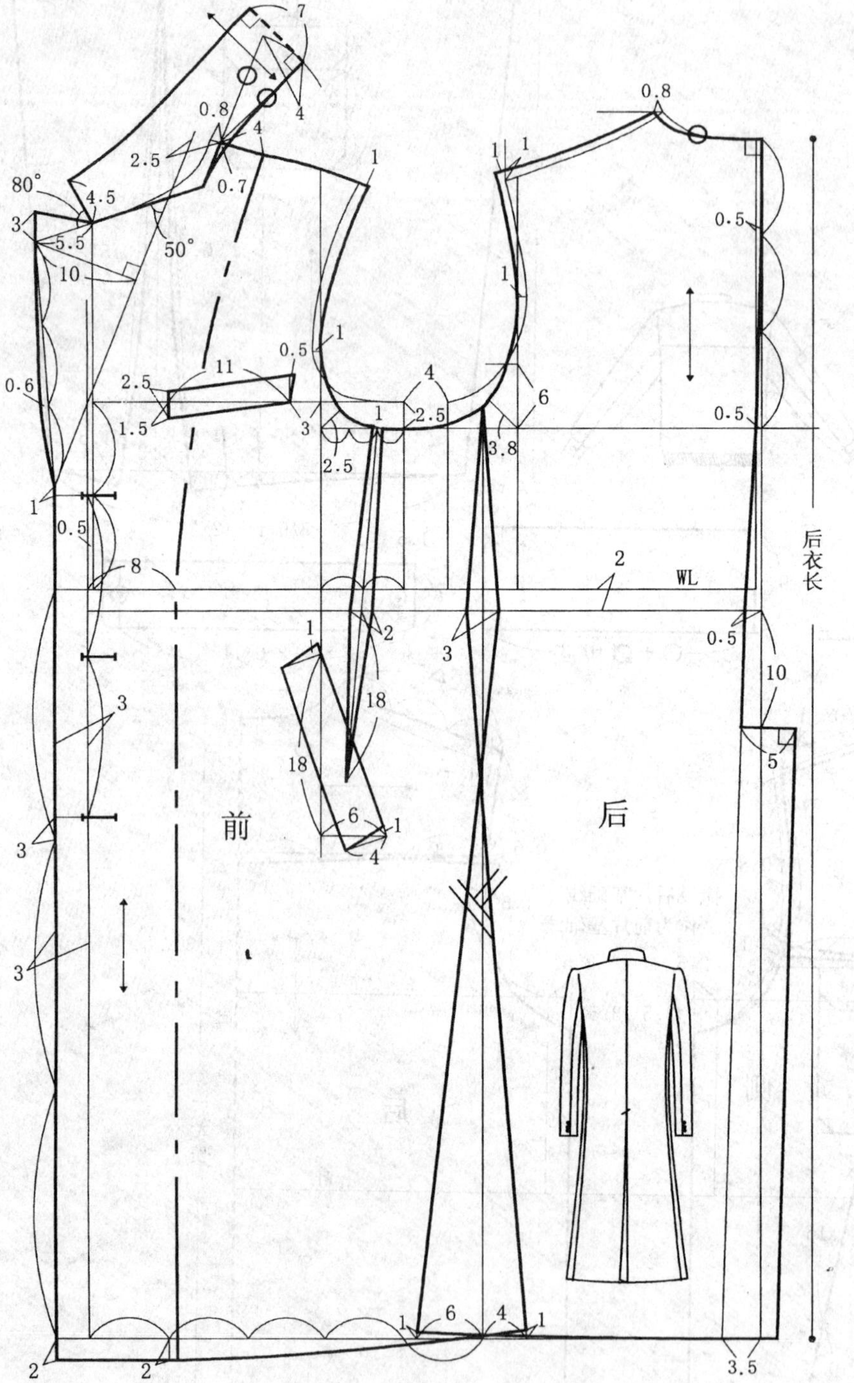

图5-26 单排3个纽扣平驳领大衣

参考规格　（3·6系列）　　　　　　　　　　　　　　　　单位：厘米

群体分组	序号	身高	胸围（B）	上体号型	后衣长	成品胸围	下摆围	领围	肩宽	袖长	1/2袖口
高	1	164	80	164/80A	110	106	120		44.4	61	14.4
密	2	167	86	167/86A	112	112	126	制板、	46.2	62	15.2
集	3	170	92	170/92A	114	118	132	推板	48	63	16
度	4	173	98	173/98A	116	124	138	后实	49.8	64	16.8
群	5	176	104	176/104A	118	130	144	量	51.6	65	17.6
体	6	179	110	179/110A	120	136	150		53.4	66	18.4
较高	1	172	80	172/80Y	116	106	120		45	64	14.4
身材	2	175	86	175/86Y	118	112	126	制板、	46.8	65	15.2
中密	3	178	92	178/92A	120	118	132	推板	48.6	66	16
集度	4	181	98	181/98A	122	124	138	后实	50.4	67	16.8
群体	5	184	104	184/104A	124	130	144	量	52.2	68	17.6
	6	187	110	187/110A	126	136	150		54	69	18.4

要点

（1）这是一款配合西服穿着的正装大衣，造型严谨，注重礼仪性。

前、后中轴线各加宽0.5厘米，前、后原型之间加入4厘米，扣除衣片分割的损耗，成品胸围为B+26厘米，整体呈A型造型。

（2）正装大衣的衣长、袖长有一定的规范性。其衣长＝身高×0.7−10厘米，其中−10厘米是可以调整的数值，视时尚在−1～−10之间选择；其袖长＝西服袖长+3厘米。

（3）注意背侧缝的分割方式，这是正装大衣的二种分割方式之一。

（4）腋下腰省的下端省尖要藏入斜插袋口。

（5）后中轴线下段一定要开衩，以利于跨步，开衩起点多在腰围线下10～15厘米。

两片袖的画法虽与西服相似，但计算袖宽对角斜线的公式为AH/2+1.5厘米，以适当增大袖山缩缝量。

27. 双排6个纽扣枪驳领大衣

参考规格　（3·6系列）　　　　　　　　　　　　　　　　单位：厘米

群体分组	序号	身高	胸围（B）	上体号型	后衣长	成品胸围	下摆围	领围	肩宽	袖长	1/2袖口
高	1	164	80	164/80A	112	108	122		44.4	61	14.6
密	2	167	86	167/86A	114	114	128	制板、	46.2	62	15.3
集	3	170	92	170/92A	116	120	134	推板	48	63	16
度	4	173	98	173/98A	118	126	140	后实	49.8	64	16.7
群	5	176	104	176/104A	120	132	146	量	51.6	65	17.4
体	6	179	110	179/110A	122	138	152		53.4	66	18.1
较高	1	172	80	173/80Y	118	108	122		45	64	14.6
身材	2	175	86	175/86Y	120	114	128	制板、	46.8	65	15.3
中密	3	178	92	178/92A	122	120	134	推板	48.6	66	16
集度	4	181	98	181/98A	124	126	140	后实	50.4	67	16.7
群体	5	184	104	184/104A	126	132	146	量	52.2	68	17.4
	6	187	110	187/110A	128	138	152		54	69	18.1

要点:

（1）这是另一款配合西服穿着的正装大衣，双排扣，枪驳领，宽松量稍大一点儿。

（2）前、后中轴线各加宽0.5厘米，前、后原型之间加入5厘米，扣除衣片分割的损耗，成品胸围为B+28厘米，整体呈A型造型；腰下大袋口定寸于腰下12～14厘米；注意背侧缝的分割方式，这是正装大衣的两种分割方式之一；腋下腰省的下端省尖要藏入袋盖。

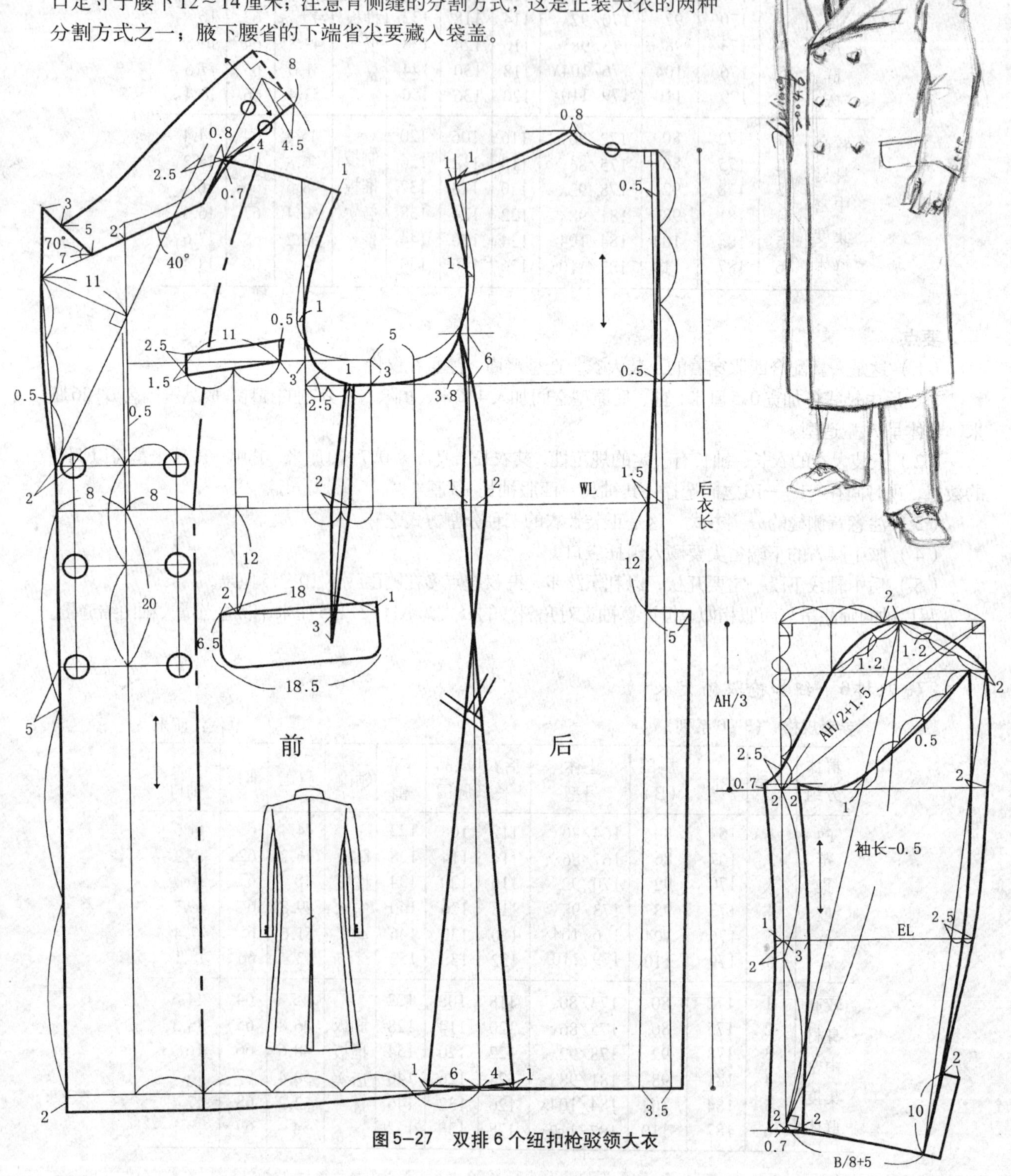

图5-27　双排6个纽扣枪驳领大衣

28. 堑壕式大（风）衣

参考规格（3·6系列）　　　　单位：厘米

群体分组	序号	身高	胸围（B）	上体号型	后衣长	成品胸围	下摆围	领围	肩袖长	1/2袖口
高密集度群体	1	164	80	164/80A	116	119	141	制板、推板后实量	79.8	14.9
	2	167	86	167/86A	118	125	147		81.4	15.7
	3	170	92	170/92A	120	131	153		83	16.5
	4	173	98	173/98A	122	137	159		84.6	17.3
	5	176	104	176/104A	124	143	165		86.2	18.1
	6	179	110	179/110A	126	149	171		87.8	18.9
较高身材中密集度群体	1	172	80	172/80Y	122	119	141	制板、推板后实量	82.8	14.9
	2	175	86	175/86Y	124	125	147		84.4	15.7
	3	178	92	178/92A	126	131	153		86	16.5
	4	181	98	181/98A	128	137	159		87.6	17.3
	5	184	104	184/104A	130	143	165		89.2	18.1
	6	187	110	187/110A	132	149	171		90.8	18.9

要点：

（1）这是一款仿军装风格的休闲大衣，双排扣、拿破仑领、前后覆肩、肩襻带等等细节均引自军大衣。

（2）胸围宽松量较大，前、后中轴线各加宽1厘米，前、后腋下点各追加4厘米，后中轴线损耗0．5厘米，成品胸围为B+39厘米，整体呈A型造型。

（3）前袖中线斜度要大于后袖中线5°。

（4）覆肩的高度是可增减的，图中是长覆肩，短覆肩可以定在人字线之上，一般不宜定在人字线中间。

（5）大衣真实的腰围线在原型之下3厘米，所以腰穿带宜定于腰围线下。

（6）前中轴线上端有1厘米撇胸，第一行纽扣要按撇胸点对称设置。

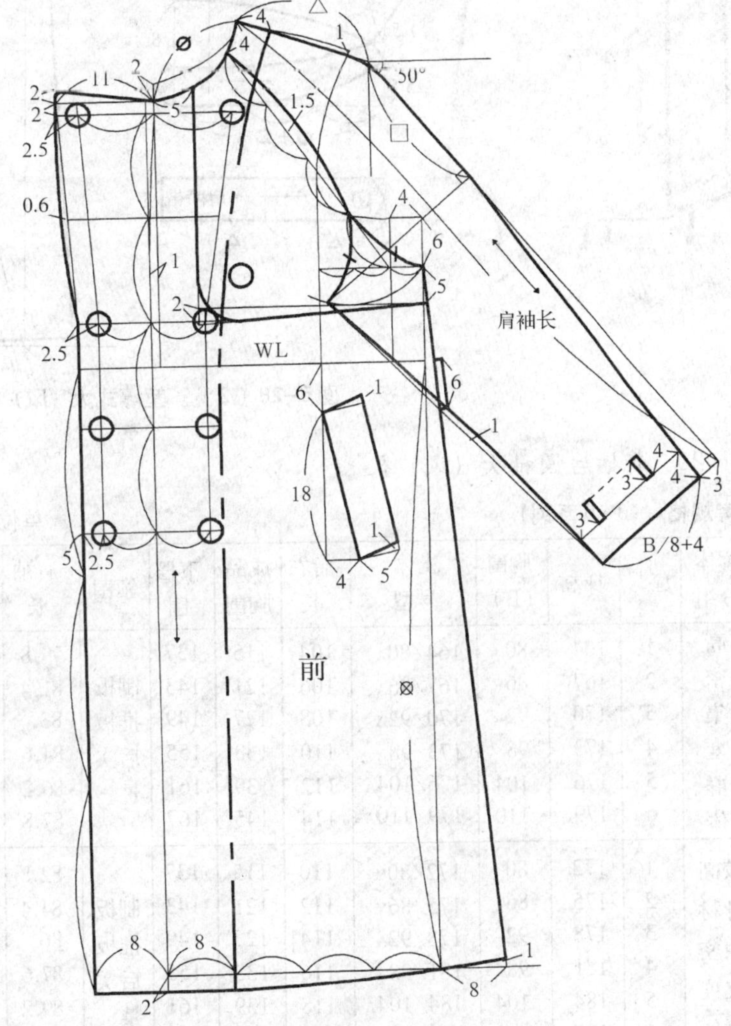

图5-28（1）　堑壕式大（风）衣

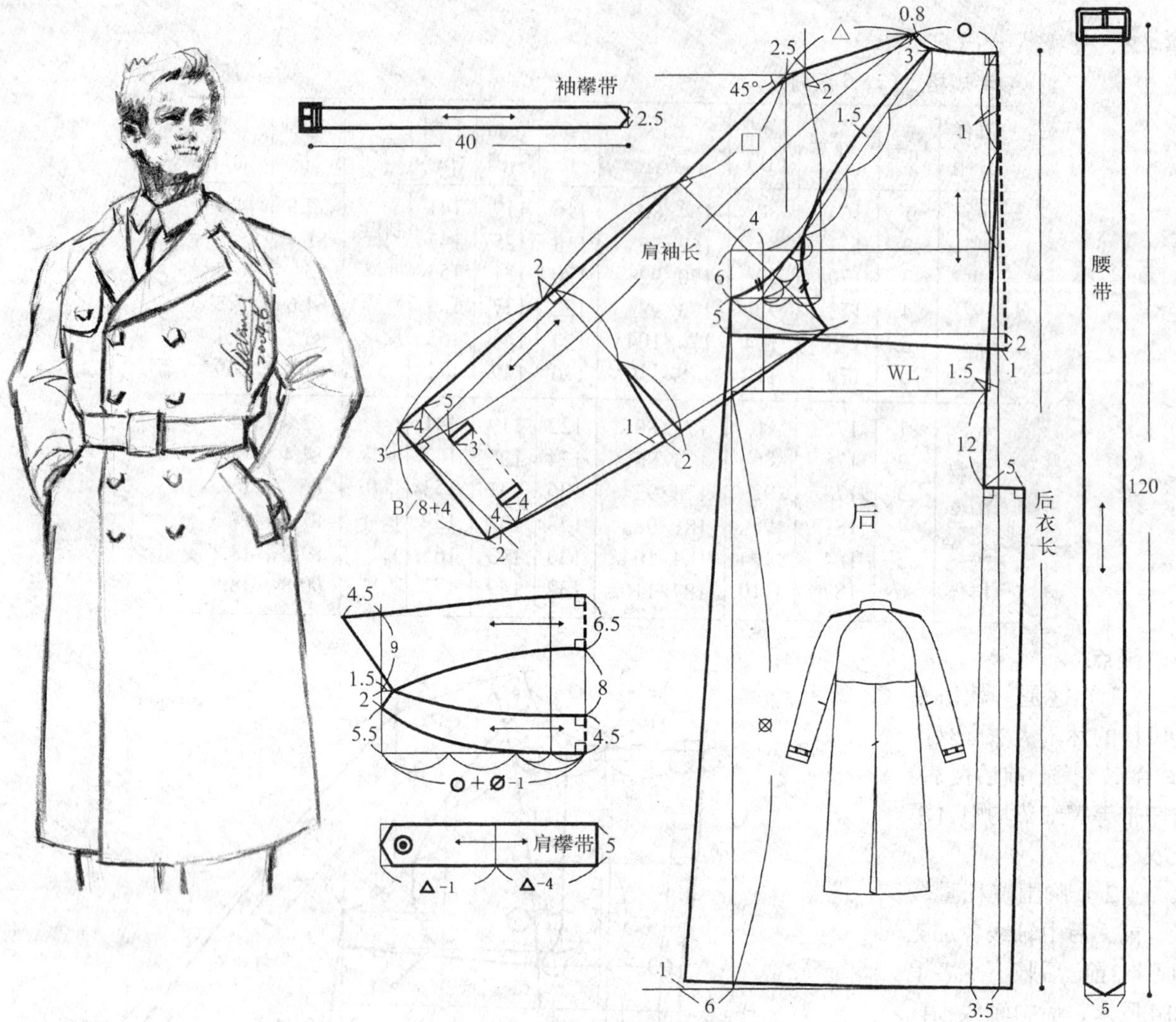

图5–28（2） 堑壕式大（风）衣

29．前插后圆袖大（风）衣

参考规格 （3·6系列） 单位：厘米

群体分组	序号	身高	胸围（B）	上体号型	后衣长	成品胸围	下摆围	领围	肩袖长	1/2袖口
高	1	164	80	164/80A	104	115	137		79.8	14.9
密	2	167	86	167/86A	106	121	143	制板、	81.4	15.7
集	3	170	92	170/92A	108	127	149	推板	83	16.5
度	4	173	98	173/98A	110	133	155	后实	84.6	17.3
群	5	176	104	176/104A	112	139	161	量	86.2	18.1
体	6	179	110	179/110A	114	145	167		87.8	18.9
较高	1	172	80	172/80Y	110	115	137		82.8	14.9
身材	2	175	86	175/86Y	112	121	143	制板、	84.4	15.7
中密	3	178	92	178/92A	114	127	149	推板	86	16.5
集度	4	181	98	181/98A	116	133	155	后实	87.6	17.3
群体	5	184	104	184/104A	118	139	161	量	89.2	18.1
	6	187	110	187/110A	120	145	167		90.8	18.9

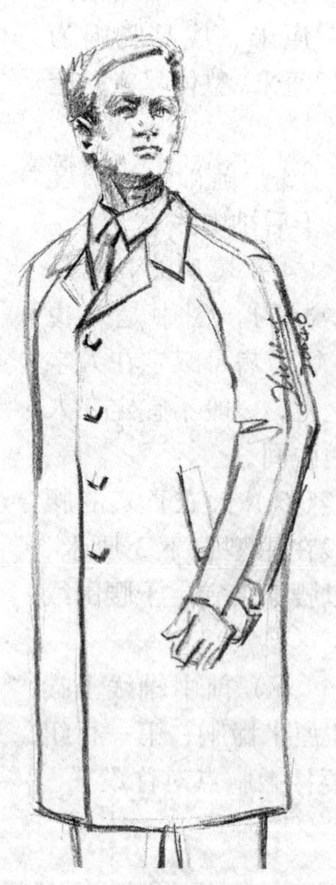

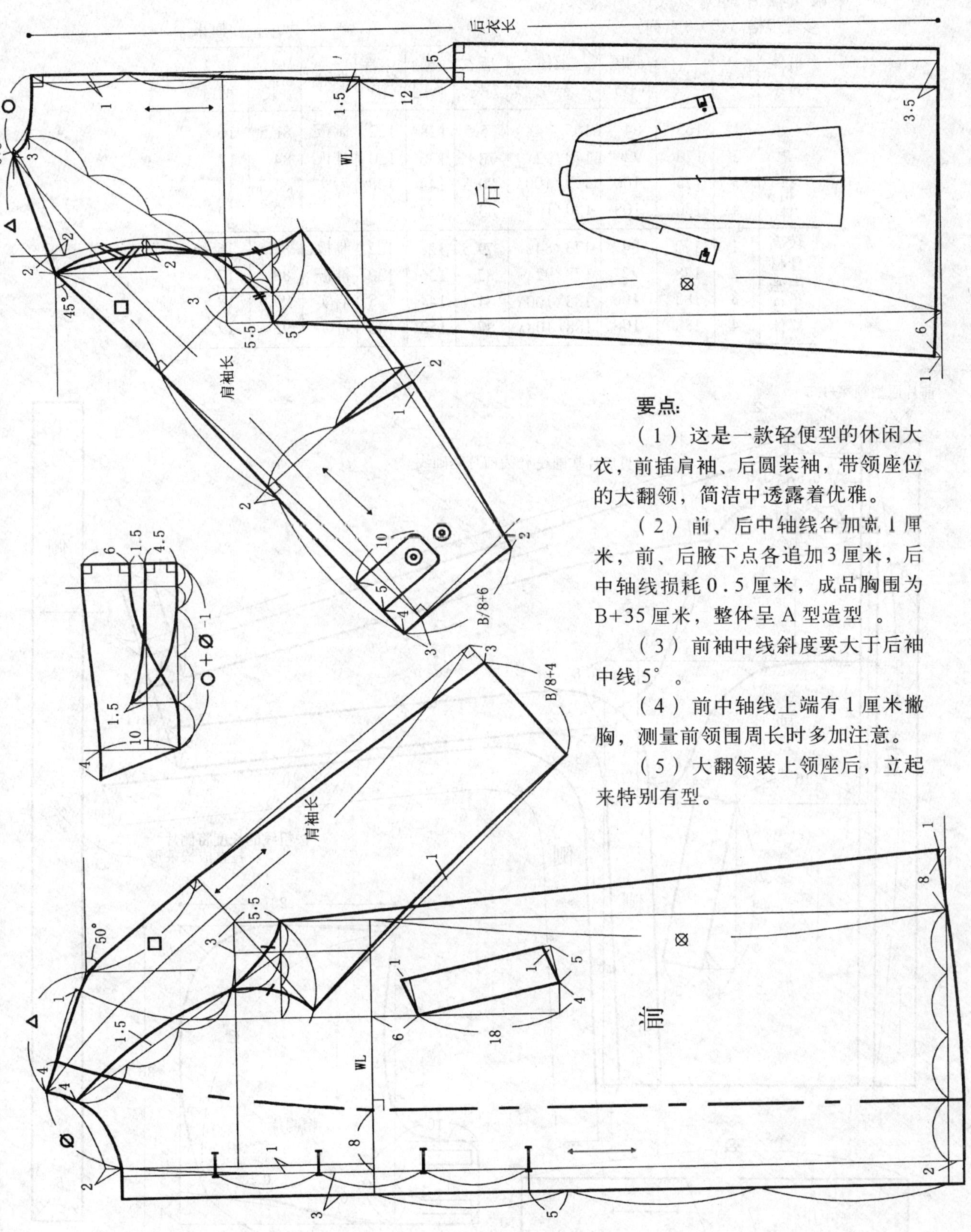

要点:

（1）这是一款轻便型的休闲大衣，前插肩袖、后圆装袖，带领座位的大翻领，简洁中透露着优雅。

（2）前、后中轴线各加宽1厘米，前、后腋下点各追加3厘米，后中轴线损耗0.5厘米，成品胸围为B+35厘米，整体呈A型造型 。

（3）前袖中线斜度要大于后袖中线5°。

（4）前中轴线上端有1厘米撇胸，测量前领围周长时多加注意。

（5）大翻领装上领座后，立起来特别有型。

图5–29 前插后圆袖大（风）衣

30. 带腋下插片的宽松式休闲大衣

参考规格 （5·8系列） 单位：厘米

群体分组	序号	身高	胸围(B)	上体号型	后衣长	成品胸围	下摆围	领围	肩袖长	1/2袖口
高密集度群体	1	165	84	165/84A	75.5	128	122	制板、推板后实量	81.5	16
	2	170	92	170/92A	78	136	130		84	17
	3	175	100	175/100A	80.5	144	138		86.5	18
	4	180	108	180/108B	83	152	146		89	19
较高身材中密集度群体	1	173	84	173/84Y	79.5	128	122	制板、推板后实量	85.5	16
	2	178	92	178/92A	82	136	130		88	17
	3	183	100	183/100A	84.5	144	138		90.5	18
	4	188	108	188/108A	87	152	146		93	19

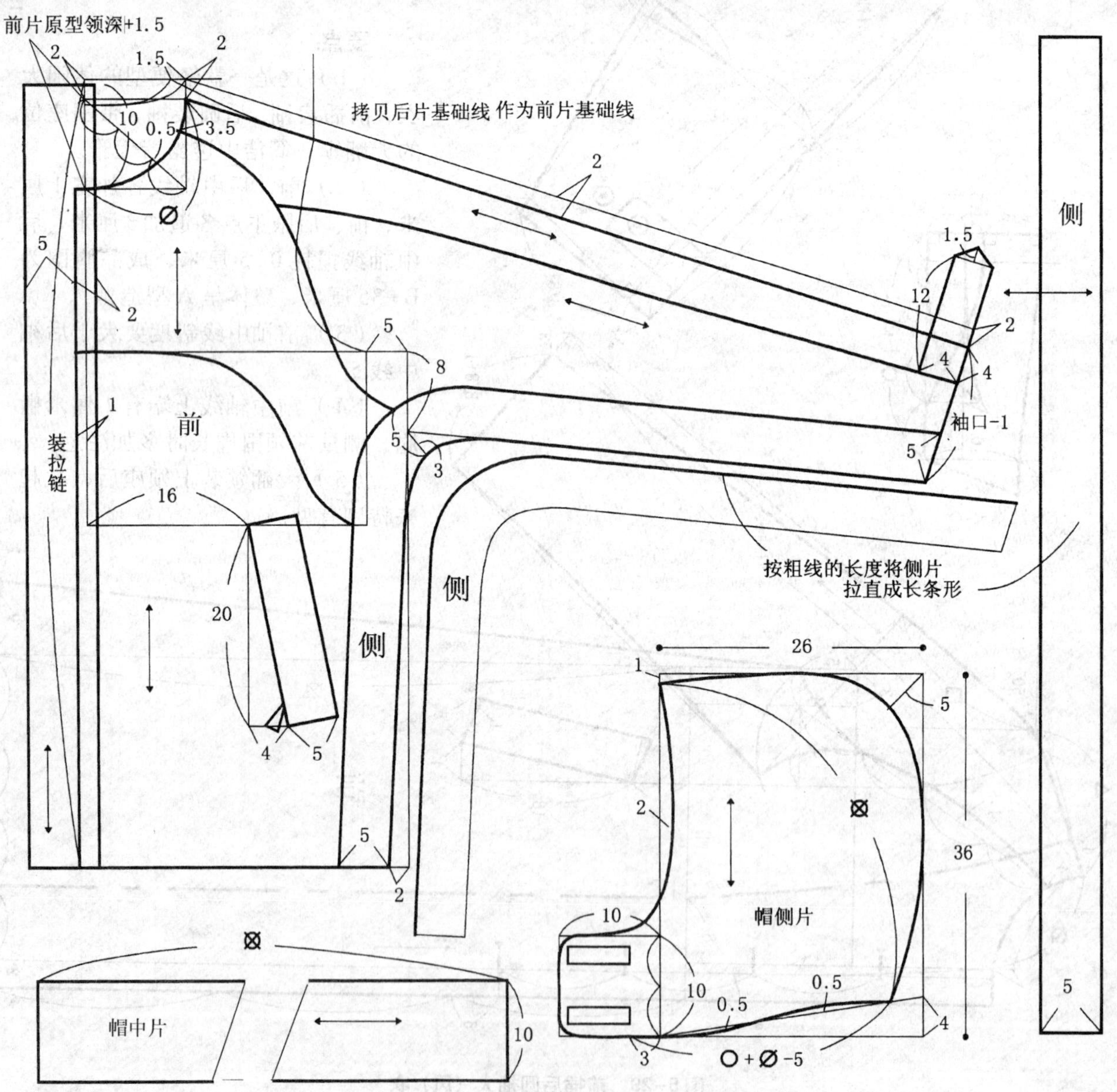

要点

（1）这是一款宽松式休闲大衣，成品胸围为B+44厘米，下摆收小，整体呈Y型造型。

（2）宜充填羽绒、膨松七孔棉等轻质高效保暖絮料。

（3）这款大衣初看似乎是纯平面的结构，但是实际上前、后片侧片经腋下到袖内侧各有一条拼接片，这两片拼接片的纸样从衣片中分割出来后，必须如图修正成直条形，这两片拼接片就构成了大衣的Z轴立体结构。

（4）腋下如果装有透气拉链开口，前、后腋下拼接片要分别裁剪；如果没有透气开口，则宜将纸样拼成一片后再裁剪。

（5）除了前述的侧片拼接片以外，其他的分割线都是纯平面的，基本上只要考虑审美的效果，可以较自由地分割。

（6）由于这款大衣很膨松，相应的合体性很模糊，为提高号型覆盖面，宜按5·8系列（即2.5·4系列隔档使用）推板。

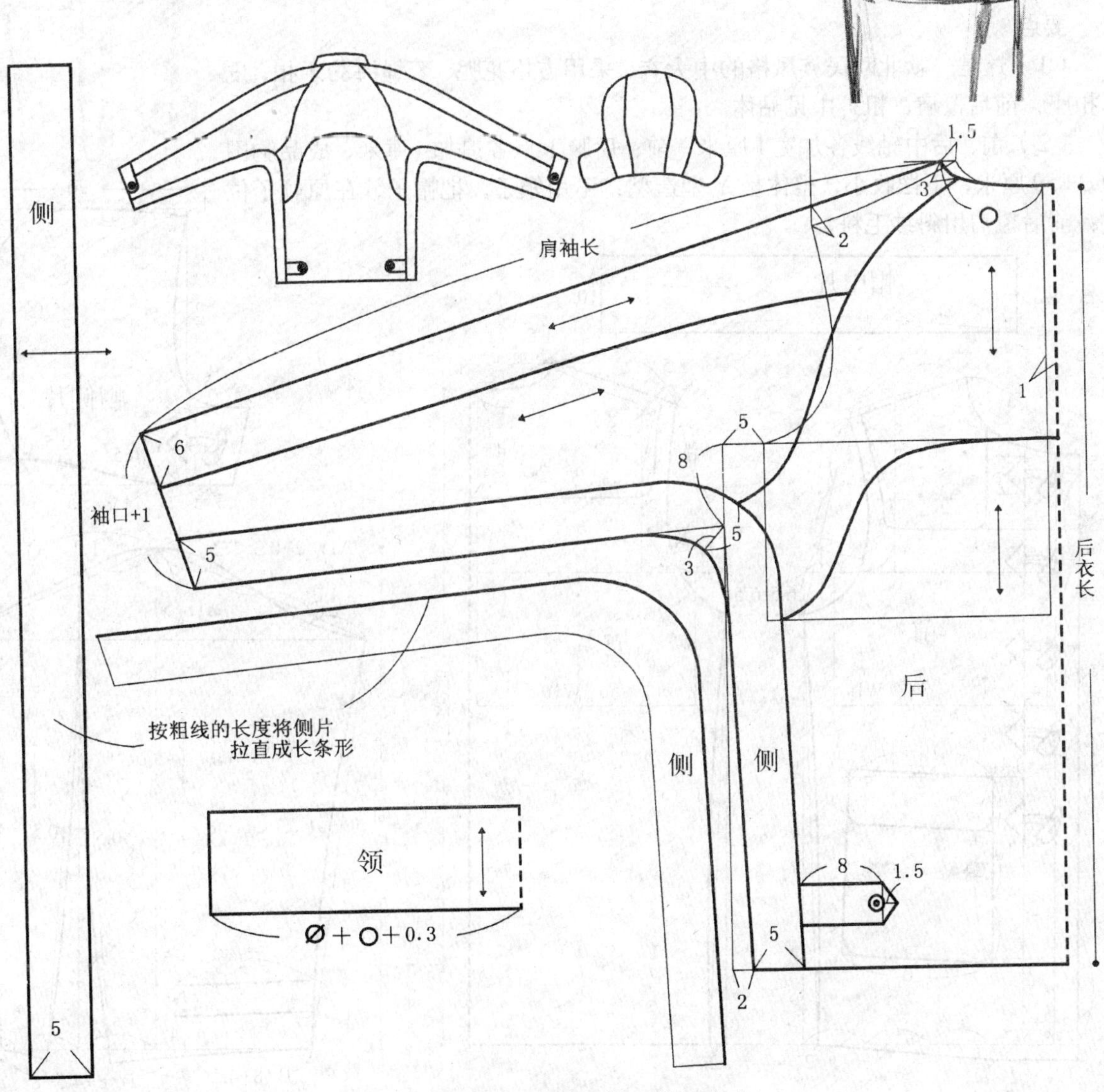

图5–30　带腋下插片的宽松式休闲大衣

31. 挪威式大衣

参考规格　(3·6系列)　　　　　　　　　　　　单位：厘米

群体分组	序号	身高	胸围(B)	上体号型	后衣长	成品胸围	下摆围	领围	肩袖长	1/2袖口
高密集度群体	1	164	80	164/80A	78	120	112	制板、推板后实量	79.8	15.6
	2	167	86	167/86A	80	126	118		81.4	16.3
	3	170	92	170/92A	82	132	124		83	17
	4	173	98	173/98A	84	138	130		84.6	17.7
	5	176	104	176/104A	86	144	136		86.2	18.4
	6	179	110	179/110A	88	150	142		87.8	19.1
较高身材中密集度群体	1	172	80	172/80Y	82	120	112	制板、推板后实量	82.8	15.6
	2	175	86	175/86Y	84	126	118		84.4	16.3
	3	178	92	178/92A	86	132	124		86	17
	4	181	98	181/98A	88	138	130		87.6	17.7
	5	184	104	184/104A	90	144	136		89.2	18.4
	6	187	110	187/110A	92	150	142		90.8	19.1

要点：

（1）这是一款北欧民族风格的中大衣，采用方格花呢、套绳海豹牙扣，皮革扣座，前后覆肩，粗犷中见贴体。

（2）前、后中轴线各加宽1厘米，前、后腋下点各追加4厘米，成品胸围为B+50厘米，下摆收小，整体呈Y型造型；不用领子，把帽子缝在原领子位置；前后覆肩用斜纱毛料。

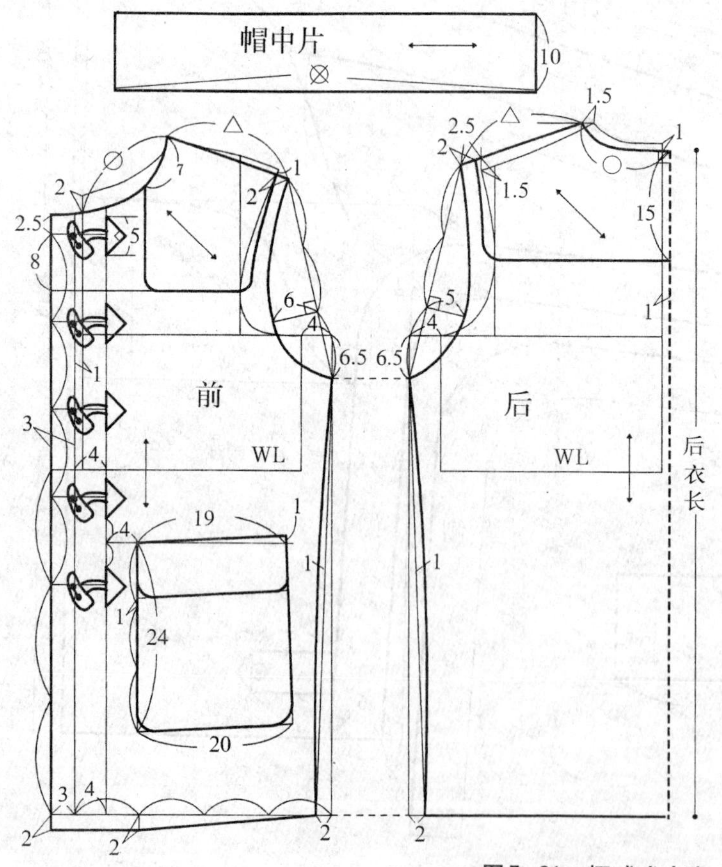

图5−31　挪威式大衣

第六章　号型系列改革与成衣规格设计

本章研究的对象是面向大众消费的品牌连锁销售或大卖场销售的成衣。

现代服装产销流通最主要的形式是成衣，与单量单裁定制服装截然不同的是，成衣是按目标消费群中较具共性的系列体型尺寸（即服装号型系列）而设计的规格表生产与销售的。

号型对我国标准的服装人体尺寸的名称，表明该服装是某种尺寸的人所穿的；而规格则是服装成品尺寸的名称，表明该服装成品的检验尺寸。

号型规格表的设计中，号型是纲，规格是目。

号型对应于人体尺寸，在销售过程中，只要知道穿着者的体型尺寸，就能方便地选购任何季节、任何造型款式、任何用途的服装。某种体型覆盖面较大的号型系列，如果被采用，企业可以在保持原有号型量或仅增加少量号型的前提下，较大幅度地扩展产品的体型覆盖面和市场占有率；因体型稍有特殊而买不到成衣的消费者亦将大为减少，从而赢得极大的经济效益和社会效益。

规格是以号型为基础依据，添加合体性所需要的、或表现造型款式设计效果所需要的宽松量和长度尺寸而设置的。原则上造型变化（亦即宽松量与长度变化）较明显的服装都得专门设计规格表，以控制推板及整个生产流程中的尺寸品质，确保各个规格最终成品的造型效果均与样衣一致，而不宜简单地套用以往定型款式服装的所谓“标准规格表”。规格表主要是供验货用的，而销售的依据主要是号型。

在成衣设计过程中，通常要先按照设计效果图制板、制作样衣，展示、表演，订货或试销，此时的样衣通常只是中间体号型的。当该样衣确定要成批投产时，就需要按照样衣造型款式的特点设计成衣号型规格表，再依照规格表进行推板，并进而进入生产程序。

样衣的尺寸往往受服装造型设计的影响而较大幅度地浮动，不像以往的定型款式服装那样与人体之间保持比较稳定的宽松量，所以目前流行的成衣如果套用以往定型款式服装的规格表、沿用以往定型款式服装的推板技术，往往使设计的效果走样；对于半宽松、宽松成衣还将产生浪费号型量、降低体型覆盖面的后果。

成衣的产销由许多环节构成，绝大多数环节的功能都是为了吸引消费者的注意力，启迪其认同感，激发其购买欲，一旦消费者试图购买，号型规格设计与推板的作用便凸显而出，因为此时能否试穿上视觉效果与样衣一致而又适合自身体型的成衣，往往成为消费者能否把购买欲望付诸于购买行为最重要的决定因素，这是成衣产销全过程中关键的“临门一脚”。

号型规格设计与推板虽然重点作用于“临门一脚”，却是在服装结构设计阶段具体实施，并影响于成衣生产、销售的全过程。这样一个蕴含着极大的经济效益的重要环节，恰恰是我国服装行业最薄弱的环节之一，是我国服装行业创新机制的瓶颈之一。

号型量太少历来是我国服装行业的通病，号型量太少导致成衣的体型覆盖面太小，消费者体型稍有差异，便买不到合体的成衣，这种现象在我国目前的成衣市场上比比皆是。许多成衣企业为营造品牌形象、为提高市场占有率而投入的广告费，为扩充销售终端网络而投入的营销成本，有一半因自身产品的体型覆盖面太小而浪费了。加入WTO后，我国的内外销市场均逐渐开放，这个问题若不尽快解决，外销市场上我们将被劳动力更低廉的国家挤垮，内销市场上我们将被服装强国的名牌挤垮。

欲提高服装产品的体型覆盖面，可以采取2种方法：

1. 增加号型量

即原来生产3个号型的服装，现在增加至5~6个号型；原来生产5个号型的服装，现在增加至7~8个号型等等。随着号型量的增加，体型覆盖面自然随之提高，这是国家标准服装号型历来倡导的方法，即“多号型量、大覆盖面”。可是号型量的增加，往往伴随着多种成本的增加，尤其是在远程营销的情况下，成本增加的幅度更大，这是许多企业难以承受的，亦是时下号型量太少的内在原因，所以这种方法企业多不愿意采用。

2. 提高有限号型量的体型覆盖面

即对现行服装号型系列进行改革，使其更为科学合理，在不增加或仅仅少量增加号型量的前提下，较大幅度地提高其体型覆盖面，即“少号型量、大覆盖面”。

相比之下，第二种方案更为“多快好省”，能在不增加或较少增加成本的前提下，覆盖更多消费者的体型，该方案正是本章研究的目的。

服装号型系列是一种共用性非常强、影响非常广泛的标准化技术，某种体型覆盖面较高的号型系列，如果被普遍采用，不必增加投资、劳动力、设备，就能在全行业产生巨大的经济效益。与此同时，服装号型系列又是一种外在特征不太明显的技术，它是以较隐蔽的方式存在于成衣产品之中，像个默默奉献的无名英雄。

目前我国的服装行业实施的服装号型系列是国家标准服装号型GB/T1335−97。我国制订与实施国家标准服装号型的历史并不长，1977年以前生产的成品服装普遍仅仅标以成衣规格，1977年以后颁布试行的国家标准服装号型GB1335−77，1980年又颁布了正式实施的国家标准服装号型GB1335−81，该标准是依据1974~1975年全国人体体型测量的数据，统计、归纳出全国人体体型的普遍规律而制订的，从此正式开始推广实施以人体身高为“号”、以人体胸围或腰围为“型”的号型系列。几年后针对该标准实施过程中暴露出的不足之处，有关单位又历时五年再次在全国范围内进行了大量的人体计测，并对采集的人体数据进行了科学的归纳、分析和处理，制订并实施了GB1335−91，1996年又颁布了经简化修订的GB/T1335−97标准。

国家标准服装号型规定：

（1）号型系列以各体型中间体为中心，向两边递增或递减组成。

（2）身高以5厘米分档组成系列。

（3）胸围以4厘米分档组成系列。

（4）腰围以4厘米、2厘米分档组成系列。

（5）身高与胸围搭配组成5·4号型系列。

（6）身高与腰围搭配组成5·4、5·2号型系列。

应该肯定，上述标准的制订与实施是我国服装科技领域的重大成果，是对服装行业科技进步的杰出贡献，上述标准彻底摈弃了我国以往通行的，以成衣规格代替服装号型标识的落后的行业习惯；引进了以人体体型数值作为服装号型的国际惯例；填补了我国服装标准的一项空白；为服装规模化、标准化生产，为营销和消费者选购服装提供了较科学的依据；缩短了我国服装号型标准与世界先进水平的差距。

国家标准服装号型男女各有Y、A、B、C四种体型的系列号型，号型总量为男女各300多个。一些教材宣称：男性四种体型的号型系列在男性人体体型总量中覆盖率达到96.76%；女性四种体型的号型系列在女性人体体型总量中覆盖率达到99.12%。这两种覆盖率的比例说明，服装工业企业只要按国家标准服装号型系列进行设计、生产服装，就可以满足全国人民的穿着需求云云。

但是这样高的覆盖率是以实施男女各300多个号型为代价的，换而言之，就是必须以大量的号型换取大覆盖率。如此实施将造成生产、仓储、流通等一系列成本的高涨，是很不现实的，这样的体型覆盖率侧重于理论价值，对于绝大多数中小企业而言，即便是实施其中十分之一的号型量都是难以做到的。5·4号型系列不恰当地追求“多而全”，实际的效果却是“多而无当”。

导致5·4号型系列“多而无当”的原因是多方面的，其中有一个重要的原因就是“号”（身高）的档差偏大。

5·4号型系列身高以5厘米分档，胸围以4厘米分档，其中胸围4厘米的档差，经长期应用检验证明，对于合体服装而言是基本适合的；但身高以5厘米分档则档差偏大，属“高台阶”式的变化。每一档身高即为一个“高台阶”，消费者原则上只能在一个“高台阶”内选择成衣，很难跨越台阶选择，为了覆盖同一“台阶”内不同的体型，不得不横向设置多档胸（腰）围，而这些胸（腰）围多数又要在其他身高的“台阶”上国家标准服装号型重复设置，由于每档台阶的高度差偏大，难以互相“借用”，影响了号型系列的利用率，由此导致号型系列的庞大化、低效化，在实施少量号型的情况下，存在体型覆盖面偏小的瑕疵。按照宣传贯彻材料的说法，国家标准服装号型是以实施大量的号型来实现较高的体型覆盖面。

在市场经济环境下，服装产销日趋“小批量、多品种”，产品流行反应快、流行周期短、更新快，要求企业每推出一款服装都生产几十个、乃至上百个号型是很不现实的。据市场调查，我国绝大多数男装企业只生产10个以下号型的成衣，绝大多数女装企业只生产5个以下号型的成衣，个别大企业（例如生产西裤或生产制服的企业）生产成衣的号型稍多些，但也从未超过二位数。今后随着市场竞争的激烈化、成熟化，企业生产成衣的号型量肯定会增加，可是因涉及到成本问题，增加的幅度不可能太大，与此同时企业又都希望自己推出的产品能覆盖尽量多的消费者，以争取尽量大的市场占有率。为了加快服装创新设计的节奏，同时为了尽可能提高市场占有率，企业亟需 “少号型量、大覆盖面”的服装号型系列。

为适应社会需求，笔者依托国家标准服装号型GB/T1335−97里提供的“服装号型各系列分档数值”、“服装号型各系列控制部位数值”及“各体型的比例和服装号型覆盖率”，结合自己长期搜集、积累的体型测量调查资料，以及在提高体型覆盖面方向上长期研究的心得，首创性地推出了“按身高分布密集度分组”、“身高档差应当小于胸(腰)围档差”的理念，并依此进行服装号型的改革，2000年制订了适用于成年男女合体服装的2·4系列服装号型（详见《苏州大学学报（工科版）2002年第二期》）。为了有利于渐变性地改革，2002年又制订了适用于成年男女合体服装的2.5·4号型系列控制部位参考表，同时相应制订了适用于休闲服装的3·6号型系列控制部位参考表。新号型系列显著地改善了5·4号型系列庞大化、低效化的瑕疵，具有“少号型量、大覆盖面”的优点。

本章还根据笔者长期实践与研究的成果，推出适应服装造型款式变化条件下的规格表设计方法，改变了以往不论服装造型怎么变化，规格表却沿袭老一套“标准规格表”的窠臼；同时推出适应服装造型款式变化、及适应新号型系列的推板技术，改变了目前常见的流行服装经多规格推板后效果走样、经多规格推板后合体性变差以及多规格推板体型覆盖面偏小的三个难题。

这些成果有助于突破服装企业产品创新机制的瓶颈。

第一节 成衣号型系列的改革

一、2.5·4号型系列的制订

为适应社会、行业需求，为了实现“少号型量、大覆盖面”，笔者提出了“按身高分布密集度分组”以及“号型系列排序宜扁平化[即身高档差小于胸（腰）围档差]”的理念，制订了适用于成年男女合体服装的2.5·4号型系列。

具体方案如下:

（1）号型系列按消费群体的身高分布密集度分为“高密集度群体”组、“较高身材的中密集度群体”组、“稍矮身材的中密集度群体”组，如有必要，还可以根据需要扩展设置“中等身材的低密集度群体”组、“较高身材的低密集度群体”组以及“较矮身材的低密集度群体”组等等。

（2）不同群体组之间同一胸围的身高间隔为7.5厘米。

（3）每一群体组内身高以2.5厘米分档组成系列。

（4） 胸围以4厘米分档组成系列。

（5） 腰围以5厘米分档组成系列。

（6） 身高与胸围搭配组成2.5·4号型系列。

（7）身高与腰围搭配组成2.5·4.5号型系列。

（8）该方案以身高与胸围搭配为主简称2.5·4号型系列。

按此方案分别制订本书里的“女子合体服装2.5·4号型系列控制部位参考表”（表2–1）和“男子合体服装2.5·4号型系列控制部位参考表”（表4–1）。

研究、制订2.5·4服装号型系列是基于下列几点理念与事实:

（1） 目前大多数企业常按照服装号型5·4系列里的A型系列生产成衣（见表6–1），该系列里序号1、序号2、序号6、序号7号型的身高在消费者中比例很少，而胸围却属常见，这表明5·4系列里身高5厘米的档差太大了，由此导致许多高端、低端的号型浪费了，降低了整个号型系列的体型覆盖面。Y型、B型和C型系列亦存在相同的瑕疵。总之，在实施少量号型（例如5～40个号型）的情况下，国家标准服装号型存在体型覆盖面偏小的瑕疵。

表6–1 A型体型5·4号型系

序号 性别	1	2	3	4	5	6	7
男子号型	155/76A	160/80A	165/84A	170/88A	175/92A	180/96A	185/100A
女子号型	145/72A	150/76A	155/80A	160/84A	165/88A	170/92A	175/96A

（2） 服装号型系列要取得较大的体型覆盖面，不仅要有大范围、实时、详尽、精准的消费者体型计测数字模型为基础，而且要有科学、合理、实用的号型排序。

（3）现行的国家标准服装号型GB/T1335–97中附录一组“全国各体型的比例和服装号型覆盖率表”，其中提供的数字模型表明，我国消费者身高与胸（腰）围增减的匹配关系呈现扁平化趋势，典型的胸围跨度男性为80～96厘米；女性为76～92厘米，均接近20厘米；而典型的身高跨度却不大，男性为165～175厘米、女性为155～165厘米，跨度仅10厘米左右，身高的跨度明显地小于胸围的跨度。

（4）最近十余年里我国没有进行全国性的体型计测，恰恰在此期间，由于粮食和副食品敞开供应，我国消费者的体型产生了前所未有的变化，其中身高增长量很少，而胸围增长得很多，腰围增长得更多。2003年世界肥胖与疾病大会（北京）的资料表明，北京市的超重、肥胖人群已超过60%，上海市的超重、肥胖人群已超过45%，全国的超重、肥胖人群已达到二亿多人。身高1.6米的成年女性，达到超重标准，胸围往往超过92厘米，腰围则超过80厘米；而达到肥胖标准，胸围往往超过96厘米，腰围则超过88厘米。由此可见，当前我国消费者身高与胸（腰）围增减的匹配关系比90年代初、中期更趋扁平化了。

（5）在此情况下，要达到"少号型量，大覆盖面"的效果，号型系列的排序亦应相应地扁平化，即少覆盖身高，多覆盖胸围。这样的排序有利于消费者选购服装，有利于提高号型系列的利用率，亦有利于企业进行目标顾客的市场细分。

（6） 具体而言，在胸围档差为4厘米的情况下，身高的档差宜减小为2厘米、2.5厘米或3厘米，即设置为2·4、2.5·4或3·4号型系列，本书采用2.5·4号型系列。

（7）2.5·4号型系列将成衣上所有与身高相关的长度尺寸都由"突变"降为"渐变"，从而使每档号差所牵动的成衣长度的差别模糊化。每一个群体组相当于一个"缓坡"，消费者可以在同一个"缓坡"范围内至少跨越二档的身高档差选购胸、腰围合体的服装，例如，女性160/80的体型可选择158/80号型、160/88的体型可选择163/88号型、160/92的体型可选择165/92号型等等，这样就有效地提高了号型的利用率，使原有的单系列号型，实现了双系列的覆盖，从而扩大了体型覆盖面。

（8）每个群体组内都包括基本相似的多种常见胸围，符合消费者体型的分布规律。避免了在5·4系列的单一系列组中，小胸围只与矮身材配套、大胸围只与高身材配套的不合理现象。

（9）消费者群体的身高并不是每5厘米一档一刀切的。可是按5·4系列规定，身高必须以5厘米分档，由此产生的普通上衣每档衣长差为2厘米、袖长差为1.5厘米、裤长差为3厘米，这样的号差无论大一号或小一号所引起的成衣长度外观差别都过于明显，消费者难以跨越身高的档差选购合适胸、腰围的成衣， 如果要适应消费者胸、腰围多样化的需要，5·4系列就得为每档身高配置多档胸、腰围，这样就导致了号型系列的庞大化、低效化，影响了号型系列的实用性。

(10) 据销售实例考察，消费者选购成衣时，往往对三围的合体度、舒适度比较关注，甚至有些苛刻，但是对衣长、袖长等长度的要求却相对较宽容。以合体性要求较高的上衣、西服及衬衫为例，在三围能够合体的情况下，衣长偏长2厘米、或偏短1厘米，袖长偏长1.5厘米、或偏短0.8厘米通常是是可以接受的，因穿着外观效果差别很小（因裤长可以在销售现场修改，所以宽容度更大）。与之相对应的身高（号）的覆盖范围是$\pm_{5}^{2}$厘米，即每个号都可以向上覆盖2厘米，向下覆盖5厘米的身高，这是经销售实践证明消费者普遍认可的覆盖范围。顺应这样的覆盖范围，很有利于提高体型覆盖面，可以在满足消费者需求的同时，大幅度地减少号型量，从而节约产销成本。

(11) 广大中小企业限于自身生产和营销的能力，不宜幻想每款成衣都生产几十个号型，如此经营虽然号型齐全，体型覆盖得相当周到，但因号型量太多，导致生产周期长，生产、仓储、营销成本高涨，还拉长了新产品上市的节奏，这样用高成本换取大覆盖面的策略是得不偿失的。正确的策略应当是本着"有所为，有所不为"的原则，"锁定"一个体型分布密集度最高的身高范围（例如男性165～175厘米、女性155～165厘米），或"锁定"一个体型分布密集度较高的身高范围（例如男性165～180厘米、女性155～170厘米），把这个身高范围内的胸围（或腰围）尽量一网打尽，这样可以用5～8个号型覆盖5·4系列9～16个号型。有能力每款成衣做到20个以上号型的大公司，则可以完整地实施表2-1、表4-1里的三个群体组21～24个号型，以达到覆盖5·4系列40个左右号型的效果。

(12)“较高身材的中密集度群体”组、“稍矮身材的中密集度群体”组虽然在总体消费者里分布密集度稍低，但是在特定消费者中却较高。例如，青少年消费者的体型属于“较高身材的中密集度群体”的较多；中老年消费者的体型属于“稍矮身材的中密集度群体”的较多；而西南一些省市消费者的体型属于“稍矮身材的中密集度群体”的较多等等。按身高分布密集度进行号型分组，有利于特色企业进行有针对性的定位设计、生产、营销。

(13) 实施2.5 · 4号型系列可能会引起一些品检员的抱怨，认为衣长、袖长、裤长等长度档差减小了，检验时较难操作。但是这个问题只要稍微转变观念就可以迎刃而解，具体的操作方法是每个号型的成衣仍分别按国标有关成衣尺寸公差的标准检验，至于各档号型成衣之间的长度模糊化的现象正是本项改革的目标。应该注意的是，外销欧美的成人服装，其衣长、袖长、裤长等长度的档差普遍小于我国现行标准的档差，外销企业的品检员早已习惯了这种较小档差的检验操作。

(14) 据统计资料表明：在各个群体组内，胸围与腰围都不是同步增减的，腰围档差的增减明显地大于胸围档差的增减，对于卡腰的成衣，如果腰围与胸围同步增减，推板档数较少时偏差尚可接受，档数较多时就会影响高端号型的合体性，进而影响全系列的体型覆盖面。为此表2-1和表4-1中把腰围的档差设置为4.5厘米，即下体号型为2.5 · 4.5系列；表2-2和表4-2中把腰围的档差设置为7厘米，即下体号型为3 · 7系列（腰部若不装松紧带时，可以分解成半档3 · 3.5系列）。

(15) 上述设置还能带来一个明显的优点：对于“高密集度群体”组而言，可以有效地覆盖A型全系列的胸腰差（男子胸腰差12 ～16厘米，女子14～18厘米），首尾还可以分别衔接Y型、B型系列；“较高身材中密集度群体”组可以覆盖Y型、A型两个系列；“稍矮身材的中密集度群体”组可以覆盖A型、B型两个系列。这样就低成本地解决了一个号型系列覆盖A、B或B、C两种体型的难题。相比之下，5 · 4系列只能一个号型组固定地覆盖一个数值的胸腰差。

(16) 4.5厘米的腰围档差超过了人体腰部对普通裙、裤腰的宽容度，因此原则上裙、裤腰两侧均应装松紧带或伸缩扣，这样的设计在现代成衣中是常见的，通常松紧带的伸展量可达每侧3厘米，伸缩扣的伸缩量可达每侧± 2厘米以上，足以覆盖4.5厘米的腰围档差。

(17) 牛仔裤之类的休闲裤因款式设计上的原因，不宜装松紧带或伸缩扣，可以参照3 · 6号型系列里的下体3 · 7系列半档（即3 · 3.5号型系列）设置规格表。

(18) 一些低成本的合体休闲男裤不便装调节扣，可以采取在裤腰门襟钉两粒纽扣或两个钩座（间距2～2.5厘米）的方式，以调和下体2.5 · 4.5号型系列腰围档差偏大的矛盾，亦可以参照3 · 6号型系列里的下体3 · 7号型系列半档（即3 · 3.5号型系列）设置规格表。

(19) 国家标准下体5 · 2号型系列里设置的2厘米腰围档差是不必要的，因为一个成年人吃饭前后腰围的增大量往往超过3厘米。

(20) 3.5厘米的腰围档差产生的腰围间隙为0.56厘米（3.5/6.28=0.56），这样的档差稍大于成年人吃饭前后的腰围增大量，是可以接受的。目前许多企业按国标5 · 2号型系列（腰围档差2厘米）生产裤子，由于号型量过于繁杂，生产、库存、物流等环节均难以协调，在销售过程中，断码现象比比皆是，消费者实际上常常不得不间隔两档的腰围档差（4厘米）选购裤子。与其如此，不如采用3.5厘米腰围档差，将号型量减少40%，这样可以明显地减少断码的几率，既方便了消费者选购，又有利于减轻生产、库存、物流的协调难度，降低企业的成本，对消费者和企业都有实惠。

(21) 下体2.5 · 4.5或3 · 3.5号型系列都会造成腰围规格里带有小数，但这在目前不是大难题，因为多数外销企业都已习惯了充满小数的外贸定单跳码表，更何况2.5 · 4.5或3 · 3.5号型系列的小数都是“整五整十”的，远比外贸定单里由英寸换算成的厘米数值好记，好操作，为了实现“少号型量、大覆盖面”，为了降低产销成本，这点小小的难题值得克服。

二、2.5·4系列与5·4系列的比较

研究、制订服装号型2.5·4系列的目的是为了在实施少量号型（例如从5个～ 24个号型）的情况下，其体型覆盖面能明显地优于等量的5·4系列，可以在合体成衣上实现“少号型量、大覆盖面”。实际效果究竟如何，可以通过下列几个对应替代表进行比较。

当前成衣市场已日益呈现细分化的趋势，大多数企业都有自己的顾客群定位。企业可以根据顾客群的体型情况从表2–1和表4–1中灵活地选用号型，组成适合自身定位的号型系列，下列对应替代表就是按常见的典型顾客群体设置的。

2.5·4系列与5·4号型系列对应替代的原则：胸围完全对等对应；身高按$\pm\frac{2}{5}$厘米的范围替代对应。下列各表均按此原则进行对应替代比较。

表6–2和表6–3属于消费者中最常见的高密集度群体组，适合于绝大多数中小型企业，其8个号型可以覆盖5·4系列的16个左右号型。企业可以酌情选择实施其中的5～7个号型，通常南方市场宜偏下限选择，北方市场宜偏上限选择，若有条件尽量实施全部的8个号型。

表6–2 男性高密集度群体2.5·4系列与5·4系列号型对应替代表

单位：厘米

男性2.5·4系列			对应替代	男性5·4系列			
群体分组	序号	号型		号型	胸围	身高	序号
高密集度群体			163/80Y	160/80	80	160	1
			165/84A	160/84	84		2
			163/80Y	165/80	80	165	3
			165/84A	165/84	84		4
	1	163/80A	168/88A	165/88	88		5
	2	165/84A	170/92A	165/92	92		6
	3	168/88A	168/88A	170/88	88	170	7
	4	170/92A	170/92A	170/92	92		8
	5	173/96A	173/96A	170/96	96		9
	6	175/100A	175/100A	170/100	100		10
	7	178/104B	173/96A	175/96	96	175	11
	8	180/108B	175/100A	175/100	100		12
			178/104B	175/104	104		13
			180/108B	175/108	108		14
			178/104B	180/104	104	180	15
			180/108B	180/108	108		16

表6–3　女性高密集度群体2.5·4系列与5·4系列号型对应替代表

单位：厘米

女性2.5·4系列			对应替代	女性5·4系列			
群体分组	序号	号型		号型	胸围	身高	序号
高密集度群体			150/76A	150/76	76	150	1
			155/76A	155/76	76	155	2
			158/80A	155/80	80		3
			160/84A	155/84	84		4
	1	155/76A	158/80A	160/80	80	160	5
	2	158/80A	160/84A	160/84	84		6
	3	160/84A	163/88A	160/88	88		7
	4	163/88A	165/92A	160/92	92		8
	5	165/92A	163/88A	165/88	88	165	9
	6	168/96A	165/92A	165/92	92		10
	7	170/100B	168/96B	165/96	96		11
	8	173/104B	170/100B	165/100	100		12
			168/96B	170/96	96	170	13
			170/100B	170/100	100		14
			173/104B	170/104	104		15
			173/104B	175/104	104	175	16

表6–4、表6–5属于青少年群体组，这是个较特殊的群体，青少年处在发育过程中，胸围多样化特征不如成年人明显，大规格胸围比较少，但身高却比他们的长辈高一些，因此从“高密集度群体”和“较高身材的中密集度群体”中各选5个胸围偏小的号型合成一表，其10个号型可以覆盖5·4系列18个左右号型。小企业可以酌情在“高密集度群体”和“较高身材的中密集度群体”中各选择3个号型实施。

表6–4　男性青少年群体2.5·4系列与5·4系列号型对应替代表

单位：厘米

男性2.5·4系列			对应替代	男性5·4系列			
群体分组	序号	号型		号型	胸围	身高	序号
高密集度群体			163/80Y	160/80	80	160	1
			165/84A	160/84	84		2
			163/80Y	165/80	80	165	3
	1	163/80Y	165/84A	165/84	84		4
	2	165/84A	168/88A	165/88	88		5
	3	168/88A	170/92A	165/92	92		6

（续左表）

较高身材中密集度群体	4	170/92A	173/84Y	170/84	84	170	7
	5	173/96A	168/88A 175/88Y	170/88	88		8
			170/92A	170/92	92		9
			173/96A	170/96	96		10
	6	173/84Y	173/84Y	175/84	84	175	11
	7	175/88Y	175/88Y	175/88	88		12
	8	178/92A	178/92A	175/92	92		13
	9	180/96A	173/96A 180/96A	175/96	96		14
	10	183/100A	178/92A	180/92	92	180	15
			180/96A	180/96	96		16
			183/100A	180/100	100		17
			183/100A	185/100	100	185	18

表6–5　女性青少年群体2.5・4系列与5・4系列号型对应替代表

单位：厘米

女性2.5·4系列			对应替代	女性5·4系列			
群体分组	序号	号型		号型	胸围	身高	序号
高密集度群体			155/76A	150/76	76	150	1
			155/76A	155/76	76	155	2
			158/80A	155/80	80		3
	1	155/76A	160/84A	155/84	84		4
	2	158/80A	163/76Y	160/76	76	160	5
	3	160/84A	158/80A 165/80Y	160/80	80		6
	4	163/88A	160/84A	160/84	84		7
	5	165/92A	163/88A	160/88	88		8
			165/92A	160/92	92		9
较高身材中密集度群体			163/76Y	165/76	76	165	10
	6	163/76Y	165/80Y	165/80	80		11
	7	165/80Y	168/84A	165/84	84		12
	8	168/84A	163/88A 170/88A	165/88	88		13
	9	170/88A	165/92A	165/92	92		14
	10	173/92A	168/84A	170/84	84	170	15
			170/88A	170/88	88		16
			173/92A	170/92	92		17
			173/92A	175/92	92	175	18

表6-6、表6-7属于中老年群体组，这亦是个较特殊的群体，其体型多已发福，身高较矮（50岁以后身高因骨骼萎缩而逐年递减），因此从“高密集度群体”和“较矮身材的中密集度群体”中各选5个胸围偏大的号型合成一表，其10个号型可以覆盖5·4系列18个左右号型。小企业可以酌情在“高密集度群体”和“稍矮身材的中密集度群体”中各选择3个号型实施。

表6-6 男性中老年群体2.5·4系列与5·4系列号型对应替代表

单位：厘米

男性2.5·4系列			对应替代	男性5·4系列			
群体分组	序号	号型		号型	胸围	身高	序号
稍矮身材中密集度群体			160/88A	155/88	88	155	1
			160/88A	160/88	88	160	2
			163/92B	160/92	92		3
	1	160/88A	165/96B	160/96	96		4
	2	163/92B	163/92B 170/92A	165/92	92	165	5
	3	165/96B	165/96B	165/96	96		6
	4	168/100B	168/100B	165/100	100		7
	5	170/104B	170/104B	165/104	104		8
			170/92A	170/92	92	170	9
			173/96A	170/96	96		10
高密集度群体			168/100B 175/100A	170/100	100		11
	6	170/92A	170/104B	170/104	104		12
	7	173/96A	170/92A	175/92	92	175	13
	8	175/100A	173/96A	175/96	96		14
	9	178/104B	175/100A	175/100	100		15
	10	180/108B	178/104B	175/104	104		16
			180/108B	175/108	108		17
			178/104B	180/104	104	180	18
			180/108B	180/108	108		19

表6–7　女性中老年群体2.5·4系列与5·4系列号型对应替代表

单位：厘米

女性2.5·4系列			对应替代	女性5·4系列			
群体分组	序号	号型		号型	胸围	身高	序号
稍矮身材中密集度群体			153/84A	150/84	84	150	1
			155/88B	150/88	88		2
			153/84A	155/84	84	155	3
	1	153/84A	155/88B	155/88	88		4
	2	155/88B	158/92B	155/92	92		5
	3	158/92B	160/96B	155/96	96		6
	4	160/96B	163/88A	160/88	88	160	7
	5	163/100B	158/92B　165/92A	160/92	92		8
			160/96B	160/96	96		9
			163/100B	160/100	100		10
高密集度群体	6	163/88A	163/88A	165/88	88	165	11
	7	165/92A	165/92A	165/92	92		12
	8	168/96B	168/96B	165/96	96		13
	9	170/100B	163/100B　170/100B	165/100	100		14
	10	173/104B	168/96B	170/96	96	170	15
			170/100B	170/100	100		16
			173/104B	170/104	104		17
			173/104B	175/104	104	175	18

表6–8、表6–9专供大型企业或生产制服的企业实施。大型企业多定位于生产流行性不太强的产品，以利于大批量生产，相应地应该投产较多的号型量；制服与市场销售的成衣不同，必须覆盖客户单位的全体员工。这2种情况都需要使用表2–1和表4–1里的大部分甚至全部号型，在此情况下，其24个号型可以覆盖5·4系列40个左右号型，如果客户的员工多达数千人以上，还可以按需设置“中等身材的低密集度群体”组、“较高身材的低密集度群体”组以及“较矮身材的低密集度群体”组。

通过前述的比较可以表明，2.5·4系列号型的体型覆盖面明显地大于5·4系列号型。以号型量进行比较，当实施高密集度群体的8个号型时，可以覆盖5·4系列16个左右号型；当实施青少年、中老年群体的10个号型时，可以覆盖5·4系列18个左右号型；当实施较全面的24个号型时，可以覆盖5·4系列40个左右号型。

表6-8 男性三种群体2.5·4系列与5·4系列号型对应替代表

单位：厘米

男性2.5·4系列			对应替代	男性5·4系列			
群体分组	序号	号型		号型	胸围	身高	序号
			155/80A	150/80	80	150	1
			155/80A	150/80	80		2
			158/84A	155/84	84	155	3
			160/88A	155/88	88		4
			163/80Y	160/80	80	160	5
			158/84A 165/84A	160/84	84		6
			160/88A	160/88	88		7
稍矮身材中密集度群体	1	155/80A	163/92B	160/92	92		8
	2	158/84A	165/96B	160/96	96		9
	3	160/88A	163/80Y	165/80	80	165	10
	4	163/92B	165/84A	165/84	84		11
	5	165/96B	168/88A	165/88	88		12
	6	168/100B	163/92B 170/92A	165/92	92		13
	7	170/104B	165/96B	165/96	96		14
	8	173/108B	168/100B	165/100	100		15
			170/104B	165/104	104		16
			173/84Y	170/84	84	170	17
高密集度群体	9	163/80Y	168/88A 175/88Y	170/88	88		18
	10	165/84A	170/92A	170/92	92		19
	11	168/88A	173/96A	170/96	96		20
	12	170/92A	168/100B 175/100A	170/100	100		21
	13	173/96A	170/104B	170/104	104		22
	14	175/100A	173/108B	170/108	108		23
	15	178/104B	173/84Y	175/84	84	175	24
	16	180/108B	175/88A	175/88	88		25
			178/92A	175/92	92		26
较高身材中密集度群体			172/96A 180/96A	175/96	96		27
	17	172/84Y	175/100B	175/100	100		28
	18	175/88Y	178/104B	175/104	104		29
	19	178/92A	180/108B	175/108	108		30
	20	180/96A	178/92A	180/92	92	180	31
	21	183/100A	180/96A	180/96	96		32
	22	185/104A	183/100A	180/100	100		33
	23	188/108A	178/104B 185/104A	180/104	104		34
	24	190/112B	180/108A	180/108	108		35
			183/100A	185/100	100	185	36
			185/104A	185/104	104		37
			188/108A	185/108	108		38
			190/112B	185/112	112		39
			188/108A	190/108	108	190	40
			190/112B	190/112	112		41

表6–9　女性三种群体2.5·4系列与5·4系列号型对应替代表

单位：厘米

女性2.5·4系列			对应替代	女性5·4系列			
群体分组	序号	号型		号型	胸围	身高	序号
			148/76A	145/76	76	145	1
			150/80A	145/80	80		2
			148/76A　155/76A	145/76	76	150	3
			150/80A	150/80	80		4
稍矮身材中密集度群体	1	148/76A	153/84B	150/84	84		5
	2	150/80A	155/88B	150/88	88		6
	3	153/84B	155/76A	155/76	76	155	7
	4	155/88B	158/80A	155/80	80		8
	5	158/92B	153/84A　160/84A	155/84	84		9
	6	160/92B	155/88B	155/88	88		10
	7	163/100B	155/92B	155/92	92		11
	8	165/104C	160/96B	155/96	96		12
			163/76A	160/76	76	160	13
			158/80A　165/80A	160/80	80		14
高密集度群体	9	155/76A	160/84A	160/84	84		15
	10	158/80A	163/88A	160/88	88		16
	11	160/84A	158/92B　165/92A	160/92	92		17
	12	163/88A	160/96B	160/96	96		18
	13	165/92A	163/100B	160/100	100		19
	14	168/96B	165/104B	160/104	104		20
	15	170/100B	163/76Y	165/76	76	165	21
	16	173/104B	165/80A	165/80	80		22
			168/84A	165/84	84		23
			163/88A　170/88A	165/88	88		24
较高身材中密集度群体	17	163/76Y	165/92A	165/92	92		25
	18	165/80Y	168/96B	165/96	96		26
	19	168/84A	163/100B　170/100B	165/100	100		27
	20	170/88A	165/104B	165/104	104		28
	21	173/92A	168/84A	170/84	84	170	29
	22	175/96A	170/88A	170/88	88		30
	23	178/100A	173/92A	170/92	92		31
	24	180/104A	168/96B　175/96A	170/96	96		32
			170/100A	170/100	100		33
			173/104B	170/104	104		34
			173/92A	175/92	92	175	35
			175/96A	175/96	96		36
			178/100A	175/100	100		37
			180/104B	175/104	104		38
			178/100A	180/100	100	180	39
			180/104A	180/104	104		40

三、3·6号型系列的制订

半宽松、宽松式休闲服装常见的品种有茄克、运动服、户外服、防寒服及工作服等，以女装为例，胸围宽松量一般为衬衫B+16厘米以上，上衣、茄克B+22厘米以上，风衣、大衣B+28厘米以上。近年来这类服装发展很快，已成为新兴的品牌服装营销热潮中的重要角色。

由于改革开放以前国内没有休闲成衣这类品种，因此当时制订的国家标准服装号型内，没有针对这类品种而设置的号型系列。近二十年来，这类服装逐步发展，已在国内市场上占有相当大的份额，特别是在青少年服装中，已占有半壁江山，而在此期间国家标准服装号型虽经二次修订，却均未设置适用于这类服装的号型系列。

5·4系列的胸（腰）围档差偏小，勉强用于半宽松、宽松式休闲成衣，既影响消费者选购成衣，又降低了体型覆盖面。例如典型合体女上衣的胸围宽松量为16厘米，而典型半宽松式女上衣的胸围宽松量为24厘米，5·4系列的胸围档差为4厘米，相当于合体女上衣宽松量的四分之一，相当于半宽松式女上衣的六分之一。根据销售实践表明：就上衣而言，当胸围档差相当于宽松量的四分之一时，消费者可以恰当地感觉到两件不同号型成衣之间的差别；而当胸围档差相当于宽松量的六分之一以下时，消费者往往觉得两件相邻号型成衣的成品胸围差不多，这样既浪费了号型，浪费了成本，又缩小了市场占有率；事实上在宽松式休闲装产品中，这种浪费现象更为严重。国家标准服装号型5·4系列的宗旨是以实施大量的号型来实现较高的体型覆盖面，这种做法对于以大市场远程营销为主要运营模式的休闲装是高成本的、不合适的。

为适应社会需求，笔者遵循“按身高分布密集度分组”的理念，制订一套适用于成年男女休闲成衣的3·6号型系列参考表（表2–2、表4–2）。实施该系列3～18个号型，可以替代5·4系列8～44个号型。

具体方案如下：

（1）号型系列按消费群体的身高分布密集度分为“高密集度群体”组、“较高的中密集度群体”组、“较矮的中密集度群体”组。如有必要可以扩展到“中等身材的低密集度群体”组、“较高的低密集度群体”组以及“较矮的低密集度群体”组。

（2）不同群体组之间同一胸围的身高间隔为8厘米。

（3）身高以3厘米分档组成系列。

（4）胸围以6厘米分档组成系列。

（5）腰围以7厘米分档组成系列。

（6）身高与胸围搭配组成3·6号型系列。

（7）身高与腰围搭配组成3·7、3·3.5号型系列。

（8）该方案以身高与胸围搭配为主简称3·6号型系列。

按此方案分别构成本书里的“女性休闲服装3·6号型系列控制部位参考表”（表2–2）和“男性休闲服装3·6号型系列控制部位参考表”（表4–2）。

（1）研究、制订3·6系列服装号型基于以下几点依据：

（2）制订2.5·4系列服装号型的各点依据都适用于3·6系列服装号型。

（3）服装号型系列要取得较大的体型覆盖面，不仅要有大范围、实时、详尽、精准的消费者体型计测数字模型为基础，而且要有科学、合理、实用的号型排序。

（4）据销售实例考察，消费者选购休闲成衣时，由于宽松量较大，衣长、袖长均比合体成衣稍长，所以视觉效果的宽容度远较合体成衣大。以典型的茄克为例，衣长偏长2.4厘米、或偏短1.2厘米，袖长偏长1.8厘米、或偏短0.9厘米；胸围偏大4厘米、或偏小3厘米通常是是可以接受的，因穿着的视觉效果差别很小（裤长因裤口多装有松紧带或卡幅，所以宽容度更大），有足够的条件增大胸围档差，减小腰围档差。

（5）具体而言，在胸围档差为6厘米的情况下，身高档差宜减小为3厘米、3.5厘米或4厘米，即设置为3·6、3.5·6或4·6号型系列，本书采用3·6号型系列。对于宽松式羽绒服、充（膨松）棉服，还可以2.5·4号型系列隔档选用的方式设置5·8号型系列。

（6）3·6号型系列的身高（号）的覆盖范围是$\pm^{3}_{6}$厘米，即每个号都可以向上覆盖3厘米，向下覆盖6厘米的身高；相应的胸围（型）的覆盖范围是$\pm^{3}_{4}$厘米，即每个型都可以向上覆盖3厘米，向下覆盖4厘米的胸围。这是经销售实践证明消费者普遍认可的覆盖范围。因此3·6号型系列可以在满足消费者需求的同时，大幅度地减少号型量，从而节约产销成本。

（7）3·6系列将所有与身高挂钩的长度尺寸都从“突变”降为“渐变”，使每档号差所引起的服装长度外观的差别模糊化，以方便消费者在衣长、袖长、裤长、裙长增减量很小的前提下，跨越二档的号差选购胸、腰围合体的服装，例如，女子160/78的体型可选择157/78号型、160/90的体型可选择163/90号型、160/96的体型可选择166/96号型等等，这样就使原有的单系列号型，实现了多系列的覆盖，有效地提高号型利用率，从而扩大了体型覆盖面。

（8）据统计资料表明：在各个身高组内，胸围与腰围的增减不是同步的，腰围型差的增减明显大于胸围型差的增减，因此表2–2、表4–2中把腰围的型差设置为7厘米。该数值超过了人体对普通裙、裤腰的宽容度，但因宽松式休闲裤裤腰的两侧普遍装松紧带，通常松紧带的伸展量可达每侧3厘米；有些款式甚至全腰围装松紧带，足以覆盖7厘米的腰围档差。牛仔裤等休闲裤因款式的原因不宜装松紧带，一般可设置半档3·3.5号型系列。

四、3·6系列与5·4系列的比较

表6–10　男性高密集度群体3·6系列与5·4系列号型对应替代表

单位：厘米

男性3·6系列			对应替代	男性5·4系列			
群体分组	序号	号型		号型	胸围	身高	序号
			164/80A	160/80	80	160	1
			164/80A	165/80	80	165	2
			167/86A	165/84	84		3
			167/86A	165/88	88		4
			170/92A	165/92	92		5
高密集度群体	1	164/80A	167/86A	170/84	84	170	6
	2	167/86A	167/86A	170/88	88		7
	3	170/92A	170/92A	170/92	92		8
	4	173/98A	173/98A	170/96	96		9
	5	176/104A	173/98A	170/100	100		10
	6	179/110B	176/104A	170/104	104		11
			173/98A	175/96	96	175	12
			173/98A	175/100	100		13
			176/104A	175/104	104		14
			179/110B	175/108	108		15
			179/110B	175/112	108		16
			179/110B	180/108	108	180	17
			179/110B	180/112	112		18

研究、制订3·6系列的目的是为了在实施生产有限号型的情况下，其体型覆盖面能明显地大于5·4系列。由于3·6系列充分地发挥了宽松式成衣胸围宽松量较大、合体感觉比较模糊的优势，体型覆盖面可以二倍甚至三倍于5·4系列。为了验证实际效果，可以通过下列几个替代对应表进行比较。

当前服装市场已日益呈现细分化的趋势，大多数企业都有自己的顾客群定位。厂商可以根据顾客群的体型情况从表1、表2中灵活地选用号型，组成适合自身定位的号型系列，下列替代对应表就是按常见的典型顾客群体设置的。

与5·4号型系列替代对应的原则：（1）胸围按±2厘米的范围替代对应；（2）身高按$\pm\frac{3}{6}$厘米的范围替代对应。下列各表均按此原则进行对应比较。

表6–10和表6–11属于最常见的高密集度群体组，适合于绝大多数中小型厂商，其6个号型可以替代5·4系列的18个左右号型。企业可以酌情选择实施其中3~4个号型，通常南方市场宜偏下限选择，北方市场宜偏上限选择。

表6–11　女性高密集度群体3·6系列与5·4系列号型对应替代表

单位：厘米

女性3·6系列			对应替代	女性5·4系列			
群体分组	序号	号型		号型	胸围	身高	序号
			154/72A	150/72	72	150	1
			154/72A	155/72	72	155	2
			157/78A	155/76	76		3
			157/78A	155/80	80		4
			160/84A	155/84	84		5
高密集度群体			157/78A	160/76	76	160	6
	1	154/72A	157/78A	160/80	80		7
	2	157/78A	160/84A	160/84	84		8
	3	160/84A	163/90A	160/86	86		9
	4	163/90A	163/90A	160/92	92		10
	5	166/96A	166/96A	160/96	96		11
	6	169/102B	163/90A	165/88	88	165	12
			163/90A	165/92	92		13
			166/96B	165/96	96		14
			168/102B	165/100	100		15
			169/102B	165/104	104		16
			169/102B	170/100	100	170	17
			169/102B	170/104	104		18

表6–12、表6–13属于青少年群体组，这是个较特殊的群体，青少年处在发育过程中，体型多样化特征不如成年人明显，大规格胸围比较少，但身高却比他们的父母辈高，因此从“高密集度群体”和“较高身材的中等密集度群体”中各选3个胸围偏小的号型合成一表，其6个号型可以覆盖5·4系列16个左右号型，小企业可以选择实施“高密集度群体”的3个号型。

表6–14、表6–15专供大型企业或生产工作服的企业使用。大型企业多定位于生产流行性不太强的产品，以利于大批量生产，相应地号型量可以做得比较多；工作服与市场销售的成衣不同，需要覆盖客户单位的全体员工，这二种情况需要使用表12、表13里的大部分甚至全部号型，在此情况下，其18个号型可以覆盖5·4系列42个左右号型，如果客户的员工多达数千人以上，还可以按

表6–12　男性青少年群体3·6系列与5·4系列号型对应替代表

单位：厘米

男性3·6系列			对应替代	男性5·4系列			
群体分组	序号	号型		号型	胸围	身高	序号
			164/80A	160/80	80	160	1
高密集度群体			164/80A	165/80	80	165	2
			167/86A	165/84	84		3
	1	164/80A	167/86A	165/88	88		4
	2	167/86A	170/92A	165/92	92		5
	3	170/92A	172/80Y	170/80	80	170	6
			167/86A　175/86A	170/84	84		7
			167/86A　175/86A	170/88	88		8
			170/92A	170/92	92		9
较高身材中密集度群体			175/86A	175/84	84	175	10
	4	175/86Y	175/86A	175/88	88		11
	5	178/92A	178/92A	175/92	92		12
	6	181/98A	181/98A	175/96	96		13
			178/92A	180/92	92	180	14
			181/98A	180/96	96		15
			181/98A	180/100	100		16

表6–13　女性青少年群体3·6系列与5·4系列号型对应替代表

单位：厘米

女性3·6系列			对应替代	女性5·4系列			
群体分组	序号	号型		号型	胸围	身高	序号
高密集度群体			157/78A	155/76	76	155	1
			157/78A	155/80	80		2
			160/84A	155/84	84		3
	1	157/78A	157/78A　165/78Y	160/76	76	160	4
	2	160/84A	157/78A　165/78Y	160/80	80		5
	3	163/90A	160/84A	160/84	84		6
			163/90A	160/88	88		7
			163/90A	160/92	92		8
			165/78Y	165/76	76	165	9
较高身材中密集度群体			165/78Y	165/80	80		10
	4	168/78Y	168/84A	165/84	84		11
	5	168/84A	163/90A　171/90A	165/88	88		12
	6	171/90A	163/90A　171/80A	165/92	92		13
			165/84A	170/84	84	170	14
			171/90A	170/88	88		15
			171/90A	170/92	92		16

需设置“中等身材的低密集度群体”组、“较高身材的低密集度群体”组以及“较矮身材的低密集度群体”组。

通过前述的比较可以表明，3·6系列的体型覆盖面明显地大于5·4号型系列。以在实施3～18个号型的情况下，可以覆盖5·4系列9～42个左右号型。

表6–14　男性三种群体3·6系列与5·4系列号型对应替代表

单位：厘米

男性3·6系列			对应替代	男性5·4系列			
群体分组	序号	号型		号型	胸围	身高	序号
			156/80A	155/80	80	155	1
			159/86A	155/84	84		2
			159/86A	155/88	88		3
			164/80A	160/80	80	160	4
			158/86A	160/84	84		5
			159/86A	160/88	88		6
			162/92B	160/92	92		7
			165/98B	160/96	96		8
			165/98B	160/100	100		9
稍矮身材中密集度群体	1	156/80A	164/80A	165/80	80	165	10
	2	159/86A	167/86A	165/84	84		11
	3	162/92B	167/86A	165/88	88		12
	4	165/98B	170/92A　162/92B	165/92	92		13
	5	168/104B	165/96B	165/96	96		14
	6	171/110B	165/96B	165/100	100		15
			168/104B	165/104	104		16
			171/110B	165/108	108		17
			171/110B	165/112	112		18
			172/80Y	170/80	80	170	19
高密集度群体			167/86A　175/86Y	170/84	84		20
	7	164/80A	167/86A　175/86Y	170/88	88		21
	8	167/86A	170/92A	170/92	92		22
	9	170/92A	173/98A	170/96	96		23
	10	173/98A	173/98A	170/100	100		24
	11	176/104A	169/104B　176/104A	170/104	104		25
	12	179/110B	171/110B	170/108	108		26
			171/110B	170/112	112		27
			172/80Y			175	28
			175/86A	175/84	84		29
			178/92A	175/88	88		30
较高身材中密集度群体			178/92A	175/92	92		31
	13	172/80Y	172/98A　181/98A	175/96	96		32
	14	175/86Y	173/98A	175/100	100		33
	15	178/92A	176/104A	175/104	104		34
	16	181/98A	171/110B　179/110B	175/108	108		35
	17	184/104A	179/110B	175/112	112		36
	18	187/110A	178/92A	180/92	92	180	37
			181/98A	180/96	96		38
			181/98A	180/100	100		39
			184/104A	180/104	104		40
			179/110B　187/110A	180/108	108		41
			179/110B	180/112	112		42
			184/104A	185/100	100	185	43
			184/104A	185/104	104		44
			187/110A	185/108	108		45
			187/110A	185/112	112		46
			187/110A	190/108	108	190	47
			187/110A	190/112	112		48

表6–15　女性三种群体3·6系列与5·4系列号型对应替代表

单位：厘米

女性3·6系列			对应替代	女性5·4系列			
群体分组	序号	号型		号型	胸围	身高	序号
			146/72A	145/72	72	145	1
			149/78A	145/76	76		2
			149/78A	145/80	80		3
			154/72A	150/72	72	150	4
			149/78A	150/76	76		5
			149/78A	150/80	80		6
			152/84A	150/84	84		7
			155/90B	150/88	88		8
			155/90B	150/92	92		9
稍矮身材中密集度群体			154/72A	150/72	72	155	10
	1	146/72A	157/78A	155/76	76		11
	2	149/78A	157/78A	155/80	80		12
	3	152/84A	153/84A　160/84A	155/84	84		13
	4	155/90B	155/90B	155/88	88		14
	5	158/96B	155/90B	155/92	92		15
	6	161/102B	158/96B	155/96	96		16
			161/102B	155/100	100		17
			161/102B	155/104	104		18
高密集度群体			157/78A	160/76	76	160	19
			157/78A	160/80	80		20
	7	154/72A	160/84A	160/84	84		21
	8	157/78A	163/90A	160/88	88		22
	9	160/84A	163/90A	160/92	92		23
	10	163/90A	166/96A	160/96	96		24
	11	166/96A	161/102B	160/100	100		25
	12	169/102B	161/102B	160/104	104		26
			165/78Y	165/76	76	165	27
			165/78Y	165/80	80		28
			168/84A	165/84	84		29
较高身材中密集度群体			163/90A　171/90A	165/88	88		30
	13	165/78Y	163/90A　171/90A	165/92	92		31
	14	168/84A	166/96A	165/96	96		32
	15	171/90A	169/102B	165/100	100		33
	16	174/96A	169/102B	165/104	104		34
	17	177/102A	168/84A	170/84	84	170	35
	18	180/108A	171/90A	170/88	88		36
			171/90A	170/92	92		37
			174/96A	170/96	96		38
			169/102B	170/100	100		39
			169/102B	170/104	104		40
			174/96A	175/96	96	175	41
			177/102A	175/100	100		42
			177/102A	175/104	104		43
			180/108A	175/108	108		44
			177/102A	180/100	100	180	45
			177/102A	180/104	104		46
			180/108A	180/108	108		47

五、法规的可行性

2.5 · 4号型系列及3 · 6号型系列虽然具有“少号型量、大覆盖面”等诸多优点，但有些企业担心共与国家标准服装号型相悖，事实上这种担心是多余的，这是因为：

（1）现行的国家标准服装号型GB/T1335—97不是强制性的，是推荐性的，其中的“T” 就是“推荐”的意思。

（2）国家标准服装号型是技术标准（并非安全、质量、卫生和环保等强制性标准），加入WTO以后，我国的标准要与国际标准接轨，按照WTO的规定，技术标准（特别是有关产品尺寸的标准）是自愿采用的。

（3）2.5 · 4号型系列及3 · 6号型系列与国家标准及国际标准在基本概念上完全一致，即：①以人体尺寸作为服装规格系列的基础；②这个人体尺寸以厘米(cm)为计量单位；③在服装吊牌标签上表明相应的人体尺寸。

（4）2.5 · 4号型系列、3 · 6号型系列基本上是在国家标准服装号型所提供的我国人体数字模型的框架之内制订的，是对我国人体数字模型的增值利用，是对国家标准服装号型的补充。

（5）按国家标准规定，企业可以自定企业标准。而且对于一种只涉及服装产品尺寸的技术标准而言，不存在“严于”或“宽于”国家标准的问题，应以顺应市场需求为准。具体实践中可以将本书的表2−1、2−2，表4−1、4−2作为企业标准提交有关部门（如质量技术监督局，工商管理局等）备案实施。

第二节 成衣规格表的设计

成衣规格表的设计一般是在样衣完成后，经试销或订货，确定要批量投产前进行。

服装号型只表明人体尺寸，作为成衣规格设计的基础依据和消费者选购服装的参照依据。成衣规格表的设计得按照样衣的规格(通常是中间体号型的)，结合造型款式的设计效果选用适当的号型系列（通常合体型的选用2.5 · 4系列、半宽松及宽松型的选用3 · 6系列），加入与造型设计效果相对应的三围宽松量，并计算出各控制部位、各档长度、宽度尺寸的档差，编制成表。凡是三围宽松量和长度尺寸变化较明显的成衣都得专门设计规格表，但是变化不大的成衣可以套用造型(宽松量)相近的规格表，亦有相当多加工型企业直接使用订货方提供的规格表。本书所有的制板例图均配有相应的成衣规格表，可供学习成衣规格表设计参考用。

标准化概念与成衣规格表设计的概念并不矛盾，成衣（尤其是流行女装）规格必须适应服装造型的变化，往往有多种宽松量的增减，这已经是国际惯例；国家标准服装号型则是为成衣规格的设计提供基础的人体数值的依据。服装号型应标准化，在一定的年份里（如5～10年）是不变的，而成衣规格是每季、每月，有时是每款都在变化。这两者的关系有些类似原型与服装板型的关系。

设计成衣规格表时，先在中间号型这一栏里填写从中间体号型样衣板型上量取的规格数值，然后再逐档计算、设置并填入其他各档的数值，设计成衣规格表时可参照本书号型系列参考表（表2−1、2−2，表4−1、4−2），或参照客户提供的号型系列参考表。

下列是各主要控制部位档差的计算、设置方法：

成品胸围：将样衣的成品胸围按号型系列里的胸围档差适当增减编制成表。通常合体服装胸围档差为4厘米；半宽松、宽松式服装胸围档差为6厘米；对于宽松式羽绒服、充（膨松）棉服，还可以在2.5 · 4号型系列里隔档选用设置5 · 8号型系列。

成品腰围：上身仅卡腰的合体服装需要设置“成品腰围”，半宽松及宽松服装通常不设置“成品腰围”。将样衣的成品腰围按号型系列里的腰围档差适当增减编制成表，腰围档差为4.5厘米。下身的裙子、裤子，合体型的档差为4.5厘米，半宽松及宽松型的档差为7厘米，均应装松紧带或调节扣。一些低成本的合体男裤不装调节扣，可以采取钉两粒纽扣或两个钩座（间距2~2.5厘米）的方式，以调和档差偏大的矛盾。休闲裤、牛仔裤一般不装松紧带，可设置下体3·3.5系列的腰围档差。

成品臀围：将样衣的成品臀围按号型系列里的臀围档差适当增减编制成表。人体的臀围档差稍小于胸围档差，但在成衣规格表中一般可以模糊处理，让臀围与胸围同值增减，以方便推板、制衣工艺及品检的可操作性，至于由此产生约1～2厘米的累积性误差在多数情况下可以忽略(因其对服装造型效果及合体性影响甚微)。下身裙子、裤子合体型的档差在多数情况下整合为4厘米，宽松型的档差在多数情况下整合为6厘米。

后衣长：（样衣后衣长÷中间体号型身高）×身高档差＝后衣长档差（计算结果只要保留小数点后一位数，有时还要适当调整至便于品检测量的数值，下同），不同长度的衣服，其后衣长档差的差异很大，必须计算获得。

袖长：（样衣袖长÷中间体号型身高）×身高档差＝袖长档差，一般长袖2.5·4系列的档差为0.8厘米、3·6系列的档差为1厘米；但是衬衫、连衣裙的短袖要按袖山高度的扩缩量设置档差，以简化推板难度，一般短袖的这个数值为0.3～0.4厘米。

总肩宽：样衣的总肩宽加减号型系列表里的总肩宽档差。总肩宽档差是男女有别的，例如，在2.5·4系列里，男性总肩宽的档差为1.2厘米，女性总肩宽的档差为1厘米。

通袖长：亦称“连袖长”。袖长档差与半肩宽档差的和为通袖长档差，这个规格是半宽松、宽松服装规格表中常见的。在3·6系列里，女装的这个数值约为1.7厘米，男装的这个数值约为1.9厘米，多数情况下可以整合为2厘米。

肩袖长：袖长档差与肩线长档差的和为肩袖长档差，这个规格是半宽松、宽松服装规格表中常见的。在3·6系列里，女装的档差约为1.5厘米，男装的档差约为1.6厘米，多数情况下可以整合为1.5厘米。

上领围：男衬衫、中山装等立领服装需预先设置确定性的上领围，其档差即为号型系列里的颈围档差，一般2.5·4系列为1厘米，3·6系列为1.5厘米。

领围：一般指下领围，通常不是预设的规格，绝大多数非立领服装的领围只要在推板完成后，逐档量取板型上的领围弧线长度，填入规格表，作为生产流程中品检及交货时验货的依据。这个规格是出口的半宽松、宽松服装订单中常见的，是为了保障服装成品能够符合造型款式设计效果，以及满足舒适性要求的验货依据。如果推板后量取的数据与订单要求有出入，应灵活地调整至与订单相符。

1/2袖口宽：女装、男装袖型1/2袖口档差均为胸围差÷8，合体型档差为0.5厘米，半宽松及宽松型档差为0.8厘米。喇叭袖之类非合体袖的档差可以灵活些。

袖卡夫长：号型系列表中掌围的档差即为袖卡夫长的档差，2·4系列的这个档差为0.5厘米，为了简化工艺和品检操作，可以将二档的档差合并为一档，档差为1厘米。3·6系列的这个档差为0.8厘米。

1/2袖窿周长（夹圈长）：这通常不是预设的规格，待推板完成后，逐档量取板型上相应部位弧线长度，填入规格表，作为生产流程中品检及交货时验货的依据。这个规格是出口的半宽松、宽松服装订单中常见的，是为了保障服装成品能够符合造型款式设计效果，以及满足舒适性要求的验货依据。如果推板后量取的数据与订单要求有出入，应灵活地调整至与订单相符。

1/2袖宽：这通常不是预设的规格，待推板完成后，逐档量取板型上相应部位的长度，填入规格表，作为生产流程中品检及交货时验货的依据。这个规格是出口的半宽松、宽松服装订单中常见的，是为了保障裤子成品能够符合造型款式设计效果，以及满足舒适性要求的验货依据。如果推板后量取的数据与订单要求有出入，应灵活地调整至与订单相符。

裤（裙）长：〔样衣裤（裙）长÷中间体号型身高〕×身高档差＝裤（裙）长档差（计算结果只要保留小数点后一位数，有时还要适当调整至整数，以便于品检测量，下同），不同长度的裤（裙）子，裤（裙）长档差差异很大，必须计算获得。若想省点儿功夫，可以借鉴本书内裤（裙）子规格表的档差。

直裆：号型系列表中臀长的档差即为直裆的档差，2.5·4系列的档差为0.5厘米，3·6系列的档差为0.6厘米。

前裆弧长（前浪长）：对于内销产品这通常不是预设的规格，待推板完成后，逐档量取板型上相应部位的长度，填入规格表，作为生产流程中品检及交货时验货的依据。这个规格是出口的半宽松、宽松服装订单中常见的，而且是预设的，是为了保障裤子成品能够符合造型款式设计效果，以及满足舒适性要求的验货依据，如果推板后量取的数据与订单要求有出入，应灵活地调整至与订单相符。

后裆弧长（后浪长）：对于内销产品这通常不是预设的规格，待推板完成后，逐档量取板型上相应部位的长度，填入规格表，作为生产流程中品检及交货时验货的依据。这个规格是出口的半宽松、宽松服装订单中常见的，而且是预设的，是为了保障裤子成品能够符合造型款式设计效果，以及满足舒适性要求的验货依据，如果推板后量取的数据与订单要求有出入，应灵活地调整至与订单相符。

1/2裤口宽：中等以上大小的裤口，其1/2裤口的档差为H÷5，下身2.5·5系列的这个数值约为0.8厘米，3·7系列的这个数值约为1.2厘米。小裤口款式的档差为H÷8，2.5·5系列的这个数值约为0.5厘米。这个数值对裤子的造型影响很大，特殊造型的裤子要灵活地设置。像喇叭裤、直筒裤之类的裤子还要设置1/2膝宽，膝宽与裤口宽的差数根据造型确定，但增减档差通常与裤口宽同值。

以上所设计的规格表是供总检及订货方验货用的。制板师往往还要在这张表的基础上加入面料的缩水率或热缩率（缩水率或热缩率可以通过试验获得，亦可以参考专业的服装材料学书籍），再设计一张推板专用的规格表，以确保验货时规格的准确。也有一些需要多次使用的板型，因为每批裁剪布料的缩水率往往各不相同，推板时不加缩水率，在排料裁剪时加。

前述的1/2袖窿周长、1/2袖宽、领围、前裆弧长、后裆弧长等多项非预设规格，在众多外销定单规格表里是预设的，这是国外的定货方（往往亦是设计方）为了保障服装设计的效果而设置的。在制板、推板的过程中，应以“逆向设计”的思维方式，对这些部位的尺度按照服装造型的要求，进行反向揣摩、推测、调整，直至满足定单要求。

第七章 成衣工业板型推板

第一节 成衣工业板型原理

推板就是将中间体号型的样衣板，按适当的档差扩大和缩小成若干个号型供量产用的裁剪板，以使量产的服装尽量多地覆盖目标消费群的体型。推板的过程中，应保证每个号型成衣的造型款式效果都能与样衣保持一致；各主要控制部位的缩放都能与人体相应部位的增减规律保持一致。

成衣工业板型是现代服装工业在批量生产成衣时，作为裁剪板型及工艺流程中控制品质用的系列化板型的总称。

一、成衣的种类

成衣的种类多种多样，厂商的产品定位各不相同，对样板的需求亦各不相同。工艺比较精细、生产周期比较长、产量比较大的服装板型比较完整，通常包括：

（1）面料裁剪板型（粗裁毛缝）、里料裁剪板型（粗裁毛缝）、衬布（或絮料）裁剪板型（粗裁毛缝）。

（2）修剪板型（精裁毛缝）、定形板型（净缝）、定位板型（净缝）。

不过生产周期比较短、产量比较小的服装板型就应相对精简一些。例如只出一套修剪板型（精裁毛缝）兼作裁剪板型用；一些休闲装、半宽松、宽松服装只出一套半精裁毛缝（毛缝量介于粗裁与精裁之间）的裁剪板型，省略了修正工序，也就不用修剪板型等等，目的是为了提高时效性，加快推出新产品的节奏。

二、推板工具

除了制板所需要的工具以外，还应准备以下专用工具：

剪口器或打孔器：用于在纸样边缘快速制作对位标记，一般在文具店或缝纫机具店购买。

点线器：亦称描线轮，用于拷贝板型（描板），一般在缝纫机具店购买。

皮带冲子：直径0.8厘米左右，用于在板型上打孔，用于穿绳连接保存，一般在五金工具店购买。

橡皮图章：类似财会部门使用的图章，主要用于在板型上标明设计编号、号型、部件名称、代号等等。有些图章可以在文具店买到，有些要去印章店定制。

三、推板材料

推板用纸：供绘制推板总图用，有些小批量生产的成衣板型也用这种纸。多为70～100克的牛皮纸，有条件应尽量选用印有3 × 3厘米或5 × 5厘米坐标格、长30米以上的专用卷筒制板纸。

板型用纸板：供从推板总图上拷贝成衣工业板型（描板）用。因成衣工业板型常常需要反复多次使用，所以必须有足够的强度和厚度。推荐选用250克以上的牛皮卡纸，这种纸很结实，边缘不易磨毛，能较长期保持外形尺寸稳定，这种纸有126 × 96厘米超大规格的，尽量选用大的；亦可以选用0.6毫米以上厚度的聚脂塑料片，这种塑料片能耐温摄氏180度，比牛皮卡纸更耐用，但成本较高，多用于制备需要长期反复使用的板型；还可以选用250克以上的白板纸，这种纸板是很常见的包装纸板，一面白色，一面灰色，价廉但纸质较松、不太耐用。

薄铝板、薄铜板：主要制作定形板型、定位板型用，厚0.4~0.6毫米，用量不多，一般在金属材料店、装修材料店购买。另有一种比较简便的方法是把铝质饮料罐剪开代用，但有一个小缺点，即其仅有0.2毫米厚。

四、推板的方法

为了全面理解、掌握推板的原理与技法，应当先熟练地掌握设计中间体号型样衣板型的制板原理与技法，这是必不可少的基础，有了这个基础，学习推板才能够知其然，并知其所以然。

目前常规推板的常用程序都是先在一张推板纸上画基础板(多数是拷贝自中间体号型样衣板)，再按规格表数值推画出各档板型，这张图称为推板总图。而后用描线轮进行描板，把推板总图里的各档板型逐档拷贝到硬纸板上，并经过适当的加工剪裁即制成可供生产流程用的系列工业板型，推板总图一般要留作技术档案保存一段时间，以便随时备查、备用。

还有一些小型企业在只生产3个以下号型的情况下，就以制板代替推板，即比照已有的中间号型样衣板，再画大小各一套板型并按需要加上毛缝即完成推板。这样推板速度较快，往往是小企业推出新产品节奏较快的小窍门。但是当号型量增加到5个以上时，这样推板就慢于常规的推板方式，而且还增加了出错的几率，亦不能保留技术档案，所以定位于大市场、需要5个以上号型量的中型以上厂商，一般不用此法。

目前推板既有推净缝板、也有推毛缝板，净缝板要在描板拷贝时加毛缝。推净缝板尺寸精确度较好，且速度较快，应提倡多采用，但描板拷贝时一定要加毛缝，交给裁剪车间的必须是毛缝板，这是国际惯例。推毛缝板速度较慢，但描板拷贝的速度却较快。二种方法各有短长，主要视各企业的习惯而采用。学习推板主要掌握推净缝板以及推精裁毛缝板的技法，至于粗裁毛缝板，在掌握了精裁毛缝板的基础上很容易举一反三、融会贯通的。

目前常用的推板技法主要有等分法和码点缩放法。

1. 等分法

等分法是一种比较先进的推板技法，它在最大、最小规格二套基础板之间进行等分，产生其他各档规格的板型，不用记忆任何公式、定数，无论什么造型款式，特宽特紧的宽松量，档差或大或小的号型系列，分割线或多或少的衣片，甚至是用立体法设计的基础板等等都能很好地适应，都能确保效果不走样，控制部位尺寸准确，而且还特别容易掌握，因为其原理和操作技法是闭环性的，只要基础板正确，其他号型也就相应地正确了。而以往的推板技法是扩散性的，基础板正确不一定能相应地保证其他号型的正确，所以这些优点是其他推板技法难以比拟的。这种方法目前最常用于进行合体、复杂分割线女装的推板档差计算公式和定寸的基础研究。以纠正以往仅仅凭借局部的经验设置推板档差计算公式和定寸而造成的累积性误差。

有些人批评等分法需要画二套基础板，浪费时间。这批评有些片面，是以不对等比较（例如以熟练者对初学者进行比较）得出的结论。等分法不必背公式、定数，操作过程简捷，不易出错，这些都能节省大量的时间。如果进行真正对等的比较，上述那个片面的结论就会改写。

2.码点缩放法

码点缩放法是基于比例法原理的推板技法，包含了比例法的所有弊病，对于推板而言，最明显的弊病有二点：

（1）累积性误差较大，合体性欠佳。按目前常见的教材推板，只要比中间体号型基础板大三档，该弊病就明显地暴露了，尤其是近十年来我国人体变化规律已明显地今非昔比了，但推板公式却没有实质性的变化，该弊病就愈加突出了。

（2）再现造型款式效果欠佳。因为现有的公式都是基于定型款式服装的缩放，用于变化较大的流行服装往往力不从心，效果走样也就难免了。

对于第一点弊病一些师傅有二种解决方法，比较敬业者就脱离比例法公式，靠自身经验进行修正，当然修正的效果是因操作者而宜的；不太敬业者就千方百计地少推号型（散布“特大、特小号型的服装没人买”的言论），只要推的号型不多，弊病亦就不明显。对于第二点弊病师傅们一般只能是信马由缰。以往的绝大多数师傅都相对重视合体性问题，却比较漠视设计效果问题，这似乎是师傅们的职业习惯。由于我国服装教育的滞后，目前落后的码点缩放法应用得还比较广泛。

根据行业发展的需要及现实的需要，本书既讲授等分法推板，同时兼教码点缩放法。

本书对等分法进行了改革，即不必画二套基础板，只要在已有的样衣板轮廓外再画一套最大规格的板型（具体尺寸按该款式规格表），在这二套板型之间进行等分，再按等分值向内辐射出小号、特小号的板型。这样可以进一步加快推板的速度。

本书同样对码点缩放法进行了改革，改革后的码点缩放法不再采用原有的不太符合人体增减规律的公式、定数，而是利用等分法推板的结果归纳产生新的码点公式、定数进行码点缩放推板，以往比例法公式难以涵盖的一些较大档差、较大宽松量、较多分割的板型，只要曾经用等分法推板过，就能获取相应的公式、定数，亦就能准确、完美地进行推板，不仅显著地改善高、低端号型的合体性，而且对服装造型款式效果的再现亦有明显改善。但是学习这种方法应该先掌握等分法，以利于知其然、知其所以然。

第二节 等分法推板与案例

一、推板的程序

（1）把中间体号型样衣板拷贝到推板纸上。

（2）对齐纵向、横向公共线把最大规格板型画在样衣板的轮廓之外（特别提示：衬衫、上衣、西服、大衣等上身衣服的肩线，必须与其中间体样衣的肩线斜度保持一致），并按需要加入不同宽度的毛缝，最大规格尺寸要严格地按照该款式服装的号型规格表。

（3）把二套板型的所有坐标点连接起来，连接线应向内延伸。

（4）二套板型之间连接的坐标线按号型规格表里的分档数逐条等分，并按已产生的等分值向内等分，并把各档等分点连接起来，构成从最小至特大规格的各档板型，至此，完成推板总图。

（5）对照规格表，逐档检验推板总图是否正确。

（6）把推板总图逐档拷贝到硬纸板上，制备成供裁剪及其他用途的系列板型。

（7）把所有的板型逐片标注上定位标记、经纱标记、设计编号、号型、部件名称、部件数、文字说明、日期等信息。所有的标注均应标在实际排料部位的反面，这样可避免实际排料时，把裁片左右方向排错。

（8）认真自检，并请负责任的第三者逐档、逐片审核所有板型，包括是否尺寸准确、弧线圆顺、匹配合理、标记明确、文字说明完整等等。审核完毕，若有问题，应立即校正，若无问题，应在关键控制部位的边缘盖上（压边、压角）审核章。

（9）将完成的各档板型移交给下游工序。

二、确定公共线的原则

公共线是推板最重要的基础线，就等分法而言，正确地确定了公共线，整张推板图就正确了一半。每片衣片公共线的确定均应遵循下列原则：

（1）公共线应选择直线或曲率尽量小的弧线。

（2）公共线应水平、垂直各一条。

（3）公共线的确立应有利于各部件、各档规格大曲率弧线尽量拉开距离，以利于进行等分。

（4）对于分割线较为复杂的衣片，应灵活地设置公共线。

公共线的确定可参照下列建议：

上身：水平－胸围线、腰围线（推荐选用腰围线）；垂直－前后中轴线。

袖子：水平－袖肘线；垂直－袖前线。

衣领：水平－后领中轴线；垂直－领下线。

裤：　水平－横档线；垂直－前后熨迹线。

裙：　水平－腰围线、裙摆线（推荐选用裙摆线）；垂直－前后中轴线。

三、案例

1．女翻领公主线上衣

参考规格（2.5·4系列）　　　　单位：厘米

群体分组	序号	上体号型	后衣长	成品胸围	成品腰围	下摆围	领围	肩宽	袖长	1/2袖口
高密集度群体	1	155/76A	60	92	71	99		39	54.6	11.5
	2	158/80A	61	96	75.5	103		40	55.2	12
	3	160/84A	62	100	80	107	制板、推板后实量	41	56	12.5
	4	163/88A	63	104	84.5	111		42	56.8	13
	5	165/92A	64	108	89	115		43	57.6	13.5
	6	168/96B	65	112	93.5	119		44	58.4	14
	7	170/100B	66	116	98	123		45	59.2	14.5
	8	173/104B	66	116	102.5	127		46	60	15
较高身材中密集度群体	1	165/80Y	64	96	73	103		40.6	58.4	12
	2	168/84A	65	100	78	107	制板、推板后实量	41.6	59.2	12.5
	3	170/88A	66	104	83	111		42.6	60	13
	4	173/92A	67	108	88	115		43.6	60.8	13.5
	5	175/96A	68	112	93	119		44.6	60.6	14

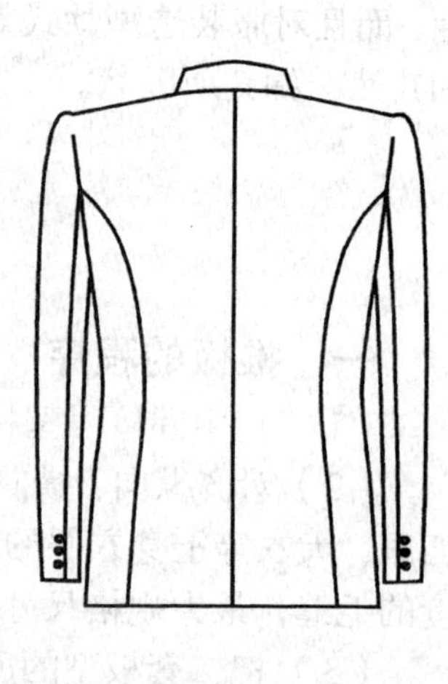

要点

（1）规格表中高密集度群体中序号3、8，或较高身材中密集度群体中序号2、5的规格是基础板的规格，其中高密集度群体序号3、较高身材中密集度群体序号2分别是所属群体组的样衣板规格。

（2）基础板的制图应准确无误，这是正确推板的基本保障。

（3）各衣片正确地对齐公共线之后，各档的等分线都可以一目了然地产生。

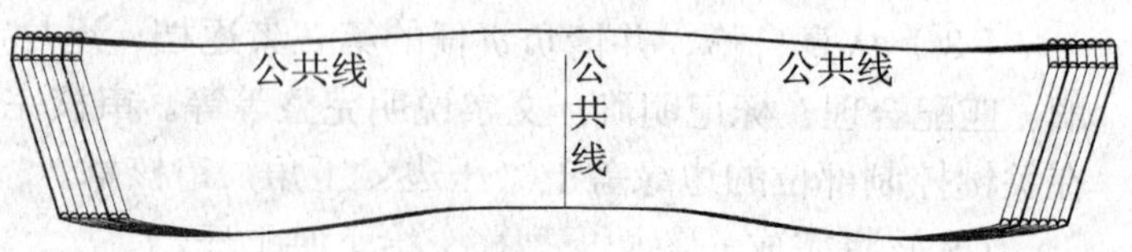

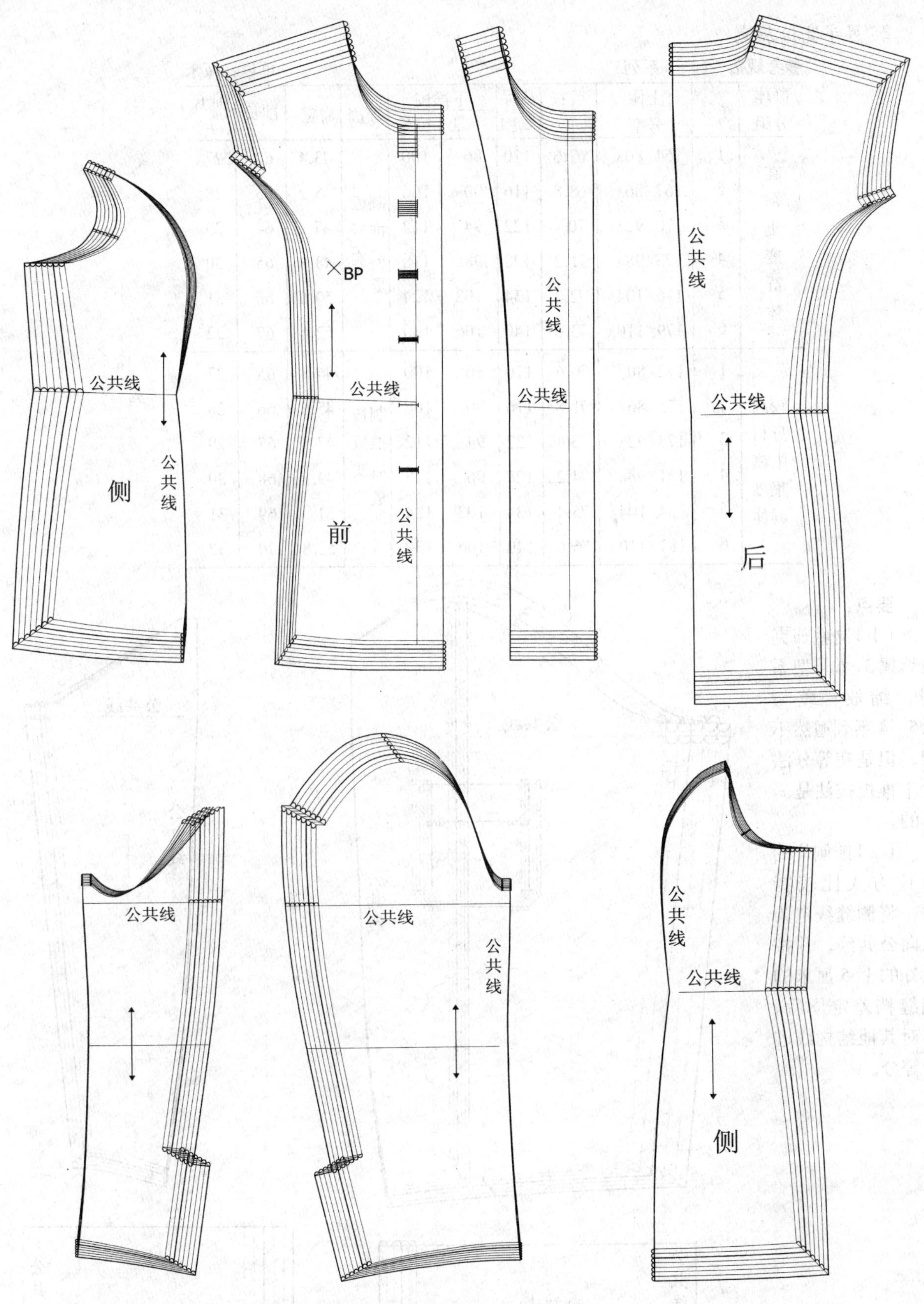

图5-1　公主线上衣的推板

2. 男半宽松茄克

参考规格　（3·6系列）　　　　单位：厘米

群体分组	序号	上体号型	后衣长	成品胸围	下摆围		领围	肩宽	袖长	袖卡夫
					平量	拉量				
高密集度群体	1	164/80A	67.6	110	86	100	制板、推板后实量	43.4	62	27
	2	167/86A	68.8	116	90	106		45.2	63	28
	3	170/92A	70	122	94	112		47	64	29
	4	173/98A	71.2	128	98	118		48.8	65	30
	5	176/104A	72.4	134	102	124		50.6	66	31
	6	179/110A	73.6	140	106	130		52.4	67	32
较高身材中密集度群体	1	172/80Y	70.6	110	86	100	制板、推板后实量	44.8	65	27
	2	175/86Y	71.8	116	90	106		45.6	66	28
	3	178/92A	73	122	94	112		47.4	67	29
	4	181/98A	74.2	128	96	118		49.2	68	30
	5	184/104A	75.4	134	102	124		51	69	31
	6	187/110A	76.6	140	106	130		52.8	70	32

要点：

（1）这款茄克虽然属3·6号型系列，缩放档差与2.5·4系列迥然不同，但是在等分法之下推板技法是一样的。

（2）前侧片的对位方式比较特殊，将侧缝线定为纵向公共线，并按已知的1.5厘米的侧缝档差定位后，再对其他结构线进行等分。

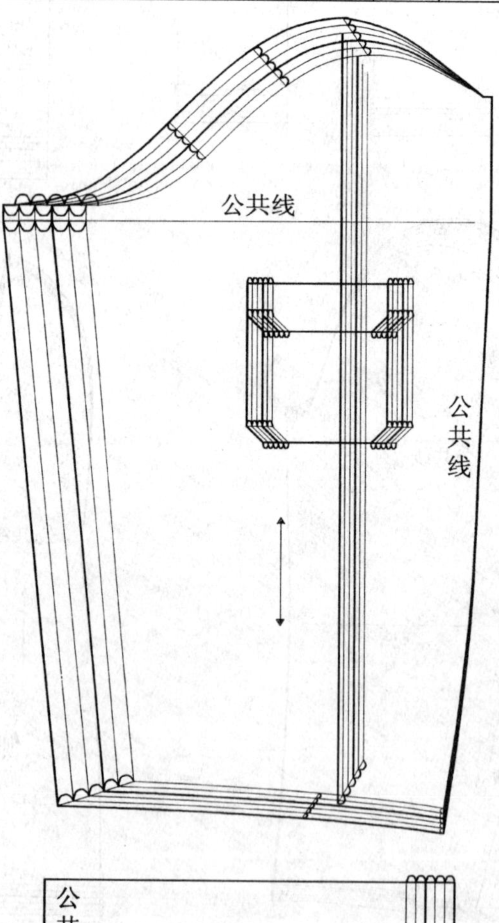

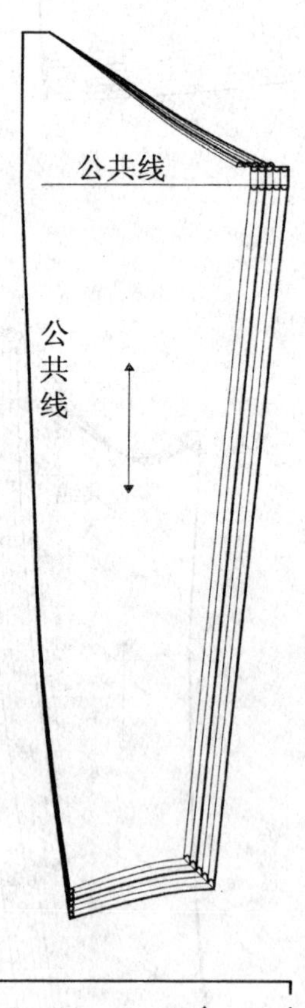

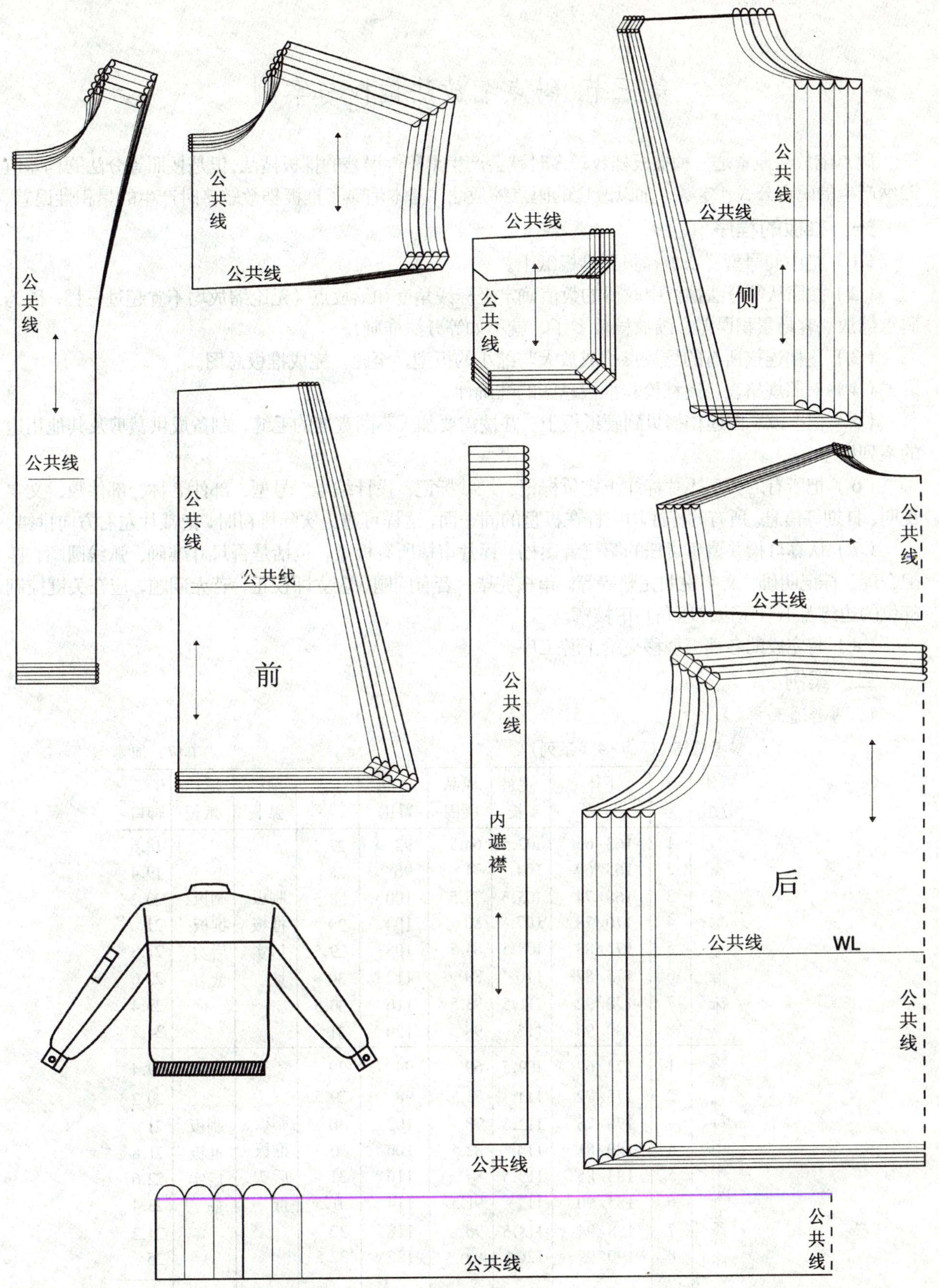

公共线
公共线
公共线
公共线
公共线
公共线
公共线
公共线
侧
公共线
公共线
前
公共线
公共线
内遮襟
公共线
后
公共线
WL
公共线
公共线
公共线
公共线

图5–2 男半宽松茄克

第三节 码点缩放法推板与案例

码点缩放法原本是一种推板档数较多时就会产生累积性误差的推板技法，但是按照等分法的档差值归纳产生的码点公式、定数，加以改良的码点缩放法，基本消除了推板档数较多时产生的累积性误差。

一、推板的程序

（1）把中间号型样衣板拷贝到推板纸上。

（2）按照从等分法推板中取得的数值确定坐标线角度和缩放点（无论缩放均不宜超过三档，因为码点缩放法容易累积误差，缩放档数多了，就不如等分法准确）。

（3）逐档连接所有的缩放点构成放大与缩小的板型，至此，完成推板总图。

（4）对照规格表，逐档检验推板总图的准确性。

（5）把推板总图逐档拷贝到硬纸板上，并按需要加入不同宽度的毛缝，制备成供裁剪及其他用途的系列板型。

（6）把所有的板型逐片标注上定位标记、经纱标记、设计编号、号型、部件名称、部件数、文字说明、日期等信息。所有的标注均应标在板型的同一面，这样可避免实际排料时，把裁片左右方向排错。

（7）认真自检并请负责任的第三者逐档、逐片审核所有板型，包括是否尺寸准确、弧线圆顺、匹配合理、标记明确、文字说明完整等等。审核完毕，若有问题，应立即校正，若无问题，应在关键控制部位的边缘盖上（压边、压角）审核章。

（8）将完成的各档板型移交给下游工序。

二、案例

1. 男普通西裤

参考规格（2.5·4.5系列） 单位：厘米

群体分组	序号	下体号型	毛裤长	成品腰围	成品臀围	直裆	前裆弧长	后裆弧长	1/2脚口
高密集度群体	1	163/65	102.5	66.5	92	27.5	制板、推板后实量	制板、推板后实量	18.6
	2	165/69	104	71	96	28			19.4
	3	168/74	105.5	75.5	100	28.5			20.2
	4	170/78	107	80	104	29			21
	5	173/83	108.5	84.5	108	29.5			21.8
	6	175/87	110	89	112	30			22.6
	7	178/92	111.5	93.5	116	30.5			23.4
	8	180/96	113	98	120	31			24.2
较高身材中密集度群体	1	173/67	109.5	69	94	29	制板、推板后实量	制板、推板后实量	19.4
	2	175/72	111	73.5	98	29.5			20.2
	3	178/76	112.5	78	102	30			21
	4	180/81	114	82.5	106	30.5			21.8
	5	183/85	115.5	87	110	31			22.6
	6	185/90	117	91.5	114	31.5			23.4
	7	188/94	118.5	96	118	32			24.2
	8	190/99	120	100.5	122	32.5			25
档差			1.5	4.5(W)	4(H)	0.5			0.8

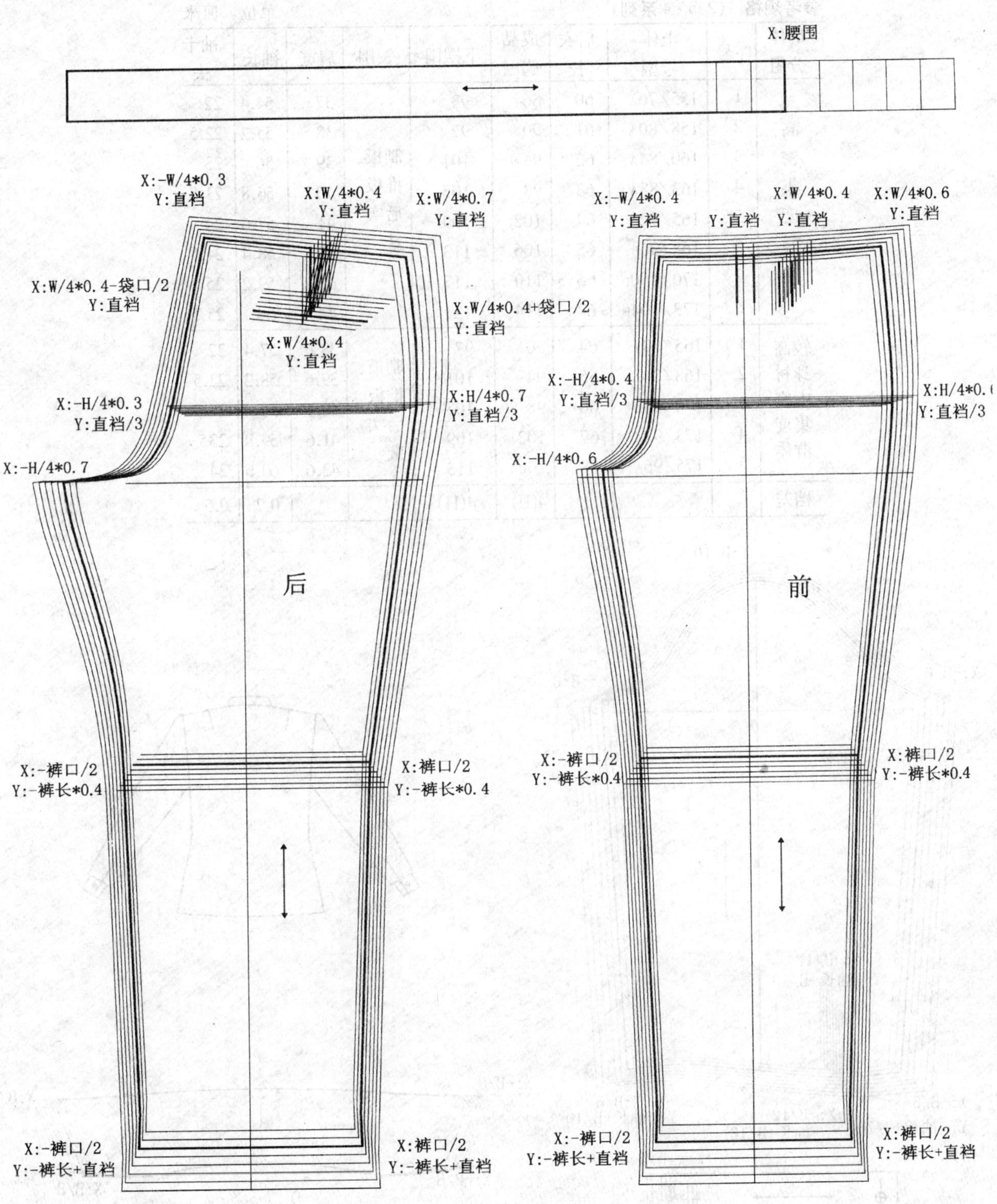

X:腰围
X:-W/4*0.3
Y:直裆
X:W/4*0.4
Y:直裆
X:W/4*0.7
Y:直裆
X:W/4*0.4-袋口/2
Y:直裆
X:W/4*0.4+袋口/2
Y:直裆
X:W/4*0.4
Y:直裆
X:-H/4*0.3
Y:直裆/3
X:H/4*0.7
Y:直裆/3
X:-H/4*0.7
后
X:-裤口/2
Y:-裤长*0.4
X:裤口/2
Y:-裤长*0.4
X:-裤口/2
Y:-裤长+直裆
X:裤口/2
Y:-裤长+直裆
X:-W/4*0.4
Y:直裆
Y:直裆
X:W/4*0.4
Y:直裆
X:W/4*0.6
Y:直裆
X:-H/4*0.4
Y:直裆/3
X:H/4*0.6
Y:直裆/3
X:-H/4*0.6
前
X:-裤口/2
Y:-裤长*0.4
X:裤口/2
Y:-裤长*0.4
X:-裤口/2
Y:-裤长+直裆
X:裤口/2
Y:-裤长+直裆

图5-3　男普通西裤

2. 女小翻领衬衫

参考规格 （2.5·4系列） 单位：厘米

群体分组	序号	上体号型	后衣长	成品胸围	下摆围	领围	肩宽	袖长	袖卡夫
高密集度群体	1	155/76A	60	86	93	制板、推板后实量	37	54.4	22
	2	158/80A	61	90	97		38	55.2	22.5
	3	160/84A	62	94	101		39	56	23
	4	163/88A	63	98	105		40	56.8	23.5
	5	165/92A	64	102	109		41	57.6	24
	6	168/96B	65	106	113		42	58.4	24.5
	7	170/100B	66	110	117		43	59.2	25
	8	173/104B	67	114	121		44	60	25.5
较高身材中密集度群体	1	165/80Y	64	90	97	制板、推板后实量	38.6	57.4	22
	2	168/84A	65	94	101		39.6	58.2	22.5
	3	170/88A	66	98	105		40.6	59	23
	4	173/92A	67	102	109		41.6	59.8	235
	5	175/96A	68	106	113		42.6	60.6	24
档差			1	4(B)	4(H)			0.7	0.5

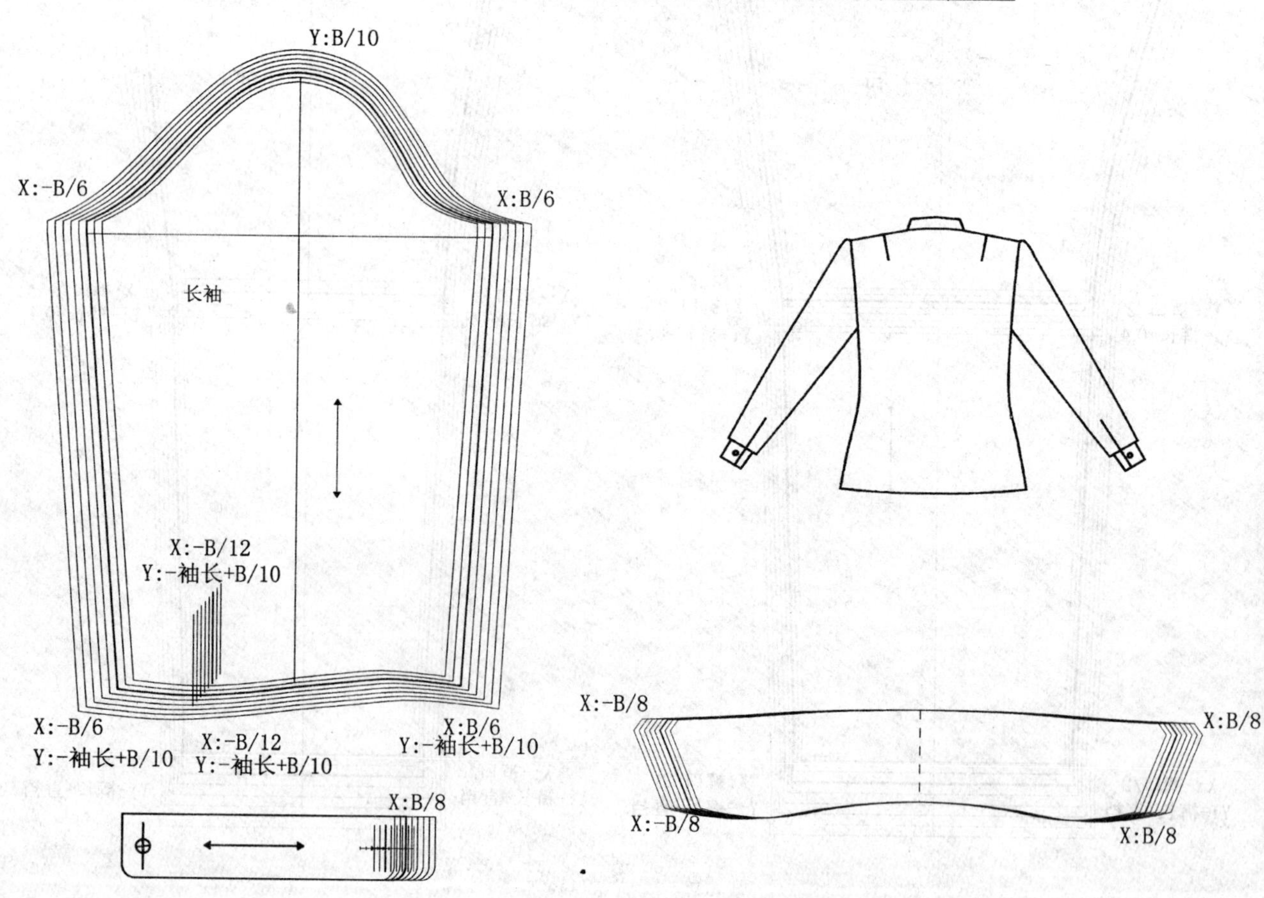

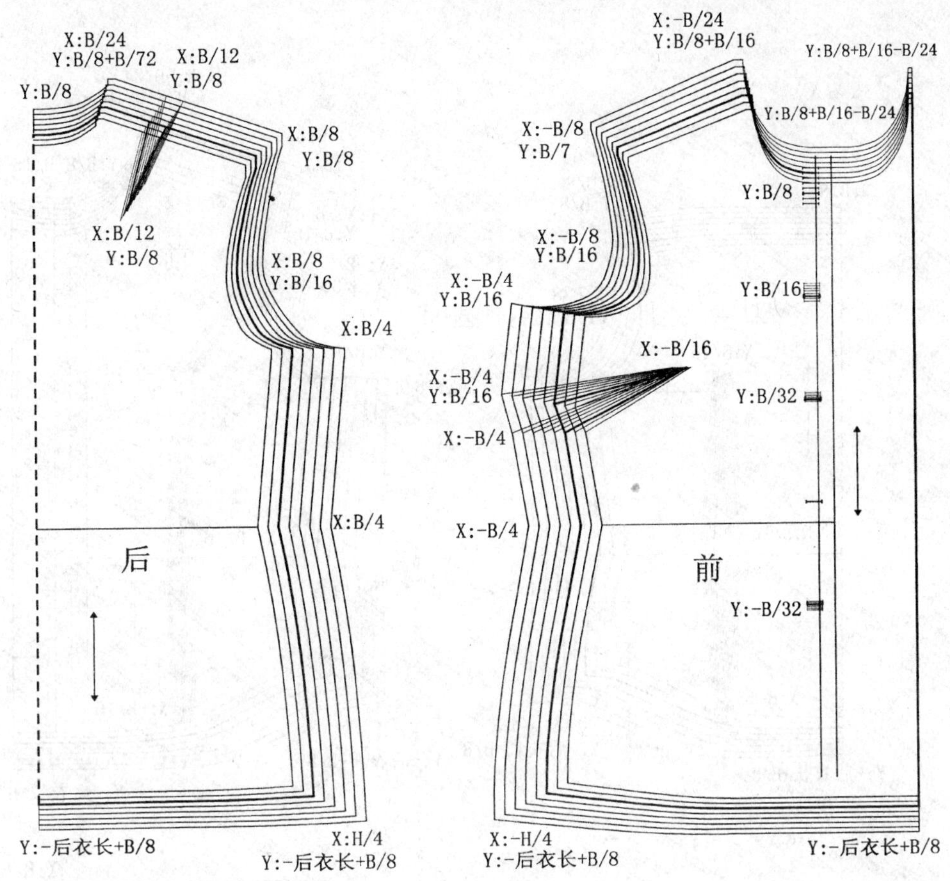

图5-4　女小翻领衬衫

3．女低弹性面料仿男式立领衬衫

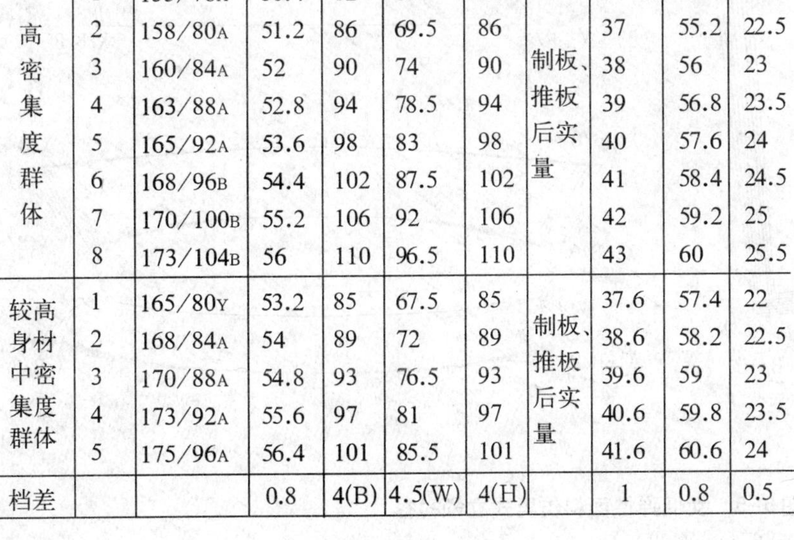

参考规格（2.5·4系列）　　单位：厘米

群体分组	序号	上体号型	后衣长	成品胸围	成品腰围	下摆围	领围	肩宽	袖长	袖卡夫
高密集度群体	1	155/76A	50.4	82	65	82	制板、推板后实量	36	54.4	22
	2	158/80A	51.2	86	69.5	86		37	55.2	22.5
	3	160/84A	52	90	74	90		38	56	23
	4	163/88A	52.8	94	78.5	94		39	56.8	23.5
	5	165/92A	53.6	98	83	98		40	57.6	24
	6	168/96B	54.4	102	87.5	102		41	58.4	24.5
	7	170/100B	55.2	106	92	106		42	59.2	25
	8	173/104B	56	110	96.5	110		43	60	25.5
较高身材中密集度群体	1	165/80Y	53.2	85	67.5	85	制板、推板后实量	37.6	57.4	22
	2	168/84A	54	89	72	89		38.6	58.2	22.5
	3	170/88A	54.8	93	76.5	93		39.6	59	23
	4	173/92A	55.6	97	81	97		40.6	59.8	23.5
	5	175/96A	56.4	101	85.5	101		41.6	60.6	24
档差			0.8	4(B)	4.5(W)	4(H)		1	0.8	0.5

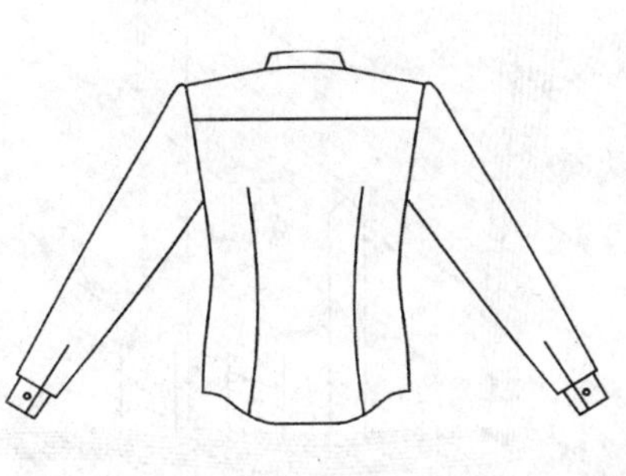

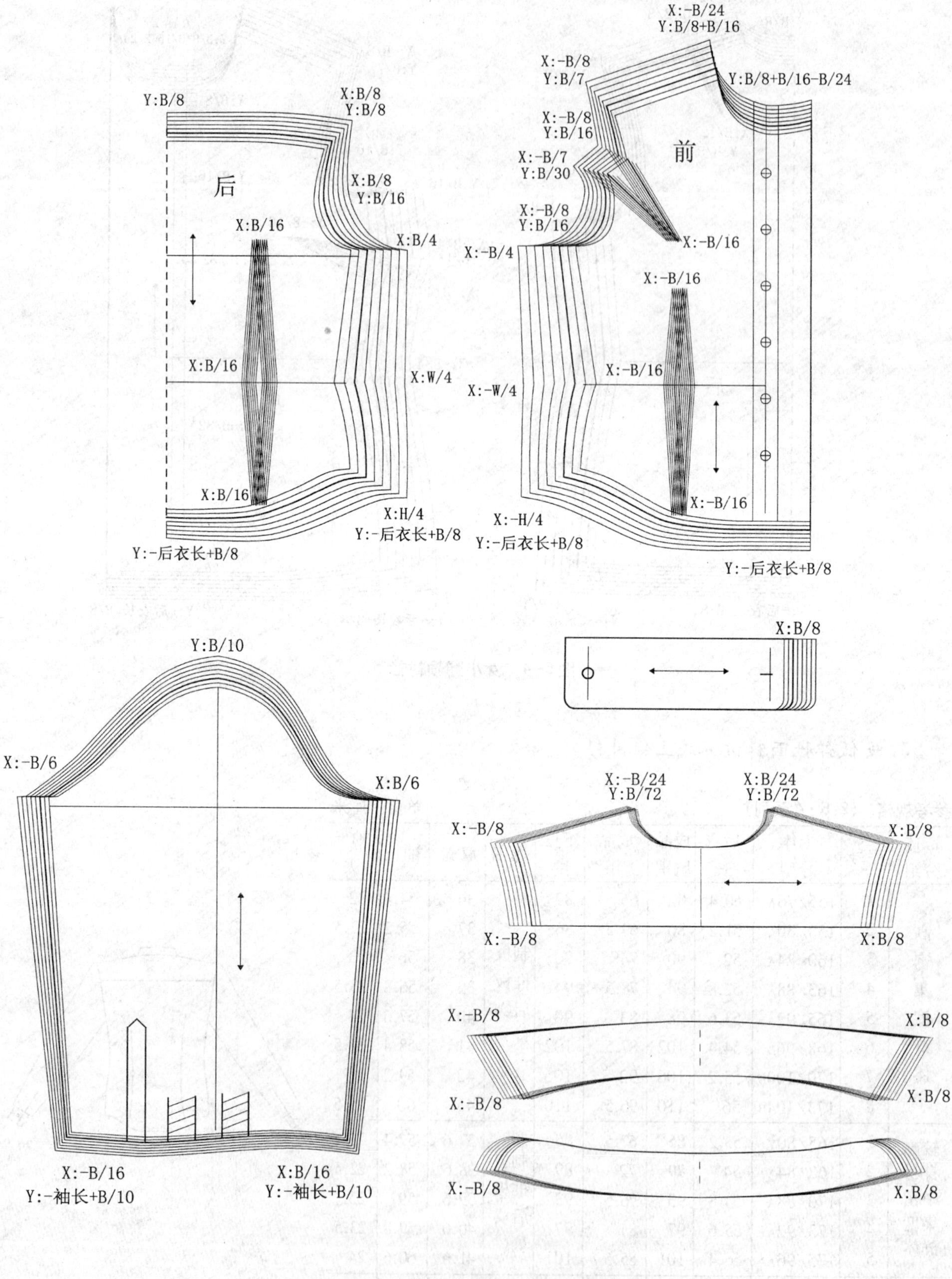

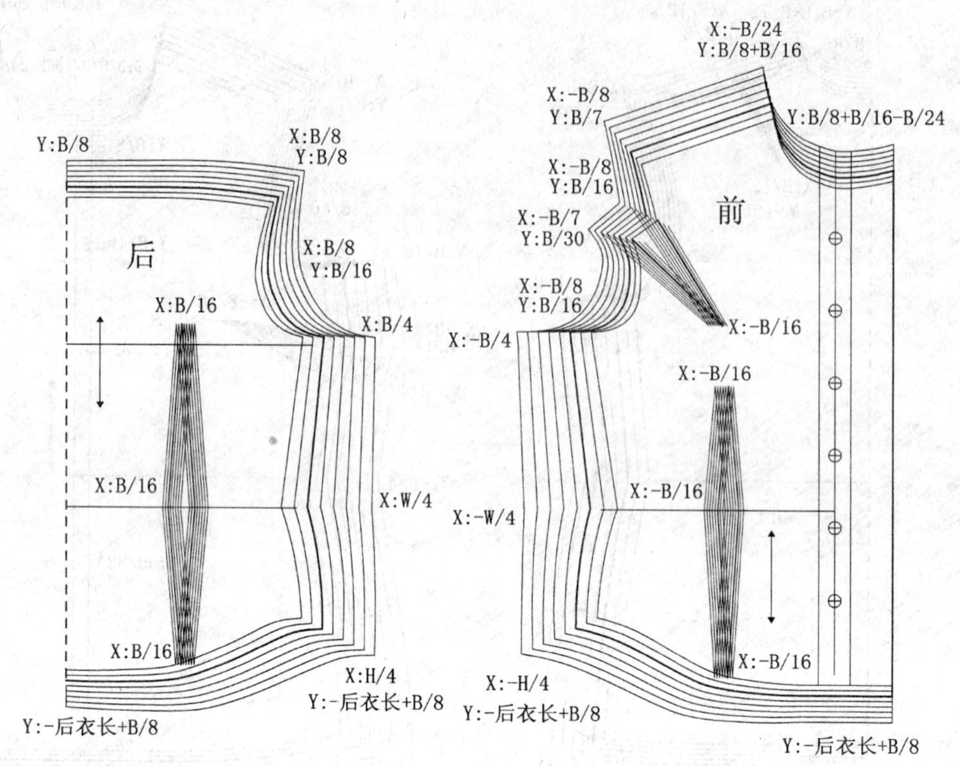

图 5–5　女低弹性面料仿男式立领衬衫

4. 女翻领公主线上衣

参考规格 （2.5·4系列） 单位：厘米

群体分组	序号	上体号型	后衣长	成品胸围	成品腰围	下摆围	领围	肩宽	袖长	1/2袖口
高密集度群体	1	155/76A	60	92	71	99	制板、推板后实量	39	54.6	11.5
	2	158/80A	61	96	75.5	103		40	55.2	12
	3	160/84A	62	100	80	107		41	56	12.5
	4	163/88A	63	104	84.5	111		42	56.8	13
	5	165/92A	64	108	89	115		43	57.6	13.5
	6	168/96A	65	112	93.5	119		44	58.4	14
	7	170/100	66	116	98	123		45	59.2	14.5
	8	173/104	67	120	102.5	127		46	60	15
较高身材中密集度群体	1	165/80Y	64	96	73.5	103	制板、推板后实量	40.6	58.4	12
	2	168/84A	65	100	78	107		41.6	59.2	12.5
	3	170/88A	66	104	82.5	111		42.6	60	13
	4	173/92A	67	108	87	115		43.6	60.8	13.5
	5	175/96A	68	112	91.5	119		44.6	61.6	14
档差			1	4(B)	4.5(W)	4(H)		1	0.8	0.5

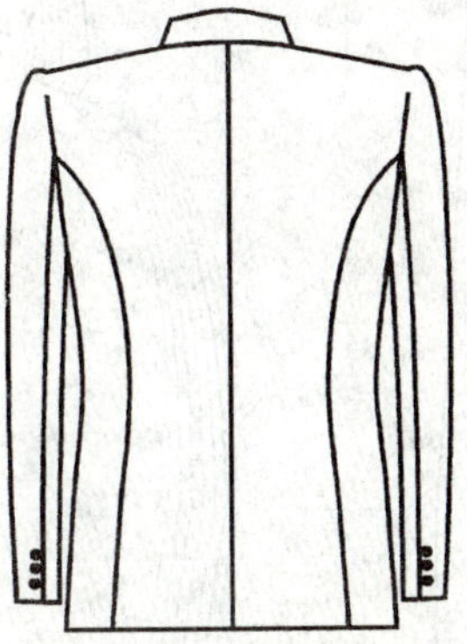

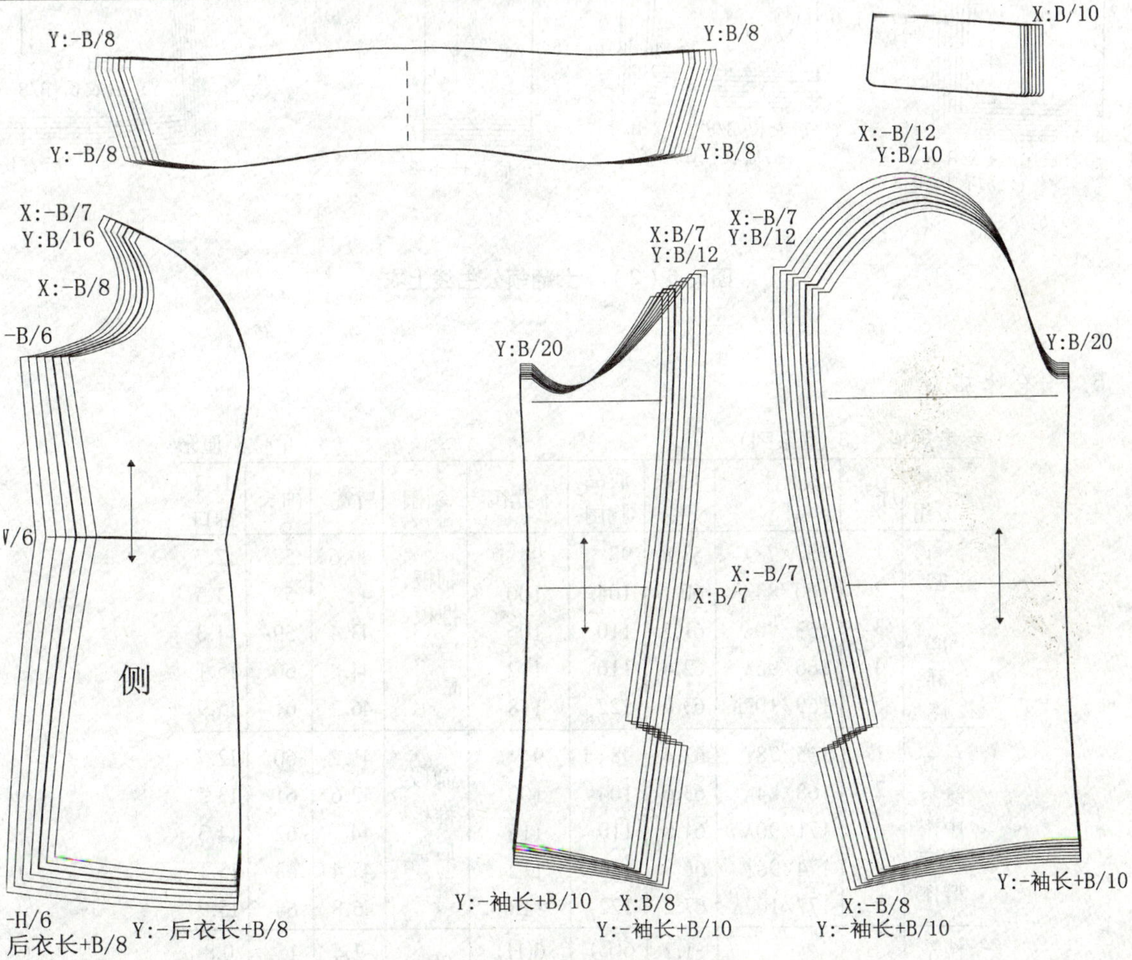

图5–6（1） 女翻领公主线上衣

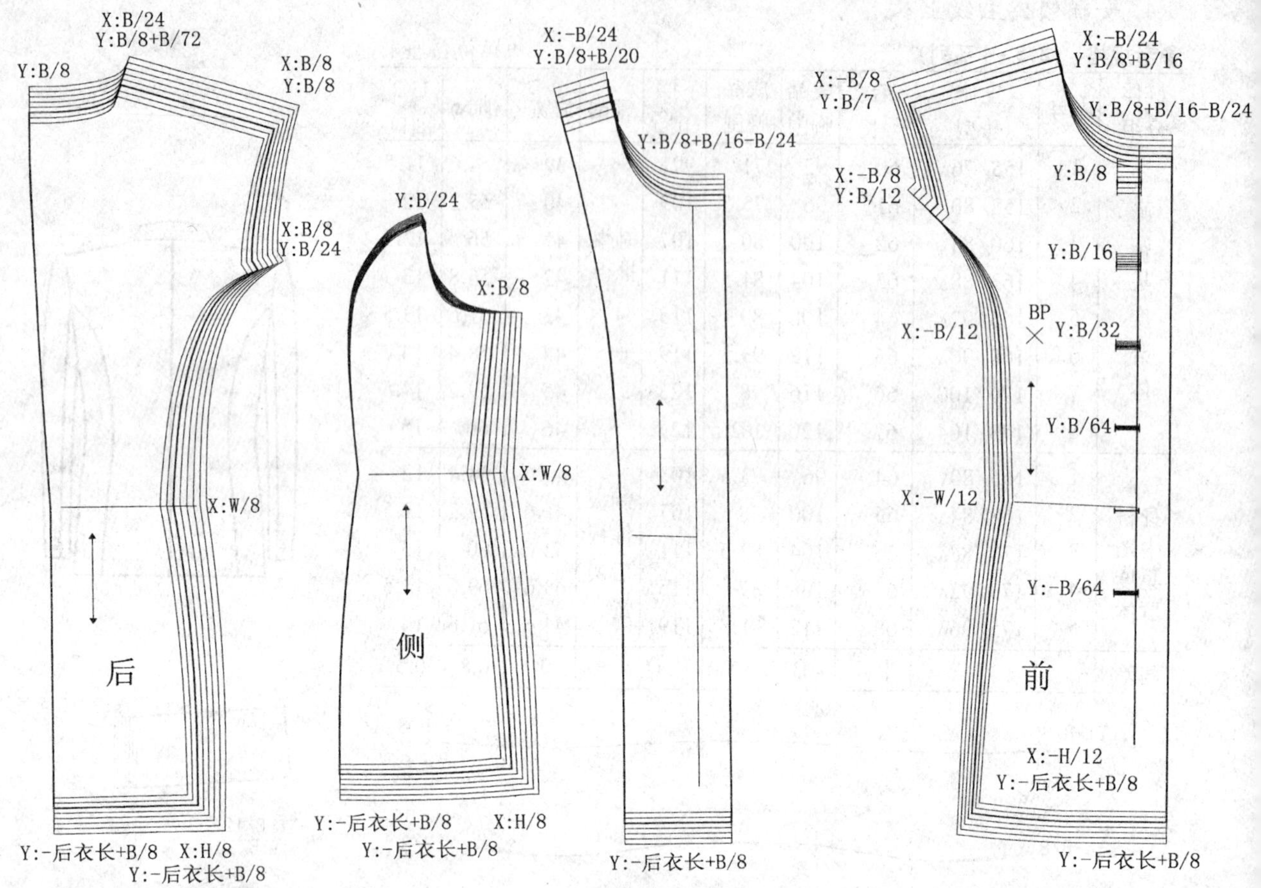

图5-6（2） 女翻领公主线上衣

5. 女合体茄克

参考规格 （3·6系列） 单位：厘米

群体分组	序号	上体号型	后衣长	成品胸围	下摆围	领围	肩宽	袖长	1/2袖口
高密集度群体	1	157/78A	58.8	98	94	制板、推板后实量	40.6	57	12.7
	2	160/84A	60	104	100		42	58	13.5
	3	163/90A	61.2	110	106		43.4	59	14.3
	4	166/96A	62.4	116	112		44.8	60	15.1
	5	169/102B	63.6	122	118		46.2	61	15.9
较高身材中密集度群体	1	165/78Y	62.4	98	94	制板、推板后实量	41.2	60	12.7
	2	168/84A	63.6	104	100		42.6	61	13.5
	3	171/90A	64.8	110	116		44	62	14.3
	4	174/96A	66	116	112		45.4	63	15.1
	5	177/102A	67.2	122	118		46.8	64	15.9
档差			1.2	6(B)	6(H)		1.4	1	0.8

X:B/9
X:-B/12
X:-B/15
Y:-袖长+B/10
Y:-袖长+B
X:B/12
Y:B/10
X:B/4
Y:-袖长+B/10
X:B/12
Y:-袖长+B/10
X:B/5
Y:-袖长+B/10
X:-B/24
Y:B/8+B/72
X:-B/8
Y:B/9
Y:B/12
X:-B/7
X:-B/7
X:-B/6
前
X:-B/6
X:-H/6
Y:-后衣长+B/8
Y:-后衣长+B/8
Y:后衣长-B/24
X:B/24
Y:B/8+B/72
Y:B/8
X:B/8
Y:B/9
X:B/7
X:B/6
后
X:B/6
Y:-后衣长+B/8
X:H/6
Y:-后衣长+B/8
X:B/12
X:B/6
X:B/6
侧
Y:-后衣长+B/8
X:H/6
X:H/12
Y:-后衣长+B/8

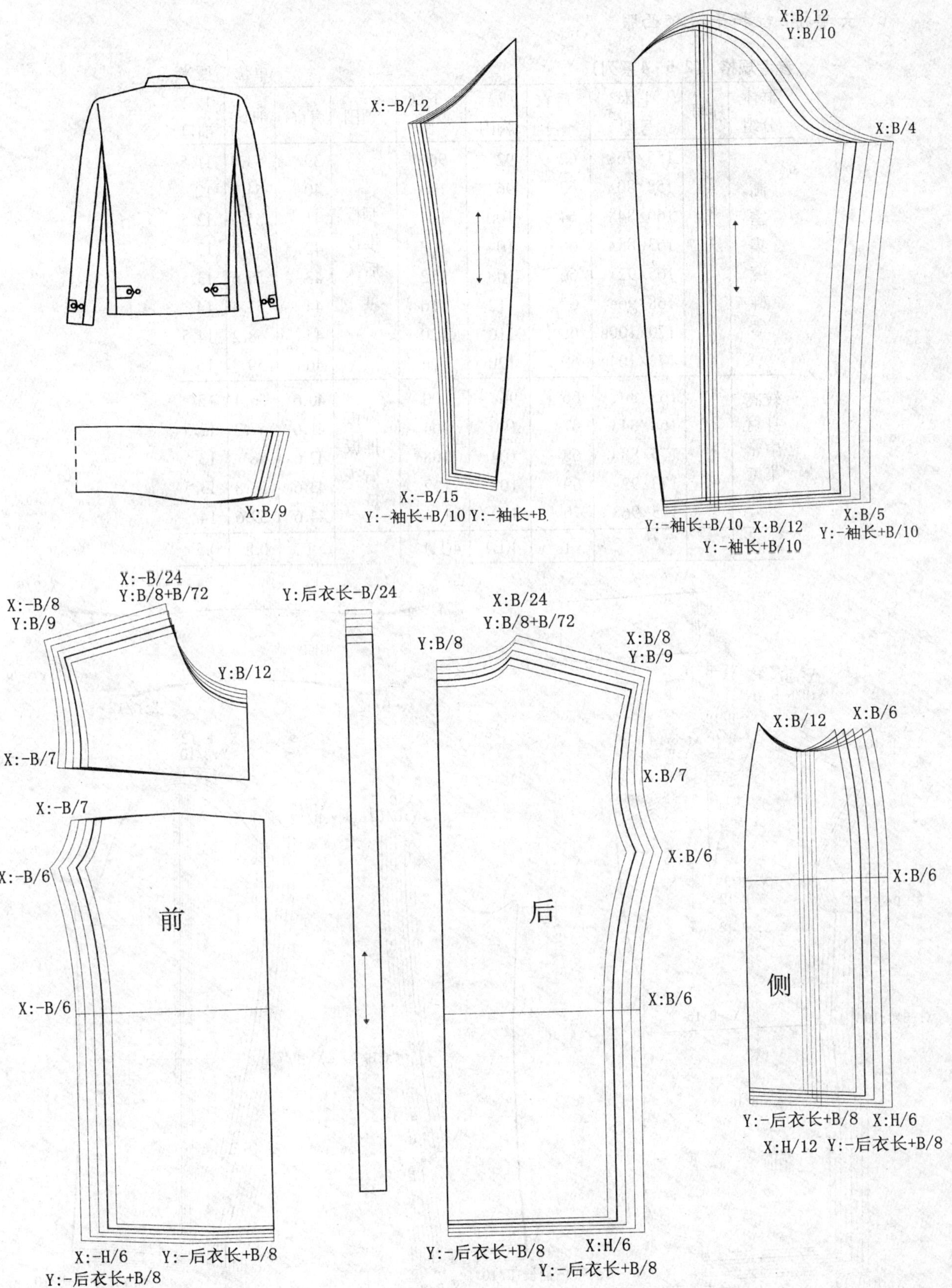

图5-7 女合体茄克

6. 女单排2粒扣平驳领西服

参考规格 (2.5·4系列) 单位：厘米

群体分组	序号	上体号型	后衣长	成品胸围	下摆围	领围	肩宽	袖长	1/2袖口
高密集度群体	1	155/76A	62	92	96	制板、推板后实量	39	53.4	11.5
	2	158/80A	63	96	100		40	54.2	12
	3	160/84A	64	100	104		41	55	12.5
	4	163/88A	65	104	108		42	55.8	13
	5	165/92A	66	108	112		43	56.6	13.5
	6	168/96B	67	112	116		44	57.4	14
	7	170/100B	68	116	120		45	58.2	14.5
	8	173/104B	69	120	124		46	59	15
较高身材中密集度群体	1	165/80Y	66	96	100	制板、推板后实量	40.6	56.4	12
	2	168/84A	67	100	104		41.6	57.2	12.5
	3	170/88A	68	104	108		42.6	58	13
	4	173/92A	69	108	112		43.6	58.8	13.5
	5	175/96A	70	112	116		44.6	59.6	14
档差			1	4(B)	4(H)		1	0.8	0.5

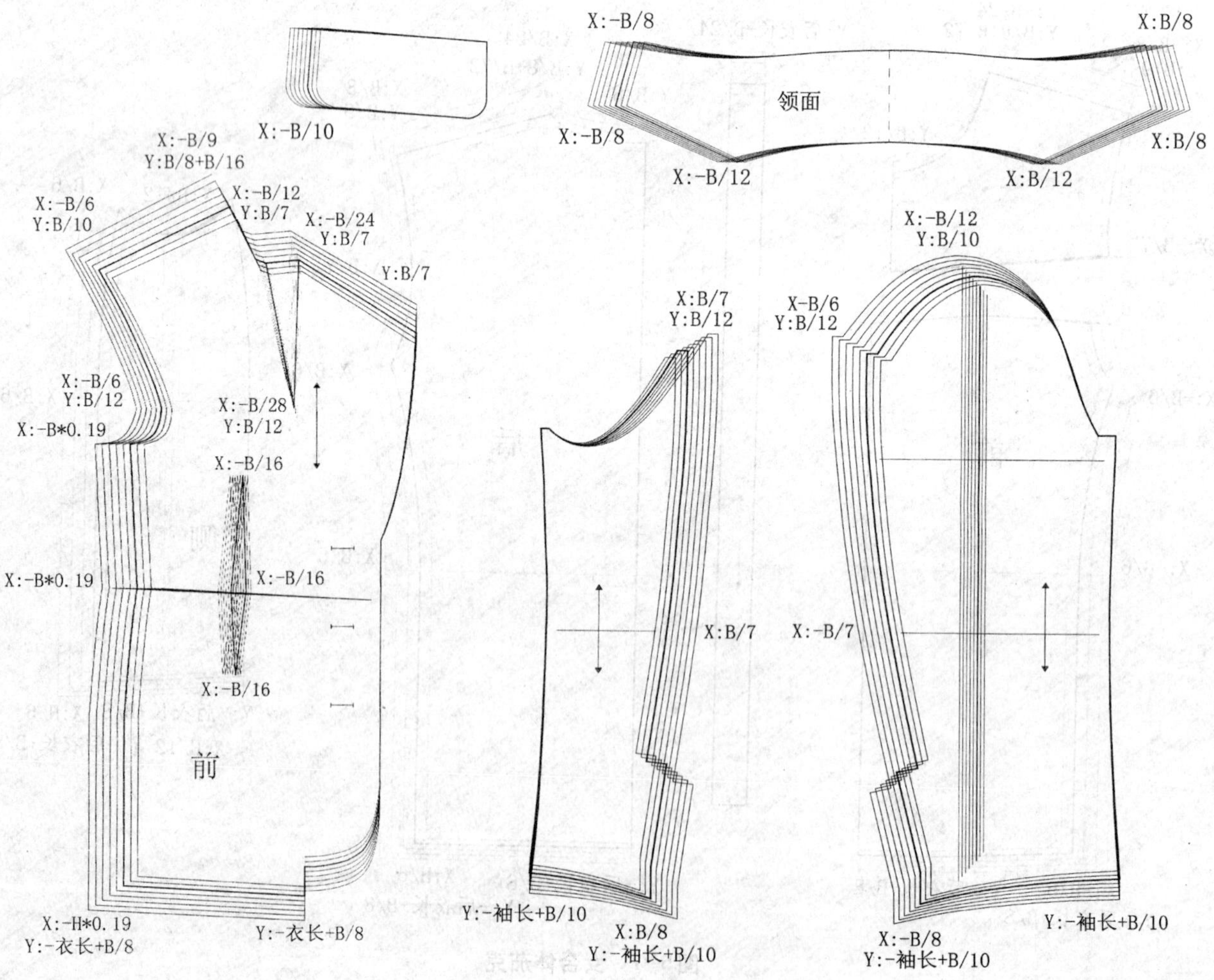

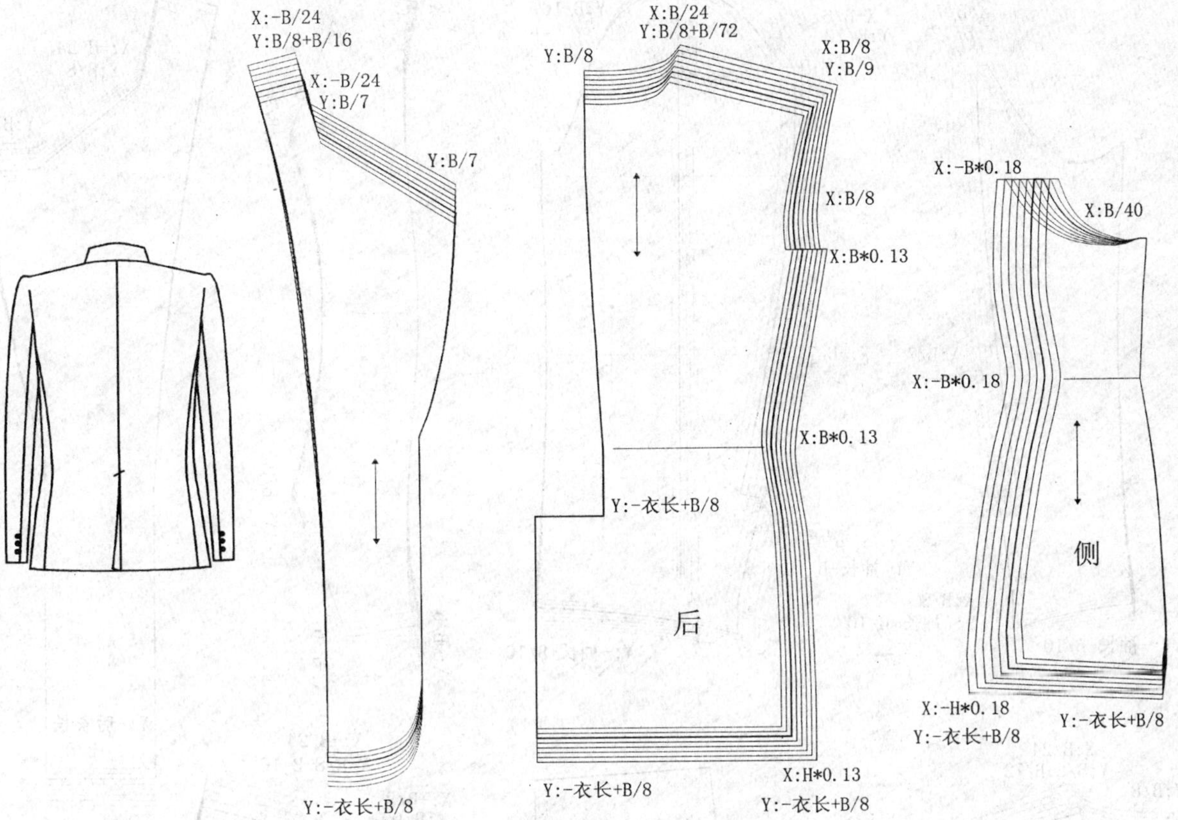

图5–8 女单排2粒扣平驳领西服

7. 女单排2粒扣半枪驳领西服

参考规格 （2.5·4系列）

单位：厘米

群体分组	序号	上体号型	后衣长	成品胸围	下摆围	领围	肩宽	袖长	1/2袖口
高密集度群体	1	155/76A	63	92	96	制板、推板后实量	38	54.4	11.5
	2	158/80A	64	96	100		39	55.2	12
	3	160/84A	65	100	104		40	56	12.5
	4	163/88A	66	104	108		41	56.8	13
	5	165/92A	67	108	112		42	57.6	13.5
	6	168/96B	68	112	116		43	58.4	14
	7	170/100B	69	116	120		44	59.2	14.5
	8	173/104B	70	120	124		45	60	15
较高身材中密集度群体	1	165/80Y	67	96	100	制板、推板后实量	39.6	57.4	12
	2	168/84A	68	100	104		40.6	58.2	12.5
	3	170/88A	69	104	108		41.6	59	13
	4	173/92A	70	108	112		42.6	59.8	13.5
	5	175/96A	71	112	116		43.6	60.6	14
档差			1	4(B)	4(H)		1	0.8	0.5

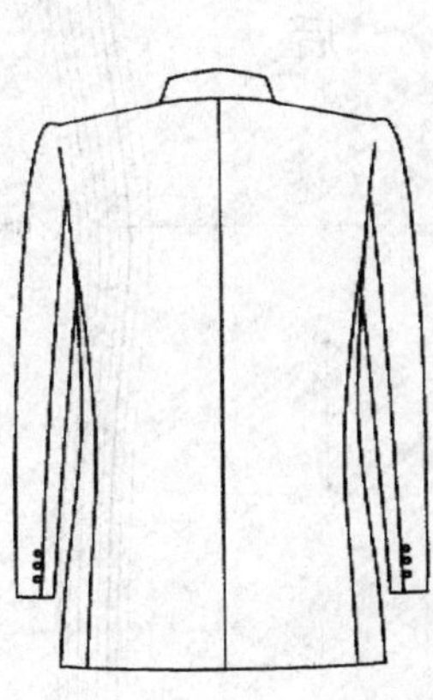

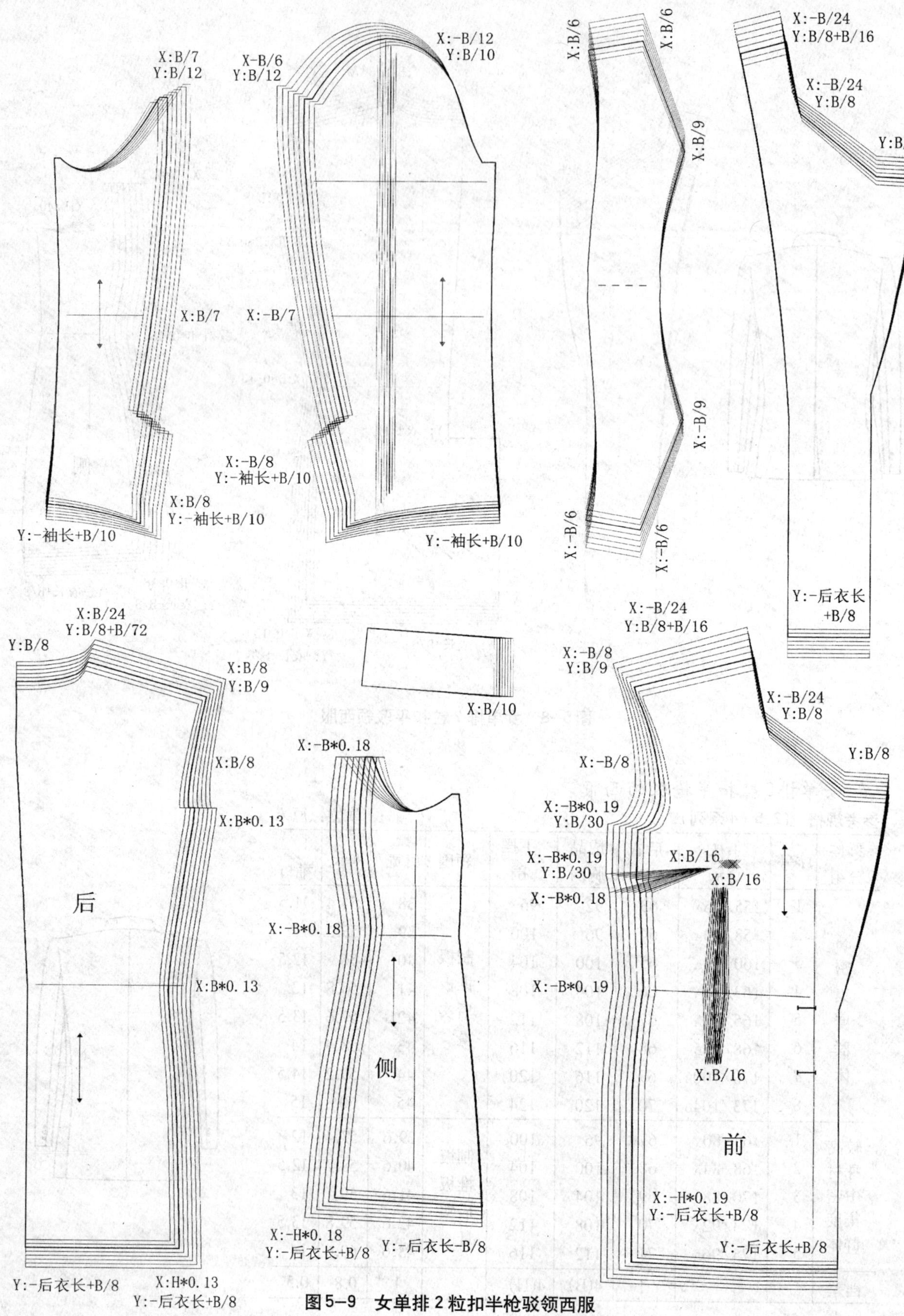

图5–9　女单排2粒扣半枪驳领西服

8. 男普通硬领衬衫

参考规格 （2.5·4系列） 单位：厘米

群体分组	序号	上体号型	后衣长	成品胸围	下摆围	领围	肩宽	袖长	袖卡夫
高密集度群体	1	163/80A	69	100	100	37	42	57.6	25.5
	2	165/84A	70	104	104	38	43.2	58.4	26
	3	168/88A	71	108	108	39	44.4	59.2	26.5
	4	170/92A	72	112	112	40	45.6	60	27
	5	173/96A	73	116	116	41	46.8	60.8	27.5
	6	175/100B	74	120	120	42	48	61.6	28
	7	178/104B	75	124	124	43	49.2	62.4	28.5
	8	180/108B	76	128	128	44	51	63.2	29
较高身材中密集度群体	1	173/84Y	73	104	104	37	43.6	60.6	26
	2	175/88A	74	108	108	38	44.8	61.4	26.5
	3	178/92A	75	112	112	39	46	62.2	27
	4	180/96A	76	116	116	40	47.2	63	27.5
	5	183/100A	77	120	120	41	48.4	63.8	28
	6	185/104A	78	124	124	42	49.6	64.6	28.5
	7	188/108B	79	128	128	43	50.8	65.4	29
档差			1	4(B)	4(H)	1.2	1.2	0.8	0.5

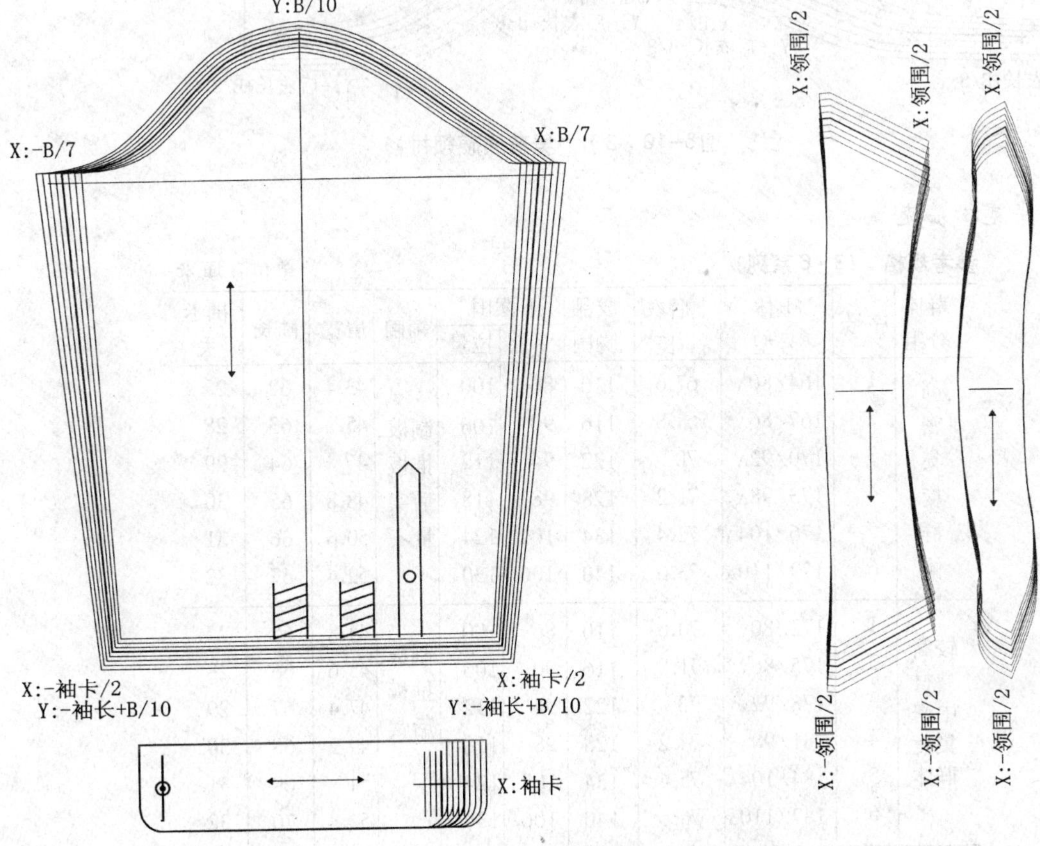

图5-10（1） 男普通硬领衬衫

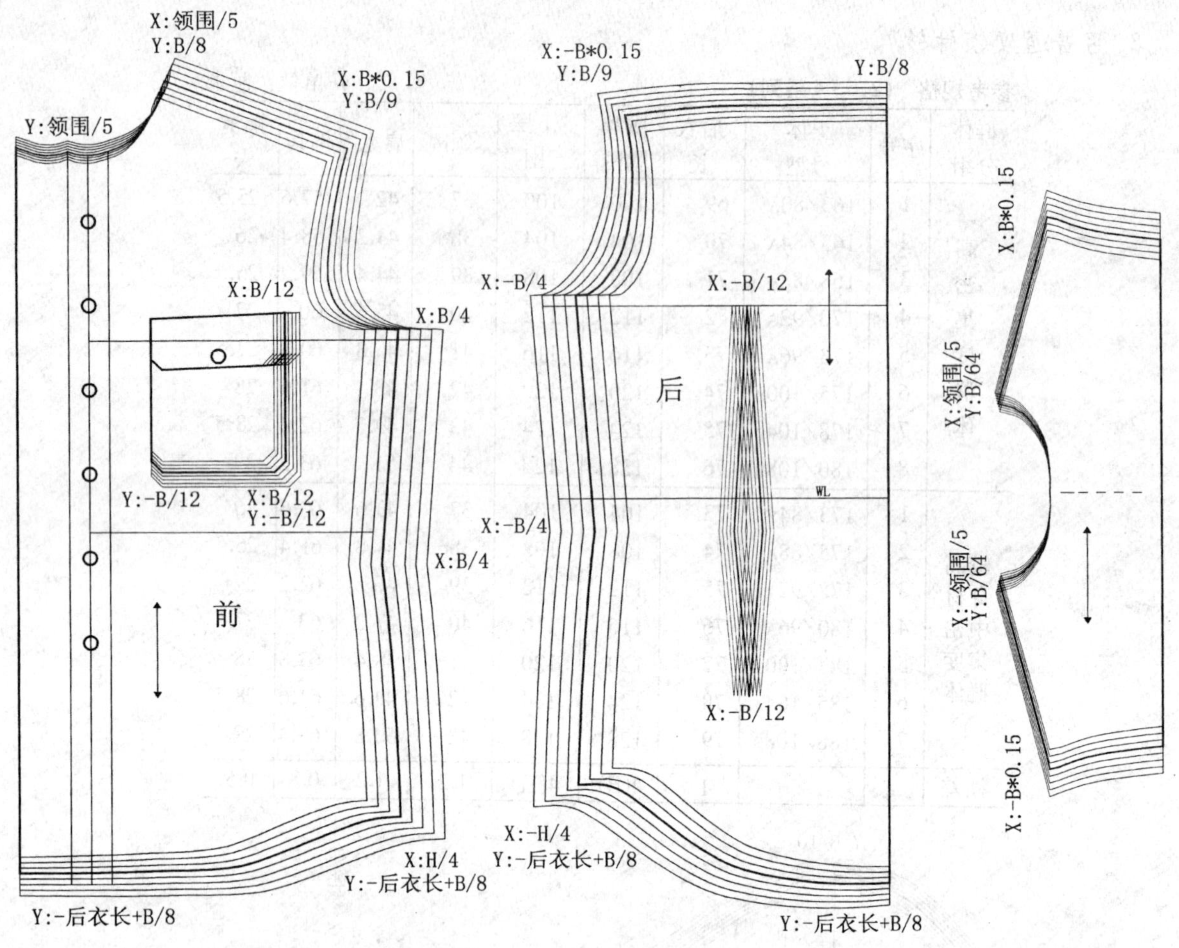

图5-10（2） 男普通硬领衬衫

9. 男半宽松茄克

参考规格 （3·6系列） 单位：厘米

群体分组	序号	上体号型	后衣长	成品胸围	下摆围		领围	肩宽	袖长	袖卡夫
					平量	拉量				
高密集度群体	1	164/80A	67.6	110	86	100	制板、推板后实量	43.4	62	27
	2	167/86A	68.8	116	90	106		45.2	63	28
	3	170/92A	70	122	94	112		47	64	29
	4	173/98A	71.2	128	98	118		48.8	65	30
	5	176/104A	72.4	134	102	124		50.6	66	31
	6	179/110A	73.6	140	106	130		52.4	67	32
较高身材中密集度群体	1	172/80Y	70.6	110	86	100	制板、推板后实量	44.8	65	27
	2	175/86Y	71.8	116	90	106		45.6	66	28
	3	178/92A	73	122	94	112		47.4	67	29
	4	181/98A	74.2	128	98	118		49.2	68	30
	5	184/104A	75.4	134	102	124		51	69	31
	6	187/110A	76.6	140	106	130		52.8	70	32
档差			1.2	6(B)		6(H)		1.8	1	1

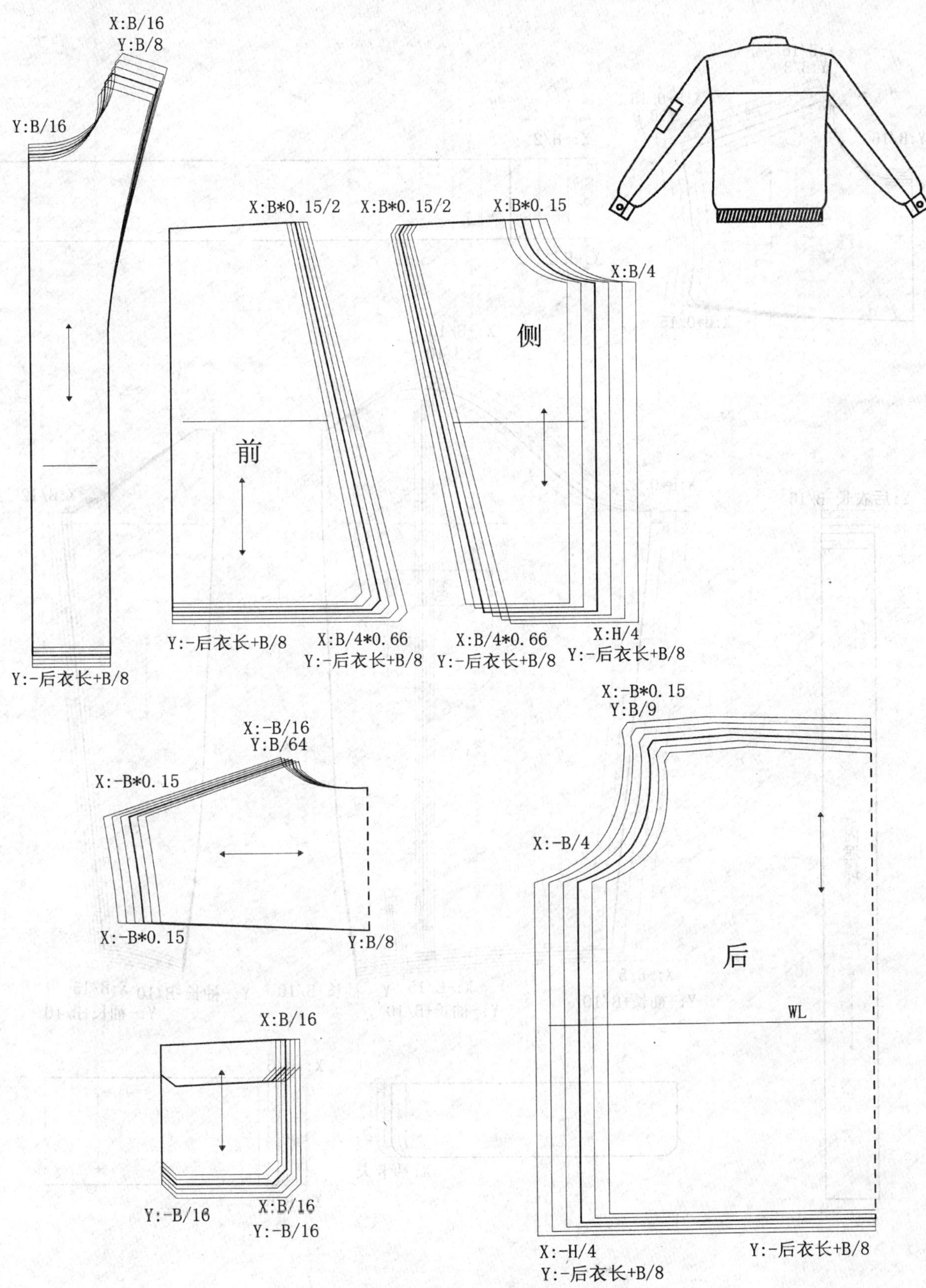

图5-11（1） 男半宽松茄克

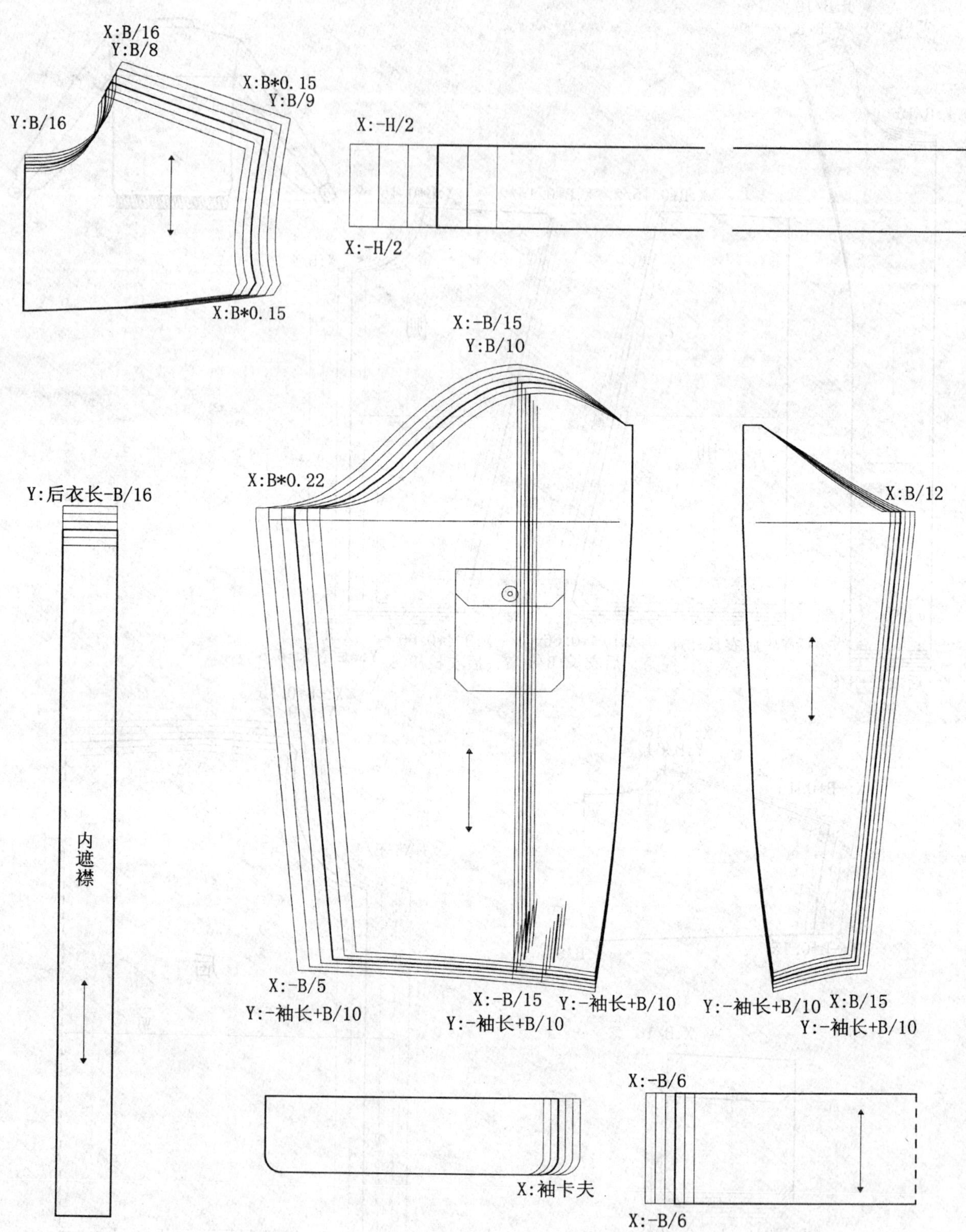

图5-11（2） 男半宽松茄克

10．男单排3个纽扣平驳领宽松西服

参考规格（2.5·4系列，供套装用）

单位：厘米

群体分组	序号	上体号型	后衣长	成品胸围	下摆围	领围	肩宽	袖长	袖卡夫
高密集度群体	1	163/80A	71	102	99	制板、推板后实量	43	56.6	13
	2	165/84A	72	106	103		44.2	57.4	13.5
	3	168/88A	73	110	107		45.4	58.2	14
	4	170/92A	74	114	111		46.6	59	14.5
	5	173/96A	75	118	115		47.8	59.8	15
	6	175/100B	76	122	119		49	60.6	15.5
	7	178/104B	77	126	123		50.2	61.4	16
	8	180/108B	78	130	127		51.4	62.2	16.5
较高身材中密集度群体	1	173/84Y	75	106	103	制板、推板后实量	44.8	59.6	13.5
	2	175/88A	76	110	107		46	60.4	14
	3	178/92A	77	114	111		47.2	61.2	14.5
	4	180/96A	78	118	115		48.4	62	15
	5	183/100A	79	122	119		49.6	62.8	15.5
	6	185/104A	80	126	123		50.8	63.6	16
	7	188/108B	81	130	127		52	64.4	16.5
档差			1	4(B)	4(H)		1.2	0.8	0.5

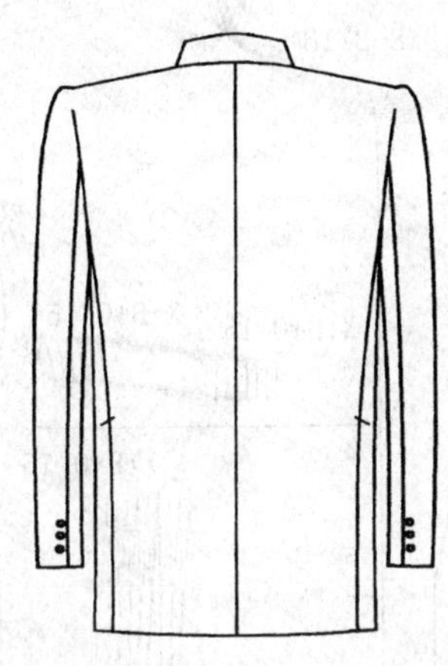

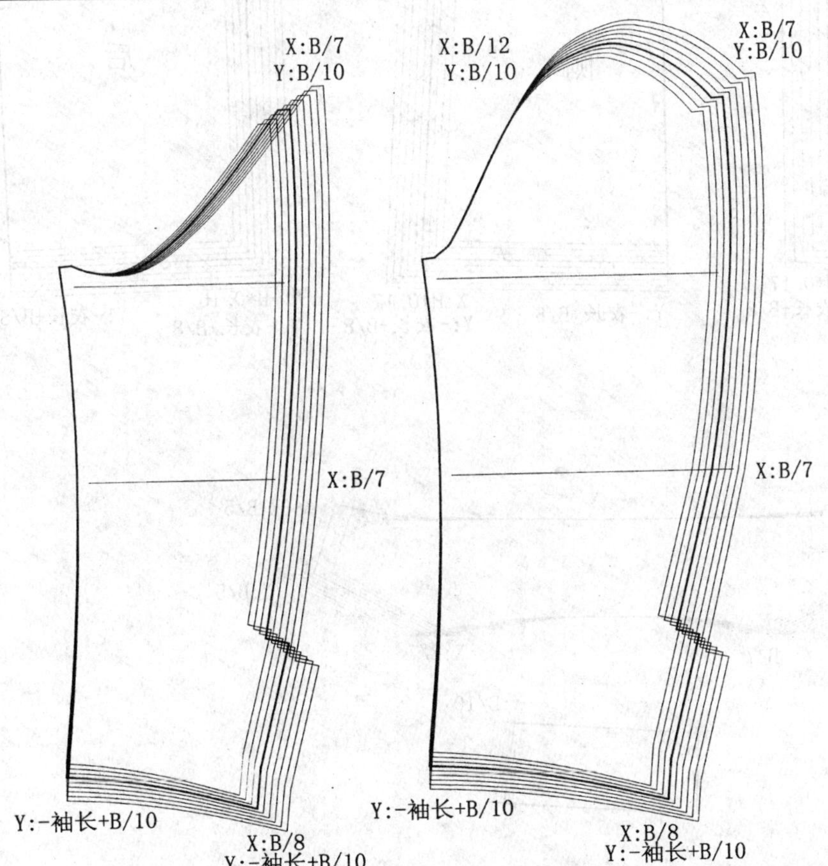

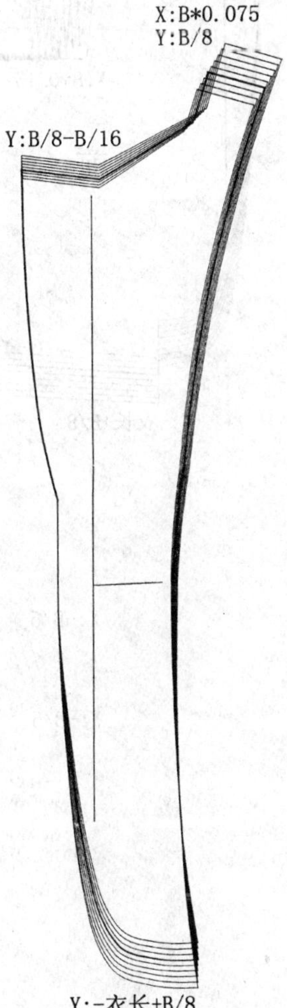

图5-12（1） 男单排3个纽扣平驳领宽松西服

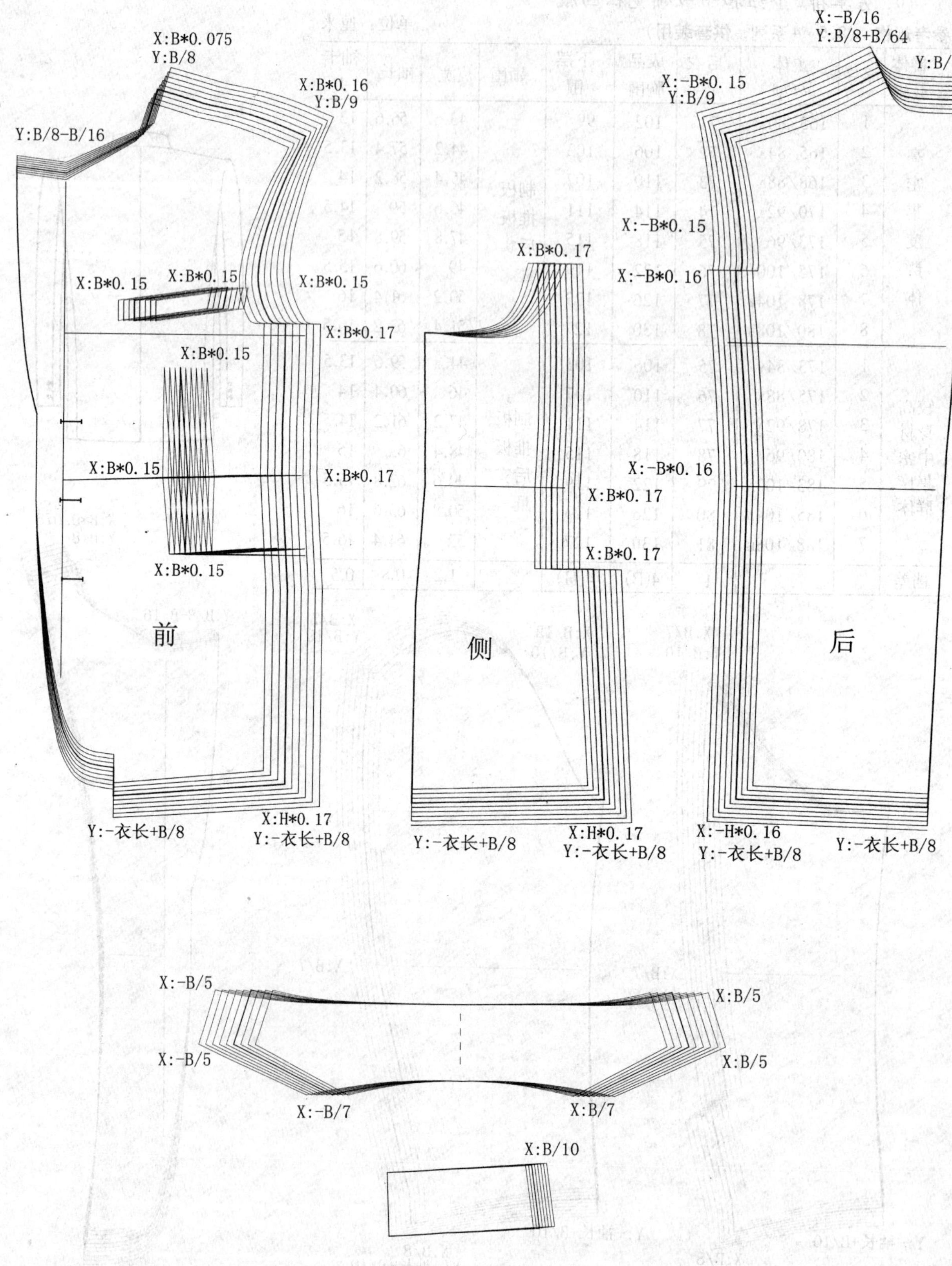

图5-12（2） 男单排3个纽扣平驳领宽松西服

11.男堑壕式大（风）衣

参考规格 （3・6系列） 单位：厘米

群体分组	序号	上体号型	后衣长	成品胸围	下摆围	领围	肩袖长	1/2袖口
高密集度群体	1	164/80A	112	119	141	制板、推板后实量	79.8	14.9
	2	167/86A	114	125	147		81.4	15.7
	3	170/92A	116	131	153		83	16.5
	4	173/98A	118	137	159		84.6	17.3
	5	176/104A	120	143	165		86.2	18.1
	6	179/110A	122	149	171		87.8	18.9
较高身材中密集度群体	1	175/86Y	120	124	147	制板、推板后实量	84.8	15.7
	2	178/92A	122	130	153		86.4	16.5
	3	181/98A	124	136	159		88	17.3
	4	184/104A	126	142	165		89.6	18.1
	5	187/110A	128	148	171		91.2	18.9
档差			2	6(B)	6(H)		1.6	0.8

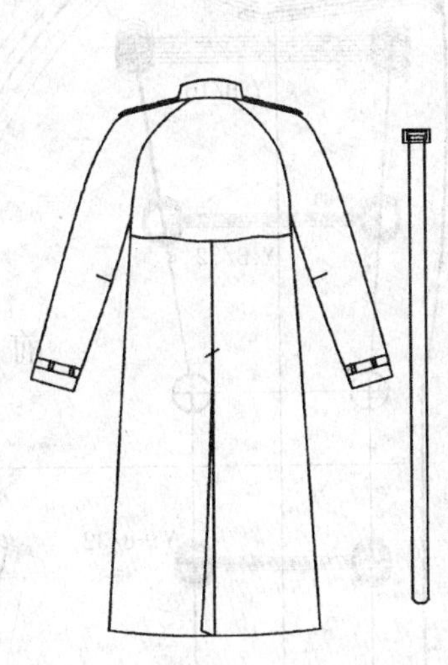

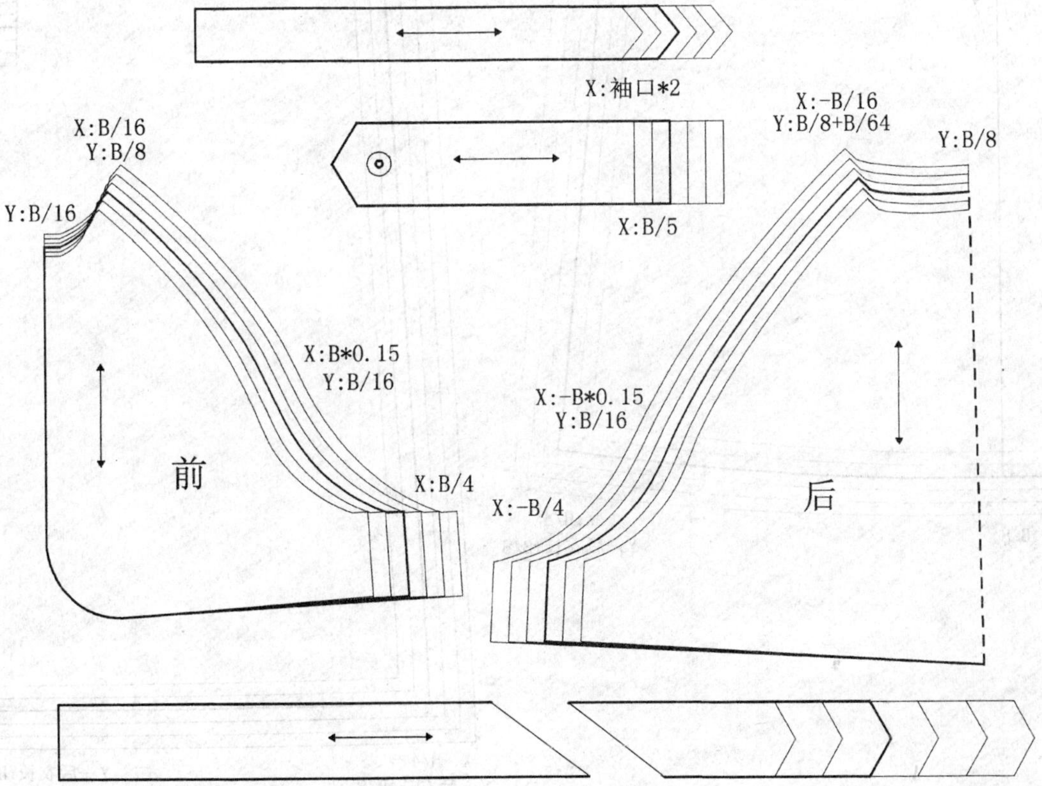

X:袖口*2
X:B/16
Y:B/8
Y:B/16
X:B/5
X:-B/16
Y:B/8+B/64
Y:B/8
X:B*0.15
Y:B/16
X:-B*0.15
Y:B/16
前
X:B/4
X:-B/4
后
X:W

图5–13（1） 男堑壕式大（风）衣

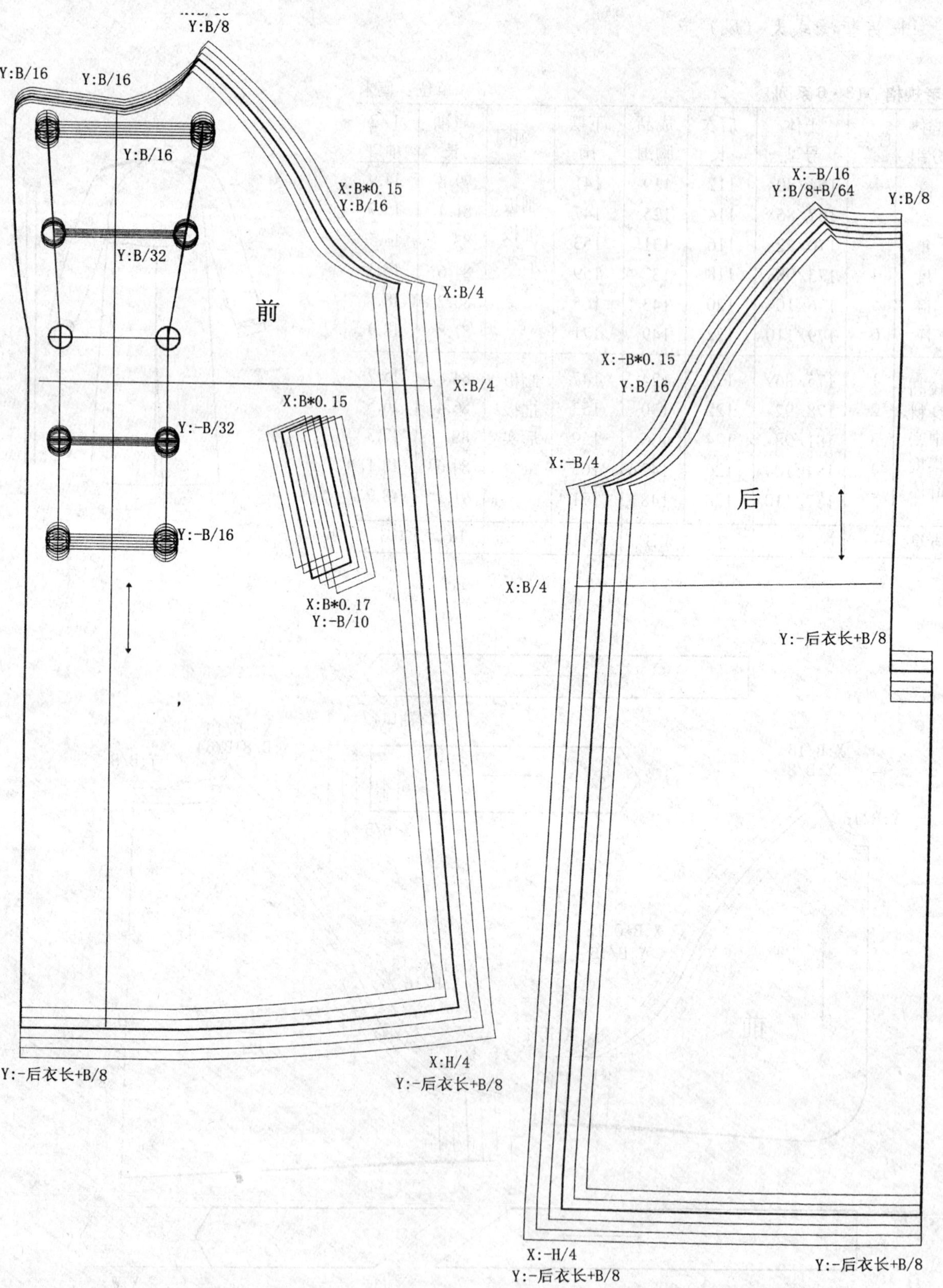

Y:B/8
Y:B/16
Y:B/16
Y:B/16
X:B*0.15
Y:B/16
Y:B/32
X:B/4
前
X:B/4
X:B*0.15
Y:-B/32
Y:-B/16
X:B*0.17
Y:-B/10
Y:-后衣长+B/8
X:H/4
Y:-后衣长+B/8
X:-B/16
Y:B/8+B/64
Y:B/8
X:-B*0.15
Y:B/16
X:-B/4
后
X:B/4
Y:-后衣长+B/8
X:-H/4
Y:-后衣长+B/8
Y:-后衣长+B/8

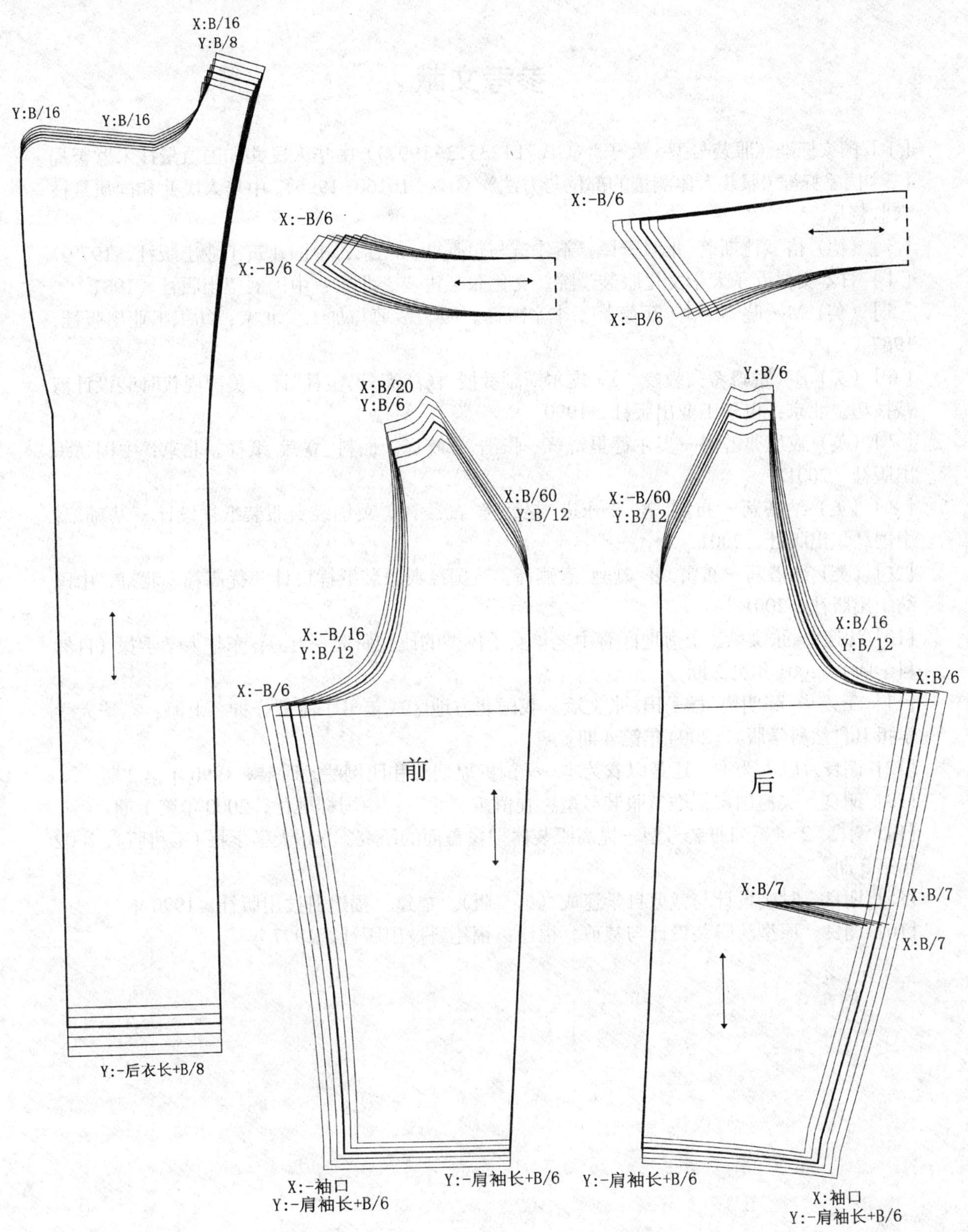

图5-13（2） 男堑壕式大（风）衣

参考文献

[1] 国家标准《服装号型·女子》(GB/T1335.2-1997)。中华人民共和国质量技术监督局
[2] 国家标准《服装人体测量的部位与方法》(GB/T16160-1996)。中华人民共和国质量技术监督局
[3]（德）格罗比斯著 张似赞译。新建筑与包豪斯。北京：中国建筑工业出版社，1979
[4] 日本文化女子大学文化服装学院。文化服装讲座。北京：中国展望出版社，1981
[5]（英）M·晓本 J·瓦德著 李辛凯译。服装裁剪与加工。北京：纺织工业出版社，1987
[6]（美）B·赞姆考夫教授 J·皮尔斯副教授 杨江海 冯宝林 译。美国现代时装设计剪裁技巧。北京：电子工业出版社，1990
[7]（英）威尼弗雷德－奥尔德里奇著 张浩 郑嵘译。面料 立裁 纸样。北京：中国纺织出版社，2001
[8]（英）纳塔莉－布雷 著 王永进 赵欲哓 高凌译。英国经典服装纸样设计－基础篇。中国纺织出版社，2001
[9]（英）纳塔莉－布雷 著 刘驰 袁燕译。英国经典服装纸样设计－提高篇。北京：中国纺织出版社，2001
[10] 沈迎军 张文斌。上海地区青中老年女子体型的比较研究。上海：东华大学学报（自然科学版），2001年第2期
[11] 王爱华 陈明艳 杨子田 张文斌。我国北方地区成年男子体型分析。上海：东华大学学报（自然科学版），2004年第4期
[12] 谢良。以人为本，还是以衣为本－－剖析原型法和比例法。时装，1990年第2期
[13] 谢良。实施国家标准《服装号型》宜慎重。北京：中国标准化，2000年第1期
[14] 谢良。2·4系列服装号型—提高服装体型覆盖面的研究。苏州大学学报（工科版），2002年第3期
[15] 谢良。时装设计与裁剪自学速成（第二版）。福建：福建科技出版社，1996年
[16] 谢良。原型法服装设计与裁剪。福建：福建科技出版社，1997年